實用
契約書大全 下

總策劃

永然聯合法律事務所所長　李永然
台灣地政法律事務所所長　蔡仟松

審訂委員（依姓氏筆劃排序）

朱瑞陽、李永然、李兆環、吳佩諭、林石猛、林家祺
郭棋湧、陳李聰、陳岳瑜、黃蓮瑛、謝永誌、謝昆峯

執行主編

台灣地政法律事務所所長　蔡仟松

編撰者（依姓氏筆劃排序）

王正嘉、李永然、林裕山、張吉人、陳秋華、陳銘福
蔡仟松、蔡錫坤、鄧湘全、魏蕙沁、蘇宜君

作者簡介

編審委員會

總策劃

李永然　永然聯合法律事務所所長
蔡仟松　臺灣地政法律事務所所長

審訂委員（依姓氏筆劃數排列）

朱瑞陽　普華商務法律事務所律師
李永然　永然聯合法律事務所所長
李兆環　得聲國際法律事務所資深合夥律師
吳佩諭　恆業法律事務所律師
林石猛　金石國際法律事務所所長
林家祺　得聲國際法律事務所主持律師
郭棋湧　臺灣彰化地方法院檢察署主任檢察官
陳李聰　臺灣臺北地方法院所屬民間公證人重慶聯合事務所副所長
陳岳瑜　元亨法律事務所主持律師、專利代理人
黃蓮瑛　協合國際法律事務所合夥律師
謝永誌　臺灣臺北地方法院所屬民間公證人重慶聯合事務所所長
謝昆兩　恆業法律事務所律師

執行主編

蔡仟松　臺灣地政法律事務所所長

編撰者（均為律師及法界專業人士）

王正嘉、李永然、林裕山、張吉人、陳秋華、陳銘福、蔡仟松、蔡錫坤、鄧湘全、魏蕙沁、蘇宜君（依姓氏筆劃數排列）

審訂委員簡介 (依姓氏筆劃數排列)

審訂者	學歷	現職
朱瑞陽	私立輔仁大學法律系博士班 私立輔仁大學法學碩士	普華商務法律事務所科技暨專案規劃組律師 臺北縣政府勞工局涉訟補助審議委員 臺北縣政府勞資爭議仲裁委員 臺北縣勞資發展協會常務理事
李永然	國立臺灣大學法律學研究所博士班研究 國立臺灣大學法學碩士	永然聯合法律事務所所長 輔大影視傳播系、銘傳大傳系兼任講師 中華民國仲裁協會仲裁人 中國國際經濟貿易仲裁委員會仲裁員
李兆環	國立中正大學法學碩士 私立東吳大學法學士	得聲國際法律事務所資深合夥 律師 臺北市女性權益促進會理事長 國立臺北大學講師 臺北市政府社會福利委員會委員 中華民國仲裁人
吳佩諭	國立臺灣大學國家發展研究所碩士 國立政治大學法學士	恆業法律事務所律師
林石猛	國立中山大學中山學術研究所碩士 國立政治大學法律系法學士	金石國際法律事務所所長 國立中山大學推廣教育中心講師 高雄市政府法制局法規暨國家賠償審議委員 高雄市政府採購申訴委員會審議委員
林家祺	國立中正大學法律研究所碩士 國立政治大學法律系法學組學士	得聲國際法律事務所主持律師 臺北縣政府採購申訴審議委員 中華民國仲裁人 元培科學技術學院法學講師
郭棋湧	國立中興大學法學碩士	臺灣彰化地方法院檢察署主任檢察官
陳李聰	私立東吳大學法研所研究	臺灣臺北地方法院所屬民間公證人重慶聯合事務所副所長
陳岳瑜	國立中興大學碩士 國立中興大學學士	元亨法律事務所主持律師、專利代理人
黃蓮瑛	美國杜克大學法學碩士 國立臺灣大學法學士	協合國際法律事務所合夥律師

審訂者	學　歷	現　職
謝永誌	私立東吳大學法研所研究 私立東吳大學法學士	臺灣臺北地方法院所屬民間公證人重慶聯合事務所所長
謝昆侒	國立臺灣大學法學碩士 國立中興大學法學士	恆業法律事務所律師

編撰者簡介（依姓氏筆劃數排列）

編撰者	學　歷	現　職
王正嘉	國立臺灣大學法學碩士 國立臺灣大學法學士	
李永然	國立臺灣大學法律博士班研究 國立臺灣大學法學碩士	永然聯合法律事務所所長 輔大影視傳播系、銘傳大傳系兼任講師
林裕山	國立臺北大學公共行政暨政策學系碩士班 國立中興大學法商學院法律系畢業	行政院青年輔導委員會專員
張吉人		
陳秋華	國立政治大學法學碩士	寰瀛法律事務所律師
陳銘福	國立政治大學地政研究所碩士 國立中興大學地政系學士 高考地政及格	普提地政士事務所地政士 普提不動產仲介公司經紀人 政治大學地政系兼任講師 世新大學法律系兼任講師 中原大學財經法律系兼任講師
蔡仟松	美國加州諾斯洛普大學法律研究所碩士 國立臺灣大學法學士	臺灣地政法律事務所所長
蔡錫坤	美國紐約大學（NYU）法學碩士 美國執業會計師、律師 國立臺灣大學法學碩士 國立臺灣大學法學士	正鑫聯合律師事務所律師
鄧湘全	國立臺灣大學法學碩士 國立臺灣大學法學士	全瑞法律事務所律師
魏蕙沁	國立臺灣大學法學碩士 國立臺灣大學法學士	
蘇宜君	美國紐約大學（NYU）法學碩士 國立臺灣大學法學碩士 國立臺灣大學法學士	理律法律事務所律師

法律實務應用的起點

　　法律是規範社會全體成員及各種生活方式之標準，雖然每個人每天都接觸到法律，然並非人人均瞭解法律規範及其運用過程，即便對於以法律專業為職志的法律系學生而言，雖然每天接觸法律條文、理論，就算是瞭解之法律內容，但實際運作究應如何恐並不熟悉，若非投身實務工作，則仍對運用實際情況存有隔閡。

　　法律內容表現於外，並與生活最緊密結合者為契約，從搭車到購物、旅遊等日常生活事項，就法律評價而言，均與契約有關，此套《實用契約書大全》，由永然聯合法律事務所所長李永然先生及臺灣地政法律事務所所長蔡仟松先生策劃，並結合多位法律專業人士用心編纂而成，從契約書之構成至各種類之契約，均有完整範例及說明，不但可供習法學生從實務應證理論之機會，學習解法實際發生之問題，亦能提供非以法律為專業之讀者，於生活中解決法律問題之絕佳參考，深入淺出，切合實際。

　　有幸為文推薦本書，盼五南文化事業機構及本書編輯群能夠再接再厲，繼續將豐富之法律內容廣泛介紹一般大眾，以增進我國法治之推廣。

東吳大學法律系教授

潘維大

推薦序 2

推廣全民化之法律知識

　　誠如法諺所云「有社會斯有法（Ubisocietas, ibi jus）」，足認法是為社會上的人而存在的。我們都是社會的一份子，每個人自出生至終老，都一直受到法的規範與影響，而渾然不自知者，為多數，吃虧而付出慘痛代價者，更不計其數，揆其原因，應是欠缺「知法」、「用法」及「守法」所致。為推廣法律知識全民化，並協助讀者正確適用基本法規及培養知法、重法、守法的精神。五南文化事業機構特別在其一九九一年所出版之《契約書製作範例》一書基礎上，與時俱進，經由本書全體編撰者嘔心整理，審訂委員依其法學專長加以審訂內容，提供日常生活應有盡有的各種契約範例，並加闡述，一方面希望提供從事法律實務者之參考，另一方面也希望提供一般民眾於自訂契約內容 DIY 之際的參考，應值得肯定與鼓勵。

臺灣臺北地方法院所屬民間公證人

重慶聯合事務所所長

謝永誌

嚴密合約的參考依據

　　法律有定紛止爭的功能，從事各項經濟活動前，如能事先界定遊戲規則及違規效果，將能避免日後許多的爭議，這種事前避免紛爭的法律議題被稱之為「預防法學」，而「預防法學」中最重要者，莫過於制定周延的交易合約內容以防範紛爭於未然。

　　鑑於社會上許多商業糾紛與訴訟案件皆肇因於交易合約內容的不清楚或缺漏，書泉出版社特就社會上經常發生之交易型態契約類型進行編撰、整理，邀集各領域專精之人士進行審訂，並就各種契約類型分別加註解說。所以本書除了提供讀者在面對各種不同的經濟活動與交易行為時，就撰擬周延的合約能夠有參考依據外，更有積極的法律推廣教育功能。

　　讀者在閱讀並使用本書時應認知到，雖然本書合約類型已提供讀者參考的方向，且亦提醒讀者應加以注意的法律風險。但本書並不能代替律師所提供的法律諮詢功能，所以在擬定具體合約時，雖可參考本書之契約類型，但仍需由法律專家就個別交易之特殊性，撰擬個別的合約條款，才能制定一份保障周延且預防爭議的合約。

恆業法律事務所主持律師

林繼恆　博士

推薦序④

契約範本包羅萬象

　　契約在現代人類生活中是不可或缺的一環。不論日常生活或日常交易都不能缺少契約,因此我們需要深切地認識它。互相交易,訂立好的契約,雙方生活愉快;契約訂立不夠明確、周延,將會遭受莫大損失,可見契約在我們生活的確是非常重要的。

　　本書作者有鑑於此,利用長年在民商法中的實務經驗,用心收集資料編著此本《實用契約書大全》。本書取材豐富,包羅萬象,民商法各類工商交易、日常生活實用契約皆有列入,本書內容特別提供當今使用日廣的定型化契約,以及中華人民共和國合同法的各類合同,更是本書的一大特色,可說是認識契約、訂立契約的最佳範本。

　　有此良書,本人樂於為序,推薦給社會大眾。

律師

李勇三

代序

人類社會生活的準繩──契約

在法治社會，法律是生活之準繩，與每一人生活息息相關，而在日常生活中所接觸之法律，以契約與吾人關係最為密切，故而契約之訂定與履行乃每一國民必備之基本法律常識。關於契約，在歷史上有過多種表述。「契約常被定義為在法律上具有強制執行力的許諾或協議。」西元 1803～1804 年公佈的《法國民法典》如是說。「契約為一種合意，依此合意，一人或數人對於其他一人或數人負擔給付、作為或不作為的債務。」係指契約的雙方或多方之間，基於各自的利益而達成協議。透過契約，雙方各自讓渡部分產品或所有權，同時又從對方得到己方所需要的東西。從根本目的來說，這種合意是受功利目的驅使的，而透過契約，雙方也都擴大了自己的需要。

在中國古代，「契」既指一種協議過程，又指一種協議的結果。《說文解字》謂：「契，大約也。」所謂「大約」，是指邦國之間的一種盟約。為保證協約的效力，還要輔之以「書契」。「書契，符書也。」是指用以證明出賣、租賃、借貸、抵押等關係的文書，以及法律條文、案卷、總賬、具結等。另外，「契」還表示一種券證。「契，券也。」所以在古代，作為券證的「書契」可在市場上進行流通，取物或予物。可見在中國古代，契約作為一種盟約和約定的媒介或形式已經出現。

而在西方，契約是一種商業手段，不僅廣泛應用於社會生活，還以法律的形式出現在法典。《羅馬法》對契約的定義、契約的分類和契約的執行均明確規定。13世紀至 15 世紀的法國，在商業領域已廣泛地使用契約。15 世紀中葉，著名的麥第奇銀行已經有使用契約的高超專門技術，其貸款契約等，也都表現出了當時擬定契約的技術能力已達到相當高的水準。19 世紀英國法學家亨利·梅因說，人類的進步史乃是一部從基於身分的義務獲得解放，代之以基於契約或自由協議的義務的歷史。甚至有人說，在現代經濟中，各種利益關係均可以透過契約設計來實現。

人類以語言表示意識，求得經營其相互間的交易生活，契約即是依此種語言而將大眾共通意識相互聯繫而產出的現象之一，然口頭之合意遇有爭執時舉證困難，

不如書面契約之經久、嚴肅、具證明力,並且可加以當事人心理上之尊重,使之謹慎從事訂約。原則上契約以不要式契約為原則(「不要式契約」指契約不須依一定方式就能成立或生效者),要式契約為例外(「要式契約」是指除當事人意思表示一致外,仍須依一定方式始能成立或生效的契約)。所謂要式契約的履行方式有法定和約定之分,法定要式契約通常是以「書面」及「公開儀式」為履行方式。要式契約不依法定方式履行者,依民法規定為無效。但法律另有規定者,不在此限。另民法亦規定契約當事人約定其契約須用一定方式者,在該方式未完成前,推定其契約不成立。此外,契約關係已經從狹義的債權債務關係擴展到廣義的商事、物權及身分關係。其牽涉之法律除民法外,尚包括商事法及有關的民事特別法,如動產擔保交易法、土地法及國有財產法等,至為錯綜複雜,加以公私法人從事交易行為亦生私法上契約之效力,所以對於契約之草擬、條款之斟酌、及其衍生之法律關係之探討,均需於簽訂契約之前詳加研商,以免掛一漏萬,引發爭執及紛擾,避免承擔冗長沉重之訴訟成本。

為此,五南圖書股份有限公司早於民國八十年出版由李永然律師主編、張吉人及林裕山先生撰擬之《契約書製作範例》一書,多年來暢銷十數版,但囿於該書篇幅限制,蒐集未盡完備,是以有本書之出版。本書可謂在該書之基礎上擴充增補而成,同時增加重慶聯合法律事務所所長謝永誌先生提供之部分資料,期望透過此次大規模整編,提供一套完整、全面的契約範本。

本書共計十一編,分別為:「契約總論」、「債權債務的相關契約」、「物權的契約」、「親屬關係的相關契約」、「繼承的契約」、「信託契約」、「商事的相關契約」、「智慧財產權的相關契約」、「行業與勞務的相關契約」、「中華人民共和國投資相關契約」及「公證與認證」。民商法中各式常見契約均完整涵括在內。本書編纂之目的,除了使讀者明白訂立契約應注意的事項並認識契約的效力外,對於已經訂立的契約,應如何爭取契約中之權利並了解應負之義務與責任,本書亦有全面性之說明,協助讀者善用法律,減少契約糾紛之發生。本文敘述方面,理論力求淺易,文字避免艱深,條分縷析力求完整,提供為數不少之具體範例。

本書承東吳大學法學院潘院長、臺灣臺北地方法院所屬民間公證人重慶聯合事務所謝永誌所長、恆業法律事務所林繼恆博士和李勇三律師惠予賜序,以及五南圖書出版股份有限公司前法律主編田金益先生多方奔走協助,藉此致上最誠摯的謝意。作者不揣譾陋,擬以在法律實務工作多年之經驗,廣集國內文獻資料,加以分析整理歸納之所得,草成此書。若得在締約方面貢獻些微參考,而對契約雙方有所

幫助，則甚感慶幸。才疏學淺，學驗有限，倉卒付梓，舛誤之處，勢所難免，尚祈法學先進及讀者，惠賜匡正，俾本書益臻完善，不勝銘感。

永然聯合法律事務所所長

李永然

臺灣地政法律事務所所長

蔡仟松

凡例

一、編輯體例

　　（一）本書共分十一編，第一編為契約總論，論及契約與契約書的製作。敘述何謂契約、契約的種類、契約書的記載要領、訂約雙方當事人應注意事項。以及契約的成立、效力、履行。敘述契約如何成立、如何產生效力、如何能有效的履行。

　　（二）第二編為債權債務的相關契約。本編依民法各種之債順序編列，各種之債的契約範例，依序列入。

　　（三）第三編為物權相關契約。民法物權編之各類契約範例亦順序編列，依序列入。

　　（四）第四編為親屬關係相關契約。身分關係之婚約、結婚、認領、收養的契約範例亦詳依次編列。

　　（五）第五編為繼承關係相關契約。敘述有關遺囑的寫作及繼承遺產分割、管理、拋棄等各種契約範例。

　　（六）第六編為信託契約。

　　（七）第七編為商事的相關契約。當今工商發達，各式各樣商務甚多，各種形式商務契約，幾乎均可在本章找到。

　　（八）第八編為智慧財產權的相關契約。

　　（九）第九編為行業與勞務的相關契約。

　　（十）第十編為中華人民共和國相關合同。包含一般通行的合同，以及投資等相關的合同，均有範例說明。

　（十一）第十一編為公證。訂立書面契約，有些需要公證，因此本章敘述公證的方式。

二、內容含各章契約定義、契約當事人權利及義務、訂立契約之基本條款、訂立契約之應注意事項。

三、每篇契約包括其特點、適用對象、基本條款、應注意事項及相關法條，並標註應注意之註解。

四、本書中，依據各類契約種類所撰寫之範例，均以契約類別再加以各編各章之順
　　序編號，例如：債權讓與契約書之編號「債權讓與契約 2-1-1」，其中「債權讓
　　與契約」為契約分類，第一個數字「2」代表第二編，第二個數字「1」代表第
　　一章，第三個「1」即代表在本章中的編列順序代號。

五、尋找本書各篇契約位置，可依據書前「目錄」及書末「契約書範本筆劃索
　　引」，即可循不同類別和頁碼按號索驥。

總目錄

目錄

第六編

物權的契約

第 1 章 共有

審訂：恆業法律事務所律師　吳佩諭
　　　恆業法律事業所律師　謝昆峰

一、定義

共有，為數人就一物共同享有一所有權。分別共有，乃數人就一物按其應有部分而共享一所有權；而公同共有則為數人基於公同關係對於一物而共同享有一所有權。其中，公同關係之發生係依法律之規定（如繼承之公同共有）或契約（如合夥契約）之約定。

二、契約當事人的法定權利義務

（一）共有人的內部關係

分別共同之應有部分不明者，推定其為均等。

各共有人得自由處分其應有部分，並按其應有部分，對於共有物之全部有使用收益之權。但共有物之處分、變更及設定負擔，應得共有人全體之同意。共有物之管理，除契約另有訂定外，應由共有人共同為之。其管理費用與其他負擔，除契約另有訂定外，應由各共有人按其應有部分分擔。

共有物之簡易修繕及其他保存行為，得由各共有人單獨為之。但共有物之改良，非經共有人過半數且其應有部分合計已過半數者之同意，不得為之。

（二）請求權的行使

各共有人對於第三人，得就共有物之全部，為本於所有權之請求。但回復共有物之請求，僅得為共有人全體之利益為之。

（三）共有物的分割

除因物之使用目的或契約訂有期限而不能分割之情形外，各共有人得隨時請求分割共有物。契約定不能分割之期限不得逾五年。共有物之分割依共有人協議之方法行之。如共有人就分割之方法不能協議決定時，法院得因任何共有人之聲請，命

為下列之分配：

1. 以原物分配於各共有人。但如共有人中有不能按其應有部分受分配者，得以金錢補償之。
2. 變賣共有物，以價金分配各共有人。

且各共有人對於他共有人因分割而得之物，按其應有部分，負擔保責任。

（四）公同共有人的權義關係

公同共有人之權利義務，依其公同關係所由規定之法律或契約定之。其權利及於公同共有物之全部。故公同共有物之處分及其他權利之行使，除公同關係所由規定之法律或契約另有規定外，應得公同共有人全體之同意。公同關係存續中，各公同共有人不得請求分割其公同共有物，其分割方法原則上依關於共有物分割之規定。

三、共有契約應訂明的基本條款

（一）分管契約

1. 共有人。
2. 共有物之明細記載。
3. 分管之界限。
4. 共有人之間約定事項。

（二）分割契約

1. 共有人。
2. 共有物之記載。
3. 各共有人分得部分。
4. 費用之分擔或補貼。
5. 所有權登記義務。
6. 其他特約。

（三）共有契約

1. 共有人。

2. 共有物之記載。

3. 共有物費用之分擔。

4. 其他權利義務約定。

四、契約範例

（一）不動產共有契約書

1. **本契約的特點**：本契約為不動產共有契約，並應登記為公同共有。

2. **適用對象**：本契約適用於數人共同購買且擁有土地，並登記為公同共有。

3. **基本條款**：訂立本契約應訂明共有契約之基本條款。

4. **相關法條**：民法第 668、758、827-830 條。

共有契約 6-1-1

不動產共有契約書

　　立契約書人○○○（以下簡稱甲方）○○○（以下簡稱乙方）○○○（以下簡稱丙方），茲為不動產公同共有人，經當事人協議，訂定條款如下：

第 1 條　甲、乙、丙三方係合夥人，於民國○○年○○月○○日，共同資金，購買○○市○○區○○段○○小段○○地號，面積○○公頃土地乙筆，並逕向○○地政事務所○○年○○月○○日，收件字號○○號，所有權移轉登記為甲、乙、丙公同共有完竣在案。

第 2 條　前條不動產之各項應納稅捐及改良費用，由合夥人共同支付。

第 3 條　關於公同共有物之簡易修繕及其他保存行為所需費用，由合夥人共同支付。

第 4 條　共有物之管理費及其他負擔，由合夥人共同支付。

第 5 條　共有不動產之管理、處分、改良或設定擔保等行為，須經共有人全體同意或依合夥人規定為之。

第 6 條　共有人退夥時，對本件不動產之共有權，經由合夥人退還出資及利益分配後，即移轉於其餘合夥人共有決無異議。

第 7 條　合夥如有新加入之合夥人者，該合夥人對於本件共有不動產，當然取得公同共有人資格。

第 8 條　本約對於共有人之繼受人或繼承人，均屬有效。

第 9 條　本契約經法院公證後生效。

第 10 條　本契約一式三份，當事人各執一份為憑。

共有人（甲方）：○○○　印

住址：

身分證統一編號：

共有人（乙方）：○○○　印

```
          住址：
          身分證統一編號：
          共有人（丙方）：○○○　印
          住址：
          身分證統一編號：
中　華　民　國　○○　年　○○　月　○○　日
```

註：本契約第6條及第7條規定公同共有關係得喪之變更。

（二）共同壁使用同意書

1. **本契約的特點**：本契約為共同壁使用同意書，契約當事人約定共同壁之使用方法。
2. **適用對象**：本契約適用於共同壁之使用方法之契約。
3. **基本條款**：訂立本契約應訂明共有契約之基本條款。
4. **相關法條**：民法第817、820條。

共有契約 6-1-2

共同壁使用同意書

立協議書人○○○（以下簡稱為甲方），○○○（以下簡稱為乙方），茲為使用共同壁牆經甲乙雙方協議同意訂立下列條款：

第1條　甲方所有座落○○門牌○號與乙方所有座落○○門牌○號房屋毗鄰，兩屋間原已使用共同牆壁，今因甲方需要就所有房屋拆除重建兩屋間之共同牆壁，得乙方之承諾並配合之。

第2條　甲方重建房屋為加強磚造二層樓屋，與乙方房屋之共同牆壁之建築費用，全部為新臺幣○○元整。建築費用，由甲乙雙方各自依比例分擔：甲負擔○分之○；乙負擔○分之○，而乙方承諾負擔部分分擔額為新臺幣○元整，並於本協議書訂立同日，全部一次交付甲方收訖另立收據為憑。

第3條　興建完成之共同壁應自壁心中線為界，各自為甲、乙雙方所有。

第4條　乙方將來重建私有房屋之樓屋時，當然有權利使用甲方建築二層共同牆壁，甲方概同意不得向乙方再請求任何補償費用。

第5條　乙方將來重建私有房屋，而申請建築執照如需甲方另立字據或出面蓋章時，甲方必須無條件出具之，不得刁難或異議。如開立字據另生之費用，應由乙方負擔。

第6條　甲、乙雙方對於使用其共同牆壁所需保養費用，由雙方各負擔其費用額之半數。

第7條　甲方重建兩屋間之共同牆壁對於乙方負如同買賣瑕疵擔保之責任；甲乙雙方將來增建更高樓層時亦同。

第8條　甲乙雙方將來增建更高樓層時，亦應使用共同牆壁為原則，本同意書之約定於增建時亦應適用。不論何方先行興建應墊付其建造費用，並於建築完妥後，依據建築師估價決定之數額由雙方各自平均負擔其費用。

第 9 條　甲方重建房屋之共同牆壁，應保持原來共同牆壁界線之原位置，不得越界，如有越界建築時應恢復原狀，並賠償乙方之所受之損失。

第 10 條　甲方重建房屋應對於甲乙雙方所有兩屋間之共同牆壁部分先行施工，並將乙方房屋修復及內壁抹灰粉刷及保持房屋堅固安全。

第 11 條　甲方對於兩屋間之共同牆壁之建造工程，應自甲方重建房屋開之日起○天內完竣，不得逾期，如有超越期限尚在停工時，乙方得隨時逕行招商代行建造，所需一切費用應由甲方立即無條件認付之。

第 12 條　甲方在施工建造共同牆壁時，倘需拆除乙方房屋之一部或其他障礙物時，乙方應予甲方便利，而甲方必須防止損害至最少之限度，並加以防備危險之注意，為工作時倘因致有損害，其損害不論包商或工人之所為，甲方皆應負一切損害賠償責任。

第 13 條　本協議書對於甲乙雙方房屋之繼承人或產權受讓人仍有同一之拘束效力，雙方均應負本協議書所約定事項明告之義務。

第 14 條　本契約經法院公證後生效。

第 15 條　本契約一式二份，雙方當事人各執一份為憑。

甲方：○○○　[印]

住址：

身分證統一編號：

乙方：○○○　[印]

住址：

身分證統一編號：

中　華　民　國　　○○　　年　　○○　　月　　○○　　日

註：1. 本契約對於契約當事人共同使用之共同壁，有詳列權利義務，以利契約當事人遵守，但本契約非典型之共有契約，僅生債權契約之效力。

　　2. 共同壁施作時，應注意雙方不動產之分界，以共同壁之中心為界，不宜越界。

（三）共有物分割契約書（法院公證處例稿）

1. **本契約的特點**：本契約為共有不動產分割契約，共有當事人合意分割共有物之契約。

2. **適用對象**：本共有物分割契約適用於共有人合意分割共有物。

3. **基本條款**：訂立本契約應訂明分割契約之基本條款。

4. **相關法條**：民法第 824、825 條。

共有契約 6-1-3

共有物分割契約書

　　立約人○○○因共有土地之分割，經協議訂立分割條件如後：

第 1 條　各共有人應協同辦理分割登記並提供應備之文件，不得故意刁難。

第2條　辦理分割登記全部費用，由各共有人平均負擔。

第3條　共有物分割後，各共有人應分得之土地，各自營業，並各自負擔分割後之稅捐。分割前應納之稅捐由各共有人平均負擔。

第4條　分割後各共有人所取得之土地標示：

　　　　一、○○市○○段○○地號等則田○○公頃所有權全部歸○○○取得。

　　　　二、○○市○○段○○地號等則建○○公頃所有權全部歸○○○取得。

　　　　三、○○市○○段○○地號等則田○○公頃及同上段○○地號○○等則田○○○公頃所有權全部歸○○○取得。

第5條　本契約經法院公證後生效。

共有人：○○○　印

住址：

共有人：○○○　印

住址：

共有人：○○○　印

住址：

中　華　民　國　　○○　　年　　○○　　月　　○○　　日

註：本契約乃共有人合意分割共有物契約。共有人自共有物分割契約生效時，即取得分得部分之所有權，共有關係即消滅。惟，各共有人因分割而得之物，按其應有部分負與出賣人同一之擔保責任。

（四）共有房屋分管契約

1. **本契約的特點**：本契約為共有房屋分管契約，由房屋共有人訂立分管契約規定共有人對於分管房屋之使用收益權利。

2. **適用對象**：本契約適用於共有房屋之分管契約。

3. **基本條款**：訂立本契約應訂明分管契約之基本條款。

4. **相關法條**：民法第820條。

共有契約 6-1-4

共有房屋分管契約書

　　立契約書人○○○（以下簡稱甲方）○○○（以下簡稱乙方），茲為共有建物各自分管使用，同意訂立條款如後：

第1條　雙方合意依第2條所定，各自分管使用收益所持分部分。

第2條　甲乙雙方間所均等，共有之座落○○市○○路○○號，加強磚造，二層樓房乙棟。一樓面積○○平方公尺。二樓○○平方公尺。依下列條款分管使用之：

　　　　一、甲方分管部分：

　　　　　　本建物一樓包括附屬建物全部……。

　　　　二、乙方分管部分：

第 3 條　雙方同意嗣後,如有分割共有土地之合意,分割之合法願依本分管契約所訂定為準,申辦分割登記各取得分管土地之所有權。

第 4 條　本約訂定後,雙方依約分管,使用收益,不得逾越所應分管範圍而侵害他方。

第 5 條　關於本件物之保存行為及其所需費用,除各分管部分之簡易修繕,由分管人單獨負擔外均由雙方依比率分擔。

第 6 條　本共有建物之改變或重大修繕,應經雙方協議同意後,始得為之,且其費用除同意時另有約定外,均應分擔之,而所改良物亦為共有物。

第 7 條　本共有建物房屋稅由甲方負擔三分之二,乙方負擔三分之一。地價稅各自分擔二分之一。水電費依各人實際使用分擔之。

第 8 條　雙方如有任一方將其所有權讓與第三人時,同負履行本約之責任。若因而導致之損害,出讓人亦同負擔損害賠償之責任,絕不得異議。

第 9 條　本約對雙方之繼承人同生效力。

第 10 條　分管位置圖:
　　　　　一、如圖所示,紅色表示 A 區部分為甲方所分管部分。
　　　　　二、如圖所示,綠色表示 B 區部分為乙方所分管部分。圖略(地籍為據)

第 11 條　本契約經法院公證後生效。

第 12 條　本契約一式二份,雙方當事人各執一份為憑。

　　　　　　　　共有人(甲方):○○○　印

　　　　　　　　住址:

　　　　　　　　身分證統一編號:

　　　　　　　　共有人(乙方):○○○　印

　　　　　　　　住址:

　　　　　　　　身分證統一編號:

中　　華　　民　　國　　○○　　年　　○○　　月　　○○　　日

註:分管契約係共有人間就共有物之管理、使用、收益定暫時使用之狀態,並未消滅共有關係。而本分管契約第 3 條規定分管之共有物,如共有人日後合意分割共有物時,依照分管契約所訂分管標準分割。

第 *2* 章　地上權

審訂：恆業法律事務所律師　吳佩諭
　　　恆業法律事務所律師　謝昆峰

一、定義

地上權者，乃以在他人土地上有建築物或其他工作物或竹木為目的而使用其土地之權，除契約另有訂定或另有習慣外，得將其權利讓與他人。

新興的法領域，如高空地上權之概念，其需用、補償除應依據各該適用之特別法為之外，譬如大眾捷運法第 19 條，如特別法未為規定，則應適用民法物權編之規定協議設定之。

二、契約當事人之法定權利義務

（一）地上權人的權利

1. 使用他人土地之權利。
2. 相鄰權（民法第 774-798 條）。
3. 地上權人所有之工作物或竹木於地上權消滅時，得取回之。但應回復土地原狀。
4. 請求土地所有人補償建築物之時價。

（二）土地所有人之權利

1. 收取地租。
2. 以時價購買地上權人之工作物或竹木。
3. 地上權人積欠地租達二年之總額者，得撤銷其地上權。

（三）存續期間

1. 地上權未定有存續期間時地上權人得隨時拋棄其權利。

2. 若有支付地租之訂定者，地上權人拋棄其權利時，應於一年前通知土地所有人或支付未到期之一年地租。

三、地上權設定契約應訂明之基本條款

1. 土地所有權人及地上權人。
2. 地上權設定之土地標示。
3. 地上權設定目的。
4. 定有地租約定者，其支付方式及金額。
5. 定有存續期間者，其期間。
6. 地上權設定登記，費用或稅捐之分擔。
7. 其他特約事項。

四、訂立本契約應注意事項

1. 地上權人縱因不可抗力妨礙其土地之使用，地上權人亦不得請求免除或減少租金。
2. 地上權不因工作物或竹木之滅失而消滅。

五、契約範例

【地上權買賣】

● 地上權買賣契約書

1. 本契約的特點：本契約為地上權買賣契約。地上權人以其所有之地上權讓與他人，買受人承受地上權，在地上權土地使用收益。
2. 適用對象：本契約適用於地上權之買賣而訂定之契約。
3. 基本條款及注意事項：訂立本契約應訂明設定地上權之基本條款，並其應注意事項。
4. 相關法條：民法第 838 條。

地上權契約 6-2-1

地上權買賣契約書

　　立契約書人○○○（以下簡稱甲方）○○○（以下簡稱乙方），茲為簽訂地上權買賣契約書，經當事人協議，訂立條款如後：

第 1 條　不動產標示：

　　　　一、座落：臺北市○○路○號。

　　　　二、地號：臺北市○○段○○小段○○地號

　　　　三、地目：宅地。

　　　　四、面積：○○平方公尺。

第 2 條　地上權標示：

　　　　一、於第 1 條所標示之不動產上所存之地上權，並應以地政機關核發之土地登記謄本之記載為準。

　　　　二、用途：建物。

　　　　三、有效期限：○○年。

　　　　　　租金：每平方公尺每年○○○○元。

　　　　租金付款時間：每年的○○月○○日。

第 3 條　地上權人甲方，同意將前記地上權出售給乙方，乙方同意以新臺幣○○元整的售價收買。

第 4 條　甲、乙雙方應協同辦理地上權買賣之移轉登記，登記費用應由甲乙雙方平均分擔。

第 5 條　對前記地上權買賣移轉登記申請時，乙方需付清買賣金額給甲方。

第 6 條　本契約書正本一式二份，簽名蓋章後當事人各執一份為憑。

　　　　　　　　賣方（甲方）：○○○　印

　　　　　　　　住址：

　　　　　　　　身分證統一編號：

　　　　　　　　買方（乙方）：○○○　印

　　　　　　　　住址：

　　　　　　　　身分證統一編號：

中　　華　　民　　國　　○○　　年　　○○　　月　　○○　　日

註：地上權買受人承受地上權出賣人之權利，並應遵守地上權設定之條款。

【地上權設定】

● 地上權設定契約書（為建物設立地上權）

1. 本契約之特點：本契約為地上權設定契約書，地上權設定標的為地上權人之鋼筋水泥建物。

2. 適用對象：本契約適用於為鋼筋水泥建物而設定之地上權。

3. 基本條款及應注意事項：訂立本契約應訂明地上權基本條款及其應注意事項。

4. 相關法條：民法第 832、833、835、836、840、841 條。

地上權契約 6-2-2

地上權設定契約書（一）

　　立契約書人○○○（以下簡稱甲方）○○○（以下簡稱乙方），茲為簽定地上權設定契約書，經當事人協議，訂立條款如後：

第1條　乙方將後記土地，為甲方設定地上權。

第2條　地上權設定目的是為了甲方所有的鋼筋水泥建物。

第3條　地上權有效期限，自立約日起○○年為限。

第4條　租金為每平方公尺新臺幣○○○○元整，於每年○○月○○日付給。

第5條　乙方必須辦理前記地上權設定的登記手續，並負擔登記費用。

第6條　本契約書正本一式二份，簽名蓋章後當事人各執一份為憑。

　　　　　　　　　地上權人（甲方）：○○○　印

　　　　　　　　　住址：

　　　　　　　　　身分證統一編號：

　　　　　　　　　土地所有人（乙方）：○○○　印

　　　　　　　　　住址：

　　　　　　　　　身分證統一編號：

中　　華　　民　　國　　○○　年　　○○　月　　○○　日

註：1. 地上權人之工作物為建築者，如地上權因存續期間屆滿而消滅，土地所有人，應按該建築物之時價為補償。但契約另有訂定者，從其訂定。（民法第840條第1項）。土地所有人，於地上權存續期間屆滿前，得請求地上權人於建築物可得使用之期限內，延長地上權之期間，地上權人拒絕延長者，不得請求前項補償（民法第840條第2項）

　　　2. 如地上權人積欠地租達二年之總額，除另有規定外，土地所有人，得向地上權人以意思表示撤銷其地上權。

● **地上權設定契約書（建築使用之地上權）**

1. 本契約之特點：本契約為地上權設定契約，為建築使用而設定地上權。

2. 適用對象：本契約適用於為建築使用而設定之地上權。

3. 基本條款及應注意事項：訂立本契約應訂明設定地上權基本條款及其應注意事項。

4. 相關法條：民法第 832、833、835、836、838、840、841 條。

　　不動產標示（省略）

地上權契約 6-2-3

地上權設定契約書（二）

　　土地所有權人○○○（以下簡稱甲方）與地上權人○○○（以下簡稱乙方）為設定地上權訂立契約如下：

一、甲方為其所有之下列土地之建築使用（或者為某某原因）而為乙方設定地上權：

（一）○○市○○路○○號地。

（二）○○宅地○○平方公尺。

二、乙方每年必須付地租○○元給甲方。

前項地租支付的時期，定於每年 12 月 31 日。

三、締結本契約此年的地租金額○○元整，必須在同年 12 月 31 日之前支付。

四、乙方因不可抗力致妨礙土地的使用時，不得請求地租之免除或減額。

五、前條情形，若剩下的土地無法達到乙方行使地上權的目的時，乙方可解除本契約。但解除之月以前之地租，必須在同年 12 月 31 日之前支付。

六、乙方若因不可抗力而持續三年以上完全不能使用土地時，可以拋棄其權利。

前項情形，該年的地租到拋棄之月為止，必須在同年的 12 月 31 日支付。

七、乙方若持續兩年未支付地租或於地上權存續期間內，宣告破產時，甲方可撤銷其地上權。

八、本地上權的存續期間從契約生效之日起算三十年。

九、乙方在本地上權消滅時，必須將土地復為本契約締結時的原狀。設於土地上之工作物或竹木等，必須去除，但若甲方欲依時價購買時，則乙方除○○事由外，不得拒絕。

十、甲乙雙方應協同辦理地上權設定登記，登記費用由雙方平均分擔。

十一、締結本契約時，工地現狀以書面及圖面的方式附帶在契約書中。

十二、本契約書一式二份，各自簽名蓋章後，分別持有一份。

甲方：○○○　[印]

住址：

乙方：○○○　[印]

住址：

中　華　民　國　○○　年　○○　月　○○　日

註：本契約第 5 條規定本契約之解除條件，第 6 條規定地上權人在不可抗力不能使用土地時，可拋棄地上權。

第 *3* 章　地役權

審訂：恆業法律事務所律師　吳佩諭
　　　恆業法律事務所律師　謝昆峰

一、定義

　　地役權者，謂以他人土地（供役地）供自己土地（需役地）便宜之用之權。地役權不得由需役地分離而爲讓與，或爲其他權利之標的物，此爲地役權之從屬性。

　　需役地經分割者，其地役權爲各部分之利益，仍爲存續，但地役權之行使，依其性質只關於需役地之一部分者，僅就該部分爲存續，供役地經分割者亦同。此爲地役權之不可分特性。地役權依時效而取得者，以繼續並表見者爲限。

二、契約當事人之法定權利義務

（一）地役權人之權利義務

1. 就契約約定之特定用途使用土地之權。
2. 因行使或維持其權利，得爲必要之行爲，但應擇於供役地損害最少之處所及方法爲之。
3. 準用民法第 767 條關於所有權之保護。
4. 維持其設置的義務。
5. 設置物允許供役地所有人使用的義務。
6. 給付地役權代價之義務（於有償契約時）。

（二）供役地人之權利義務

1. 請求地役權代價之權利。
2. 使用供役地上設置權。
3. 分擔維持供役地上設置之義務。
4. 不得有不利於地役權行使之行爲。

三、本契約應訂明之基本條款

1. 地役權人及供役地人。
2. 需役地及供役地之標示，土地供作特殊目的使用之約定。
3. 地役權代價之金額及給付方式。
4. 地役權存續期間。
5. 其他權利義務約定。
6. 辦理地役權登記，登記費用及稅捐之分擔。

四、契約範例

【地役權設定】

● 地役權設定契約書

1. **本契約的特點**：本契約為地役權設定契約書，土地所有人提供土地，供需役地通行之用。
2. **適用對象**：本契約適用於供通行使用之地役權。
3. **基本條款**：訂立本契約應訂明地役權之基本條款。
4. **相關法條**：民法第 851、853-858 條。

地役權契約 6-3-1

地役權設定契約書

　　立契約書人○○○（以下簡稱甲方）○○○（以下簡稱乙方），茲為簽訂地役權設定契約書，經當事人協議，訂立條款如後：

第 1 條　供役地所有人甲方，對於地役權人乙方所有之臺北市○○段○○小段○○地號的土地，為便於通行，將其所有左列土地設權給乙方：
　　　　一、地號：臺北市○○段○○小段○○地號。
　　　　二、面積：土地面積○平方公尺。

第 2 條　前項土地擁有地役權部分如下：
　　　　第 1 條土地東部○○地號的邊界線起，往西○○平方公尺，從乙方所有的土地邊界線起向南方公路三十公尺，面積二十平方公尺，附圖表於後。

第 3 條　甲方對於前項土地的部分，以其費用，每年修復一次，以便通行。

第 4 條　乙方為酬謝，每年付新臺幣○元整給甲方，於每年十二月三十一日支付。

第 5 條　乙方若有兩年以上不付前條酬謝金時，甲方可請求消滅地役權。

第 6 條　地役權有效期限，自立約日起三十年為限。

第 7 條　在本地役權契約有效期間內，隨時與需役地同時移轉，即使需役地所有權人轉移，地役權也不消滅。

第 8 條　甲乙雙方應協同辦理地役權登記，登記費用及稅捐由雙方平均分擔。
第 9 條　本契約書正本一式二份，簽名蓋章後當事人各執一份為憑。

　　　　　　　　供役地所有人（甲方）：○○○　印
　　　　　　　　住址：
　　　　　　　　身分證統一編號：
　　　　　　　　地役權人（乙方）：○○○　印
　　　　　　　　住址：
　　　　　　　　身分證統一編號：

中　　華　　民　　國　　○○　　年　　○○　　月　　○○　　日

註：地役權人有物上請求權。

【地役權變更】

● 地役權變更契約書

1. 本契約的特點：本契約為地役權變更契約書，為由供役地所有人與地役權人訂立地役權之變更。
2. 適用對象：本契約適用於地役權之變更。
3. 基本條款：訂立本契約應訂明地役權之基本條款及其變更。
4. 相關法條：民法第 851、853-858 條。

地役權契約 6-3-2

地役權變更契約書

　　立契約書人○○○（以下簡稱甲方）○○○（以下簡稱乙方），茲為簽訂地役權變更契約書，經當事人協議，訂立條款如後：

第 1 條　後記土地在民國○○年○○月○○日收文第○號○順位地役權，雙方當事人同意變更，並為變更登記。地役權之認定，應以地政機關核發之土地登記謄本之記載為準。
第 2 條　地役權範圍：東側長○公尺，寬○公尺，面積○平方公尺。
第 3 條　不動產標示：
　　　　　一、座落：臺北市○○段○○小段○○地號
　　　　　二、地目：宅地。
　　　　　三、面積：○平方公尺。
第 4 條　本契約一式二份，當事人各執一份為憑。

　　　　　　　　供役地所有人（甲方）：○○○　印
　　　　　　　　住址：
　　　　　　　　身分證統一編號：

地役權人（乙方）：○○○　印
住址：
身分證統一編號：

中　華　民　國　○○　年　○○　月　○○　日

註：不動產標示，需記載供役地。

第 4 章　抵押權

審訂：恆業法律事務所律師　吳佩諭
恆業法律事務所律師　謝昆峰

一、定義

抵押權者，謂對於債務人或第三人不移轉占有而供擔保之不動產，得就其賣得價金受清償之權。抵押權不得由債權分離而為讓與或為其他債權之擔保，顯見抵押權為一擔保物權之從屬性。

以地上權、永佃權、典權為標的物之抵押權為準抵押權，準用關於抵押權之規定。最高限額抵押權，就繼續的法律關係將來可能發生之債權，預定一最高限度，而以抵押物供擔保之抵押權。

二、契約當事人之法定權利義務

1. 抵押權擔保範圍：抵押權所擔保者為原債權、利息、遲延利息及實行抵押權之費用，但契約另有訂定者，不在此限。
2. 抵押權之效力：抵押權標的物之範圍包括主物及從物、從權利，由抵押物分離之天然孳息或法定孳息，以及因抵押物之滅失而得受之賠償金。
3. 抵押權之權利：將抵押權與債權讓與或為其他債權之擔保，但不得由債權分離而為讓與或為其他債權之擔保。另可請求停止抵押人足使抵押物之價值減少之行為或為必要之保全處分。其費用由抵押人負擔。

   抵押物之價值減少時，抵押權人得請求抵押人回復原狀或提出相當的擔保。如價值減少事由不可歸責於抵押人時，尚可於抵押人得受損害賠償之限度內，請求提供擔保。
4. 抵押人之權利：不動產所有人得就同一不動產上設定數抵押權，其次序依登記之先後定之。設定抵押權後，於同一不動產上得設定地上權及其他權利，甚至將不動產讓與他人，抵押權均不因此受影響。
5. 物上保證人之權利：物上保證人（提供自己之不動產為他人設定抵押權的第三人）代為清償債務或因此抵押權之實行而喪失其抵押物所有權時，依關於保證之規定，對債務人有求償權。

6. 抵押權之實行：抵押權人於債權已屆清償期而未受清償者，得聲請法院拍賣抵押物就其價金而受清償。其價金按各抵押權人之次序分配之，其次序相同者，平均分配之。抵押權人於債權清償期屆滿後，爲受清償，得訂立契約取得抵押物之所有權，或用拍賣以外之方法處分抵押物。但其方法不可有害於其他抵押權人。另抵押權人得拋棄其抵押權或將其次序讓與同一債務人之其他抵押人。

三、本契約應訂明的基本條款

1. 抵押權人、抵押人或物上保證人。
2. 抵押物之標示。
3. 所擔保之債權範圍。
4. 抵押權存續期限。
5. 登記義務及稅捐或其他費用之分擔。
6. 其他約定事項。

四、訂立本契約應注意事項

1. 抵押權人如與債務人或物上保證人約定，於債權已屆清償期而未受清償時，抵押物之所有權移轉於抵押權人者，其約定爲無效。
2. 動產抵押須以書面訂立契約，非經登記不得對抗第三人。不動產抵押非經登記，不生效力。

五、契約範例

【抵押權設定】

● 抵押權設定契約書

1. 本契約的特點：本契約爲抵押權設定契約書，抵押人因向抵押權人借款，提供不動產與抵押權人擔保借款。
2. 適用對象：本契約適用於借款提供不動產爲抵押擔保。
3. 基本條款及應注意事項：訂立本契約應註明抵押權之基本條款，並應注意抵押權設定之事項。
4. 相關法條：民法第 860、861-864、867 條。

抵押權契約 6-4-1

抵押權設定契約書（一）

　　立抵押契約書人○○○（以下簡稱甲方）○○○（以下簡稱乙方），茲因抵押借款事宜，訂立本契約書，雙方議定條件如後：

一、甲方貸與乙方新臺幣○元整，利率月息○分。

二、乙方將其所有座落○○二層樓房乙棟，計建坪五十坪，及基地○○，作為抵押，以擔保前條債務。

三、抵押期限為○○年，自民國○○年○○月○○日起至民國○○年○○月○○日止，期滿經雙方同意得繼續抵押，但應另訂契約。

四、乙方如屆債務清償期不清償債務時，甲方得聲請法院裁定拍賣抵押物清償，乙方不得異議。

五、乙方應於契約成立後二十日內協同甲方辦理抵押權設定登記，登記費用由○方負擔。

六、本契約經雙方簽章後生效，恐空口無憑，雙方各執一份。

　　　　　　　　　　　甲方（抵押權人）：○○○　印
　　　　　　　　　　　住址：
　　　　　　　　　　　乙方（抵押人）：○○○　印
　　　　　　　　　　　住址：

中　　華　　民　　國　　○○　　年　　○○　　月　　○○　　日

註：以抵押權擔保之債權，其請求權已因時效而消滅，如抵押權人於消滅時效完成後五年間不實行其抵押權者，其抵押權消滅（民法第880條）。

● 抵押權設定契約書（法院公證處例稿）

1. 本契約的特點：本契約為抵押權設定契約書並附有抵押人之連帶保證人。

2. 適用對象：本契約書適用於抵押設定契約書並附有抵押人之連帶保證人。

3. 基本條款及應注意事項：訂立本契約應訂明抵押權設定的基本條款及其應注意事項。

4. 相關法條：民法第 860、861、863、864、867-869 條。

抵押權契約 6-4-2

抵押權設定契約書（二）

第 1 條　抵押權人（貸與人）：○○○。
　　　　　抵押人（借用人）：○○○。
　　　　　連帶保證人：○○○。

第 2 條　借貸金額：新臺幣○○○○萬元整，已交付借用人收支，不另出據。
　　　　　約定利息：按照中央銀行核定放款利率計算。

第 3 條　清償期：民國○○年○○月○○日。

第4條　清償地：貸與人之住所。
第5條　特約事項：
　　　　一、連帶保證人就借用人之債務，負完全保證責任，並拋棄先訴抗辯權。
　　　　二、借用人應以其座落○○段○○地號建地○○公頃○○公畝○○公厘及地上建物
　　　　　　即門牌號碼○○市○○路○號鋼筋水泥造樓房一棟，為貸與人設定第一優先順
　　　　　　位抵押權登記，並限於本年○○月○○日前辦妥聲請登記手續，逾期貸與人得
　　　　　　解除契約請求返還借款及依前記標準計算之利息，如有損害，並得請求賠償。

註：本契約第5條第2項規定貸與人得解除契約請求返還借款之權利。

● 房屋抵押權設定契約書（法院公證處例稿）

1. **本契約的特點**：本契約為房屋抵押權設定契約書，抵押人以房屋作為借款之抵押擔保。
2. **適用對象**：本契約適用於房屋抵押擔保契約。
3. **基本條款及應注意事項**：訂立本契約應明訂抵押權契約基本條款及其應注意條款。
4. **相關法條**：民法第 860、861、863、864、867-869、876 條。

抵押權契約 6-4-3

房屋抵押權設定契約書

　　立約人○○○（以下稱甲方）○○○（以下稱乙方），因抵押借款事，雙方議定條件如後：

一、甲方貸與乙方新臺幣○○○○元整，利率月息○○○○分。
二、乙方將所有座落○○市○○路○○巷○○號磚木造平房住宅一棟，作為抵押，以擔保前項債務。
三、抵押期限為○○年，即自民國○○年○○月○○日起至民國○○年○○月○○日止。
四、乙方如屆期不清償債務時，甲方得依法拍賣抵押物清償。
五、乙方應於契約成立後十日內協同甲方辦理抵押權設定登記，登記費用由○方負擔。
六、本契約經法院公證後生效。

抵押權人：○○○　印
住址：
抵押人：○○○　印
住址：

中　　華　　民　　國　　○○　　年　　○○　　月　　○○　　日

註：土地及其地上之建築物，同屬於一人所有，而僅以土地或僅以建築物為抵押者，於抵押物拍賣時，視為已有地上權之設定，其地租由當事人協議定之，協議不諧時，得聲請法院定之（民法第 876 條第 1 項）。

【土地抵押借款】

● 土地抵押借款契約書

1. 本契約的特點：本契約為土地抵押借款契約書，以土地為擔保，抵押借款。
2. 適用對象：本契約適用於土地擔保抵押借款。
3. 基本條款及應注意事項：訂立本契約應訂明抵押權基本條款及其注意事項。
4. 相關法條：民法第 860、861、863、864、867-869、876 條。

抵押權契約 6-4-4

土地抵押借款契約書

　　立契約書人債權人○○○（以下簡稱甲方）債務人○○○（以下簡稱乙方），茲因土地抵押借款事宜，經雙方同意訂立各條款如後：

第 1 條　乙方所有下列土地提向甲方抵押借款。
　　　　土地：○○鄉鎮區○○段○○小段○○地號土地一筆，面積○公頃所有權全部。

第 2 條　本約抵押借款金額新臺幣○萬元整。

第 3 條　本約抵押借款期間，自民國○○年○○月○○日起，至民國○○年○○月○○日止，共計○○年。期限屆滿之日，將本金連同利息一併清償。

第 4 條　本約抵押借款利息，依中央銀行核定之放款利率計算，並於每月一日計提利息。

第 5 條　本約抵押借款之土地應提向政府主管機關辦理抵押權設定登記，並於辦妥抵押權設定時，甲方應將全部借款一次交付予乙方。

第 6 條　本約辦妥抵押權設定登記後，其土地所有權狀、他項權利證明書及設定契約書均由甲方收執。

第 7 條　本約辦理抵押權設定登記，所需之印稅、登記費及代辦費均由乙方負擔。

第 8 條　本約期限屆滿前後，若乙方還清借款時，甲方應會同辦理抵押權塗銷登記，不得藉詞刁難或故意拖延，若乙方屆期不清償，甲方得依法聲請法院拍賣抵押之不動產土地。

第 9 條　本約自簽訂日起生效。

第 10 條　本約同文一式二份，雙方各執一份為憑。

立契約書人甲方：○○○　印
住址：
身分證統一編號：

印花稅
票購貼

立契約書人乙方：○○○　印
住址：
身分證統一編號：

中　華　民　國　　○○　年　　○○　月　　○○　日

註：本契約有民法第 876 條之適用，應加注意。

【抵押權次序讓與】

● 抵押權次序讓與契約書

1. 本契約的特點：本契約為抵押權次序讓與契約書，讓與人本為第一順位抵押權人訂立本契約將其順位讓與第二順位之受讓人，讓與人與受讓人之債權額合計，得受分配之金額，由受讓人先受清償，餘額方歸讓與人取得，讓與人之抵押權並不消滅。

2. 適用對象：本契約適用於抵押權次序之讓與。

3. 基本條款及應注意事項：訂立契約應註明第二順位之抵押權基本條款及其注意事項。

4. 相關法條：民法第 865、870 條。

抵押權契約 6-4-5

抵押權次序讓與契約書

讓與人○○○（以下簡稱甲方）受讓人○○○（以下簡稱乙方），茲為抵押順位權讓與，經債務人○○○（以下簡稱丙方）之同意，經當事人間議訂讓與契約條件如後：

第 1 條　甲方基於民國○○年○○月○○日在公證處作成○○年度公字第○號抵押權設定契約公證書，對丙方供擔保不動產座落○○地號土地一筆面積○○平方公尺，經○○地政事務所民國○○年○○月○○日收件○字第○號登記設定第一順位抵押權，而乙方對於同一不動產曾於民國○○年○○月○○日締訂之抵押權設定契約書，及經○○地政事務所民國○○年○○月○○日收件○字第○號設定登記取得第二順位抵押權各在案。

第 2 條　甲方茲為乙方之利益願將其第一抵押順位權讓與乙方，而乙方亦依約受讓之。

第 3 條　前條抵押順位權之讓與，代金約定為新臺幣○元整，於契約成立同時由乙方如數支付甲方收訖。

第 4 條　乙方對於甲方支付前條讓與代金，同時就其債權全額即取得甲方之順位，甲方無異議。

第 5 條　本件讓與之抵押順位權於甲方擔保確係存在並無瑕疵情事。

第 6 條　甲方於契約讓與後不得將其抵押權以法律行為使其消滅。

第 7 條　甲乙雙方於本契約成立後，應共同向○○地政事務所為申請辦理兩抵押權登記之附記登記。

第 8 條　訂立契約及登記費用由甲乙雙方均分擔負擔之。

第 9 條　丙方對於甲方以本契約將其抵押順位權讓與乙方之行為完全同意無訛。

第 10 條　本件抵押順位權讓與後，甲方之抵押權有因清償而消滅者，此讓與效力不受影響，丙方無異議。

第 11 條　本契約一式三份，當事人各執一份為憑。

　　　　　　　　　讓與人（甲方）：○○○ 印
　　　　　　　　　住址：
　　　　　　　　　身分證統一編號：
　　　　　　　　　受讓人（乙方）：○○○ 印
　　　　　　　　　住址：
　　　　　　　　　身分證統一編號：
　　　　　　　　　債務人（丙方）：○○○ 印
　　　　　　　　　住址：
　　　　　　　　　身分證統一編號：

中　　華　　民　　國　　○○　　年　　○○　　月　　○○　　日

註：抵押權不得由債權分離而為讓與或為其他債權之擔保（民法第870條）。

【抵押權拋棄】

● 抵押權拋棄契約書

1. 本契約的特點：本契約為抵押權拋棄契約書，抵押權人將其順位之抵押權拋棄而讓與其他債權人之契約。拋棄抵押權人之抵押權消滅。
2. 適用對象：本契約適用於抵押權人拋棄其順位之抵押權而讓與其他債權人。
3. 基本條款：訂立本契約應註明原抵押權之基本條款及其應注意事項。
4. 相關法條：民法第870條。

抵押權契約 6-4-6

抵押權拋棄契約書

　　立契約人抵押權人○○○（以下簡稱甲方）、債權人○○○（以下簡稱乙方）、債務人○○○（以下簡稱丙方）茲就抵押權拋棄事宜，訂定契約如後：

第1條　抵押權人甲方在民國○○年○○月○○日簽訂抵押權設定金錢消費借貸契約書中，借予債務人丙方新臺幣○○○○元整，為擔保此債權，取得丙方所有下列不動產第○順位之抵押權（民國○○年○○月○○日第○號第○順位抵押權設定登記，以地政機關核發之不動產登記謄本之記載為準），今甲方拋棄此抵押權，由丙方債權人乙方繼任甲方之抵押權順位。

第2條　丙方同意前條抵押權之拋棄。

第3條　甲方須立刻辦理第1條抵押權拋棄之附記登記手續。

第4條　本契約書之製作、登記及其一切有關費用由乙方負擔。

第5條　不動產標示（省略）。

第6條　本契約一式三份，當事人各執一份為憑。

　　　　　　　　　抵押權人（甲方）：○○○ 印

```
                        住址：
                        身分證統一編號：
                        債權人（乙方）：○○○　印
                        住址：
                        身分證統一編號：
                        債務人（丙方）：○○○　印
                        住址：
                        身分證統一編號：

中　　華　　民　　國　　○○　　年　　○○　　月　　○○　　日
```

註：抵押權不得由債權分離而為讓與，或為其他債權之擔保，如抵押權人拋棄其抵押權，則其抵押權消
　　滅。

【更換抵押擔保物】

● 更換抵押擔保物契約書

1. 本契約的特點：本契約為更換抵押擔保物契約書，由抵押人與抵押權人訂立契
   約更換抵押擔保物之契約。

2. 適用對象：本契約適用於抵押人經抵押權人同意更換抵押擔保物。

3. 基本條款與應注意事項：本契約應訂明更換擔保物內容之基本條款及其應注意
   事項。

4. 相關法條：民法第 860、861、863、864、867、868、876 條。

抵押權契約 6-4-7

更換抵押擔保物契約書

　　立約人○○○（以下簡稱甲方）○○○（以下簡稱乙方），新擔保物提供人○○○（以
下簡稱丙方）緣甲乙方間前經於中華民國○○年○○月○○日在臺灣○○地方法院公證處作
成○○年度公字第○號不動產抵押權設定承銷商品契約公證書，由乙方提供其所有座落○○
縣○○鎮○○段第○○地號建地○分○厘○毛○系與甲方，設定權利價值新臺幣○萬元整抵
押權並經聲請管轄○○地政事務所○○年○○月○○日收件○字第○號辦理抵押權設定登記
完畢，均已生效在案，茲為乙方因故請求甲方同意將上開已為設定抵押權登記完畢之擔保物
與丙方所有後開土地更換擔保設定抵押權，經甲乙丙方同意訂立契約如下：

第 1 條　丙方為擔保乙方與甲方間，於中華民國○○年○月○日依臺灣○○地方法院公證
　　　　　處○○年度公字第○號不動產抵押權設定承銷商品契約公證書（以下簡稱公證書）
　　　　　上所生之債務願就第 7 條不動產標示記載之不動產提供於甲方設定抵押權，經三方
　　　　　約定設定抵押權利範圍金額最高限度為新臺幣○萬元整，此項抵押權非至乙方完全
　　　　　履行原公證書契約上義務後不歸消滅。

第 2 條　丙方保證前條所提供之擔保物，係丙方完全所有絕無來歷不明，或供第三人設定抵押權在前為阻礙情事，如有違背該項保證，丙方願負甲方因此所受一切損害賠償責任。

第 3 條　丙方就本件所提供之擔保物，願於本合約成立後，即向該管地政事務所申請辦理設定權利價值新臺幣○○萬元整，其存續期間自民國○○年○○月○○日起至民國○○年○○月○○日止之第一順位抵押權登記手續，其費用由乙方負擔。

第 4 條　甲方願拋棄乙方依原公證書所提供之座落○○縣○○鎮○○段第○○地號建地○分○厘○毛○糸之抵押權，即設定於民國○○年○月○日、地政事務所○字第○號收件，設定權利價值新臺幣○萬元整之抵押權全部。

第 5 條　甲方願於本契約成立後，即向○○地政事務所，申請辦理前條之抵押權塗銷登記手續，其費用由乙方負擔。

第 6 條　乙方及丙方除應依照本契約切實履行義務外，均應按照原公證書上所載文義履行義務，乙方及丙方均無異議。

第 7 條　抵押不動產標示（略）。

第 8 條　本契約一式三份，當事人各執一份為憑。

> 抵押權人（甲方）：○○○　印
> 住址：
> 身分證統一編號：
> 抵押人（乙方）：○○○　印
> 住址：
> 身分證統一編號：
> 抵押人（丙方）：○○○　印
> 住址：
> 身分證統一編號：

中　　華　　民　　國　　○○　　年　　○○　　月　　○○　　日

註：本更換抵押擔保物契約之金額為抵押權人與抵押人約定設定抵押權利範圍最高限度而定。

【補充抵押擔保物】

● 補充抵押擔保物契約書

1. 本契約的特點：本契約為補充抵押擔保契約，由於原先擔保物不足借款金額由抵押人再提供擔保物設定抵押權。

2. 適用對象：本契約適用於補充抵押擔保物契約。

3. 基本條款及應注意事項：訂立本契約應訂明抵押權基本條款及其應注意事項。

4. 相關法條：民法第 860、861、863、864、867、868、876 條。

抵押權契約 6-4-8

補充抵押擔保物契約書

　　抵押權人○○○（以下簡稱甲方）抵押權設定人○○○（以下簡稱乙方），茲為補充擔保抵押標的物經雙方同意訂立設定抵押權契約條件如後：

第1條　甲乙雙方間曾於民國○○年○月○日經訂立不動產抵押借款契約，其擔保債權額為新臺幣○元整，借款期間○○，利息約定○○，遲延違約金○○，因○○（原因）雙方商議決定由乙方補充擔保抵押物，而乙方願補供後記不動產與甲方設定抵押權為上述債權之共同擔保：

　　　　補充抵押擔保物標示：

　　　　一、

　　　　二、

第2條　（保證抵押物權利瑕疵擔保條款文例參照前例）

第3條　（保證抵押物瑕疵擔保條款文例參照前例）

第4條　（設定抵押權後禁止設定人行使行為不得侵害抵押權條款文例參照前例）

第5條　乙方於本契約成立後，應負責就補充擔保物與甲方向地政機關申請辦理抵押權設定登記手續，並負擔登記費用。

第6條　甲乙雙方於民國○○年○○月○○日訂立不動產抵押借款契約書，除依本契約為補充擔保抵押標的物之約款當履行其義務外，而於本契約未記載事項仍應依原契約之約款，遵守履行義務各無異議。

第7條　本契約一式二份，當事人各執一份為憑。

　　　　　　　　　　抵押權人（甲方）：○○○　印

　　　　　　　　　　住址：

　　　　　　　　　　身分證統一編號：

　　　　　　　　　　抵押人（乙方）：○○○　印

　　　　　　　　　　住址：

　　　　　　　　　　身分證統一編號：

中　　華　　民　　國　　○○　　年　　○○　　月　　○○　　日

註：本契約第7條後段規定本契約未記載事項仍應依原契約之約款，遵守履行義務、各無異議。

● 最高限額抵押權契約書

1. 本契約的特點：本契約為最高限額抵押權契約書，債務人或第三人提供其不動產給債權人，債權人對於債務人一定範圍之不特定債權在最高限額內設定抵押權。

2. 適用對象：本契約適用於提供不動產抵押擔保不特定債權。

3. 相關法條：民法第881條之1-17。

最高限額抵押權契約書

　　立最高限額抵押權契約書人甲股份有限公司（以下簡稱甲方），乙股份有限公司（以下簡稱乙方），雙方訂立如下最高限額抵押權契約書共同遵守。

一、本契約所擔保的債權為以下甲對於乙的債權。
　　1.2009 年 1 月 1 日起基於繼續商品交易契約，乙方應該支付甲的買賣價金。
　　2.甲方乙方間相互間的金錢消費借款債權
二、本契的最限額抵押權額為新台幣臺仟萬元正。
三、乙方提供以下不動產給甲方為最高限額的抵押擔保
　　土地：座落：台北市中正區中正段 15 地號
　　面積：1000 平方公尺
四、本契約無規定確定期日。
五、本契約訂立後，由甲方乙方雙方共同至地政事務所辦理抵押權登記。
六、抵押土地為空地，乙方在抵押權設定後不可以利用土地建築房屋，如果有違約，甲方可以僱工拆除。
七、本契約訂立後有任爭執由台北地方法院管轄。

　　　　　　　　甲方簽名：　　　（蓋章）
　　　　　　　　乙方簽名：　　　（蓋章）

中　　華　　民　　國　　○○　　年　　○○　　月　　○○　　日

註：本契約多確定期日，民法第 881 條之 5 參考。

第5章 質 權

審訂：恆業法律事務所律師　吳佩諭
恆業法律事務所律師　謝昆峰

一、定義

動產質權，乃因擔保債權，占有由債務人或第三人移交之動產，得就其賣得價金受清償之權。動產質權之設定，因移轉占有而生效力，且質權人不得使出質人代自己占有質物。足見，「占有」爲質權設定之重要要件。

權利質權，乃以可以讓與之債權及其他權利爲標的物之質權。除有特別規定外，準用關於動產質權之規定。而其設定，除民法第 900-910 條之特別規定外，應依關於其權利讓與之規定爲之。

二、契約當事人之法定權利義務

（一）動產質權

質權人於質權存續中，得以自己之責任將質物轉質於第三人。其因轉質所受不可抗力之損失，亦應負責。除契約另有訂定外，質權所擔保者爲原債權、利息、遲延利息、實行質權之費用及因質物隱有瑕疵而生之損害賠償。質權之設定以占有質物爲必要，故質權人對於質物之保管應盡善良管理人之注意。所擔保之債權消滅時，質權人應返還質物。

質權人有收取質物所生孳息之權利者，應以對於自己財產爲同一之注意收取孳息，並爲計算孳息，可抵充受擔保之債權，其抵充次序應爲：先抵充收取孳息之費用；次抵充原債權之利息；再次則抵原債權。因質物有敗壞之虞或其價值顯有減少足以害及質權人之權利者，質權人得拍賣其物，以其價金代充質物並應於拍賣前通知出賣人。

（二）權利質權

以債權爲標的物之質權，其設定應以書面爲之。如有債權證書者，並應交付於債權人。質權以無記名證券爲標的物者，因交付其證券於質權人而生設定質權人之

效力。以其他之有價證券爲標的物者，並應依背書之方法爲之。質權以有價證券爲標的物者，其附屬於該證券之利息證券、定期金證券或分配利益證券，以已交付於質權人者爲限，其質權之效力及於此類附屬之證券。爲質權標的物之權利，非經質權人之同意，出質人不得以法律行爲使其變更或消滅。

三、本契約應訂明的基本條款

1. 出質人與質權人。
2. 質權標的物之記載。
3. 所擔保債權。
4. 清償期。
5. 其他約定事項。

四、訂立本契約應注意事項

　　預先約定於債權清償期屆滿而未受清償時，質物之所有權移轉於質權人者，其約定爲無效。

五、契約範例

（一）質押借款契約書

1. 本契約的特點：本契約爲質押借款契約書，由債務人提供動產與質權人爲債務之擔保。
2. 適用對象：本契約適用於動產質押借款契約。
3. 基本條款及應注意事項：訂立本契約應訂明質權之基本條款及其應注意事項。
4. 相關法條：民法第 884、885、887、888、891、893-899 條。

質權契約 6-5-1

質押借款契約書

　　立質押契約人○○○（以下稱甲方）、○○○（以下稱乙方），因質押借款事，雙方議定條款如後：

第 1 條　乙方將○○牌學生情人 CF-550 S 收錄音機一臺設定質權並移轉占有與甲方，向甲方借款新臺幣三萬元整。

第 2 條　利息按月息一分計算，於每月十五日給付。

第 3 條　本借款期限一年，即自民國○○年○○月○○日，至民國○○年○○月○○日止。期滿時乙方應一次還清。

　　　　乙方不按前條規定之日期給付利息，累積達兩期者，甲方於期限屆至前，得請求返
　　　　還借款。
第 4 條　乙方應將約定之質物交付甲方保管。
第 5 條　本契約一式二份，雙方各執一份為憑。

　　　　　　　立約人：甲方：○○○　[印]
　　　　　　　　　　　乙方：○○○　[印]

中　　華　　民　　國　　○○　　年　　○○　　月　　○○　　日

註：本契約第 4 條與民法第 885 條規定相符合。

（二）動產質權設定契約書（法院公證處例稿）

1. 本契約的特點：本契約為動產質押設定契約書，由出質人提供動產設質擔保其借款。
2. 適用對象：本契約適用於動產質權之設定。
3. 基本條款及應注意事項：訂立本契約應訂明質權之基本條款及其應注意事項。
4. 相關法條：民法第 884、885、887、888、891、893-899 條。

質權契約 6-5-2

動產質權設定契約書

　　立約人○○○（質權人）○○○（出質人），因設定質權事，訂立條件如後：

第 1 條　債權額：新臺幣○○元整。
第 2 條　利率：月息○分。
第 3 條　付息日期：每月○○日。
第 4 條　清償期：○○年○○月○○日。
第 5 條　質物：縫紉機二臺。
第 6 條　出質人如屆期不清償債務時，質權人得依法拍賣質物清償債務。
第 7 條　契約訂立之日質權人應將貸款交付出質人，同時出質人應將質物移轉質權人占有。
第 8 條　本契約經法院公證後生效。

　　　　　　　質權人：○○○　[印]
　　　　　　　住址：
　　　　　　　出質人：○○○　[印]
　　　　　　　住址：

中　　華　　民　　國　　○○　　年　　○○　　月　　○○　　日

註：本契約第 8 條規定本契約經法院公證後生效。

（三）金錢消費借貸動產轉質契約書

1. 本契約的特點：本契約為金錢消費借貸動產轉質契約，由質權人將質物轉質與第三人（轉質權人）。
2. 適用對象：本契約適用質權人將質物轉質於第三人。
3. 基本條款：訂立本契約應訂明質權人，轉質權人及質權契約之基本條款。
4. 相關法條：民法第891條。

質權契約 6-5-3

金錢消費借貸動產轉質契約書

　　立契約人轉質人○○○（以下簡稱甲方）和轉質權人○○○（以下簡稱乙方），雙方當事人簽訂金錢消費借貸動產轉質契約書，內容如下：

第1條　轉質人（甲方）以第五條所記載之質物為轉質，向轉質權人（乙方）借新臺幣五十萬元整，甲方已如數收訖。

第2條　前條借款清償期訂於民國○○年○○月○○日，但甲方可在此期限內隨時清償債務並拿回質物。

第3條　第一條借款之利息訂為每月新臺幣○○○○元整，於每月底付給。

第4條　本金及利息之清償地點，以清償時乙方寄居地為準。

第5條　甲方為擔保債務之履行，以與丙方於民國○○年○○月○○日所簽定之質權設定契約書中所載下列質物之質權設定轉質權予乙方。
　　　　一、（某某物）。
　　　　二、（某某物）。

第6條　前條轉質權除擔保本金和利息外，亦擔保因債務不履行所產生損害之賠償及實行質權和保存質物所需之費用。

第7條　本契約書正本一式二份，簽名蓋章後各執一份為憑。

　　　　　　　　　轉質人（甲方）：○○○　印
　　　　　　　　　住址：
　　　　　　　　　身分證統一編號：
　　　　　　　　　轉質權人（乙方）：○○○　印
　　　　　　　　　住址：
　　　　　　　　　身分證統一編號：

中　　華　　民　　國　　○○　　年　　○○　　月　　○○　　日

註：質權人因轉質所受不可抗力之損失，亦應負責（民法第891條參照）。

（四）權利質權設定契約書

1. 本契約的特點：本契約為權利質權設定契約書。出質人將對於第三人之債權設

定質權於其債權人（質權人）。

2. **適用對象**：本契約適用於以債權為質權之權利質權契約。

3. **基本條款及應注意事項**：訂立本契約應訂明質權基本條款及其應注意事項。

4. **相關法條**：民法第 900-907 條。

質權契約 6-5-4

權利質權設定契約書

　　立契約書人○○○（以下簡稱甲方）○○○（以下簡稱乙方），茲就權利質權設定事宜，訂立本件契約，條款如後：

一、雙方確認甲方對乙方有債權新臺幣（下同）二十萬元整。

二、乙方同意將對大大貿易實業有限公司（以下簡稱債務人）之債權十萬元，設定權利質權予甲方以為前揭債務之擔保。

三、乙方為前揭之設定，應將對債務人之借據交付甲方收執，不另立據。並負責將設定事實通知債務人。

四、債務人按月所應支付利息一千元，自立約日起即由甲方受領，乙方不得異議。又若債務人因債務屆期向甲方為清償乙方亦不得異議。

五、本契約書一式二份，雙方各執一份為憑。

立契約書人：甲方：○○○　印
乙方：○○○　印

中　華　民　國　○○　年　○○　月　○○　日

註：1. 以質權為標的物之權利，非經質權人之同意，出質人不得以法律行為使其消滅或變更（民法第 903 條參照）。

　　2. 以債權為標的物之質權，其設定應以書面為之。如債權有證書者，並應交付其證書於債權人（民法第 904 條參照）。

（五）權利質權轉質契約書

1. **本契約的特點**：本契約為權利質權轉質契約書，權利質權人將為質權之借款債權轉質於第三人（轉質權人）。

2. **適用對象**：本契約適用於權利質權之轉質，由權利質權人與轉質權人訂立契約。

3. **基本條款**：訂立本契約應訂明權利質權人及轉質權人，質權人基本條款及其應注意事項。

4. **相關法條**：民法第 891、901 條。

質權契約 6-5-5

權利質權轉質契約書

　　立契約人轉質人○○○（以下簡稱甲方）轉質權人○○○（以下簡稱乙方），雙方當事人簽訂權利質權轉質契約書，內容如下：

第1條　轉質人甲方以第5條所記載之權利為轉質，向轉質權人乙方借新臺幣○○元整，甲方已如數收訖。

第2條　前條借款清償期訂於民國○○年○○月○○日，但甲方可在期限內隨時清償債務以消滅乙方之轉質權。

第3條　第1條借款之利息訂為每月新臺幣○○元整，於每月底付給。

第4條　本金及利息之清償地點，以清償時乙方寄居地為準。

第5條　甲方為擔保債務之履行，以與丙方於民國○○年○○月○○日如後列所訂之權利質權契約書設定轉質權予乙方：

　　　　一、甲方對原權利出質人丙方有債權新臺幣○○元整。

　　　　二、原權利出質人丙方以其對○○公司（以下稱債務人）之債權新臺幣○○元，設定權利質權予甲方以為前揭債務之擔保。

第6條　前條轉質權除擔保本金和利息外，亦擔保因債務不履行所產生損害之賠償及實行質權和保存質物所需之費用。

第7條　本契約一式二份，當事人各執一份為憑。

　　　　　　　　　　　轉質人（甲方）：○○○　　印

　　　　　　　　　　　住址：

　　　　　　　　　　　身分證統一編號：

　　　　　　　　　　　轉質權人（乙方）：○○○　　印

　　　　　　　　　　　住址：

　　　　　　　　　　　身分證統一編號：

中　　華　　民　　國　　○○　　年　　○○　　月　　○○　　日

註：1. 本契約第6條規定轉質權除擔保本金和利息外，亦擔債務不履行所產生之損害之賠償及實行質權和保存質物所需之費用。

　　2. 原質權人（即轉質人）因轉質所受不可抗力之損失，亦應負責。

（六）債權附抵押權設定質權契約書

1. **本契約的特點**：本契約為債權附抵押權設定質權契約書，出質人將抵押權之債權一併出質於權利質權人以擔保借款。

2. **適用對象**：本契約適用於債權附抵押權設定質權之擔保借款。

3. **基本條款及應注意事項**：訂立本契約應訂明質權之基本條款及其應注意基本事項。

4. **相關法條**：民法第900-907條。

質權契約 6-5-6

債權附抵押權設定質權契約書

　　債務人○○○（以下簡稱乙方）茲因乏款使用特將其下開債權附抵押權供質押向債權人○○○（以下簡稱甲方）借款經雙方同意訂立契約條件如下：

第1條　甲方基於本約貸與乙方新臺幣○○元整（或代替物），而乙方應切實遵守本契約借用之，並於訂約同日經當事人間將上項借款（或代替物）交付完畢。

第2條　前條借款期間定自民國○○年○○月○○日起至民國○○年○○月○○日止為屆滿。

第3條　在借款期間，乙方應於每月○日按原金每百元日折○計算支付利息。

第4條　如乙方遲延返還本金或利息，遲延違約金按前條利率增加○計算之。

第5條　乙方為擔保債務完全履行，將後列之債權設定質權，且以質權標的債權所附隨之抵押權，亦連同供為本件債務之擔保屬實：

　　一、質權標的之債權標示：
　　　　（一）債權人○○○（即乙方）住○○○○○○。
　　　　（二）債務人○○○（即第三債務人）住○○○○○○。
　　　　（三）債權額新臺幣○○○元整。
　　　　（四）清償期限為民國○○年○○月○○日。
　　　　（五）利息按每百元日息○○計算逐月繳息一次。
　　　　（六）債權發生原因已於民國○○年○○月○○日成立之抵押權設定金錢消費借貸。
　　　　（七）債權憑證民國○○年○○月○○日經○○地方法院公證處，作成○年度公字第○號公證書正本。

　　二、上質權標的債權所從屬之抵押權標示：
　　　　為擔保前開債權之目的，於民國○○年○○月○○日經○○地政事務所收件第○號設定第一順位抵押權登記不動產（抵押權之記載應以地政機關之謄本之記載為準）。
　　　　○○縣○鎮○段○地號。
　　　　○等則田○甲○分○厘○毛○系。
　　　　以上所有權全部設定抵押權。

第6條　前條記載擔保債權附隨抵押權之債權憑證，及土地所有權狀一紙，他項權利證明書○紙，乙方於同日交付與甲方占有，並應即會同向其轄地政事務所，申請辦理抵押權設定登記之附記登記，並應連名就本件設質之要旨通知第三債務人○○○為要。登記及通知費用，由甲乙兩方平均分擔。

第7條　乙方保證本件提供為擔保之債權，暨從屬之抵押權，並無無效、撤銷或其他之瑕疵，及抵銷之原因讓與設置等禁止特約之存在。

第8條　有下列各項情形之一時，甲方雖在本件債務清償期前，得任意直接收取質權標的之債權，以充本件債務之清償：
　　一、擔保債權屆清償期時。
　　二、第三債務人，或其他利害關係人，及其他之第三人，為擔保債權之償還時。

　　　三、擔保債權附隨之抵押物件受拍賣或因公收用時。

　　　四、擔保債權附隨之抵押權消滅時。

第9條　本債務存續中，關於擔保債權或其抵押權，遇有下列事由發生時，乙方應即通知甲方，而依照甲方指定增供擔保或追加連帶保證人，或將借用款項之一部或全部為清償之：

　　　一、第三債務人或保證人之身分資格有變動時。

　　　二、擔保債權從屬之抵押權受有消除之請求時。

　　　三、擔保債權附有之抵押物件受有拍賣之通知時。

　　　四、擔保債權附隨之抵押物件之第三取得人請求代價之清償時。

　　　五、第三債務人受其他利害關係人提供原金之全部或一部之清償時。

　　　六、擔保債權或其從屬之抵押權，因無效撤銷或其他事由而失其效力時。

　　　七、擔保債權之第三債務人怠於支付利息或違背其他債務履行時。

第10條　（以下之條文可參照前面契約文例）。

第11條　本契約一式二份，當事人各執一份為憑。

　　　　　　　　　　質權人（甲方）：○○○　印

　　　　　　　　　　住址：

　　　　　　　　　　身分證統一編號：

　　　　　　　　　　出質人（乙方）：○○○　印

　　　　　　　　　　住址：

　　　　　　　　　　身分證統一編號：

中　　華　　民　　國　　○○　　年　　○○　　月　　○○　　日

註：本契約第9條規定關於債權之抵押權之債務人及抵押權發生變動之處理方法。

第6章 典權

審訂：恆業法律事務所律師　吳佩諭
　　　恆業法律事務所律師　謝昆峰

一、定義

典權，乃支付典價，占有他人之不動產，而為使用收益之權，典權之期限不得逾三十年。惟約定期限不滿十五年者，不得附有到期不贖即作絕賣之條款。

二、契約當事人的法定權利義務

（一）典權人之權利

1. 占有典物並使用收益之權。
2. 典權存續中，除契約另有約定或另有習慣外，典權人得將典物出租於他人，但典權定有期限者，租賃之期限不得逾原典權期限。典權未定期限者，租賃不得定有期限。對於典物因出租所受之損害，應負賠償責任。
3. 將典物轉典於他人。但典權定有期限者，轉典期限不得逾原典權之期限。未定期限者，轉典亦不得定期限。轉典之典價，不得超過原典價。對於典物因轉典所受之損害，應負賠償責任。
4. 將典權讓與他人，並得為抵押權之標的物（民法第882條）。
5. 優先購買典物之權。
6. 按時價找貼而取得典物之所有權。
7. 於典物因不可抗力致全部或一部滅失時滅失部分之價值限度內為重建或修繕。

（二）典權人之義務

1. 以善良管理人之注意保管典物。
2. 負損害賠償義務，如典物全部或一部滅失，係因典權人之過失，典權人於典價額限度內，負責任；惟如係因典權人之故意或重大過失致滅失者，除將典價抵償損害外，如有不足，仍應賠償。
3. 分擔典物因不可抗力致全部或一部滅失時之損失。

4. 土地法規定，典權人負繳納地價稅、土地改良物稅及土地增值稅之義務。

（三）出典人的權利義務

1. 讓與典物所有權於他人。
2. 設定不牴觸典權之擔保物權。
3. 回贖典物。
4. 返還典權人所支付之重建修繕費與典物有益費用。
5. 瑕疵擔保責任準用關於買賣規定。

三、本契約應訂明的基本條款

1. 典權人與出典人。
2. 典物之標示。
3. 典權訂有期限者，其期限。
4. 典價。
5. 其他約定事項。

四、立本契約應注意事項

典權除訂立書面契約外尚須登記否則不生效力。

五、契約範例

（一）房屋典權契約書

1. 本契約的特點：本契約為房屋典權契約書，出典人將其房屋出典於典權人使用收益之契約。
2. 適用對象：在契約適用於房屋典權契約。
3. 基本條款及注意事項：訂立本契約應訂明典權基本條款及其應注意事項。
4. 相關法條：民法第 911-913、915-924、926、927 條。

典權契約 6-6-1

房屋典權契約書

　　立典權契約人○○○（以下簡稱甲方），茲將座落○○市○○路○○號樓房一棟，出典與○○○（以下簡稱乙方）使用，雙方議定條款如下：

一、甲方將前記房屋，出典與乙方，為期○○年，自民國○○年○○月○○日起至民國○○年○○月○○日止。

二、典價為新臺幣○○元，於本約成立後一次付清。

三、典期屆滿，甲方以原典價交還乙方，同時乙方將原典物點交甲方。

四、典權存續期間，乙方應負妥善保管之責，如有故意或過失，致典物全部或一部滅失，應負賠償責任。倘因出於不可抗力者，應依法處理。

五、典期屆滿，甲方如不贖回典物，乙方得依法拍賣典物，抵償債務。倘乙方不履行交還原典物，應給付違約金，每日新臺幣○○元整，以賠償甲方因而所受之損害。乙方不得異議。

六、典權存續期間，如乙方為使用便利，對典物加以整修時，應先徵得甲方同意，典期屆滿，負責回復原狀。

七、乙方非經甲方同意，不得將典物轉典或出租他人。

八、甲乙雙方應協同辦理典權登記，並平均分擔登記費用。

九、本約經雙方簽字後生效。

立約人：出典人：○○○ 印
　　　　典權人：○○○ 印

中　華　民　國　○○　年　○○　月　○○　日

註：本契約第 7 條規定典權人非經出典人同意，不得將典物轉典或出租於人。

（二）金錢借貸暨不動產典權設定契約書

1. **本契約的特點**：本契約為金錢借貸不動產典權設定契約書，出典人因金錢借貸將不動產出典於典權人使用收益。

2. **適用對象**：本契約適用於金錢借貸不動產典權設定契約。

3. **基本條款及注意事項**：訂立本契約應訂明典權基本條款及其應注意事項。

4. **相關法條**：民法第 911-913、915-924、926、927 條。

典權契約 6-6-2

金錢借貸暨不動產典權設定契約書

　　典權人○○○（以下簡稱甲方）和出典人○○○（以下簡稱乙方），雙方當事人簽訂金錢借貸暨不動產典權設定契約書，內容如下：

第 1 條　甲方以下列條件借給乙方新臺幣○○元整，乙方如數收迄。

第 2 條　本件借款清償期訂於民國○○年○○月○○日。

第 3 條　甲方不得請求本件借款之利息。

第 4 條　本件借款清償地以甲方當時所居地為主。

第5條　乙方將其所有下列不動產辦理典權設定登記予甲方，甲方應於契約所定典權存續期間屆滿，並受乙方清償借款時，塗銷典權之設定登記：

土地座落：臺北市○○段○小段○。

建物門牌：臺北市○○路○○號。

建築構造：木造瓦磚兩層樓房一棟。

面積：地面層○○平方公尺、二層○○平方公尺。

以上不動產所附帶之圍牆、庭木、庭石等皆保持現狀。

第6條　甲方於不動產典權存續期限內，可按原狀使用前條不動產，從而獲取利益，然須負擔前不動產之管理費用及一切稅賦。

第7條　本件不動產典權存續期限定於民國○○年○○月○○日。

第8條　本契約書正本二份，經簽名蓋章後各執一份為憑。

典權人（甲方）：○○○　印

住址：

身分證統一編號：

出典人（乙方）：○○○　印

住址：

身分證統一編號：

中　華　民　國　○○　年　○○　月　○○　日

註：1. 不動產典權存續期限不得超過三十年。

2. 契約約定借款之清償期與典權之存續期限需為一致，而以「借款」視作「典價」，「返還借款」視作「以原典價回贖典物」。

（三）轉典契約書

1. 本契約的特點：本契約為轉典契約書，於典權存續中，典權人得將典物轉典於轉典權人使用收益。但契約另有訂定，或另有習慣者，依其訂定或習慣。本契約為先經出典人之同意。

2. 適用對象：本契約適用於將典物轉典於第三人（轉典權人）之契約。

3. 基本條款及注意事項：訂立本契約應訂明典權基本條款及其應注意事項。

4. 相關法條：民法第 915、916 條。

典權契約 6-6-3

轉典契約書

轉典權人○○○（以下簡稱甲方）原典權人○○○（以下簡稱乙方），茲為典權轉典經雙方合意締訂契約條件如下：

第1條　乙方經出典人○○○之同意，將其向出典人取得之下記典權轉典與甲方，而甲方應支付乙方典價。

原典權標示：
一、典物○○○○○○○○○○
二、典價○○○○○
三、期限○○○○○○
四、典權設定登記○○○○○○○○○○
五、特約○○○○○○○

第 2 條　前條轉典期間自民國○○年○○月○○日起至民國○○年○○月○○日止，滿○○年（不得逾越原典權期限）。

第 3 條　典價○○○○○（不得超越原典價）。

第 4 條　於轉典契約成立當日，乙方將典物全部移轉於甲方占有收益使用。

第 5 條　轉典期間內，甲方應負善良保管之責，如有故意或過失致典物全部或一部滅失，應負賠償責任。

第 6 條　甲方對於典物為使用便利，非先徵得乙方同意，不得加以整修或添設等行為。

第 7 條　典權期限屆滿，乙方應備足第 3 條所載典價，向甲方贖回典物，而甲方應負責將典物回復原狀，返還乙方。雙方應踐行本條所載之義務，各無異議。

第 8 條　典權存續期間，非經乙方同意，甲方不得將典物為再轉典，或讓與及出租與他人。

第 9 條　本契約經雙方簽名蓋章後生效，同時應向主管地政機關辦理典權轉典登記手續。登記費用由雙方平均分擔之。

第 10 條　本契約未盡事項應依民法及有關法令之規定辦理。

第 11 條　本契約一式二份，當事人各執一份為憑。

轉典權人（甲方）：○○○　印
住址：
身分證統一編號：
轉典人（乙方）：○○○　印
住址：
身分證統一編號：

中　　華　　民　　國　　○○　　年　　○○　　月　　○○　　日

註：本契約第 8 條規定轉典權人非經轉典人同意，不得將典物再轉典，或讓與或出租。

第 7 章　動產擔保交易

第一節　動產抵押

審訂：得聲國際法律事務所資深合夥律師　李兆環

現代工商業社會，凡事講求效率，因此為刺激生產，促進消費，讓為數較不動產為多之動產，得為擔保物權之設定，俾利資金取得，已成為交易市場上普遍之需求。有鑑於此，我國為適應工商業之需要，遂於民國52年9月5日參酌美國法制定動產擔保交易法，創設動產抵押、附條件買賣及信託占有三種動產擔保制度。以突破原先一手交錢一手交貨之消費方式，將動產交易時價金給付方式，調整為不論收入多寡，均能先消費後付款，再基於消費者之信用，產生分期付款制度，已達成動產用益、刺激消費與資金融通之目的。

一、定義

動產抵押者，謂抵押權人對於債務人或第三人不移轉占有，而就供擔保債權之動產設定動產抵押權，於債務人不履行契約時，抵押權人得占有抵押物，並得出賣，就其賣得價金優先於其他債權而受清償之交易。

動產抵押得設定最高限額抵押契約。即由所有人提供抵押物，與債權人訂立在一定金額的限度內，擔保現在已發生及將來可能發生之抵押債權設定契約。

二、契約當事人之法定權利義務

1. **存續期間**：動產抵押權有效存續期間，如契約有約定則按其約定。如契約未約定則自登記之日起有效期間一年。但期滿三十日內債權人得申請延長。
2. **擔保範圍**：動產抵押權所擔保之範圍依序為：
   (1) 抵押權人占有抵押物及實行抵押權之費用。
   (2) 利息及遲延利息。
   (3) 原本債權。
   (4) 契約約定的違約金。
3. **動產抵押權之效力**：動產抵押權標的物的範圍包括主物、從物、從權利、孳息

及抵押物的代替物（如保險金）。

4. 抵押權人（債權人）之權利：債務人不履行契約或任意處分抵押物（如遷移、出賣、出質、移轉所有權等）時，抵押權人得占有抵押物，如抵押物已爲第三人善意有償取得時，並得追蹤占有。抵押權人於占有抵押物後，並得將其出賣，就價金優先受償。債務人或第三人拒絕交付抵押物時，抵押權人並得聲請法院假扣押，甚或聲請法院強制執行。

5. 回贖：債務人得於抵押權人占有抵押物後之指定或法定期限內，履行契約上之義務而回贖其抵押物。如抵押權人未依法定程序出賣或拍賣者，債務人得請求損害賠償。

三、動產擔保契約的特色

1. 我國原無動產擔保交易制度，於民國 52 年始制定動產擔保交易法，創設動產抵押、附條件買賣及信託占有三種動產擔保制度。是故依據前揭三種交易而訂定之契約，是爲動產擔保契約。

2. 動產擔保交易標的物，限於法定所列之物品，除此以外之動產，不能設定動產擔保。

3. 動產擔保交易契約須以書面方式爲之，簽訂後契約即成立。

4. 動產擔保交易登記爲對抗善意第三人之要件，非契約成立要件。

5. 動產擔保交易制度，動產擔保交易法對處分、遷移及毀損等，設有處罰規定。

四、訂立動產抵押契約應注意事項

1. 動產擔保交易，應以書面訂立契約。非經登記，不得對抗善意第三人。

2. 以契約約定債務人拋棄本法規定之權利者，或約定於債權已屆清償期而未清償時，抵押物之所有權移屬於抵押權人者，其約定皆無效。

3. 動產抵押之標的物爲與工商業及農業有關之動產。依本法列舉者爲準。

五、動產抵押契約應訂明之基本條款（依動產擔保交易法第 16 條）

1. 契約當事人之姓名或名稱、住居所或營業所。

2. 所擔保之債權金額及利率。

3. 抵押物之名稱及數量，如有特別編號、標識或說明者，其記載。

4. 債務人或第三人占有抵押物之方式及其所在地。

5. 所擔保債權之清償方法。

6. 債務人不履行債務時，抵押權人行使動產抵押權及債權方法。
7. 如有保險者，其受益人應為抵押人之記載。
8. 管轄法院之名稱。
9. 其他條件之記載。
8. 訂立契約年月日。

六、契約範例

【動產抵押】

● 動產抵押契約書（借款擔保）

1. 本契約的特點：本契約為動產抵押契約書，債務人提供他人之動產，為動產抵押於債權人，並有連帶保證人。
2. 適用對象：本契約適用於債務人提供他人之動產為動產抵押於債權人，以為債權之擔保。
3. 基本條款及注意事項：訂立本契約應訂明動產抵押之基本條款及其應注意事項。
4. 相關法條：動產交易擔保法第 15、16、18-25 條。

動產抵押契約 6-7-1

動產抵押契約書（一）

　　立動產抵押契約書人○○○（以下簡稱甲方）○○○（以下簡稱乙方），茲因甲方為擔保對於乙方其所有之債權，由甲方提供抵押物，為乙方設定抵押權，並約定條款如下：

一、所擔保之債權：包括本金新臺幣○○元（在本契約有效期間內，得分次循環動用，但在同一時間，其動用總額以上開金額為最高限額）及其利息、逾期利息、暨違約金以及債務不履行致乙方蒙受損害之賠償。至債權之實際金額及各種利息違約金之計算方法以及債務之清償期，另立借據、透支約據、本票、約定書、委任保證契約為憑，並作為本契約之附件，各該附件所規定事項之效力與本契約同。

二、抵押物：其名稱、數量、特別標誌、說明以及占有抵押物者之姓名、名稱及方式及所在地，詳黏附於本契約之標的物明細表。

三、本契約所擔保之債務縱未屆清償期，乙方亦得隨時通知甲方清償其全部或一部，甲方願即照辦，絕無異議。

四、抵押物於登記後如有黏貼標籤或烙印之必要時，甲方應協助乙方或登記機關辦理。其因此而支出之費用，全部應由甲方負擔。

五、甲方及抵押物提供人切實聲明：前開抵押物完全為甲方或抵押物提供人合法所有，並與任何第三人之權利無關。如日後發生任何糾葛致使乙方遭受損害時，縱其事由非可歸責於甲方及擔保物提供人，亦願負連帶賠償責任。

六、本契約存續中，甲方及抵押物提供人保證抵押物占有人對於抵押物必盡善良管理人之注意。所有因抵押物支出之捐稅、修理、保養等一切費用，亦與乙方無涉。

七、抵押物之現狀發生變動時，不論其原因如何，甲方及抵押物提供人應即時通知乙方。其因抵押物現狀之變動或價值之低落致不能或不足使本契約第1條所列之全部債權獲得清償時，乙方因此所遭受之損失，甲方及抵押物提供人願負連帶賠償責任。

八、抵押物應按乙方指定置於○○市○○路○號，甲方保證決不擅自遷移。抵押物為交通工具，經乙方同意得由甲方或抵押物提供人或其他第三人使用者，一經乙方通知，甲方或抵押物提供人應即負責將抵押物停放於指定處所。

九、抵押物應向乙方同意之保險公司投保乙方所指定之保險，並應以乙方為唯一受益人，保險金額及條件應商得乙方之同意，一切保險費用均由甲方負擔，所有保單及保費數據均交由乙方保管；乙方如代為墊付保費，經通知甲方限期償還，甲方未如限辦理時，乙方得將墊款逕行列入甲方借款金額，依例計息，甲方絕無異議。但乙方並無代為投保或代墊保費之義務。

十、遇有下列情形之一時，乙方得占有抵押物：

（一）有動產擔保交易法第十七條第一項所定情事時。

（二）未經乙方允准而抵押物之烙印或黏貼之標籤被損毀時。

（三）未經乙方同意而將抵押物出租時。

（四）因甲方或抵押物提供人或其他第三人之行為，致抵押物之價值顯有減少之虞時。

（五）乙方認甲方借款運用不當時。

乙方依前項規定占有抵押物，甲方或第三人拒絕交付時，乙方得聲請法院逕行強制執行。

乙方因占有抵押物所受之損失及支出之費用，均由甲方負責賠償之。抵押物被占有後所生孳息，乙方有權收取，以之抵償收取孳息之費用及甲方債務。

乙方占有處分抵押物，應依動產擔保交易法之有關規定行之。

十一、甲方應覓具經乙方認可之保證人，以為甲方履行本契約所定一切給付責任之保證。保證人並願以本契約為證，聲明拋棄先訴抗辯權暨民法債編第二十四節保證各法條內有關保證人之一切權利。

十二、甲方願接受乙方對於借款用途之監督及對於甲方業務財務之稽核。乙方因行使監督稽核之權而需甲方供給任何有關資料時，甲方應即照辦，但乙方並無監督稽核之義務。

十三、本契約所訂給付義務，以乙方營業所在地為履行地。如因本契約所訂事項而涉訟時，不論當時甲方或抵押物提供人或營業所在地，或其國籍有無變更，均以○○地方法院為管轄法院。

十四、本契約書所載甲方、乙方、抵押物提供人、連帶保證人均包括其繼承人、法定代理人、破產管理人或遺產管理人。又甲方、抵押物提供人及連帶保證人等同意本契約書乙方代表人變更時，承受其職務之人，即當然為本契約書權利義務主體之代表人，毋庸為變更之登記。

十五、除本契約所訂之條款外，凡乙方現在或將來所訂與貸款有關之各項章則以及臺灣金融業現在或將來所適用之一切有關章則，甲方均願遵守，絕無異議。

十六、本契約有效期限自立約起至民國○○年○○月○○日止。屆期未清償時得延長期限。本契約副本共三份。

<pre>
甲方：○○○　印
住址：
抵押物提供人：○○○　印
住址：
連帶保證人：○○○　印
住址：
連帶保證人：○○○　印
住址：
乙方：○○○　印
住址：
</pre>

中　華　民　國　○○　年　○○　月　○○　日

註：動產抵押有絕押契約之禁止（動產擔保交易法第23條）及設質之禁止（動產擔保交易法第24條）

● 動產抵押契約書（票據擔保）

1. 本契約的特點：本契約為動產抵押契約書，債務人為其可當行票據、借據及其他一切債務提供他人動產抵押擔保債務履行。
2. 適用對象：本契約適用於因票據、借據及其他債務之擔保清償，提供動產抵押擔保債務履行。
3. 基本條款及注意事項：訂立本契約應訂明動產抵押之基本條款及其應注意事項。
4. 相關法條：動產擔保交易法第15、16-19、21-25條。

動產抵押契約 6-7-2

動產抵押契約書（二）

　　立抵押契約人○○○（以下簡稱立約人）茲邀同連帶保證人○○○（以下簡稱保證人），○○○（以下簡稱貴行）擔保立約人對貴行於民國○○年○○月○○日起至民國○○年○○月○○日止所發生之票據、借據以及其他一切債務，即本金以新臺幣○○○○元為限度之清償及利息、遲延利息、違約金、實行抵押權費用以及因債務不履行而發生之全部損害賠償之清償起見，特提供後開擔保物設定抵押權出押與貴行，並願遵守下列各款：

一、貴行對於根據本契約成立之債務，得分別規定其清償日期，並得隨時中止貸放或減少貸放款項，或收回全部或一部已貸款項，立約人及保證人均願遵從決無異議。

二、利息依照中央銀行核定之貸款當日利率計算，其計付方法願遵守貴行之規定，逾期利息按上項利率計付外，逾期在六個月以內償還時另按原利率之一成加付違約金，超過六個月時另按原利率之二成加付違約金。

三、上項規定利率貴行得依照中央銀行核定利率隨時調整，立約人及保證人當自調整之日起照調整利率負擔利息決無異議。

四、立約人及擔保物提供人切實聲明，所提供之擔保物完全為立約人或擔保物提供人合法所有，他人並無任何權利，如日後發生糾葛致使貴行蒙受損害時，立約人、擔保物提供人及保證人均願負責完全賠償。

五、擔保物之現狀倘發生變動，例如滅失或價值貶落時，立約人應即刻通知貴行，如貴行以現存之擔保物認為不充分時，經貴行之要求，立約人當即負責增加提供相當之擔保物，或不論債務是否到期，願意立即償還其全部或一部分。

六、立約人及擔保物提供人於擔保之債務未清償時，或本抵押權未經塗銷登記之前，非經貴行之書面同意，絕不擅自將擔保物轉讓或出押或出租或貸與第三人使用，或設定其影響貴行抵押權之任何權利。

擔保物如擬變更、改良、增設、廢棄等情事，亦須經獲貴行書面同意後方得辦理，如因之需要辦理變更登記時，立約人及擔保物提供人並願立即辦理變更登記申請應行之一切手續，並負擔其費用。對於擔保物，立約人或擔保物提供人願以善良管理人之注意妥善使用及慎重保管，決不鬆怠於修理等保存上應有之行為，擔保物有關之稅捐、修理等一切費用，概由立約人或擔保物提供人負責照付。

七、擔保物應按貴行指定存放於附表所載地點，非經貴行同意，立約人及擔保物提供人決不擅自移動。擔保人經登記後，如有黏貼標籤或烙印之必要時，立約人應協助貴行或（及）登記機關辦理，以資識別。其因所生之一切費用，均由立約人負擔。

八、擔保物願由立約人按照市價用貴行名義（或以貴行為優先受益人）向貴行指定之保險公司投保火險，貴行認有必要時，並得通知立約人加保兵險或其他各種保險，其一切費用概歸立約人負擔照付，所有保單及保費收據應交貴行收執，如將來未得領取保險金，或雖得領取保險金但不足清償全部債務時，立約人及保證人仍願負責立即清償一切債務之本息、遲延利息、違約金及各項費用，或另繳足擔保物，決不以意外損失為詞圖卸責任。如在未經領受保險金以前，貴行認為必須追加提供相當擔保物時，立約人願意立即照辦。立約人應於擔保物保險期限屆滿以前自動辦理續保手續，如立約人怠於辦理時，貴行得逕行墊付必要費用代辦續保手續，貴行所墊付各項費用，立約人應即償還，否則貴行得併入立約人對貴行所負債務內，並按規定利率計息，但不論任何理由，擔保物保險倘發生中斷不能銜接時，即視為立約人違約。

九、立約人及（或）擔保物提供人如有下列任何情形之一者，貴行得取回占有，或派員占有抵押物：

（一）不履行契約者，或擔保物被遷移、出賣、出質、移轉或受其他處分，致有害於抵押權之行使者。

（二）擅自毀滅擔保物之烙印或黏貼之標籤者。

（三）立約人及（或）擔保物提供人之行為足使擔保物價值顯著減少者。

（四）貴行認為擔保物或借款運用不當或其他有損於貴行權益之原因者。

其因占有擔保物所發生這任何損害或費用均由立約人負擔之。立約或第三人拒絕交付擔保物時，貴行得依本契約聲請法院強制執行之。

貴行占有擔保物時，如立約人或第三人在貴行占有擔保物後之十日期間內履行契約，並負擔占有費用者，得回贖擔保物；但擔保物有敗壞之虞，或其價值顯有減少，足以妨害抵押權人之權利，或其保管費用過鉅者，貴行於占有後得立即出賣，其出賣所得價金如不足抵還債務本息時，貴行仍得追償之。立約人或第三人在貴行占有擔保物後之十日期

內，仍不履行契約時，貴行得出賣所占有擔保物，出賣後立約人或第三人不得請求回贖。

十、擔保物被貴行占有後生天然或法定孳息或其他任何收益，應歸由貴行抵償欠債務。

十一、如抵押標的全部或一部因公徵用或其他原因立約人或擔保物提供人領取補償價款時，貴行有權代理立約人及擔保物提供人直接請求領取抵還已到期或未到期之債務，立約人及擔保物提供人決無異議。

十二、立約人及擔保物提供人對於擔保物之處分，以特別之授權委任貴行為全權代理人，並以本契約為授權之證明，在債務之本息、遲延利息、違約金及各項費用未全部清償以前決不撤銷委任。

其擔保物之處分方法、時期、價格等一切均由貴行全權決定，立約人、擔保物提供人及保證人均決無異議。

十三、立約人到期不能清償債務時，貴行得依據前項特別授權處分擔保物，將其所得款項除償還債務本息外，並清償遲延利息、違約金及其他費用，立約人及擔保物提供人決無異議，如有不足當由立約人及保證人負責補足，其抵償債務之先後順序得由貴行任意決定之。

十四、立約人同意貴行有權隨時派員常駐現地或臨時前來實施監督考核押放資金之情形，並查閱有關帳簿及檢點擔保物，因之所發生費用均由立約人負擔，但貴行並無監督或稽核之義務。

十五、本契約借款，應按貴行所核定攤還計畫還款。立約人應依攤還計畫，一次分別開具借據交由貴行收執，非至各期借款全部償清，不得單方申請本抵押塗銷登記。如立約人在任何一期還款到期未能償還，或未能遵守本行規定支付利息時，全部借款均應視為即時到期，一經貴行請求，立約人願立即清償借款本息及違約金。

十六、本契約一經登記後，立約人如不履行本契約時，貴行得隨時依動產擔保交易法第一七條第二項規定逕向法院聲請強制執行。

十七、保證人願負連帶責任即單獨清償之責任，並願拋棄民法債編第二四節保證各法條內有關保證人所得主張之抗辯權。

十八、本契約以貴行所在地為履行地，立約人、擔保物提供人及保證人均同意以貴行所在地之地方法院為管轄法院，並願拋棄關於法院管轄之抗辯權。其訴訟費用（包括貴行律師費）立約人及保證人均願負責連帶償債決不推諉。

十九、本契約所載立約人、擔保物提供人及保證人均包括其繼承人、受讓人、法定代理人、破產管理人、遺產管理人。

二十、除本契約規定各條款外，凡貴行及臺灣金融業所訂現在或將來一切章規，立約人、擔保物提供人及保證人均願遵守。

二一、本契約複本○份。

附件：

一、擔保物明細表（內必須列明擔保物名稱、數量、特別標識或說明、占有人名稱、方式及所在地，其用紙應使用「放七○」）

二、擔保物配置圖

```
     此致
  照保簽章                    立抵押契約人：○○○  印
                           住址：
                           擔保物提供人兼連帶保證人：○○○  印
                           住址：
  中華民國    年    月    日
                           連帶保證人：○○○  印
                           住址：
  中華民國    年    月    日
    印花                           連帶保證人：○○○  印
                           住址：
  中華民國    年    月    日      經副襄理印鑑核對
```

註：本契約第 19 條規定本契約所載立約人，擔保物提供人及保證人均包括其繼承人、受讓人、法定代理人、破產管理人、遺產管理人。值得注意。

動產擔保交易「動產抵押」登記申請書

申請人姓名或名稱（法人）營業執照字號	（甲）　　簽章（乙）　　簽章	代理人姓名、籍貫、年齡	（甲）（乙）
中　華　民　國　○○　年　○○　月　○○　日			

註：1. 申請人名稱：申請人如係自然人，則填其姓名，如係法人，則填其組織名稱及主體人姓名。又申請人分兩方，甲方係指抵押人（或買受人），乙方係指抵押權人（或出賣人）。
　　2. 營業執照：係指公司登記、工廠登記或商業登記等執照影本。
　　3. 車輛價格，填標的物說明欄所列車輛估定價值之總和。
　　4. 申請原因欄第一項按動產擔保交易法施行細則第 7 條有關各款所載，就其申請之性質填載之。
　　5. 申請登記應具證件，按申請之性質，依照動產擔保交易法施行細則第 6 條各款規定各檢送一份，惟本申請書應送二份，契約應送正本一份，複本二份。如標的物車輛超過八輛時，應照標的物說明欄格式，另送明細表二份，並繳納登記費銀元二十元，證明書費十元。申請變更或註銷等登記者，其登記費為銀元十元，均以一比三折繳新臺幣。
　　6. 申請登記，或各種變更及註銷等登記者，均適用本申請書格式。
　　7. 本申請書辦理動產抵押用白色紙印製。

```
                動產抵押申請書
  中　華　民　國　○○　年　○○　月　○○　日

  受文者：臺灣省公路局○○區監理所○○監理站
  事由：請准辦理動產擔保交易「動產抵押」登記。
  說明：
      一、申請人承受借款人○○○以○○號小自客車○輛辦理動產抵押貸款。
      二、茲為辦理動產擔保交易「動產抵押」登記謹按規定檢具文件如下：
```

（一）動產擔保交易「動產抵押」登記申請書二份。
（二）動產擔保交易證明書二份。
（三）動產抵押契約三份。
（四）動產擔保交易登記車輛明細表三份。
（五）切結書一份。
（六）委託書一份。
（七）車主身分證影印本及車主聯各一份。
三、敬請核備予登記為禱。

申請人：○○○ 〔印〕

動產擔保交易登記證明書

編號：　　字第　　號　中華民國　　年　　月　　日填發

動產擔保交易種類		動產抵押	車輛種類及其數量	
申請人名稱 （或姓名）	甲		營業所在地或住址	
	乙		營業所在地或住址	
代理人	甲		住址	
	乙		住址	
車輛所有人			車輛所在地	
登記紀要	第一次	一、動產抵押權之登記 二、登記標的物車輛說明細表 三、登記擔保金額新臺幣 四、登記期限至○○年○○月○○日止 五、其他規定依所定契約辦理　登記員　年　月　日		
登記紀要	第二次			登記員　年　月　日
	第三次			登記員　年　月　日
	第四次			登記員　年　月　日
	第五次			登記員　年　月　日
	第六次			登記員　年　月　日

● **動產抵押契約書（銀行貸款）**

1. **本契約的特點**：本契約為動產抵押契約，債務人以他人動產向銀行抵押擔保借款。

2. **適用對象**：本契約適用於向銀行貸款並由債務人提供他人之動產向銀行抵押擔保借款。

3. **基本條款及注意事項**：訂立本契約應訂明動產抵押之基本條款及其應注意事項。

4. **相關法條**：動產擔保交易法第 15-19、21-25 條。

動產抵押契約 6-7-3

動產抵押契約書（三）

立動產抵押契約人○○○（以下簡稱立約人）茲向○○銀行（以下簡稱貴行）為擔保對貴行在本金最高限額新臺幣（以下同）○○元以內於民國○○年○○月○○日起至民國○○年○○月○○日止，所成立之債務（另立借據及（或）透支據或本票及（或）約定書及（或）委任保證契約等，作為本契據之附件，各該附件之規定效力同於本契約），以及其他一切債務及其利息、遲延利息、違約金、實行抵押權費用，以及因債務不履行而發生之全部損害賠償之清償起見，特提供後開抵押物，設定抵押權抵押與貴行，並願遵守下列各條款：

一、貴行對於根據本契約所成立之債務，得分別規定其清償日期，並得隨時中止貸放或減少貸放，或收回全部或一部已貸款項，立約人及抵押物提供人均願照辦，絕無異議。

二、利息按各筆債務契約所約定之利率計算，其給付方法願照貴行規定。逾期利息按各筆債務契約所約定之利率計算。遲延還本違約金依照各筆債務契約所約定之違約金計收標準計算。

三、貴行接受立約人及抵押物提供人所提供抵押物於登記後加有黏貼標籤或烙印之必要時，立約人及抵押物提供人應協助貴行或凡抵押物增加、減少、移動等均應辦理變更登記，所有登記等費用由立約人及抵押物提供人連帶負擔。

四、立約人及抵押物提供人切實聲明所提供之抵押物，完全為立約人或抵押物提供人合法所有，並無任何他人權利或設定任何負擔，如日後發生糾葛，致使貴行受有損害時，立約人及抵押物提供人，均願連帶負責完全賠償。

五、抵押物之現狀如因不可歸責於立約人或抵押物提供人之事由發生變動時，立約人及抵押物提供人應即刻通知貴行。如擬出讓抵押物，或擬設定次順位抵押權或擬設定影響貴行抵押權之權利，或擬變更抵押物之現狀時，均應事前徵得貴行書面同意，抵押物之稅捐、修理等一切費用，均由立約人及抵押物提供人連帶負擔。

六、抵押標的物之占有人，應以善良管理人之注意，保管或使用抵押標的物，其因任何原因所生之損害，均由立約人及抵押物提供人連帶負擔之。

七、抵押物之存放地點，應按貴行指定存放於○○，非經貴行同意，立約人及抵押物提供人保證決不擅自移動。

八、抵押物之能保險者，立約人及抵押物提供人同意經由貴行信託部辦理保險手續，並應以貴行為優先受益人保險足額，保險金額及條件應商得貴行之同意，一切費用均由立約人

及抵押物提供人連帶負擔。所有保單及保費收據應交貴行收執。如由貴行墊付保費，立約人及抵押物提供人應即償還，如未即時償還，貴行得逕列入立約人所欠款金額，並按本契約第2條規定之利率計息。但貴行並無代為投保或代付保費之義務，如抵押物不幸遭遇損失，保險公司無論因何事由拒絕或延遲賠款或賠款不足時，立約人及抵押物提供人即負責清償債務本息、遲延利息、違約金及各項費用。或另外提供貴行認可之擔保品，決不藉口意外損失圖卸責任。

九、立約人及（或）抵押物提供人如有下列任何情形之一者，貴行得取回占有，或派員占有抵押物：

（一）不履行契約者或抵押物被遷移、出賣、出質、移轉出租或受其他處分，致有害於抵押權之行使者。

（二）擅自毀滅抵押物之烙印或黏貼之標籤者。

（三）立約人及（或）抵押物提供人之行為足使抵押物價值顯著減少者。

（四）貴行認為抵押物或借款運用不當及其他原因者。

其因占有抵押物所發生之任何損害或費用均由立約人及抵押物提供人連帶負擔之。立約人、抵押物提供人或第三人拒絕交付抵押物時，貴行得依本契約聲請法院強制執行之。貴行占有抵押物時，如立約人、抵押物提供人或第三人在貴行占有抵押物後之十日期間內履行契約，並負擔占有費用者，得回贖抵押物；但抵押物有敗壞之虞，或其價值顯有減少，足以妨害抵押權人之權利，或其保管費用過鉅者，貴行於占有後得立即出賣之。如立約人、抵押物提供人或第三人在貴行占有抵押物後之十日期間內，仍不履行契約時，貴行得出賣占有抵押物，出賣後立約人、抵押物提供人或第三人不得請求回贖。出賣抵押物所得價金抵還債務本息，遲延利息、違約金及各項費用，如有不足時，貴行仍得追償之。抵償債務之先後得由貴行任意決定之。

十、抵押物被占有後所生天然或法定孳息或其他任何收益，應由貴行抵償所欠債務。

十一、立約人願接受貴行對借款用途監督及對立約人業務財務之稽核，如需各項表報立約人應立即供給，但貴行並無監督或稽核之義務。

十二、本契約所規定之義務應以貴行所在地為履行地，如立約人或抵押物提供人違背或不履行本契約規定之各事項致涉訟時，立約人及抵押物提供人之住所、居所或營業所得，不論是否在貴行所在地，或國籍有無變更，立約人、抵押物提供人及保證人同意以貴行所在地之地方法院為本契約之管轄法院。

十三、本契約所載立約人、及抵押物提供人，均包括其繼承人、受讓人、法定代理人、破產管理人、遺產管理人。

十四、本契約規定如有未盡事宜，悉依有關法令及貴行暨銀行公會之規章及慣例辦理之，有關法令及貴行暨銀行公會之規章有修訂時，並依各該修正後之規章辦理之。

十五、本契約副本○份。

　　此致
○○銀行

　　　　　　立動產抵押契據人：○○○　　印

　　　　　　住址：

```
┌─────────────────────────────────────────────┐
│              抵押物提供人：○○○  印          │
│              住址：                          │
│ 中  華  民  國  ○○  年  ○○  月  ○○  日     │
└─────────────────────────────────────────────┘
```

註：本契約第12條規定契約履行地及本契約之管轄法院，應予以注意。

動產擔保交易（動產限額／普通抵押）登記申請書

申請人名稱	（甲） （乙）	申請人職業、籍貫、年齡、住所	（甲） （乙）
申請人（法人）營業執照字號及營業所在地	（甲） （乙）	代理人姓名、籍貫、年齡、住所、職業	（甲） （乙）
標的物所有人		標的物所有人	
契約訂立有效期間	自中華民國○○年○月○日至中華民國○○年○月○日止	起標的物價格（總值）	
		擔保債權金額	
申請原因	一、〔　　　〕之登記 二、標的物（如附表）。 三、其他事項之說明：		
附件	一、印鑑證明書○份。 二、切結書○份。 三、動產擔保交易抵押契約正本○份副本○份。 四、明細表○份。 五、保險單○份。		

```
┌─────────────────────────────────────────────┐
│   右請                      申請人：（甲        │
│                                  （乙        │
│ ○○縣、市政府登記              代理人：（甲    │
│                                  （乙        │
│ 中  華  民  國  ○○  年  ○○  月  ○○  日     │
└─────────────────────────────────────────────┘
```

註：1.申請人名稱：申請人如係自然人，則填其姓名，如係法人，則填其組織名稱及負責人姓名。又申請人分兩方，甲方係指債務人，乙方係指抵押權人。

2. 營業執照：係指公司登記、工廠登記或商業登記等執照影本。

3. 標的物價格，填附表所列物品估定價值之總和。

4. 申請原因欄第 1 項，按動產擔保交易法施行細則第 7 條有關各款所載，就其申請之性質填載之。

5. 申請登記應具證件，按申請之性質，依照動產擔保交易法施行細則第 6 條各款規定各具送二份，惟本申請書應送二份，契約應送正本一份，複本三份，標的物明細表應送六份，並繳納登記費銀元二十元，證明書費十元，申請變更或註銷等登記者，其登記費為銀元十元，約以一比三折繳新臺幣。

6. 申請登記或各種變更及註銷等登記者，均適用本申請書格式。

填表須知：

一、申請人名稱：甲方填債務人名稱，如為法人者其負責人姓名亦須填列。乙方填抵押人名稱，○○銀行○○農會及其負責人等。

二、申請人營業所在地：甲方填債務人住所或營業所在地，乙方填抵押人營業所在地。

三、標的物所有人：填債務人名稱。

四、契約訂立有效期間：起訖日期應與所訂契約有效日期相同。

五、申請人職業籍貫等：僅填債務人籍貫年齡即可。

六、代理人姓名籍貫：甲方填債務人所委託之會計師、律師等姓名住所、乙方填抵押權人所委託之會計師、律師等姓名住所。自辦者免填。

七、標的物所在地：填○縣○鄉○路○號（工廠內或農場內、倉庫內等）。

八、標的物價格：填估計價值（自估或委託徵信機構估）。

九、擔保債權金額：填雙方洽商完妥後貸款金額（須與契約所訂相同金額）。

十、申請原因欄〔　　　〕括弧內填〔動產抵押權〕之登記。

動產擔保交易登記標的物明細表

標的物名稱	規格及型式	製造廠商	廠牌	出廠年月日	單位	數量	已使用年限	新舊程度	申請人估計		所有地址	保險單有關文件	備註
									單價	金額			
								○成新					
								○成新					

申請人：○○○　（蓋章）　　中華民國　○○　年　○○　月　○○　日

註：1. 本表一式填送陸份。

　　2. 本表各欄均應詳填，不得省略。

　　3. 申請人所蓋印章應與申請書件蓋用者一致。

切結書

　　查具切結書人依照動產擔保交易法之規定申請「○○○」登記之標的物（與○○○訂立之○○字第○號契約）並無同法施行細則第 11 條規定各款情事。亦與曾經參加工礦財團抵押權之財產抵押物及已辦動產擔保交易各種登記之標的物並無重複情事。如有不實，願負法律上一切責任，特具此結隨同申請案送請○○縣市政府存證。

　　　　　　借款人：○○○　印

　　　　　　身分證字號：

　　　　　　籍貫：

```
住址：
具切結書人：○○○  印
擔保提供人：○○○  印
身分證字號：
籍貫：
住址：
```

中　　華　　民　　國　　○○　　年　　○○　　月　　○○　　日

【車輛動產抵押】

● 車輛動產抵押契約書定型化範本（行政院消費者保護委員會編印）

1. 本契約的特點：本契約為車輛動產抵押契約書。當事人一方以車輛抵押予他方，以擔保其貸款債務之契約。
2. 適用對象：本契約適用於車輛動產抵押契約。
3. 基本條款及應注意事項：訂立本契約應訂明動產抵押契約之基本條款及應注意事項。
4. 相關法條：動產擔保交易法第 15-24 條，消費者保護法第 11-17 條。

動產抵押契約 6-7-4

車輛動產抵押契約書範本

立動產抵押契約人○○○（抵押物提供人）（以下簡稱甲方）
　　　　　　　○○○（抵押權人）（以下簡稱乙方）
　　茲甲方願提供其所有○○牌○○型○○年式○○車○輛（牌照○○○○號，引擎○○○○號）設定新臺幣○○○元整之第一順位抵押權予乙方，雙方約定遵守下列各條款：

一、甲方所提供之本抵押物之擔保範圍，為甲方對乙方於○○年○月○日所立貸款契約發生之債務，包括本金○○○元及其利息、遲延利息、違約金、乙方墊付抵押物之保險費、實行抵押權之費用及債務不履行而發生之損害賠償。

二、本契約登記有效期間自民國○○年○月○日起至民國○○年○月○日止。

三、甲方於簽訂本契約之時，應同時提出辦理動產抵押應備之證件及其影本，會同乙方共同向有關機關辦理登記手續，其費用由○○○負擔，如有需辦理動產抵押變更之情事，甲方亦願立即配合辦理變更登記，其費用由○○○負擔。

四、擔保物應由甲方投保適當保險或乙方要求之其他保險，如甲方怠於辦理或續約時，乙方得代為投保或續保，所墊保費，甲方應即償還。

五、甲方如有下列情形之一者，乙方得占有抵押物：
　（一）擅自毀減擔保物之烙印或黏貼之標籤者。
　（二）甲方之行為足使擔保物價值顯著減少者。
　（三）擔保物被遷移、出賣、出質、移轉或受其他處分，致有害於抵押權之行使者。
　（四）乙方認為擔保物或借款運用不當者。

（五）其他不履行契約者。

六、擔保債權之利率及清償方式悉依甲、乙雙方所簽訂之貸款契約之約定。

七、（債務人占有抵押物之方式及其所在地）

八、本契約涉訟時，雙方同意以○○地方法院為第一審管轄法院。但法律有專屬管轄之特別規定者，從其規定。

九、本契約一式○份，由○○○方各執○份，另一份據以辦理動產抵押登記，以資信守。

　　　　　立契約書人：甲方：○○○　印
　　　　　　　　　　　乙方：○○○　印

中　　華　　民　　國　　○○　　年　　○○　　月　　○○　　日

註：1. 訂立本契約，應本於平等互惠原則，如有疑義，應有利於消費者之解釋。
　　2. 訂立本契約，不得違反誠信原則，對消費者，顯失公平者，無效。

第二節　附條件買賣

審訂：得聲國際法律事務所資深合夥律師　李兆環

一、定義

　　稱附條件買賣者，謂買受人先占有動產之標的物，約定至支付一部或全部價金，或完成特定條件時，始取得標的物所有權之交易。

二、契約當事人的法定權利義務

1. 出賣人之取回權：標的物所有權尚未移轉於買受人時，買受人如有下列情形之一致妨害出賣人之權益者，出賣人得取回占有標的物：
   (1) 不依約定償還價款者。
   (2) 不依約定完成特定條件者。
   (3) 將標的物出賣、出質或為其他處分者。
   (4) 如取回之標的物價值顯有減少者，得向買受人請求損害賠償。

2. 再出賣之效力：出賣人取回標的物以後，買受人可在一定期限內履行契約，並負擔占有費用而回贖標的物。如買受人未於期限內回贖時，出賣人得將標的物再行出賣。

三、附條件買賣契約應訂明之基本條款（依動產擔保交易法法第27條）

1. 契約當事人之姓名或名稱、住居所或營業所。
2. 買賣標的物之名稱、數量及價格。如有特別編號、標識或說明者，其記載。
3. 出賣人保有標的物所有權，買受人得占有使用之記載。
4. 賣標的物價款之支付方法。
5. 買受人取得所有權之條件。
6. 買受人不履行契約時，出賣人行使物權及債權之方法。
7. 如有保險者，其受益人應爲出賣人之記載。
8. 管轄法院之名稱。
9. 其他條件之記載。
10. 訂立契約年月日。

四、訂立契約應注意事項

1. 經依本法設定抵押之動產，不得爲附條件買賣之標的物。
2. 本契約亦須登記始得對抗善意第三人。

五、契約範例

（一）附條件買賣契約書（一）

1. 本契約的特點：本契約爲附條件買賣契約書，出賣人出賣標的物予買受附有如契約上所記載之條件之契約。
2. 適用對象：本契約適用於附條件之買賣契約並附有買受人之連帶保證人。
3. 基本條款及注意事項：訂立本契約應訂明附條件買賣基本條款及其應注意事項。
4. 相關法條：動產擔保交易法第26-31條。

附條件買賣契約 6-7-5

附條件買賣契約書（一）

　　立契約書人買受人○○○出賣人○○○，茲因買受人向出賣人購買附表一之標的物，依動產擔保交易法第三章規定，雙方約定條款如下：

一、買賣標的物：（詳附表一）

二、買賣標的物業已點交買受人占有使用，但買受人未付清全部價款之前（或買受人所交付支票未全部兌現之前），出賣人保有標的物及其附件之所有權。買受人使用標的物，應遵守下列條件：

（一）標的物應置於○○○。買受人應以善良管理人之注意保護維持使用。未經出賣人書面同意，不得將標的物移離上述地點。

（二）出賣人得隨時派員至標的物所在地點，檢查標的物之狀況。

（三）買受人不得毀損標的物或塗滅標的物上名稱、商標、廠牌與編號。

（四）標的物（包括零件、附件）因火災、竊盜以及天災地變等不可抗力而發生之損失，概歸買受人負擔。

（五）買受人不得將標的物出借、讓與、出質、出賣、提供擔保或為其他任何處分。

三、買賣標的物價款之支付方法：（詳附表二）

四、買受人取得所有權之條件：買受人付清全部價金時（如係開票據時，於該票據全部兌現時），買受人始得取得標的物所有權。

五、第 3 條所定付款，如買受人有任何一期未付情事（或所開票據有任何一張不兌現情事），經出賣人以掛號函發信限期三日催告後（發信日為準），買受人仍未清償時，買受人並願逕受強制執行，出賣人得聲請法院強制執行收回買賣標的物。其已付價款，全部視為買受人使用標的物之折舊損害賠償，不得請求退還。如標的物有毀損，買受人應按出賣人通知之數額賠償。

六、買受人如將標的物保險，其受益人應列為出賣人。

七、就本契約所生糾紛之一切訴訟（包括連帶保證人部分）以○○地方法院為管轄法院，強制執行收回標的物，則由標的物所在地之地方法院管轄。

八、其他條件：

（一）雙方應即日向管轄登記機關，辦理動產擔保交易附條件買賣契約之登記。如買受人不協同出賣人辦理登記，任憑出賣人隨時收回標的物，並賠償出賣人之一切損失，買受人無異議。

（二）本件動產擔保交易附條件買賣契約登記有效期間為三年，自登記日起算。

（三）出賣人收回標的物十日內，買受人得以現金繳付餘額全部（或未兌付票據全部）及償還出賣人收回之一切費用於出賣人後，領回原標的物。其領回裝置，由買受人自理。

（四）其他未定事項，概依中華民國有關法律之規定辦理。

九、買受人之連帶保證人，就買受人因本契約而生之一切債務，負連帶責任，並願拋棄民法債編第二十四條保證各法條內有關保證人之權利。連帶保證人所負責任，以保證至履行本契約所生全部債務時為止。保證人非經出賣人之書面同意，不得藉故中途退保。

十、出賣人依第 5 條收回之買賣標的物，經拍賣所得之價金與買受人已付之價金合計總數不足清償全部之貨款時，買受人及連帶保證人仍應負全部清償之責。

買受人：○○○　印

住址：

身分證字號：

営業證字號：

連帶保證人：○○○ 印

住址：

身分證字號：

営業證字號：

出賣人：○○○ 印

中　　華　　民　　國　　○○　　年　　○○　　月　　○○　　日

附表一

名稱	規格	數量	製造號碼	單價	總價	備註

附表二

期別	應付日期	應付金額	備註（如預開票據者，其付款行帳號號碼）	期別	應付日期	應付金額	備註（如預開票據者，其付款行帳號號碼）

註：經動產擔保交易法設定抵押之動產，不得為附條件買賣之標的物，違反本規定者其附條件買賣契約無效（動產擔保交易法第31條參照）

（二）附條件買賣契約書（二）

1. **本契約的特點**：本契約為附條件買賣契約，出賣人出賣標的物附有一定條件之契約。

2. **適用對象**：本契約適用於附條件買賣契約。

3. **基本條款**：訂立本契約應訂明附條件買賣契約之基本條款及其應注意事項。

4. **相關法條**：動產擔保交易法第26-31條。

附條件買賣契約 6-7-6

附條件買賣契約書（二）

附條件買賣契約書			
（此契約書可由申請人依動產擔保交易法第27條規定自製）			
買賣標的物之名稱數量及價格	詳動產擔保交易登記標的物明細表	出賣人保有標的物所有權買受人得占有使用之記載	
買賣標的物價款之支付方法		買受人不履行契約時出賣人行使物權及債權之方法	
買受人取得所有權之條件		有保險者其受益人應為出賣人之記載	
其他約定事項	如附件所載（可另附契約）		

發生訴訟時管轄法院之名稱		姓名或名稱	年齡	住所或營業所								身分證字號	簽名蓋章或捺指模
				縣市	鄉鎮區村里	鄰	戶	街	路	巷	弄	門牌		
訂立契約人	身分													
	出賣人													
	代理人													
	買受人													
	代理人													
立約日期	中　華　民　國　○○　年　○○　月　○○　日													

動產擔保交易（附條件買賣）登記申請書

申請人名稱	（甲） （乙）	申請人職業籍貫年齡住所	（甲） （乙）
申請人（法人）營業執照字號及營業所在地	（甲） （乙）	代理人姓名籍貫年齡住所職業	（甲） （乙）

（續）

標的物所有人		標的物所有人	
契約訂立有效期間	自中華民國○○年○○月○○日起至中華民國○○年○○月○○日止	標的物價格（總值）	
		擔保債權金額	
申請原因	一、〔　　〕之登記 二、標的物（如附表）。 三、其他事項之說明：		
附件			

右請

○○縣、市政府登記

申請人：（甲）（乙）

代理人：（甲）（乙）

中　華　民　國　○○　年　○○　月　○○　日

註：1. 申請人名稱：申請人如係自然人，則填其姓名，如係法人，則填其組織名稱及主體人姓名。又申請人分兩方，甲方係指出賣人，乙方係指買受人。
　　2. 營業執照：係指公司登記、工廠登記，或商業登記等執照影本。
　　3. 標的物價格，填附表所列物品估定價值之總和。
　　4. 申請原因欄第一項，按動產擔保交易法施行細則第7條有關各款所載，就其申請之性質填載之。
　　5. 申請登記應具證件，按申請之性質，依照動產擔保交易法施行細則第6條各款規定各送二份，惟本申請書應送二份，契約應送正本一份，複本三份，標的物明細表應送六份，並繳納登記費銀元二十元，證明書費十元。申請變更或註銷等登記者，其登記費為銀元十元。均以一比三折繳新臺幣。
　　6. 申請登記或各種變更及註銷等登記者，均適用本申請書格式。
填表說明及應備書件：
　一、附條件買賣登記申請書（紅色）：
　　（一）申請人名稱：甲方填出賣人名稱如○○公司○○工廠○○農會及其負責人。乙方填買受人名稱，如為法人者，其負責人姓名亦須填列。
　　（二）申請人營業所在地：甲方填出賣人營業所在地。乙方填買受人營業所在地或住所。
　　（三）標的物所有人：除填出賣人名稱外，並用括弧註明（在總價款未獲清償前甲方得保有所權）。
　　（四）契約訂立有效期間：附條件買賣之契約多為分期付款者，但契約內另訂一條：本契約有效日期自民國○○年○○月○○日至民國○○年○○月○○日，申請書所填起訖日期，應與此條相同。
　　（五）申請人職業籍貫等：僅填買受人籍貫年齡即可。
　　（六）代理人姓名籍貫等：甲方填出賣人所委託之會計師、律師姓名住所。乙方填買受人所委託之會計師、律師等姓名住所。自辦者免填。
　　（七）標的物所在地：填○縣○鄉○路○號（工廠內或農場內，住宅內等）
　　（八）標的物價格：填實際總價款。
　　（九）擔保債權金額：填除已收定金外未付之價款。
　　（十）申請原因欄「」括弧內填「附條件買賣」之登記。
　二、附條件買受登記切結書：於括弧「」填「附條件買賣」字樣，（）括弧內填買受人名稱，契約如未編號可免填，具切結書人應填出賣人名稱，如屬法人，並填負責人姓名。
　三、附條件買賣標的物明細表：依式填寫。
　四、附條件買賣契約：正本一份，副本三份正本貼印花六元。
　五、印鑑證明書：雙方均送印鑑證明書二份，惟買受人應送原本一份複印一份，出賣人可送複印本

二份，買受人如係法人，其印鑑應由公司或營業登記機關發給，如係自然人，其印鑑應由戶政機關發給。

六、附條件買賣證件：買受人如為法人應送公司執照、工廠登記證或營業執照。

第三節 信託占有

審訂：得聲國際法律事務所資深合夥律師　李兆環

一、定義

稱信託占有者，謂信託人供給受託人資金或信用，並以原供信託之動產標的物所有權為債權之擔保，而受託人依信託收據占有處分標的物之交易。

二、契約當事人之法定權利義務

1. 信託人之取回權：受託人有下列情形之一者，信託人得取回占有標的物：
   (1) 不依約定清償債務者。
   (2) 未經信託人同意，將標的物遷移他處者。
   (3) 將標的物出質或設定抵押權者。
   (4) 不依約定方法處分標的物者。

   信託人取回標的物後之出賣、拍賣程序，以及受託人回贖之權利，準用動產抵押之規定。

2. 標的物出賣處分之責任：信託人同意受託人出賣標的物者，不論已否登記，信託人不負出賣人之責任，或因受託人處分標的物所生債務之一切責任。

三、信託收據應訂明之基本條款

1. 當事人之姓名或名稱、住居所或營業所。
2. 信託人同意供給受託人資金或信用之金額。
3. 標的物之名稱、數量、價格及存放地點，如有特別編號、標識或說明者，其記載。
4. 信託人保有標的物所有權，受託人占有及處分標的物方法之記載。
5. 供給資金或信用之清償方法，如受託人出賣標的物者，其買受人應將相當於前述資金或信用所列金額部分之價金交付信託人之記載。
6. 受託人不履行契約時，信託人行使物權及債權之方法。
7. 如有保險者，其受益人應為信託人之記載。

8. 管轄法院之名稱。
9. 其他條件之記載。
10. 訂立收據年月日。

四、訂立信託收據應注意事項

經依動產擔保交易法設定抵押之動產，不得為信託占有之標的物。

五、契約範例

（一）信託收據

1. 本收據的特點：本收據為信託收據。由立據人出具收據與信託人之契約。（受託人）
2. 適用對象：本收據適用於受託人出具與信託人之收據。
3. 基本條款及注意事項：出具本收據應訂明信託收據之基本條款及其應注意事項。
4. 相關法條：動產擔保交易法第 32-37 條。

信託占有契約 6-7-7

信託收據				
信託收據（此據可由申請人依動產擔保交易法第 33 條規定自製）				
信託人同意供給受託人資金或信用之金額			供給資金或信用之清償方法	
標的物之名稱數量價格及存放地點	詳動產擔保交易登記標的物明細表		信託人保有標的物所有權受託人占有處分標的物方法之記載	
受託人出賣標的物者其買受人應將相當於受託人給付之首開金額部分之價金交付信託人之記載				
受託人不履行契約時信託人行使物權及債權之方法				
有保險者其受益人應為信託人之記載				
其他約定事項	如附件所載（可另附契約）		發生訴訟時管轄法院之名稱	

（續）

訂立契約人	身分	姓名或名稱	年齡	住所或營業所									身分證字號	簽名蓋章或捺指模
				縣市	鄉鎮區村里	鄰	戶	街	路	巷	弄	門牌		
	出賣人													
	代理人													
	買受人													
	代理人													
立約日期				中 華 民 國 ○○ 年 ○○ 月 ○○ 日										

信託收據

　　立信託收據人○○公司（以下簡稱立據人）今出具本信託收據，向○○銀行○○○（以下簡稱貴行）領到後開單據及（或）貨物（詳如動產標的物），而對該單據及（或）貨物應支付之貨款運什費等資金，係依照立據人於中華民國○○年○○月○○日所簽訂金額○○元之票據及（或）借據及（或）委任保證契約，由貴行撥款及（或）保證支付。立據人及連帶保證人深切瞭解動產標的物所載一切貨物之所有權（包括以後由該貨物經加工後之半製品或製品）確屬於　貴行，作為貴行債權之擔保。立據人以受託人身分占有處分該項貨物。連帶保證人願與立據人切實保證按照貴行指定之○○用途使用外，非經貴行書面同意絕不變更用途及（或）遷移出租，設定負擔等影響貴行權益，並願遵守下列各款：

一、本信託收據上動產標的物所擔保之債權範圍，包括本金、利息、違約金以及因貴行行使權利所生之一切費用。上述本金、利息利率、違約金標準及清償辦法等，均應依前開票據、借據委任保證契約之規定辦理。立據人並於加工出口或出售占有標的物時，有關其出售價格方法等，應先得貴行之同意，其買受人應將全部價金直接交付貴行，以抵償所欠債務。

二、後開單據及（或）貨物立據人，應在海關規定之報關限期內，辦妥報關及提貨手續，按照貴行指定之存放地點（○○○）裝置或加工使用，並以　貴行為受益人投保足額火險，其所需之關稅、各種稅捐、保險費、修理、維護費等一切費用，均由立據人負擔。

三、信託收據、票據、借據及委任保證契約等有效存續中，立據人應以善良管理人之注意保管或使用信託占有標的物，其因任何原因所產生之損害，均由立據人負責賠償之。

四、信託占有標的物被占有後所生天然或法定孳息或其他任何收益，應由貴行抵償所欠債務之一部分。

五、立據人如有下列情形之一者，貴行得取回占有標的物：

　（一）違反票據、借據、委任保證契約，暨本信託收據上所載一切規定者。

　（二）擅自將標的物遷移、移轉、出質、出租或作其他處分，致有害於貴行所有權之行使者。

　（三）未按貴行同意之方式、條件處分信託占有標的物。

（四）立據人之行為足使信託占有標的物之價值減少者。

（五）貴行認為立據人對信託占有之標的物或對貴行供給之資金、信用等運用不當及其他原因者。

六、立據人或第三人拒絕交付信託占有標的物時，貴行得依據本信託收據聲請法院強制執行之。貴行無論於占有後立即出賣抑或聲請法院強制執行後拍賣占有標的物，其所得價款如不足抵償本息、違約金以及因行使權利所生之一切費用時，貴行仍得追償。

七、保證人願負連帶責任，即負全部清償之責任，並願拋棄民法債編第二四節保證各法條內，有關保證人所得主張之抗辯權。

八、立據人願接受貴行對借款用途之監督及對立據人業務之稽核，如需各項表報，立據人應立即供給，但貴行並無監督或稽核之義務。

九、本信託收據所規定之義務，以貴行所在地為履行地，如涉訟時立據人保證人同意貴行所在地之法院為管轄法院。

十、除本信託收據規定各條件外，凡貴行及臺灣金融業現在及將來之一切規章，立據人保證人均願遵守之。

十一、本信託收據所載立據人、保證人均包括其繼承人、受讓人、法定代理人、破產管理人或遺產管理人。

十二、本信託收據所規定各條款，如有未盡事宜，悉依照動產擔保交易法及有關法令規定辦理。

單據：

單據	保險單	商業發票	領事簽證書	產地證明書	其他文件	備註

貨物：

貨物名稱	規格	單位	數量	總價	放存地點	特別標識	備註

立據人：○○○　印

身分證字號：

地址：

連帶保證人：○○○　印

身分證字號：

地址：

連帶保證人：○○○　印

身分證字號：

地址：

連帶保證人：○○○　印

　　　　　　　　身分證字號：

　　　　　　　　地址：

中　　華　　民　　國　　○○　　年　　○○　　月　　○○　　日

申請人名稱	(甲) (乙)	申請人職業籍貫年齡住所	(甲) (乙)
申請人（法人）營業執照字號及營業所在地	(甲) (乙)	代理人姓名籍貫年齡住所職業	(甲) (乙)
標的物所有人		標的物所有人	
契約訂立有效期間	自中華民國○○年○○月○○日起至中華民國○○年○○月○○日止	標的物價格（總值）	
		擔保債權金額	
申請原因	一、〔　　〕之登記 二、標的物（如附表）。 三、其他事項之說明：		
附件			

右請

○○縣、市政府登記

申請人：(甲)(乙)

代理人：(甲)(乙)

中　　華　　民　　國　　○○　　年　　○○　　月　　○○　　日

註：1. 申請人名稱：申請人如係自然人，則填其姓名，如係法人，則填其組織名稱及主體人姓名。又申請人分兩方，甲方係指信託人，乙方係指受託人。

　　2. 營業執照：係指公司登記、工廠登記，或商業登記等執照影本。

　　3. 標的物價格，填附表所列物品估定價值之總和。

　　4. 申請原因欄第一項，按動產擔保交易法施行細則第7條有關各款所載，就其申請之性質填載之。

　　5. 申請登記應具證件，按申請人之性質，依照動產擔保交易法施行細則第6條各款規定各具送一份，惟本申請書應送二份，契約應送正本一份，複本三份，標的物明細表應送六份，並繳納登記費銀元二十元，證明書費十元。申請變更或註銷等登記者，其登記費為銀元十元。均以一比三折繳新臺幣。

　　6. 申請登記或各種變更及註銷等登記者，均適用本申請書格式。

填表說明及應備書件：

　　一、信託占有登記申請書（黃色）：

　　　　（一）申請人名稱：甲方填信託人名稱如○○銀行、○○農會及其負責人。乙方填受託人名稱，如為法人者，其負責人姓名亦須填列。

　　　　（二）申請人營業所在地：甲方填信託人營業所在地。乙方填受託人住所或營業所在地。

　　　　（三）標的物所有人：填信託人名稱。

　　　　（四）契約訂立有效期間：起訖日期應與所訂信託收據有效日期相同。

（五）申請人職業籍貫等：僅填受託人籍貫年齡即可。

（六）代理人姓名籍貫等：甲方填信託人所委託之會計師、律師等姓名住所。乙方填受託人所委任之會計師、律師等姓名住所。自辦者免填。

（七）標的物所在地：填○縣○鎮○路○號（工廠內或農場內、倉庫內等）。

（八）標的物價格：填實際價格。

（九）擔保債權金額：填實際價格。

（十）申請原因欄「」括弧內填「信託占有」之登記。

二、信託占有登記切結於括弧「」內填「信託占有」字樣，括弧（）內填「受託人名稱」，信託收據如未編號可免填。具切結書人應填信託人名稱，如屬法人，並填負責人姓名。

三、信託占有標的物明細表：依表式填寫。

四、信託占有收據：收據亦正本一份，副本三份，正本貼印花六元。

五、印鑑證明書：雙方均送印鑑證明書二份，惟受託人應送原本一份複本一份，信託人可送複印本二份，受託人如係法人，其印鑑應由公司登記機關發給，如係自然人，其印鑑應由戶政機關發給，信託人如為農會，應由主管機關發給。

六、信託占有證件：受託人如為法人應送公司執照、工廠登記證或營業執照。

第七編

商事的相關契約

審訂：恆業法律事務所律師　吳佩諭
　　　恆業法律事務所律師　謝昆峰

一、說明

　　國際貿易已經成為臺灣經濟成長不可或缺之一環，對外工商業接觸日益頻繁，契約類型更是多不勝數，而在現行的商務、交易制度下，常見的契約類型得以下列的分類方式，大別為三類，其性質與重要注意事項，茲分述如下：

（一）商業服務提供之合約類型

　　此類契約係提供現有的商品、產品、服務、勞務，並由受讓者支付相當之對價。重在於提供現有商品、服務之移轉價值，因此在撰擬此類契約條款時，則需注意商品、服務係如期如預算如約定項目地完成與交付。後述所列舉之契約中譬如勞務提供之承攬契約、委任契約等，均為此類型之契約。

（二）有關知識經濟創造、研發之合約類型

　　此類契約重在於研發、創造具有新的經濟知識價值之產品或服務，有關研發、創造、創意、設計等有形或無形，具財產權價值之產品或服務，而可能發生專利權、著作權等衍生性權利與智慧財產權權利歸屬之問題，即可被歸類為此種契約類型。如技術合作契約、技術生產契約等等，由於注重其研發、生產，即屬於此類契約類型。另外，如承攬契約所約定之工作係創造新的產品，或構想新的服務，而涉及知識經濟的創作，則亦應歸類為此類型之契約。於撰擬此類契約時，應注意對於研發資料尚未公開或申請專利前之保密義務、研發時智慧財產權（即知識權）之歸屬、研發產品或服務所有權之歸屬、申請專利後避免侵權之保障等等。

（三）合作契約

　　由契約當事人進行合作計畫，雙方以現物、現金或是勞務、專業知識作為出資之依據，合作計畫有可能僅針對某特定之專案計畫之合作關係；亦有可能為合資成立新的公司、合夥，或是進行公司併購、股份或資產購買之計畫。此類契約則應注重當事人之出資比例、責任分擔、合作計畫進行期間之保密義務、協力義務、有無限制轉讓之約定等等。

　　上述契約類型也有可能同時併存於同一契約中，譬如技術合作契約，即是一個研發契約兼具合作契約之類型，則應注意其個別性質與重要事項，均需於契約條款

中訂定，方能充分規範雙方之權利義務。

以下，續另就一般契約之格式與要項說明如後：

1. 基本條款：
   (1) 訂約日期。訂約日期原則上即為生效日期。例外如技術合作契約書以申請核准之日為生效日期。
   (2) 訂約地點。可作為訴訟管轄之參考。
   (3) 契約當事人之名稱及地址。如屬於公司者，並應記明各該公司設立所依據之法律。名稱於第一次出現時應記明全名，並得以括號註明簡稱或代號。地址則為訴訟管轄、通知之依據，不可忽略。
   (4) 訂定契約之事項或原因記載。
2. 定義條款：如有須重複出現之名稱或須說明之字句，均以定義條款確定解釋。
3. 主要內容：
   (1) 列明當事人之間意願及相互之權利義務，依契約之目的而異，但以越詳細明訂越好，以杜減紛爭。
   (2) 需注意是否有違法或與現行法抵觸之約定。其他如稅法、手續、匯率換算等問題亦應詳細列明。
4. 一般條款：
   (1) 契約有效期間。
   (2) 契約終止的解除條件、行使方式等。
   (3) 不可抗力原因之列舉與處理方法。
   (4) 契約之轉讓：記載本契約為不可轉讓或得轉讓者。如為得轉讓時，其權利、義務負擔。
   (5) 仲裁條款：
       ① 仲裁機關之名稱或選定。
       ② 仲裁人之選定方法。
       ③ 願受仲裁裁斷拘束之記載。
       ④ 仲裁費用之負擔。
   (6) 訴訟管轄：如契約無仲裁事項約定，則須明定因本契約而生之訴訟管轄事項。
   (7) 契約所依據之法律。
   (8) 與其他契約之關係。
   (9) 契約之修正方式。

(10) 通知：雙方連繫之方法、通知效力發生時期均需訂明。

5. 結語

6. 署名及封印

第 1 章 公司契約

審訂：金石國際法律事務所所長　林石猛
　　　恆業法律事務所律師　　吳佩諭
　　　恆業法律事務所律師　　謝昆峰

一、公司的定義（公司法第1條）

公司謂以營利為目的，依公司法組織、登記、成立的社團法人。

二、公司種類（公司法第2條）

公司分為下列四種：

1. 無限公司：指二人以上股東所組織，對公司債務負連帶無限清償責任之公司。
2. 有限公司：由一人以上股東所組織，就其出資額為限，對公司負其責任之公司。
3. 兩合公司：指一人以上無限責任股東，與一人以上有限責任股東所組織，其無限責任股東對公司債務負連帶無限清償責任；有限責任股東就其出資額為限，對公司負其責任之公司。
4. 股份有限公司：指二人以上股東或政府、法人股東一人所組織，全部資本分為股份；股東就其所認股份，對公司負其責任之公司。

三、外國公司定義（公司法第4條）

以營利為目的，依照外國法律組織登記，經中華民國認許，並在中華民國境內營業之公司。

四、無限公司

（一）股東的限制與章程的訂立（公司法第40條）

無限公司之股東，應有二人以上，其中半數，應在國內有住所。

股東應以全體之同意，訂立章程，簽名或蓋章，置於本公司，並每人各執一份。

（二）章程內容（公司法第 41 條）

　　無限公司章程應載明下列事項：
1. 公司名稱。
2. 所營事業。
3. 股東姓名、住所或居所。
4. 資本總額及各股東出資額。
5. 各股東有以現金以外財產為出資者，其種類、數量、價格或估價之標準。
6. 盈餘及虧損分派比例或標準。
7. 本公司所在地；設有分公司者，其所在地。
8. 定有代表公司之股東者，其姓名。
9. 定有執行業務之股東者，其姓名。
10. 定有解散事由者，其事由。
11. 訂立章程之年、月、日。

　　代表公司之股東，不備置前項章程於本公司者，處新臺幣 1 萬元以上 5 萬元以下罰鍰。連續拒不備置者，並按次連續處新臺幣 2 萬元以上 10 萬元以下罰鍰。

五、有限公司

（一）有限公司的組成（公司法第 98 條）

　　有限公司由一人以上股東所組成。
　　股東應以全體之同意訂立章程，簽名或蓋章，置於本公司，每人各執一份。

（二）章程（公司法第 101 條）

　　公司章程應載明下列事項：
1. 公司名稱
2. 所營事業。
3. 股東姓名或名稱、住所或居所。
4. 資本總額及各股東出資額。
5. 盈餘及虧損分派比例或標準。
6. 本公司所在地；設有分公司者，其所在地。
7. 董事人數。
8. 定有解散事由者，其事由。

9. 訂立章程之年、月、日。

　　代表公司之董事不備置前項章程於本公司者，處新臺幣一萬元以上五萬元以下罰鍰。連續拒不備置者，並按次連續處新臺幣二萬元以上十萬元以下罰鍰。

六、兩合公司

（一）兩合公司組織與股東責任（公司法第 114 條）

　　兩合公司以無限責任與有限責任股東組織之。

　　無限責任股東對公司債務負無限清償責任，有限責任股東以出資額為限對公司負其責任。

（二）章程（公司法第 116 條）

　　兩合公司章程與無限公司相同外，並應註明各股東責任為有限及無限。

七、股份有限公司

（一）發起人的限制（公司法第 128 條）

　　股份有限公司應有二人以上為發起人。

　　無行為能力人或限制行為能力人，不得為發起人。

　　政府或法人均得為發起人。但法人為發起人者，以公司為限。

（二）政府或法人股東（公司法第 128 條之 1）

　　政府或法人股東一人所組織之股份有限公司，不受前條第一項之限制。該公司之股東會職權由董事會行使，不適用本法有關股東會之規定。

　　前項公司之董事、監察人，由政府或法人股東指派。

（三）章程之絕對應記載事項（公司法第 129 條）

　　發起人應以全體之同意訂立章程，載明下列各款事項，並簽名或蓋章：

1. 公司名稱。
2. 所營事業。
3. 股份總數及每股金額。
4. 本公司所在地。

5. 董事及監察人之人數及任期。
6. 訂立章程之年、月、日。

（四）章程之相對應記載事項（公司法第 130 條）

下列各款事項，非經載明於章程者，不生效力：
1. 分公司之設立。
2. 分次發行股份者，定於公司設立時之發行數額。
3. 解散之事由。
4. 特別股之種類及其權利義務。
5. 發起人所得受之特別利益及受益者之姓名。

前項第 5 款發起人所得受之特別利益，股東會得修改或撤銷之。但不得侵入發起人既得之利益。

（五）股份有限公司解散的法定原因（公司法第 315 條）

股份有限公司，有下列情事之一者，應予解散：
1. 章程所定解散事由。
2. 公司所營事業已成就或不能成就。
3. 股東會為解散之決議。
4. 有記名股票之股東不滿二人。但政府或法人股東一人者，不在此限。
5. 與他公司合併。
6. 分割。
7. 破產。
8. 解散之命令或裁判。

前項第 1 款得經股東會議變更章程後，繼續經營；第 4 款本文得增加有記名股東繼續經營。

（六）股份有限公司的併購（企業併購法第 4 條）

1. 公司：指依公司法設立之股份有限公司。
2. 併購：指公司之合併、收購及分割。
3. 合併：指依本法或其他法律規定參與之公司全部消滅，由新成立之公司概括承受消滅公司之全部權利義務；或參與之其中一公司存續，由存續公司概括承受

消滅公司之全部權利義務，並以存續或新設公司之股份、或其他公司之股份、現金或其他財產作爲對價之行爲。

4. **收購**：指公司依本法、公司法、證券交易法、金融機構合併法或金融控股公司法規定取得他公司之股份、營業或財產，並以股份、現金或其他財產作爲對價之行爲。

5. **股份轉換**：指公司經股東會決議，讓與全部已發行股份予他公司作爲對價，以繳足公司股東承購他公司所發行之新股或發起設立所需之股款之行爲。

6. **分割**：指公司依本法或其他法律規定將其得獨立營運之一部或全部之營業讓與既存或新設之他公司，作爲既存公司或新設公司發行新股予該公司或該公司股東對價之行爲。

7. **母子公司**：直接或間接持有他公司已發行有表決權之股份總數或資本總額超過半數之公司，爲母公司；被持有者，爲子公司。

8. **外國公司**：指以營利爲目的，依照外國法律組織登記之公司。

（七）合併

1. **公司與子公司合併**（企業併購法第 19 條）

公司擬合併其持有 90% 以上已發行股份之子公司時，得作成合併契約，經各公司董事會以三分之二以上董事出席及出席董事過半數之決議行之。

子公司董事會爲前項決議後，應於十日內公告決議內容及合併契約書應記載事項，並通知子公司股東，得於限定期間內以書面提出異議，向公司請求公司按當時公平價格收買其持有之股份。

前項期限，不得少於三十日。

公司合併其持有百分之九十以上之資本總額之子公司，準用前三項之規定。

2. **合併之限制**（企業併購法第 20 條）

股份有限公司相互間合併，或股份有限公司與有限公司合併者，存續或新設公司以股份有限公司爲限。

3. **公司與外國公司合併**（企業併購法第 21 條）

公司與外國公司合併應符合下列規定：

(1) 該外國公司依其成立之準據法規定，係屬股份有限公司或有限公司之型態，且得與公司合併者。

(2) 合併契約業已依該外國公司成立之準據法規定，經該公司股東會、董事會或依其他方式合法決議。

(3) 公司與外國公司合併者，存續或新設公司以股份有限公司爲限。

前項外國公司應於合併基準日前指定在中華民國境內之送達代收人。

4. 公司合併契約（企業併購法第 22 條）

公司合併契約應以書面爲之，並應記載下列事項：

(1) 參與合併之公司名稱、資本額及合併後存續公司或新設公司之名稱及資本額。

(2) 存續公司或新設公司因合併發行該公司股份或換發其他公司股份之總數、種類及數量或換發現金或其他財產之數量。

(3) 存續公司或新設公司因合併對於消滅公司股東配發該公司或其他公司股份之總數、種類及數量或換發現金或其他財產與配發之方法及其他有關事項。

(4) 依法買回存續公司股份作爲配發消滅公司股東股份之相關事項。

(5) 存續公司之章程變更事項或新設公司應訂立之章程。

(6) 上市（櫃）公司換股比例計算之依據及得變更之條件。

公司與外國公司合併者，準用前項之規定。

（八）收購

1. 概括承受或讓與（企業併購法第 27 條）

公司以概括承受或概括讓與，或依公司法第 185 條第 1 項第 2 款或第 3 款讓與或受讓營業或財產之方式爲收購者，債權讓與之通知得以公告方式代之，承擔債務時免經債權人之承認，不適用民法第 297 條及第 301 條之規定。

受讓公司取得讓與公司之財產，其權利義務事項之移轉及變更登記，準用第 25 條之規定。

公司與外國公司以概括承受或概括讓與全部營業或財產之方式爲收購者，準用第 1 項及第 21 條之規定。

2. 子公司收購營業或財產之要件（企業併購法第 28 條）

公司之子公司收購公司全部或主要部分之營業或財產，符合下列規定者，得經公司董事會決議行之，不適用公司法第 185 條第 1 項至第 4 項應經讓與公司與受讓公司股東會決議之規定及公司法第 186 條至第 188 條之規定：

(1) 該子公司爲公司百分之百持有。

(2) 子公司以受讓之營業或財產作價發行新股予該公司。

(3) 該公司與子公司已依一般公認會計原則編製合併財務報表。

公司讓與全部或主要部分之營業或財產予其百分之百持股在中華民國境外設立

之子公司者，或外國公司讓與全部或主要部分之營業或財產予其百分之百持股在中華民國境內設立之子公司者，準用前項及第 21 條之規定。

3. 股份轉換方式之辦理（企業併購法第 29 條）

公司經股東會決議得以股份轉換之方式被他既存或新設公司收購為其百分之百持股之子公司，並依下列各款規定辦理：

(1) 公司股東會之決議，應有代表已發行股份總數三分之二以上股東之出席，以出席股東過半數表決權之同意行之。預定之受讓股份之公司為既存公司者，亦同。

(2) 公司法第 156 條第 2 項、第 197 條第 1 項及第 227 條、第 278 條第 2 項及證券交易法第 22 條之 2、第 26 條之規定，於股份轉換不適用之。

公開發行股票之公司，出席股東之股份總數不足前項第一款定額者，得以有代表已發行股份總數過半數股東之出席，出席股東表決權三分之二以上之同意行之。但章程有較高之規定者，從其規定。

預定受讓股份之公司為新設公司者，第 1 項第 1 款規定轉讓公司之股東會，視為受讓公司之發起人會議，得同時選舉新設公司之董事及監察人，不適用公司法第 128 條至第 139 條、第 141 條、第 155 條及第 163 條第 2 項之規定。

（九）分割

1. 公司分割（企業併購法第 32 條）

公司進行分割時，董事會應就分割有關事項，做成分割計畫，提出於股東會。

股東會對於公司分割之決議，應有代表已發行股份總數三分之二以上股東之出席，以出席股東表決權過半數之同意行之。

公開發行股票之公司，出席股東之股份總數不足前項定額者，得以有代表已發行股份總數過半數股東之出席，出席股東表決權三分之二以上之同意行之。

前二項出席股東股份總數及表決權數，章程有較高之規定者，從其規定。

公司為分割之決議後，應即向各債權人分別通知及公告，並指定三十日以上之期限，聲明債權人得於期限內提出異議。公司不為通知及公告，或對於在指定期間內提出異議之債權人不為清償、提供相當之擔保、未成立專以清償債務為目的之信託或未經公司證明無礙於債權人之權利者，不得以其分割對抗債權人。

分割後受讓營業之既存或新設公司，除被分割業務所生之債務與分割前公司之債務為可分者外，應就分割前公司所負債務於其受讓營業之出資範圍與分割前之公司負連帶清償責任。但債權人之債權請求權，自分割基準日起二年內不行使而消滅。

　　他公司為新設公司者，被分割公司之股東會視為他公司之發起人會議，得同時選舉新設公司之董事及監察人，不適用公司法第 128 條至第 139 條、第 141 條至第 155 條及第 163 條第 2 項規定。

　　前項規定，就公司於本法施行前已召集之股東會亦適用之。

　　公司法第 24 條規定，於公司因分割而消滅時準用之。上市（櫃）公司進行分割後，該分割後受讓營業或財產之既存或新設公司，符合公司分割及上市（櫃）相關規定者，於其完成公司分割及上市（櫃）之相關程序後，得繼續上市（櫃）或開始上市（櫃）；原已上市（櫃）之公司被分割後，得繼續上市（櫃）。

　　股份有限公司分割者，其存續公司或新設公司以股份有限公司為限。

2. 分割計畫應載事項（企業併購法第 33 條）

　　前條之分割計畫，應以書面為之，並記載下列事項：

　　(1) 承受營業之既存公司章程需變更事項或新設公司章程。

　　(2) 被分割公司讓與既存公司或新設公司之營業價值、資產、負債、換股比例及計算依據。

　　(3) 承受營業之既存公司發行新股或新設公司發行股份之總數、種類及數量。

　　(4) 被分割公司或其股東所取得股份之總數、種類及數量。

　　(5) 對被分割公司或其股東配發之股份不滿一股應支付現金者，其有關規定。

　　(6) 既存公司或新設公司承受被分割公司權利義務及其相關事項。

　　(7) 被分割公司之資本減少時，其資本減少有關事項。

　　(8) 被分割公司之股份銷除所應辦理事項。

　　(9) 與他公司共同為公司分割者，分割決議應記載其共同為公司分割有關事項。

　　(10) 分割基準日。

　　前項分割計畫書，應於發送分割承認決議股東會之召集通知時，一併發送於股東。

　　公司與外國公司進行公司分割時，準用前條及本條第 1 項至第 2 項及第 21 條之規定。

八、契約範例

【有限公司】

● 有限公司設立登記申請書

1. 本申請書的特點：本申請書為有限公司設立登記申請書，有限公司設立應向中央主管機構申請設立。

2. 適用對象：本申請書適用於有限公司設立申請登記。
3. 基本條款：申請登記應依公司法第 387 條規定。
4. 相關法條：公司法第 387、388 條。

公司契約 7-1-1

有限公司設立登記申請書

一、○○○等現在設立○○有限公司茲依法申請登記。
二、遵照公司法規定加具各項文件。隨繳登記費新臺幣○○○元，備文申請准予登記為禱。
　　此致

附件：

    1. 公司設立登記預查名稱申請表
    2. 其他機關核准函
    3. 公司章程
    4. 股東同意書（股東需親自簽名）
    5. 董事願任同意書
    6. 股東資格及身分證明文件
    7. 董事資格及身分證明文件
    8. 會計師查核報告書暨其附件、委託書
    9. 登記費按資本總額四千分之一計算
    10. 設立登記表二份

申請人：○○有限公司　　印
地址：
董事長（或董事）：○○○　　印
聯絡電話：

中　　華　　民　　國　　○○　　年　　○○　　月　　○○　　日

● 有限公司變更申請書

1. 本申請書的特點：本申請書為有限公司變更申請書，有限公司章程內容有變更，應申請變更登記。
2. 適用對象：本申請書適用於有限公司變更登記。
3. 基本條款：本申請書應明確敘明變更內容。
4. 相關法條：公司法第 113 條。

公司契約 7-1-2

有限公司變更登記申請書

一、本公司（統一編號：○○○○○○○○）於民國○○年○○月○○日奉准設立變更登記在案。

二、茲因○○○○○○○○○○申請變更登記。

三、遵照公司法規定，檢具有關書件，隨繳登記費新臺幣○○○元。

　　此致

　　　　　　　申請人：○○有限公司　　　[印]
　　　　　　　地址：
　　　　　　　董事長（或董事）：○○○　[印]
　　　　　　　聯絡電話：

中　　華　　民　　國　　○○　　年　　○○　　月　　○○　　日

註：變更登記應修改章程。

● 有限公司章程

1. 本章程的特點：本章程為有限公司章程，設立有限公司應訂立章程。

2. 適用對象：本章程適用於有限公司章程。

3. 基本條款：訂立本章程應明確訂立有限公司應記載章程事項。

4. 相關法條：公司法第 101 條。

公司契約 7-1-3

有限公司章程

第一章　總則

第 1 條　本公司依照公司法關於有限公司之規定組織定名為○○○有限公司。

第 2 條　本公司經營之事業如下：

　　　　1. F113020 電器批發業。

　　　　2. F101010 國際貿易業。

　　　　3. 除許可業務外，得經營法令非禁止或限制之業務。

第 3 條　本公司設於桃園縣，必要時得在國內外設立分公司。

第 4 條　本公司公告方法依照公司法第 28 條規定辦理。

第二章　出資及股東

第 5 條　本公司資本額定為新臺幣○○○○萬元。

第 6 條　本公司股東姓名、住址及其出資額如下：

　　　　_____

　　　　_____

第 7 條　本公司董事非得其他全體股東之同意，不執行業務之股東非得其他全體股東過半數之同意，不得以其出資之全部或一部轉讓與他人。

第 8 條　本公司股東每出資新臺幣 1 千元有一表決權。

第三章　董事

第 9 條　本公司置董事○人，執行業務並代表公司。本公司置董事○人、並置董事長一人對外代表公司。

第 10 條　董事之報酬得於章程內訂明或依特約另定之。

第四章　經理人

第 11 條　本公司得設經理人，其委任、解任及報酬依照公司法第 29 條規定辦理。

第五章　會計

第 12 條　本公司會計年度每年自 1 月 1 日起至 12 月 31 日止辦理總決算一次。

第 13 條　本公司應於每屆會計年度終了後，由董事造具左列表冊請求各股東承認。

　　　　（一）營業報告書。

　　　　（二）財務報表。

　　　　（三）盈餘分派或虧損撥補之議案。

第 14 條　本公司股息定為年息一分，但公司無盈餘時，不得以本作息。

第 15 條　本公司年度總決算如有盈餘，應先提繳稅款，彌補已往虧損，次提 10% 為法定盈餘公積，其餘除派付股息外，如尚有盈餘作百分比再分派如下：

　　　　（一）董事酬勞百分之＿＿＿＿＿。

　　　　（二）股東紅利百分之＿＿＿＿＿。

　　　　（三）員工紅利百分之＿＿＿＿＿。

第 16 條　本公司盈餘虧損，按照各股東出資比例分派之。

第 17 條　本公司得由股東三分之二以上同意解散。

第六章　附則

第 18 條　本章程未訂事項，悉依公司法規定辦理。

第 19 條　本章程訂立於民國○○年○○月○○日。

　　　　　　　　　　　　○○有限公司

　　　　　　　　　　　　（全體股東簽名或蓋章）

註：章程第 15 條、第 16 條規定盈餘虧損分派方法，甚為重要。

● 有限公司股東同意書

1. **本同意書特點**：本同意書為有限公司出資及選任董事，董事長同意書。

2. **適用對象**：本同意書適用於有限公司股東同意書。

3. **基本條款**：本同意書應明確記載內容由股東簽名同意。

4. **相關法條**：公司法第 113 條。

公司契約 7-1-4

有限公司股東同意書
一、本公司原股東○○○出資新臺幣○○○萬元讓由○○○承受。
二、本公司增資新臺幣○○○元，由○○○出資新臺幣○○○元。
三、選任○○○、○○○、○○○為董事，○○○為董事長。
四、修正公司章程如修正條文對照表。
以上經同意無誤
股東（需親自簽名）○○○
中　　華　　民　　國　　○○　　年　　○○　　月　　○○　　日

註：本同意書簽名同意後應修改章程，作變更登記。

● 董事願任同意書

1. **本同意書的特點**：本同意書為有限公司董事願任同意書，由願任董事者簽名蓋章同意。

2. **適用對象**：本同意書適用於自願擔任有限公司之人簽名同意，但以出資者為限。

3. **基本條款**：本同意書應明確敘明願任者的意願。

4. **相關法條**：公司法第8、23條、稅捐稽徵法第24條。

公司契約 7-1-5

董事願任同意書
本人同意擔任○○有限公司董事。
（本人親自簽名）
立同意書人：○○○
中　　華　　民　　國　　○○　　年　　○○　　月　　○○　　日

註：1. 請每一位董事填列一張董事願任同意書，董事長不必另填列一張董事長願任同意書。

　　2. 有限公司之董事，依公司法第8條第1項規定為公司之負責人。

　　3. 依公司法第23條規定，公司負責人應忠實執行業務並盡善良管理人之注意義務，如有違反致公司受有損害者，負損害賠償責任。對於公司業務之執行，如有違反法令致他人受有損害時，對他人應與公司負連帶賠償之責。

　　4. 依稅捐稽徵法第24條規定，公司負責人欠繳應納稅額達一定金額，得由司法機關或財政部函請內政部入出境管理局限制其出境；如有隱匿或移轉財產、逃避稅捐執行之跡象者，稅捐稽徵機關得聲請法院就其財產實施假扣押，並免提供擔保。

　　5. 本願任同意書可自行印製，惟備註文字應同時具備。

【股份有限公司】

● 股份有限公司創立會議議事錄

1. 本議事錄的特點：本議事錄為股份有限公司創立會議議事錄。
2. 適用對象：本會議適用於股份有限公司創立會議議事錄。
3. 基本條款：創立會應詳記公司法第 145 條及實行公司法第 146 條規定。
4. 相關法條：公司法第 143-146 條。

公司契約 7-1-6

股份有限公司創立會議議事錄

一、時間：民國○○年○○月○○日○○時
二、場所：
三、出席股東○○人，代表股份○○股，已足法定人數。（全體股東計○○人，共○○萬股）
四、主席：○○○　　　記錄：○○○
五、報告事項
　　1. 主席報告本公司籌備經過（從略）
　　2. 發起人報告公司法第 145 條規定應報告之事項（從略）
六、討論事項
　　1. 討論公司章程案
　　　決議：通過（或修正通過）。
　　　（要修正章程，必須有代表已發行股份總數三分之二以上之股東出席。）
　　2. 選任董事及監察人案
　　　決議：董事○人當選
　　　姓名　　當選權數　　姓名　　當選權數
　　　○○○　　○○○權　　○○○　　○○○權
　　　次多數董事被選人
　　　○○○　　○○○權　　○○○　　○○○權
　　　監察人○人當選
　　　○○○　　○○○權　　○○○　　○○○權
　　3. 董事監察人之報酬，章程未經訂定，應如何支領案
　　　決議：按月支領交通費，董事長每月支領○○元，董事每月各支領○○元，監察人每月各支領○○元。
　　4. 因董監有由發起人當選，依公司法第 146 條規定，應另選檢查人案決議：另選○○○、○○○、○○○為檢查人，即日就發起人報告事項，為切實之調查，並向創立會報告。
　　5. 檢查人提出調查報告，提請討論案
　　　決議：通過

七、臨時動議
　　　1. ○○○○案
　　　決議：

註：本記錄詳記公司法第 145 條及實行公司法第 146 條之規定。

● 發起人報告書

1. **本報告書的特點**：本報告書為發起人報告書，股份有限公司設立發起人應向創立會報告之報告書。
2. **適用對象**：本報告書適用於發起人向創立會所作的報告書。
3. **基本條款**：報告書的作成應依公司法第 145 條的規定。
4. **相關法條**：公司法第 145 條。

公司契約 7-1-7

發起人報告書

　　逕報告者，○○股份有限公司，由○○○等所發起，今日得告成立，謹將關於設立之一切事項，分別報告如下：

一、公司章程：
二、股東名簿：
三、已發行股份總數：
四、以現金以外之財產抵作股款者，其姓名，及其財產之種類、數量、價格、或估價之標準，暨公司核給之股數：
五、應歸公司負擔之設立費用：
六、發起人得受報酬或特別利益之數額：
七、發行特別股者，其總額及每股金額：
八、董事、監察人名單，住所居所，身分字號，政府核身分證明文件：

發起人：（七人）

中　　華　　民　　國　　○○　　年　　○○　　月　　○○　　日

● 股份有限公司發起人會議事錄

1. **本議事錄的特點**：本議事錄為股份有限公司發起人議事錄，發起設立股份有限公司應作此議事錄。
2. **適用對象**：本議事錄適用於股份有限公司發起人所作的議事錄。
3. **基本條款**：設立股份有限公司，應由發起人明確敘明發起原由，及其他有關事項，作成議事錄。
4. **相關法條**：公司法第 128 條。

公司契約 7-1-8

股份有限公司發起人會議事錄

　　時間：○○年○○月○○日○○時

　　地點：本公司

　　出席：

　　主席：○○○　　　　　　　　記錄：○○○

一、主席宣佈開會如儀

二、主席致詞：略

三、討論事項：

　　1. 訂立公司章程案

　　　決議：

　　2. 推選董事監察人案

　　　決議：推選＿＿＿＿＿＿＿＿＿＿＿＿＿＿＿＿為董事

　　　　　　　＿＿＿＿＿＿＿＿＿＿＿＿＿＿＿＿為監察人

四、散會

註：1. 需蓋具公司登記印鑑章、主席章、紀錄章。
　　2. 如主席為公司董事長，應蓋具登記印鑑章。

● 檢查人調查報告書

1. **本報告書的特點**：本報告書為創立會所選任之檢查人根據公司法第 146 條第 1 項規定對創立會所作的報告。

2. **適用對象**：本報告書適用於檢查人對於創立會所作的報告。

3. **基本條款**：報告書的作成應該依據公司法第 146 條第 2 項。

4. **相關法條**：公司法第 146 條第 2 項。

公司契約 7-1-9

檢查人調查報告書

　　茲依照公司法第 146 條之規定，調查各款事項，謹提具報告如下：

一、公司章程所訂定之事項，並無違反公司法情事。

二、股東名簿，經核對有關資料，均屬實在。

三、股份總數○○萬股，第一次發行○萬股，每股金額○元，合計○○○萬元，業經全數繳足。

四、以其他財產抵繳股款者，無。

五、發起人在籌備期間，墊付公司設立費用共計○○○元，經查核帳簿及單據，翔實無訛，應歸公司負擔。

六、發起人得受報酬或特別利益之數額：發起人實際負責籌備工作者○人，在籌備期間每人月支交通費○○元，尚屬相稱。並未受特別利益。

七、發行特別股者，其總額及每股金額：無。

● 股份有限公司章程

1. **本章程的特點**：本章程為股份有限公司章程，設立股份有限公司應先訂立章程。
2. **適用對象**：本章程適用於設立股份有限公司。
3. **基本條款**：訂立股份有限公司應記載公司法規定章程應記載絕對事項及相對事項。
4. **相關法條**：公司法第 129、130 條。

公司契約 7-1-10

○○股份有限公司章程

第一章　總則

第 1 條　本公司依照公司法規定組織之，定名為股份有限公司。

第 2 條　本公司所營事業如下：

第 3 條　本公司設總公司於○○市○○路○○號，必要時經董事會之決議得在國內外設立分公司。

第 4 條　本公司之公告方法依照公司法第 28 條規定辦理。

第二章　股份

第 5 條　本公司資本總額定為新臺幣○○○元，分為股，每股金額新臺幣○元，全額發行或分次發行之。

第 6 條　本公司實際發行股份為○○○股，計新臺幣○○○元整。

第 7 條　本公司股票概為記名式，由董事三人以上簽名蓋章，經依法簽證後發行之。

第 8 條　股票之更名過戶，自股東常會開會前一個月內，股東臨時會開會前十五日內或公司決定分派股息及紅利之基準日前五日內均停止之。

第三章　股東會

第 9 條　股東會分常會及臨時會二種，常會每年召開一次，於每營業年度終結後六個月內由董事會依法召集之。臨時會於必要時依法召集之。

第 10 條　股東因故不能出席股東會時，得出具委託書載明授權範圍，簽名蓋章委託代理人出席。

第 11 條　本公司股東每股有一表決權，但一股東而有已發行股份總數百分之三以上者，其超過部分以折計算。

第 12 條　股東會之決議，除公司法另有規定外，應有代表已發行股份總數過半數股東之出席，以出席股東表決權過半數之同意行之。

第四章　董事及監察人

第 13 條　本公司設董事○○人，監察人○○人，任期三年，由股東會就有行為能力之股東中選任，連選得連任。

第 14 條　董事會由董事組織，由三分之二以上董事之出席及出席董事過半數之同意互推。董事長一人對外代表本公司。常務董事○○人並依同一方式，由常務董事互推董事長一人對外代表公司。

第 15 條　董事長請假或因故不能行使職權時，其代理依公司法第 208 條規定辦理。

第 16 條　全體董事及監察人之報酬由股東會決定之。不論營業盈虧得依同業通常水準支給之。

第五章　經理人

第 17 條　本公司得設總經理一人，經理若干人，其委任、解任及報酬依照公司法第 29 條規定辦理。

第六章　會計

第 18 條　本公司應於每營業年度終了，由董事會造具

　　　　　（一）營業報告書（二）資產負債表（三）財產目錄（四）損益表（五）盈餘分派或虧損彌補之議案等各項表冊依法提交股東常會，請求承認。

第七章　附則

第 19 條　本章程未盡事宜悉依照公司法之規定辦理。

第 20 條　本章程訂立於中華民國○○年○○月○○日，第一次修正於中華民國○○年○○月○○日。

　　　　　　　　　　　　　　　　　　○○股份有限公司
　　　　　　　　　　　　　　　　　　董事長：○○○

註：本章程已依公司法第 129 及 130 條規定辦理。

● 股份有限公司董事監察人名單

1. **本名單的特點**：本名單為董事監察人名單，董事監察人在股東會選任後應製作名單。

2. **適用對象**：本名單適用股東會選任的董事監察人。

3. **基本條款**：董事監察人名單應記載當選權數及本身持有股數。

4. **相關法條**：公司法第 192、216 條。

公司契約 7-1-11

<table>
<tr><td colspan="5" align="center">股份有限公司董事監察人名單</td></tr>
<tr><td colspan="2">選任董事○名任期三年</td><td colspan="3" align="right">中華民國○○年○○月○○日發起人會</td></tr>
<tr><td>職業</td><td>姓名</td><td>當選權數</td><td>持有股數</td><td>備註</td></tr>
<tr><td></td><td></td><td>由全體出度股東同意選任</td><td></td><td>各董事之職稱由董事會依公司法第 208 條選任</td></tr>
</table>

選任監察人○名任期三年

<table>
<tr><td>職業</td><td>姓名</td><td>當選權數</td><td>持有股數</td><td>備註</td></tr>
<tr><td></td><td></td><td>由全體出度股東同意選任</td><td></td><td></td></tr>
</table>

● 董事（監察人）願任同意書

1. 本同意書的特點：本同意書為公司董事（監察人）自願同意擔任書。
2. 適用對象：本同意書適用於願意擔任公司董監事之同意書。
3. 基本條款：簽署此同意書應出自董監事的自願。
4. 相關法條：公司法第 192、198 條。

公司契約 7-1-12

<table>
<tr><td align="center">董事（監察人）願任同意書</td></tr>
<tr><td>　　本人同意擔任○○股份有限公司第○屆董事（董事長、監察人），任期為中華民國○○年○○月○○日至中華民國○○年○○月○○日止，計○年。

　　　　　　　　　　　　　（本人親自簽名）
　　　　　　　　　　　　　立同意書人：○○○</td></tr>
</table>

註：1. 請每一位董事（監察人）填列一張董事（監察人）願任同意書，董事長應另填列一張董事長願任同意書。
　　2. 股份有限公司之董事，依公司法第 8 條第 1 項規定為公司之負責人；依同條第 2 項規定，監察人在執行職務範圍內，亦為公司之負責人。
　　3. 依公司法第 23 條規定，公司負責人應忠實執行業務並盡善良管理人之注意義務，如有違反致公司受有損害者，負損害賠償責任。對於公司業務之執行，如有違反法令致他人受有損害時，對他人應與公司負連帶賠償之責。
　　4. 依稅捐稽徵法第 24 條規定，公司負責人欠繳應納稅額達一定金額，得由司法機關或財政部函請內政部入出境管理局限制其出境；如有隱匿或移轉財產、逃避稅捐執行之跡象者，稅捐稽徵機關得聲

請法院就其財產實施假扣押，並免提供擔保。

5. 本願任同意書可自行印製，惟備註文字應同時具備。

● 股份有限公司董事會議紀錄

1. 本紀錄的特點：本紀錄為股份有限公司董事會開會所應作的議事錄。
2. 適用對象：本紀錄適用於股份有限公司董事會議議事錄。
3. 基本條款：會議議事錄記載公司重大執行事項。
4. 相關法條：公司法第 202 條。

公司契約 7-1-13

○○股份有限公司董事會議紀錄

　　時間：○○年○○月○○日

　　地點：本公司會議室

　　出席：

　　主席：○○○　　　　　　　記錄：○○○

一、主席宣佈開會如儀

二、主席致詞：略

三、討論事項：

　　1. 推選常務董事、董事長案

　　　決議：互推○○○及○○○為常務董事。並由常務董事互推○○○為董事長。

四、散會

　　　　　　　　　　　　　　主席：○○○

　　　　　　　　　　　　　　記錄：○○○

● 股份有限公司股東常會、臨時會議事錄

1. 本議事錄的特點：本議事錄為股東常會、臨時會議事錄。股東會應依法作成議事錄。
2. 適用對象：本議事錄適用於股東常會、臨時會。
3. 基本條款：股東常會每年至少開會一次，臨時會於必要時召集開會。
4. 相關法條：公司法第 170 條。

公司契約 7-1-14

股份有限公司 常會／臨時會 議事錄

　　時間：民國○○年○○月○○日○○午○○時

　　地點：

　　出席股東人數及代表已發行股數：

　　主席：　　　　　　　　　　　記錄：

報告事項：

討論事項：

散會：

註：1. 需蓋具公司登記印鑑章、主席章、紀錄章。

　　2. 如主席為公司董事長，應蓋具登記印鑑章。

【合併】

● 合併契約（創設合併）

1. **本契約的特點**：本契約為合併契約，由甲公司與乙公司合併成立新公司，甲公司與乙公司為消滅公司。

2. **適合對象**：本契約適用於甲乙兩公司合併成立新公司。

3. **基本條款**：

   (1) 記載新公司名稱。

   (2) 新公司之股份總數種類數量。

   (3) 股份轉換，不滿一股支付現金之規定。

   (4) 新公司章程。

4. **適用法條**：公司法第 71-75、316-319 條。

公司契約 7-1-15

合併契約（創設合併）

　　立合併契約書人正新電子股份有限公司（甲方），正明電子股份有限公司（乙方），雙方為加強產銷，共同發展事業前途，同意雙方合併成立新公司。

一、新公司名稱為明新電子股份有限公司。原正新及正明兩公司解散。

二、經會計清算，新公司資本總額為新臺幣一億元正，股份總數為一千萬股。正新及正明公司各占一半股份。

三、正新及正明之股，每二股可轉換明新公司一股，不足一股之股份，由明新公司付現金收購。

四、正明及正新公司之債權及債務由明新公司概括承受。

五、結算以前之累積盈虧，由正新及正明兩公司股東個別分擔，按股份比例分派。

六、明新公司之董事及監察人，依法由創立會選任。

七、明新公司之經理人，由明新公司董事會委派。

八、正新及正明公司之原有員工，除經理外，由明新公司繼續僱傭，薪資及年資照舊計算。

九、本合併契約其他事項依公司及有關法令辦理。

十、本約一式三份，由甲乙兩方及見證人各持一份。

甲方：正新電子股份有限公司

```
        法定代理人：○○○  印
        地址：
        乙方：正明電子股份有限公司
        法定代理人：○○○  印
        地址：
        見證人：○○○  印
        地址：

中　華　民　國　○○　年　○○　月　○○　日
```

註：本合併契約為創設合併，依公司法第 129 條應訂立新章程，並發送合併承認決議股東會之股東。

● 合併契約（吸收合併）

1. 本契約的特點：本契約為合併契約，由甲公司吸收合併乙公司，甲公司為存續公司，而乙公司為消滅公司。
2. 適用對象：本契約適用於甲公司吸收合併乙公司之合併契約。
3. 基本條款及應注意事項：
    (1) 記載存續公司名稱。
    (2) 存續公司之股份總數種類數量。
    (3) 股份之轉換，不滿一股支付現金之規定。
    (4) 存續公司新章程。
4. 適用法條：公司法第 71-75、316-319 條。

公司契約 7-1-16

```
                    合併契約（吸收合併）
    立契約書人正新電子股份有限公司（甲方），正明電子股份有限公司，雙方為加強產
銷，共同發展事業前途，同意正新公司併入正明公司，以正明公司為存續公司。

一、正新公司併入正明公司，正明公司為存續公司。
二、合併後正明公司之總資本額為一億元正，股份總額為一千萬股。
三、正新公司之原股東每二股換正明公司股票一股，不足一股之股票由正明公司現金收購。
四、正新公司之債權債務由正明公司概括承受。
五、合併後，正明公司擇期召開股東大會，選舉董事及監察人。
六、正明公司之經理人，由正明公司新董事會派任。
七、正明公司繼續僱傭正新公司之員工，薪資及年資照舊計算。
八、本合併契約其他事項依公司法及相關法令辦理。
九、本契約一式三份，由甲方及乙方、見證人各持一份。

                    甲方：正新電子股份有限公司
                    法定代理人：○○○  印
```

```
        地址：
        乙方：正明電子股份有限公司
        法定代理人：○○○ 印
        地址：
        見證人：○○○ 印
        地址：

中 華 民 國 ○○ 年 ○○ 月 ○○ 日
```

註：存續公司之章程需變更，應訂立新章程。合併契約應送交合併承認決議股東會。

● 公司合併通知

1. **本通知的特點**：本通知為公司合併的存續公司通知被消滅公司之債權人償還債務之通知。
2. **適用對象**：本通知適用於公司合併。存續公司通知被消滅公司債權人的通知。
3. **基本條款**：本通知應敘述債務償還方式。
4. **相關法條**：公司法第 319 條。

公司契約 7-1-17

```
              （公司合併）通知

　　查○○股份有限公司，業經決議合併於本公司，所有該公司資產負債及一切權利義務，
統由本公司概括承受，該○○公司前欠臺端之債務，當由本公司負責償還，特此專函奉達，
如有異議，請於○個月內提出為荷。

              ○○股份有限公司董事會　　啟
```

● 公司合併公告

1. **本公告的特點**：本公告為公司合併公告，兩公司合併成立新公司，由新公司公告通知債權人。
2. **適用對象**：本公告適用於兩公司合併成立新公司知會債權人的公告。
3. **基本條款**：本公告應敘明新公司名稱及債務償還方式。
4. **相關法條**：公司法第 319 條。

公司契約 7-1-18

```
              （公司合併）公告

　　查○○工業股份有限公司及○○○企業股份有限公司，業經決議合併，改組為○○實業
股份有限公司，所有○○及○○○兩公司之一切權利義務，統由新設立之○○實業股份有限
公司概括承受。○○（或○○○）公司前欠臺端之債務，當由本公司負責償還，特此專函奉
達，如有異議，請於○個月內提出為荷。
```

　　　　　　　　　　　　○○實業股份有限公司發起人○○○
　　　　　　　　　　　　○○○（至少七人）

【轉投資設立新公司】

● 轉投資設立新公司契約書

1. **本契約的特點**：本契約為轉投資設立新公司契約書，由兩家公司轉投資成立新公司之契約。
2. **適用對象**：本契約適用於兩家公司轉投資成立新公司。
3. **基本條款**：訂立本契約應註明兩家公司名稱、轉投資新公司名稱、股份比例、新公司所營之事業等基本條款，新公司之章程、對於新公司經營管理之方案、人員之指派等。
4. **相關法條**：公司法第 13 條。

公司契約 7-1-19

轉投資設立新公司契約書

　　本契約由○○公司（以下簡稱甲方）○○公司（以下簡稱乙方），雙方為從事共同事業，茲訂定契約設立如下公司：

第 1 條　甲乙雙方依據甲方所提供之設備，及乙方所提供之技術，成立有關藥品製造、販賣之新股份有限公司（以下簡稱新公司），並根據本契約從事營運。

第 2 條　新公司之概況如本契約書末尾所附之○○藥品工業股份有限公司組織章程（略）之記載。設立時，甲方占 51% 股份，乙方占 49%。
　　　　前項之股份保有比例，為甲、乙雙方之間持續合作之依據。

第 3 條　甲方以後記之工廠土地、建築物、機器設備，折價為新臺幣○○元整，作為現物出資；乙方以其既有技術（後記所述之專利及有關之一切技術情報——以下稱技術），折合為新臺幣○○元整，作為技術提供出資。

第 4 條　前條技術之處理須以甲、乙雙方與新公司間另訂之技術協助契約（本契約所附帶之技術協助契約方案，由三方另行訂立）為依據。

第 5 條　新公司之幹部由甲方派任董事○名、監察人一名；乙方派任董事○名、監察人一名。雙方同意，董事長由甲方所指派董事之一擔任；副董事長由乙方所指派董事之一擔任。

第 6 條　新公司之設立由甲、乙雙方各委派三名事務人員，計六名，以甲方本公司所在地為籌備處，進行籌組工作。

第 7 條　新公司設立所需經費，甲方負擔 51%、乙方負擔 49%。

第 8 條　一、本契約書自簽訂時起生效，並存續至依終止事由而終止，或至新公司解散清算完結時止。且不因新公司之設立或存在，或章程之規定、公司執照請領等事項而受影響。

二、雙方如有正當之理由時，得經一個月前通知他方，經他方之同意，雙方合意終
　　止契約。
第 9 條　本契約一式二份，雙方當事人各執一份為憑。

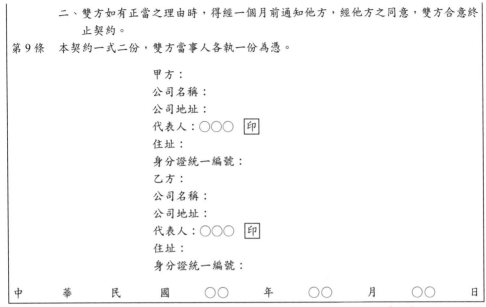

甲方：
公司名稱：
公司地址：
代表人：○○○　印
住址：
身分證統一編號：
乙方：
公司名稱：
公司地址：
代表人：○○○　印
住址：
身分證統一編號：

中　　華　　民　　國　　○○　　年　　○○　　月　　○○　　日

註：1. 本契約之轉投資新公司股份比例於契約第 2 條有規定。實際出資額則規定於第 3 條。
　　2. 公司於簽訂轉投資設立新公司契約書時，應遵守公司法第 13 條之規定。
　　3. 新公司之章程、籌備處之運作等約定，應由雙方另行協議定之，或視個案需要增訂於本契約中。

【讓渡】

● 營業讓渡契約書

1. 本契約的特點：本契約為店面讓渡之契約，賣方將店面之租賃權、一切生財器
　具、專利權、商標權全部讓渡買方為其特色。
2. 適用對象：本契約適用於營業店面之轉讓。
3. 基本條款及注意事項：訂立本契約應訂明買賣契約之基本條款及其應注意事
　項。
4. 相關法條：公司法第 185 條，民法第 345 條。

公司契約 7-1-20

營業讓渡契約書
　　立契約書人○○○（以下簡稱甲方）、○○○（以下簡稱乙方），今就營業讓渡事宜訂
立契約條款如後：
第 1 條　甲、乙雙方就下列營業之讓渡事宜訂立契約，甲方將店面讓渡予乙方，乙方支付價
　　　　金新臺幣○○元整。店面座落○○市○○路○○號。
第 2 條　乙方毋須沿用本契約成立前甲方之商號，且毋須繼承甲方之債務。

第3條　甲方於中華民國○○年○○月○○日前，須將第1條之店面租賃權讓渡予乙方，並須事先獲得出租人之同意。讓渡之同時，甲方須就營業用之動產與營業用之賬簿、文件等營繼承所需之各種手續完成移交。

甲、乙雙方須於中華民國○○年○○月○○日前完成專利權與商標權之移轉登記申請，以及電話之名義變更申請等各種手續。

第4條　乙方須於完成前條義務之同時，支付第1條所訂之價金予甲方。

第5條　甲方須讓渡予乙方之營業財產範圍如附表所列。（附表略）

第6條　甲方於本契約成立時起滿二十年間，不得從事與乙方同一性質之營業。

第7條　與本項營業有關之租稅，於本契約成立前由甲方負擔，本契約成立後則由乙方負擔。

第8條　乙方若因甲方無法履行義務，致○個月以上未能開始營業時，得解除本契約，解除契約之同時，甲方須負擔乙方因解除契約之一切損害賠償。

第9條　本契約一式二份，甲、乙雙方各執一份為憑。

> 甲方：○○○股份有限公司
> 法定代理人：
> 地址：
> 乙方：○○○股份有限公司
> 法定代理人：
> 地址：

中　　華　　民　　國　　○○　　年　　○○　　月　　○○　　日

註：1. 營業讓渡可由買賣雙方約定賣方不得將讓渡之營業在同一地區再營業之競業禁止。
　　2. 第2條不承擔債務之約定僅有債權契約的效力，不拘束第三人，故為求保險，買受人可要求第三人保證或設定抵押權擔保。

● 工廠盤讓契約書

1. **本契約的特點**：本契約為工廠盤讓契約，工廠為生產事業，與一般商號之讓與不同。工廠有廠房、生產技術、機器、原料、半成品、成品，因此訂立本契約，應詳細記載其內容。

2. **適用對象**：本契約適用於工廠全部之讓與契約。

3. **基本條款及注意事項**：訂立本契約應訂明買賣契約之基本條款及其應注意事項。

4. **相關法條**：公司法第185條，民法第345條。

公司契約 7-1-21

工廠盤讓契約書

　　立契約書人○○工業股份有限公司（以下簡稱甲方）○○實業股份有限公司（以下簡稱乙方），雙方茲就工廠盤讓事宜，訂立本件契約，條款如後：

一、盤讓標的：乙方所有座落○○縣○○鎮○○路○號廠房連同基地，暨全部生財設備及原料、半成品、製成品，其數量細目暫以乙方○○年○月○日庫存清冊所載名稱、數量為準。（另附庫存清冊）

二、本件讓售價格及計算辦法：
　（一）廠房房地、生財設備及原料、半成品、製成品細目，總折價為新臺幣（下同）一千五百萬元整。
　（二）上開原料，經盤點如有增減變化數量，則依乙方原料進料成本價格計算；半成品如有超過或不足之數，則視加工之程度，在50%以內者，按原料成本價格計算；逾50%以上者，依成品市面批發價格計算；成品有超過或不足之數，依成品市面批發價格計算，由雙方以現金給付或補足。
　（三）生財設備如有短缺、減失者，得依乙方帳面所列設備殘值計算，由甲方於尾款中予以扣除。
　（四）乙方應收未收款約計玖拾萬元（詳移交清冊），除在本年10月份以前之帳款由乙方自理外，十一月份起之帳款均以九折計算，由甲方承受，至交割後所有發生一切之損失，乙方不負任何責任。乙方並負責通知各廠商，並於甲方收受帳款時給予一切必要之協助。

三、付款辦法：
　（一）前條第一款之價格，於本契約成立同時，甲方交付乙方五百萬元，餘款一千萬元，俟原料、成品、廠房房地生財設備點交清楚同時，一次付清。
　（二）前條第四款應收帳款之價格，甲方應於交收後給乙方折淨數之半數；其餘半數由甲方開立一個日期之支票交付乙方。

四、交收日期及地點：雙方訂定本年十二月十五日為交收日期。並定於○○縣○○鎮○○路○號廠房現場為點交地點。

五、特約事項：
　（一）交收之日，雙方均須派代表二人以上，負責辦理。
　（二）本件交收以前，所有乙方對外所欠一切債務或其他糾紛，概由乙方負責釐清，與甲方無涉。
　（三）本件交收以前，所有積欠一切稅捐及水費、電費、瓦斯費、電話費用，概由乙方負擔。
　（四）廠房房地移轉，除土地增值稅由乙方負擔；其餘契稅、公證費、代書費及其他必要費用由甲方負擔。
　（五）乙方現有僱用之職工，除甲方同意留用外，餘均應由乙方負責遣散。
　（六）乙方聲明本件盤讓，業經其公司董事會及股東會依法表決通過，附件之會議紀錄如有虛偽不實，應由乙方負責。

六、違約處罰：任何一方有違背本契約所列條件之一者即作違約論，他方有權解除契約。又甲方違約，願將已付款項，任由乙方沒收充作違約賠償；若係乙方違約，應加倍返還所收之款項予甲方，以賠償甲方。

七、為確保本件契約之履行，乙方應另覓保證人貳名。保證人對於乙方違約時，加倍返還其所收受款項，應負連帶保證責任，並願拋棄先訴抗辯權。

八、本契約書一式四份，甲乙雙方及保證人各執一份為憑。

```
甲方：○○工業股份有限公司
公司地址：
負責人：○○○　　印
地址：
身分證統一編號：
公會會員證書字號：
乙方：○○實業股份有限公司
公司地址：
負責人：○○○　　印
地址：
身分證統一編號：
公會會員證書字號：
```

中　華　民　國　○○　年　○○　月　○○　日

註：本契約之重要條款為第2條之廠房房地、原料、生財設備，應收帳款之讓售價格及計算辦法。

● 補習班經營權讓渡契約書

1. 本契約的特點：本契約為補習班經營權讓渡契約書，甲方不欲經營其所有的補習班，將經營權讓渡給乙方。
2. 適用對象：本契約適用於補習班經營權讓渡契約。
3. 基本條款：訂立本契約應明確訂明買賣契約基本條款。
4. 相關法條：公司法第185條，民法第345條。

公司契約 7-1-22

補習班經營權讓渡契約書

　　立契約書人：讓渡人：○○○股份有限公司（甲方）
　　　　　　　　受讓人：○○○股份有限公司（乙方）
　　緣甲方所經營之「○○文理短期補習班」，現因甲方不欲繼續經營，經甲、乙雙方協議後，甲方願將其經營權讓渡予乙方，約定條款如下，以昭信守：

第1條　讓渡標的
　　　　甲方願將其設立座落於○○縣○○市○○路○○段○○號○○樓之「○○文理短期補習班」之經營權讓渡予乙方經營之。
第2條　讓渡金額
　　　　本件讓渡金額共計新臺幣○○○萬元整（含房屋押租金新臺幣○○萬元整），乙方簽定本契約時，應將上揭讓渡金額全部支付於甲方。
第3條　權利讓渡及債務負擔
　　　　一、甲方自簽定本契約書時起，其經營權即讓予乙方；乙方無須沿用契約成立前，甲方所用之名稱。

二、甲方於民國○○年○○月○○日前若有負債，由甲方自行理清概與乙方無涉，亦不得向乙方請求任何補貼；乙方於簽定本契約後，營運若有任何虧損，概由乙方自行負責，亦不得以任何名目請求甲方補貼。

三、乙方應給付甲方有關學生「留班獎金」部分，共計新臺幣○○萬元整；上揭款項，乙方應於完成執照變更之次日（以縣政府教育局核發變更執照之日為準），應即支付予甲方。

第4條　執照變更

甲方應配合乙方前往臺北縣政府辦理有關「○○文理短期補習班」證照更名事宜，不得藉故拖延或遲滯。

第5條　人員僱傭解散

甲方於民國○○年○○月○○日前所僱傭之員工（含教師、工讀生等），均由乙方決定是否繼續留用；若乙方決定留用之，乙方應依勞基法相關之規定，予以妥善照顧之。

第6條　裝潢、設備費用

就補習班有關裝潢、設備之改善費用共計新臺幣○○萬元整，雙方約定由甲方負擔○○○元，乙方負擔新臺幣○○○元整。

第7條　利潤歸屬

關於補習班於過渡期間（即辦理更名過程之時期）之利益所得，其於民國○○年○○月○○日前之利益，均歸屬於甲方；民國○○年○○月○○日起之利益，概屬乙方所有。

第8條　競業禁止及守密義務

甲方自簽定本契約書時起二年內，不得投資或參與或教導或受僱或從事合夥經營類似之補教業務，如有違反，甲方須將其因之所得之利，給付或歸入乙方所有，乙方並得請求甲方賠償懲罰性之賠償新臺幣二百萬元整，甲方不得異議。

第9條　合意管轄

本件合約若有爭議，雙方合意以臺灣臺北地方法院為第一審法院。

第10條　本件契約共作成一式三份，除由公證人收執一份外，餘由甲、乙雙方各執存一份為憑，以昭信守。

第11條　本契約應經公證使生效力。

甲方：○○○　[印]

法定代理人：

地址：

法定代理人：○○○　[印]

身分證字號：

乙方：○○○　[印]

法定代理人：

地址：

中　華　民　國　○○　年　○○　月　○○　日

【申請書】

● 外商（股份）有限公司認許暨（臺灣）分公司設立登記申請書

1. 本申請書的特點：本申請書爲外商向中央主管機構申請認許及分公司設立登記申請書。
2. 適用對象：本申請書適用於外商認許及分公司設立登記。
3. 基本條款：外商申請認許之文件應依公司法第 387 條規定。
4. 相關法條：公司法第 370、371、387 條。

公司契約 7-1-23

外商（股份）有限公司認許暨（臺灣）分公司設立登記申請書

一、爲○○○○○○○設立○商○○（股份）有限公司申請認許及設立（臺灣）分公司登記。

二、遵照公司法規定加具各項文件。隨繳登記費新臺幣○○○元，備文申請准予認許及設立登記爲禱。

　此致

經濟部商業司

附件：

　　1. 申請書
　　2. 其他機關核准函
　　3. 公司設立登記預查名稱申請表
　　4. 法人資格證明文件（須經簽證並附中譯本）
　　5. 公司章程（須經簽證並附中譯本）
　　6. 股東會或董事會請求認許之議事錄（須經簽證並附中譯本）
　　7. 在中華民國境內營運資金之匯入匯款通知書、買匯水單
　　8. （指派）在中華民國境內指定之訴訟及非訴訟代表人授權者（須經簽證並附中譯本）
　　9. （指派）分公司經理人授權書（須經簽證並附中譯本）
　　10. 在中華民國境內指定訴訟及非訴訟代表人身分證文件
　　11. 分公司經理人身分證明文件
　　12. 外國公司認許表二份
　　13. 外國分公司設立登記表二份
　　14. 認許（營運資金金額四千分之一）
　　15. 登記費（新臺幣六百元）

備註：

　　1. 委託會計師或律師代理者，應另檢附委託書一份。
　　2. 依法應先經主管機關許可者，經檢附許可文件影本，無則免送。

```
申請人：○商○○（股份）有限公司
        分公
        司印（登記印鑑）
在中華民國境內訴訟及非訴訟代表人：
○○○　印（登記印鑑）
地址：
聯絡電話：
代理人：○○○會計師（律師）
中　華　民　國　○○　年　○○　月　○○　日
```

● 外商（股份）有限公司（指派）代表人在中華民國境內及法律行為報備申請書

1. **本申請書的特點**：本申請書為外商公司指派在臺代表報備申請書。
2. **適用對象**：本申請書適用於外商指派在臺代表報備申請書。
3. **基本條款**：本申請應備妥授權代表文件。
4. **相關法條**：公司法第 372 條第 2 項。

公司契約 7-1-24

```
          外商（股份）有限公司（指派）代表人
        在中華民國境內及法律行為報備申請書

一、為○商○○（股份）有限公司擬指派○○○行使在中華民國境內之法律行為並在臺設立
    辦事處，茲依法申請報備。
    准予報備為禱。
    此致


經濟部商業司
附件：
    1. 申請書
    2. 法人資格證明文件（須經簽證並附中譯本）
    3. （指派）在中華民國境內指定之訴訟及非訴訟代表人授權書（須經簽證並附中譯
       本）
    4. 在中華民國境內指定訴訟及非訴訟代表人身分證文件
    5. 報備表二份
備註：
    1. 委託會計師或律師代理者，應另檢附委託書一份。
    2. 依法應先經主管機關許可者，應檢附許可文件影本，無則免送。

          申請人：○商○○（股份）有限公司
```

在中華民國境內訴訟及非訴訟代表人：
○○○ 印 （登記印鑑）
地址：
聯絡電話：
代理人：○○○會計師（律師）

中　　華　　民　　國　　○○　　年　　○○　　月　　○○　　日

● 外商（股份）有限公司變更認許及登記申請書

1. 本申請書的特點：本申請書為外商公司申請變更認許及登記申請書。
2. 適用對象：本申請適用於外商公司變更認許及登記。
3. 基本條款：本申請書應詳述變更事項。
4. 相關法條：公司法第 387 條。

公司契約 7-1-25

外商（股份）有限公司變更認許及登記申請書

一、本公司（統一編號：○○○○○○○○）於民國○○年○月○日奉准設立變更登記在
　　案。
二、茲因＿＿＿＿＿＿＿＿＿＿＿＿＿＿＿＿＿＿申請變更及認許登記。
三、遵照公司法規定，檢具有關書件，隨繳登記費新臺幣○○○元。
　　此致
經濟部商業司

申請人：○○商（股份）有限公司
分公司印 （分公司登記印鑑）
地址：
在中華民國境內訴訟及非訴訟代表人：
○○○ 印 （登記印鑑）
聯絡電話：
代理人：○○○會計師（律師）

中　　華　　民　　國　　○○　　年　　○○　　月　　○○　　日

【授權書】

● 在中華民國境內訴訟及非訴訟代表人授權書

1. 本授權書的特點：本授權書為被認許的外商公司在臺授權為訴訟及非訴訟代表
　　人之授權書。

2. 適用對象：本授權書適用外商公司授權在臺爲訴訟及非訴訟代表人之授權。
3. 基本條款：本授權書應記載授權人、被授權人及授權內容。
4. 相關法條：公司法第 387 條。

公司契約 7-1-26

在中華民國境內訴訟及非訴訟代表人授權書
POWER OF ATTORNEY

X X X a corporation organized and existing under the law of X X X, hereby constitute and appoint X X X to be the designated agent of our corporation in the Republic of China, for all litigious and non-litigious matters within the republic of China, with all the authority and usually attached to such an office and, to accept service of all documents and legal processes on our behalf, and to do and perform all other acts on our behalf as such designated agent is empowered by the company or obligated to perform under the Company Law of the Republic of China.

IN WITNESS WHEREOF, has caused this Power of Attorney to be signed on this X X X day of X X X, X X X.

BY:

(a authoriety of company)

【董事會議紀錄】

● 申請認許及設立在臺分公司董事會議紀錄

1. 本紀錄的特點：本紀錄爲外商公司申請認許及設立在臺分公司董事會議紀錄。
2. 適用對象：本會議紀錄適用於外商公司在臺申請認許及設立分公司。
3. 基本條款：本會議紀錄應由董事簽名。
4. 相關法條：公司法第 387 條。

公司契約 7-1-27

申請認許及設立在臺分公司董事會議事錄
Certificate of Board Resolutions

I, X X X, Director of X X X, a corporation organized And exisiting under the laws of ×××
×××××××.

And having its principal place of business at X X X, X X X (herinafter referred to as the "company"), hereby certify as follows:

That the following resolution was adopted by the Board of Directors of the company, by unanimous written consent, as of RESOLVES: That the Company shall forthwith apply with the Ministry of Economic Affairs of the Republic of China for recognition; that the company shall establish a branch office whitin the territory of the Republic of China; that the Company shall apply for registration of the establishment of such branch office with the authorities of the Republic of China.

IN WITNESS WHEREOF, has caused this Certificate of Board Resolutions to be signed on this X X X day of X X X, X X X.

BY:

(a authoriety of company)

第 2 章　保險契約

審訂：金石國際法律事務所所長　林石猛

一、定義

　　保險謂當事人約定，一方交付保險費於他方，他方對於因不可預料或不可抗力之事故所致損害，負擔賠償財物之行為。根據此項定義所訂的契約稱為保險契約（保險法第 1 條）。

二、保險契約關係人

1. 保險人指經營保險事業之各種組織，在保險契約成立時，有保險費之請求權；在承保危險事故發生時，依其承保之責任，負賠償之義務（保險法第 2 條）。
2. 要保人指對保險標的具有保險利益，向保險人申請訂立保險契約，並負交付保險費義務之人（保險法第 3 條）。
3. 被險人指於保險事故發生時，遭受損害，享有賠償請求權之人；要保人亦得為被保險人（保險法第 4 條）。
4. 受益人指被保險人或要保人約定享有賠償請求權之人，要保人或被保險人約定享有賠償請求權之人，要保人或被保險人均得為受益人（保險法第 5 條）。
5. 保險業指依保險法組織登記，以經營保險為業之機構。外國保險業指經認可的外國保險業（保險法第 6 條）。
6. 保險業負責人指依公司法或合作社法應負責之保險業負責人（保險法第 7 條）。
7. 保險代理人指根據代理契約或授權書，向保險人收取費用，並代理經營業務之人（保險法第 8 條）。
8. 保險業務員指為保險業、保險經紀人公司、保險代理人公司，從事保險招攬之人（保險法第 8 條之 1）。
9. 保險經紀人指基於被保險人之利益，代向保險人洽訂保險契約，而向承保之保險業收取佣金之人（保險法第 9 條）。
10. 公證人指向保險人或被保險人收取費用，為其辦理保險標的之查勘、鑑定及估價與賠款之理算、洽商，而予證明之人（保險法第 10 條）。

11. 各種準備金指各種責任準備金，未滿期保費準備金，特別準備金及賠款準備金（保險法第 11 條）。
12. 主管機關指財政部以及合作社之主管機關（保險法第 12 條）。

三、保險之種類（保險法第 13 條）

（一）財產保險

1. 火災保險為火災保險人對於由火災所致保險標的物之毀損或滅失，除契約另有訂定外，負賠償之責。
　　因救護保險標的物，致保險標的物發生損失者，視同所保危險所生之損失（保險法第 70 條）。
2. 海上保險為海上保險人對於保險標的物，除契約另有規定外，因海上一切事變及災害所生之毀損、滅失及費用負賠償之責（保險法第 83 條）。
3. 陸空保險為陸上、內河及航空保險人，對於保險標的物，除契約另有訂定外，因陸上、內河及航空一切事變及災害所致之毀損、滅失及費用，負賠償之責（保險法第 85 條）。
4. 責任保險為責任保險人於被保險人對於第三人，依法應負賠償責任，而受賠償請求時，負賠償之責（保險法第 90 條）。
5. 保證保險為保證保險人於被保險人因其受僱人之不誠實行為或其債務人之不履行債務所致損失，負賠償之責（保險法第 95 條之 1）。
6. 其他財產保險為其他財產保險不屬於火災保險、海上保險、陸空保險、責任保險及保證保險之範圍，而以財物或無形利益為保險標的之各種保險。

（二）人身保險

1. 人壽保險為人壽保險人於被保險人在契約規定年限內死亡，或屆契約規定年限而仍生存時，依照契約，負給付保險金額之責（保險法第 101 條）。
2. 健康保險為健康保險人於被保險人疾病、分娩及其所致殘廢或死亡時，負給付保險金額之責（保險法第 125 條）。
3. 傷害保險為傷害保險人於被保險人遭受意外傷害及其所致殘廢或死亡時，負給付保險金額之責（保險法第 131 條）。
4. 年金保險為年金保險人於被保險人生存期間或特定期間內，依照契約負一次或分期給付一定金額之責（保險法第 135 條之 1）。

四、保險契約的基本條款（保險法第 55 條）

1. 當事人之姓名及住所。
2. 保險之標的物。
3. 保險事故之種類。
4. 保險責任開始之日。
5. 保險金額。
6. 保險費。
7. 無效及失權之原因。
8. 訂約之年月日。

五、特約條款（保險法第 66 條）

特約條款為當事人於保險契約基本條款外，承認履行特種義務之條款。

六、契約範例

【產物保險】

● 汽車保險自用汽車保單條款

1. 本契約的特點：本契約為自用汽車保單條款，汽車保險為財產保險之一，保險人對保險標的物所發生事故負賠償之責。
2. 適用對象：本契約適用於汽車事故保險契約。
3. 基本條款：訂立本契約應訂明保險契約基本條款，或特別條款。
4. 相關法條：保險法第 14-16、29、55 條，消費者保護法第 11-17 條。

保險契約 7-2-1

汽車保險自用汽車保單條款

第一節　汽車保險共同條款	說明：
第 1 條　契約之構成與解釋 　　　　本保險契約之條款、批註或批單以及有關之要保書與其他約定文件，均係本保險契約之構成部分。 　　　　前項構成本保險契約之各種文件若有疑義時，以作有利於被保險人之解釋為原則。	依照行政院消費者保護委員會 84.12.01 第一次審查會會議結論修正辦理。（以下簡稱消保會審查會議）

（續）

第2條　承保範圍類別 本保險之契約之承保範圍得經雙方當事人就下列各類別同時或分別訂定之： 一、第三人責任保險 二、車體損失保險 　　車體損失保險甲式 　　車體損失保險乙式 三、竊盜損失保險	說明： 依照財政部保險司財產保險商品審查會結論辦理。（以下簡稱財政部保險司審查結論）
第3條　自負額 本保險契約承保範圍內之任何一次損失，被保險人均須先負擔本保險契約所約定之自負額。 本公司僅對超過自負額之損失部分負賠償之責。被保險汽車重複保險如有不同自負額時，以較高之自負額計算。	說明： 依財政部保險司審查結論辦理。
第4條　被保險汽車 本保險契約所稱「被保險汽車」係指本保險契約所載之汽車，並包括原汽車製造商固定裝置於車上且包括在售價中之零件及配件。但下列各項物品，若未經被保險人聲明並加保者，不視為承保之零件或配件： 一、汽車電話。 二、固定車內之視聽裝置（如電視機、碟影機及揚聲器等）。 三、衛星導航系統。 四、非原汽車製造廠商裝置，且不包括在售價中之其他設備。 被保險汽車依規定附掛拖車時，按下列約定辦理： 一、於發生汽車第三人責任保險承保範圍內之賠償責任時，視為同一被保險汽車。但該拖車已與被保險汽車分離時，則不視為被保險汽車。 二、於發生汽車車體損失保險（包括甲式或乙式）或汽車竊盜損失保險承保範圍內之毀損滅失時，除經特別聲明並加保者外，被保險汽車不包括該拖車。	說明： 依財政部保險司審查結論辦理。
第5條　告知義務與本保險契約之解除 要保人、被保險人或其代理人於訂立本保險契約時，對於所填寫之要保書及本公司之書面詢問，均應據實說明。如有故意隱匿，或因過失遺漏或為不實之說明，足以變更或減少本公司對於危險之估計者，本公司得解除本保險契約，但要保人證明危險之發生未基於其說明或未說明之事實時，不在此限。前述解除契約權，自本公司知有解除之原因後，經過一個月不行使而消滅。	說明： 依財政部保險司審查結論辦理。

（續）

本公司依前項規定解除本保險契約時，已收之保險費不予退還，倘賠償金額已給付，得請求被保險人退還之。	
第 6 條　保險費之交付 要保人應於本保險契約訂立時或約定期限內，向本公司交付保險費。交付保險費時應以本公司所掣發之收據或繳費憑證為憑。未依約定交付保險費者，本保險契約自始不生效力。	說明： 依消保會審查會議結論將屬赴償債務之保險費之交付，配合實務明確規範。
第 7 條　保險契約之終止 本保險契約得經被保險人通知終止之，自終止之書面送達本公司之日起，本保險契約失其效力。其已滿期之保險費，應按短期費率表（詳如下表）計算並不得低於新臺幣二百元。如同一汽車仍由本公司另簽一年期保險契約承保時，則本保險契約之未滿期保險費改按日數比例退還之。 本公司亦得以書面通知送達被保險人最後所留之住址終止本保險契約，書面應記載下列事項： 一、終止保險契約之保險項目。 二、終止生效之日期。 　　本項通知應於終止生效十五日前送達。 本保險契約生效已逾六十日，除保險法另有規定外，非有下列原因之一者，本公司不得終止本保險契約： 一、要保人未依約定期限交付保險費。 二、被保險人對本保險契約之理賠有詐欺行為或記錄者。 本公司依第 2 項終止本保險契約時，其未滿期保險費按日數比例退還之。 短期費率表如下： 以下表格	說明： 依財政部保險司審查結論辦理。

期間	按全年保險費百分比（%）
一個月或以下者	15
一個月以上至二個月者	25
二個月以上至三個月者	35
三個月以上至四個月者	45
四個月以上至五個月者	55
五個月以上至六個月者	65
六個月以上至七個月者	75

（續）

期間	按全年保險費百分比（%）
七個月以上至八個月者	80
八個月以上至九個月者	85
九個月以上至十個月者	90
十個月以上至十一個月者	95
十一個月以上	100

第 8 條	全損後保險費之退還 被保險汽車發生保險事故而致毀損滅失，經本公司以全損賠付後，保險契約即行終止，其他各險未滿期保險費按日數比例退還之。	說明： 依財政部保險司審查結論辦理。
第 9 條	暫停使用 被保險汽車因暫停使用或進廠駐修或失蹤期間，被保險人不得申請減費或延長保險期間。	說明： 依財政部保險司審查結論辦理。
第 10 條	不保事項 因下列事項所致之賠償責任或被保險汽車毀損滅失，本公司不負賠償之責： 一、因敵人侵略、外敵行為、戰爭或類似戰爭之行為（不論宣戰與否）、叛亂、內戰、軍事訓練或演習或政府機關之徵用、充公、沒收、扣押或破壞所致者。 二、因核子反應、核子能輻射或放射性污染所致者。 三、被保險人或被保險汽車所有人、使用人、管理人或駕駛人之故意或唆使之行為所致者。 四、被保險汽車因出租與人或作收受報酬載運乘客或貨物等類似行為之使用所致者。 五、未經列名被保險人許可或無照（含駕照吊扣、吊銷期間）駕駛或越級駕駛之人，駕駛被保險汽車所致者。 六、被保險人因吸毒、服用安非他命、大麻、海洛因、鴉片或服用、施打其他違禁藥物，駕駛被保險汽車所致者。 七、從事犯罪或唆使犯罪或逃避合法逮捕之行為所致者。 因下列事項所致之賠償責任或被保險汽車之毀損滅失，非經本公司書面同意加保者外，本公司不負賠償之責： 一、因罷工、暴動或民眾騷擾所致者。 二、被保險汽車因供教練開車者或參加競賽或為競賽開道或試驗效能或測驗速度所致者。	有關受「酒類或藥物影響」一節，分別納入不保事項第六款及可加保事項第三款，予以規範。又「受酒精影響」之標準，國內尚乏客觀數據化標準。 在實務之認定上，保險人不負賠償之舉證係依照警方筆錄、道路交通安全規則第 114 條有關不得駕車之相關標準及事故現場或有關之證人證詞等為依據。故本條目前仍維持原條文作原則性之規定。

（續）

三、被保險人或駕駛人因受酒類影響駕駛被保險汽車所致者。	
第11條　其他保險 被保險汽車發生意外事故，如有其他保險時，本公司按下列規定負賠償責任： 一、該其他保險為責任保險者屬於財損責任部分，按合計之保險金額與實際應賠金額比例分攤之。於體傷責任就超過強制汽車責任保險所規定之保險金額部分按比例分攤。 二、該其他保險為社會保險者，於超過該保險賠付部分或該保險不為賠付部分。 前項所稱「其他保險」，係指被保險汽車因意外事故致發生賠償責任或毀損滅失同時有其他不同險別的保險契約亦承保同一事故之損失而言。	說明： 依財政部保險司審查結論辦理。
第12條　保險契約權益移轉 被保險汽車之行車執照業經過戶，而保險契約在行車執照生效日起，超過十日未申請權益移轉者，本保險契約效力暫行停止，在停效期間發生保險事故，本公司不負賠償責任。 但被保險人已向本公司申請保險契約權益移轉，而行車執照尚未辦妥過戶者，仍予賠償，惟須俟辦妥新行車執照後，方得賠付。被保險人死亡或被裁定破產者，被保險人之繼承人或破產管理人，應於三個月內以書面通知本公司辦理權益之移轉。 倘未於前項期限辦理者，本公司得予終止保險契約。其終止後之保險費已交付者，本公司應按日數比例返還之。	說明： 依消保會審查會議結論，配合保險法第28條規定修正文字辦理。
第13條　防範損失擴大義務 被保險汽車發生本保險契約承保範圍內之賠償責任或毀損滅失時，被保險人均有防範維護之義務，倘被保險人未履行其義務，其因而擴大之損失概由被保險人自行負責。 要保人或被保險人為履行前項義務，防止或減輕損害為目的而採取措施所支付合理而必要費用本公司同意償還之，並不因被保險人無肇事責任而免除。被保人亦無須負擔約定之自負額亦不影響無賠款減費。	說明： 依財政部保險司審查結論辦理。
第14條　被保險人之協助義務 被保險汽車發生本保險契約承保範圍內之賠償責任或毀損滅失時，被保險人應協助本公司處理，並提供本公司所要求之資料及文書證件。	說明： 依財政部保險司審查結論辦理。

（續）

第15條 危險發生之通知義務？ 被保險汽車遇有本保險契約承保範圍內之賠償責任或毀損減失時，要保人、被保險人或受益人應立即以電話或書面通知本公司及當地憲兵或警察機關處理，並於五日內填妥出險通知書送交本公司。	說明： 依消保會審查會議結論（刪除不必要條文）修正辦理。
第16條 被保險人之詐欺行為 被保險人或其代理人於請求賠償時，如有詐欺行為或提供虛偽報告情事，本公司不負賠償責任。 前項損失雖經賠付，本公司亦得請求返還，被保險人不得拒絕。	說明： 依財政部保險司審查結論辦理。
第17條 代位求償 被保險人因本保險契約承保範圍內之損失而對於第三人有損失賠償請求權者，本公司得於給付賠償金額後，於賠償金額範圍內代位行使被保險人對於第三人之請求權。被保險人不得擅自拋棄對第三人之求償權利或有任何不利於本公司行使該項權利之行為，否則賠償金額雖已給付，本公司於受妨害未能求償之金額範圍內得請求被保險人退還之。 要保人或被保險人為保全本公司之求償權利所支出之必要費用本公司同意償還並視為損失之一部分。	說明： 依消保會審查會議結論對代位權之行使，朝合理方向修正辦理。
第18條 解釋及申訴 要保人或被保險人對於本保險契約內容或理賠有疑義時，得以書面或電話直接向本公司保戶服務部門要求解釋或申訴。要保人或被保險人亦得依法向有關單位請求解釋或申訴。	說明： 依財政部保險司審查結論辦理。
第19條 調解與仲裁 本公司與被保險人對於賠償金額發生爭議時，被保險人經申訴未獲解決者，得提經調解或交付仲裁，其程序及費用等，依有關辦法或商務仲裁條例規定辦理。	說明： 依財政部保險司審查結論辦理。
第20條 通知方法及契約變更 有關本保險契約之一切通知除經本公司同意得以其他方式為之者外，雙方當事人均應以書面送達對方最後所留之住址。 本保險契約之任何變更，非經本公司簽批不生效力。	說明： 依財政部保險司審查結論辦理。
第21條 時效 由本保險契約所生之權利，自得為請求之日起，經過二年不行使而消滅。有下列情形之一者，其期限之起算依各該款之規定： 一、要保人或被保險人對於危險之說明，有隱匿遺漏或不實者，自本公司知情之日起算。	說明： 依消保會審查會議結論照錄保險法第65條之規定辦理。

（續）

二、危險事故發生後，利害關係人能證明其非因疏忽而不知情者，自其知情之日起算。 三、要保人或被保險人對於本公司之請求係由於第三人之請求而生者，自要保人或被保險人受請求之日起算。	
第 22 條　適用範圍 本共同條款均適用於汽車第三人責任保險、汽車車體損失保險（包括甲式或乙式）或汽車竊盜損失保險及其他特約保險。	說明： 依財政部保險司審查結論辦理。
第 23 條　管轄法院 因本保險契約發生訴訟時，約定以要保人或被保險人居住所在地之地方法院為管轄法院。但要保人或被保險人住所在中華民國境外者，則以本公司總公司或臺灣（臺北）分公司所在地之地方法院為管轄法院。	說明： 依財政部保險司審查結論辦理。
第二節　汽車第三人責任保險條款 第 1 條　承保範圍 汽車第三人責任保險分為傷害責任保險及財損責任保險，其承保範圍如下： 一、傷害責任險 　　被保險人因所有、使用或管理被保險汽車發生意外事故，致第三人死亡或受有體傷，依法應負賠償責任而受賠償請求時，本公司於超過強制汽車責任保險金額以上之部分對被保險人負賠償之責。意外事故發生時，被保險人　　未投保強制汽車責任保險或已投保而保險契約已失效、不給付及保險人可追償時，本公司之賠償責任仍比照強制汽車責任保險所規定之保險金額扣除之，但經書面約定批改加保者不在此限。 二、財損責任險 　　被保險人因所有、使用或管理被保險汽車發生意外事故，致第三人財物受有損害依法應負賠償責任而受賠償請求時，本公司對被保險人負賠償之責。 被保險人因本保險承保範圍內應負之賠償責任所為之抗辯或訴訟，事先經本公司同意者，其支出之費用本公司同意支付之，並不受保險金額之限制。	說明： 依照行政院消費者保護委員會 84.12.01 第一次審查會會議結論修正辦理。（以下簡稱消保會審查會議）
第 2 條　被保險人之定義 依財政部保險司審查結論辦理。本保險所稱之「被保險人」，其意義包括列名被保險人及附加被保險人： 一、列名被保險人係指本保險契約所載明之被保險人，包括個人或團體。	說明： 依財政部保險司審查結論辦理。

（續）

	二、附加被保險人係指下列之人而言：	
	（一）列名被保險人之配偶及其同居家屬。	
	（二）列名被保險人所僱用之駕駛人及所屬之業務使	
	用人。	
	（三）經列名被保險人許可使用或管理被保險汽車之	
	人。	
第3條	保險金額	說明：
	本保險契約所載「每一個人」之保險金額係指在任何一次	依財政部保險司審查結
	意外事故內，對每一個人傷害於超過強制汽車責任險保險	論辦理。
	金額以上之部分所負之最高賠償責任而言。如同一次意外	
	事故體傷或死亡不衹一人時，本公司之賠償責任以本保險	
	契約所載「每一意外事故 」傷害保險金額為限，並仍受	
	「每一個人」保險金額限制。	
	本保險契約所載「每一意外事故財物損失」之保險金額，	
	係指本公司對每一次意外事故所有財物損失之最高責任額	
	而言。	
第4條	不保事項	說明：
	因下列事項所致之賠償責任，本公司不負賠償之責：	依財政部保險司審查結
	一、因尚未裝載於被保險汽車或已自被保險汽車卸下之貨	論辦理。
	物所引起之任何賠償責任，但在被保險汽車裝貨卸貨	
	時所發生者，不在此限。	
	二、乘坐或上下被保險汽車之人死亡或受有體傷或其財物	
	受有損失所致之賠償責任。	
	三、被保險人、使用或管理被保險汽車之人、駕駛被保險	
	汽車之人、被保險人或駕駛人之同居家屬及其執行職	
	務中之受僱人死亡或受有體傷所致之賠償責任。	
	四、被保險人、使用或管理被保險汽車之人、駕駛被保險	
	汽車之人、被保險人或駕駛人之同居家屬及其執行職	
	務中之受僱人所有、使用、租用、保管或管理之財物	
	受有損害所致之賠償責任。	
	五、被保險汽車因其本身及其裝載之重量或震動，以致橋	
	樑、道路或計量臺受有損害所致之賠償責任。	
	六、被保險汽車因汽車修理、停車場（包括代客停車）、	
	加油站、汽車經銷商或汽車運輸等業在其受託業務期	
	間所致之賠償責任。	
	因下列事項所致之賠償責任，非經本公司書面同意加保者	
	外，本公司不負賠償之責：	
	一、被保險人以契約或協議所承認或允諾之賠償責任。	
	二、被保險汽車除曳引車外，拖掛其他汽車期間所致者。	

（續）

第 5 條	和解之參與 被保險人發生本保險承保範圍內之賠償責任時，除共同條款第 13 條所規定之費用外，被保險人對於第三人就其責任所為之承認、和解和賠償，未經本公司參與者，本公司不受拘束。 但經被保險人通知而本公司無正當理由拒絕或遲延參與者，不在此限。	說明： 依財政部保險司審查結論辦理。
第 6 條	直接請求權 被保險人依法應負賠償責任時，損害賠償請求權人得依下列規定，在被保險人依法應負之損害賠償金額範圍內，直接向本公司請求支付賠償金額： 一、被保險人依法應負之損害賠償金額，經法院判決確定者；或 二、肇事責任已確定，並經本公司同意者；或 三、依法應負賠償責任之被保險人，因破產、清算、失卻清償能力或死亡、失蹤者。	說明： 依消保會審查會結論將原有與本第 7 條重複之「賠償責任之認定」條文刪除之。
第 7 條	求償文件之處理 被保險人於被請求賠償或被起訴時，應將收受之賠償請求書或法院書狀等影本立即送交本公司。 損害賠償請求權人依本保險條款第 6 條第 1、2、3 款規定申請給付保險金時，應檢具和解和書或法院判決書。	說明： 依財政部保險司審查結論辦理。
第 8 條	和解或抗辯 被保險汽車在本保險契約有效期間內因意外事故致第三人受有損害而應負賠償責任時，被保險人如受有賠償請求或被起訴，本公司得應被保險人之要求，以其名義代為進行和解或抗辯，其所需費用由本公司負擔，並不受保險金額之限制，被保險人有協助本公司處理之義務。本公司以被保險人之名義代為和解或抗辯時，倘可能達成之和解金額超過本保險契約所載明之保險金額或被保險人不同意本公司所代為之和解或抗辯時，則本公司代為和解或抗辯之義務即為終了。	說明： 依財政部保險司審查結論辦理。
第 9 條	理賠範圍及方式 體傷死亡理賠範圍及方式： 一、急救或護送費用：緊急救治或護送傷亡者，所必需之實際費用。 二、醫療費用：須具有執照之中西醫院所開具之醫療費用單據，包括掛號、醫藥、X 光檢查等必需費用，如向藥房購買藥品等單據並應由主治醫師簽證。關於醫療	說明： 依財政部保險司審查結論辦理。

（續）

費用單據，倘傷者係於私立醫院就醫者，應請院方就治療之經過將手術費、藥品費、住院費、檢查費等分項開列清單，貴重藥品應加註藥品名稱、廠牌及數量、單價始准核銷。 三、交通費用：受傷者在治療期間來往醫院所必需之實際交通費用為限。 四、看護費用：傷情嚴重確實必要者為限，但僱用特別護士時，須有主治醫師認為必要之書面證明。 五、診斷書、證明書費用：診斷書須由合格醫師所開立，並儘量要求醫師在診斷書上填寫該治療期間需否住院，住院日數以及療養方法與時間並作詳確之估計。 六、喪葬費用及精神慰藉金：參照被害者之工作收入、受扶養之遺屬人數、生活程度及當地習慣等給付合理金額。 七、自療費用：得視受傷情形，病癒程度，並參照已支用之醫藥費及醫師診斷書所註之應繼續治療時間，給予必需之自療費用。 八、其他體傷賠償：以第三人依法可請求賠償者為限。 財損理賠範圍及方式： 一、運費：搬運第三人財物損壞所必需之實際費用。 二、修復費用：修復第三人財物所需費用。但以該第三人受損財物之實際現金價值為準。 三、補償費用：第三人之寵物、衣服、家畜、紀念品等因遭受損害，無法修理或恢復原狀得按實際損失協議理賠之。 四、其他財損賠償：以第三人依法可請求賠償者為限。	
第10條　理賠申請 被保險人遇有本保險承保範圍內之賠償責任或損害賠償請求權人依本保險條款第6條行使直接請求權向本公司提出理賠申請時，應分別檢具下列文件： 一、汽車第三人傷害責任險體傷： 　（一）理賠申請書（由本公司提供）。 　（二）應本公司要求，應提供憲警單位處理證明文件或肇事責任鑑定書。 　（三）診斷書。 　（四）醫療費收據。 　（五）療養費收據或其他補助收據。 　（六）和解書或判決書。 　（七）戶口名簿影本。	說明： 一、依財政部保險司審查會議結論辦理。 二、現行規定已就業者多年實務經驗，按責任保險被保險人於理賠申請時所需文件儘量予以簡化，實務上就被保險人所需檢具理賠申請文件上，可稱已無異議。 本條仍維持現行規定。

（續）

（八）賠償金領款收據。

（九）行車執照、駕駛執照影本。

二、汽車第三人傷害責任險死亡：

（一）理賠申請書（由本公司提供）。

（二）應本公司要求，應提供憲警單位處理證明文件或肇事責任鑑定書。

（三）死亡證明書。

（四）除戶戶口名簿影本。

（五）和解書或判決書。

（六）死者遺屬領款收據及被保險人領款收據。但受害第三人依第 6 條行使直接請求權時毋需提出被保險人領款收據。

（七）行車執照、駕駛執照影本。

三、汽車第三人責任險財損：

（一）理賠申請書（由本公司提供）。

（二）應本公司要求，應提供憲警單位處理證明文件或肇事責任鑑定書。

（三）估價單或損失清單。

（四）發票或其他收據。

（五）照片。

（六）和解書或判決書。

（七）賠償金領款收據。

（八）行車執照、駕駛執照影本。

本公司於接到上列相關文件齊全後應於十五日內給付之。但另有約定者，依其約定。本公司因可歸責於自己之事由致未能在前項規定期限內為給付者，應給付遲延利息，其利率以年利一分計算。

第三節　車體損失保險甲式條款 第 1 條　承保範圍 　　被保險汽車在本保險契約有效期間內，因下列危險事故所致之毀損滅失，本公司對被保險人負賠償之責： 一、碰撞、傾覆。 二、火災。 三、閃電、雷擊。 四、爆炸。 五、擲物或墜落物。 六、第三者之非善意行為。 七、不屬本保險契約特別載明為不保事項之任何其他原因。	說明： 依財政部保險司審查結論辦理。

第2條　被保險人之定義 　　　本保險所稱之「被保險人」，其意義包括列名被保險人及 附加被保險人： 　　　一、列名被保險人係指本保險契約所載明之被保險人包括 　　　　　個人或團體。 　　　二、附加被保險人係指下列之人而言： 　　　　（一）列名被保險人之配偶、其同居家屬、四親等血 　　　　　　　親及三親等姻親。 　　　　（二）列名被保險人所僱用之駕駛人及所屬之業務使 　　　　　　　用人。	說明： 依財政部保險司審查結 論辦理。
第3條　不保及追償事項 　　　因下列事項所致被保險汽車之毀損滅失，本公司不負賠償 之責： 　　　一、被保險人因被保險汽車之毀損滅失所致之附帶損失包 　　　　　括貶值及不能使用之損失。 　　　二、被保險汽車因窳舊、腐蝕、銹垢或自然耗損之毀損。 　　　三、非因外來意外事故直接所致機件損壞或電器及機械之 　　　　　故障。或因底盤碰撞致漏油、漏水所衍生之毀損滅 　　　　　失。 　　　四、置存於被保險汽車內之衣物、用品、工具、未固定裝 　　　　　置於車上之零件或配件之毀損滅失。 　　　五、輪胎、備胎（包括內胎、外胎、鋼圈及輪帽）單獨毀 　　　　　損或受第三人之惡意破壞所致之毀損滅失。 　　　六、被保險汽車因竊盜損失險所承保事故所致之毀損滅 　　　　　失。 　　　七、被保險汽車於發生肇事後逃逸，其肇事所致之毀損滅 　　　　　失。 　　　因下列事項所致被保險汽車之毀損滅失，非經本公司書面 同意加保者外，本公司不負賠償之責： 　　　一、被保險汽車在租賃、出售、附條件買賣、出質、留置 　　　　　權等債務關係存續期間所發生之毀損滅失。 　　　二、被保險汽車因颱風、地震、海嘯、冰雹、洪水或因雨 　　　　　積水所致之毀損滅失。列名被保險人許可他人使用或 　　　　　管理被保險汽車所致之毀損滅失，本公司於賠付後得 　　　　　向該使用人或管理人追償。	說明： 一、依財政部保險司審 　　查會議結論辦理。 二、第1項6款所稱之 　　「竊盜損失險」主 　　要係以竊盜（另包 　　括搶奪、強盜）所 　　致之損失為承保範 　　圍，其意義與「侵 　　佔」不同，故仍維 　　持該險現有承保範 　　圍為宜。

（續）

第 4 條	自負額	說明：
	被保險汽車發生本保險第 1 條承保範圍內之損失，第一次被保險人應按實際修理費用負擔基本自負額新臺幣 3 千元，第二次為 5 千元，第三次以後為 7 千元，如被保險人選擇較高之自負額時，從其約定，本公司僅對超過自負額之損失部分負賠償之責。	依財政部保險司審查結論辦理。
	被保險汽車發生前項之毀損減失，可完全歸責於確定之第三人者，本公司於取得代位求償權後，被保險人無須負擔自負額，且該次賠款紀錄，不適用賠款加費之規定。	
第 5 條	理賠範圍及方式	說明：
	依財政部保險司審查結論辦理。被保險汽車發生本保險承保範圍內之毀損減失時，本公司依下列範圍及方式對被保險人負賠償之責：	
	一、理賠範圍：以本保險契約所載之保險金額為限，其理賠範圍如下：	
	（一）救護費用：為維持損害之現狀或為防止損害之擴大所需之保護、搶救、搶修之正當費用。	
	（二）拖車費用：移送受損車輛至本公司同意之最近修理工廠所需之正當費用。	
	（三）修復費用：包括修復工資、材料、裝配零件及訂購零件材料等所需之費用。	
	二、理賠方式：本公司得修復或現款賠償，並依下列方式辦理。	
	（一）修復賠償：	
	1. 毀損可以修復者，以修復至毀損發生前與原狀相似之狀況所必要之修理費用及零配件材料費用，但不包括加班費、趕工費、加急運費、空運費、特別運費等。	
	2. 前款所謂修復至毀損發生前之狀況，係指合理可能範圍內與原狀相似而言，並非指與原狀絲毫無異。	
	3. 必須更換之零件、配件概以新品為準，且不適用折舊比率分攤，如國內市場上無法購得時，本公司得以其他廠牌之零件、配件更換之。	
	（二）現款賠償：	
	1. 修理材料或零件在國內無法購得者，可根據經本公司認可之當時市場價格，以現款賠付。如經本公司同意由被保險人或受害人自行向國外訂購時，則照國外發票日價格按掛牌賣出外匯匯率，折算新臺幣賠付之。	

（續）

2. 以協議方式賠付現款自行修復者，其修復完成後，被保險人應通知本公司檢驗，否則本公司對於以後該車同一部分之損失不負賠償責任。 （三）被保險汽車發生承保範圍內之毀損滅失而其修理費用達保險金額扣除本保險條款第 8 條折舊後數額四分之三以上時，依本保險條款第 8 條、第 9 條規定辦理。	
第 6 條　複保險 被保險汽車發生本保險承保範圍內之毀損滅失，如同一被保險汽車同時訂有其他相同汽車保險契約承保同一保險事故時，不問其契約之訂立，由要保人或被保險人或他人所為，本公司對該項毀損滅失，僅就其所保金額負比例分攤之責。 要保人或被保險人應將其他保險人之名稱及保險金額通知本公司，故意不通知或意圖不當得利而為複保險者，本保險無效。	說明： 依財政部保險司審查結論辦理。
第 7 條　修理前之勘估 被保險汽車之毀損滅失，在本公司勘估前，不得逕行修理，但經被保險人通知後廿四小時內（假日順延）本公司未處理者，不在此限。	說明： 依財政部保險司審查結論辦理。
第 8 條　全損之理賠 被保險汽車發生本保險承保範圍內之毀損滅失而其修理費用達保險金額扣除下表折舊後數額四分之三以上時，本公司按保險金額乘以下列賠償率後所得之金額賠付之。被保險人無須負擔約定之自負額。	說明： 為配合政府政策加強道路安全，合理車輛汰舊，同時依據警方及市場經驗，避免重大毀損車輛借屍還魂，另增諸多社會問題（如竊盜案件、贓車及其零配件買賣案件等）。並參照財政部保險司審查會結論，除作條款修訂外仍維持現行之精神。

本保險單生效日至保險事故發生時本保險年度經過月數	折舊率（%）	賠償率（%）
未滿一個月者	3	97
滿一個月以上未滿二個月者	5	95
滿二個月以上未滿三個月者	7	93
滿三個月以上未滿四個月者	9	91
滿四個月以上未滿五個月者	11	89
滿五個月以上未滿六個月者	13	87
滿六個月以上未滿七個月者	15	85
滿七個月以上未滿八個月者	17	83
滿八個月以上未滿九個月者	19	81

（續）

本保險單生效日至保險事故發生時本保險年度經過月數	折舊率（%）	賠償率（%）
滿九個月以上未滿十個月者	21	79
滿十個月以上未滿十一個月者	23	77
滿十一個月以上未滿十二個月者	25	75

本公司以全損賠付後，本保險契約即行終止，本保險及其特約保險之未滿期保費不予退還，本公司並即取得對該殘餘物之處分權，但該殘餘物如仍有未了之責任或義務應由被保險人自行處理，本公司並不因取得該殘餘物之處分而隨同移轉予本公司承受。

		說明：
第9條	車輛之報廢 被保險汽車發生本保險承保範圍內之毀損滅失而無法加以修復，或其修理費用達保險金額扣除折舊後數額四分之三以上時，被保險人應依規定向公路監理機關辦理報廢繳銷牌照後，本公司始予賠付。	依財政部保險司審查結論辦理。
第10條	理賠申請 被保險人向本公司提出理賠申請時，應檢具下列文件： 一、理賠申請書（由本公司提供），並由被保險人親自填寫其所載內容。如被保險人死亡或受重大傷害時，得由其配偶或同居家屬代為填寫。 二、汽車行車執照及駕駛人駕駛執照影本。 三、修車估價單及修妥後發票。 四、實際全損或推定全損者，加附公路監理機關報廢證明文件。 本公司於接到上列文件齊全後，應於十五日內給付之。但另有約定者，依其約定。 本公司因可歸責於自己之事由致未能在前項規定之期限內為給付者，應給付遲延利息，其利率以年利一分計算。	說明： 依財政部保險司審查結論辦理。
第四節　車體損失保險乙式條款 第1條　承保範圍 被保險汽車在本保險契約有效期間內，因下列危險事故所致之毀損滅失，本公司對被保險人負賠償之責： 一、碰撞、傾覆。 二、火災。 三、閃電、雷擊。 四、爆炸。 五、拋擲物或墜落物。		說明： 本乙式條款除承保範圍較甲式縮小外，餘比照甲式條款。（以下略）。

（續）

第2條　被保險人之定義 　　　本保險所稱之「被保險人」，其意義包括列名被保險人及 　　　附加被保險人： 　　　一、列名被保險人係指本保險契約所載明之被保險人包括 　　　　　個人或團體。 　　　二、附加被保險人係指下列之人而言： 　　　　　（一）列名被保險人之配偶、其同居家屬、四親等血 　　　　　　　　親及三親等姻親。 　　　　　（二）列名被保險人所僱用之駕駛人及所屬之業務使 　　　　　　　　用人。	
第3條　不保及追償事項 　　　因下列事項所致被保險汽車之毀損滅失，本公司不負賠償 　　　之責： 　　　一、被保險人因被保險汽車之毀損滅失所致之附帶損失包 　　　　　括貶值及不能使用之損失。 　　　二、被保險汽車因窳舊、腐蝕、銹垢或自然耗損之毀損。 　　　三、非因外來意外事故直接所致機件損壞或電器及機械之 　　　　　故障。或因底盤碰撞致漏油、漏水所衍生之毀損滅 　　　　　失。 　　　四、置存於被保險汽車內之衣物、用品、工具、未固定裝 　　　　　置於車上之零件或配件之毀損滅失。 　　　五、輪胎、備胎（包括內胎、外胎、鋼圈及輪帽）單獨毀 　　　　　損或受第三人之惡意破壞所致之毀損滅失。 　　　六、被保險汽車因第三者之非善意行為所致之毀損滅失。 　　　七、被保險汽車遭不明車輛或物體碰撞所致之毀損滅失。 　　　八、被保險汽車遭不明刮損或其他不明原因所致之毀損滅 　　　　　失。 　　　九、被保險汽車因竊盜損失險所承保事故所致之毀損滅 　　　　　失。 　　　十、被保險汽車於發生肇事後逃逸，其肇事所列之毀損滅 　　　　　失。 　　　因下列事項所致被保險汽車之毀損滅失，非經本公司書面 　　　同意加保者外，本公司不負賠償責任： 　　　一、被保險汽車在租賃、出售、附條件買賣、出質、留置 　　　　　權等債務關係存續期間所發生之毀損滅失。 　　　二、被保險汽車因颱風、地震、海嘯、冰雹、洪水或因雨 　　　　　積水所致之毀損滅失。 　　　列名被保險人許可他人使用或管理被保險汽車所致之毀損 　　　滅失，本公司於賠付後得向該使用人或管理人追償。	

（續）

第 4 條　自負額 被保險汽車發生本保險第 1 條承保範圍內之損失，第一次被保險人應按實際修理費用負擔基本自負額新臺幣三千元，第二次為五千元，第三次以後為七千元，如被保險人選擇較高之自負額時，從其約定，本公司僅對超過自負額之損失部分負賠償之責。 被保險汽車發生前項之毀損滅失，可完全歸責於確定之第三人者，本公司於取得代位求償權後，被保險人無須負擔自負額，且該次賠款紀錄，不適用賠款加費之規定。	
第 5 條　理賠範圍及方式 被保險汽車發生本保險承保範圍內之毀損滅失時，本公司依下列範圍及方式對被保險人負賠償之責。 一、理賠範圍：以保單所載之保險金額為限，其理賠範圍如下： 　（一）救護費用：為維持損害之現狀或為防止損害之擴大所需之保護，搶救、搶修之正當費用。 　（二）拖車費用：移送受損車輛至本公司同意之最近修理工廠所需之正當費用。 　（三）修復費用：包括修復工資、材料、裝配零件及訂購零件材料等所需之費用。 二、理賠方式：本公司得修復或現款賠償，並依下列方式辦理。 　（一）修復賠償： 　1.毀損可以修復者，以修復至毀損發生前與原狀相似之狀況所必要之修理費用及零配件材料費用，但不包括加班費、趕工費、加急運費、空運費、特別運費等。 　2.前款所謂修復至毀損發生前之狀況，係指合理可能範圍內與原狀相似而言，並非指與原狀絲毫無異。 　3.必須更換之零件、配件概以新品為準，且不適用折舊比率分攤，如國內市場上無法購得時，本公司得以其他廠牌之零件、配件更換之。 　（二）現款賠償： 　1.修理材料或零件在國內無法購得者，可根據經本公司認可之當時市場價格，以現款賠付。如經本公司同意由被保險人或受害人自行向國外訂購時，則照國外發票日價格按掛牌賣出外匯匯率，折算新臺幣賠付之。	

（續）

2. 以協議方式賠付現款自行修復者，其修復完成後，被保險人應通知本公司檢驗，否則本公司對於以後該車同一部分之損失不負賠償責任。

（三）被保險汽車發生承保範圍內之毀損滅失而其修理費用達保險金額扣除本保險條款第 8 條折舊後數額四分之三以上時，依本保險條款第 8 條，第 9 條規定辦理。

第 6 條　複保險

被保險汽車發生本保險承保範圍內之毀損滅失，如同一被保險汽車同時訂有其他相同汽車保險契約承保同一保險事故時，不問其契約之訂立，由要保人或被保險人或他人所為，本公司對該項毀損滅失，僅就其所保金額負比例分攤之責。要保人或被保險人應將其他保險人之名稱及保險金額通知本公司，故意不通知或意圖不當得利而為複保險者，本保險無效。

第 7 條　修理前之勘估

被保險汽車之毀損滅失，在本公司勘估前，不得逕行修理，但經被保險人通知後廿四小時內（假日順延）本公司未處理者，不在此限。

第 8 條　全損之理賠

被保險汽車發生本保險承保範圍內之毀損滅失而其修理費用達保險金額扣除下表折舊後數額四分之三以上時，本公司按保險金額乘以下列賠償率後所得之金額賠付之。被保險人無須負擔約定之自負額。

本保險單生效日至保險事故發生時本保險年度經過月數	折舊率（%）	賠償率（%）
未滿一個月者	3	97
滿一個月以上未滿二個月者	5	95
滿二個月以上未滿三個月者	7	93
滿三個月以上未滿四個月者	9	91
滿四個月以上未滿五個月者	11	89
滿五個月以上未滿六個月者	13	87
滿六個月以上未滿七個月者	15	85
滿七個月以上未滿八個月者	17	83
滿八個月以上未滿九個月者	19	81
滿九個月以上未滿十個月者	21	79

（續）

本保險單生效日至保險事故發生時本保險年度經過月數	折舊率 (%)	賠償率 (%)
滿十個月以上未滿十一個月者	23	77
滿十一個月以上未滿十二個月者	25	75

本公司以全損賠付後，本保險契約即行終止，本保險及其特約保險之未滿期保費不予退還，本公司並即取得對該殘餘物之處分權，但該殘餘物如仍有未了責任或義務應由被保險人自行處理，本公司並不因取得該殘餘物之處分權，而隨同移轉予本公司承受。

第 9 條	車輛之報廢 被保險汽車發生本保險承保範圍內之毀損滅失而無法加以修復，或其修理費用達保險金額扣除折舊後數額四分之三以上時，被保險人應依規定向公路監理機關辦理報廢繳銷牌照後，本公司始予賠付。	
第 10 條	理賠申請 被保險人向本公司提出理賠申請時，應檢具下列文件： 一、理賠申請書（由本公司提供），並由被保險人親自填寫其所載內容。如被保險人死亡或受重大傷害時，得由其配偶或同居家屬代為填寫。 二、汽車行車執照及駕駛人駕駛執照影本。 三、修車估價單及修妥後發票。 四、實際全損或推定全損者，加附公路監理機關報廢證明文件。 本公司於接到上列文件齊全後，應於十五日內給付之。但另有約定者，依其約定。本公司因可歸責於自己之事由致未能在前項規定之期限內為給付者，應給付遲延利息，其利率以年利一分計算。	

第五節	**汽車竊盜損失保險條款**	說明： 依財政部保險司審查結論辦理。
第 1 條	承保範圍 被保險汽車因遭受偷竊、搶奪、強盜所致之毀損滅失，本公司對被保險人負賠償之責。	
第 2 條	不保事項 因下列事項所致被保險汽車之毀損滅失，本公司不負賠償之責： 一、被保險人因被保險汽車之毀損滅失所致之附帶損失（包括貶值及不能使用之損失）。	說明： 一、依財政部保險司審查會議結論辦理。

（續）

<table>
<tr><td>

二、被保險汽車因窳舊、腐蝕、銹垢或自然耗損之毀損。

三、非因外來意外事故直接所致機件損壞、或電器及機械之故障。

四、置存於被保險汽車內之衣物、用品、工具、未固定裝置於車上之零件或配件之毀損滅失。

五、輪胎、備胎（包括內胎、外胎、鋼圈及輪帽）非與被保險汽車同時被竊所致之損失。

六、被保險汽車因被保險人之同居家屬、受僱人或被許可使用之人或管理之人等竊盜、侵佔行為所致之毀損滅失。

七、被保險汽車因車體損失險甲式或乙式所承保事故所致之毀損滅失。

因下列事項所致被保險汽車之毀損滅失，非經本公司書面同意加保者外，本公司不負賠償之責。

一、裝置於被保險汽車之零件、配件非與被保險汽車同時被竊所致之損失。

二、被保險汽車在租賃、出售、附條件買賣、出質、留置權等債務關係存續期間所發生之毀損滅失。

</td><td>

二、第 1 項第 6 款「同居家屬」一詞，為配合各險條文規範及用語一致，仍維持現行。

三、另有關增列不受拘束事項之規定一節、於本保險不保事項中，尚無需要之處。有關建議已採納於第三人責任險條文之修訂（第三人責任險第 5 條和解之參與）。

</td></tr>
<tr><td>

第 3 條　自負額

被保險人於契約有效期間內，發生本保險承保範圍內之損失時，對於每一次損失，應負擔基本自負額 10%。如被保險人選擇較高之自負額時，從其約定。

</td><td>

說明：

依財政部保險司審查結論辦理。

</td></tr>
<tr><td>

第 4 條　理賠範圍及方式

被保險汽車發生本保險承保範圍內之毀損滅失時，本公司依下列範圍及方式對被保險人負賠償之責：

一、理賠範圍：以保本保險契約所載之保險金額為限，其理賠範圍如下：

　（一）救護費用：為維持損害之現狀或為防止損害之擴大所需之保護、搶救、搶修之正當依財政部保險司審查費用。

　（二）拖車費用：移送受損車輛至本公司同意之最近修理工廠所需之正當費用。

　（三）修復費用：包括修復工資、材料、裝配零件及訂購零件材料等所需之費用。

二、理賠方式：本公司得修復或現款賠償，並依下列方式辦理。

　（一）修復賠償：

</td><td>

說明：

依財政部保險司審查結論辦理。

</td></tr>
</table>

（續）

	1. 毀損可以修復者，以修復至毀損發生前與原狀相似之狀況所必要之修理費用及零配件材料費用，但不包括加班費、趕工費、加急運費、空運費、特別運費等。 2. 前款所謂修復至毀損發生前之狀況，係指合理可能範圍內與原狀相似而言，並非指與原狀絲毫無異。 3. 必須更換之零件、配件概以新品為準，且不適用折舊比率分攤，如國內市場上無法購得時，本公司得以其他廠牌之零件、配件更換之。 （二）現款賠償： 1. 修理材料或零件在國內無法購得者，可根據當時市場價格，經本公司同意以現款賠付。如經本公司同意由被保險人或受害人自行向國外訂購時，則照國外發票日價格按掛牌賣出外匯匯率，折算新臺幣賠付之。 2. 以協議方式賠付現款自行修復者，其修復完成後，被保險人應通知本公司檢驗，否則本公司對於以後該車同一部分之損失不負賠償責任。 （三）被保險汽車發生承保範圍內之毀損滅失而其修理費用達保險金額扣除本保險條款第 7 條折舊後數額四分之三以上時，依本保險條款第 7 條、第 8 條規定辦理。	
第 5 條	複保險 被保險汽車發生本保險承保範圍內之毀損滅失，如同一被保險汽車同時訂有其他相同汽車保險契約承保同一保險事故時，不問其契約之訂立，由於要保人或被保險人或他人所為，本公司對該項毀損滅失，僅就其所保金額負比例分攤之責。 要保人或被保險人應將其他保險人之名稱及保險金額通知本公司，故意不通知或意圖不當得利而為複保險者，本保險無效。	說明： 依財政部保險司審查結論辦理。
第 6 條	修理前之勘估 被保險汽車之毀損滅失，在本公司勘估前，不得逕行修理，但經被保險人通知後廿四小時內（假日順延）本公司未處理者，不在此限。	說明： 依財政部保險司審查結論辦理。

（續）

第7條	全損之理賠	說明：
	被保險汽車發生本保險承保範圍內之毀損減失而其修理費用達保險金額扣除下表折舊後數額四分之三以上時，本公司按保險金額乘以下列賠償率後所得之金額再扣除第3條所約定之自負額後賠付之。	依財政部保險司審查結論辦理。

本保險單生效日至保險事故發生時本保險年度經過月數	折舊率（%）	賠償率（%）
未滿一個月者	3	97
滿一個月以上未滿二個月者	5	95
滿二個月以上未滿三個月者	7	93
滿三個月以上未滿四個月者	9	91
滿四個月以上未滿五個月者	11	89
滿五個月以上未滿六個月者	13	87
滿六個月以上未滿七個月者	15	85
滿七個月以上未滿八個月者	17	83
滿八個月以上未滿九個月者	19	81
滿九個月以上未滿十個月者	21	79
滿十個月以上未滿十一個月者	23	77
滿十一個月以上未滿十二個月者	25	75

本公司以全損賠付後，本保險契約即行終止，本保險及其特約保險之未滿期保費不予退還，本公司並即取得對該殘餘物之處分權，但該殘餘物如仍有未了責任或義務應由被保險人自行處理，本公司並不因取得該殘餘物之處分權，而隨同移轉予本公司承受。

第8條	理賠申請	說明：
	被保險汽車發生本保險承保範圍內之損失時，自被保險人通知本公司之日起，逾三十日仍未尋獲者，被保險人應辦理牌照註銷手續，並將該車之一切權益及下列有關物件等移轉本公司後，本公司應於十五日內賠付之： 一、理賠申請書（由本公司提供），並由被保險人親自填寫其所載內容。 二、警方之失竊證明書正本。 三、汽車鑰匙。 四、汽車出廠證明或進口證明書及貨物完稅證明正本。 五、繳稅收據（牌照、燃料使用費）正本或副本。	依財政部保險司審查結論辦理。

（續）

	六、汽車註銷牌照登記申請書（須辦妥註銷手續）。 七、汽車新領牌照登記申請書。 八、讓渡書兩份（須蓋妥車主印鑑章）。 九、汽車過戶登記申請書二份（須蓋妥車主印鑑章）。 十、保險單。 抵押貸款車輛應向監理單位辦妥抵押註銷手續。 車主身分證影本或公司營業執照影本。 汽車異動證明書二份（須蓋妥車主印鑑章）。 本公司因可歸責於自己之事由致未能在前項規定之期限內 為給付者，應給付遲延利息，其利率以年利一分計算。	
第9條	尋車費用 被保險汽車發生本保險承保範圍內之損失時，被保險人除 自願負擔外，擅自承諾或給付尋回原車之任何費用，本公 司不負給付之義務。	說明： 依財政部保險司審查結 論辦理。
第10條	失竊車尋回之處理 被保險汽車發生本保險承保範圍內之損失，賠付後經尋獲 者，被保險人得於知悉後七日內領回被保險汽車並退還原 領之賠償金額。逾期本公司得逕行辦理標售尋回標的物， 其所得之價款，本公司按約定自負額之比例攤還。被保險 人倘於領取賠款後接到尋獲被竊盜汽車或零、配件之通 知，應立即以書面通知本公司，並有協助領回之義務。	說明： 依財政部保險司審查結 論辦理。

汽車保險自用汽車保險要保書填寫說明

壹、填寫要保書須要注意的事項

一、為使您能正確填寫汽車保險要保書，確保您的權益，請您在填寫要保書之前，
　　詳細閱讀本填寫說明，並請親自填寫您的要保書。並於要保書上簽章。

二、要保書為保險契約重要構成部分之一，在訂立契約時，要保人對於本公司書面
　　詢問的事項應據實說明。如有故意隱匿或因過失遺漏或為不實之說明足以變更
　　或減少本公司對危險之估計時，不論承保之危險事故是否發生，本公司均得解
　　除契約。倘賠償金已給付者，本公司得請求被保險人退還。

三、要保人或被保險人交付保險費時，應即向本公司索取正式收據，以免影響您的
　　權益。

四、被保險汽車轉售他人，行車執照業經過戶，應於新行車執照生效之日起十日
　　內，向本公司申請權益移轉。

五、如果您對汽車保險有任何疑問，請您直接向本公司業務人員，保險代理人或您

的保險經紀人查詢。

六、本要保書均適用於自用汽車及營業用汽車要保人填寫使用。

七、「自用汽車」係指下列各種汽車，其認定係以公路監理機關核發行車執照之記載爲準：

（一）輕、重型機車。

（二）自用小客車，包括：

1. 九人座（包括司機座位）以下自用小客車、吉普車及旅行車。

2. 幼童專用車（即俗稱幼稚園娃娃車）。

3. 軍用小客車。

（三）自用小貨車。

（四）自用大客車，包括：

1. 公司行號使用大客車。

2. 軍用大客車。

（五）自用大貨車：

1. 一般自用大貨車。

2. 公司行號自用大貨車。

3. 自用特種大貨車。

4. 自用大客貨兩用車。

5. 自用大代用客車。

（六）自用特種車：指有特種設備供專門用途而異於一般汽車之車輛及經交通部核定之特種車。

1. 自用小型特種車：如電訊、電力工程車、醫院救護車及其他特種工程車。

2. 自用大型特種車：如電訊、電力工程車、救火車、灑水車、水泥攪拌車、油灌車及其他特種工程車。

八、「營業用汽車」係指下列各種汽車：

（一）營業用小客車

1. 一般計程車

2. 個人計程車

3. 租賃小客車

4. 九人座（包括司機座位）以下之營業用小客車、吉普車及旅行車。

（二）營業用大客車

1. 縣（市）區公共汽車

　　　　2. 客運汽車（有固定營業路權者）

　　　　3. 遊覽車

　　（三）營業用貨車

　　　　1. 營業用小貨車（載重量 3.5 公噸以下）

　　　　2. 營業用大貨車（載重量逾 3.5 公噸以上）

　　　　3. 砂石車

　　　　4. 特種用途大貨車（指專門供載運危險品如：石化原料及其製品或爆炸物品）

　　（四）營業用特種車：指有特種設備供專門用途而異於一般汽車之車輛並經交通部核定之其他車輛。

　　　　1. 小型特種車

　　　　2. 大型特種車

　　　　3. 曳引車（包括聯結車）

九、保險期間：即您的汽車投保保險的期間，以不超過一年為限。

十、年齡

　　性別

　　駕照號碼

　　賠款紀錄：要保前一年如有賠款紀錄，請填寫承保公司名稱及保單號碼。

十一、要保汽車之車籍資料

　　　原始發照年月

　　　製造年份

　　　廠牌型式

　　　車輛種類：以公路監理機關所發行車執照之記載為準

　　　排氣量：即 C.C.數

　　　車牌號碼

　　　載客（人）限制：即行車執照上所載之載運人數

貳、汽車保險的承保內容

一、自用汽車保險的主要保險項目

（一）汽車第三人責任保險：

1. **傷害責任（對人）**：被保險人因所有、使用或管理被保險汽車發生意外事故，致第三人死亡或受有體傷，依法應負賠償責任而受有賠償請求時，本公司對被保險人負賠償之責。

2. 財損責任（對物）：被保險人因所有、使用或管理被保險汽車發生意外事故，致第三人財物受有損害，依法應負賠償責任而受有賠償請求時，本公司對被保險人負賠償之責。

（二）汽車車體損失保險：因承保範圍不同分為甲、乙兩式：
甲式：承保被保險汽車因下列事故所致的毀損滅失：
1. 碰撞傾覆：因相撞、被撞或撞及其他物體、或因駕車不慎導致翻覆。
2. 火災：因汽車本身引起火災或因外在因素所引起的火災，但不包括汽車在修理期間所致的火災損失。
3. 閃電、雷擊：汽車在使用或停放中，直接遭受閃電或雷擊所致的毀損。
4. 爆炸：因汽車本身所致或因外在因素所發生之爆炸損失。
5. 拋擲物或墜落物所致：汽車因受外來拋擲物或墜落物所致車體的毀損。
6. 第三者之非善意行為：汽車遭受第三者之惡作劇或惡意行為所致車體的毀損。
7. 不屬本保險契約特別載明為不保事項之任何其他原因：汽車遭受其他原因所致之損失如果不是保險契約載明為不保事項者均屬本保險的承保範圍。
乙式：除甲式承保範圍第 6. 及 7. 項外，其餘均與甲式相同。
（三）汽車竊盜損失保險：這是指被保險汽車遭偷竊、搶奪或強盜所引起毀損滅失，包括竊盜未遂所致的車體部分的毀損。
二、營業用汽車的主要保險項目：
　　（一）汽車第三人責任保險：其條款規定，除由於營業用汽車與自用汽車使用性質不同，因而對「被保險人」之定義不同外，其他與自用汽車相同。
　　（二）旅客責任保險：這是指依約定對價；搭乘營業用大小客車之旅客，因汽車發生意外事故致受身體傷害、死亡或殘廢，由保險人負賠償之責。
　　（三）雇主責任保險：這是指營業用汽車之駕駛人，隨車服務人員及受僱用隨車執行職務之人遭受身體傷害、死亡或殘廢，由保險人負賠償之責。
　　（四）汽車車體損失保險甲、乙兩式：與自用汽車同。但被保險人不得許可他人使用被保險汽車，否則，發生毀損滅失，本公司不負賠償責任。
　　（五）竊盜損失保險：與自用汽車同。
三、此外，您亦可考慮加保下列幾個主要的特約保險：
　　（一）颱風、海嘯、冰雹、洪水或因雨積水險：汽車遭受這些自然災害所致的毀損，原不在車體損失險承保範圍。但可於投保車體損失險後加保之。
　　（二）罷工、暴動、民眾騷擾險：因社會秩序一時失控發生動亂，汽車無故遭受毀損滅失，可於投保車體損失險後加保之。

（三）酗酒駕車責任險：被保險汽車駕駛人因酒醉駕車，導致第三人身體傷害或第三人財物損失，可於投保自用汽車第三人責任保險後加保之。

（四）汽車零件、配件被竊損失險：裝置於汽車上之零件及配件，如冷氣機及音響等，單獨被竊所致的損失，可於投保汽車竊盜損失險後加保之。

參、汽車保險有那些重要的不保事項

汽車保險的不保事項依不同的保險種類而有不同的規定，當您收到保險單時，務請詳細閱讀其內容。現在僅就若干重要的不保事項，提請您注意：

一、您的汽車不要隨便借予他人使用，您必須注意下列幾點：

（一）您的汽車是自用汽車，於投保汽車第三人責任險，您（列名被保險人）可以許可他人借用您的汽車，發生第三人賠償責任時，本公司仍須負賠償之責。

（二）但發生車體損失險之毀損滅失時，本公司於賠付您的損失後，有權向該使用人追償。

（三）您的汽車是營業用汽車，除了保險單所規定的人之外，您不可將車借予他人使用，否則，發生意外事故，不論是第三人責任險或車體損失險之損失，保險人均不負賠償責任。

（四）無論是自用車或營業用車，如果您把汽車交予代客停車之人、停車場之人、加油站之人或將車子交予託運之人等，在其受託管理被保險汽車期間所發生第三人賠償責任，本公司不負賠償之責。

二、如果被保險人酗酒駕車發生意外事故所致被保險汽車之任何損失，本公司不負賠償責任。

三、利用您的汽車從事犯罪，或逃避合法逮捕或駕駛人吸毒等非法行為，任何因此所致的損失，本公司不負任何賠償責任。

四、您的汽車用來作「飆車」，參加「競賽」或作「競賽開道」等，所發生的意外事故所致損失，本公司不負任何賠償責任。

五、當您把您的自小客車借與他人使用時，您必須瞭解他的用途，並把汽車保險的內容告訴他，如果肇事發生賠款紀錄，將增加您續保時保險費的負擔。

肆、如何可以節省保險費的支出

一、您一向駕駛汽車非常謹慎，也很少把汽車借與他人使用，或者您有專用司機為您開車，您不妨考慮提高您的自負額，這一來您可以節省不少車體損失險的保險費。

二、如果您有專用司機為您開車，而且備有自用室內停車場位，您可考慮祇投保車
　　體損失險一式，可以節省不少車體損失險的保險費。

三、您投保汽車保險的主要目的，在汽車發生重大損失（重大傷亡事件或汽車損壞
　　嚴重）由保險公司代您承擔賠償責任，平常小損失由您自己負擔，在保險有效
　　期間內並無任何賠款紀錄，保險期滿續保時您可享有無賠款減費。

伍、汽車發生事故時您要如何處理

一、汽車發生事故如有人員傷亡或肇事責任問題時，應即報請當地警察機關派員處
　　理。如涉及軍事車輛時並須報請憲兵單位協同處理，並請於事故發生後五日內
　　以書面通知保險公司。

二、人員傷亡應即送請當地醫院急救。不要與對方私下和解。

三、若肇事者逃離現場時，應記下對方汽車的車型、顏色、車牌號碼等，並保留現
　　場請警方處理。

四、車輛損壞可通知附近修車廠拖回，俟保險公司派員查勘後，始得修理。

五、被保險汽車發生車體損失險承保範圍內之損失，第一次被保險人應按實際修理
　　費用負擔基本自負額新臺幣三千元、第二次為五千元、第三次以後為七千元。
　　他自負額之損失部分負賠償之責。

六、申請理賠時，請參照保險單有關程序及手續辦理。

□□產物保險股份有限公司汽車保險要保書		自用	營業

保險單號碼	第　　號　本單係　第　　號擔保		副本分數	
被保險人				
住所（通訊處）		電話：		
□抵押權人		保險	自民國　年　月　日中午12時起	
□受益人		期間	自民國　年　月　日中午12時起	

（續）

標的標號	原始發照年月	製造年份	車輛廠牌型式	車輛種類	排氣量	引擎／車身號碼	牌照號碼	乘載限制
			及代號	及代號				
	民國	西元						
001	年	年			C.C			
	月	年						

被保險人身份證號碼		國籍	1本	2外	出生日期	民國 年 月 日	性別	1男	2女	婚姻	1已	2未

車體損失險費率代表	竊盜損失險費率代號	年齡性別係數	多輛車優待代號	車體險： 竊盜險： 責任險：

下列各「保險種類」僅於其相關「保險金額」欄內填入保險金額或附貼依該險批單並分別計收保險單後始予承保在內

險種代號	保險種類		保險金額（新臺幣元）	自負額（新臺幣元）	保險費（新臺元）	備註
01	甲式		重置價值			
05	乙式	車體損失險				
11	竊盜損失險					
31	第三人責任險		每一個人傷害			
			每一意外事故之傷害			
32			每一意外事故之財損			
12	零件、配件被竊損失險		依本特約險批單之約定	無		
24	酗酒駕車責任險		同第三人責任險	無		
25	醫療費用		每一個人體傷			
			每一意外事故之總額	無		
51	乘客旅客	責任險	每一個人體傷			
			每一個人死已或殘廢	無		
53			每一意外事故之總額			
52	僱主責任險承保人數：　人		每一個人體傷			
			每一個人死亡或殘廢	無		
			每一意外事故之總額			

（續）

52	僱主責任險 承保人數： 人	每一個人體傷		無		
		每一個人死亡或殘廢				
		每一意外事故之總額				
02	颱風、海嘯、冰雹、洪水或因雨積水險	同車體損失險	無		勘車紀錄	
					1.照相： 張	
					2.顏色：	
					3.里程數： km	
					4.受損部位：	
		總保險費			勘車人員	勘車日期

| 強制汽車第三人責任險 | 保險證號碼 | | 保險公司 | | 附註
需同時簽發強制保險證者請打√□ | 備註 |
| | 保險期間 | 自民國 年 月 日中午 12 時起
自民國 年 月 日中午 12 時止
（ 個月） | | 保險費
NT$ | | |

要保人茲特聲明：本要保書所填各項，均屬詳實無訛，絕無隱匿或偽報情事，足為與貴公司訂立保險契約之基礎，要保人並願接受該保險契約各項條款及約定之約束。貴公司並得使用此要保書上相關資料於運物保險一般行政及義務。

要保人簽名蓋章：			要保日期：			

從	經驗年度	承保公司保單號碼	賠款次數				年 月 日	
人			責任	車體				
因	前一年							
素	前二年				核保	經銷	輸入	代理人或經紀人
係	前三年							
數	累計點數							
整	賠款紀錄係數							
算								

舊保單期滿後，本要保書車體損失險或第三人責任險之保費，需依實際賠款紀錄重新核算；無論已否辦理擔保，該項保費如有逾收，應予退費，如有短收，應予補繳。

註：定型化契約應注意消費者保護法第 11-17 條。

● 住宅火災保險基本條款

1. 本基本條款的特點：本基本條款為住宅火災保險基本條款，保險人依此基本條

款與被保險人訂立住宅火災保險契約。

2. 適用對象：本基本條款適用於住宅火災保險契約。

3. 基本條款：訂立住宅火災保險應訂明本條款。

4. 相關法條：保險法第 70-82 之 1 條，第 55-69 條，消費者保護法第 11-17 條。

保險契約 7-2-2

住宅火災保險基本條款

第一章　定義

第 1 條　定義

　　本保險契約所用名詞定義如下：

（一）要保人：指以自己或他人所有之物向本公司投保並負有交付保險費義務之人。要保人以自己所有之物投保，要保人即為被保險人；以他人所有之物投保，該物之所有權人為被保險人。

（二）被保險人：指對承保住宅的建築物或動產所有權有保險利益，於承保的危險事故發生時遭受損失，享有保險賠償請求權之人。
　　　本保險契約承保被保險人之配偶、家屬、受僱人、同居人或其他人所有之物時，該物之所有權人就該特定物視為保險人。

（三）保險標的物：指本保險契約所承保之建築物或建築物內動產。

（四）建築物：指定著於土地作為住宅使用之獨棟式建築物或整棟建物中之一層或一間，含裝置或固定於建築物內之冷暖氣、電梯、電扶梯、水電衛生設備及建築物之裝潢，並包括其停車間、儲藏室、家務受僱人房、游泳池、圍牆、走廊、門庭、公共設施之持分。

（五）建築物內動產：除本保險契約另有約定外，指被保險人及其配偶、家屬或同居人所有、租用、或借用之家具、衣物及其他置存於建築物內供生活起居所需之一切動產。

（六）損失：指承保的危險事故對承保之建築物或建築物內動產直接發生的毀損或滅失，不包括租金收入、預期利益、違約金、其他間接損失或對第三人的損害賠償。但本保險契約另有約定者，不在此限。

（七）重置成本：指保險標的物以同品質或類似品質之物，依原設計、原規格在當時當地重建或重置所需成本之金額。

（八）實際現金價值：指保險標的物在當時當地之實際市場現金價值，即以重建或重置所需之金額扣除折舊之餘額。

（九）時間：本保險契約所使用之時間及所載之保險契約起訖時間，係指本保險單簽發地之標準時間。

第二章　承保事故及不保事物

第 2 條　承保之危險事故

　　一、本公司對於下列危險事故所致保險標的物之損失，依本保險契約之規定，負賠償責任。

（一）火災

（二）閃電雷擊

（三）爆炸

（四）航空器墜落

（五）機動車輛碰撞

（六）意外事故所致之煙燻

二、因前項各款危險事故之發生，為救護保險標的物，致保險標的物發生損失者，視同本保險契約承保危險事故所致之損失。

第3條　須經特別約定承保之危險事故

一、本公司對下列各種危險事故所致保險標的物之損失，除經特別約定載明承保外，不負賠償責任。

（一）保險標的物自身之醱酵、自然發熱、自燃或烘焙。

（二）竊盜。

（三）第三人之惡意破壞行為。

（四）衛浴、消防設備及水管之滲漏。

（五）不論直接或間接由於下列危險事故，或因其引起之火災或其延燒或爆炸所致之損失：

1.地震、海嘯、地層滑動或下陷、山崩、地質鬆動、沙及土壤流失。

2.颱風、暴風、旋風或龍捲風。

3.洪水、河川、水道、湖泊之高漲氾濫或水庫、水壩、堤岸之崩潰氾濫。

4.罷工、暴動、民眾騷擾。

5.恐怖主義者之破壞行為。

6.冰雹。

二、因前項第（一）、（二）、（三）、（四）款所列之危險事故導致本基本條款第2條第1項之承保危險事故發生者，本公司對保險標的物因此所生之損失，負賠償責任。

第4條　本公司對下列各種危險事故所致保險標的物之損失，不負賠償責任。

（一）各種放射線之輻射及放射能之污染。

（二）不論直接或間接因原子能引起之任何損失。

（三）戰爭（不論宣戰與否）、類似戰爭行為、叛亂、扣押、征用、沒收等。

（四）火山爆發、地下發火。

（五）要保人或被保險人之故意行為。

（六）由於烹飪或使用火爐，壁爐或香爐通常產生之煙燻。

（七）政府命令之焚毀或拆除，但因承保之危險事故發生導致政府命令之焚毀或拆除者，本公司負賠償責任。

第三章　承保之建築物及不保之建築物

第5條　承保之建築物

一、被保險人所有作為住宅使用座落於本保險契約所載地點之建築物因承保危險事故發生所致之損失，本公司負賠償責任。

二、被保險人對於承保建築物僅有部分所有權或使用權者，得經本公司書面同意為全體所有權人投保。

第 6 條　不保之建築物

凡全部或一部分供辦公、加工、製造或營業用之建築物，縱其座落於本保險契約所載之同一地點，不在本保險承保範圍以內。本公司對其發生之損失，不負賠償責任。但為家庭手工副業者，不在此限。

第四章　承保之建築物內動產及不保之動產

第 7 條　承保之建築物內動產

一、被保險人置存於本保險契約所載地點建築物內之動產因承保危險事故發生所致之損失，本公司負賠償責任。

二、被保險人之家務受僱人如與被保險人同住一家者，該受僱人所有之財物亦承保在內，但以供其生活起居所必需者為限。

第 8 條　不保之動產

一、本公司對於下列動產因承保危險事故發生所致之損失，不負賠償責任：

(一) 供加工、製造或營業用之機器或生財器具。

(二) 製造完成之成品或供製造或裝配之原料及半製品。

(三) 各種動物或植物。

(四) 供執行業務之器材。

(五) 承租人、借宿人、訪客或寄住人之動產。

(六) 被保險人及其配偶、家屬或同居人受第三人寄託之財物。

(七) 皮草衣飾。

(八) 金銀條塊及其製品、珠寶、玉石、首飾、古玩、藝術品。

(九) 文稿、圖樣、圖書、圖案、模型。

(十) 貨幣、股票、債券、郵票、票據及其他有價證券。

(十一) 各種文件、證件、帳簿或其他商業憑證簿冊。

(十二) 爆炸物。

(十三) 機動車輛及其零配件。

二、前項第 4 款至第 13 款所列動產，如經特別約定載明承保者，本公司亦負賠償責任。

第五章　一般事項

第 9 條　契約之構成

一、本保險單條款、附表、明細表、本保險契約有關之要保書、保險費收據及經雙方同意之批單、批註、附加條款及其他文件，均係本保險契約之構成部分。

二、前項文件以外之口頭約定或意思表示均不得作為決定或變更本保險契約內容之依據。

三、本保險契約的解釋，應探求契約當事人的真意，不得拘泥於所用的文字；如有疑義時，以作有利於被保險人的解釋為原則。

第 10 條　告知義務

一、要保人或被保險人於訂立本保險契約時，對於要保書及本公司之書面詢問均應據實說明，如有故意隱匿或因過失遺漏或為不實之說明，而其隱匿、遺漏或不實之說明足以變更或減少本公司對於危險之估計者，不論承保之危險事故是否發生，本公司均得解除本保險契約。

二、本公司依前項約定解除契約時，不退還已收受之保險費。但保險期間超過一年者，依長期火災保險附加條款之約定辦理；倘已經給付賠償金或回復原狀時，得請求被保險人或其他已收受賠償金者返還所受領之賠償金或因回復原狀所支出之金額。

三、第一項契約解除權於有下列情事之一者，不得行使：

（一）詢及事項為保險人所明知或依通常注意所應知或無法推諉不知者。

（二）要保人或被保險人證明保險事故之發生並非基於其說明或未說明之事實所致者。

（三）本公司知有解除之原因後經過一個月未行使解除權者。

（四）本保險契約訂立後已經過二年者。

第 11 條　保險費之交付

保險費應於本保險契約成立時交付。除經本公司同意延緩交付外，對於保險費交付前所發生之損失，本公司不負賠償責任。

第 12 條　保險費之計收

一、本保險契約之保險期間為一年者，以一年為期計收保險費。

二、保險期間如不足一年，或被保險人中途要求終止時，本公司按短期費率（如附表）計收保險費。

三、保險期間如超過一年，並遇有中途終止契約之情事時，對於有效期間保險費之計收另按長期火災保險附加條款之約定辦理。

第 13 條　危險變更之通知

一、保險標的物本身之危險性質、使用性質或建築情形有所變更，而有增加承保之危險事故發生之危險者，如係要保人或被保險人之行為所致，其危險達於應增加保險費或終止契約之程度者，要保人或被保險人應事先通知本公司。要保人或被保險人怠於通知者，本公司得解除契約。

二、前項之危險增加，不由於要保人或被保險人之行為所致者，要保人或被保險人應於知悉後十日內通知本公司。

三、要保人或被保險人依前 2 項約定通知本公司時，本公司得提議另定保險費，或終止契約。要保人或被保險人對於另定保險費不同意者，本保險契約即為終止。本保險契約終止時，本公司按日數比例退還保險費。但因第 1 項前段情形終止本保險契約時，本公司如有損失，得請求賠償。

四、本公司知危險增加後，仍繼續收受保險費，或於危險發生後，給付賠償金額，或其他維持契約之表示者，喪失第 3 項之權利。

五、危險減少時，要保人或被保險人得請求重新核定費率減低保險費。

第 14 條　停效與復效

一、有下列情形之一者，除經本公司書面同意並簽發批單者外，本保險契約對於該項保險標的物之保險效力即告停止，對於效力停止後所發生之損失，本公司不負賠償責任。

  （一）承保之建築物或置存承保之動產的建築物，連續六十日以上無人看管或使用者。

  （二）承保之動產搬移至本保險契約所載地址以外之處所者。

二、保險契約因前項情形而效力停止者，於停止原因消失後其效力即自動恢復。

三、停效期間之保險費本公司按日數比例退還。

第 15 條　保險標的物之移轉

一、保險標的物因轉讓或被保險人破產而移轉者，本保險契約僅於所剩餘保險期間內繼續有效。但若所剩餘保險期間超過九十日者，除當事人另有約定外，本保險契約自保險標的物轉讓或被保險人破產宣告之次日起屆滿九十日時即行終止。終止前之保險費按日數比例計算。

二、被保險人死亡時，本保險契約仍為繼承人之利益而存在。但繼承人應通知本公司簽批變更被保險人。

第 16 條　建築物之傾倒

一、本保險契約因承保建築物全部或一部傾斜、倒塌或變移，致使該建築物全部或一部實質上不能使用時，其效力即告終止。但該傾斜、倒塌或變移係由於承保的危險事故所致者，不在此限。

二、終止後之未滿期保險費本公司按日數比例退還。

第 17 條　契約之終止

一、對於本保險契約，要保人或被保險人均有終止之權。要保人或被保險人終止契約者，除終止日另有約定外，自終止之書面送達本公司之時起契約失其效力，對於終止前之保險費本公司按短期費率（如附表）計算。

二、要保人行使前項之終止權，應獲得被保險人同意。

三、對於本保險契約，除法律另有規定或本保險契約另有約定外，遇有下列情形之一時，本公司得終止契約：

  （一）保險費未依本保險契約第 11 條之約定交付時。

  （二）本保險契約生效後未逾六十日時；但保險契約為續保時，不得依本款約定終止。

  （三）保險期間超過一年者，於每屆滿一年，經本公司重新評估發現有危險增加情事，或有本公司確實無法繼續承保之情事發生時。

四、本公司依前項第 1、2 款終止契約者，應於終止日前十五日通知要保人或被保險人。本公司依前項第 3 款終止契約者，應於終止日前三十日通知要保人或被保險人。本公司終止契約後應返還之未滿期保險費應按日數比例計算，並於終止生效日前給付。

第 18 條　維護與損失防止

本公司得隨時派人查勘保險標的住宅，如發現全部或一部處於不正常狀態，得建議被保險人修復後再行使用。本公司亦得建議被保險人對承保建築物定期檢查、隨時注意修護、備置基本消防設備，對通道及安全門應保持暢通。

第 19 條　契約內容之變更

本保險契約之任何變更，非經本公司簽批同意，不生效力。但本公司依照主管機關核定之保險單基本條款修訂擴大承保範圍而不增加要保人之保險費負擔者，不在此限。

第六章 保險金額

第 20 條 承保建築物之保險金額

一、本保險契約承保建築物保險金額之約定係以實際現金價值為基礎。保險期間為一年以下者，當事人亦得以重置成本為基礎約定保險金額。

二、以實際現金價值為基礎者，除另有約定外，以投保時「臺灣地區住宅類建築造價參考表」之金額扣除折舊後為實際現金價值，並依該實際現金價值約定保險金額。

三、以重置成本為基礎者，除另有約定外，以投保時「臺灣地區住宅類建築造價參考表」之金額為重置成本，並依該重置成本約定保險金額。

四、保險金額約定後，要保人或被保險人得參考因物價變動調整後之「臺灣地區住宅類建築造價參考表」調整保險金額。

第 21 條 承保建築物內動產之保險金額

本保險契約承保之建築物內動產，除另有約定外，以實際現金價值為基礎約定保險金額。

第七章 理賠事項

第 22 條 危險發生之通知

一、遇有承保之危險事故發生時，被保險人應於知悉後五日內通知本公司。要保人、被保險人之代理人或被保險人以外之其他有保險賠償請求權之人亦得依本項約定為危險事故發生之通知。

二、未依前項約定為通知者，其因而擴大之損失，本公司不負賠償責任；其因而致使本公司發生損害，本公司得請求被保險人賠償。

第 23 條 權利之保留

本公司於接到危險發生之通知後，為確定賠償責任所採取之查勘、鑑定、估價、賠償理算、證據蒐集以及依據後述第 25 條第 1 項之處置等行為，不影響本公司於本保險契約所得行使之權利。

第 24 條 損失擴大之防止

一、遇有本保險契約承保之危險事故發生時，要保人或被保險人應立即採取必要合理之措施，以避免或減輕保險標的物之損失，並保留其對第三人所得行使之權利。

二、要保人或被保險人履行前項義務所支出之費用，本公司於其必要合理範圍內負償還之責。其償還數額與賠償金額，合計雖超過保險金額，仍應償還。但保險金額低於保險標的物之價值時，本公司之償還金額，以保險金額對保險標的物價值之比例定之。

第 25 條 損失現場之處理

一、遇有本保險契約所承保之危險事故發生，要保人或被保險人除依前條規定為必要之緊急措施外，應保留受損及可能受損之保險標的物，並維持現狀。本公司得隨時查勘發生事故之建築物或處所及被保險人置存於該建築物內或處所之動產，並加以分類、整理、搬運、保管或作其他合理必要之處置。

二、要保人或被保險人無正當理由拒絕或妨礙本公司執行前項之處置者，喪失該項損失之賠償請求權。

第 26 條　理賠手續

　　要保人、被保險人或其他有保險賠償請求權之人應於知悉危險事故發生後三十日
　　內，或經本公司同意展延之期間內，自行負擔費用，提供賠償申請書及損失清單，
　　向本公司請求賠償。如有必要時，本公司得要求要保人、被保險人或其他有保險賠
　　償請求權之人提供相關證明文件或證據。

第 27 條　承保建築物之理賠

　　一、以實際現金價值基礎約定保險金額之理賠：

　　　　（一）承保建築物因承保危險事故發生所致之損失，本公司以該建築物承保危
　　　　　　　險事故發生時之實際現金價值為基礎賠付之。

　　　　（二）承保建築物之保險金額低於承保危險事故發生時之實際現金價值者，本
　　　　　　　公司僅按保險金額與該實際現金價值之比例負賠償之責。

　　　　（三）承保建築物之保險金額高於承保危險事故發生時之實際現金價值者，本
　　　　　　　保險契約之保險金額僅於該實際現金價值之限度內為有效。但有詐欺情
　　　　　　　事時，本公司得解除契約，如有損失並得請求賠償。無詐欺情事時，本
　　　　　　　保險契約之保險金額及保險費，均按照承保建築物之實際現金價值比例
　　　　　　　減少。

　　　　（四）理賠基本計算方式如下：

$$\text{按實際現金價值為基礎計算之損失金額} \times \frac{\text{承保建築物之保險金額}}{\text{承保建築物於承保危險事故發生時之實際現金價值}}$$

　　　　（五）保險期間為一年以下者，要保人或被保險人投保時，其保險金額等於投
　　　　　　　保時「臺灣地區住宅類建築造價參考表」所訂之實際現金價值，即不受
　　　　　　　本項第 2 款比例分攤之限制。

　　　　保險期間超過一年者，承保建築物之保險金額已達該建築物於承保危險事故發生時
　　　　之實際現金價值80% 者，即不受本項第 2 款比例分攤之限制。

　　二、以重置成本基礎約定保險金額之理賠

　　　　（一）承保建築物因承保危險事故發生所致之損失，本公司得選擇修復或重建
　　　　　　　受毀損之建築物，亦得以現金賠付因修復或重建受毀損建築物所需之費
　　　　　　　用，不再扣除折舊。

　　　　（二）本公司選擇修護或重建受毀損之建築物時，其所需之費用雖超過保險金
　　　　　　　額時，本公司仍負賠償責任。

　　　　（三）除法令規定或事實原因無法修復或重建外，若被保險人不願修復或重建
　　　　　　　受毀損建築物，本公司僅以實際現金價值為基礎賠付之。本公司並就重
　　　　　　　置成本為基礎與實際現金價值為基礎之保險金額差額部分計算應返還之保
　　　　　　　險費。

　　　　（四）承保建築物之保險金額低於承保危險事故發生時之重置成本，本公司僅
　　　　　　　按保險金額與該重置成本之比例負賠償之責。

　　　　（五）承保建築物之保險金額低於承保危險事故發生時之重置成本者，本保險
　　　　　　　契約之保險金額僅於該重置成本之限度內為有效。但有詐欺情事時，本
　　　　　　　公司得解除契約，如有損失並得請求賠償。無詐欺情事時，本保險契約
　　　　　　　之保險金額及保險費，均按照承保建築物之重置成本比例減少。

（六）理賠基本計算方式如下：

$$按重置成本為基礎計算之損失金額 \times \frac{承保建築物之保險金額}{承保建築物於承保危險事故發生時之重置成本}$$

（七）要保人或被保險人投保時，其保險金額等於投保時「臺灣地區住宅類建築造價參考表」所訂之重置成本，即不受本項第 4 款比例分攤之限制。

第 28 條　承保建築物內動產之理賠

一、承保建築物內動產因承保危險事故發生所致損失，本公司以該動產承保危險事故發生時之實際現金價值為基礎賠付之。

二、承保建築物內動產之保險金額低於承保危險事故發生時之實際現金價值者，本公司僅按保險金額與該實際現金價值之比例負賠償之責。

三、承保建築物內動產之保險金額高於承保危險事故發生時之實際現金價值者，本保險契約之保險金額僅於該實際現金價值之限度內為有效。但有詐欺情事時，本公司得解除契約，如有損失並得請求賠償。無詐欺情事時，本保險契約之保險金額及保險費，均按照承保之建築物內動產之實際現金價值比例減少。

四、任何一套或一組承保之建築物內動產遇有部分損失時，應視該損失部分對該動產在使用上之重要性及價值之比例，合理估定損失金額，不得因該損失部分即將該承保動產視為全額。

五、本公司得按前 4 項理算之損失金額為現金給付，或於損失金額範圍內回復承保建築物內動產之原狀。

第 29 條　額外費用之補償

一、被保險人於承保危險事故發生後所支出之下列各項費用，本公司負賠償責任：

（一）清除費用：指為清除受損保險標的物之殘餘物所生之必要費用。

（二）臨時住宿費用：承保建築物毀損致不適合居住，於修復或重建期間，被保險人必須暫住旅社或租賃房屋，所支出之合理臨時住宿費用，每一事故之補償限額每日最高為新臺幣三千元，但以六十日為限。

二、前項第 1 款之清除費用與賠償金額合計超過保險金額者，本公司之賠償責任以保險金額為限。前項第 2 款之臨時住宿費用與賠償金額合計超過保險金額者，本公司仍負賠償責任。

三、被保險人僅投保建築物內動產時，不得請求第 1 項第 2 款之臨時住宿費用。

四、第 1 項第 1 款之清除費用，需受不足額保險比例攤之限制。第 1 項第 2 款之臨時住宿費用則不受不足額保險比例分攤之限制。

第 30 條　給付期限

一、本公司以現金為賠付者，應於被保險人或其他有保險賠償請求權之人檢齊文件及證據後十五天內為賠付。若因可歸責於本公司之事由而遲延者，當自被保險人或其他有保險賠償請求權之人檢齊文件及證據之日起加給利息。本公司正常鑑認承保之危險事故及損失之行為，不得視為可歸責本公司之事由。

二、本公司以回復原狀、修復或重置方式為賠償者，應於合理期間內完成回復原狀、修復或重置。

第 31 條　複保險

一、對於同一保險標的物，如同時或先後向其他保險人投保相同之保險，致保險金額之總額超過保險標的物之價值者，要保人或被保險人應立即將其他保險人之名稱及保險金額通知本公司。

二、要保人或被保險人故意不依前項規定為通知，或意圖不當得利而為複保險者，本保險契約無效。保險費已收受者，本公司不予退還，尚未收受者，本公司得請求交付。

三、本保險契約有善意複保險情形者，本公司得為如下之處理：

（一）於承保危險事故發生前，本公司經要保人或被保險人通知後，得降低本保險契約之保險金額，並按減低之保險金額及未滿期保險期間，比例退還保險費。

（二）於承保危險事故發生後，僅按本保險契約之保險金額對全部保險契約保險金額之比例負賠償責任。

第 32 條　其他保險

一、除前條情形外，保險標的物在承保之危險事故發生時，如另有其他保險契約同時應負賠償責任，本公司僅按本保險契約之保險金額與總保險金額比例負賠償之責。

二、前項所稱其他保險契約不包括責任保險及保證保險契約。

第 33 條　賠償責任之限制

一、對於承保之危險事故發生所致保險標的物之損失，除本保險契約另有規定者外，本公司僅於本保險契約所載之保險金額範圍內負賠償責任。

二、於本保險有效期間內因承保之危險事故發生而本公司依本保險契約之規定為賠償者，此項賠償金額應自保險金額中扣除。但保險標的物修復或重置後，要保人得按日數比例加繳保險費，恢復保險金額或重新約定保險金。

三、如未恢復保險金額或重新約定保險金額者，若再有危險事故發生，本公司僅就保險金額之餘額負賠償責任，一次或多次理賠之賠償金額累積達保險金額時，本保險契約失其效力。

第 34 條　禁止委棄

保險標的物因承保之危險事故發生遭受部分損失時，被保險人或其他有保險賠償請求權之人非經本公司同意，不得將之委棄予本公司，而要求本公司按全損賠償。

第 35 條　消滅時效

由本保險契約所生之權利，自得為請求之日起，經過二年不行使而消滅。有下列各款情形之一者，其期限之起算，依各該款之規定：

（一）要保人或被保險人對於危險之說明，有隱匿遺漏或不實者，自本公司知情之日起算。

（二）承保危險事故發生後，利害關係人能證明其非因疏忽而不知情者，自其知情之日起算。

第 36 條　代位

一、被保險人因本保險契約承保範圍內之損失而對於第三人有賠償請求權者，本公司得於給付賠償金額後；代位行使被保險人對於第三人之請求權。

二、前項情形，被保險人對第三人有賠償請求權以外之其他權利時，被保險人同意轉讓該權利予本公司，如該權利依法不得轉讓時，被保險人同意授權本公司代為行使該項權利。

三、本公司就保險標的物之全部或一部以全損賠付被保險人或其他有保險賠償請求權之人時，被保險人同意轉讓該已賠付保險標的物之所有權及其有關之權益予本公司。

第 37 條　合作協助

一、本公司依第 36 條之規定行使權利時，要保人、被保險人或其他有保險賠償請求權之人應協助本公司蒐集人證、物證或出庭作證，提供本公司所要求之資料及文書證件，並不得有任何妨害之行為。

二、本公司依第 36 條之規定行使權利必須使用要保人、被保險人或其他有保險賠償請求權之人之名義時，本公司有權使用要保人、被保險人或其他有保險賠償請求權之人之名義行使權利。

三、要保人、被保險人或其他有保險賠償請求權之人違反前 2 項之約定時，本公司得請求損害賠償。

四、因第 1、2 項所生之合理必要費用，由本公司負擔。

第 38 條　損失之補償

一、本保險契約係依約定方式賠償保險標的物損失之契約、被保險人或其他有保險賠償請求權之人不得藉保險而獲得損失補償以外之不當利益。被保險人或其他有保險賠償請求權之人之損失，如已由第三人予以賠償時，就該已獲賠償部分不得再向本公司請求賠償。本公司因不知被保險人或其他有保險賠償請求權之人已獲得第三人賠償而仍予賠付時，得請求退還該部分之賠償金額。

二、被保險人或其他有保險賠償請求權之人所提之理賠申請係出於詐欺者，本公司不負賠償責任。本公司因不知情而賠付時，得請求退還該部分之賠償金額。

第 39 條　仲裁

被保險人或其他有保險賠償請求權之人對於本公司就賠案之處理存有爭議時，得依相關法令，以仲裁方式解決。其程序及費用依商務仲裁條例及相關法規規定辦理。

第 40 條　管轄法院

因本保險契約涉訟時，除當事人另有約定外，以保險標的物所在地之中華民國地方法院為管轄法院。

第八章　法令之適用

第 41 條　法令之適用

本保險契約未約定之事項，悉依照中華民國保險法令之規定辦理。

附表

短期費率係數

期間 費率比	一個月或以下者	一至二個月以上者	三至四個月以上者	四至五個月以上者	五至六個月以上者	六至七個月以上者	七至八個月以上者	八至九個月以上者	九至十個月以上者	十至十一個月以上者	十一個月以上者
按全年保險費百分比（%）	15	25	35	45	55	65	75	85	90	95	100

註：定型化契約應注意消費者保護法第 11-17 條之規定。

住宅火災保險要保書填寫說明

　　為便於您能正確填寫住宅火災保險要保書，以確保您的權益，請在填寫要保書之前，詳細閱讀本填寫說明。如有任何疑問或需深入瞭解事項，請向本公司業務代表或代理人，或您的保險經紀人，或臺北市產物保險商業同業公會洽詢。

一、要保書為保險契約重要構成部分之一，在訂立契約時，要保人對於保險公司書面詢問的事項應據實說明。如有故意隱匿或因過失遺漏或為不實之說明足以變更或減少本公司對危險之估計者，不論承保之危險事故是否發生，本公司均得解除契約。倘賠償金已給付者，本公司得請求被保險人退還。

二、本住宅火災保險僅適用於使用性質為住宅者，如有變更用途作為辦公、營業、加工或製造用時，則不適用本保險單，並請通知本公司。

三、要保人投保住宅火災保險時，應於要保書內填寫下列事項：

（一）被保險人
　　指對承保住宅的建築物及（或）動產所有權有保險利益，於承保的危險事故發生時遭受損失，享有保險賠償請求權之人。
　　本保險契約承保被保險人之配偶、家屬、受僱人、同居人或其他人所有之物時，該物之所有權人就該特定物視為被保險人。
　　例：某甲以其住宅建築物及所有動產投保住宅火災保險時，某甲為被保險人，其配偶及子女等家屬則對其個人所有之財物視同被保險人。

（二）要保人

指以自己或他人所有之物向本公司投保並負有交付保險費義務之人。要保人以自己所有之物投保，要保人即為被保險人。以他人所有之物投保，該物之所有權人為被保險人。

例一：某甲以其所有之房屋投保火險，則某甲為要保人亦為被保險人。

例二：房客基於租賃契約以房東之房屋投保火險，則房客為要保人，房東為被保險人。

（三）通訊處及電話

指要保人、被保險人之通訊處所及聯絡之（住）（公）電話。如有變更並請通知本公司。

（四）保險期間

要保人可依實際需求或意願選擇保險保障之起訖日期。保險期間之起訖時間自起保日中午 12 時開始，至到期日中午 12 時為止。

（五）保險標的物所在地址

指所投保之保險標的物置存地址或所在地址，填寫時並請註明郵遞區號。

（六）建築物

1. **本體及樓層數**：指欲投保建築物或置存欲投保動產的建築物之本體及樓層數。
   (1) 建築物本體指建築物本身之主要建材及屋頂，請參考建物所有權有關建物標示之說明。
   (2) 樓層數：指建築物整棟之總樓層數。
2. **使用面積**：指欲投保建築物所有的使用面積，包括建物所有權狀所標示之總面積外，亦包括附屬建築物、公共設施、若只保動產者，本項可不必填寫。（1 平方公尺 = 0.3025 坪）
3. **建築物本體已使用年數**：指欲投保建築物的屋齡。請參考建物所有權狀所標示之建造完成日期，填寫建築物已使用年數。若只保動產者，本項可不必填寫。
4. **裝潢已使用年數**：指建築物之室內裝潢至投保時所經過之年數，裝潢之折舊率若超過 50% 者，以 50% 為限。若只保動產者，本項可不必填寫。
5. **保險金額約定基礎**：指欲投保建築物保險金額之約定基礎。若只投保動產者，本項可不必填寫。
   (1) 所謂重置成本：指保險標的物以同品質或類似品質之物，依原設計、原規格在當時當地重建或重置所需成本之金額。

(2) 所謂實際現金價值：指保險標的物在當時當地之實際市場現金價值，即以重建或重置所需之金額扣除折舊之餘額。

(3) 保險期間爲一年或一年以下者，要保人可依實際需求選擇採實際現金價值或重置成本基礎，約定保險金額。

(4) 保險期間超過一年者，即長期保險，以實際現金價值爲基礎，約定保險金額。

（七）保險標的物及其保險金額

要保人可就其欲投保的建築物或建築物內動產，分別填寫欲投保之保險金額。

1. 建築物

(1) 本保險契約所謂之建築物係指：定著於土地作爲住宅使用之獨棟式建築物或整棟建築物中之一層或一間，含裝置或固定於建築物內之冷暖氣、電扶梯、水電衛生設備及建築物之裝潢，並包括其停車間、儲藏室、家務受僱人房、游泳池、圍牆、走廊、門庭、公共設施之持分。

(2) 選擇以實際現金價值爲基礎約定保險金額者，可參考由臺北市產物保險商業公會製訂的「臺灣地區住宅類建築造價參考表」（如附表）估算建築物的實際現金價值，決定欲投保的保險金額。

　　① 保險期間爲一年或一年以下之保單，依照上述參考表所訂之實際現金價值爲保險金額，如遇有保險事故發生須予理賠時，不受不足額保險比例分攤限制。

　　② 保險期間超過一年之保單，如遇有保險事故發生須予理賠時，其保險金額已達承保之危險事故發生時建築物之實際現金價值 80% 者，不受不足額保險比例分攤之限制。

(3) 選擇以重置成本爲基礎約定保險金額者，可參考臺北市產物保險商業同業公會「臺灣地區住宅類建築造價參考表」（如附表）估算建築物的重置成本，決定欲投保的保險金額。

(4) 範例：某甲之房屋座落於臺北市，爲七層樓之鋼筋混凝土大廈，已使用十年，計有四十坪，依參考表所訂該建築物本體目前每坪造價爲 62,000 元，耐用年數爲五十五年；另半年前曾重新裝潢，費用每坪 30,000 元，裝潢之耐用年數爲十年，則重置成本及實際現金價之估算方式如下：

　　① 建築物之重置成本 = 建築物本體總造價 + 裝潢總價

　　　　即：62,000 元 × 40 坪 + 30,000 元 × 40 坪 = 3,680,000 元

　　　　若某甲選擇重置成本基礎，並以 3,680,000 元投保，則不受不足額保險之

限制。若其保額低於 3,680,000 元時，則爲低保，需受不足額保險比例分攤之限制。

② 建築物之實際現金價值

= 建築物本體總造價（1 - 折舊率）+ 裝潢總價（1 - 折舊率）

= 62,000 元 × 40 坪 × （）+ 30,000 元 × 40 坪 × （）

= 2,037,143 元 + 1,090,909 元

= 3,128,052 元

$$折舊率 = \frac{已使用年數}{耐用年數 + 1}$$

若某甲選擇採實際現金價值基礎，且爲一年期保單，並以 3,128,052 元作爲建築物之保險金額投保時，則不受不足額保險之限制。若其保額低於 3,128,052 元時，則爲低保，需受不足額保險比例分攤之限制。

(5) 以建築物作爲抵押品向金融機構貸款時，應注意：

① 火險之保額不包括土地價值，應將土地價值扣除，以免超額保險，多繳保費。

② 貸款金額低於實際現金價值，仍應以實際現金價值之金額投保，以免低保，造成保障不足。

2. 建築物內動產

(1) 本保險契約所謂建築物內動產，指被保險人及其配偶、家屬或同居人所有、租用、或借用之家具、衣物及置存於建築物內供生活起居所需之一切之動產。

(2) 本保險契約對下列動產不包括在內。但要保人若有需求，可特別約定加保：

① 供執行業務之器材。

② 承租人、借宿人、訪客或寄住人之動產。

③ 受第三人寄託之財物。

④ 皮革衣飾。

⑤ 金銀條塊及其製品、珠寶、玉石、首飾、古玩、藝術品。

⑥ 文稿、圖樣、圖畫、圖案、模型。

⑦ 貨幣、股票、債券、郵票、票據及其他有價證券。

⑧ 各種文件、證件、帳簿或其他商業憑證簿冊。

⑨ 爆炸物。

⑩ 機動車輛及其零配件。

(3) 本保險契約對下列動產皆不包括在內，且不得加保。

　　① 供加工、製造或營業用之機器或生財器具。

　　② 製造完成之成品或供製造或裝配之原料及半製品。

　　③ 各種動物或植物。

　(4) 本保險契約承保之動產，以動產之實際現金價值爲基礎約定保險金額。

（八）複保險

　　保險標的物，如另向其他保險公司訂立同一保險事故之保險契約時，應填寫其他保險公司之名稱及保險金額。如保險金額超過保險標的物總價值者，要保人故意不爲告知，或意圖不當得利而爲複保險者，本保險契約無效。

　　保險事故發生時，本公司僅按本保險契約之保險金額對全部保險契約保險金額總額之比例負賠償責任。

四、（一）本保險契約危險事故（請詳閱保單基本條款第 2 條，至於不保的危險事故請參閱保單基本條款第 3、4 條）

1. 火災。

2. 閃電雷擊。

3. 爆炸。

4. 航空器墜落。

5. 機動車輛碰撞。

6. 意外事故所致之煙燻。

（二）本保險契約對因承保的危險事故發生所產生的下列額外費用亦予以補償。

1. 清除費用：清除費用需受不足額保險比例分攤之限制；又清除費用與賠償金額合計超過保險金額者，以保險金額爲限。

2. 臨時住宿費用：每一事故補償限額每日最高 3,000 元，但以 60 日爲限。僅保建築物內動產者，不得請求臨時住宿費用。

（三）要保人得經本公司同意，加繳保險費投保下列附加險：

1. 地震險。

2. 颱風及洪水險。

3. 水漬險。

4. 罷工、暴動、民眾騷擾、惡意破壞行爲險。

5. 恐怖主義險。

6. 自動消防裝置滲漏險。

7. 竊盜險。

8. 第三人意外責任險。

五、要保書須經要保人簽章，惟要保書業經保險經紀人或要保人之代理人簽章者，不在此限。

六、對於保險標的物，本公司若有需要派員查勘時，請要保人協助配合。

七、來填寫須知僅供填寫要保書之參考，有關之權利義務，仍請詳閱契約條款之約定。

【人壽保險】

● 人壽保險要保書

1. 本要保書的特點：本要保書為人壽保險要保書的示範內容，人壽保險人與要保人根據本示範內容訂立人壽保險契約書。

2. 適用對象：本要保書適用於人壽保險契約書。

3. 基本條款：訂立人壽保險契約應訂明保險契約的基本條款。

4. 相關法條：保險法第 55-65、101-124 條，消費者保護法第 11 條至第 17 條。

保險契約 7-2-3

人壽保險要保書

壹、人壽保險要保書示範內容

一、人壽保險要保書之內容包括「基本資料」、「告知事項」及「聲明事項」等三部分。另得於要保書後附著其他文件（如要保書填寫說明、投保人須知、業務人員招攬報告、生存調查表等），但此類文件僅屬說明性質或供內部使用。

二、「基本資料」之記載主要係指要保人、被保險人及受益人之基本資料及要保事項等，其內容各公司得自行設計，其必要之項目須依照保險法第 55 條、第 108 條之規定辦理。如另欲適用於附加健康保險或附加傷害保險者，須依其特性，另載明保險法第 129 條（附加健康保險適用）及第 135 條（附加傷害保險適用）規定之內容（但已於保單條款或要保書其他項目載明者免列）。另於保單條款中規定須由要保人選擇之項目（如保費自動墊繳之同意、紅利給付方式選擇等），亦應列入。

三、「告知事項」主要係指對被保險人職業、身體狀況等之書面詢問事項，其問項之內容如下：

（一）被保險人之職業及兼業？

（二）被保險人目前這身高、體重。

（三）過去二年內是否曾因接受健康檢查有異常情形而被建議接受其他檢查或治療？（亦可提供檢查報告代替回答）。

（四）最近二個月內是否曾因受傷或生病接受醫師治療、診療或用藥？

（五）過去五年內，是否曾因患有下列疾病，而接受醫師治療、診療或用藥？

　　　1.高血壓症（指收縮壓×××mm 舒張壓×××mm 以上）狹心症、心肌梗塞、心肌肥厚、心內膜炎、風濕性心臟病、先天性心臟病，主動脈血管瘤。

2.腦中風（腦出血、腦梗塞）、腦瘤、腦動脈血管瘤、腦動脈硬化症、癲、肌肉萎縮症、重症肌無力、智能障礙（外表無法明顯判斷者）、巴金森氏症、精神病。

3.肺氣腫、支氣管擴張症、塵肺症、肺結核。

4.肝炎、肝內結石、肝硬化、肝功能異常（GPT GOT 值超過××××以上）。

5.腎臟炎、腎病症候群，腎機能不全、尿毒、腎囊胞。

6.視網膜出血或剝離、視神經病變。

7.癌症（惡性腫瘤）。

8.血友病、白血病、貧血（再生不良性貧血、地中海型貧血）、紫斑症。

9.糖尿病、類風濕性關節炎、肢端肥大症、腦下垂體機能亢進或低下，甲狀腺或副甲狀腺功能亢進或低下。

10.紅斑性狼瘡、膠原症。

11.愛滋病及愛滋帶原者。

（六）過去一年內是否曾因患有下列疾病，而接受醫師治療、診療或用藥。

1.酒精或藥物濫用成癮、眩暈症。

2.食道、胃、十二指腸潰瘍或出血、潰瘍性大腸炎胰臟炎。

3.肝炎病毒帶原、肝膿瘍、肺栓塞。

4.慢性支氣管炎、氣喘、肺膿瘍、肺栓塞。

5.痛風、高血脂症。

6.青光眼、白內障。

7.乳腺炎、乳漏症、子宮內膜異位症、陰道異常出血（女性被保險人回答）。

（七）現在是否患有下列疾病（附加健康保險者填寫）。

（八）目前身體機能狀況是否有失明、聾啞及言語、咀嚼、四肢機能障礙。

（九）過去五年內是否曾因受傷或生病住院治療七日以上？

是否已確知懷孕？如是，已經幾週（女性被保險人回答）？

四、第三點第（七）項，僅適用於主契約附加健康保險時，其內容得由公司自訂，但所詢之疾病名稱應力求清楚，不得以概括詢問方式列示（如呼吸系統疾病、其他不知名之疾病或症狀等……），其他各項之內容及第（三）（四）（五）（六）（九）項之期間長度，得自行簡化內容或縮短時間。各公司如於核保上有其特殊之需要之考量，欲加列問項或增加問項之內容時，應另提具相當之證明以說明此項目足以影響危險之估計（如最近三年之核保標準或實際理賠經驗等……），報經財政部核准列入，第三點有關高血壓及肝功能異常等二項之數值標準，得自行依核保經驗訂定填入。

五、第三點之各問項，其細部之問題，例如回答「是」時，再一步之詢問（如就診醫院、就診大約日期……等），得自行設計，但其內容若要保人已盡一般之注意仍難回答或各公司得以自行查證者應予避免（如醫院地址，就診確切日期等）。

六、「告知事項」或「要保人及被保險人簽名蓋章」適當處，應以顯著色彩字體印刷，提醒保戶注意違反告知義務之後果及應親自填寫之重要性。另於第三點第＿項前，亦應以顯著方式提醒保戶保險法第127條之規定。

七、「聲明事項」係被保險人之授權事項，其內容如后：「本人（被保險人）（××××人壽保險公司）查閱本人相關之醫療紀錄及病歷資料」。前項所列之聲明及「告知事項」，應由要保人及被保險人親自確認後簽名或蓋章。

八、聲明事項之內容，除第七點所列者外，應訂於保險單條款中為宜。

九、要保書交與要保人填寫時，應將要保書填寫說明及保險單條款樣本或影本併同付要保人簽收，供其審閱。

十、要保書之內容，未經契約當事人同意或授權，保險經紀人、代理人及業務員均不得代填寫或簽章，告知事項部分，並應主動說明並知其重要性。各公司（局）並應嚴予督導執行。

貳、人壽保險單示範條款

財政部 84 年 2 月 25 日臺財保字第 842025303 號函報
行政院消費者保護委員會並於 84 年 5 月 1 日起實施

第 1 條　（保險契約的構成）

本保險單條款、附著之要保書、批註及其他約定書，均為本保險契約（以下簡稱本契約）的構成部分。本契約的解釋，應探求契約當事人的真意，不得拘泥於所用的文字；如有疑義時，以作有利於被保險人的解釋為準。

第 2 條　（保險責任的開始及交付保險費）

本公司對本契約應負的責任，自本公司同意承保且要保人交付第一期保險費時開始，本公司並應發給保險單作為承保的憑證。要保人在本公司簽發保險單前先交付相當於第一期保險費而發生應予給付之保險事故時，本公司仍負保險責任。

第 3 條　（契約撤銷權）

要保人於保險單送達的翌日起算十日內，得以書面檢同保險單親自或掛號郵寄向本公司撤銷本契約。要保人依前項規定行使本契約撤銷權者，撤銷的效力應自要保人親自送達時起或郵寄郵戳當日零時起生效，本契約自始無效，本公司應無息退還要保人所繳保險費；本契約撤銷生效後所發生的保險事故，本公司不負保險責任。但契約撤銷生效前，若發生保險事故者，視為示撤銷，本公司仍應依本契約規定負保險責任。

第 4 條　（第二期以後保險費的交付、寬限期間及契約效力的停止）

分期繳納的第二期以後保險費，應照本契約所載交付方法及日期，向本公司所在地或指定地點交付，或由本公司派員前往收取，並交付本公司開發之憑證。第二期以後分期保險費到期未交付時，年繳或半年繳者，自催告到達翌日起三十日內為寬限期間；月繳或季繳者，則自保險單所載交付日期之翌日起三十日為寬限期間。約定以金融機構轉帳或其他方式交付第二期以後的分期保險費者，本公司於知悉未能依此項約定受領保險費時，應催告要保人交付保險費，其寬限期間依前項約定處理。逾寬限期間仍未交付者，本契約自寬限期間終了翌日起停止效力。如在寬限期間內發生保險事故時，本公司仍負保險責任。

第 5 條　（保險費的墊款）

要保人得於要保書或繳費寬限期間終了前以書面聲明，第二期以後的分期保險費於超過寬限期間仍未交付者，本公司應以本契約當時的保單價值準備金（如有保險單借款者，以扣除其借款本息後的餘額）自動墊繳其應繳的保險費及利息，使本契約繼續有效。但要保人亦得於次一墊繳日前以書面通知本公司停止保險費的自動墊繳。墊繳保險費的利息，自寬限期間終了的翌日起，按當進財政部核定的利率計算。

第 6 條　（本契約效力的恢復）

本契約停止效力後，要保人得在停效日起二年內，申請復效。前項復效申請，經本公司同意並經要保人清償欠繳保險費扣除停效期間的危險保險費之餘額，自翌日上午零時起恢復效力。停效期間屆滿時，本保險效力即行終止，本契約若累積達有保單價值準備金，而要保人未申請墊繳保險費或變更契約內容時，本公司應主動退還剩餘之保單價值準備金。

第 7 條　（告知義務與本契約的解除）

要保人在訂立本契約時，對於本公司要保書書面詢問的告知事項應據實說明，如有故意隱匿，或因過失遺漏或為不實的說明，足以變更或減少本公司對於危險的估計者，本公司得解除契約，其保險事故發生後亦同。但危險的發生未基於其說明或未說明的事實時，不在此限。

前項解除契約時，自本公司知有解除之原因後，經過一個月不行使而消滅，或自契約開始日起，經過二年不行使而消滅。

第 8 條　（契約的終止）

要保人繳費累積達有保單價值準備金而終止契約時，本公司應於接到通知後一個月內償付解約金。逾期本公司應加計利息給付，其利息按給付當時財政部核定的利率計算。前項契約的終止自本公司收到要保人書面通知開始生效。本契約歷年解約金額例表如附表。

第 9 條　（保險事故的通知與保險金的申請時間）

要保人或受益人應於知悉本公司應負保險責任之事故後十日內通知本公司，並於通知後儘速檢具所需文件向本公司申請給付保險金。本公司應於收齊前項文件後十五日內給付之。逾期本公司應按財政部核定的保單分紅利率（保險公司得另訂定較高之利率）加計利息給付。但逾期事由可歸責於要保人或受益人者，本公司得不負擔利息。

第 10 條　（失蹤處理）

被保險人在本契約有效期間內失蹤者，如經法院宣告死亡時，本公司根據判決內所確定死亡時日為準，依本契約給付身故保險金；如要保人或受益人能提出證明文件，足以認為被保險人極可能因意外傷害事故而死亡者，本公司應依意外傷害事故發生日為準，依本契約給付身故保險金。但日後發現被保險人生還時，受益人應將該筆已領之身故保險金於一個月內歸還本公司。

第 11 條　（生存保險金的申領）

受益人申領「生存保險金」時，應檢具左列文件：

一、保險單或其謄本。

二、保險金申請書。

三、受益人的身分證明。

第 12 條　（身故保險金的申請）

受益人申領「身故保險金」時，應檢具左列文件：

一、保險單或其謄本。

二、被保險人死亡證明書及除戶戶籍謄本。

三、保險金申請書。

四、受益人的身分證明。

第 13 條　（殘廢保險金的申領）

受益人申領「殘廢保險金」時，應檢具下列文件：

一、保險單或其謄本。

二、殘廢診斷書。

三、保險金申請書。

四、受益人的身分證明。

受益人申領殘廢之保險金時，本公司得對被保險人的身體予以檢驗，其一切費用由本公司負擔。

第 14 條　（除外責任）

被保險人有左列情形之一者，本公司不負給付保險金的責任。

一、受益人故意致被保險人於死，但其他受益人仍得申請全部保險金。

二、要保人故意致被保險人於死。

三、被保險人在契約訂立或復效之日起二年內故意自殺或自成殘廢。

四、被保險人因犯罪處死或拒捕或越獄致死或殘廢。但在契約訂立或復效之日起二年以後因而致死或殘廢者，本公司按一般身故或殘廢保險金給付之。

前項第 1、2 款情形致被保險人殘廢時，本公司按第　條的約定給付殘廢保險金。

第 1 項各款情形，本契約累積達有保單價值準備金時，依照約定退還保單價值準備金予要保人。

第 15 條　（欠繳保險費或未還款項的扣除）

本公司給付各項保險金、解約金或返還保單價值準備金時，如要保人有欠繳保險費（包括經本公司墊繳的保險費）或保險單借款未還清者，本公司得先抵償上述欠款及扣除其應付利息後給付。

第 16 條　（減少保險金額）

要保人在本契約有效期間內，得申請減少保險金額，但是減額後的保險金額，不得低於本保險最低承保金額，其減少部分視為終止契約。本公司對於申請減少的保險金額，按下列順序減去：

一、因分紅而購買之增額繳清保險。

二、保險單上所記載的保險金額。

第 17 條 （減額繳清保險）

要保人繳足保險費累積達有保單價值準備金時，要保人得以當時保單價值準備金的數額作為一次繳清的躉繳保險費，向本公司申請改保同類保險的「減額繳清保險」，其保險金額如附表。要保人變更為「減額繳清保險」後，不必再繳保險費，本契約繼續有效。其給付條件與原契約同，但保險金額以減額繳清保險金額為準。要保人選擇改為「減額繳清保險」當時，倘有保單紅利、保單借款或欠繳、墊繳保險費的情形，本公司將以保單價值準備金加上本公司應支付的保單紅利扣除欠繳保險費或借款本息或墊繳保險費本息後的淨額辦理。

第 18 條 （展期定期保險）

要保人繳足保險費累積達有保單價值準備金時，要保人得以當時保單價值準備金的數額作為一次繳清的躉繳保險費，向本公司申請改為「展期定期保險」，其保險金額為原保險金額扣除保險單借款本息或墊繳保險費本息後之餘額。要保人不必再繳保險費，其展延期間如附表，但不得超過原契約的滿期日。

如當時保單價值準備金的數額超過展期定期保險至滿期日所需的躉繳保險費時，其超過款額作為一次躉繳保險費，購買於本契約期滿時給付的「繳清生存保險」，其保險金額如附表。要保人選擇改為「展期定期保險」當時，倘有保單紅利、保單借款或欠繳、墊繳保險費的情形，本公司將以保單價值準備金加上本公司應支付的保單紅利扣除欠繳保險費或借款本息或墊繳保險費本息後淨額辦理。

第 19 條 （保險單借款）

要保人繳足保險費累積達有保單價值準備金時，要保人得在保單價值準備金範圍內向本公司申請保險單借款，借款到期時，應將本息償還本公司，未償還之借款本息，超過其保單價值準備金時，本契約效力即行停止。但本公司應於效力停止日之三十日前以書面通知要保人。

第 20 條 （保險單紅利的計算及給付）

本契約有效期間內，本公司依規定於每一保單年度終了，以本保險單計算保險費所採用的預定利率（百分之　　　　）及預定死亡率（臺灣壽險業第三回經驗生命表之死亡率的百分之　　　　）為基礎，按當時財政部核定的應分配保險單紅利計算公式（如附件）計算保險單紅利。

前項保險單紅利，本公司依要保人申請投保時所選擇下列四種方式 中的一種給付：

一、現金給付。本公司應按時主動以現金給付，若未按時給付時，應依第 4 款加計利息給付。

二、購買增額繳清保險。

三、抵繳應繳保險費。但繳費期滿後仍屬有效的契約，若要保人於繳費期滿前未通知本公司選擇繳費期滿後的保險單紅利給付方式時，本公司以第 4 款（儲存生息）方式辦理。

要保人得於本契約有效期間，以書面通知本公司變更前項給付方式。要保人如未選擇保險單紅利之給付方式，本公司應以書面通知要保人限期選擇，逾期不選擇者，保險單紅利以（　　　　）方式辦理。

第 21 條　（年齡的計算及錯誤的處理）

被保險人的投保年齡，以足歲計算，但是未滿一歲的零數超過六個月者加算一歲，要保人在申請投保時，應將被保險人出生年月日在要保書填明。如果發生錯誤應依照左列規定辦理。

一、真實投保年齡較本公司保險費率表所載最高年齡為大者，本契約無效，其已繳保險費無息退還要保人。

二、真實投保年齡較本公司保險費率表所載最低年齡為小者，本契約自被保險人到達最低承保年齡當日起開始生效。

三、因投保年齡的錯誤，而致溢繳保險費者，本公司無息退還溢繳部分的保險費。如在發生保險事故後始發覺且其錯誤發生在本公司者，本公司按原繳保險費與應繳保險費的比例計算保險金額。

四、因投保年齡的錯誤，而致短繳保險費者，應補足其差額；如在發生保險事故後始發覺者，本公司得按原繳保險費與應繳保險費的比例計算保險金額，但錯誤發生在本公司者，不在此限。

前項第一款、第三款情形，其錯誤原因歸責於本公司者，應加計利息退還保險費，其利息按財政部核定之保單分紅利率計算。

第 22 條　（受益人的指定及變更）

要保人於訂立本契約時或保險事故發生時，得指定或變更受益人。

前項受益人的變更於要保人檢具申請書及被保險人的同意書送達本公司時生效，本公司應即批註於本保險單。受益人變更，如發生法律上的糾紛，本公司不負責任。殘廢保險金的受益人，為被保險人本人，本公司不受理其指定或變更。

受益人同時或先於被保險人本人身故，除要保人已另行指定受益人外，以被保險人之法定繼承人為本契約受益人。

第 23 條　（變更住所）

要保人的住所有變更時，應即以書面通知本公司。

要保人不做前項通知時，本公司按本契約所載之最後住所所發送的通知，視為已送達要保人。

第 24 條　（時效）

由本契約所生的權利，自得為請求之日起，經過兩年不行使而消滅。

第 25 條　（批註）

本契約內容的變更，或記載事項的增刪，除第22條另有規定外，非經要保人與本公司雙方書面同意且批註於保險單者，不生效力。

第 26 條　（管轄法院）

本契約涉訟時，約定以要保人住所所在地地方法院為管轄法院，但要保人的住所在中華民國境外時，則以（　　　）地方法院為管轄法院。

註：定型化契約應注意消費者保護法第11條至第17條之規定。

第*3*章　票據契約

審訂：金石國際法律事務所所長　林石猛

一、票據的種類

票據有匯票、本票及支票（票據法第1條）。

二、匯票的定義（票據法第2條）

匯票謂發票人簽發一定的金額，委託付款人在指定的到期日，無條件支付給受款人或執票人的票據。

三、匯票的應記載事項（票據法第24條）

匯票應記載下列事項，由發票人簽名：
1. 表明其為匯票的文字。
2. 一定的金額。
3. 付款人的姓名或商號。
4. 受款人的姓名或商號。
5. 無條件支付的委託。
6. 發票地。
7. 發票年月日。
8. 付款地。
9. 到期日。

無記載到期日者，視為見票即付。

無記載付款者，以發票人為付款人。

無記載受款人者，以執票人為受款人。

無記載發票地者，以發票人的營業所、住所、或居所所在地為發票地。

無記載付款地者，以付款人的營業所、住所或居所所在地為付款地。

四、本票的定義（票據法第 3 條）

本票謂發票人簽發一定的金額，在指定的到期日，由自己無條件支付給受款人或執票人的票據。

五、本票的應記載事項（票據法第 120 條）

本票應記載下列事項，由發票人簽名：

1. 表明為本票的文字。
2. 一定的金額。
3. 受款人的姓名或商號。
4. 無條件擔任支付。
5. 發票地。
6. 發票年月日。
7. 付款地。
8. 到期日。

   無記載到期日者，視為見票即付。

   無記載受款人者，以執票人為受款人。

   無記載發票地者，以發票人的營業所、住所、居所所在地為發票地。

   無記載付款地者，以發票地為付款地。

   見票即付，並不記載受款人的本票，其金額須在五百元以上。

六、支票的定義（票據法第 4 條）

支票謂發票人簽發一定的金額，委託金融業者在見票時，無條件支付給受款人或執票人的票據。

金融業係指財政部核准辦理支票存款業務的銀行、信用合作社、農會、漁會。

七、支票的應記載事項（票據法第 12 條）

支票應記載下列事項，並由發票人簽名：

1. 表明其為支票的文字。
2. 一定的金額。
3. 付款人的商號。
4. 受款人的姓名或商號。

5. 無條件支付的委託。
6. 發票地。
7. 發票年月日。
8. 付款地。

無記載受款人者以執票人爲受款人。

無記載發票地者，以發票人的營業所、住所或居所爲發票地。

發票人得以自己或付款人爲受款人，並得以自己爲付款人。

八、票據的簽名

1. 在票據上簽名者，依票上所記載文義負責（票據法第 5 條第 1 項）。
2. 二人以上共同簽名時，應連帶負責（票據法第 5 條第 2 項）。
3. 票據上簽名，得以蓋章來代替（票據法第 6 條）。
4. 票據上雖然有無行爲能力人或限制行爲能力人簽名，不影響其他簽名的效力（票據法第 8 條）。
5. 代理人未載明爲本人代理之旨而簽名於票據者，應自負票據上的責任（票據法第 9 條）。
6. 無代理權而以代理人名義簽名於票據者，應自負票據上的責任（票據法第 10 條）。
7. 票據的僞造或票據上簽名的僞造，不影響眞正簽名的效力（票據法第 15 條）。
8. 票據經變造時，簽名在變造前者，依原有文義負責，簽名在變造後者，依變造文義負責；不能辨別前後時，推定簽名在變造前（票據法第 16 條第 1 項），參與或同意票據變造者，不論簽名在變造前後，均依變造文義負責（票據法第 16 條第 2 項）。
9. 票據上之簽名或記載被塗銷時，非由票據權利人故意爲之者，不影響於票據效力（票據法第 17 條）。

九、定金額的標準

票據上記載金額的文字與號碼不符時，以文字爲準（票據法第 7 條）。

十、商業票據

商業票據謂依國內外商品交易或勞務提供而產生的匯票或本票（銀行法第 15 條第 1 項）。

十一、商業承兌匯票

商業票據以出售商品或提供勞務的相對人為付款人而經其承兌者，謂商業承兌匯票（銀行法第15條第2項）。

十二、銀行承兌匯票

商業票據的相對人委託銀行為付款人而經其承兌者，謂銀行承兌匯票。出售商品或提供勞務的人，依交易憑證於交易價款內簽發匯票，委託銀行為付款人而經其承兌者亦同（銀行法第15條第3項）。

十三、貼現

對遠期匯票或本票，以折扣方式預收利息而購入者，謂貼現（銀行法第15條第4項）。

十四、信用狀

信用狀，謂銀行受客戶之委任，通知並授權指定受益人，在其履行約定條件後，得依照一定款式，開發一定金額以內之匯票或其他憑證，由該行或其指定之代理銀行負責承兌或付款之文書。（銀行法第16條）

十五、契約範例

【匯票】

● 匯票

1. 本票據的特點：本票據為匯票，發票人簽發一定的金額，委託付款人於指定的到期日，無條件支付給付款人或執票人的票據。
2. 適用對象：匯票適用於發票人簽發票據，由其指定付款人支付給受款人或執票人的票據。
3. 基本條款：匯票內容應註明票據法第24條的事項。
4. 相關法條：票據法第2、24條。

票據契約 7-3-1

匯票：NO	日期：
DRAFITNO	DATE:
憑票支付：	
PAY TO THE ORDER OF:	
戶號：	NT.$
NO	
新臺幣：	
NEW TAIWAN DOLLARS:	
此致 TO 付款行	○○○○商業銀行
○○○○商業銀行　　臺照	
○○○○ COMMERCIAL BANK	
付款地：	
Addres:	

註：1. 本件匯票之發票人以自己為付款人，是「對己匯票」。
　　2. 本件匯票未記載到期日，是「見票即付」之匯票。
　　3. 平行線之規定不適用於匯票，本件匯票左上角記載平行線，不生票據上效力。
　　4. 本件匯票上「戶號」亦為票據法所不規定之事項者，不生票據上之效力。

● 委託承兌匯票契約

1. 本契約的特點：本契約為匯票委託承兌契約，發票人委託銀行承兌其所開出的匯票。
2. 適用對象：本契約適用於匯票委託承兌契約。
3. 基本條款：訂立本契約應註明委託人、承兌人、到期日、銀行履行地。
4. 相關法條：銀行法第 15 條。

票據契約 7-3-2

委託承兌匯票契約

　　立委託承兌匯票契約人○○○（以下簡稱委託人）茲因○○○提供本契約附件所開擔保品並邀同○○○為保證人訂立本契約委託　貴行在○○○○元限額內承兌委託人陸續循環所開出之匯票訂立各款如下委託人決定遵守。

第 1 條　委託人開具匯票委請　貴行承兌時所附合法商業行為證件均應實在，如有虛偽朦混情事由委託人負責。

第 2 條　委託人開具之承兌匯，其期限自承兌日起最長不得逾○○日。

第 3 條　承兌銀行得隨時通知委託人，減少承兌限額，或停止承兌，委託人決無異議。

第 4 條　承兌手續費照每次票面額千分之○計算，由委託人於每次請承兌時，隨票繳付。

第 5 條　委託人應於每一承兌匯票到期前一日，將該票金額，繳付承兌銀行，決不誤期。

第 6 條　委託人如不按期將票款繳付承兌銀行，至令承兌銀行墊款兌付時，委託人應負擔該墊款按日息萬分之○計算之利息。同時並任由承兌銀行處分擔保品，以收回墊款本息，其不足之數仍由委託人及保證人負責償還。

第 7 條　保證人保證委託人如期繳付票款，如委託人不如期繳付時，保證人願負連帶債務責任，決不推諉。保證人放棄民法第 742 條及同法 745 條之權利。

第 8 條　擔保品如係動產，應由委託人存入承兌銀行同意之倉庫，將倉單過入承兌銀行名下，並交承兌銀行收執。如係有價證券或其他權利證書，則應設定權利質權，並將該有價證券及權利證書交銀行收執。

第 9 條　擔保品如係不動產、船舶、或工礦財團、應由承兌銀行取得第一位抵押權，並辦妥登記。

第 10 條　擔保品如承兌銀行認為必須投保火險、兵險、或其他災害險時，委託人應即照辦並過入承兌銀行名下，保單交承兌銀行收執。

第 11 條　本契約以承兌銀行營業所為履行地。

第 12 條　本契約有效期限自民國○○年○○月○○日起至民國○○年○○月○○日止。

委託人：○○○

住址：

保證人：○○○

住址：

中　　華　　民　　國　　○○　　年　　○○　　月　　○○　　日

● 委託擔當付款契約書

1. 本契約書的特點：本契約書為委託擔當付款契約書，委託人委託銀行為其所發行之本票或承兌之匯票之擔當付款人。

2. 適用對象：本契約適用於委託銀行擔當本票或承兌之匯票之擔當付款人。

3. 基本條款：訂立本契約應詳列所開具票據之清單。

4. 相關法條：票據法第 26、49 條。

票據契約 7-3-3

委託擔當付款契約書

　　立約定書人○○○（以下簡稱本存戶）在○○銀行（以下簡稱貴行）設有甲種活期存款第○○號帳戶並訂立「往來約定書」在案。茲特委託　貴行為本存戶所簽發之本票或承兌之匯票之擔當付款人，逕自上列帳戶內憑原留印鑑惠予照付，並願遵守下列約定。如因違反本約定而發生之一切損失概由本存戶自行處理，與　貴行無涉。

第 1 條　本存戶簽發之本票或承兌之匯票，凡有指定　貴行為擔當付款人時，當即將副本一份或列具所開票據清單送交　貴行備查。如未送副本或漏列清單而帳戶餘額足敷支付時，貴行得不核對副本或清單逕行付款。

第 2 條　本存戶所需之本票空白用紙應向　貴行領用。本存戶如使用非　貴行所印製之本票
　　　　用紙時，帳戶上雖有足數支付餘額　貴行仍予拒絕付款，其一切責任由本存戶自
　　　　負，與　貴行無涉。

第 3 條　本存戶應在該項票據到期日當天第一次票據交換前，籌足款項存入該甲存帳戶內備
　　　　付。

第 4 條　倘因本存戶餘額不足，致所簽發之本票或承兌之匯票未能付款時，在交換紀錄上，
　　　　貴行即依照支票之餘額不足退票辦法處理，本存戶絕無異議。

第 5 條　本存戶所開本票如逾提示付款期限始行提示，但在該本票法定有效期間內者仍得付
　　　　款。

第 6 條　本存戶甲存往來除有天災人禍等不可抗力之重大理由，並經　貴行認證確實者外，
　　　　如有一次退票紀錄，貴行得不另通知逕行終止本約定，而消滅委託關係。

第 7 條　立約人如所開本票漏貼印花等必需支付之費用同意　貴行逕由本存戶支付。

此致
○○銀行　　臺照

　　　　　　　　　立約人：立約定書人：○○○
　　　　　　　　　　　　　代表人：○○○
　　　　　　　　　　　　　帳戶甲種活期存款第○○號
　　　　　　　　　　　　　住址：

中　　華　　民　　國　　○○　　年　　○○　　月　　○○　　日

註：立約人應使用受託人所印製之空白票據用紙，如非使用此用紙，受託人可拒絕付款。

【本票】

● 本票

1. **本票據的特點**：本票據為本票，發票人簽發一定之金額，於指定到期日，由自己無條件支付給受款人或執票人的票據。

2. **適用對象**：本票據適用發票人自己無條支付票款之票據。

3. **基本條款**：本票內容應註明票據法第 120 條的應記載事項。

4. **相關法條**：票據法第 3 條、第 120 條。

票據契約 7-3-4

字第　　　號　　TH　　4709659
憑票准於　　年　　月　　日無條件擔任兌付或其指定人
NT$:
新台幣：　　　　　　　　　　（本本票免除作成拒絕證書）
此致
付款地：

付款地：

　　發票人：地址：

　　發票人：地址：

| 中 | 華 | 民 | 國 | ○○ | 年 | ○○ | 月 | ○○ | 日 |

記載欄

　每件應由發票人貼足印花稅十萬元內三元借貸用三千內六角。

　此票背書人免作拒絕事由通知義務付。

　逾期違約金另按每百元加日息計。

　利息由起按每百元日息計。

註：1. 本件本票之格式，在一般文具店均買到，商場上有稱之為「玩具本票」者，只要俱備票據法上之要件，絕對「有效」，絕對不是「玩具」。

　　2. 發票日期是中華民國某年某月某日，其到期日應記載同為中華民國之日期，若記載西元日期，雖這張本票仍然有效，但這張本票之到期日將在一千九百年後，真的變成「玩具本票」了。

　　3. 禁止背書轉讓是加蓋上去的，發票人簽章在禁止背書轉讓之框內為目前流行之作法。

　　4. 右邊逾期違約金為票據法所不規定之事項，若記載時不生票據上之效力。

● 本票委託擔當付款約定書

1. **本約定書的特點**：本約定書為本票委託擔當付款書，由發票人簽發本票委託銀行擔當付款人。
2. **適用對象**：本約定書適用於發票人委託銀行為擔當付款人。
3. **基本條款**：本約定書應符合約定事項之規定。
4. **相關法條**：票據法第 124 條。

票據契約 7-3-5

本票委託擔當付款約定書

中華民國　　年　　月　　日

　　立約定書人○○○（以下簡稱立約人）所簽發本票委請　貴行為擔當付款人並願遵守下列約定：

一、本票屆期提示時，憑原留印鑑自所開立支票存款帳戶第○號逕行付款。如因存款餘額不足退票時，該紀錄應與支票餘額不足退票，合併計算。

二、立約人應簽用　貴行印發或經財政部核准之票券金融公司印發並以申請書填具明細委託　貴行擔當付款之本票，否則由貴行以退票處理。

三、到期日在發票之前暨到期日記載不全者，不論有無存款一律退票。

四、本票在提示期限經過前撤銷付款委託，經執票人提示後，應由貴行列入紀錄。立約人若未於規定期間內將贖回之本票及退票理由單送交　貴行註銷紀錄，一年內違三張時，本擔當付款委託即行終止，立約人應即繳回剩餘之空白本票。立約人如於其他金融機構有上述情形，而經票據交換所公告者，亦同。

五、本約定書未列事項，願遵照與　貴行簽定之支票存款往來約定書辦理。

此致
○○銀行

（立約人業於合理期間內審閱前開全部條款內容並充分瞭解）

立約定書人（請開戶人簽名　並蓋用支存印鑑）

經副理　　　　會計　　　　主辦　　　　經辦　　核對申請人
　　　　　　　　　　　　　　　　　　　　　　　親自辦理

本票委託擔當付款約定事項

第 1 條　存戶委託貴行擔當付款之本票，屆期提示時，請憑原留印鑑自所開立之支票存款帳戶逕行付款。如因存款餘額不足退票時，該紀錄應與支票餘額不足退票，合併計算。

第 2 條　存戶應簽用　貴行或經財政部核准之票券金融公司印發並以申請填具明細委託貴行擔當付款之本票，否則以退票處理。

第 3 條　到期日在發票之前或到期日記載不全者，不論有無存款一律退票。

第 4 條　本票在提示期限經過前撤銷付款委託，經執票人提示後，貴行應予列入紀錄。存戶未於規定期間內將贖回之本票及退票理由單送交　貴行註記紀錄一年內達三張時，貴行得終止擔當付款委託，立約人應即繳回剩餘之空白支票。存戶如於其他金融機構有上述情形，而經票據交換所公告者，亦同。

第 5 條　本約定未列事項，願遵照與貴行簽訂之支票存款約定事項辦理。

● 本票撤銷委託擔當付款通知書

1. **本通知書的特點**：本通知書為本票撤銷委託擔當付款通知書，發票人撤銷委託銀行擔當其所發行的本票。
2. **適用對象**：本通知書適用撤銷委託擔當付款。
3. **基本條款**：本通知應託載帳號、戶名、本票號碼、金額、受款人、發票日、到期日，如有糾紛，由委託人負責。
4. **相關法條**：票據法第 124 條。

票據契約 7-3-6

本票撤銷委託擔當付款通知書

帳號	戶名	本票號碼	金額

受款人		發票日	年　月　日	到期日	年　月　日

一、上列本票請予撤銷擔當付款之委託。

二、倘因此項本票撤銷擔當付款之委託而使　貴行發生任何損害或糾紛時，均由發票人負擔一切責任，概與　貴行無涉。

此致

〇〇銀行　　部
　　　　　　分行

　　　　　　　　　　　　　發票人：　　　　　　（請蓋原留印鑑）

　　　　　　　　　　　　　地址：

中　　華　　民　　國　〇〇　年　〇〇　月　〇〇　日

● 註銷本票撤銷付款委託紀錄申請書

1. 本申請書的特點：本申請書爲發票人申請付款人撤銷付款委託，並請惠予註銷該撤銷付款委託紀錄。

2. 適用對象：本申請書適用於註銷本票撤銷付款委託紀錄。

3. 基本條款：本申請書應註本票號碼、金額、發票日、到期日。

4. 相關法條：票據法第 124 條。

票據契約 7-3-7

　　　　　　　　　　　　註銷本票撤銷付款委託紀錄申請書

本人簽發之票號＃〇〇〇〇〇〇〇　金額新臺幣〇〇〇〇

發票日期　　　　　　　　　到期日期　　　　　　本票乙紙前於〇〇年〇〇月〇〇日申

請撤銷付款委託，茲檢送經贖回之本票及退票理由單（理由單號碼＃　　　　　　　）請

惠予註銷該撤銷付款委託紀錄

此致

〇〇銀行　　　分行

　　　　　　　　　　　申請人

　　　　　　　　　　　帳號

　　　　　　　　　　　戶名　　　　　　（請簽蓋原留印鑑）

　　　　　　　　　　　身分證或營利事業統一編號

中　　華　　民　　國　〇〇　年　〇〇　月　〇〇　日

註：本申請書應附具贖回之本票及退票理由單。

● 保證發行商業本票貼現買入交易票據申請書

1. 本申請書的特點：本申請書爲申請保證發行商票本票，貼現買入交易票據。由申請人向票券公司申請。

2. 適用對象：本申請書適用於申請保證發行商業本票，貼現買入交易票據。

3. 基本條款：本申請書應註明申請額度、擔保物、連帶保證人、作質本票。

4. 相關法條：票券金融管理法第 21、31 條。

票據契約 7-3-8

<table>
<tr><td colspan="5" style="text-align:center">中華票券金融公司　□ 保證發行商業本票　申請書
□ 貼現買入交易票據</td></tr>
<tr><td colspan="5" style="text-align:right">發文日期：
發文號碼：</td></tr>
</table>

申請額度	新臺幣		萬元	期限	
擔保物	名稱	數量	價值	估價依據	所在地
連帶保證人	姓名	身分證統一編號		地址	與申請人關係
作質本票	發票公司			背書公司	

公司名稱：
申請人：　　　　　　　　　　（蓋章）
負責人：

附件：申請公司保證發行商業本票申請函

　　　申請本公司保證發行商業本票請檢送下列徵信資料：

一、各種證照影本、公司章程、股東名冊、董監事名冊。

二、最近三年經會計師查帳簽證財務報表（包括資產負債表、損益表、盈虧撥補表）。

三、最近三年產銷量值表。

四、存借款明細表。

五、發行在外商業本票明細表（表格由本公司提供）。

六、票券金融公司徵信資料表（表格由本公司提供、請詳填）。

七、現金收支預估表（表格由本公司提供）及票款用途與還款來源之說明。

八、最近三年營業報告書。

九、營業計畫及展望。

十、最近三年營利事業所得稅結算申報書及核定通知書。

十一、發行商業本票董事會會議紀錄。

● 委任保證發行商業本票約定書

1. 本約定書的特點：本約定書為委任保證發行商業本票約定書，發票人委託票券公司保證其所發行的商業本票。

2. 適用對象：本約定書適用於發票人委託票券公司保證其所發行的商業本票。
3. 基本條款：訂定本約定書應註明發票人、保證人、本票金額、利率、到期日。
4. 相關法條：票券金融管理法第 21、31 條。

票據契約 7-3-9

委任保證發行商業本票約定書

　　立約定書人○○○股份有限公司（以下簡稱立約人）茲邀同連帶保證人，委請貴公司自民國○○年○○月○○日起至民國○○年○○月○○日止，在新臺幣○○元額度內循環保證立約人發行之商業本票，特訂立本約定書，並願照下列各條款辦理：

第1條　立約人依本約定委請貴公司保證所發行之商業本票，自發票日起算至票據到期為止，最長不得超過一八○天。每張商業本票面額以新臺幣十萬元或十萬元之倍數為單位，並依照「短期票券交易商管理規則」由貴公司簽證及承銷。

第2條　立約人委請貴公司保證發行商業本票，應於其票載到期日前一營業日將應付之票款繳存指定銀行以備兌付。

　　　　如有遲延而由貴公司墊款兌付時，於接到貴公司通知後，不問何種情形，立約人願立即清償墊付之票款，並願自墊款之日起，就墊付之票款按墊付當時臺北市銀行公會規定之新臺幣放款最高利率計付遲延利息。另照臺北市銀行公會現在及將來規定給付違約金（現在遲延償還墊款違約金，照墊款額自墊款之日起逾期六個月以內者按墊款利率 10%。逾期六個月以上者按墊款利率 20% 計算）。

第3條　立約人應按保證發行商業本票面額 0.25% 計算繳付貴公司手續費，於商業本票保證時一次付清。

第4條　凡立約人依本約定書委請貴公司保證發行商業本票所負之債務，雖其因貴公司墊款而發生之日期在首揭約定期限之後，立約人及連帶保證人亦應依本約定書之各條規定負連帶清償責任。

第5條　立約人依本約定書委請貴公司保證發行商業本票，因而致貴公司墊款或（及）受損害時，無論立約人有無過失，立約人應立即清償票款、遲延利息、違約金、各項費用及賠償貴公司所受之損害，決不以任何事由為抗辯而拒絕清償。

第6條　立約人不得就貴公司保證發行商業本票之相同用途向其他金融機構重複融資或對外開發相同用途之遠期支票。

第7條　立約人願接受貴公司對保證票據資金用途之監督，及對立約人之業務、財務之稽核。貴公司如需要各項業務及會計報表，立約人願立即提供，但貴公司並無前列監督或稽核之義務。

第8條　凡立約人基於本約定書所負之一切債務，連帶保證人均願擔負連帶保證責任並拋棄檢索抗辯權，決不中途退保。倘貴公司就本約定事項下任何債務之全部或一部同意延期清償，保證人均為無條件同意，決不藉口為免除責任之抗辯。立約人及連帶保證人如有他項財務存於貴公司，貴公司亦有權留置或逕予處分。

第9條　本約定書所載各條應由立約人遵守履行之事項，立約人願絕對遵行。

　　　　如立約人不遵行時或貴公司主觀認為立約人對保證本票資金運用不當或信用不佳或因貴公司其他業務上之正當理由時，貴公司得隨時終止本約定書所發生之各項債務，及因終止本約定書所生之各種損害，立約人及其連帶保證人願負責立即清償並賠償因此而發生之損害。

第 10 條　如立約人及連帶保證人不依約履行責任，貴公司向法院起訴時以貴公司所在地之法院為管轄法院。

第 11 條　凡立約人暨連帶保證人基於本約定書所發生之債務，其成立要件及效力暨一切有關法律行為之方式均適用中華民國法律。

第 12 條　本約定書如有未盡事宜，悉依有關法令、貴公司及同業公會或協會之規章及慣例辦理。有關法令、貴公司及公會或協會之規章有修訂時，並依各修正後規定辦理之。

　　此致
　　○○票券金融股份有限公司

　　　　　　　　　　立約定書人：○○股份有限公司
　　　　　　　　　　負責人：○○○
　　　　　　　　　　住址：
　　　　　　　　　　連帶保證人：○○○
　　　　　　　　　　住址：
　　　　　　　　　　連帶保證人：○○○
　　　　　　　　　　住址：

中　　華　　民　　○○　　年　　○○　　月　　○○　　日

● 約定書

1. **本約定書的特點**：本約定書為貼現約定書，立約人以金融機構認可之票据向金融機構貼現的約定書。

2. **適用對象**：本約定書適用於向金融機構提供票據貼現的約定書。

3. **基本條款**：訂立本約定書應註明票據提供人（立約人）、金融機構、票據、利率。

4. **相關法條**：銀行法第 15 條第 4 項。

票據契約 7-3-10

約定書

　　立約定書人○○○（以下簡稱立約人），特邀同連帶保證人○○○向貴公司約定，立約人以貴公司認可之票據，自民國○○年○○月○○日起至民國○○年○○月○○日止得在新臺幣○○元額度內循環請貴公司買入。立約人除遵守　貴公司有關規定外，並願遵守下列各項條款：

第 1 條　立約人出售票據與貴公司，因而致貴公司受損害時，無論其是否為該票據有不實之情事，或立約人本身之行為，或立約人之連帶保證人或（及）連帶債務人之行為，

立約人均願拋棄期限之利益，及一切抗辯權，即時清償本金、遲延利息、違約金及有關費用，並賠償貴公司因此所受之任何損害，絕不以任何藉口延遲或拒絕清償。

第2條　立約人出售與貴公司之票據，如到期不獲付款、或承兌、或票據無從為承兌或付款之提示時，立約人於接到貴公司通知後，願立即清償，　貴公司可免為拒絕證書之作成，並可免為票據債權保存之通知等義務，立約人絕無異議。

第3條　立約人售與貴公司之票據屆期時，如不獲付款，或立約人於接到付款通知後不依期清償時，立約人願依照貴公司規定給付違約金及遲延利息（違約金照應還款額自應還款之日起，逾期六個月以內者按每張票據出售當時利率 20% 計算。遲延利息按日率 11.5% 計算）。

第4條　貴公司可自由裁定於必要時，縮減或取銷本約所定之額度及期限，立約人絕無異議。

第5條　連帶保證人切實聲明對於立約人基於本約定書所負之一切債務，擔負連帶保證責任，並拋棄先訴抗辯權，且絕不中途退保。立約人倘不依約清償債務時，如立約人或（及）連帶保證人有現金或他項財物存於　貴公司或如將來貴公司代立約人或（及）連帶保證人收到之款項，貴公司均有權留置或抵償。

第6條　貴公司認為必要時，得要求立約人提供相當之擔保品，或增加提供擔保品。關於此等擔保品權利之設立、變更或處分等應辦一切手續，均願按照貴公司規定辦理。其所發生之費用，概由立約人負擔。

第7條　立約人出售與貴公司之一切票據，因輸送或其他意外事故而喪失、滅失或被偽造、變造等致喪失其效力時，立約人願即依據貴公司帳簿、單證所載票面金額視為與原票據記載相符之債務，立即清償之。

第8條　凡立約人依本約定書出售票據與貴公司所生之債務，其清償期依照票據之記載，雖在本約定書約定買入票據期限之後，立約人及連帶保證人亦應依本約定書各條之規定，負連帶清償責任。

第9條　本約定書以貴公司所在地為履行地，並以貴公司所在地之地方法院為管轄法院。

第10條　本約定書如有未盡事宜，悉依有關法令、規劃及慣例辦理之。

第11條　立約人出售與貴公司之票據，每張期限最長不超過○天。

第12條　立約人同意提供貼現票據發票人之有關資料，並同意貴公司對購買人公開是項資料，立約人願負有關責任。

第13條　立約人切實聲明出售與貴公司之票據或（及）提供擔保之票據係基於合法交易行為所產生，並同意貴公司得隨時查驗有關銷貨憑證。

第14條　立約人同意備文移前出售與貴公司之票據或（及）提供擔保之票據。

　　此致
　○○票券金融股份有限公司

　　　　　　　立約定書人：○○○○公司
　　　　　　　對保人：　　　　　　　（對保簽章）
　　　　　　　負責人：○○○
　　　　　　　地址：

連帶保證人：○○○

地址：

連帶保證人：○○○

地址：

連帶保證人：○○○

地址：

擔保品提供人：○○○

地址：

○○票券金融公司承諾章

中　華　民　國　○○　年　○○　月　○○　日

● 商業本票承銷契約書

1. 本契約的特點：本契約為商業本票承銷契約書，由立約人委託票券公司承銷的契約。
2. 適用對象：本契約適用於立約人委託票券公司承銷。
3. 基本條款：訂立本契約應註明委託人、受託人、商業本票金額、票期、手續費、保證發行公司。
4. 相關法條：票券金融管理法第 21 條。

票據契約 7-3-11

商業本票承銷契約書

　　○○股份有限公司（以下簡稱甲方）為以○○年○○月○○日發行之一八○天商業本票（以下簡稱本票）新臺幣○○元，委託○○票券金融股份有限公司（以下簡稱乙方）承銷，茲簽訂契約條款如下：

第 1 條　本本票經○○票券金融股份有限公司○○年○○月○○日○○字第○○號通知同意保證發行。

第 2 條　本本票經乙方○○年○○月○○日（○○簽字第四七二號）辦妥簽證。

第 3 條　本本票之承銷價格經雙方議定為○萬元。

第 4 條　本本票之承銷期間訂為發行當日，如尚有餘額，應由乙方承購之。

第 5 條　本本票承銷手續費定為 3‰，按面額總額計算，由乙方直接自銷售款中扣收。

第 6 條　本本票承銷價款，於承銷完畢時，由乙方扣除承銷手續後，付給甲方。

第 7 條　本本票承銷所需各項費用，概由甲方負擔。

第 8 條　本本票承銷倘因非人力所能抗拒之事故發生，或主管機關之指令致本契約不能履行時，經甲乙雙方協議解決之或變更部分條款。

第 9 條　本契約正副本之份數依契約當事人之需要而定，但不論其份數多寡，應視為同一契約。

第 10 條　本契約如有未盡事宜，悉依有關法令、短期票券交易商管理規則、短期票券交易商同業公會或協會規約、乙方之規程暨慣例辦理。有關法令、公會或協會之規約及乙方之規程等如有修訂時，並依各修正後規定辦理之。

立約人：甲方：○○股份有限公司

代表人：○○○

地址：

乙方：○○票券金融股份有限公司

代表人：○○○

地址：

中　　華　　民　　國　　○○　　年　　○○　　月　　○○　　日

● 商業本票簽證契約書

1. **本契約的特點**：本契約為商業本票簽證契約書，由立約人委託票券公司為其發行的票券簽證。
2. **適用對象**：本契約適用於商業本票簽證之用。
3. **基本條款**：訂立本契約應提供如本契約第 2 條之文件。
4. **相關法條**：票券金融管理法第 21、27 條。

票據契約 7-3-12

商業本票簽證契約書

　　○○○股份有限公司（以下簡稱甲方）為○○年○月○日發行之一八○天期經○○票券金融股份有限公司○○年○月○日○○字第○○號通知同意保證發行之商業本票（以下簡稱本票）共○○張，其中面額○○元○○張共計新臺幣○○元委託○○票券金融亂份有限公司（以下簡稱乙方）簽證，契約條款如下：

第 1 條　甲方委請乙方簽證本本票時，應填具商業本票證委託書委請之。

第 2 條　甲方依簽證委託書所提供各項文件

　　　　（包括：1. 公司章程；2. 董監事名冊；3. 股東名簿；4. 營利事業及公司登記證照暨同業公會會員證影本；5. 每種本票樣張；6. 公開說明書；7. 最近三年或開業不及三年者各年度之營業報告書、資產負債表、財產目錄、損益表、盈餘分派或虧損彌補之股東議事錄；委請保證發行商業本票時已逾年度開始六個月者，應加送上半年之資產負債表；8. 董事會關於發行商業本票之議事錄；9. 商業本票係由其他金融機構或票券金融公司發行者，其保證約據副本；10. 委託人簽發商業本票之印鑑卡等，如有不實記載或以其他不正當之方法，而致使乙方為超額之簽證時，除其負責人應負法律責任外，對於乙方或其受僱人或第三人因此所受之一切損害負賠償責任。）

第 3 條　乙方對本本票之簽證，除證明票載事項係屬正確外，不負其他責任。

第 4 條　乙方辦理簽證期間自簽訂本契約之日起至發行日止。

第 5 條　本本票之簽證手續費訂為 0.3‰，按面額計算，乙方於給付承銷價款中扣收。

第 6 條　本本票之承銷倘因非人力所能抗拒之事故發生，或主管機關之指令致本契約不能履行時，經甲乙雙方協議解除之或變更部分條款。

第 7 條　本契約正副本之份數依契約當事之需要而定，但不論其份數之多寡，應視為同一契約。

第 8 條　乙方之規約、乙方之規程暨慣例辦理。有關法令、公會或協會之規約及乙方之規程等如有修訂時，並依各修正後規定辦理之。

立約人：甲方：○○股份有限公司

代表人：○○○

地址：

乙方：○○票券金融股份有限公司

代表人：○○○

地址：

中　　華　　民　　國　○○　年　○○　月　○○　日

● 商業本票簽證及承銷委託書

1. 本委託書的特點：本委託書為商業本票簽證及承銷委託書，委託人委託票券金融公司簽證及承銷商業本票。

2. 適用對象：本委託書適用於委託人委託票券金融公司簽證及承銷商業本票之用。

3. 基本條款：訂立本委託書應詳述委託事項。

4. 相關法條：票券金融管理法第 21 條。

票據契約 7-3-13

商業本票簽證及承銷委託書

立委託書人○○○（以下簡稱受託人）為籌集營運資金作短期週轉之用，以營業收入為還款財源，發行商業本票，委託貴公司依照下列各條款辦理簽證及承銷：

第 1 條　委託事項

發行總額	新臺幣　　　　　元	發行限價	按承銷日之市價 （限年貼現率百分之　　以內）	
發行期限	發票日　年　月　日 本票　　　（天期） 發票日　年　月　日	本票擔當 付款銀行	銀行　　　　分行 存款第　　　號帳戶	
保證機構		承銷票款 付給方式	撥入 或	銀行　　　　分行 存款第　　　號帳戶

第2條　委託人應於貴公司承銷日即○○年○○月○○日之前辦妥一切有關手續，並將經保證機構簽章保證付款之本票交付予貴公司，如有延誤致影響承銷，委託人願負擔一切結果責任。

第3條　委託人因貴公司要求，應隨時提供真實無訛之各種資料。貴公司因執行業務之需要，將上項資料或業務知悉或持有之其他資料，依法令揭露予有關各方。

第4條　貴公司之簽證責任為證明票載事項正確。

第5條　貴公司如因執行本委託事項而遭受損害或致第三人損害時，概由委託人負責賠償。

第6條　本票實際承銷價格、承銷日期，及按貴公司規定應收之各項手續費用，悉以貴公司所開成交單據之記載為準。本票承銷所得價款由　貴公司扣除各項手續費用後，於承銷日依委託人指定之付給方式交付委託人。

第7條　本委託書如有未盡事宜，悉依有關法令及貴公司規章暨慣例辦理。

第8條　本委託書於送達貴公司後即為委託人之要約。

此致
○○票券金融股份有限公司

立約人：立委託書人：○○○
營業處所：
代表人：○○○
住址：

中　華　民　國　○○　年　○○　月　○○　日

註：受託人因執行本委託事項而遭受損害或第三人受損害時，概由委託人負責賠償。

● 授權書

1. 本授權書的特點：本授權書為發票人授權票券金融公司填載本票到期日之授權書。

2. 適用對象：本授權書適用於發票人授權票券金融公司填載到期日之授權書。

3. 基本條款：訂立本授權書應詳述授權之內容。

4. 相關法條：票券金融管理法第21條。

票據契約 7-3-14

授權書

　　茲由本公司開發經○○○○保證並經○○○背書後交予貴公司之本票（包括過去、現在及將來所簽發者）因事實需要各該紙本票之到期日暫未填載、本公司茲邀同連帶保證人及背書人（　　　　　　　　）共同立具授權書授權予貴公司，得視事實需要隨時自行填載到期日，以行使票據之權利，本公司及連帶保證人背書人絕無異議。

此致
票券金融股份有限公司

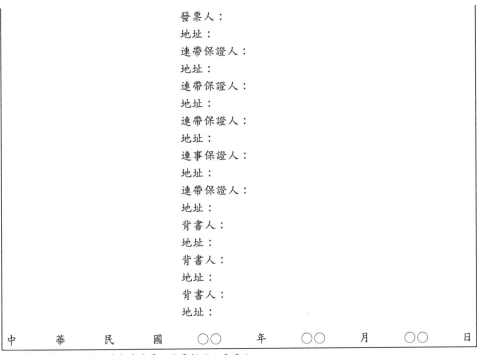

發票人：

地址：

連帶保證人：

地址：

連帶保證人：

地址：

連帶保證人：

地址：

連事保證人：

地址：

連帶保證人：

地址：

背書人：

地址：

背書人：

地址：

背書人：

地址：

中　　華　　民　　國　　○○　　年　　○○　　月　　○○　　日

註：本授權收之出具人為本票發票人連帶保證人背書人。

● 票券附條件買賣總契約

1. **本契約的特點**：本契約為票券附條件買賣總契約書，指買賣雙方同意，於買方支付買價予賣方，賣方交付票券予買方，且同時雙方約定，於特定期日或因一方之要求經他方同意後，由買方以原票券賣還並交付賣方的契約。
2. **適用對象**：本契約適用於票券附條件買賣總契約。
3. **基本條款**：訂立本契約應訂明買賣雙方、標的、交易日、買價、賣還日、賣還價、其他事項。
4. **相關法條**：動產擔保交易法第 26 條。

票據契約 7-3-15

> 票券附條件買賣總契約
>
> 　　本總契約業經乙方攜回審閱。（審閱期間至少七日）
>
> 　　乙方：　　　　　　　　（簽章）
>
> 　　立契約人：　　　　　　（以下簡稱甲方）及（以下簡稱乙方），茲為甲方經營之票券附件買賣業務往來事項，簽訂本契約書（以下簡稱本總契約），雙方同意遵守下列條款：
>
> 第 1 條　本總契約有詞定義如下：

一、附條件買賣（以下簡稱買賣）：指買賣雙方同意，於買方支付買賣予賣方，賣方交付票券予買方，且同時雙方約定，於特定期日或因一方之要求經他方同意後，由買方以原票券賣還並交付於賣方。

二、附條件買賣個別契約（以下簡稱個別契約）：指甲乙雙方在本總契約拘束下，就特定買賣所訂之契約。

三、交易日：指賣方交付票券於買方之期日。

四、賣還日：指雙方約定賣方將買回已交付於買方之票券並受交付之期日。

五、買價：指買雙於交易日為受讓票券而應支付之價格。

六、賣還價格：指雙方議定賣加之總價金。

七、重大事故：指任何一方有重整、清算、解散、破產、合併、暫停營業、受強制執行之情事，或有關始進行各該程序之行為或被票據交換所宣告拒絕往來、或有其他足以影響雙方業務之情形。

第2條　訂定個別契約應以書面為之，由甲乙雙方簽名，並記載下列各款事項：

一、甲乙雙方分別確定其為買方或賣方之身分。

二、為交易標的之票券。

三、交易日。

四、買價。

五、賣還日。

六、賣還價格。

七、其他不違反本總契約規定之事項。

甲乙雙方約定於特定期日賣還者，並得同時約定任一方於徵得他方同意後，得於該特定期日前提前終止契約，以約定終止為賣還日。但因此致他方受有損失者，應予補償。

第3條　個別契約與本總契約之條款，除甲乙雙方另有書面約定外，構成唯一合法有效之證據；個別契約與本總契約之規定不符者，以本總契約為準。

第4條　買賣雙方應於中央銀行、短期票券集中保管結算機構分別開設存款帳戶、保管劃撥帳戶，或於清算交割銀行開設活期性存款帳戶及保管劃撥帳戶以辦理款券交割事宜。

第5條　甲乙雙方同意，交易標的票券為登記形式國庫券時之交付，得由甲方指定之清算銀行透過中央銀行登錄債券系統開立保管憑證為給付或轉帳給付。

第6條　為交易標的之票券於賣還日前，其所有權歸屬於買方。

第7條　個別買賣中為賣方者，應保證於交易日交付買方之票券，無任何瑕疵或負擔，足以影響買方取得所有權。

第8條　個別買賣中為買方者，應保證於賣還日交付之票券，無任何瑕疵或負擔，致有害於賣方回復其所有權。

第9條　個別買賣中為買主者，在交易日未於短期票券集中保管結算機構規定時間內給付買價時，賣方得解除該個別契約。買方並應支付賣方自交易日起至終止日止，以該個別契約約定之買價為本金，按中央銀行短期擔保融通利率基數，再加計一・五倍之利率算得之利息，作為賠償之金額。

第 10 條　個別買賣中為買方者，未於賣還日交付應賣還之票券於賣方時，賣方得於市場買入同種類、同數量之票券以為替代，如其價款高於約定賣還價格時，其差額應由買方補足。

個別買賣中為賣方者，未於賣還日交付賣還價格時，交易標的票券所有權仍屬買方所有，買方得於市場處分交易標的票券，所得之價款低於約定賣還價格時，其差額應由賣方補足。

前 2 項情形，違約之一方並應給付他方自約定賣還日起至他方購入替代票券或處分當日止，以原應付票券之票面價額為本金，按該票券發行利率為基數，再加計 10% 之利率算得之利息，作為賠償之金額。

第 11 條　個別契約之買方或賣方有重大事故發生時，他方得通知終止本總契約及所有個別契約。

第 12 條　個別契約中，買方以交易標的票券辦理設質時，質權人以原交易之賣方為限，且為設質之交易標的票券以賣方之自有券為限。

買方於設質時應先出具擔保物提供證或類似文件，載明同意賣還日應續作後再設定質權於賣方（質權人），暨買方（債務人）發生重大事故時，質權所擔保之債權即視同屆期，質權人得就交易標的票券實行質權抵償。

前項設質交易標的票券於賣還日，賣方（質權人）雖未辦理質權變更或消滅，交易標的票券所有權仍屬買方（出質人）所有，但其設質紀錄仍續予保留。

第 13 條　第 9 條至第 11 條損害賠償之規定，不妨礙甲乙雙方另行主張他種損害賠償之計算方式或採取本總契約未規定之其他合法救償途徑。

第 14 條　乙方同意甲方基於共同行銷需要或委託他人處理相關營業事務時，甲方得將乙方資料揭露、轉介及相互運用於甲方所屬金融控股公司及其子公司間或揭露、轉介於其所委託營業事務處理之受託人。

乙方得隨時以書面通知甲方要求停止前項相關資訊之揭露、轉介及相互運用，甲方於接獲通知後，應即通知其所屬金融控股公司及其子公司停止使用各該相關資訊。

第 15 條　因本總契約或個別契約有關事項涉訟時，甲乙方合意由甲方所在地之地方法為第一審管轄法院。

第 16 條　本總契約之修改或增訂，非經雙方以書面確認並簽章後，不生效力。

立契約人：甲方：　　　　　　（簽章）

乙方：　　　　　（簽章）

身分證號碼：

地址：

中　　華　　民　　國　　○○　　年　　○○　　月　　○○　　日

註：定型化契約應注意消費者保護法第 11 條至第 17 條之規定。

【支票】

● 支票

1. 本票據的特點：本票據為支票，謂發票人簽發一定的金額，委託金融業者，於見票時，無條件支付與受款人或執票人的票據。
2. 適用對象：支票適用於發票人委託金融業，無條件支付給受款人或執票人的票據。
3. 基本條款：支票內容應註明票據法 125 條的應記載事項。
4. 相關法條：票據法第 4、125 條。

票據契約 7-3-16

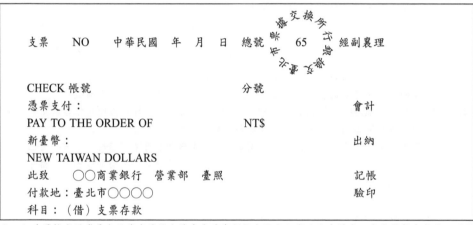

註：1. 支票格式通常是金融業者發給與其有支票存款往來約定之客戶之支票本，每本張數有高至一百張者。
　　2. 本件為一般平行線支票，平行線之規定，僅適用於支票。
　　3. 本支票發票日欄已記載「中華民國」字樣，故應填寫以中華民國為紀元之日期，如○○年某月某日，不應記載以西元為紀元之日期，如○○○○年某月某日。

● 支票領取證

1. 本領取主的特點：本領取證為支票領取證，支票發票人由金融機構領取支票時的領取證。
2. 適用對象：本領取證適用於金融機構發給支票發票人所用。
3. 基本條款：本領取證應註發給之金融機構、領取人、支票張數。
4. 相關法條：票據法第 4 條。

票據契約 7-3-17

<table>
<tr><td colspan="2" align="center">支票領取證　　帳號_ _ _ _ _ _ _ _ _ _</td></tr>
</table>

支票領取證　帳號_ _ _ _ _ _ _ _ _ _ _ _

中華民國　年　月　日

　　茲向　　　　貴行領到自　　　　號至　　　　號支票存款支票簿金計　　　　張點收無誤。

　　此致

○○銀行　○○分行　臺照　　　領取人

(請簽蓋留存印鑑)

（印鑑欄）	櫃臺機編號	序號	櫃員代號	主管代號	日期	帳號	摘要	票據種類	票據起號	領用張數

主管　　　會計　　　記帳　　　經辦

註：領取支票時，應簽蓋留存印鑑，始得領取支票。

● 支票存款開戶申請書

1. 本申請書的特點：本申請書為支票存款開戶申請書，支票發票人如欲使用支票，應向金融機構申請開立支票存款戶。
2. 適用對象：本申請書適用於申請開立支票存款戶。
3. 基本條款：本申請書申請人應填記開人戶人姓名、住址、出生年月日、身分證字號，如為公司應填營利事業號碼，附證明文件。
4. 相關法條：此法已廢除第 3、4、5、7 條，財政部監督銀錢業存款戶使用本各及行使支票辦法第 2、3 條。

票據契約 7-3-18

<table>
<tr><td colspan="6" align="center">支票存款開戶申請書</td></tr>
<tr><td colspan="6">一、開戶申請人填記事項</td></tr>
<tr><td>申請人或代表人姓名</td><td colspan="5"></td></tr>
<tr><td>性別</td><td></td><td>籍貫</td><td colspan="3"></td></tr>
<tr><td>出生日期</td><td></td><td>身分證統一編號</td><td colspan="3"></td></tr>
<tr><td>營利事業統一編號</td><td></td><td>營業種類或職業</td><td colspan="3"></td></tr>
<tr><td>組織</td><td colspan="2">□公司　□合夥　□獨資　□其他</td><td colspan="3">創立日期</td></tr>
<tr><td colspan="6" align="right">申請人：　　　（簽章）</td></tr>
</table>

二、本行查註事項

銀行往來情形 （行名、帳號及實績）	申請人：		
退票記錄			
審查意見			
核對證件	經辦（業務小組）	主辦	經副理

● 支票存款往來約定書

1. **本約定書的特點**：本約定書為支票存款往來約定書，支票戶與金融機構關於開立支票所作的約定事項。
2. **適用對象**：本約定書適用於支票存款往來約定書。
3. **基本條款**：本約書應依照本約定書所訂支票存款約定事項，本票委託擔當付款約定事項，支票存款往來約定書補充條款暨支票存款戶處理規範辦理。
4. **相關法條**：票據法施行細則第 14 條。

票據契約 7-3-19

支票存款往來約定書

　　立約定書人（戶名及代表人）○○○今向貴行　　　　　開立支票存款帳戶，嗣後一切往來，均願依照本約定書所訂支票存款約定事項、本票委託擔當付款約定事項、支票存款往來約定書補充條款暨支票存款戶處理規範辦理，特立此書為憑

　　此致

　　○○銀行股份有限公司

本契約書已於中華民國　　年　　月　　日經立約定書人攜回審閱。（審閱期至少五日）
立約定書人：（戶名及代表人）　　　（簽章並加蓋印鑑卡原留印鑑）
職業：
住址：

經核對開戶人 親自辦理無誤
年　月　日

帳號＿＿＿＿＿＿＿

戶名＿＿＿＿＿＿＿

開戶日期＿＿＿＿＿＿

中　華　民　國　○○　年　○○　月　○○　日

支票存款約定事項

第 1 條　戶名

一、存戶如係機關、團體、學校或公司行號，應依法定名稱立戶，並填明負責人姓名，如係個人，應以本名為限，並須具備行為能力。

二、存戶戶名不得更換，如須更換，應照結清手續辦理，另選開立新戶，惟另有規定者不在此限。

第 2 條　開戶

存戶開戶時，須填具支票存款開戶申請書暨往來約定書、印鑑卡及支票領取證交存貴行，經貴行認可後，發給支票簿俾供使用。

第 3 條　印鑑

一、本存款憑取款印鑑支取，由存戶於開戶時簽蓋印鑑卡，留存貴行以備驗對。

二、存戶中途如須更換印鑑，應填具「存戶更換取款印鑑申請書」辦理。

三、存戶支領存款時所用之簽章，經與存戶所留貴行印鑑核對相符付款後，倘發現係第三者偽造、變造存戶留存貴行印鑑之印章而偽造支標，或變造、塗改存戶之支票，貴行如已盡善良管理人應注意義務，仍不能辨認時，不負賠償之責。如第三人未經授權，使用存戶留存貴行印鑑之印章而偽造支票，貴行憑留存印鑑付款，除有惡意或重大過失外，不負賠償之責。

第 4 條　地址

存戶開戶時，應將營業所地址、住址或連絡處，在印鑑卡內詳細填明，嗣後如有更易，應隨時以書面並簽蓋原留印鑑通知貴行。個人戶檢具地址變更後戶籍資料一份，公司、行號戶檢具變更登記之證照資料。

第 5 條　存入

初次存入最低金額，由貴行訂定之，以後續存，數目不拘，隨時由存戶填具送款簿，連同款項一併交與貴行，由貴行在送款適於存根蓋收款之章為憑。

第 6 條　支取

存戶取款時，依所開具支票，並簽蓋原留取示印鑑以憑驗付，或利用自動化設備委記支付隨時提取，貴行對於支票，憑票付款，不論發票日期先後，概按執票人提出順序支付，倘執票人同時提出多張支票時，其支付順序由貴行排定之。

第 7 條　使用支票

存戶簽發支票除應照法令規定及一般銀行慣例外，並應按照下列各項辦理：

一、支票之日期、受款人及金額應用墨筆或墨水筆或原子筆填寫，不得用鉛筆，其金額數目字，並須在金額欄內緊接幣別名稱，逐字應用通用楷書大寫，其大寫數字應寫為「零壹貳參肆伍陸柒捌玖拾佰仟萬」，並於數尾加一「整」或「正」字，又寫「壹拾萬元」或「壹拾元」，均不得略去「壹」字，再「一、○○一元」應寫為「壹仟壹元」或「壹仟零壹元」，亦不得寫為「壹仟零零壹元」，否則構成金額文字不清退票。

二、支票上金額誤寫時，即行作廢，不得添註塗改，其他文字誤寫時，得於誤寫字旁改正之，但須在誤寫處簽蓋原留印鑑，以資證明。

第 8 條　保付支票

存戶或執票人如因事實需要，以支票申請保付時，應先填具保付支票申請書，加蓋印鑑，經貴行核對無誤後，即由存戶帳內照數付出，並於支示上註明「保付」或其他同義字樣及日期，由有權簽章人員簽章後，貴行負擔支票金額之付款責任。存戶並應注意票據法第138條之規定：

一、執票人喪失保儲支票時，不能止付。

二、發票人不得撤銷付款之委託。

三、發票滿一年後，仍可兌付。

第9條　對帳

貴行按存戶取數目及結存數，列印對帳單送存戶核對時，如有不符，存戶應於對帳單送達之日起三天內通知貴行，否則即以貴行帳載為準。

第10條　存入票據

存戶得以貴行認可之票據存入帳戶，此項票據係代收性質，未經收妥以前不得支用，倘發生退票及糾葛情事，貴行得逕自該帳戶內扣除。存戶經貴行通知退票後，於退票通知書回單上加蓋原留印鑑領回原退票據。存戶如經通知仍未領回者，或因更易住址通訊處，致無法通知時，貴行無代辦保全票據權利手續之義務及其他一切責任。

第11條　違約處理

存戶簽發之支票，如有存款不足、超過透支額度、託收款項尚未收以或其他情事致退票者，每次應照票據交換所規定繳納違約金及手續費，由貴行自該帳戶內逕行扣除，不另補開支票。如在一年之內，因存款不足、透支過額、託收款項尚未收到、或印鑑不符等情事連續退票三次，或存戶於其他同業設有帳戶，一年之內合併退票達三次者，即依照票據交換所規定予以拒絕往來。

第12條　掛失止付

存戶對於支票與取款印章，務須分別妥慎保管，如遇遺失、毀滅、盜竊時，應照貴行掛失止付辦法辦理，在未申請掛失止付以前如被人冒領款項，對存戶仍發生清償之效力。

第13條　存款繼承

存款人亡故，其繼承人聲請繼承權益時，應按照法定手續辦理，但貴行在未接獲繼承人通知以前，遇持票人取款手續完備來行取款時，貴行照常付款，仍發生清償之效力。

第14條　結清

此項存款，存戶得隨時結清解約，惟應將空白支票繳還貴行以清手續：否則如有糾紛，應由存戶負責。

第15條　存戶同意將開戶日期、法人之資本額與營業額、退票及清償註記、撤銷付款委託記錄暨票據交換所通報為拒絕往來戶及其他有關票據信用資料提供予他人查詢。並同意貴行及與貴行有往來應適用電腦處理個人資料保護法之非公務機關，於符合其營業登記項目或章程所定業務需要等特定目的之情形下，得蒐集、電腦處理或國際傳遞及利用本人之一切個人資料。

第16條　終止往來

貴行得隨時終止此項存款往來，並按支票存款往來約定書上所記載立約人之地址通
知存戶，並於經過通常郵遞期間，即視為到達。

第 17 條　本帳戶存款餘額如未達新臺幣二千元，且一年以上未與貴行往來者，貴行得逕轉入
休眠戶，並停止本帳戶各項存戶已申請之服務。嗣後恢復往來時，前開已停止之服
務，存戶應重新申請。

第 18 條　存戶除應遵守以上各條款外，並應遵守其他有關之政府法令規章，暨臺灣地區各縣
市票據交換所章程，否則因而發生之一切損失，貴行一概不負責。

支票存款往來約定書補充條款

　　立約定書人○○○（以下簡稱存戶），與○○銀行（以下簡稱貴行）茲就雙方支票存款
開戶申請書及往來約定書，補充有關處理退票及拒絕往來事項之約定條款（以下簡稱本條
款）如下，以資遵守：

第 1 條　（定義）

　　本條款所用名詞定義如下：

一、「退票」：指金融業者對於提示之票據拒絕付款，經填具退票理由單、連同票
據，退還執票人這謂。

二、「清償贖回」：指對於存款不足、發票人簽章不符、擅自指定金融業者為本票
之擔當付款人或本票提示期限經過前撤銷付款委託等理由所退票據及其退票理
由單，由支票存款戶以清償票款等消滅票據債務之方法予以贖回之謂。

三、「提存備付」：指存款不足退票後，支票存款戶將票款存入辦理退票之金融業
者，申請列收「其他應付款」帳備付之謂。

四、「重提付訖」：指退票後重新提示，於支票存款帳戶或其他應付款帳戶內付訖
之謂。

五、「註記」：指支票存款戶如有退票紀錄、清償贖回或其他涉及其票據信用之事
實時，由票據交換所予以註明，備供查詢之謂。

六、「終止擔當付款人之委託」：指金融業者終止受託為支票存款戶所簽發本票之
擔當付款人之謂。

七、「拒絕往來」：指金融業者拒絕與票據信用紀錄顯著不良支票存款戶為支票存
款往來之謂。

第 2 條　（開戶審查與開戶資料變更）

　　存戶開時，應填具印鑑卡及票據領取證交付貴行，經貴行向票據交換所查詢存戶之
票據信用情形，並認可後發給空白票據。

　　印鑑卡上資料如有變更，存戶應即書面通知貴行，如擬變更印鑑，存戶須重填印鑑
卡。

　　存戶如為法人戶，其名稱或負責人變更，而未依前項約定辦時，於貴行發現該項
情事並通知存戶辦理變更手續逾一個月未辦者，貴行得終止支票存款往來契約，
並通知存戶結清帳戶。

第 3 條　（本票）

存戶簽發由貴行所發給載明以貴行為擔當付款人之本票時，委託貴行自存戶名下之支票存款戶內代為付款。

前項本票，執票人提示時雖已逾付款之提示期限，但仍在該本票自到期日起算（見票即付之本票，自發票日起算三年之內，且存戶未撤銷付款委託，亦無其他不得付款之情事者，貴行仍得付款。）

倘因帳戶內存款不足或發票人簽章不符，致存戶所簽發之本票退票時，其退檔紀錄與支票之退票紀錄合併計算。

第4條　（手續費）

存戶簽發之票據，因存款不足而退票時，貴行得向存戶收取手續費。

前項手續費，不得逾越票據交換所向貴行所收取手續費之150%。

第5條　（註記）

存戶於其簽發之支票或以貴行為擔當付款人之本票退票之次日起算三年內，有清償贖回、提存備付、重提付訖或其他涉及票據信用之情事者，得向貴行申請核轉票據交換所依「支票存款戶票信狀況註記須知」辦理註記。

第6條　（限制或停止發給空白支票、本票）

存戶如有下列情事之一者，貴行得限制發給空白支票及空白本票：

一、已發生存款不足退票情事或經常於退票後再辦理清償贖回、提存備付或重提付訖者。

二、使用票據有其他不正常之情事者。

貴行為前項限制時，應以書面告知限制之理由；對於限制理由，存戶認為不合理時，得向貴行提出申訴。存戶在貴行開立之存款帳戶被扣押時，貴行得停止發給空白支票及空白本票，但被扣押之金額經貴行如數提存備付者，不在此限。

第7條　（終止擔當付款人之委託）

存戶在各地金融業者所開立之支票存款帳戶，因簽發以金融業者為擔當付款人之本票，於提示期限經過前撤銷付款委託，經執票人提示所發生之退票，未辦妥清償贖回、提存備付或重提付訖之註記，一年內達三張時，貴行提自票據交換所通報日起算，予以終止為存戶擔當付款人之委託三年。

前項情形貴行終止受存戶委託為擔當付款人時，存戶應於貴行通知後之一個月內，返還剩餘空白本票。

第8條　（拒絕往來）

存戶在各地金融業者所開立之支票存款戶，因下列情事之一所發生之退票，未辦妥清償贖回、提存備付或重提付訖之註記，一年內合計達三張，或因使用票據涉及犯罪經判刑確定者，貴行得自票據交換所通報日起算，予以拒絕往來三年：

一、存款不足。

二、發票人簽章不符。

三、擅自指定金融業者為本票之擔當付款人。

前項各款退票紀錄分別計算，不予併計。

第9條　（終止支票存款往來約定之處理）

存戶被列為拒絕往來戶，或因其他情事終止支票存款往來之約定時，存戶於貴行通知後這一個月內，結清帳房並返還乘餘空白支票及本票。

第 10 條　（公司重整之暫予恢復往來）

　　　存戶如為公司組織，於拒絕往來期間屆滿前，經法院裁定准予重整後，得向貴行呈請核轉票據交換所辦理重整註記：經重整註記者，貴行得暫予恢復往來。

　　　前項公司在暫予恢復往來之日起至原拒絕往來期間屆滿前再發生存款不足退票，貴行得自票據交換所再通報之日起算，予以拒絕往來三年。

第 11 條　（請求恢復往來）

　　　存戶如經拒絕往來而有下列情事之一，經貴行同意後，得恢復往來並重新開戶：

　　　一、拒絕往來期間屆滿。

　　　二、構成拒絕往來及其後發生之全部退票，均已辦妥清償贖回、提存備付或重提付訖之註記。

第 12 條　（彙整資料及提供查詢）

　　　存戶同意貴行以票交換所為彙整退票紀錄及拒絕往來資料處理中心，並同意該所將存戶之退票紀錄、被列為拒絕往來戶及其他有關票據信用之資料，提供予他人查詢。

第 13 條　（未盡事宜之補充）

　　　本條款如有未盡事宜，悉依有關法令辦理。

● 支票撤銷付款委託申請書

1. **本申請書的特點**：本申請書為支票已逾法定提示期限，由發票人申請撤銷付款之委託。

2. **適用對象**：本申請書適用於支票撤銷付款委託。

3. **基本條款**：本申請應註明支票帳號、發票人、票號、金額、受款人、發票日、法定提示期限、發票地、付款地。

4. **相關法條**：票據法第 136 條、支票存款及處理辦法第 12 條。

票據契約 7-3-20

<table>
<tr><td colspan="9" align="center">支票撤銷付款委託申請書</td></tr>
<tr><td colspan="9" align="right">（登記撤銷付款委託號碼　字第　　號）</td></tr>
<tr><td colspan="2" align="center">支票帳號</td><td colspan="3" align="center">發票人戶名</td><td colspan="2" align="center">支票號碼</td><td colspan="2" align="center">金額</td></tr>
<tr><td colspan="2"></td><td colspan="3"></td><td colspan="2"></td><td colspan="2"></td></tr>
<tr><td>受款人</td><td>發票日期</td><td colspan="2">民國　年　月　日</td><td>法定提示期限</td><td></td><td>發票地</td><td colspan="2">付款地</td></tr>
</table>

一、上列支票確已逾法定提示期限，爰特申請撤銷付款之委託，申請人並願接受貴行有關規定辦理，支票如已由貴行保付者，本撤銷付款委託失其效力，申請人絕無異議。

二、倘因申請此項支票撤銷付款之委託而發生損害或糾紛時，應即由申請人擔負一切責任，萬一將來此項支票提示時倘或發現尚未逾法定提示期限者，貴行依法仍得付款，其一切責任均由申請人自負，概與貴行無涉。

```
此致
  ○○銀行   部
           分行
                      申請人：      （發票人原留印鑑）
                      職業：
                      地址：
  中    華    民    國   ○○  年   ○○  月   ○○  日
```

● 提供擔保請求支付掛失

1. 本申請書的特點：本申請書為申請提供擔保請求支付掛失止付票據金額申請書。
2. 適用對象：本申請書適用於提供擔保請求支付掛失止付票據金額之用。
3. 基本條款：本申請書應提出向法院提出聲請公示催告之證明。
4. 相關法條：票據掛失止付處理準則第 3 條、第 4 條。

票據契約 7-3-21

```
                提供擔保請求支付掛失止付票據金額申請書

一、立申請書人○○○（以下簡稱申請人）前因喪失後開票據，業於○○年○○月○○日向
    貴行部分行通知該票據掛失止付，並於○○年○○月○○日提出○○法院聲請公示催告
    之證明有案。
二、茲該公示催告程序已開始，前項掛失止付之票據亦業經到期，申請人願提供後開確實擔
    保並依貴行規定辦妥各項應辦手續，請貴行支付該票據金額。申請人確切聲明，所提供
    擔保以請求此項票據金額之支付，係依法辦理，並無任何虛偽情形。貴行於支付此項票
    據金額後，隨時得逕行處分所提供擔保，以充該項支付之補償，申請人絕無異議。倘貴
    行因此項票據金額之支付，發生任何糾葛或使貴行遭受任何損失，申請人均願負一切賠
    償責任，恐口無憑，爰特立本申請書並確切聲明如上為據。
    此致
      臺照

                          立申請書人：
                          住址：

  中    華    民    國   ○○  年   ○○  月   ○○  日
```

一、掛失止付票據明細

票據種類	帳號	發票人戶名	票據號碼	受款人	發票日期 （或到期日）	金額

註：本項票據明細未詳載或遺漏事項均依原送「票據掛失止付通知書」所載為準

二、提供擔保明細

存單種類	帳號	存單號碼	存款期限	起訖日期	利率	存單本金金額	備註
						（大寫）	
						新臺幣	
						新臺幣	
						新臺幣	

【票據】

● 通知書

1. 本通知書的特點：本通知為銀行通知掛失止付戶領取掛失止付票款。
2. 適用對象：本通知書適用於銀行通知掛失止付戶領取掛失止付票款。
3. 基本條款：依據本通知領取人應攜帶除權判決書正本，身分證明文件，簽蓋於掛失止付通知書相同之印鑑。
4. 相關法條：票據掛失止付處理準則第 14 條。

票據契約 7-3-22

通知書

受文者：○○○

主旨：臺端前向本行申請票據掛失止付（發票人帳號：　　　　票據號碼：

金額：新臺幣　　　　）在案，為維臺端權益，請儘速依說明事項來行辦理後續事宜，請查照。

說明：

一、主旨所列申請掛失止付票據之公示催告期間如已屆滿，請依法於期限內聲請除權判決，俾憑除權判決書申領掛失止付票款。

二、臺端來行申領前項票款時，請攜帶除權判決書正本、身分證明文件暨與簽蓋於掛失止付通知書相同之印鑑。

【信用狀】

● 開發國內信用狀契約

1. **本契約的特點**：本契約為立約人請求銀行開發國內信用狀，以便採購國內物資。
2. **適用對象**：本契約為適用於開發國內信用狀。
3. **基本條款**：訂立本契約應有連帶保證人，以保證銀行為付款人之匯票。
4. **相關法條**：銀行法第16條，國際商會的信用狀統一慣例及貿易條件

票據契約 7-3-23

開發國內信用狀契約

　　立契約書人○○○（以下簡稱立約人）為向國內採購物資需要，特邀同連帶保證人（以下簡稱保證人）訂立本契約，概括委請○○銀行（以下簡稱貴行）在新臺幣○○○○元之額度內循環開發國內即期、遠期信用狀（以下簡稱信用狀），及就信用狀指定之受益人依各筆信用狀之規定所簽發以貴行為付款人之匯票，予以墊付（以下簡稱墊款）或承兌，並願遵守下則條款：

一、本契約存續期間，自立約日起至中華民國○○年○○月○○日止。本契約項下信用狀所開立之匯票，其匯票到期日縱在上項期限之後，立約人及保證人仍願依本契約之約定，負連帶清償之責任。

　　立約人向貴行申請開發信用狀時，應送開發信用狀申請書及貴行要求之有關文件，並向貴行申請墊款。立約人願依本契約之規定，清償因上述申請開發信用狀所發生之每筆債務，保證人並願依本契約之規定負擔保證責任，決不因立約人另立之開發信用狀申請書，未經保證人簽章或其他原因而有所異議。

二、本契約存續期間內，貴行認為必要時，得不經通知隨時減少本契約額度或終止本契約，立約人絕無異議。

三、本契約所稱國內信用狀，係指開發國內即期信用狀及（或）國內遠期信用狀，其中國內遠期信用狀項下所開具之匯票期限，最長不得超過一八○天。

四、立約人及保證人均承認每筆開發信用狀申請書所列金額與其所發生利息及一切費用，為貴行代立約人保證付款或墊款之金額，並同意以開發信用狀申請書及其信用狀項下匯票等有關文件為憑，授權貴行支付每筆信用狀項下之匯票票款。

五、立約人應於貴行核定開發信用狀總額度時，開具與貴行核定額度相同之本票乙紙交與貴行存執。

　　本契約代款餘額之認定，立約人及保證人均同意以各筆開發信用狀時所出具之申請書或貴行之有關傳票、帳簿上記載之金額為準，絕無異議。

　　立約人同意如貴行認有業務需要時，得要求立約人於每次申請開發信用狀時，預先將匯票本息扣除保證金部分後之金額開具免除作成拒絕證書且以貴行為擔當付款人之本票交與貴行存執，以為清償立約人依本契約對貴行所負債務之方法。如立約人未能履行本契約所定各條款時，貴行得以該本票獨立行使票據法上之權利。該交存貴行之額度本票或

還款本票，特委任貴行代為補填其到期日，並以本契約為授權之證明，立約人絕無異議。

六、立約人及保證人均承認立約人依第 5 條後段規定交付貴行之備償本票係備償立約人依本契約所負債務之方法，該備償本票之權利消滅時，立約人及保證人仍應依本契約原負之債務，對貴行負履行之責，上開二種權利，貴行得選擇行使，並無先後之限制。

七、依本契約上之信用狀所提示之匯票及附屬單據，如經貴行審查認為形式上與信用狀所載條件符合時即得墊款或承兌。墊款後，不論經貴行書面或口頭通知，立約人應自貴行墊付日起十日內清償每筆墊款並支付其利息，墊款利息按墊款日貴行基本放款利率加減（　）碼（計年息　%）一次計付；如係承兌，則願於承兌匯票到期日前將其票款交存貴行備付。若超過上述期限，立約人仍未清償或交存備付票款，則應自墊款日或匯票到期日起按各該日貴行基本放款利率加減（　）碼（計年息　%）支付利息，並另按貴行規定之放款逾期違約金標準計付違約金。

前項匯票或單據等，縱在事後證實其為偽造、變造或因其他原因發生糾紛（包括貨品品質或數量志單據不符等情事）時，亦與貴行無涉，立約人絕不藉任何理由為抗辯而拒絕付款。

八、立約人申請開發信用狀應負擔之各項手續費。經貴行通知隨即繳付。

九、本契約信用狀之傳遞錯誤或延遲或解釋上之錯誤，及單據所載貨品或貨品之品質或數量或價值等全部或一部滅失或遲延或未抵達交貨地以及貨物無論在運輸中或運送後或因未經保險或保額不足或因任何第三者之阻滯或扣留及其他因素等情事以致喪失或損害時均與貴行無涉。在以上任何情形之下該信用狀款項仍由立約人全額照付。

十、依每筆信用狀之記載所採購之貨物，如因信用狀受益人不履行契約、交貨遲延或其他不可抗拒之情事，致發生損失時，均由立約人負擔。

十一、對信用狀項下有關作業、現任、義務，本契約如有未盡事宜，立約人同意將現行國際商會所頒訂之「信用狀統一慣例與實務」及貿易條件解釋之國際規則中所訂各項條款作為本契約內容之一部分並受其拘束。

十二、每筆信用狀項下之貨品，或立約人另行提供之擔保品，立約人均願事先就保險公司、保險類及保險條件，徵得貴行同意後，以貴行為受益人投保足額保險，投保所需一切費用，概由立約人負擔。立約人如遇不辦理投保，或保險到期未辦續保手續，貴行有權代為辦理，但貴行並無代為投保之義務。投保所需費用如由貴行先行墊付，立約人願立即償還，若有遲延當由立約人按本契約第 7 條之規定計付利息。

十三、凡立約人基於本契約所負之一切債務，保證人均願擔負連帶保證責任並拋棄先訴抗辯權，非經貴行書面同意，絕不中途退保。保證人存儲於貴行之任何財物，貴行有權留置或逕予處分，以抵償因保證責任所生之債務。保證人持有貴行之各項單摺存證，其抵償部分，應即作廢，倘抵償不足時，保證人仍願負責補償。

十四、本契約各條款暨授信約定書所列之事項，立約人及保證人均願確實遵守辦理。

　　此致

　　○○　銀行

　　　　　　　　　　立契約書人：　　　　（蓋章簽名）

　　　　　　　　　　住址：

中　　華　　民　　國　　○○　　年　　○○　　月　　○○　　日

第 4 章　海商契約

審訂：金石國際法律事務所所長　林石猛

一、法商法的定義

海商法係規定船舶在海上或與海相通的水面或水中航行所生的私法上權利義務關係的法律。

二、船舶所有權的範圍（海商法第 7 條）

除給養品外，凡是航行上或營業上必需的一切設備及屬具，皆視為船舶的一部分。

（一）船舶讓與方式（海商法第 8 條）

船舶所有權或應有部分之讓與，非作成書面並依下列之規定，不生效力：

1. 在中華民國，應申請讓與地或船舶所在地航政主管機關蓋印證明。
2. 在外國，應申請中華民國駐外使領館、代表處或其他外交部授權機構蓋印證明。

（二）移轉登記之效力（海商法第 9 條）

船舶所有權之移轉非經登記不得對抗第三人。

（三）建造中船舶（海商法第 10 條）

船舶建造中，承攬人破產而破產管理人不為完成建造者，船舶定造人得將船舶及業經交付或預定之材料，照估價扣除已付定金給償收取之，並得自行出資在原處完成建造。但使用船廠應給與報償。

三、　船舶抵押權

1. 船舶抵押權之設定（海商法第 33 條）：船舶抵押權之設定，應以書面為之。
2. 建造中船舶之抵押（海商法第 34 條）：船舶抵押權，得就建造中之船舶設定

之。

3. 船舶抵押權設定人（海商法第 35 條）：船舶抵押權之設定，除法律別有規定外，僅船舶所有人或受其特別委任之人始得爲之。

4. 船舶抵押權設定之效力（海商法第 36 條）：船舶抵押權之設定，非經登記，不得對抗第三人。

5. 抵押權之不可分性（海商法第 37 條）：船舶共有人中一人或數人，就其應有部分所設定之抵押權，不因分割或出賣而受影響。

四、貨物運送

1. 貨物運送契約之種類（海商法第 30 條）：貨物運送契約爲下列二種：
   (1) 以件貨之運送爲目的者。
   (2) 以船舶之全部或一部供運送爲目的者。

2. 傭船契約之方式（海商法第 39 條）：以船舶之全部或一部供運送爲目的之運送契約，應以書面爲之。

3. 傭船契約應載事項（海商法第 40 條）：
   (1) 當事人姓名或名稱，及其住所、事務所或營業所。
   (2) 船名及對船舶之說明。
   (3) 貨物之種類及數量。
   (4) 契約期限或航程事項。
   (5) 運費。

4. 傭船契約之效力（海商法第 41 條）：以船舶之全部或一部供運送之契約，不因船舶所有權之移轉而受影響。

五、契約範例

【船舶買賣】

● 船舶買賣契約

1. 本契約的特點：本契約爲關於船舶買賣之契約，依海商法第 6 條規定，船舶除依本法有特別規定外，適用民法關於動產之規定。

2. 適用對象：本契約適用於船舶的買賣。

3. 基本條款及注意事項：訂立本契約應訂明買賣契約之基本條款及其應注意事項。

4. 相關法條：海商法第 6、7、8、9 條。

海商契約 7-4-1

船舶買賣契約書

　　立契約書人○○○有限公司（以下簡稱甲方）、○○○有限公司（以下簡稱乙方）茲就船舶買賣事宜，訂立本契約，條款如下：

第 1 條　甲乙雙方約定有關後記船舶之買賣事宜，甲方賣出、乙方買入。

第 2 條　買賣總金額為○○○元整。乙方依照下列方式支付款項予甲方：

一、本日（訂約日）先交付定金○○○元整。

二、甲方必須在民國○○年○○月○○日前將後記之船舶點交予乙方，並將下列登記文件及使用權證明文件交付予乙方。乙方未支付之餘款，俟船舶點交及辦理船舶所有權、漁業權移轉登記完畢並經船舶所在地航政主管機關蓋印證明時一次付清：

（一）甲方公司同意出售本契約標的物之全體股東會議紀錄三份。

（二）乙方公司及法定代表人印鑑證明書三份。

（三）乙方法定代表人資格證明書三份。

（四）乙方公司章程及董監事、股東名冊三份。

（五）乙方法定代表人戶籍謄本三份。

（六）乙方公司執照、營業登記證影本各三份。

（七）稅捐處出具之最近無欠稅證明書正本。

（八）船舶所有權登記證正本。

（九）船舶噸位證書正本。

（十）船舶國籍證書正本。

（十一）設備目錄正本。

（十二）航海記事簿正本。

（十三）法令所規定之其他文書正本。

（十四）船舶檢查簿正本。

（十五）漁業執照正本。

（十六）漁業權拋棄申請書。

（十七）船舶無線電臺執照正本。

（十八）契約漁船船圖，暨進口器材規格說明書。

（十九）船舶堪航力證書正本。

（二十）貨艙、冷藏室及其他供載運貨物部分適合於受載運送與保存證書正本。

（二一）船舶無共同海損分擔額並不負擔救助及撈救報酬額證書正本。

第 3 條　甲方於第 2 條第 2 款乙方支付餘款同時，應將後記船舶之所有權及漁業權移轉登記予乙方。

第 4 條　在甲方尚未將船舶點交予乙方之前，若有故障、毀損或遺失時，應由甲方負責，亦即乙方免除支付價金義務。

第 5 條　甲方保證後記船舶所具之性能與說明書相符，並須在第 3 條交付前先行試航，以證明其性能。

第 6 條　有關後記船舶之品質、性能，由甲方對乙保證，並以一年為限。在此期間，若非乙方之過失而發生自然性故障，甲方負有賠償損失及修理之義務。

第 7 條　若發生第 6 條之情形，雖經甲方修復或補充完整，而船舶仍然無法維持繼續作業或短欠，或其性能降低長達一個月時，乙方可依據下列方式選擇其一，向甲方提出要求：

　　　　一、換取同種類船舶。其條件為乙方須就已使用該船舶之時間長短支付船價，每半年乙方應支付甲方相當於第 2 條總金額三分之一之款項。

　　　　二、退還船舶。但甲方得扣除乙方使用船舶所應付如前款之款項，其餘定金退還予乙方。有關使用船舶之時間，其計算方法則無論乙方是否使用，規定從第 3 條甲方點交船舶日始至乙方提出退還船舶要求之日止，為使用時間。

第 8 條　乙方若未能在第 2 條日期前支付餘額以交換船舶，則甲方毋須催告，本契約視同作廢，甲方得將該船舶移動、航行並停泊於原船籍港。

　　　　有關前述甲方之船舶移動、航行費以及停泊時所需之一切費用，應由乙方負擔。甲方除上述權利外，尚可將定金沒收，作為損害賠償。

第 9 條　甲方若未能在第 2 條所列日期前點交船舶，乙方得向甲方催告，於十日之內點交船舶。在此期限內，甲方若仍然無法點交，則本契約視同作廢。乙方得請求甲方退還第 2 條之定金以及與定金同額之損害賠償。

第 10 條　約定事項：

　　　　一、雙方同意以基隆港為點交處所。漁船內所存燃料油歸還甲方。

　　　　二、本契約買賣標的物之保險，其受益人應於點交同時變更指定為乙方，變更後之保險費由乙方負擔。

　　　　三、所有甲方僱傭之人員（包括船員），於本契約買賣標的物點交清楚同時，由甲方負責遣散，與乙方無關。

　　　　四、本契約買賣標的物交接前所屬之所有費用，包括僱傭人員薪資、船員分紅，及其他一切所有債務及稅捐，概由甲方負責處理，與乙方無涉。

　　　　五、自交接後有關本契約買賣標的物之一切權責事務，統由乙方處理與甲方無涉。

　　　　六、甲方保證本契約買賣標的物毫無產權糾葛及絕無其他設定抵押情事，如有其他設定抵押情事發生時應視為違約處理。

　　　　七、所有甲方負擔之應付款項，如因甲方未付致涉及乙方權益時，在尾款範圍之金額內，乙方得代甲方逕行墊付，抵付尾款，如超出尾款金額則應由甲方負責處理。

　　　　八、如本契約書涉訟時，雙方同意由臺灣臺北地方法院管轄。

第 11 條　本契約一式三份，當事人及證人各執一份為憑。

　　　　　　　　賣方（甲方）：

　　　　　　　　公司名稱：○○○有限公司

　　　　　　　　公司地址：

　　　　　　　　代表人：○○○　[印]

```
            身分證統一編號：
            公會會員證書字號：
            買方（乙方）：
            公司名稱：○○○有限公司
            公司地址：
            代表人：○○○  印
            住址：
            身分證統一編號：
            公會會員證書字號：
            見證人：○○○  印
            住址：
            身分證統一編號：
中  華  民  國  ○○  年  ○○  月  ○○  日
```

註：1. 船舶當然為動產（參民法第66、67條）；除海商法有特別規定外，適用民法關於動產之規定（參海商法第6條），惟由其登記制度、強制執行、領土延長、抵押等可知船舶具有不動產性。因此於船舶買賣契約書內，應明確記載移轉登記過戶船舶所有權，雙方當事人所應履行的手續及必須的證件。

2. 船舶為物，係所有權之標的，其在法律上之地位，常類似於自然人或法人，從船名、國籍、船籍港等得知船舶又具人格性。故本實例第3條各款規定船舶權利的文件。

3. 由於總噸位未滿二十噸之動力船舶或未滿五十噸之非動力船舶適用於動產擔保交易法，故建議於簽約前先向各直轄市政府及經濟部中部辦公室查詢有無動產擔保交易登記。

【船舶抵押】

● 船舶抵押權契約書

1. 本契約的特點：本契約為船舶抵押權契約書，抵押人以其所有之船舶抵押借款。
2. 適用對象：本契約適用於船舶抵押權契約。
3. 基本條款：訂立本契約應訂明抵押權契約的基本條款。
4. 相關法條：海商法第33、35、36條。

海商契約 7-4-2

```
                  船舶抵押權設定契約書
    立約人○○○（以下稱甲方）○○○（以下稱乙方）因抵押借款事，雙方議定條件如下：
一、甲方貸與乙方新臺幣○○○元整，利率月息○分。
二、乙方將所有「○○號」貨輪（詳如船舶所有權登記證）作為抵押，以擔保前項債務。
三、抵押期限為○○年，即自民國○○年○○月○○日起至民國○○年○○月○○日止。
四、乙方如屆期不清償債務時，甲方得依法拍賣抵押物清償。
```

五、乙方應於契約成立後十日內協同甲方辦理抵押權設定登記。

六、本契約經法院公證後生效。

抵押權人：○○○

住址：

抵押人：○○○

住址：

中　華　民　國　○○　年　○○　月　○○　日

【船舶運送】

● 船舶運送契約書

1. 本契約的特點：本契約為船舶運送契約書，託運人所載貨物如不及約定之數量時仍應負擔全部運費為本契約之特色。

2. 適用對象：本契約適用於船舶運送契約。

3. 基本條款：訂立本契約應填發提單並訂明提單之基本條款。

4. 相關法條：海商法第 38-78 條。

海商契約 7-4-3

船舶運送契約書

運送人（船舶所有人）○○公司代表人○○○以簡稱為甲方，託運人○○○以下簡稱為乙方，茲為以件貨運送，經雙方協議同意締結運送契約條件如下：

第 1 條　乙方願依本契約條項委由甲方所有中華民國籍貨物船○○輪運送下列所載物品，而甲方允諾之。

第 2 條　運送貨物之種類重量及容積如下：

　　　　一、貨物種類：（略）

　　　　二、重量或容積：（略）

　　　　三、包裝種類個數：（略）

第 3 條　前條運送物品之受貨人如下：

　　　　姓名：○○○。

　　　　住所：○○○。

第 4 條　運送貨物之船載港及目的港如下：

　　　　一、船載港：（略）

　　　　二、目的港：（略）

第 5 條　乙方怠於運送物品之裝卸致船長猶豫發航時，應按其延緩日數，每日給付甲方新臺幣○○○元整之損害金。

第 6 條　甲方應於民國○○年○○月○○日以前，運送貨物到達目的港。

前項期間中因不可抗力致不能發航,或航行之日託運人乙方怠於裝卸,而使船長猶豫之日數不算在內。

第 7 條　甲方於前條第 1 項所定期日內不能將運送貨物送達目的港時,乙方或受貨人得對甲方請求每一日新臺幣○○元之賠償金,甲方無異議。

第 8 條　本件運送之運費定為新臺幣○○○元整。

第 9 條　乙方所裝載貨物如不及約定之數量時,仍應負擔全部運費。

第 10 條　甲方貨物裝載後,應發給載貨證件予乙方收執。

第 11 條　乙方對於交運貨物之種類、品質、數量、情狀,及包皮之種類、個數暨標誌之通知,應向甲方保證其正確無訛,其因通知不正確所發生或所致之一切毀損、滅失及費用,由乙方負賠償責任。

第 12 條　本契約未盡訂明事項,悉依民法、海商法及有關法令之規定。

第 13 條　本契約一式二份,雙方當事人各執一份為憑。

甲方:

公司名稱:

公司地址:

負責人:○○○　印

住址:

身分證統一編號:

公會會員證書字號:

乙方:○○○　印

住址:

身分證統一編號:

中　　華　　民　　國　　○○　　年　　○○　　月　　○○　　日

註:本契約為海上運輸,涉及範圍於海商法第 38-78 條之相關條文有明確規範。

【船舶租賃】

● 定期傭船契約

1. 本契約的特點:本契約為定期傭船契約,契約內容的主要事項的詳細記載為本契約的主要特點。

2. 適用對象:本契約適用於定期傭船契約。

3. 基本條款及注意事項:訂立本契約應訂明租賃契約之基本條款及其應注意事項,對於海商法之規定亦應注意。

4. 相關法條:民法第 423、432 條;船舶登記法第 51 條;海商法第 43-46 條。

海商契約 7-4-4

定期備船契約書

　　船主○○○（以下稱為船主）和租船者○○○（以下稱為租船者）之間，就下列條款締結租船契約。

　　證明本契約締結之事實，本契約書一式二份，各自簽名蓋章後各持一份。

　　於民國○○年○○月○○日作成

船主：
租船者：
仲介人：

第1條　本契約主要之事項如下列記載。

1. 船舶表示	船名	船丸	總噸數		噸
			淨噸數		噸
	船舶號碼		船籍地		
	資格及船級		中間檢查日期	民國　年　月　日	
	製造年月	年　月	定期檢查日期	民國　年　月　日	
	夏季載貨總重量噸數	噸（2240 封度為一噸）			
	艙內載貨容量	起貨鉤立方呎起重機立方呎			
	常備燃料庫	千瓦	無線電信	有無	
	滿載航海速度	一小時約　浬	燃料消費高	一日夜約上等炭（油）約　瓦	
	起重機的數量及力量	約　臺　噸	甲板的數量及力量	約　臺　噸	
2. 租船期間	租船開始之時到○○間，但最後航海終了之○○日期，由租船者任意延長，縮短				
3. 租船開始場所	○○港○○港間之內由船主隨意				
4. 租船終了場所	○○港○○港間之內由租船者隨意				
5. 租船開始日期	民國○○年○○月○○日到民國○○年○○月○○日				
6. 船主的通知義務	租船開始場所及預定日○○日前通知租船者				
7. 航行區域					
8. 租船費	一個月間				
9. 租船費給付日期場所、方法	每○○個月於○○預付之				

10. 因中間或定期檢查而一時解租及租船再開之場所	○○港○○港間之內
11. 租船者之通知表務	租船終了場所及預定日○○日前通知
12. 租船者的解僱時間延長租船通知	租船再開始後○○日以內（參照第二一條）
13. 連續休航	因第一九條之事由○○日以上連續不能繼續租船時，租船者得無償解除本約
14. 燃料及罐水餘額	租船開始及終了之除最低○○千瓦以上最高○○千瓦以下
15. 燃料費受讓價格	租船開始之際每千瓦○○租船終了之際每千瓦○○的比例
16. 罐水受讓價格	租船開始及終了每千瓦○○的比例
17. 炊事燃料費價格	每月○千瓦每千瓦○○的比例船主負擔○○○
18. 碼頭裝卸用具協定之費用	
19. 解約日期	民國○○年○○月○○日本船於上述日期下午五點止，尚未完成租船開始的準備整頓時，租船者得隨意履行或解除契約
20. 違約金	當事人一方違反本契約時，因而產生之一切損害金違約金新臺幣○○○○元，由違約者給付予守約者
本契約特約條款	

第 2 條　【堪航能力】船主於本船船體堅牢強固、裝置完全下，備置相當之附屬品、設備和適當的船員，保證航海之安全，並於本契約存續期間中保持第 1 條表示之狀態。

第 3 條　【重量載貨力】船主於不超越夏季滿載吃水線的範圍內，保證本船載貨力不下於第 1 條記載之貨物重量、燃料灌水（除灌內水外）、飲用水、食品總共重量之頓數，若不得裝載上述頓數時，租船費按分遞減。

第4條　【運送用之船腹】除容納船員房間、船具、器具、食品及本船必備用品之場所外，
　　　　船艙客室等一切都遵從租船者指定運送。
　　　　船主或船長未得租船者或其代理人之同意時，不得裝入貨物、乘客或書狀等。

第5條　【停泊場所】本船遵從租船者之請求，於碼頭或如何的停泊場所裝貨或卸貨，但必
　　　　須是本船能安全停泊之場所。

第6條　【費用之負擔】船主及租船者負擔下列費用。
　　　　【船主負擔之費用】船員之薪資、飲食費、飲用水、「治療看護費」僱傭或解僱船
　　　　員所需手續等各種費用、有關其他船員之費用、船體保險費、Ｐ・Ｉ・Ａ保險費、修
　　　　繕費、本船之租稅、定期消毒費用、通船費之半額、本船需要之油漆、油料及其他
　　　　消耗品、所須之普通碼頭裝卸工。
　　　　【租船者負擔之費用】燃料、灌水、墊子、防止貨物碰撞之襯板、其他載貨相關費
　　　　用、貨物裝卸所需之人工費、舢板費、整理
　　　　貨物及起重機等其他裝卸貨物相關之一切費用、基於運送契約而生之租稅、各種手
　　　　續費、代理店費、港稅、噸稅、燈塔稅、拖船費、運河通航費、漂浮費、領事館費
　　　　及其他因港口規則支出之一切費用、對本船及載貨之消毒費用、對船員健康證明
　　　　費、基於乘客之各種費用、行政官吏或因租船者而產生之接待費、租船者或貨主在
　　　　交通工具上被服務之伙食費、治療看護費及其他一切費用、通船費的半額、為租船
　　　　者之利益的船長登陸費、通信費。

第7條　【租船開始及終了】租船者從船主或船長接到本船之租船開始準備整頓意旨之通知
　　　　時，應沒有遲延的開始租船。租船終了之際，租船者返船之情形亦同。
　　　　租船開始或租船終了須於上午七點到下午五點之間進行。但基於當事人之合意，縱
　　　　使在時間外，亦能交接本船。
　　　　租船開始及終了時，應立即掃除本船船艙內，於不妨礙著手裝貨之情形下準備整
　　　　頓。
　　　　租船開始及終了時，本船航行資格當作當時本船持有之資格。

第8條　【租船費之計算】租船者從租船開始之日起算一個月間（從租船開始日時至翌月相
　　　　當日止，但無相當日時，以最終日之凌晨十二點零分為相當日時。再次的相當日回
　　　　復為租船開始之日時），至第1條所訂之本契約終了期間為止，每個月以同一之比
　　　　例給付予船主或其他代理人。但有代墊費用、燃料價款及其他船主應負擔之費用
　　　　時，限於最終半個月後得付之。
　　　　未滿一個月期間之租船費，基於該使用之月之日數按日計算之。又未滿一日（二十
　　　　四小時）之尾數按小時計算之。於租船終了之際，未滿一個月之租船費，亦同。
　　　　本船船長於各地借入之船用金及墊付款可和租船費相抵計算之。
　　　　租船費之支付日是假日或星期日時，於翌日支付之。
　　　　第1條之高百分率租船費起算時及終了時，規定如下述：
　　　　(1) 高百分率租船費起算時，於空船之情形，向高百分率租船區域時，以低百分率
　　　　　　租船區域之最終出帆時；於載貨之情形，以高百分率租船區域載貨開始之時。
　　　　(2) 高百分率租船費終了時，於空船之情形，以到達低百分率租船區域最初港時；
　　　　　　卸船之情形，以卸貨終了時。

第 9 條　【遲延給付租船費】基於前條租船者不給付租船費時，船主不需為任何之催告得立即停止租船，或解除本契約。於此種情形下，租船者受有損害時，船主不負責任。

第 10 條　【留置載貨】船主因租船費及本契約而對租船者產生債權時，得留置載貨或接受該支付拍賣載貨。

第 11 條　【船主及其他船員】船主充當船長或其他船員時，限於依據第 4 條之意旨迅速航海，有關本船航海載貨或其他必要之事項，應極力援助租船者之業務。
　　　　　船主充當船長之情形，於各航海終了時，必須提出甲板部及裝置部之攝影日誌予租船者或其代理人。
　　　　　租船者對於船長或其他船員之行為不滿意而要求交代時，船主應立即沒有遲延的對該事實為最適當的調查。

第 12 條　【載貨證券】船長基於租船者或代理人之請求，而於載貨證券或其他類似證券上簽名蓋章，其所產生運送契約上之責任，全部歸屬於租船者。

第 13 條　【過與不足損傷】船主除因船長或其他船員重大過失外，對載貨之過與不足損傷不負責任。
　　　　　縱使體力勞動者為租船者僱傭，對於作業仍歸屬於船長之支配。

第 14 條　【損害賠償】因可歸責於租船者之過失怠慢，致使本船或附屬之機械、器具蒙受損害時，船主或船長應對租船者為損害狀況之通知，對此損害，租船者必須賠償之。

第 15 條　【加班】租船者使船員於時間外服務或更換燃料石炭時，該報酬依據租船者之規定給付之。

第 16 條　【相互免責】對於行政機關人員或其他類似人員之扣留或其他處分、軍事行為、內亂、暴動、海盜、船員之匪行、沈沒、因其他天災不可抗力之原因而丟貨等事故，當事人之間互相免除損害賠償責任。

第 17 條　【罷工、停工】因船員以外之罷工、停工而使本船迂航、滯航或停船之時間，其租船費及因之而產生之費用，由租船者負擔。

第 18 條　【船主免責】非起因於船員適當注意之不足而生之汽鍋破裂、機械軸心毀損或因船體、裝置的隱藏瑕疵而生之租船者損害，船主不負責任。

第 19 條　【解除租賃】船體、汽機、汽鍋之掃除或破損、相撞、觸洲、觸礁、火災、檢查、入塢、修繕、定期消毒、船員之僱傭解僱手續、船員之罷工、其他因本船之事故而連續十二小時以上不能繼續租船時，到本船回復原狀再為業務時止，因前述事由而生之離路及延長航海距離所花費時間之租船費、燃料費及灌水，由船主負擔。但一次的時間未滿十二小時者，其間之租船費、燃料費及灌水，由租船者負擔。
　　　　　因天候不良或貨物旅客之事故，致使本船避難或停放於航行中某港口時，其間之租船費及因之而產生之費用，由租船者負擔。
　　　　　不論前 2 項之規定，認為船員有故意或重大過失時，從最初由船主負擔。

第 20 條　【船底掃除】本船入塢後經過六個月以上，不能維持本契約記載之速度時，基於租船者之請求，船主必須進行船底掃除。此種情形，租船費及其他費用由船主負擔。

第 21 條　【解除租賃時間的延長】基於第 19 條及第 20 條之解除租賃時間，於本契約預定期限屆至後是否延長，由租船者隨意為之，於延長之情形，依據第 1 條之規定應通知船主。

第 22 條　【解除租賃之計算】租船期間中產生解除租賃之情形，船主依據下列記載返還租船費：

　　　　(1) 租船期間超過一個月以上者，依據解除租賃之月之日數計算之。

　　　　(2) 租船期間未滿一個月且跨越不同月份時，以已使用各月份之日數計算之。

第 23 條　【強制使用】本船被中華民國政府強制使用時，船主應無條件解除本契約。但船主知道該事實時，應立即通知租船者。

　　　　前項強制使用於本契約存續期間中解除時，租船者得依據本契約再使用本船，但上述強制使用期間，包含於本契約存續期間中。於此種情形，船主知道強制使用解除之日時，應立即通知租船者，租船者是否使用本船，應立即回答船主。

　　　　基於隨意契約對於行政機關之租船，船主未得租船者之同意時，不得答應。

第 24 條　【貨物之限制】租船者不得於本船裝載戰時禁止品。又未得船主之同意時，不得於本船裝載具起火性、爆炸性之危險物品。

　　　　租船者得將硫酸、木材或其他貨物裝載於甲板上，但其數量及裝載應遵從船長之指示。

　　　　租船者未得船主之同意時，從○○月○○日到○○月○○日止之期間，不得於本船裝載印度石炭作為貨物。

第 25 條　【航行之限制】租船者不得將本船航行於戰爭、動亂或封鎖狀態之港灣或被進行敵對行動之場所。

　　　　租船者未得船主之同意時，不得將本船航行於一般航海者認為危險時期之結冰港或流水區域。有關需要增加船體保險費之航行區域者，亦同。

　　　　租船者未得船主之同意時，不得以本船拖船。

第 26 條　【流行病地區】檢疫消毒停船中的租船費及其費用，若發生原因係因船主或船長所僱傭之船員發病者，由船主負擔；若因租船者在船上之服務者或其乘客發病者，由租船者負擔。但發病原因係因租船者將本船中途停放於被公認流行病地區者，從該地發航後二十日內，不論發病者為何人，全部由租船者負擔。

　　　　前項租船費及其費用的發生原因很難判斷，或流行病地區的公認是在本船發航出港後才被發表或停泊港被公認為流行病地區時，由船主及租船者平均負擔。

第 27 條　【特殊港】租船者將本船出入不開放之港口或其他特殊港時，應事先將該當地行政機關之特許證交付予船長。

第 28 條　【共同海損】共同海損依據西元 1950 年約克安特衛普規則處理之。

　　　　租船費不分擔共同海損。

第 29 條　【海難救助】因海難救助而取得對船員之報酬，扣除所需時間之租船費、消耗之燃料費及其他一切費用後所生之損益額，由船主和租船者相互平分。但所需時間算入本契約存續期間中。

　　　　漂流物之取得準用前項規定處理。

第 30 條　【燃料費及灌水餘額】租船開始之際，本船所有之燃料費及灌水，以第 1 條規定之比例由租船者購買之；租船終了之際，餘額以第 1 條規定之比例，由船主向租船者購買之。解除租賃之情形，亦同。

第 31 條　【噸稅】租船開始及終了後，了解利用內外國稅之情形，是否轉讓，依據租船者和船主雙方之協定。

第 32 條　【再租船】租船者於不牴觸本契約之範圍內，得另外再租船，但不能免除本契約上對船主之責任。於此種情形，租船者於成立契約後應立即通知船主。

第 33 條　【本船之喪失】本船有六十日以上行蹤不明時，以最後存在時，本契約終了，於租船費預付之情形，船主應立即精算後返還租船費予租船者。

第 34 條　【契約之本質】本契約不論其條文及用語為何，均非租賃契約。

第 35 條　【仲裁】本契約當事人間產生紛爭時，雙方委託財團法人臺灣海運基金會為仲裁判斷，遵從仲裁人最終之裁定。

　　　　　當事人之一方得對相對人提案共同委託前述仲裁，經過二週後，相對人不為申請程序時，上述當事人得單獨委託上述財團法人臺灣海運基金會為仲裁判斷。於此種情形，相對人不得聲明異議。

　　　　　有關仲裁人之選定及其他仲裁程序之一切事項，依據財團法人臺灣海運基金會之規定。

　　　　　關於本條訴訟之管轄，以臺北地方法院為之。

註：傭船契約依海商法第 41 條規定，以船舶之全部或一部供運送的契約，不因船舶所有權的移轉而受影響。

● 船舶租賃契約

1. 本契約的特點：本契約為漁船的租賃，出租人出售租賃漁船予他人，應通知承租人，由承租人歸還租賃漁船予出租人為其特色。

2. 適用對象：本船舶租賃契約適用漁船之租賃。

3. 基本條款及注意事項：訂立本契約應訂明租賃契約之基本條款及其應注意事項，海商法之規定亦應注意。

4. 相關法條：民法第 423、425、427、429、443、444 條、海商法第 6 條。

海商契約 7-4-5

船舶租賃契約書

　　出租人○○○以下簡稱甲方，承租人○○○以下簡稱乙方，茲為船舶租賃，經雙方洽議同意訂立契約條件如下：

第 1 條　甲方將其所有（臺灣號）機漁船（登記號碼○字第○號）船舶檢查簿號碼（○字第○號）壹艘出租予乙方，為捕漁使用之目的，而乙方願依約承租之。

第 2 條　本租賃期間議定自民國○○年○○月○○日起至民國○○年○○月○○日止，滿○○年間為限。前項期間於甲方得隨時伸縮之。

第 3 條　租金約定每月新臺幣○○○元整，乙方應以每月末日至甲方住所，如數提繳清楚，不得有遲延短欠情事。但甲方向乙方受取租金時，應出立收據予乙方執存，其收據應貼印花由乙方負擔之。

第 4 條　甲方於租約訂立同時，將第 1 條所載租賃標的物之機漁船及船舶器備品，全部以○○港碼頭現場交付乙方，而乙方經驗收清楚。

第5條　租賃標的船舶應繳一切有關稅捐由甲方負責，如營業有關稅捐，則盡歸乙方負責繳納之。

第6條　關於船長或其他船員之僱傭以及解僱均由乙方之隨意，甲方不得有異議。

第7條　乙方應以善良管理人之注意保管租賃物，並應以租賃物之性質而使用之。

第8條　租賃標的船舶之修繕，除船舶機器之曲軸氣簡汽簡蓋活塞部分，由甲方負擔外，其餘機器損壞之修理由乙方負擔之。

前項修繕若屬甲方部分時，乙方應即通知甲方鑑定後，始得進行。其進行期間不拘長短或屬於何方之負擔，不得主張減少租金。

第9條　乙方對於租賃物之船舶如有必要之增設改造時，應經甲方同意始得為之，不得擅自進行，否則其損害乙方應負賠償責任。

前項如經甲方同意所增設改造部分，於契約終止時，全部歸屬甲方取得，乙方決不向甲方請求任何補償。

第10條　租賃物之船舶因乙方或其僱傭人之重大過失或故意，毀損或失火焚燒滅失或沈沒者，乙方均應負損害賠償之責。但天災地變或事變戰爭或不可抗力者，均不在此限。

第11條　乙方對於租賃物之船舶除依第7條之規定使用外，並應遵守政府法令絕不得有走私等不法行為之使用，或未經甲方之同意而使第三人使用或轉租讓與等情事。

乙方違反前項約定時，除甲方得隨時解除契約外，乙方應負完全責任，如有損害時亦應負責賠償。

第12條　租賃期間存續中，如甲方將船舶所有權移轉給第三人時，應事先通知乙方，而乙方應依甲方通知所定日期地點將租賃物交還予甲方，而乙方決無異議。

第13條　本租約解除或終止時，乙方應將租賃物之船舶及機器修復油漆，並在○○港內交還甲方。

第14條　租賃船舶之機器備品另作目錄交予乙方，如需替置或不足時，由乙方負補充之責。

第15條　本契約未訂明事項依照民法及海商法之規定或其他有關法令辦理。

第16條　本契約一式二份，甲、乙雙方各執一份為憑。

　　　　　　　　出租人（甲方）：○○○ 印
　　　　　　　　住址：
　　　　　　　　身分證統一編號：
　　　　　　　　承租人（乙方）：○○○ 印
　　　　　　　　住址：
　　　　　　　　身分證統一編號：

中　　華　　民　　國　　○○　　年　　○○　　月　　○○　　日

註：海上事故多，船舶租賃，應依海商法明確訂出出租人及承租人雙方的權利義務，以免事故發生而產生諸多糾紛。

● 光船租賃契約書

1. **本契約的特點**：本契約為光船租賃契約，光船轉租非得船主同意為本契約之特色。

2. 適用對象：本契約適用於光船租賃契約。

3. 基本條款及注意事項：訂立本契約應訂明租賃契約之基本條款及其應注意事項，海商法之規定亦應注意。

4. 相關法條：民法第 423、432、438 條。

海商契約 7-4-6

光船租賃契約書

　　船主○○○（以下稱為船主）和租船者○○○（以下稱為租船者）之間就下列各條款締結光船租賃契約。

第 1 條　本契約主要之事項如下列記載。

			船舶號碼	製造年月	年　　月	
	船名	船丸	總噸數	淨噸數		噸
1. 船舶表示	資格及船級			中間檢查日期	民國 年 月 日	
	夏季載貨總重量噸數		噸	定期檢查日期	民國 年 月 日	
	滿載航海速度		一小時 約　　浬	燃料消費高	一日夜約上等炭（油）約　　瓦	
	機關的種要			公稱馬力		
2. 租船期間	本船交付日起○○間，但在不超過○○日範圍內由租船者任意伸縮					
3. 交付日期	民國○○年○○月○○日到民國○○年○○月○○日止					
4. 交付場所	○○港○○港間					
5. 返船場所	○○港○○港間					
6. 通知義務	船主通知相對人交付場所及預定日 租船者通知相對人反船場所及預定日					
7. 航行區域	但於保險證券面記載之區域內					
8. 租船費給付場所方法	一個月間新臺幣○○○○元（重量一噸新臺幣○○○○元之比例）於每個月○○日預付					
9. 保險表示	船舶保險價額新臺幣○○○○元，保險金額新臺幣○○○○元 填補的範圍　船費保險金額新臺幣○○○○元　　保險期間					
本契約特約條件						

第 2 條　【堪航能力】船主於本船交付之際，本船於船體堅牢強固、裝置安全下，備置法定屬具及設備保證航海不會故障，租船者於本契約期間屆至時，必須返還本船當初交付之原狀予船主。

租船者對於補充之屬具不得對船主有任何之請求。

租船者對於船體、裝置及各部分之屬具、固定設備，因使用而產生之當然磨損不負賠償責任。

第 3 條　【交接時之船底檢查】本船交付之際之船主、返船之際之租船者，以自己之費用實行船底檢查。

檢查結果有損傷時，其修理所需之一切費用由實行船底檢查者負擔之。

第 4 條　【未滿一個月之租船費計算方法】未滿一個月期間之租船費，依據其使用該月之日數按日計算之，未滿一日（二十四小時）之零數按小時分開計算之。

於第 11 條之情形，需要返還租船費時，船主準用前項規定精算之。

第 5 條　【關於航行及貨物之限制】租船者事先未得船主之同意者，不得航行於保險契約航行區域外或戰爭擾亂之地域，或不得運載保險公司不同意之貨物。

第 6 條　【船員】船員之任免、指揮及監督由租船者實施之。

第 7 條　【設備改造】租船者得到船主同意後，得以自己之費用於本船內改造本船使用上必要之設備。但返船之際船主有要求時，租船者必須回復原狀。

第 8 條　【修繕、檢查及各種費用】租船者於本契約存續期間中，負擔有關本船之定期檢查、中間檢查、修繕、運航及船員等各種費用，以及其他使用本船和保養上之一切必要費用。

需要定期及中間檢查之時間算入本契約期間。

租船者於契約存續期間中有接受法定檢查之義務，法定檢查日期於本契約存續期間屆滿後之情形，租船者仍不能免除於契約存續期間中對一切修繕費及修繕期間租船費之負擔。

有法定檢查及工事施行之情形，關於日期及方法等應預先由租船者通知船主。

第 9 條　【保險】租船者對本船以自己費用、以船主為保險金受領人締結第 1 條規定之保險契約，該保險證券應交付予船主。但分擔補償金由船主對於保險公司規定直接交付予租船者。

租船者對於本船運航上因第三人所受之損害必須負責。但不限於基於保險契約所補償之損害。

因暴風雨天氣等其他不可歸責於船主之原因而生之本船損害，保險契約不補償時，租船者必須負責回復原狀。

第 10 條　【消耗品、保險費、噸稅的轉讓】交付時及返船時，未開封之消耗品、食品以及燃料、飲用水之殘存量由當事人協議後決定價格，由租船者或船主買取。

利用本船未經過之保險費及殘存之噸稅，按日計算之。

第 11 條　【使用不能】本租船存續期間中，本船有六十日以上行蹤不明時，以最後存在之時本契約終了。

本契約存續期間中，本船因沈沒、火災、觸洲、觸礁、相撞、船體或裝置毀損等其他事由而全部毀損或不能修繕時，以事故發生時本契約終了。

第 12 條　【共同海損】共同海損依據西元 1950 年約克安特衛普規則處理之。
　　　　　光船租賃不分擔共同海損。

第 13 條　【委託】因擱淺或其他事由委託本船時，由當事人協議決定之。

第 14 條　【出售、轉讓或設定抵押權】船主未得租船者之同意，於本契約存續期間中不得將本船出售、轉讓或設定抵押權予第三人。

第 15 條　【再光船租賃】租船者未得船主之同意，不得將本船再光船租賃予第三人。

第 16 條　【強制使用】本船基於中華民國政府之命令而被強制使用時，受命者應沒有遲延的立即通知相對人，以租船者之名義、責任答應之，上述強制使用期間算入本契約期間。
　　　　　前項情形因戰爭危險而受損害，租船者之賠償責任以政府的補償為限。

第 17 條　【違反契約】給付因違反本契約而生之一切損害金予相對人。
　　　　　違反前項契約乃因當事人之故意或過失時，相對人不需為任何之催告，可立即解除本契約。

第 18 條　【仲裁】當事人就本契約產生紛爭時，雙方委託財團法人臺灣海運基金會為仲裁判斷，並遵守仲裁人最終之裁定。
　　　　　前項仲裁判斷之委託，得由當事人之一方單獨為之。
　　　　　關於仲裁人之選定及其他仲裁程序之一切事項，由財團法人臺灣海運基金會決定。
　　　　　關於本條之訴訟管轄由臺北地方法院為之。
　　　　　證明上述契約，本契約一式二份，各自簽名蓋章後各持一份。

　　　　　　　　　　　船主：○○○　　印
　　　　　　　　　　租船者：○○○　　印

中　　　華　　　民　　　國　　○○　　年　　○○　　月　　○○　　日

註：光船契約船員的任免、指揮、監督，由承租人實施本契約第 6 條有規定。

第5章　商業活動

審訂：金石國際法律事務所所長　林石猛
　　　恆業法律事務所律師　　吳佩諭
　　　恆業法律事務所律師　　謝昆峰

第一節　銷售與供應

（一）經銷商契約書

1. **本契約的特點**：本契約為經銷商契約。由甲方批發商品給乙方銷售。乙方取得甲方給予正品販賣標幟之權。本契約類似代辦商契約，唯由經銷商自行進貨，付款，與代辦商不同。

2. **適用對象**：本契約適用於經銷商契約。

3. **基本條款**：訂立本契約應訂明代辦商契約之基本條款。

4. **相關法條**：民法第 558-560、562、563 條。

商業活動契約 7-5-1

經銷商契約書

　　○○股份有限公司（以下簡稱甲方）與○○○（以下簡稱乙方）和○○○（以下簡稱丙方），對於商品交易及抵押權設定等相關事宜，締結以下契約：

第 1 條　對於甲方所批發予乙方之商品種類、數量、單價、交付方法等，另行協議並訂定契約。

第 2 條　價款在每月十日結算一次，而乙方則以翌月十日為票載發票日的支票支付。若支票到期無法支付，或因第 8 條的規定，乙方喪失償還期限的利益時，乙方應立刻以現金支付債務金額予甲方。

第 3 條　乙方對於本契約上應支付甲方的金錢債務之履行若遲延時，以價款總額百分之○計算滯納金。

第 4 條　甲方對於乙方的資產狀態、營業成績、利益及損失處理狀況、營業方針、交易關係、勞務關係等業務狀況，可進行關係文件的閱覽及要求報告。
　　　　當甲方向乙方提出前項要求時，乙方必須立刻配合。

第 5 條　甲方若因自己的情形或一般業界的景氣，或者對乙方的信用降低時，隨時都可以進行交易方法的變更，或暫時中止交易，或給予三個月的預告期間，然後解除契約。

第 6 條　關於乙方對甲方的一切債務，丙方與乙方負有連帶履行之責任。

第 7 條　丙方為了擔保前項的債務，將其所擁有的後記不動產設定債權限額○○萬元的第○順位的抵押權。

第 8 條　若有符合下列各款之一事由時，甲方可不進行催告，即與乙方解除本契約，乙方對於各交易的全部債務，喪失期限利益，必須立刻將債務全額支付給甲方：

一、乙方因本契約第 2 條之規定交給甲方的支票，不論其理由，其中之一遵期提示遭拒絕付款時。

二、乙方或丙方因其他債務而遭強制執行、假扣押、假處分或受破產宣告時。

三、乙方或丙方受到票據交換所的交易停止處分時。

四、丙方未進行擔保物保存的必要行為時。

五、其他乙方或丙方違反本契約條款中任何一項，或對甲方有背信行為時。

第 9 條　乙方及丙方對甲方提出的擔保物，必須確認除了丙方及其同居家屬外，未被第三人占有；此外，未得甲方書面同意，則不得進行所有權的移轉、抵押權、典權的設定及其他損害甲方的一切行為。

第 10 條　不論任何原因，若擔保物損毀減失，或價格降低時，乙方或丙方必須立刻通知甲方。

前項的情形，甲方可自行選擇請求乙方及丙方即時給付債務金額，或是請求增加擔保。

第 11 條　丙方為了擔保乙方對甲方在本契約上的金錢債務之履行，對於後記之不動產，已為甲方向 A 保險公司投保保險金○○萬元之火險，在保險契約上辦好保險金受益權轉讓的背書，交付甲方，同時必須將情況通知 A 保險公司。

丙方在甲方與乙方之間的交易契約尚未終了，而且乙方對甲方的債務尚未完全償還之前，對於該不動產火災保險契約續約更新時，未得甲方書面同意，不得變更保險公司、金額及其他保險契約的內容。此外，在更換火災保險契約時，更換的新約適用前項的規定。

當該不動產罹災時，甲方可領取保險金，隨時抵充乙方對甲方之本契約上的債務償還。

第 12 條　丙方就擔保物將來之損害，不論任何原因，由第三者接受之賠償金，必須充當乙方對甲方在本契約上之債務擔保，或是承諾由甲方直接提領賠償金。

按照前項的規定，若發生可以提領賠償金的事由時，丙方必須立刻通知甲方，並將領取賠償金之一切必要文件交給甲方。

第 13 條　本契約的期間，從約成立之日起，以十年為限。此後，依當事者的協定，可延長契約期間。

第 14 條　締結本契約所需之費用及抵押權設定登記所需之費用，由乙方及丙方共同負擔。

第 15 條　關於本契約之一切紛爭，由甲方的主事務所之所在地地方法院為管轄法院。

第 16 條　本契約書一式三份，各自簽名蓋章後，分別持有一份。

附件：

設定抵押權之不動產標示

所在地：○○市○○路○○號地。

種類：住宅。

構造：磚瓦造兩層建築物。

佔地面積：一樓○平方公尺、二樓○平方公尺。

甲方：○○股份有限公司

董事長：○○○　印

住址：

乙方：○○○　印

住址：

丙方：○○○　印

住址：

中　華　民　國　○○　年　○○　月　○○　日

註：1. 本契約為經銷商品，與代辦商受商號委託於一定地域以該商號名義辦理事務之全部或一部分不同。
　　2. 經銷商契約如約定商品轉售價格時，依公平交易法第18條之規定，其約定無效。

（二）特約經銷店契約

1. 本契約的特點：本契約為特約經銷店契約，與代辦商不同。由甲方將丙方之產品，出賣給乙方，在特定地區銷售。貨物由乙方購買，乙方付價款。乙方僅能在指定地區銷售為本契約之特色。
2. 適用對象：本契約適用於商品獨家經銷契約，非代辦商契約。
3. 基本條款：訂立本契約應訂明代辦商契約之基本條款。
4. 相關法條：民法第 558-560、562、563 條。

商業活動契約 7-5-2

特約經銷店契約書

　　○○股份有限公司（以下簡稱甲方）和○○股份有限公司（以下簡稱乙方）之間，對於○○正廠零件及用品的買賣，締結下記契約：

第 1 條　（買賣的目的及地區）
　　　　甲方按照本契約將丙機械股份有限公司（以下簡稱丙方）製品所使用的○○正廠零件及用品（以下簡稱正品）持續賣給乙方，由乙方在指定販賣地區（○○市）進行販賣。

第 2 條　（販賣設施、宣傳、服務）
　　　　乙方按照本契約之規定，為販賣正品，必須經常進行正品的宣傳、介紹，並設有適當的店鋪、修補工廠及其他販賣設備，保有貨源充足的庫存品，且對顧客維持充分的服務。

第 3 條　（禁向第三者購買）
　　　　乙方未得到甲方之承諾，不得向甲方以外的第三者購買正品。

第 4 條　（定期訂貨）
　　　　乙方對甲方正品訂貨，必須按照甲方規定的定期訂貨項目規定原則，進行定期訂貨。

第 5 條　（買賣數量的決定）

乙方基於本契約購買正品時，必須事先向甲方訂貨，甲方則配合庫存數量及其他狀況，決定買賣數量。

已違反公平交易法第 18 條之規定。

第 6 條　（買賣價款的支付方法）

乙方應按照甲方規定的方法支付買賣價款。

第 7 條　（製品的交付日期與場所）

買賣標的物的交付日期及場所，依照甲方的指定辦理。

第 8 條　（運費及雜費的負擔）

買賣正品的運費、雜費由乙方負擔。

第 9 條　（所有權轉移的時期）

買賣正品的所有權在乙方支付買賣價款終了時，移轉給乙方。

第 10 條　（危險負擔）

甲方將買賣的正品交付乙方後，該正品因不可歸責於甲方之事由而損失或毀損時，其損害完全由乙方負擔。

第 11 條　（保證金）

乙方基於本契約每次向甲方購買正品時，必須支付甲方所指定的保證金，若乙方對甲方有任一債務無法償還時，甲方得隨時可以沒收上述保證金充當償還金額。

第 12 條　（擔保的提供）

乙方為確保基於本契約必須對甲方負責的一切債務能夠償還，應提供適當的擔保。

第 13 條　（純正品販賣的義務）

乙方不得販賣正品以外之其他具相容性之他廠牌零件或用品。

第 14 條　（促銷）

乙方必須依照甲方的指示進行正品的促銷活動，努力達成甲方設立的販賣目標。

第 15 條　（再販賣價格的維持）

乙方在正品的販賣上，必須以丙方規定的再販賣價格進行販賣。

乙方欲調降前項丙方所規定的再販賣價格時，必須要得到甲方的允許。

第 16 條　（庫存基準）

關於乙方應保持的正品庫存基準，依照甲乙雙方協議另行規定。

第 17 條　（分配庫存）

若乙方的正品庫存未達前項的庫存基準時，甲方可要求乙方採取正品分配庫存的方式保持定量的庫存品。

第 18 條　（販賣紀錄等的保管）

乙方對於正品的販賣、購買、庫存紀錄等應保管○○年。

第 19 條　（販賣狀況等的報告）

當甲方要求乙方提出關於正品的販賣狀況及其他基於本契約的買賣交易相關事項的報告時，乙方必須盡速提出報告，不得延誤。

第 20 條　（計算文件的提出）

乙方在本契約締結後，應在翌月十五日以前，將到每月最後一天為止的借貸對照表及損益計算表向甲方提出，同時在年度決算期的財產目錄、借貸對照表、營業報告

書及損益報告書，必須在定期舉行的股東大會結束以後十天內向甲方提出。

第 21 條　（庫存品的調查等）

甲方為調查乙方履行本契約之狀況，隨時可以對乙方的營業場所及修理工廠進行庫存品調查，或者亦可調閱帳簿、傳票及其他營業上的文件。當甲方提出要求時，乙方必須協助。

第 22 條　（保密）

甲方及乙方關於本契約之事項，除丙方之外，不得向第三者洩漏。

第 23 條　（承認事項）

乙方要進行下列事項時，必須事先以書面得到甲方的允許：

一、公司合併、增資或減資、解散、聲請重整、營業的轉讓及其他公司的資產或經營上有顯著變更時。

二、變更公司章程。

三、與本契約履行相關之經理人的聘任或解任。

第 24 條　（標幟的揭示）

乙方接受甲方所給予的正品販賣店標幟，必須將該標幟張貼在自己的營業場所及其他場所。

第 25 條　（契約解除）

若符合下述各項的任何一項時，甲方不必進行任何催告，即可解除本契約：

一、乙方對於買賣價款的給付遲延，或有其他違反本契約之行為。

二、乙方有不適當且損及甲方的聲譽之行為時。

第 26 條　（終止權的保留）

本契約的終止，甲乙雙方必須在六十天前以書面通知對方。

第 27 條　（契約解除時的措施）

本契約若因第 26 條或前條之規定而解除或終止時，正品的買賣價款若未完全付清，乙方必須將甲方所交付而尚未出售之正品以及正品販賣店標幟立刻歸還甲方。

第 28 條　（期限利益的喪失）

若有符合下述各款之一之事由時，則乙方立刻喪失本契約及基於本契約的規定在製品販賣上對甲方所負擔的一切債務之期限利益，必須立刻償還全部債務：

一、依照第 26 條或第 27 條本契約解除時。

二、乙方對於基於本契約所規定的債務給付遲延，或有其他違反本契約之行為時。

三、乙方遭強制執行或假扣押、假處分等處分時。

四、乙方受到破產、重整手續辦理的聲請時。

五、乙方所開出的支票或其他票據受到不兌現處分時。

第 29 條　（販賣店制度實施細則）

關於本契約中未規定之事項，必須依照丙方所規定的「販賣店制度實施細則」來進行；若「販賣店制度實施細則」未規定，則依照甲方的決定來辦理。

第 30 條　本契約書一式三份，甲方、乙方、丙方各自簽名蓋章後，各持有一份。

甲方：○○股份有限公司

董事長：○○○　印

```
          乙方：○○股份有限公司
          董事長：○○○  印
          丙方：丙機械股份有限公司
          董事長：○○○  印
中  華  民  國  ○○  年  ○○  月  ○○  日
```

註：本契約為特約經銷產品，而與代辦商代辦事務不同。

（三）貿易契約

1. 本契約的特點：本契約為貿易契約，亦即國際間之貨物買賣契約，出賣人、買受人、貨物名稱、品質、數量、包裝均有詳細之記載。
2. 適用對象：本契約適用於國際間貨物之買賣契約。
3. 相關條款：訂立本契約應詳細註明契約之基本條款、定義條款、主要內容、一般條約及仲裁條款。
4. 相關法條：民法第 345-378 條，貿易法第 10、11、13、15-17 條。

商業活動契約 7-5-3

貿易契約

本契約由○○公司—總公司設於中華民國臺灣省臺北市○○路○○段○○號（以下簡稱賣方）與○○公司—總公司設於美國紐約州○○市○○街○○號（以下簡稱買方）於一九九○年○○月○○日訂定，雙方同意按下述條件訂立本契約：

第 1 條　貨物名稱：
　　　　品質：
　　　　尺寸：依一九八八年○○月○○日提供予買方的樣品為準。
　　　　數量：
　　　　單價及總金額：每打 US$00CIF 紐約，總金額 US$000,000CIF 紐約。
　　　　包裝：
　　　　裝運碼頭：
第 2 條　一九九○年○○月○○日前裝運，但以可接受的信用狀於一九八八年○○月底前開到賣方為條件，容許分批裝運及轉運。
第 3 條　賣方備妥船隻，並通知買方。如買方保留選擇裝船時間未通知賣方，則所增的費用及風險由買方負擔。
第 4 條　貨物越過船舷欄杆，風險移由買方負擔。
第 5 條　憑信用評等達○○○元銀行不可撤銷的信用狀付款，信用狀以買方為受益人，並照貨物金額百分之百開發。
第 6 條　賣方應投保水險、水漬險並加保失竊盜險及兵險，保險金額按發票金額的 110% 投保，並須規定如發生保險事故，保險金應在紐約以美金支付。
第 7 條　貨物須經一家獨立公證行檢驗，其出具品質及數量檢驗證明書應為最後認定標準。

第 8 條　運到出口地碼頭或鐵路車站為止的內陸運費及交貨時檢查品質丈量過磅及計數費用皆由賣方負擔。

第 9 條　裝貨港碼頭使用費，裝貨費或駁船費（裝車費）及船內裝艙工資應由賣方負擔。

第 10 條　運費、保險費、幣值等的異動：

一、茲同意本契約內所列價格全是以目前國際貨幣基金平價匯率新臺幣○○元兌換美金一元為準。倘若這項匯率在押匯時有任何異動，則價格應根據這項異動比照調整及清償，俾賣方的新臺幣收入不因而減少。

二、契約中所列價格全是以目前運費率及（或）兵險和水險保險費率為準。裝運時運費率及（或）保險費率如有增加，應歸由買方負擔。

三、交貨前如原料及組成配件的成本增加甚鉅，賣方保留調整契約中所列價格的權利。

四、運費（船、火車）保險費由賣方負擔。

第 11 條　對於貨物、包件、原料或履行契約有關活動所課徵的稅捐或規費，如由產地國課徵，歸由賣方負擔；如由目的國課徵，則歸由買方負擔。

第 12 條　出口報關費用及出口稅由賣方負擔。

第 13 條　到達目的港卸船費（包括駁船及碼頭使用費），如和運費併付或按 CIF Landed 條件時由賣方負擔，否則由買方負擔。

第 14 條　出口簽證、保險單由賣方付費辦理；清潔提單（裝運提單）、商業發票由賣方提出；產地證明書、領事簽證由賣方協辦，買方付費。

第 15 條　進口國或通過第三國所需由發貨國簽發的證件由賣方協助申領，買方付費。

第 16 條　如賣方提出的提單為備運提單，應經船公司加批「on board」字樣；賣方須提供貨物習慣上的包裝（應為外銷包裝）。

第 17 條　對所裝貨物如有索賠情事發生，則請求索賠的通知必須於貨物抵達卸貨港後即刻以書面提示賣方。倘若運送船隻到達卸貨港二十一天內沒有提示這項書面通知，該索賠應不予受理。在任何情況下，賣方對於使用貨物引起的損害、或對於間接或特別的損害、或對於超出瑕疵貨物發票金額的款項均不負責。

第 18 條　因戰爭、封鎖、革命、暴動、民變、騷動、動員、罷工、工廠封鎖、天災、惡劣氣候、疫病或其他傳染病、貨物因火災或水災而受毀壞，在交貨港因暴風雨或颱風而阻礙裝船或在裝船前有任何其他賣方所無法控制的事故發生，而致貨物的全部或一部分未能交貨，這未交貨部分的契約應予取消。然而，在裝貨期限截止前，如貨物業經備妥待運，但因前述事故之一發生而致未能裝運，則買方於接到賣方請求時，應以修改信用狀方式或其他方式延長裝貨期限。

第 19 條　有關本契約買賣雙方間所引起的任何糾紛、爭議、或歧見，可付諸仲裁。這項仲裁應於中華民國臺北市舉行，並應遵照中華民國政府仲裁法規處理及進行。

第 20 條　本契約的成立、效力、解釋，以及履行均受中華民國法律管轄。

第 21 條　本契約書一式二份，於前文日期簽署，雙方當事人各執一份為憑。

賣方：

公司名稱：

公司地址：

```
┌─────────────────────────────────────────────────────┐
│           負責人（經理）：○○○  [印]                  │
│           住址：                                      │
│           身分證統一編號：                            │
│           買方：                                      │
│           公司名稱：                                  │
│           公司地址：                                  │
│           負責人（經理）：○○○  [印]                  │
│           住址：                                      │
│           身分證統一編號：                            │
│                                                       │
│  中    華    民    國  ○○  年  ○○  月  ○○  日      │
└─────────────────────────────────────────────────────┘
```

註：本契約第19條有爭執管轄法院之規定，第20條本契約之成立、效力、解釋以及廢行均受中華民國法
　　院管轄。

（四）禁止轉售契約書

1. 本契約的特點：本契約為禁止轉售契約書，買方向甲方購得產品禁止轉售其他
　　地區。
2. 適用對象：本契約適用於禁止轉售其他地區之契約。
3. 基本條款：訂立本契約應訂明買賣契約基本條款，禁止轉售之條款。
4. 相關法條：民法第345條。

商業活動契約 7-5-4

禁止轉售契約書

　　立契約人美國○○科技公司（簡稱甲方）臺灣○○股份有限公司（簡稱乙方）雙方同意
訂立下述契約共同遵守。

第1條　　（乙方之指定）
　　　　一、根據乙方所提之聲明及本契約書之規定與條件，甲方指定乙方為「產品」於臺
　　　　　　灣（以下簡稱「地區」）之非獨家轉售商。乙方僅得將「產品」銷售及／或授
　　　　　　權予「產品」之直接用戶。乙方不得在「地區」外銷售「產品」或將其轉售其
　　　　　　銷售權。若乙方在「地區」外銷售「產品」或將其轉售其銷售權，甲方應有權
　　　　　　取消對乙方之授權並／或終止本契約書。
　　　　二、乙方不得為滿足轉行銷「產品」之目的，而將「產品」銷售及／或授權予第三
　　　　　　人。
　　　　三、甲方有權經由其員工、銷售代表及／或其他獨立關係人，在「地區」內進行
　　　　　　「產品」之銷售、授權、轉授權及／或經銷，且不須通知乙方，或對其負責。
第2條　　（期間）
　　　　本契約書之初始期間應自前述日期起生效（以下簡稱「生效日」），且除非依第
　　　　16條更新或提前終止，本契約書應延續十二個月（以下簡稱「期間」）。本合約

書應分為四個「季」，且每「季」為期三個月，以利訂單及收益追蹤。之後，本合約書得在雙方於現行「期間」期滿前至少三十日，共同以書面同意後，再行延續十二個月。

第 3 條　（乙方之義務）

一、乙方

乙方應執行一聯合外部銷售行動，以經由其銷售組織促銷「產品」。

本合約書授權銷售之「產品」，乙方應庫存合理之數量，其中包含「產品」所需之適量之附屬品、零件、資料與軟體，以將「產品」迅速下架並運交客戶。

二、訓練

（一）乙方訓練並維持一適任之銷售與技術團隊，其人數應足以行銷並支援「產品」，同時履行本合約書所定之義務與責任。乙方應要求其人員參加甲方不定期舉行之「產品」銷售及服務訓練。乙方同意以當時一般之價格支付甲方受取之訓練費用。

（二）乙方應提供直接用戶「產品」使用之說明課程。乙方應確保該訓練班於適當之教室進行。乙方應具為該訓練擬定費用及安排課表之自由。

三、技術資源

乙方同意設置一合格之「○○○○反應中心」。乙方同意提供適當且適任之技術資源，以 (1) 迅速回答技術性啟動問題；(2) 提供直接用戶上市軟體選擇與使用之諮詢；(3) 維持服務之能力，並扮演直接用戶支援需求之主要來源，同時以有效且負責之方式，提供必要之「產品」維修與保證服務，以滿足直接用戶預期之要求。

四、「產品」更新：乙方應與甲方合作，並參與一切「產品」更新與回收計畫。

五、其他義務

（一）與其他製品相較，乙方應合理展示、示範並說明「產品」，且不針對「產品」或甲方向直接用戶或他人做出任何錯誤或誤導之說明。乙方應善用甲方提供之促銷資料，並不得做出與該資料所述之「產品」規格、特性或功能不符之說明。

（二）乙方應於其場所設置一使用「產品」最新版本之「展示系統」。

（三）乙方不得涉及任何違法、詐欺、誤導、不道德或不當之行為。

（四）乙方應遵守關於履行本契約義務及任何涉及甲方或「產品」之一切聯邦、州、省、地方法規。

第 4 條　（甲方之義務）

一、甲方應提供銷售與行銷之支援，以協助轉售商建立直接用戶之銷售商機。

二、訓練：甲方應依其當時一般之規定、條件與價格，提供乙方銷售與支援人員與產品有關之銷售與服務訓練。時間及地點則由雙方共同決定。乙方受訓人員之一切交通與住宿費用，應由乙方負擔。

三、維修：甲方應根據其標準之轉售商維修與支援政策，允許乙方依甲方當時之一般收費標準參與甲方之「客戶服務與支援計畫」。

第 5 條　（採購與銷售義務）

乙方同意於本契約書期間，根據本契約書〈附件一〉所定之年度採購金額（以下簡稱「年度採購額」），向甲方進行採購及／或要求授權。未達「季採購額」及／或「年度採購額」情況，可能導致甲方自行決定終止本契約書，或者折扣調整及／或其他甲方不定期提供之補償計畫。

第6條　（訂單）

一、採購訂單：一切採購訂單均應由乙方發出。

二、接單：一切「產品」訂單均須經甲方書面同意後方可接受，且甲方保留接受或拒絕訂單之權利。若乙方未履行其義務，其中包含但不限於滯納款項、信用及／或財務議題，以及／或本合約書產生之義務，甲方得取消已接受之訂單，或者拒絕或延遲任何訂單之交貨。無論乙方之採購訂單或其他商務表格之條款為何，本合約書所述之價格、規定與條件，適用於一切乙方自甲方處購買／授權之「產品」。

三、預測：在本契約書期間，乙方應於每季第十五天前（含）送交甲方一份由「授權轉售商」提供之預估報告：該報告不具約束力，且包含未來四個月中乙方各月預計提交之「產品」訂單數量與種類，但若預估時本合約書之「期間」不足四個月，報告則須含該「期間」剩餘各月之預估。

四、取消、重訂還款時間或重新調整之費用；預定交貨日期之前，取消、重訂時程或重新調整之費用如下：

事前接獲通知之天數	取消 費用	重訂時程／重新 調整 費用
超過六十日	0%	0%
三十一至六十日	5%	0%
十六至三十日	10%	5%
一至十五日	15%	10%

費用之根據，為甲方當時之價格，減去適用於遭取消、重訂時程或重新調整之「產品」訂單之折扣。

在瞭解任何訂單之取消、重訂時程或重新調整，對甲方產生之損害不易評估後，雙方均同意上述費用之合理性，且該費用為損害之清算，而非罰款。

乙方重訂或調整任何訂單之次數不得超過一次。

重訂之貨品須於原訂交貨日期起九十日內發貨。前往乙方處之「產品」運交運送人後，即不得進行任何取消、重訂或調整。

若乙方重訂時程，並因而調整或取消訂單，其取消及／或調整費用之計算，應以訂單之交貨日期為根據。

第7條　（價格）

一、價格與折扣：根據本契約書之條件與規定，乙方購買及／或授權「產品」之價格，應為甲方當時列於「全球價目表」之價格，減去〈附件一〉所訂之折扣。

二、價格與折扣更動：若本契約書之「產品」定價有所更動，甲方應於三十日前以書面方式通知乙方。除非本契約書另有規定，該價格更動之任何增加及／或減少應於三十日通知期結束時生效。乙方於價格更動生效日後接獲之訂單，或者

預定於通知後六十日內須交貨之訂單，應自動以新價格計算。

三、稅金：「產品」之一切價格，均不包含聯邦、州、省及地方之貨物、交易稅、使用稅、加值稅、職業稅、稅金、課賦與進口稅，以及其他可能與本合約書進行之交易及／或乙方依本合約購買及／或授權之「產品」有關，且由美國政府、美國政治區、任何國家或政治區所徵收之稅款，其中不含有原訂交貨前因甲方保有「產品」而課徵之稅金，以及針對該交易淨所得而向甲方徵收之稅款。一切該稅賦之款項應由乙方承擔並支付。乙方應負責及時提供一切必要之文件，如免稅證明或其他資料，以使乙方免於繳納交易稅等一般應課徵之稅金。乙方同意賠償並保護甲方，使其免於一切稅賦，且無論本合約書因何種原因遭終止，本義務仍具效力。

四、甲方得依其合理之商業判斷，保留調整經銷策略之權利。甲方同意在乙方合約書之任何更動生效至少六十日前，以書面方式通知乙方，乙方同意在本合約書「期間」或其更新期間，甲方有權修改計畫及折扣方式。甲方保證經銷策略之任何調整，將應用於甲方經銷網路中之所有成員。

第 8 條　（付款時間）

一、發票：根據甲方先前之信用認可及第 8 條第 1 項之規定，貨款應自貨品運交乙方當日起三十日內以美元付清。付款日起超過十日仍未支付之發票金額，應自原付款日起以年息 18% 之利率計算，但金額不得高於法定之最高利率。除非甲方已接獲款項，付款不應被視為已完成。

為協助甲方建立並更新信用現額，乙方同意提供甲方與乙方有關之財務資料，其中包含已稽核之財務報表及其他甲方得合理要求之信用資料。由乙方持有但卻未付款之產品，乙方同意甲方應具一持續之擔保利益，以確保乙方積欠甲方之任何及一切金額之穩固；細節見第 9 條。

二、分期交貨：除非乙方以書面明確告知甲方其他方式，甲方得分期運交乙方訂單之貨品，且該批貨品應分別開立發票，並於到期時付款，無論後續交貨之情況為何。任一期交貨之延誤，並不使乙方免於接受其餘貨品之義務。發票應於裝運時開立。

三、收款地址：甲方應將所有發票送至乙公司：　　　　〔地址〕

第 9 條　（所有權；擔保利益）

根據第 9 條提供之擔保利益，以及甲方中止「產品」交貨之權利，「產品」之所有權與損失風險，應在「產品」送達裝運點之運送人時移交乙方。為取得依本合約書價格支付之款項，甲方接受乙方針對下列各項所賦予之購買金額擔保利益：

一、所有依本合約書交貨之「產品」，唯當時「產品」僅可由乙方持有；

二、乙方與其直接用戶為「產品」簽署之任何協議，或者乙方與其直接用戶間之「產品」協議；

三、一切直接用戶支付乙方之應付且到期之款項；及

四、乙方自直接用戶收取一切購買、租賃及轉售權收益。

第 10 條　（裝運與交貨）

一、交貨地點：所有依本契約書進行之交貨應為「工廠交貨條件」（見國際商會於一九九○年版《國貿條規修訂本》中對「輸出口」之定義）。運送路線通過甲

方指定之貨運承攬商之貨品，各空運提單須加收美金四十元。將貨品自甲方處運至指定目的地所涉及一切成本與風險，應由乙方承擔。

二、裝運指示與費用：一切國際貨運之包裝、文件及安排，應為乙方之責任。甲方僅須將「產品」運至「地區」內之目的地，且若乙方未提供書面指示，甲方將依其一般貨運方式運送「產品」。一切運輸及裝運之費用，其中無限制包含甲方因乙方特殊裝運指示而導致之包裝、庫存、文件其他類似成本以及乙方要求相關「產品」保險而產生之成本，均應加在發票所列金額上，且由乙方於「產品」貨款及／或授權費到期且應付時支付。

三、交貨延誤：甲方應盡力於合理時間內運交已下單訂購之「產品」，然甲方不須為以下情事對乙方或任何他人負責：

（一）因甲方無法遵守已接受之訂單而造成之任何直接、衍生、特殊或其他損害；或

（二）因任何理由延誤交貨或履行訂單時發生錯誤。

若「產品」訂單之數量超過甲方之庫存，甲方將以其認為適當之方式佈署可用之庫存。

四、接受：乙方接收「產品」之事實，應在甲主將貨品交予乙方時自動發生。

第 11 條 （轉售價格）

乙方具自行決定其「產品」轉售價格之自由。甲方之價目表可能包含建議零售價格，然該價格僅為建議，且乙方得自由選擇以不同價格收費。

第 12 條 （軟體）

一、所有權：儘管本契約書提及乙方對「產品」之採購，雙方仍同意甲方應以非獨家之方式將甲方軟體授權予乙方，且該軟體不得由甲方銷售或由乙方購買。甲方軟體及其更新版本之所有權，應由甲方（或其授權人）保有。甲方軟體為未發行之商用軟體，且該軟體之一切著作權均受美國著作權法之保護，而乙方應以同等態度待之。乙方應確保直接用戶亦以同等態度待之。

二、授權：甲方授予乙方一項私人、不可轉讓非獨家之權利，乙方得因此依以下條件與規定將甲方軟體加以轉授權。除非甲方以書面方式另行同意，乙方不得直接或間接複製甲方軟體之全部或部分。乙方應嚴格禁止其直接用戶將甲方軟體分解、編譯或解碼。

三、專有權利：乙方瞭解甲方軟體為甲方專有產品及程序，其中包含部分甲方之商業機密：甲方享有其著作權，且該權利延伸甲方軟體所含之智慧財產權，而甲方軟體中任何所有人之權利或智慧財產之所有權，均未被轉移至乙方。乙方不得移除或毀壞甲方軟體上註明甲方、任何另一方或所有人之標籤或戳印，或者從事任何其他不符該專有權之行為。未經授權之軟體使用、複製、洩漏或移轉，均受嚴格禁止。乙方同意與直接用戶嚴格執行以上規定。

四、乙方轉授之授權：乙方得授權直接用戶將以目的碼為形式之甲方軟體，用於該用戶指定之中央處理器，且其用途僅限於滿足該用戶之內部商務需求，唯該用戶須於接獲甲方軟體之時或之前，與乙方簽訂書面授權協定，其中並規定：

（一）直接用戶獲得一項私人、不可轉讓且非獨家之權利，以在進入或操作單一中央處理器時使用、傳輸或運用甲方軟體。甲方軟體僅可安裝於採購時所指定場所之中央處理器內，以供直接用戶使用。

（二）甲方軟體內智慧財產之所有僅並未轉讓至直接用戶。

（三）直接用戶不得複製甲方軟體，唯直接用戶得複製至多兩份甲方軟體作為備份，且其目的僅限於存檔之用。一切複製之甲方軟體，無論其為書面或機器可讀形式，或者儲存於電腦記憶體或其他媒介，均應包含完整之專有權說明，且其形式須與乙方將甲方軟體送交直接用戶時相同。

（四）除非獲得甲方批准，直接用戶不得將甲方軟體轉讓予任何其他第三人。

（五）直接用戶不得將甲方軟體反轉譯或分解，亦不得藉解碼、編譯、分解或其他方式，並透過目的程式或其他口頭、書面、有形或無形資料，自行或允許他人建立或試圖建立原始程式或其任何部分。

（六）直接用戶瞭解甲方軟體為甲方之專有產品及程序，其中包含部分甲方之商業機密；甲方享有其著作權，且該權利延伸至甲方軟體所含之智慧財產權，而甲方軟體中任何所有人之權利或智慧財產之所有權，均未被移轉至直接用戶。直接用戶不得移除或毀壞甲方軟體上註明甲方、任何另一方或所有人之標籤或戳印，或者從事任何其他不符該專有權之行為。未經授權之軟體使用、複製、洩漏或移轉，均受嚴格禁止。

（七）若甲方軟體之任何部分係衍生自第三人之軟體，該第三人不對其軟體提出保證，亦不提供與軟體相關之支援或資訊。

五、乙方確保乙方與直接用戶間之協定，將賦予甲方檢視該授權協定之權利。

六、乙方僅獲准於進行「產品」示範時使用「軟體」。除非甲方另行以書面方式明確同意，在任何情況下，乙方及／或「被授權轉售商」均不得複製甲方軟體。

七、美國政府限制權利

《FAR 52.277.19 電腦軟體限制權利》、國防部《FARS 252.227-7013 (3)(1)(ii)》及國家太空總署《NASA FAR SUP 18-52.227-79》，均賦予甲方軟體（包含文件）「限制權利」。

「政府」之使用、複製或洩漏行為，均須受上述「法令」之限制。契約商／製造商為甲公司。

第 13 條　（替換，修改擴中止）

一、在任何時候，甲方均有權不定期於發給乙方書面通知三十日後（含），針對「產品」進行替換或修改。

二、甲方亦有權中止本契約書涵蓋之任何「產品」之製造、銷售或支援。若供銷售或轉授權之甲方「產品」將被中止，甲方同意於三十日前通知乙方。

第 14 條　（商標、著作及商號）

一、展示權利：乙方或「被授權轉售商」在本契約書期間進行與「產品」有關之銷售、廣告、服務與促銷活動時，甲方准許乙方及其「被授權轉售商」展示並使用甲公司之商標，以及「被授權甲公司之轉售商」等稱號。在與「產品」有關之一切宣傳活動及平面資料中，乙方及／或其「被授權轉售商」應指明其身分為一「被授權 A 轉售商」，且該商標為甲方之財產。乙方或「被授權經銷商」均未被授權將第三人商標及商號用於與「產品」有關之用途。

乙方授權甲方將乙方之商標與標誌用於任何廣告或促銷活動。

甲方應在一切宣傳活動及平面資料中註明該商標或標誌為乙方之財產。

二、促銷資料：一切使用或展示甲方商標商號，或者指明乙方為「被授權甲公司之轉售商」之促銷、廣告及其他資料或活動，乙方均應事先交由甲方審核，並取得其書面許可，除非資料或活動大致符合乙方自甲方處接獲之書面原則。甲方方面認定該資料或活動包含錯誤、不當、誤導之商標或商號時，乙方同意自費修改或更正之。

三、甲公司稱號之展示：乙方／或「被授權轉售商」不得更改或移除附加於「產品」之任何商標、商號、標誌、著作權說明、型號、序號或其他稱號，亦不得在未獲甲方事先書面同意前，於「產品」上附加任何額外稱號。乙方不得將任何上述「產品」稱號附加於適當「產品」以外之製品。無論何時，各方均不得將另一方之上述稱號作為或登記為商業名、公司名稱或商號。

任何與該稱號完全類似、部分類似或混淆商標、同號、商業名或公司名稱，各方亦不得擅加使用、展示或登記。

四、未授予之要得：本契約書之任何部分，均未賦予乙方或「被授權轉售商」任何與甲方之商標、名稱、標誌或其他商業稱號有關之權益，且乙方同意在本合約書期間或之後，凡甲方所有或獲准使用之商號、商標、標誌及其中之甲方權利，「被授權轉售商」或乙方均不得提出任何權益主張或要求，亦不得從事任何損及其有效性或執行性之行為。本合約書終止時，乙方及「被授權轉售商」應立刻停止展示、促銷並使用該名稱、標記、標誌與稱號，亦不得在之後展示、促銷並使用與任何「產品」稱號完全類似、部分類似或混淆之任何名稱、標記或標誌。

第 15 條 （報告、紀錄與檢查）

一、活動報告：乙方應在每季結束前五日內提供乙方書面報告一份，其中包含下列資料：

（一）詳細庫存報告，其中包含已運交乙方但現為存貨之「產品」零件號碼、發票號碼；

（二）月銷售點報告，基中包含「產品」銷售／授權之總金額、「被授權轉售商」銷售／授權之成交地點及直接用戶之姓名與住址，並列明城市、郵遞區號、甲方零件號碼、銷售／授權數量及各「產品」之甲方發票金額，其中又含選擇權及售出之甲方支援與訓練；

（三）與直接用戶簽訂之授權協定副本，如第 12 條第 4 項所定；及

（四）甲方視為適當之額外資料，且該資料可能為參與個別之甲方「轉售商計畫」提案所需。

若乙方違反此月報告之要求，乙方將無法

(1) 取得進一步之「產品」折扣；

(2) 根據第 13 條退還中止之「產品」；及／或

(3) 參與任何其他甲公司轉售商計畫。

二、紀錄：凡與「產品」銷售或服務有關之紀錄、契約與客戶資料，乙方應保存至少五年，並允許甲方授權之代表於合理時間進行檢查。

三、掌控權之變動：乙方應於以下情事發生至少十日前，以書面方式通知甲方：

（一）乙方之管理或掌控權進行重大變動；或

（二）乙方之營業因出售股份或資產、合併、清算或其他原因，而進行任何大規模移轉。

四、稽核與檢查：甲方保留稽核乙方庫存之權利。乙方應允許甲方代表於合理時間檢查乙方之地點、訓練設施、回應中心及「產品」庫存。

第 16 條　（合約書之期限與終止）

一、甲方之終止：甲方得在下述情況發生時立刻終止本契約書：

（一）乙方未履行本契約書規定之義務、工作或責任，其中包含但不限於未支付甲方「產品」之貨款；無法達成「季採購額」及／或「年度採購額」；未滿足〈附件一〉所定之任何其他要求，且該未履行或不履行之狀況，在發出書面通知三十日後依然持繼；

（二）乙方未履行本契約書規定之義務、工作或責任，其中包含但不限於可能或似將導致甲方須向直接用戶或政府機關履行任何義務或責任之活動；

（三）乙方參與之行為或提議行為，可能或似將導致甲方須履行稽核等義務，或者由聯邦、州、省或地方法令規定所定之任何責任；

（四）乙方之管理或掌控權遭重大更動移轉，或者乙方之營業藉重整或其他方式進行大規模移轉。

二、乙方之終止：若甲方在任何實質層面未能履行或遵守本契約書之義務，且該未履行或違約之狀況，在書面通知三十日後依然持續，乙方得在發出通知三十日後終止本契約書。

三、自動終止：本契約書得在適用法律允許之程度下，於下述情況發生時自動終止，且不須任何通知：

（一）乙方或其財產被指定一管理人；

（二）乙方瀕臨破產、無法償還到期之債務、停止償還正常營運下到期之債務或為債權人之權益進行轉讓；

（三）乙方根據破產法或債務人救濟法展開訴訟，或者任何訴訟因破產法或債務人救濟法而為乙方展開；

（四）乙方因破產法或債務人救濟法遭控告，且該訴訟無法於展開六十日內撤銷或排除；或

（五）乙方遭清算或解散。

四、終止之權利

（一）若任一方因故發出終止本契約書之通知，所有「產品」發票之到期日均應提前，以使發票在終止通知當日到期，即便原期限較長亦是如此。若甲方自乙方處接獲訂單之時間，介於終止通知發出日與終止生效日之間，且當時可取得之「產品」數量，不足以完全滿足甲方及其客戶之需求，甲方即有權拒絕該訂單之部分或全部。儘管乙方之前可使用其他信用條件，然上述期間內運交之「產品」均應在交貨前付款。除其他甲方可能具備之法律或衡平法救濟之外，甲方應有一受擔保者之救濟方式。

（二）本契約書期滿或終止時：

1. 乙方應在期滿或正式終止後十日內，送交甲方一份甲方硬體之清單，其中包含乙方自甲方處購得，但期滿或正式終止時乙方庫存之維修與更換零件。

2. 甲方得向乙主購買一切被列為現有「產品」，且置於原未拆封容器內之上述甲方硬體及維修與更換零件，其價格則與乙方購買貨品時支付之金額相同，唯決定該價格之前提，為乙方庫存中之甲方硬體，為最近購自甲方之相同貨品。

3. 甲方得提議向乙方購買一切不被列為現有「產品」，且未置於原未拆封容器之甲方硬體及維修與更換零件。若甲方提議之價格不為乙方接受，乙方得拒絕甲方之要約。為符合本條款之目的，終止生效日前超過一年以上未曾被甲方提議購買之甲方硬體及維修與更換零件，應被視為未置於原未拆封之容器內。

4. 甲方自乙方處接獲該產品後，應將一適當額度記入乙方之帳戶，然若乙方之餘額已結清，甲方應簽發支票將剩餘金額付予乙方。

5. 乙方應在終止生效日時，立刻將其持有之一切現有甲方軟體「產品」之複製品歸還甲方，同時附上由乙方主管發給之證明，以確認乙方並未保留或丟棄任何複製品，且現有甲方軟體「產品」之複製品已全數歸還，無論其是否完整。

6. 乙方應立刻將其持有之一切甲方財產歸還甲方，該財產包含但不限於借用設備、書寫或敘述性資料、繪圖、藍圖、說明或其他含有下列甲方機密資料之紙張或文件。

五、義務之殘存：第12條、第14條第4項、第16條第4項、第17條第2項第1款、第20條、第21條及第22條規定之乙方義務，在本契約書終止後仍具效力。

第17條　（賠償保險）

一、由甲方負擔者：

（一）乙方應儘速將該索賠及相關之必要資料與協助，以書面方式通知甲方；且

（二）甲方擁有單獨針對索賠進行辯護或和解之權力，甲方同意保護並賠償乙方，使其免於因乙方遭控告而產生之任何損壞、責任及支出（包含合理之律師費用），唯該控告之根據，限於使用依本契約購買或授權之「產品」，將侵害美國專利和著作權之索賠主張。

若甲方認為「產品」可能或即將成為侵害專利或著作權之索賠標的，甲方得選擇自費為乙方購買繼續使用「產品」之權利，並修改「產品」使其不致侵害。甲方亦可接受歸還之問題「產品」，並依「產品」購價之貶值程度給予乙方一額度。

以下列各項為根據之專利或著作權索賠主張，甲方均不須對乙方負擔任何契約之責任或義務：

(1) 對乙方設計、計畫或規格之遵守；

(2) 乙方將「產品」與未依本契約書購買及／或授權之器材或　製品共用，且若未共用，即不會造成侵害；

(3) 乙方將「產品」用於不符其設計或功能之用途或環境；

(4) 將「產品」用於任何程序之練習；

(5) 非由甲方進行之「產品」修改；

(6) 甲方提供之任何服務或應用協助；或

(7) 針對乙方或直接用戶具權益或授權之專利或著作權，所提出之侵權索賠主張。

甲方之契約義務，不得超過乙方為購買侵權「產品」及／或取得其授權所支付之累計總額。第 17 條所述，係「產品」或其任何部分或操作侵害專利或著作權時，甲方應負擔之全部責任。甲方不須對直接用戶負擔任何契約義務。

二、由乙方負擔者：除上述明訂者外，因乙方及其員工或代理商違反本契約而直接或間接造成之索賠主張，乙方同意對甲方進行保護並賠償之，以使其免於由該索賠所導致之任何甲方損害、責任及支出（包含合理之律師費用），唯

（一）甲方應儘速將該索賠及相關之必要資料與協助，以書面方式通知乙方；且

（二）乙方擁有單獨針對索賠進行辯護或和解之權力。

第 18 條　（保證）

一、硬體產品：甲方保證其製造之硬體「產品」之功能，在二個月內（以下簡稱「保證期」）將大致符合甲方出版之「產品」規格，唯該保證對象限於乙方。甲方硬體「產品」（包含零件）之「保證期」應自下列較早發生者開始：

（一）貨品運交乙方後三個月；或

（二）自乙方庫存處裝運當日。為使乙方保有取得上述保證之資格，乙方應提供本契約書第 14 條所定之報告。甲方應自行選擇是否修復或更換故障之甲方硬體「產品」，或者將與乙方實際淨價等同之金額退還乙方。甲方根據本保證負擔之義務，限於該修復或更換。乙方應致使故障之甲方硬體「產品」被送至甲方之製造廠或其他甲方指定之場所，且運費與保費須事先支付。

二、軟體產品：甲方向乙方保證甲方軟體「產品」目的碼常駐之媒介，自直接用戶接獲該甲方軟體「產品」媒介起九十日內均無故障之虞，唯此保證之對象僅限於乙方。甲方軟體「產品」之目的碼，係以「現狀」方式提供乙方，且不附任何保證。

三、本有限保證不得轉讓，且須視受保證「產品」之使用是否正確而定。本保證不涵蓋曾經歷修改或不當物理壓力或電壓之「產品」，且甲方依契約並無義務修復或更換正常之磨損與裂痕，亦不須為因下列各項之全部或部分而造成之修復或更換負責：

（一）乙方之災害、錯誤或疏失；

（二）任何經由或代表乙方提出之索賠；

（三）不當或未經授權之「產品」使用；

（四）與設計功能不符之「產品」使用方式；或

（五）與「產品」無關之原因，其中包含但不限於電力或空調中斷。

除本保證明確規定者外，本契約書不含其他明示或默示之保證，其中包含但不限於對某特定用途之適銷性或適用性所默示之保證。

甲方保留在未來發出書面通知三十日後更改保證之權利。

四、限制：本契約書提供之保證與救濟方式，為乙方專屬之救濟方式，並取代一切其他口頭、出面，明示或默示者。乙方不得代表甲方做出任何書面或口頭保證，甲方之員工、代理人或代表亦未獲准如此。

第 19 條 （出口）

無論乙方以口頭或書面方式向甲方洩漏或聲稱之「產品」目的地為何，乙方在任何情況下，均不得地未取得依法由美國政府發給之輸出許可前，直接或間接出口「產品」或包含「產品」之系統。美國出口簽證局賦予之再輸出或配銷權利，並未使任何人免於遵守外國法律。

乙方應盡全力發揮其判斷及資源，以確保「產品」與技術完全遵守《美國輸出管理局法規》，且未被：

一、轉讓至遭禁止或可疑之一方，使其直接或間接支援核子、化學或生化武器或飛彈之設計、開發、製造、儲存或使用；或

二、轉讓至必將「產品」再輸出至禁運國之一方。乙方應完成並交還適當之「輸出符合文件」。

任何「專有資料」、技術、軟體或其原始碼，或者該「專有資料」、技術、軟體之直接產品，乙方均不得直接或間傳輸、輸出或再輸出至不定期被列為美國輸出管理局「國家組別清單」中屬「D:1 組」及「E:2 組」之國家。乙方直接或間接傳輸、輸出或再輸出任何「專有資料」、技術、軟體或其原始碼，或者該「專有資料」、技術、軟體之直接產品時，不得違反美國或任何其他國家之法律。目前列名「D:1 組」及「E:2 組」之國家為：阿爾巴尼亞、亞美尼亞、亞塞拜然、貝拉勒斯（Belarus）、保加利亞、柬埔寨、古巴、愛沙尼亞、喬治亞、伊朗、伊拉克、哈薩克、克吉斯（Kyrgyzstan）、寮國、拉托維亞、利比亞、立陶宛、墨多瓦（Moldova）、蒙古、中華人民共和國、北韓、羅馬尼亞、俄羅斯、蘇丹、敘利亞、塔吉克、土庫曼、烏克蘭、烏茲別克及越南。本條款之效力並不因契約書之終止、放棄或期限而消滅。

第 20 條 （救濟之限制）

本契約書提供之救濟方式，為乙方之專屬之救濟方式。

在任何情況下，甲方對乙方、後續買主或使用者負擔之所有契約責任，無論其為契約或侵權（包含乙方之疏失），均不得高於經銷伙伴向甲方購買該索賠標的「產品」或服務時支付之總金額。在任何情況下，甲方均不須為任何損害，其中包含：

一、利潤虧損；

二、存款虧損；

三、由本契約書或「產品」之使用或無法使用所導致之偶發、特殊、隱藏、間接或從屬損壞；或

四、與本合約書或「產品」之使用或無法使用有關之偶發、特殊、隱藏、間接或衍生損害，向乙方或其他第三者（包含但不限於任何後續買主、使用者或銷售代表）負責，即便甲方已被告知該損害之可能性亦同。

第 21 條 （保密）
一、以下各項均為甲方之財產，且應被視為甲方之機密資料（以下簡稱「機密資料」）：
　　（一）所有由甲方依本契約書提供乙方，且與「產品」有關之繪圖、原始碼、設計、技巧、方法論、專有技術、交換程序、想法、發明（無論能否成為專利）、商業機密、著作權及資料；
　　（二）甲方或其代理人或員工為履行契約而構思或進行之改善或修改；
　　（三）與甲方開發工作有關之資料；
　　（四）乙方經由口頭、書面或其他媒介，自甲方處獲得或習得之任何其他財務、策略或行銷等資料。
　　除非本合約書另有明確規定，在未獲得甲方事先書面同意前，乙方同意不得為其私利使用「機密資料」；直接或間接向他人透露「機密資料」；或直接或間接為他人之利益使用「機密資料」。乙方應訓令可存取甲方軟體之乙方員工或他人，或者與其達成協議，以圓滿履行乙方依第 21 條履行之義務。
二、乙方承認甲方擁有「機密資料」之一切所有權、權利及利益，且欲依本契約書進行之交易，均未將「機密資料」之任何所有權、權利及利益移轉至乙方。乙方亦承認「機密資料」受美國及其他國家著作權法之保護，且「機密資料」包含甲方之重要機要與商業機密資料，同時該資料之開發已耗費甲方相當之時間與金錢。除本契約書允許者外，在未獲甲方書面許可前，乙方同意不為其私利使用該「機密資料」；直接或間接將該「機密資料」洩漏予他人；或直接或間接為他人之利使用該「機密資料」。乙方同意採取符合工業標準之保密程序，以預防未經授權者取得類似資料，並將依本契約書規定使用該「機密資料」者，限於因乙方需求而須得知「機密資料」之乙方員工。
　　乙方同意可得知「機密資料」之乙方員工或他人，或者與其達成協議，以履行乙方依第 21 條履行之義務。乙方同意永久維護「機密資料」之機密性。
三、若乙方違反第 12 條第 3 項或第 21 條規定，或者有違反該二條文規定之虞，甲方應有權申請禁制令，以限制乙方繼續使用或洩漏甲方「機密資料」之全部或部分；或消減乙方繼續使用或洩漏全部或部分甲方「機密資料」之虞。本條文之規定，不得被解釋為禁止甲方針對違約或違約之虞尋求其他救濟方式，其中包含要求乙方回復損壞之財產。

第 22 條 （契約之不可轉讓性）
一、不可轉讓：在未獲甲方書面同意前，乙方不得轉讓、移轉或銷售其契約權利，亦不得委託其契約責任，且任何轉讓、移轉或銷售之嘗試均為無效。為符合本條文之目的，「轉讓」應包含乙方被吸收至第三人之交易；乙方與第三人合併之交易；或第三人取得多數方「有表決權股份」之交易。
二、承受人與受讓人：根據本第 22 條第 1 項之規定，本契約書應對立約雙方及其承受人與受讓人之利益具約束力與效力。

第 23 條 （雙方之關係）
　　乙方及甲方均為獨立契約商，且互不為對方之法定代理人或代理人。乙方同意其未獲准藉代表甲方或藉其名或簽訂任何契約、保證、陳述，或者創造任何其他明示

或默示之義務，而甲方亦不得代表乙方藉或其之名簽訂任何契約、保證、陳述、或者創造任何其他明示或默示之義務。本契約書之任何部分，均不得被解釋為甲乙雙方具合夥或經銷關係，或者雙方具有僱傭人和受僱人，或本人和代理人之關係。

第 24 條　（合約之執行、管轄法律與分割性）

本契約書僅自甲乙雙方於其執行部門開始執行起生效，且應受中華民國法院管轄與解釋。雙方同意由本契約引起或與其有關之任何爭訟或訴訟，應交由中華民國法院審理，其中不含《聯合國際貨物買賣契約公約》。無論自有為何，雙方均同意無異議遵守前述法院之管轄。

第 25 條　（分割性）

若管轄區域內之任何法院或法庭，將本契約書之任何條款判定為無效、違法或無法執行，本契約書之其他部分仍具完全效力，且契約之解釋方式，就盡力滿足履約雙方之意圖。

第 26 條　（棄權）

任何不履約情事之棄權，並不代表相同或相異之不履約情事之棄權。

第 27 條　（通知）

一方依本契約書規定而希望或必須給予另一方之通知與要求，均應以書面方式進行，並在預付郵資後，依下列住址或一方得不定時書面通知另一方之不同住址，以個人專送或掛號郵件之方式送達。一切郵寄之通知或要求在收件後，即應被視為已送達並提出。

致甲方：

甲公司

_____〔公司地址〕

○○

收件人：○○○

致乙方：

_____〔公司地址〕

第 28 條　（條款標題與語言解釋）

本契約書之條款標題僅供參考之用，且不得被視為本契約書之重要部分。單複數形式應互相包含；陽性、陰性或中性性別亦應互相包含。

第 29 條　（不一致之用詞）

若乙方提供甲方之任何採購訂單或文件之條件與規定，與本契約書有所差異或衝突，或者不含於本契約書中，除非甲方以書面方式明文同意，即不為雙方協議之一部分，亦不對甲方具約束力。

第 30 條　（訴訟限制）

任何由本契約書引發或與其有關之訴訟，均不得在訴訟相關事由發生十八個月後方由任一方提出。本條文不適用於未付到期款項之訴訟；違反第 12 條、第 20 條、第 21 條或第 22 條之訴訟；或違反或侵害甲方智慧財產權之訴訟。

第 31 條　（不可抗力）

若任一方因下列因素而無法履行或被迫違反本契約書之義務且該方已盡全力避免該情事，並縮短其發生時間，同時儘速給予另一方書面通知，受影響之行為應可獲寬

恕，且履行期限應依延誤或無法履約之時間予以延長：

一、天災、火災、意外、水災、戰爭、公共設施故障；

二、禁制令或政府權力之使用、執行、主張或要求；

三、傳染病、製造設施之破壞、叛亂；

四、無法購買足以符合製造需求之材料、勞務、設備、運輸或能源；或

五、任何其他因超越一方合理掌控而啟用本條款之因素。

第 32 條　（本契約書之正式語言）

本契約書之正式語言為中文。根據本契約書之規定，原未以中文書寫之文件或通知，在未被譯成中文之前不具任何效力，且該文件或通知之中文版本應為正本。

第 33 條　（完整性）

本契約書及其附件，為雙方依本文據主題所達成之全部協定，且雙方於完成前之任何口頭或書面約定均已撤銷。乙方承認並未因任何不明顯包含於本契約書之陳述而簽約。本契約書之任何條件均須以書面為之，並由雙方簽署。任何前述修改均對甲方具約束力，唯該修改須由乙方授權之主管之一簽署。

立約雙方已藉其授權之代表執行契約書，物此為證。

> 訂約人：甲方：美國○○科技公司
> 代表人：○○○
> 地址：美國紐約州紐約市第五大道 5 號
> 乙方：臺灣省○○股份有限公司
> 代表人：○○○
> 地址：臺北市中山北路 8 號

中　華　民　國　○○　年　○○　月　○○　日

（五）出口銷售契約書

1. **本契約的特點**：本契約為出口銷售契約書，出賣人以產品銷售予國外之買受人之契約。

2. **適用對象**：本契約適用於出口銷售契約。

3. **基本條款**：訂立本契約應訂明買賣契約之基本條款。

4. **相關法條**：民法第 345 條。

商業活動契約 7-5-5

出口銷售契約書

出賣人：日本○○株式會社（簡稱賣方）

買受人：臺灣○○股份有限公司（簡稱買方）

第 1 條　（售價）

賣方於出價時另行提供或供述之「價目表」，為應支付賣方之實價，其中包含：(1)

　　根據賣方標準進行之檢查與工廠測試成本；(2) 根據賣方標準進行出口包裝（適用是，則為貨櫃化）之成本；(3) 貨品在指定裝貨港通過船舷欄杆前之一切相關費用（以〈國際商會〉一九九〇年修訂並增修之《國貿條規》為準，在指定之日本出口裝貨港船舶上交貨）；且不含任何就源扣繳之稅金或關稅。

第 2 條　（交貨、所有權與損失風險）

一、除非另行規定，否則賣方應以國際商會一九九〇年修正並增訂之《國貿條規》為準，在賣方指定之日本出口裝貨港中，於船舶上將貨品交予買方。不得進行局部交貨。交貨時，「產品」所有權與損失或損壞之風險應轉予買方。

二、賣方預估之交貨時間，就由賣方接單日起至清潔裝船載貨證券日止。交貨時間為粗略估計，且須取決於賣方能否迅速接獲一切資料與訊息，使作業得以順利進行。

第 3 條　（出口裝運）

一、若買方欲安排出口裝運事宜，應在訂單上註明以通知賣方。若買方未於訂單上註明，賣方得安排

　（一）將貨品出口至買方國家之事宜；及

　（二）倉庫至倉庫保險事宜（若可能，其中應包含戰爭風險）。買方應支付賣方一切費用與支出，其中包含但不限於準備領事文件之支出、領事簽證費、海運運費、倉儲費用與保險費用，以及賣方當時提供該服務時之費用。買方應於賣方提交以發票後，迅速以美元支付賣方一切費用。

二、在提供上述服務時，賣方應遵守買方之任何合理指示，在無合理指示時，賣方應採取其最明智之行為。在此代表買方之情況下，賣方及其代理商均毋須為買方因此而遭受之疏失或任何特殊、衍生、偶發、間接或懲罰性損害負責。

三、無論根據本條第 1 款所提之買方註明事項為何，若買方或其出口代理商無法於接獲貨物備妥通知後三十日內，預訂適當之遠洋船舶貨運空間，並提供賣方裝運指示，賣方得逕自行使其權利，將訂購之「產品」置於日本出口港之倉庫內。在此情況下，自清潔貨品倉單日期起，賣方之交貨程序應被視為完成。

第 4 條　（政府許可）

一、安排出口裝運事宜（或買方指定之出口代理商）之一方，應負責即時以其名義申請任何必要之日本輸出許可。買方應負責即時取得並保有任何必要之輸入許可、外匯許可或其他政府許可。買賣雙方應於能力所及範圍內相互協助。若任何政府許可遭遲延、拒絕、撤銷、限制或不再更新，賣方不須負責，而買方支付賣方「產品」貨款或任何其他費用之義務，則不應免除。

二、無論何時，一切貨物均應遵守日本出口管制法規及其修正部分。

　除非前述法規明文允許，否則買方不得將購自賣方之「產品」，以轉運、復運出口、變更卸貨港等任何方式，轉讓至買方契約註明或者賣方發票聲明之「最終目的國」外之地區。

第 5 條　（可容許之遲延）

一、若交貨遲延或不履行情事，係直接或間接由下列情況所造成，賣方不須擔任任何責任：

　（一）賣方無法合理掌握之因素；

（二）自然災害、政府機關（實質或法定）之作為（或不作為）、戰爭（經宣戰或未經宣戰）、政府優先事項、港口壅塞、暴亂、革命、罷工或其他勞工糾紛、火災、水災、蓄意破壞、核子事件、地震、暴風雨、傳染病；或

（三）賣方無法合理掌握之因素，以致無法即時取得必要之適當勞工、材料、組件、設施、能源、燃料、運輸或政府批准，或者買方須提供之指示、用具或資料。

即使上列任一情況在下單時已存在，或者在賣方為其他因素遲延履行義務後發生，以上所述仍然適用。

二、賣方之任何不履行或遲延行為，若為本條文所允許，應通知買方，並儘速指明更改之交貨日期。根據本條第 3 款之規定，若有此類遲延情事，不得採取終止契約，且交貨或履行之延長時間，應等於賣方因遲延而損失之時間。

三、若本條文容許之遲延超過六十日，且雙方尚未同意如何調整遲延結束後之工作基礎，其中包含價格調整，任一方（若遲延由買方造成，僅賣方）均得於發出書面通知三十日後，針對工作未完成之部分取消訂單，屆時買方將其取消費用支付予賣方，且金額應按賣方提交發票時所用之標準會計作法計算。

第 6 條　（貨款）

一、貨款應根據下列規定，在買方發票上指定之日本地點以美元支付：

（一）金額十五萬美元以下之訂單，若買方國家之法律許可，應於下單時同時支付。

（二）金額十五萬美元以上之訂單，若買方國家之法律禁止第一項之作法，貨款應以買方自費取得之即期信用狀支付。

　　1.一切與該信用狀相關之費用，其中包含任何銀行保兌費用，均應由甲方支付。一切信用狀：

　　（1）應對賣方有利，且為其接受；

　　（2）應與本文據之條件相符；應以足夠之金額維持，並具足夠之時間，以符合一切付款義務；

　　（3）應為不可撤銷，由賣方接受之銀行於接單後十五日內確認；

　　（4）應允許局部交貨；

　　（5）應考量出示賣方發票及入倉庫證明或第 2 條所定之交貨證明（船上交貨條件）時之比例款；且

　　2.應考量倉儲、出口裝運、價格調整與撤銷或終止之費用款項。

二、若賣方接受上述現金或信用狀條件外之任何方式，賣方有權安排「產品」之出口裝運事宜。

三、若買方未能遵守其付款義務之任何條件，賣方得：

（一）扣留貨物並暫停履行；

（二）繼續履行，若賣方認為合理；或

（三）根據第 2 條之規定儲存「產品」。

無論如何，因買方未盡義務而產生之賣方成本，應由賣方提交發票時由買方支付。無論賣方是否決定暫停履行，均應有權獲得一履行義務之延長時間，而此

期限等於買方未盡義務之時間。若買方未能於接獲通知後儘速改正未盡義務之行為，賣方得解約，且買方應於賣方提交發票時支付賣方解約金。

第7條　（徵稅與關稅）

一、出示之售價不含銷售稅、使用稅、國產稅、加值稅與類似稅金，因假設之基礎為交易涉及出口。若出口裝運由買方安排，買方同意免費供稅捐或海關單位要求賣方出示之出口證明，或者其他免課稅或關稅證明。若買方無法提供證明，賣方因此交易而需繳納之日本稅金或關稅，應由買方在賣方提交發票時以美元儘速支付賣方。

二、一切非日本政府機關根據此交易徵收之稅金（包含所得稅印花稅與營業稅或加值稅）、關稅、費用、稅款或課賦，無論其徵收對象為買方、賣方、賣方員工、賣方之分包商或分包商員工，均應由買方直接向相關政府機關繳納。凡賣方、賣方之員工、賣方之分包商或分包商之員工繳納之任何稅金及／或罰金、罰款或前述課賦，應由買方在賣方提交發票時以美元儘速支付賣方。若買方違反適用於徵收該稅金之法律或規定，一切因產生之費用及匯兌支出，亦應由買方在賣方提交發票時以美元儘速支付賣方。

第8條　（保證）

一、賣方保證其製造之「產品」在材料、工藝與所有權上均無瑕疵，並符合買方指定之種類與品質。唯在違反前述保證（所有權除外）之情事，於根據第2條規定之交貨日起十五個月內發生，且賣方於該情事發生後三十日內接獲書面通知，並取得賣方指定之「產品」或其部分時，下述賣方義務方適用之。

二、若任何「產品」或其部分無法符合上述保證（所有權除外），賣方應加以修復，或者自行決定是否按本文件第1條所述之相同基礎以以更換。任何違反保證之情事，均不得將第8條規定之保證其延長。若違反保證之情事或缺陷，無法經由賣方之合理努力獲得改正，雙方應協商做出對等之調整。

三、第二項所定之賣方義務，不適用於任何下述產品或其部分：

（一）正常使用的「產品」；

（二）正常固有生命期短於第1項所定保證期之「產品」；

（三）未按賣方指示或許可儲存、安裝、使用、維修、修復或調整之「產品」；

（四）曾涉及意外、暴露於有害環境或遭任何其他不當使用之「產品」。

四、非由賣方製造之「產品」（賣方「產品」要件除外，上述保證應適用之），賣方不提供任何保證，僅製造商所提供之保證適用。

五、根據本文件第10條所述，本條文所定之救濟方式，僅適用於按「產品」缺陷或不一致性提出之索賠，無論該索賠之事由為合約、保證、侵權（包含疏失）或其他。除第9條規定外，前述保證取代一切其他口頭、書面、明示、默示或法定保證。一切特定用途適銷性或適用性之默示或法定保證均不適用。

第9條　（專利）

一、賣方保證按本文件製造或提供之「產品」（或其部分），在日本應可免於第三人依法提出之侵害專利權主張。若買方接獲「產品」侵害日本專利之主張，並迅速通知賣方，同時提供賣方資訊與協助，且賦予賣方解決與抗辯該主張之全部權力，賣方應自費由下列各項擇一為之：

（一）解決或抗辯該主張或一切後續之訴訟或控告，並負擔裁判後買方應負擔之一切損害與成本；

（二）為買方購買繼續使用該「產品」之權利；

（三）修改「產品」，使其不致侵害；

（四）以另一不侵害專利之製品取代「產品」；或

（五）將「產品」撤除，並將買方之貨款（已扣除合理之貶值）或另行支付之運輸或安裝成本償還買方。

若該主張引發任何訴訟，「產品」能否依其用途繼續使用，有管轄權之任何法院均享決定權，而賣方應自行由（二）、（三）、（四）或（五）中擇一項以上（含）為之。以上所述，為任何「產品」侵害專利時賣方應付之全部責任，並受第 10 條所定之全部責任限制。

二、前項不適用於

（一）任何按照買方設計所製造之「產品」（或其任何部分）；或

（二）配合任何其他器具或材料使用之「產品」規定用途。賣方不須為前句所述之任何「產品」、部分或用途侵害專利情事負責。

三、本文件所提供非由賣方製造之「產品」（或其部分），僅製造商之專利損害賠償適用之。

四、以上所述之專利保證與賠償義務，取代一切其他專利保證與賠償，無論其為口頭、書面、明示、默示或法定。

第 10 條　（責任之限制）

一、因下列任一項所產生之協議之履行或不履行，而發生、涉及或導致之一切索賠要求，無論其事由為合約、保證、侵權（包含疏失）或其他，賣方（包含其分包商或廠商）之全部責任不得高於引發該索賠要求之「產品」或服務之價格：

（一）本文件；

（二）「產品」製造、銷售、交貨、轉售、修復或更換；或

（三）任何服務之提供。

除所有權外，任何責任均應於第 8 條規定之保證期截止後終止。

二、在任何情況下，無論該情況係由違反合約、保證、侵權（包含疏失或侵害專利權）或其他原因所造成，賣方或其分包商或廠商均不須為任何特殊、衍生、偶發、間接或懲罰性損害負責，其中包含但不限於：

（一）利潤或收益之損失；

（二）「產品」或其相關設備用途之損失；

（三）資本成本；

（四）替代性商品、設施、服務或重置成本；

（五）停工成本；或

（六）買方客戶因該損失提出之索賠要求。

下列情事發生時，買方應與該第三人訂立一條款，以提供賣方與其分包商及廠商前句所述之保障：

(1) 買方將所有權讓予第三人；

(2) 買方將依本文件購買之「產品」租予第三人；或

(3) 買方允許或容許第三人使用「產品」。

三、若賣方提供買方建議或其他協助，該建議或協助不得導致任何責任，無論其事由為合約、保證、侵權（包含疏失或侵害專利）或其他。

第 11 條 （核子用途）

一、依本文件銷售之「產品」與服務，其用途不得與核子材料之使用或處理，或者核子設施之建築或運轉有關。除非賣方以書面方式同意，否則買方保證不將「產品」或服務用於核子目的，或者允許他人將「產品」或服務用於該目的。

二、若有違反上述用途之情事發生，賣方不為任何核子損害、傷害或污染負責，且買方應針對該責任賠償賣方，無論該賠償事由為合約、保證、侵權（包含疏失）或其他。

第 12 條 （一般條款）

一、任何賣方按本文件提供之「產品」，應遵守賣方估價當日適用於「產品」製造、包裝、銷售與裝運之日本法律以及該法於「產品」交貨前可能完成之增訂部分，唯售價與裝運（若有必要）須依該增訂部分做出對等之調整，以補償賣方。賣方不須遵守任何可能導致賣方遭刑事處罰、民事處罰或稅務損失之日本法令、規章或要求，且估價或訂單之確認，並不表示提供或同意提供任何可能使賣方遭上述處罰或稅務損失之資料。除非售價獲適當調整，否則賣方不須遵守任何其他可能增加賣方成本之法令、規章或要求。

二、若未獲賣方之事先書面同意，買方針對其權利或義務所做出之授予或轉讓應為無效。

三、本文件未包含或提及之任何聲明、瞭解、提案、協議、保證、處理程序或貿易用途，不對賣方具約束力。除非賣方以書面同意，否則賣方不受修正、增訂、廢止、放棄或其他改變之約束。

四、一切與本文件協定及其增訂部分之解釋與效力有關之有效性、履行情況或其他事物，應受日本法律之管轄。

五、除非本文件明文規定，否則本文件所產生之任何協議條款僅對雙方有益，而非任何第三人。

六、除非賣方另行規定，否則任何賣方之估價，應於出價三十日後失效，並得於買方下單日前任何時候修改或撤回。

七、買方僅可於支付賣方解約金後取消訂單，唯金額須依賣方提交發票時所用之標準會計法計算。各方於訂單取消前所做工作之任何義務，並不因訂單之取消而解除。

第 13 條 本契約所引起的任何爭議，買賣雙方同意由中華民國法院管轄，依據中華民國法律裁判。

訂約人：出賣人：日本○○株式會社
代表人：○○○○
地址：日本國東京都○○區○○目○號
買受人：臺灣○○股份有限公司
代表人：○○○

地址：臺灣臺北市○○○路 8 號

| 中 | 華 | 民 | 國 | ○○ | 年 | ○○ | 月 | ○○ | 日 |

第二節）代理

（一）代理店契約書

1. 本契約的特點：本契約為代理店契約書，由契約當事人之一方委任他方為代辦商，銷售其產品之契約。
2. 適用對象：本契約適用於代理銷售產品之契約。
3. 基本條款：訂立本契約應註明代辦商之基本條款，以符法律規定。
4. 相關法條：民法第 558-564 條。

商業活動契約 7-5-6

代理店契約書

○○公司（以下簡稱甲方）與○○貿易公司（以下簡稱乙方），甲方茲聘任乙方為其商品之代理店，從事甲方商品之銷售。雙方訂定契約如下：

第 1 條　甲方聘任乙方為甲方商品（以下簡稱商品）之代理店，從事商品之長期性銷售。

第 2 條　乙方須將商品銷售予○○縣內之特約零售店，以擴充商品銷售量。

第 3 條　乙方須於經銷處標示其為甲方之代理店。

第 4 條　甲方得要求乙方依下列事項提出書面報告：

一、商品庫存量與每月銷售額。

二、價款回收情形。

第 5 條　乙方對甲方有如下提出報告之義務：

一、每年 3 月 15 日前，提出該年全年銷售數量與金額之預估報表。

二、於每期結算之後兩個月內，提出資產負債表、盈虧表，及其附屬之明細表。

三、稅務申報後，乙方須立即將申報表及其附屬文件影印，送交甲方。

第 6 條　乙方對甲方訂購商品之目標額為每年新臺幣○○元整。

前項目標額之達成有顯著困難時，甲方得解除乙方代理店之資格。

第 1 項目標額每年之修訂，由甲方通知乙方。

第 7 條　乙方須尊重商品銷售之流通管道與流通秩序。

乙方銷售商品時，須掌握特約店之整體性信用狀況，以維護、確保優良特約店。

第 8 條　乙方支付甲方價款辦法另訂之。

第 9 條　甲方得酌量乙方之信用狀況，提出如左債務擔保之要求，其詳情另以個別契約定之：

一、保證金額之提供。

二、有價證券質權之設定。

三、不動產抵押權之設定。

四、保證人。

第 10 條 當乙方發生下列之情事時，甲方得不經催告，逕行終止本契約。乙方立即喪失契約期限內之權益，並須支付予甲方所積欠債務金額償：

一、各個債務之任何一項未能按時支付時。

二、支票、匯票之任何一次跳票時。

三、宣告破產、和議或公司整頓時。

四、半數以上股權讓渡予他人，以致實際經營者發生變更。

五、除前項情形外，發生合併經營、轉讓等重大組織變更之情事時。

六、乙方拒絕甲方擔保、保證之請求時。

七、未盡向甲方提出報告之義務時。

八、其他違背本契約之行為時。

第 11 條 本契約之有效期限為締結日（本日）起滿二年，契約屆滿三個月之前，若雙方皆未以書面向對方提出終止要求，則自動延長二年。往後亦以同樣方式終止或延長本契約。

第 12 條 有關本契約之糾紛，甲、乙雙方同意以甲方本店所在地之地方法院為管轄法院。

第 13 條 本契約一式二份，當事人各執一份為憑。

甲方：

公司名稱：

公司地址：

負責人：○○○ 印

住址：

身分證統一編號：

乙方：

公司名稱：

公司地址：

負責人：○○○ 印

住址：

身分證統一編號：

中　　華　　民　　國　　○○　　年　　○○　　月　　○○　　日

註：1. 本契約第 4、5 條之規定，係代辦商之報告義務，乃依據民法第 559 條之規定而定之。

2. 契約當事人得視個案之需要，依據民法第 562 條之規定，於契約中明訂競業禁止之條款。

（二）銷售代表契約書

1. **本契約書的特點**：本契約為銷售代表契約書，甲方委託乙方代表銷售其產品之契約。

2. **適用對象**：本契約適用於產品銷售代表契約書。

3. 基本條款：訂立本契約應訂明行紀契約之基本條款。

4. 相關法條：民法第 576 條。

商業活動契約 7-5-7

銷售代表契約書

　　立契約人日本○○株式會社（簡稱甲方），臺灣○○股份有限公司（簡稱乙方），雙方同意訂立下述契約，共同遵守：

第 1 條　（定義）

　　　　下列用語在本契約書中之定義如下：

　　　　一、「生效日」應指後簽約一方簽署本契約書之日期，或後簽約一方取得所有相關政府許可之日期。

　　　　二、「產品」應指〈附件一〉所述之「表面附著裝置部署系統」，其定義得於雙方同意後修改之。此外，在某些情況下，「產品」應包含其預備零件。

　　　　三、「售價」應指甲方將「產品」直接售予「地區」內客戶之價格。

　　　　四、「有效期間」應指本契約書有效之期限，其中包含本契約所指之延長與更新。

　　　　五、「地區」應指本契約書〈附件三〉所述之國家。

　　　　六、「商標」應指本契約書〈附件四〉所列之商標，或其他得由甲方不定時指定之商標。

　　　　七、「單位」應指一整組「產品」，其中不包含預備零件。

　　　　八、「佣金」應指乙方

　　　　　　（一）蒐集／提供所有必要之技術或商業資料供甲方使用時；

　　　　　　（二）取得訂單並提供必要之售後服務時；且

　　　　　　（三）履行本契約書所述之任何其他義務時，甲方應支付乙方之金額。

第 2 條　（代表之授權）

　　　　一、根據本契約書所述之規定與條件，為取得「地區」內客戶之「產品」訂單，並提供「地區」內客戶「產品」服務，甲方授權乙方為「地區」內之獨家「代表」，並授與乙方於「地區」內爭取客戶「產品」訂單，以及為「地區」內客戶提供「產品」服務之獨家權利，而乙方亦同意接受此一授權。立約雙方均認為本契約書所用之「客戶」一詞，應指「產品」之「最終使用者」。

　　　　二、此授權表示只要乙方為甲方之「產品」獨家代表，甲方便不得藉行銷活動爭取地區內客戶之訂單，但甲方得以「原廠委託製造」之方式，將「產品」行銷至「地區」內之任何客戶。若「地區」外第三者承攬之成套包件專案，其最終目的地為「地區」，甲方得直接處理之。

　　　　三、除甲方或其「地區」關係企業以非獨家方式製造之「產品」外，本契約書之任何內容，均不得限制雙方各自以書面方式同意銷售並維修其他產品。然在本契約書「有效期間」內，乙方不得直接或間接參與以下各項之製造、組裝、行銷、促銷或銷售行為：

　　　　　　（一）與「產品」相同、雷同或直接競爭之物品、商品、設備或器材；或

　　　　　　（二）與「產品」功能大致相同之物品、商品、設備或器材。

儘管有前句所述，甲方明確同意乙方應有權在通知甲方後，向第三者購買並銷售「產品」所用之附屬品或配件，且此行為並未違反本款所述之義務。

四、本項賦予乙方之權利，限於為爭取「地區」內「產品」訂單所進行之廣告、行銷與促銷活動（以下簡稱「行銷活動」）。除非獲得甲方之書面同意，否則乙方不得藉直接或間接「行銷活動」吸引「地區」外之任何客戶，或向「地區」外可能有意使用「產品」之客戶爭取訂單。除本契約書授權範圍或甲方書面同意者外，乙方不得提出任何有利於目標客戶之表述、保險或其他利益。

五、乙方應提供甲方一份「原廠委託製造」潛在客戶之報告。

六、若有「產品」項目中斷情事發生，甲方應事先以書面方式通知乙方，且預知時間不得少於三個月。三個月期限截止後，雙方應修訂〈附件一〉反映此中斷情形。

第3條　（立約雙方之關係）

一、雙方同意乙方應為獨立承包商，且不得藉任何理由以代理商、僱員或合資夥伴之方式運作。雙方均示獲任何明示或默示之授權，得以代表另一方承擔任何責任，或以任何方式做出承諾。乙方應自僱員工，並為與以下各項有關之損失、損害、傷害或其他類似情事負責：

（一）乙方之履約

（二）乙方或與其履約有關之任何員工、副代表或代理人之工作為或不作為；或

（三）乙方提供；或

以上各項直接或間接造成之個人財產損失或傷亡，乙方應負賠償責任。乙方應保護甲方，使其不受任何此類索賠、損失或損害之影響，其中包括因乙方或與其員工、副代表或代理人單方面作為或不作為所造成之支出與合理律師費用。此外，乙方無權利／力代表甲方或藉甲方之名承擔或創造任何明示或默示之義務或責任。乙方無權利／力以任何方式約束甲方。

二、除依照本契約書之規定為「產品」命名外，乙方不得以任何方式在其公司、企業或商業名稱中，加入任何足以使第三人混淆乙方與甲方或其關係企業之商標。

三、然本條文之任何內容，均未禁止乙方在「地區」內聲稱並藉廣告宣傳其為「產品」之授權代表。

第4條　（立約雙方之角色）

一、雙方應於本契約書之「有效期間」內合作，以維持並改善「產品」之銷售量與服務。

二、若甲方按照本契約書第7條之規定，透過乙方接受「地區」內客戶之「產品」訂單，便應盡全力按時交貨。甲方應在自行決定乙方所需之資料後，免費提供乙方與「產品」有關之資料和協助，以及「行銷活動」所需之市場資訊。

三、乙方應為甲方之代表，並蒐集「地區」內潛在客戶之資料，其中包含設計圖與草圖等一切可用之技術數據／資料，以及其他符合其需求之商業資料。乙方應告知甲方客戶使用「產品」之特定用途，並提供甲方可用之商業資料。甲方應為客戶進行「產品」估價，並假設在必要情況下，將依乙方提供之資料，針對

「產品」進行升級／改良，以滿足客戶之需求。若客戶接受此一售價及甲方提出之「產品」銷售條件（其中包含本契約書針對甲方，客戶「產品」買賣所定，並由甲方個別通知客戶之條件，以下總稱「銷售條件」），且甲方根據本契約書第 7 條規定接受其「產品」訂單，甲方應針對「產品」進行升級／改良，以滿足客戶之需求，並將該升級／改良後之產品售予客戶。

四、乙方應盡全力於「地區」內從事「行銷活動」，並爭取客戶之「產品」訂單。

五、乙方無條件保證必遵從要求，按時將客戶支付之「產品」貨款及合法利息交與甲方，並確保客戶履行甲方、客戶銷售契約中所定之其他義務。以上保證不得更改。在任何情況下，乙方均不得藉任何理由拒絕甲方之此類要求。

六、乙方應依稍後所述，維持客戶對產品之「最低訂購數量」。根據本契約書第 6 條對「最低訂購數量」之規定，若甲方透過乙方接受「地區」內客戶之訂單，唯有甲方售予客戶之實際「產品」數量，方能做為「最低訂購數量」之一部分。在本契約書「有效期間」內，乙方無時無刻均應按本條文第 3 項所稱之「銷售條件」（由甲方不定時通知乙方之本契約書外之買賣條件，或「銷售條件」改變之部分），盡全力向客戶促銷並爭取「產品」訂單，並承擔本契約書針對此類交易所定之乙方義務。至於「行銷活動」、訂單爭取、服務提供或其他本契約書所定之義務等方面，乙方應自行選擇適用於「產品」之「行銷活動」與訂單爭取方式，於「地區」內自費進行適當之相關商業活動，其中包含但不限於以下各項：

（一）以廣告大致介紹產品；

（二）於貿易展或其他展覽會促銷「產品」；

（三）郵寄促銷；及

（四）其他散佈「產品」介紹之方式

七、除其他事宜外，乙方應向「地區」內之潛在客戶說明，並使其瞭解以下事項：

（一）本條文第三項所稱之「銷售條件」（包括由甲方個別通知乙方之部分，且包含但不限於第 4、7、8、9 與 16、19、25、27 條所述之條件），以及甲方得不定時自行決定修改之銷售條件，然就甲方與客戶間之銷售契約而言，甲方不得在簽約後修改條件；

（二）本契約書賦予甲乙雙方之權義（其中包含但不限於以下事實：乙方無權與客戶簽訂合約，且乙方無權利／力代表甲方或藉甲方之名義承擔或創造任何明示或默示之義務或責任。乙方亦無權利／力以任何方式約束甲方。）；

（三）甲方可自行決定接受或拒絕客戶之任何訂單；

（四）客戶應按本契約書第 24 條所述之程度，為甲方資訊之機密性負責；及

（五）其他甲方得不定時告知乙方之事宜。

八、乙方應同意並承認以下事項：

（一）在以書面方式通知乙方後，甲方得不定時修改「銷售條件」，而乙方應詳讀並完全瞭解該「銷售條件」；

（二）若甲言已履行本契約書及其他雙方協定賦予之權利義務，而客戶仍針對其損失或損害向甲方索賠，乙方應負賠償甲方之責任。除非此甲方，客

戶銷售協定造成之索賠要求，以及客戶對甲方所造成之額外負擔，均不符合本契約書之規定；

（三）乙方應保護甲方，使其不受以下各項之影響：任何不符本契約書規定之賠償要求，以及客戶對甲方所造成之額外負擔，均不符本契約書之規定；及

（四）由於本契約書包含相關之「銷售條件」，因此乙方應促使客戶遵守本契約書之規定，且乙方應賠償甲方因客戶違反「銷售條件」而造成之一切損害。

第 5 條　（半年度銷售預測）

一、在本契約書「有效期間」內，乙方應於每月之首個營業日，提供甲方一份「地區」內之「產品」月銷售預測，且該月份銷售預測應註明客戶、業務員、「產品」數量、估價日期、取得訂單之機率與預計交貨日等。

二、在接下來三個月中，甲方將參考此月份銷售預測，制訂每月生產計畫。

第 6 條　（最低訂購數量）

一、乙方應在「地區」內爭取客戶訂單，並將客戶所下之訂單送交甲方。

二、在「有效期間」之第一年或其延長期限中，乙方應將「產品」目標數量，即客戶透過乙方告知甲方之訂購數量，註明於本契約書之〈附件五〉中。若甲方接獲之「產品」訂購數量超過目標數量，並依其提出之售價銷售及第 4 條第 3 項之「銷售條件」售出該數量之產品，甲方應提供合理之獎勵措施，招待乙方之一名員工赴日本旅遊一星期。

三、在本項下述所指之各六個月限期內，乙方應滿足「最低訂購數量」之要求，且其計算方式應符合本契約書第 4 條第 6 項之規定。此六個月期限之劃分方式如下：

（一）前半部：4 月 1 日至 9 月 30 日（含）。

（二）後半部：10 月 1 日至 3 月 31 日（含）。

四、乙方應在〈附件六〉所定之六個月期限內，滿足〈附件六〉所指之「最低訂購數量」要求。若乙方未在期限內任何時間滿足該要求，甲方應有權自行決定是否終止本契約，或將本契約轉至另一非獨家代表。

五、在第一年或其延長期限結束前一個月，雙方應開會協商未來任何一年之「最低訂購數量」，唯此數量應以客戶透過乙方送至甲方之訂單為基礎，並將甲方於「地區」內之實際「產品」銷售量納入考量後而定。若乙方未於期限內任何時間滿足該要求，或雙方不願針對未來任何一年之「最低訂購數量」進行協商並達成共識，甲方應有權自行決定是否終止本契約，或將本契約轉至另一非獨家代表。

六、當與「產品」有關之新製品上市時，立約雙方應共同決定是否將此新製品納入本契約所稱之「產品」內。若決定將其納入，雙方亦應針對此新製品之「最低訂購數量」與其他條件（包含但不限於「佣金」金額）達成共識。當甲方根據對「產品」之考量，自行決定將新國家或區域納入本「地區」時，立約雙方應確認並建立該「地區」之「最低訂購數量」，同時達成共識。

第 7 條　（買賣）

一、乙方應將「地區」內客戶之「產品」訂單送交甲方，並建議運貨日期。此訂單應包含但不限於價格、目的港及付款條件等。乙方應促使客戶提供願接受甲方「銷售條件」之證明，並將此證明隨各訂單送交甲方。若甲方得按本條文第 2 項之規定接受此訂單，便可透過乙方將最終「銷售條件」（其中得包含客戶已知條件之增補及／或修改）送交客戶。為符合本契約書之目的，若客戶簽署甲方所提之「銷售條件」，並透過乙方將其送交甲方，且甲方根據本條文第 2 項所述接受並確認此客戶之訂單，甲方與客戶間之契約書即已具結生效。

二、訂單應為書面形式，且甲方派員接收訂單後，該訂單便對甲方具約束效力。甲方應透過乙方

將簽收單或履約憑證送交客戶。然在下述情況發生時，甲方即不須如此：

（一）訂單註明甲方須於接單後　　日內交貨；或

（二）乙方送交之訂單：

　　　1. 不受任何「銷售條件」約束；

　　　2. 未獲立約雙方同意；或

　　　3. 未獲甲方與客戶之同意，

除非矛盾之條件已獲甲方事先書面確認。

三、除非客戶經由乙方將其簽署之最終「銷售條件」送交甲方，且甲方接受並確認該訂單，否則甲方便不受該訂單之約束。接獲訂單後，甲方應迅速循其正常步驟確認訂單，或透過乙方拒絕該客戶之訂單。若客戶所提之按時交貨要求超出甲方之能力範圍，甲方便不須接受該訂單。然甲方應盡全力滿足客戶之訂單要求。

四、甲方最晚應在兩星期內，將接單憑證送交乙方，而乙方亦應儘速將其送交客戶。

五、甲方與客戶間之一切買賣，均應受本契約書之約束。若乙方於「有效期間」後提供訂單，且該訂單之條件與本契約書之規定不一致，或對甲方造成超過現有義務之額外負擔，除非甲方之書面方式聲明接受，否則該訂單不具任何效力，然此接受範圍僅限於不一致或額外負擔之部分，並以該訂單之條件為準。

六、乙方應根據甲方建議之零件清單或不定時發佈之清單，向甲方購買「產品」可能需要之零件。此清單應列舉各零件之建議轉售價格，然乙方應自行負責設定適用於客戶之轉售價格。有關零件之買賣事宜，前述第 1 至第 5 項準用之。

七、甲方得不定時提供乙方「產品」選擇清單，而客戶得透過乙方向甲方下單訂購。

八、若甲方向乙方索取與下單客戶有關之資料，雙方明示同意並承認乙方應提供之。此資料應包含客戶購買「產品」之用途，以及客戶之財務狀況等。

第 8 條　（價格與價格調整）

一、乙方應根據甲方不定時提供之價格表或公告，向「地區」內之潛在客戶說明「產品」之售價。目前適用之價格表請見〈附件二〉。甲方得自行不定時調整價格，並以書面方式通知乙方。調整後之價格則於乙方接獲通知九十日後生效。已獲甲方接受之訂單，其價格不得改變。

二、乙方得於接獲甲方書面許可後，向潛在客戶說明價格優惠措施。若客戶以優惠價購得「產品」，「佣金」之金額亦應降低。

三、若潛在客戶要求針對「產品」進行升級／改良，乙方應將相關細節告知甲方。在此情況下，甲方估價時應將該升級／改良要求納入考量，且本條文第一項所述之價格表絕不適用。

第9條 （付款條件）

一、客戶應以可轉讓、不可撤銷且已經確認之跟單信用狀（以下簡稱「信用狀」），付清所有購買「產品」之貨款。客戶亦可於甲方工廠交貨前，以銀行匯付之方式清貨款。「信用狀」須符合以下各項：

（一）由甲方接受之銀行開具，並由甲方推薦之銀行確認；

（二）應符合〈跟單信用狀統一慣例與實例〉（國際商會出版品第五〇〇號）；

（三）應允許分批裝運；

（四）應以英文開具；

（五）應於「產品」發貨至少一個月前，由客戶或其銀行開具並送交甲方；

（六）應為具六十日有效期限之一般信用狀；

（七）應可以日圓支付，且各信用狀應以「產品」貨款之金額開具；且

（八）應可按運貨單證信用狀之條件，於東京以即期匯票提領。

銀行匯付應於發貨兩星期前，以日圓匯入甲方之帳戶。

二、乙方應確保客戶支付甲方之「產品」貨款，符合本條文第1項之規定。

三、若客戶未於「產品」發貨一個月前，開具符合本條文第1項所有規定之「信用狀」，乙方應立刻代表客戶提供「信用狀」，而該「信用狀」須符合所有必要規定，並按甲方要求附上銀行履約保證，以做為其履行責任之保證。若客戶未於發貨兩星期前，以銀行匯付之方式將「產品」貨款匯入甲方帳戶，乙方應立刻進行匯付，以做為其履行責任之保證。

四、若乙方未按本條文第3項之規定履行其責任，甲方有權自行終止本契約，或將此契約移轉至另一非獨家代表。在此情況下，若乙方遵守甲方之要求，賠償甲方因其失責所造成之一切損害與損失。

五、凡日本境外之相關「信用狀」及銀行匯付費用，均應自客戶負擔。

六、本契約書所定之付款義務，客戶與乙方均無權提出任何反索賠。

第10條 （佣金）

一、甲方將視乙方履行本契約書所定一切義務之情況（其中包含但不限於：蒐集所有必要之技術與商業資料供甲方使用；「行銷活動」；爭取訂單；將客戶之訂單送交甲方；及提供規定之售後服務），而支付乙方「佣金」。然乙方收取「佣金」之權利，應於滿足下列條件後產生：

（一）客戶與甲方之契約書，已因乙方送交甲方之訂單而完成簽署；且

（二）甲方已收到銷售「產品」之全部貨款。

二、本條文第一款所稱「佣金」之細節，應符合：

（一）提供售後服務：佣金之50%。

（二）履行其他義務（其中包含但不限於：蒐集所有必要之技術與商業資料供甲方使用；行銷／促銷活動；爭取訂單；及將客戶之訂單送交甲方）：其餘 50% 佣金。

三、乙方將客戶「產品」訂單送交甲方前，雙方應討論乙方應獲之佣金金額，並達成共識。甲方應在下述兩者中擇較晚之日為起算點，並於該日起三十天內，以雙方另行同意之貨幣，將該筆佣金匯入乙方指定之銀行帳戶：

（一）甲方得知銷售價格之時間；或

（二）任何匯款所需政府證照或許可之獲准日期

乙方明確同意應在退貨情事發生時，立刻將相關「佣金」退還甲方。

四、若乙方未履行與售後服務有關之義務，應將本條文第 2 項所稱之其餘 50% 佣金退還甲方，並補償甲方一切因乙方失責而造成之損害與損失。

第 11 條 （檢驗）

一、乙方或客戶得於三星期前提出要求，在正常營業時間內前往甲方工廠及／或倉庫檢驗即將送交客戶之「產品」。除前句所述之檢驗外，其他檢驗一律禁止。

二、若乙方或客戶按第一項之規定檢驗「產品」，甲方最後應不須對乙方或客戶可能發現之品質缺失負責。

三、結束檢驗或放棄檢驗，均應被視為客戶已完成「產品」之最後驗收。

四、乙方或客戶決定檢驗「產品」時，應自備檢驗所需之印刷線路板、電子配件與其他零件或材料。

五、若乙方或客戶放棄檢驗，本條文第 2 及第 3 項準用之。

第 12 條 （運貨）

一、包裝：甲方應在每批「產品」發貨前，自費採用日本工業常用且適當之方式包裝「產品」。若客戶要求特殊包裝或標誌，則應支付一切相關之額外費用。各外籍及／或包裝均應印有標記，並依序包含以下資料：

（一）內部標誌；

（二）客戶（買方）名稱；

（三）外箱號碼；

（四）若有可能，警告標誌；

（五）訂單號碼；

（六）若有可能，信用狀號碼；及

（七）原產地

二、所有「產品」之交貨均應按照一九九○年《國貿條規》以東京／橫濱 FOB 條件為基礎。甲方亦應以此為交貨基礎。超越以上交貨點之一切相關「產品」運費，應由客戶負擔。

甲方應按客戶藉乙方轉交之裝運或航路指示，將客戶藉乙方向甲方訂購之「產品」交予指定之公共運送人。客戶應於發貨至少四星期前，透過乙方告知甲方指定之運送人。客戶亦可用訂單告知此訊息。若無上述指示，甲方得根據過去與乙方及／或客戶交易之經驗，將貨交予乙方與客戶均應接受之公共運送人。甲方應負擔貨運承攬業者及裝貨之費用，客戶則應負擔該公共運送人之運費。

當甲方依本條文第2項(2)及貨運合約之規定，將「產品」之占有移轉至公共運送人後，甲方便已履行其運送「產品」之義務。甲方將「產品」交予運送人時，應以一清潔載貨證單或貨運承攬商收據，做為包裝與上貨完善之確實證據。甲方應在發貨前通知乙方「產品」貨運事宜，乙方亦應告知客戶相同訊息。甲方將「產品」交予公共運送人時，便已將「產品」損失之風險移轉至客戶。若公共運送人未將「產品」送達，甲方不須承擔任何責任。

三、在甲方未到全部貨款前，乙方購得「產品」之所有權應歸甲方所有。

第13條　（安裝與試車）

一、乙方應在客戶指定且甲方同意之地點安裝「產品」，並進行「產品」試車。安裝「產品」之費用應由乙方負擔。立約雙方與客戶應於「產品」到達前，針對「產品」之安裝地點達成共識。

二、乙方應負責一切視地安裝之準備工作，並協調貨運事宜，同時提供「產品」安裝工作所需之設備與工具。在「產品」到達前，乙方尤須自行或催人對地點入口進行必要調整，以利「產品」安裝。

第14條　（藉訓練客戶員工提供技術協助）

一、若有必要，乙方應促使「產品」客戶派遣工程師及／或其他人員，至指定之甲方辦公室及／或設施接受「產品」用途訓練。
客戶派遣之工程師及／或其他人員應出示文憑證明其工程背景。

二、立約雙方根據前款所述，透過書面協定確認送訓工程師及其他人員之人數，以及行程與所有拜訪之特定目的。

三、所有根據本條文規定送訓之工程師及其他人員，均應完全遵守訓練辦公室／設施之一切規則與規定。

四、所有按本條文第1項規定派往甲方辦公室／設施受訓之工程師及其他人員，其一切費用應由乙方負擔，其中包括但不限於所有薪資、福利、車馬費及生活費等。乙方應迅速償還任何甲方支付或造成之費用。

第15條　（派遣甲方工程師提供技術協助）

一、若乙方提出要求，甲方得自行派遣其工程師或其他人員（「受派人員」），以提供「產品」使用客戶建議，並在「產品」用途方面提供客戶協助。

二、「受派人員」於本契約書「有效期間」內提供客戶服務之總天數（「受派期間」），應由立約雙方共同確認並達成共識。

三、「受派日」之數目，應由「受派人員」飛抵下述國際機場（「機場」）當日起算：

（一）對「受派人員」而言最方便之「機場」；

（二）其他距離最近、安全且開放之「機場」（以避免機場關閉引發之危險），且「受派人員」可自當地前往該國（「國家」）之任何「產品」安裝地點。
受派期間應在「受派人員」飛離此「國家」之「機場」時結束。入境日與離境日均應包含在內，且介於兩者間之任何曆日即為「受派日」，無論「受派人員」該日是否真正工作。

四、以下所述僅與酬勞有關：若「受派人員」之工作期間，超過根據客戶工作需求所定之每日正常工時，該超時部分即為半個「受派日」。若「受派人員」於星期日或國家假日工作，其工作時數即為一個半「受派日」。立約雙方同意本條文之上述規定僅適用於薪資，而非「受派日」之總天數。根據本條第三項之規定，「受派日」總天數必為曆日之總數。

五、無論在何種情況下，「受派人員」每日之實際工作時間均須符合以下各項之一：

（一）不得超過八小時，且其中包含休息時間；或

（二）不得持續四小時，且其間未有合理休息。

六、各「受派人員」停留之「受派日」均應納入「受派期間」，即便甲方同時派遣兩位以上（含）人員亦是如此。

七、當乙方要求甲方派遣「受派人員」時，應明確告知所需「受派人員」與「受派日」之數目，以及協助之型態，並於事先諮詢後獲得甲方之同意。

八、以下「受派人員」之花費，應由乙方負擔：

（一）車馬費，其中包含往返日本與「國家」間之來回商務艙機；及

（二）入境至離境期間之食宿費用

九、乙方應按本條文之規定，以每「受派日」六萬日圓之基準支付甲方報酬。

十、除非本契約書另有規定，否則應於「受派人員」離開日本之預定日期前，儘速詳細告知客戶之工作規則與規定，並確保「受派人員」遵守之。然在與甲方之標準工作規則與規定比較下，客戶之規則與規定必須合理。

十一、一般而言，「受派人員」應以日語進行指導。若有必要將日語譯成英語或其他語言，乙方應自費提供口譯員。

十二、若甲方派遣工程師及其他人員，至乙方與客戶之辦公室／設施提供與產品有關之安裝、試車與技術協助，乙方應自費代其購買個人死亡或傷害險。立約雙方應不定時討論保險金額與條件，並達成共識。

十三、乙方明確同意並承認：第 14 與第 15 所定之技術協助細節及方式，應由甲方自行決定。當甲方依此細節與方式提供技術協助時，便已可能完成其義務之履行。乙方不僅不得對此提出異議，亦應促使客戶不提出異議。乙方不得對此提出異議，亦不應以其做為任何目的之藉口。

第 16 條　（維修與服務）

一、乙方應提供售後服務（包含維修及其他與「產品」有關之服務），並維持適量之零件庫存，以滿足客戶之需求。

二、乙方提出書面要求後，只要尚有存貨，甲方應以合理價格提供售後服務所需之相關零件。

三、乙方應保留現有零件之庫存資料，並於每月 20 日前，提供甲方截至上月底之紀錄。

四、在第一批「產品」到達前，乙方應自費派遣工程師前往甲方位於日本之設施，以英文對相當數目之乙方人員（雙方應於派員前對此人數達成共識）傳授「產品」知識。甲方之工程師應於雙方同意之期間內主導該訓練。甲方保證乙方人員將獲得使用及維修「產品」之訓練與經驗。然本條文所述之訓練細節與方

　　　法，得由甲方自行決定。當甲方依此細節與方式提供訓練時，便已可能完成其
　　　義務之履行。乙方不僅不得對此提出異議，亦應促使客戶不提出異議。乙方不
　　　得以其做為任何事務之藉口，亦不得促使客戶做出相同行為。

五、甲方應在自行考量後，將其認為有助於「產品」使用、維修及操作之英文手冊
　　及其他文件送交乙方。若乙方要求將任何與「產品」有關之資訊或文件，譯成
　　英語外之語言供本身使用，其費用應由乙方獨自負擔。

六、乙方應持續拜訪使用「產品」之客戶。若乙方根據第 19 條第 1 項第 1 至 4 款
　　所述，發現或得知客戶面臨使用／維修不當、事故機率偏高或品質欠佳等問
　　題，以及其他困難及／或功能障礙（以下簡稱「不當作為」），乙方應迅速採
　　取行動進行反制（如「產品」修復、「產品」回收與指導），同時通知甲方該
　　「不當作為」及反制措施。

第 17 條　（報告）

一、乙方應於每月底送交甲方一份書面報告，其中註明該月乙方安裝「產品」之地
　　點與序號。此外，乙方應調查過去所安裝「產品」之地點與序號，並在甲方提
　　出要求時送交甲方。

二、乙方應於每月底送交甲方一份訂單預測報告，以在未來三個月內為客戶預留
　　「產品」。

三、乙方應在甲方提出要求時，送交甲方其他書面報告。

第 18 條　（商標）

一、若乙方於廣告、行銷或任何其他甲方指定之方法中使用「商標」，其使用方式
　　應符合甲方指定之風格與標誌。乙方承認「商標」為甲方之專屬財產，且僅有
　　在獲得甲方明確之書面後方能合法使用。乙方不得藉任何目的挑戰或爭論其有
　　效性。

二、在本契約書「有效期間」內或之後，乙方均不得在任何國家、州或政治實體
　　內，為任何產品或服務進行、尋求或促成「商標」或其形式之登記。此外，乙
　　方亦不得直接或間接反對、阻止或干涉甲方在任何國家、州或政治實體內，為
　　任何產品或服務登記或使用「商標」。
　　乙方以使用或登記「商標」為由在世界任一號取得之「商標」權利，均對甲方
　　之利益造成損害。乙方應在甲方提出要求後，果斷地將該權利轉讓予甲方。

三、在本契約書「有效期間」內，每當乙方依本契約書之規定於廣告或其他方式中
　　使用「商標」時，若甲方於任何時間提出要求，乙方便應清楚明確的指出甲方
　　擁有「商標」及其權利。
　　甲方將不定時以書面形式向乙方指定此說明之方法、甲方提出要求時，乙方應
　　提供甲方所有「產品」行銷活動使用之實物樣本，其中包括印刷物、包裝、標
　　籤或其他標籤形式、器材或材料等。乙方依本契約書規定某國或州內使用「商
　　標」時，應符合當地所有與「商標」有關之現行法規。

四、除非本契約書明文規定，否則乙方並未獲得「商標」之任何權利、所有權、利
　　益或個別登記。乙方不得以任何違反本契約之方式使用「商標」。

第 19 條　（保證）

一、甲方向客戶提出以下保證：自東京／橫濱 FOB 載貨證券或空運提單日期起一年之內（以下簡稱「保證期」），「產品」之手藝與材料均無缺陷。若發現「產品」或其零件具任何潛藏缺陷，即明顯與「產品」規格不符之處，客戶應立即通知乙方，且乙方應即刻將此資訊告知甲方。若甲方於「保證期」內接獲此通知，並確定該缺陷屬甲方之責任，甲方應在客戶提出要求時修復該不良「產品」或更換不良零件，並負擔一切費用。若甲方提出要求，乙方應自客戶處取得該不良「產品」經乙方送交甲方時，一切與修復及更換工作有關之運輸、保險與稅金支出，均應由甲方負擔。當已修復之「產品」或替換品經乙方送交客戶時，乙方則應負擔所有運輸、保險與稅金支出。雙方同甲方僅須為正常運送、儲存、使用及維修情況下造成之缺陷負責。甲方不須對下列任何例示缺陷負責：

（一）因「產品」修改所造成之問題及／或功能障礙；

（二）甲方外之任一方在未獲甲方書面同意或適當指導下，對「產品」進行修理、替換、改變、調整或更動，使「產品」與規格間有所偏差，導致「產品」發生問題及／或功能障礙；

（三）因「產品」操作所造成之問題及／或功能障礙；

（四）因「產品」安裝不當所造成之問題及／或功能障礙；

（五）因「產品」處理不當、使用錯誤或維修不當所造成之問題及／或功能障礙；

（六）因向甲方外第三人購買零件而造成之問題及／或功能障礙；

（七）保險絲、電子零件或橡膠配件等消耗性零組件之磨損、撕裂、分解或破損。

（八）在不當情況下使用「產品」所造成之問題及／或功能障礙；或

（九）將安裝於某地之「產品」運送至他處。

二、若第三人針對財產損失或個人傷亡，向其中一方提出訴訟或警告，該方應立即通知另一方。立約雙方應共同合作，以反制此起訴或警告，並達成和解。甲方不須為以下各項負擔任何費用（其中包含但不限於律師費用、損害、運輸成本等）：

（一）導致傷害或傷亡之因素，並非甲方單獨造成者。為符合本項之目的，甲方明確同意本條第 1 項第 1 至 9 款所列之例示，均不應將責任歸咎於甲方；或

（二）在未獲甲方書面同意之情況下，與該第三人達成和解。

若某「產品」造成損害或傷亡，甲方在任何情況下所負擔之費用，均不得超過該「產品」之銷售金額。

三、本條文前 1 款所定之保證，應可代替任何其他明示或默示之保證，其中包含但不限於任何針對特定目的提出之適銷性保證。

儘管與本契約書其他條文有所出入，但甲方不須對任何因「契約書」缺陷、不良或使用錯誤所造成之任何衍生、間接或特殊損失、損害與傷害負責。

第 20 條　（產品行銷）

一、支出——因「行銷活動」、售後服務及履行契約義務所造成之支出，應由乙方自行負擔，其中包含但不限於包含其員工、代理人與代表之工資、薪資與花費。

二、授權——根據本契約書第29條之要求，若乙方決定授權本產品所賦義務之部分或全部予第三人時，乙方仍應維護並遵守本契約書之要求，同時要求其員工、代理人或副代表亦遵從本契約書之規定。儘管有前述規定，乙方應絕對有權隨時或不定時指派「契約書」副代表，並與「產品」客戶簽訂與維修服務有關之協議。此一安排並未構成或被視為乙方權利或義務之「轉讓」。

第21條 （有效期間）

一、本契約書應於「生效日」起生效。除非因稍後所述之規定遭到終止，否則本契約書自「生效日」起一年內均具備完全效力。

二、在第一年或其延長期限到期時，除非另有約定，或其中一方於「有效期間」到期前至少三個月時，將其終止契約之意願以書面方式通知另一方，否則本契約書之「有效期間」應延長一年。

第22條 （終止）

一、若有以下情況發生，各方得在通知另一方後立即終止本契約：

（一）另一方無力償還債務；自願或非自願之破產或企業重整申請，已由另一方或第三人提出；指定管理人已準備處理另一方之任何資產；或清算程序已由另一方或第三人開始；或

（二）另一方未履行本契約書所定之任何義務，且在接獲書面通知要求改善後，仍無法於少於三十日之合理期間內導正其行為。

二、若乙方將合併和／或收購，其中包括其商業資產之大量移轉或出售，使新所有人成為甲方之競爭者，甲方應有權即刻終止本契約。

三、乙方因故無法滿足〈附件五〉所定「最低訂購數量」之要求，甲方應有權終止本契約，或將此契約移轉至非獨家代表。

四、若一方因另一方未履行其義務而蒙受損害，無論損害一方是否按第22條終止本契約，均得向另一方提出索賠。

第23條 （終止之效力）

一、若客戶經乙方將訂單送交甲方確認，且進而完成買賣，即便本契約已經終止，該買賣仍然有效且具約束力。然此買賣行為不得被解釋為本契約書之更新或延長，或終止之放棄。

二、若本契約書因故終止，乙方應歸還一切甲方提供之有形機密資料。無論本契約終止之原因為何，乙方仍應遵守義務，保護甲方提供資料之機密性。若甲方提出要求，在本契約終止之前或之後，乙方均應為甲方透過乙方接單並售予客戶之「產品」提供維修服務。因此，甲方應在本契約終止後之三年間，供應乙方所需之零件。

三、即便本契約已因某緣故而終止，本契約書中所有效力應自然持續之條文，（以下簡稱「殘存條款」），即履行本契約書時所產生及導致之效力與義務，應在契約終止後維持有效。甲乙雙方承認第16條、第17條、第24條與第27條為「殘存條款」，唯乙方履行維修服務之義務得由甲方解除，並執行「殘存條款」。

四、本契約書所稱之「終止」，應指本契約書第 21 條所定之到期情況，以及第 22 條所定之終止情況。

第 24 條　（機密資料）

乙方應以最謹慎之態度保護甲方提供資料之機密性。若甲方提供之資料尚未對外公開，且乙方無法從它處得知（除非乙方已知或應知該資料係在違反類似保密義務之情況下自他處取得），該資料便應受到乙方最謹慎之保護，其方式包含但不限於：要求所有可接觸該資料之人員履行保密義務，且唯有在達成本契約目標之必要情況下，方能重製該資訊。乙方應同意絕不使用任何甲方資料，除非其用途為執行本契約所需。乙方亦應承認以下各項為甲方之機密資料：本契約書之條件與規定：

一、甲方與客戶間之「銷售條件」（售價、付款條件與「產品」規格等）；

二、甲方之「產品」銷售數量；及

三、任何技術資料。

第 25 條　（管轄之法律與貿易條件）

本契約書之格式、效力、解釋與執行應由臺灣法律管轄。本契約書之貿易條件應由《國際貿易條件解釋規則》（一九九○年國貿條規）管轄並解釋。當本契約書之條文與《國貿條規》之解釋不一致時，應以本契約書之條文為優先。

第 26 條　（仲裁）

一、立約雙方應盡力以圓滿的方式，解決與本契約有關或因本契約造成之糾紛或爭議，或其他本契約未明確規定之事項。

二、若首次提出某控訴當日起三個月內，立約雙方仍無法圓滿平息或解決雙方間之糾紛或爭議，該糾紛或爭議應依據〈臺灣仲裁委員會〉之仲裁規則，由該委員會於臺灣臺北市全權仲裁。仲裁人做出之仲裁判斷得於任何管轄法院中提出。

第 27 條　（進一步保證與承認）

一、為完成本契約書所述之交易，立約雙方應採取必要之行為；執行並遞送必要之證書及文件；交執行其他合理且必要之事務。

二、若甲方停止「產品」之生產及／或銷售，或發生政府規定或嚴重之交貨與技術等問題，雙方應以善意重新協商本契約書第六條之「最低訂購數量」。

三、在「產品」採用、包含或涉及之智慧財產權方面（其中包含但不限於專利權、實用新型權、設計權、著作權、商業機密、專業知識等，以下簡稱「甲方智財權」），乙方應同意並承認以下各項：

（一）即便甲方已依乙方及／或客戶要求，針對「產品」進行調整及／或升級，一切「甲方智財權」仍應由甲方應獨自擁有，且不得提出任何質疑或異議；

（二）乙方不得於任何國家申請或登記與「產品」有關之任何智慧財產權；

（三）本契約書之任何內容，均不表示乙方已獲使用與「產品」有關之智慧財產權之權利；及

（四）乙方應將其發現之任何不公平競爭，或侵害甲方智慧財產權之情事通知甲方。若甲方提出要求，乙方應建議反制該情事之最佳方法，並協助甲方採取保護該權利之措施。

四、侵害

（一）若有控訴宣稱「產品」已侵犯第三人在「生效日」時登記有效之智慧財產權，甲方應為乙方與客戶辯護，使其免於該控訴引發之責，只要：

1. 乙方儘速以書面方式告知甲方，並提供合理之配合、協助及資料；且
2. 甲方可全權處理並掌控相關之辯護、和解或妥協事宜。在任何情況下，甲方均不須為本款前句大所指以外之其他「產品」侵權控訴負責。

（二）以下各項導致之侵害第三人智財權之行為或控訴，甲方不須依本項規定負擔任何責任：

1. 遵從乙方及／或客戶提供之設計、計畫或規格；
2. 將非甲方購買之軟硬體或其他零件或器材，與產品共同使用；
3. 「產品」之使用方式或環境，與「產品」之設計或用途不符；
4. 未經甲方書面同意對產品進行調整；
5. 乙方與客戶或該兩者之分公司或關係企業，對某智慧財產權之授權或其他事項感直接或間接興趣；
6. 在中華民國外之國家出口或使用「產品」。

（三）以上所述為「產品」或其操作侵害智慧財產權時，甲方應付之全部責任。

五、補救措施與責任之限制

（一）本契約書所提供之補救措施，係乙方與客戶之專屬補救措施。此措施與以下各項有關：

1. 本契約書；
2. 其他產品或服務之功能或缺陷，且該產品與服務與「產品」為關，並由甲方銷售或提供。

無論造成損害或損失之原因為何，甲方針對乙方或客戶承擔之責任，應限於「產品」或製品之銷售價格，或針對某甲方「產品」、製品或服務所支付之服務費，且該特定「產品」、製品或服務，為提出訴之主因，或與該主因有直接關係。甲方須負擔之責任包含但不限於：

3. 與本契約書有關或由本契約書造成之責任；
4. 因甲方之表現或未履約行為所造成之責任，無論該表現或行為肇因於疏失、宣稱之損害、違反合約或保證、或具明顯或隱藏缺陷之「產品」。

（二）在任何情況下，甲方均不須為任何偶發、衍生或特殊之損害負責，其中包括但限於：

1. 收益或利潤之損失；
2. 「產品」無法使用；
3. 營業損失或中斷；
4. 商譽之損失；
5. 代用品、設施或服務之成本；或
6. 任何客戶針對自己或乙方蒙受之損害，所提出之索賠要求，即使甲方中已被告知該損害發生之可能性。

前句所述之甲方責任範圍，在任何情況下均應適用，其中包含但不限於：

7. 一切與本契約書與「產品」有關之情況；

8. 與其他製品或材料有關之情況，而該製品或材料不僅由甲方製造、裝配、銷售或提供，且其用途均可與「產品」，或甲方或其代理商所提供之「產品」服務配合。

（三）乙方應同意向客戶說明本款中與第 7 條第七項有關之細節。

（四）乙方與客戶不得在訴訟原因發生至少兩年後，針對甲方提出任何形式之以下訴訟：

1. 因本契約書提出之訴訟；

2. 因「產品」功能或缺陷所提出之訴訟；

3. 因其他製品、材料或服務所提出之訴訟，而該製品、材料或產品不僅由甲方銷售或提供，且其用途均可與「產品」配合。

若此原因為積欠款項，乙方與客戶不得在前次款項到期當日起至少兩年後提出訴訟。

六、在本契約書「有效期間」內，乙方應提供足夠之資訊，以告知甲方「地區」內適用於「產品」之安全規定。在獲知此資訊後，雙方應儘速以善意進行協商，並設計與生產「產品」時應遵守之規定。在乙方告知中華民國法規與安全標準之義務方面：

七、無論何時，甲方均保有修改「產品」規格（包含但不限於「產品」之外觀、結構、功能、用途、形式、尺寸與材料）之權利。然當「產品」之實質用途有所改變時，甲方應迅速通知乙方相關細節。

第 28 條　（出口控制）

雙方均瞭解日本政府在出口高科技產品至特定國家或實體（法律實體與法人）方面有所限制，並同意遵守一切與出口「產品」與零件有關之法規，同時將採取所有必要行動，以實際取得一切必要之執照或許可。

第 29 條　（轉讓）

除非另一方以書面方式表示同意，否則各方均不得轉讓或移轉本契約書之部分或全部。各方均不得無理拒絕提供此同意書。

第 30 條　（通知）

所有本契約書規定之通知應被視為有效，唯

一、通知方須派專人送達；或

二、通知方須使用本契約引言中所列之住址，或另一方按本條規定以書面方式指定之另一住址，在付清郵資後以掛號或限時方式，於投遞當日起十五天內將通知寄達。

第 31 條　（不可抗力）

若未履行本契約任何義務之行為，肇因於不可抗力之因素，各方均不須負擔責任。無論是以下列舉者或其他情況，不可抗力為受影響一方無法合理控制之現象，其中包含但不限於：政府措施或命令、罷工、天災、戰爭、叛亂、暴動、社會動亂、火災、水災、水力破壞、爆炸或禁運。

第 32 條　（棄權）

一切棄權行為須以書面方式聲明。當一方未要求另一方履行義務時，該方於未來要求履行該義務之權利並未受影響。對違反本契約任何條款之棄權，不應被解釋為：

一、對持續違反該條款之棄權；

二、對之後違反該條款之棄權；或

三、對修改該條文之棄權。

第 33 條　（完整契約書）

本契約書包含雙方一切協議，並取代所有先前與任何主題有關之協商、陳述、協議與協定。

第 34 條　（抗影響性）

無論何時，若本契約書之任何條款（一條以上），在適用法律下不再具效力、合法性或執行性，其餘條款之效力、合法性或執行性，均不受任何影響或損害。

第 35 條　（律師費用）

若本契約書或其相關權利須經仲裁方能執行，在訴訟或仲裁過程中獲勝之一方，應有權向另一方索取因

一、此訴訟或仲裁；及

二、任何判決或仲裁判斷之執行

所導致之合理律師費用、成本與支出。然根據本契約書第 26 條所述之程序，此金額應限於仲裁法庭裁定之數額。

第 36 條　（政府許可）

一、當政府機關根據日本或中華民國之任何法規，主張本契約書之任一條款不合法、無法執行或需要調整時，立約雙方應相互協調，並修改或調整條款，以滿足各方之意向、該政府機關之要求、及任何適用於本契約書之法規。

二、立約雙方應遵守各法規及其要求之程度，通知對本契約書具管轄權之相關政府機構，並呈交與本契約有關之通知與報告。

第 37 條　（標題）

本契約書之標題僅為方便而定，不得影響其中任何條款之建構與解釋。

第 38 條　（附件）

以下附件應為本契約書之構成部分：

〈附件一〉產品

〈附件二〉價格表

〈附件三〉地區

〈附件四〉商標

〈附件五〉乙方之目標數量

〈附件六〉最低訂購數量

第 39 條　（語言）

本契約書應以中文撰寫，並以中文版為正文。

　　　本契約書已由雙方代表各執副本於前述日期簽字生效。

〈附件一〉產品
〈附件二〉售價
〈附件三〉地區：臺灣
〈附件四〉商標：
〈附件五〉
　　甲方將「產品」售予臺灣客戶適用之「銷售條件」：
　　敬請同意並瞭解甲方得不定時修改此銷售條件。
〈附件六〉乙方之目標數量
〈附件七〉最低訂購數量

　　　　　　　　　訂約人：甲方：日本吉崎株式會社
　　　　　　　　　　　　　代表人：○○○○
　　　　　　　　　　　　　地址：日本國東京都，○○區○○目○號
　　　　　　　　　　　　　乙方：臺灣○○股份有限公司
　　　　　　　　　　　　　代表人：○○○
　　　　　　　　　　　　　地址：臺灣臺北市○○○路○號

中　　華　　民　　國　　○○　　年　　○○　　月　　○○　　日

（三）代理商契約書

1. **本契約書的特點**：本契約書為代理商契約書由甲方委託乙方銷售其產品之契約。
2. **適用對象**：本契約適用產品委託代理銷售契約。
3. **基本條款**：訂立本契約應訂明行紀契約的基本條款。
4. **相關法條**：民法第 576 條。

商業活動契約 7-5-8

代理商契約書

　　立契約人日本○○株式會社（簡稱甲方），臺灣○○股份有限公司（簡稱乙方）雙方同意，訂立下列契約，共同遵守。

第 1 條　　（定義）
　　　　一、「地區」係指臺灣。
　　　　二、「客戶」係指位於臺灣之客戶。
　　　　三、「產品」係指抗光塗料與相關化學品，其中包含但不限於電子業使用之顯影劑及稀釋劑。

第2條　（指定）

一、甲方指定乙方為甲方在「地區」內之非獨家代理商，以將「產品」行銷並銷售予「客戶」。

二、身為甲方之代理商

（一）乙方應儘速將自「客戶」處接獲之「產品」提案或訂單傳交甲方，並與「客戶」針對甲方之銷售規定及條件進行溝通；

（二）甲方有權不接受乙方傳交之訂單；且

（三）乙方不得代表甲方簽訂任何契約，亦不得以任何方式約束或試約束甲方。

第3條　（乙方之責任）

一、行銷與促銷

乙方應向「客戶」爭取「產品」訂單，同時盡全力行銷並促銷「產品」，並保護乙方之權益。

雙方就不定期相互諮詢，以檢視行銷及促銷計畫，並在此層面進行合作。

甲方保證將支援乙方之行銷及促銷行為，而為達成此目標，甲方應自費派遣技師或銷售代表等適當人員至「地區」。

拜訪「地區」之時間與頻率，應由甲方在諮詢乙方後決定。

二、資料

乙方應盡力告知甲方市場狀況與「地區」內競爭之情形，以及乙方獲悉之第三人擅用甲方商標、專利或其他智慧或工業財產之情事。乙方亦應於每曆月首日起七個工作天內，將月報告乙份送交甲方，以向其說明前一月完成之工作。

三、機密性

任何依本契約書自甲方處接獲之機密資料，乙方同意不透露予第三人，且該機密資料之用途僅限於本契約書，乙方並代表其主管及員工做出此承諾。

乙方應採取其平時保護機密與專有資料之預防措施，以確保該資料不致外洩。

本條文在本契約書期滿或終止後仍具效力。

四、客戶索賠

乙方應調查「客戶」針對「產品」提出之投訴與索賠主張。乙方應立即將該情事告知甲方，並在取得適當之「產品」樣本後將其交予甲方，以進行分析，同時以最符合甲方權益之方式持續監控問題，直至其獲得解決為止。

然除非接獲明確之書面批准，乙方無權以任何方式參與甲方事務。

五、招標與詢價

乙方儘速將一切招標要求及其他潛在交易通知甲方，並嚴格遵照得由甲方不定期制訂並通知乙方之價格、規定及條件，全力進行「產品」之行銷與銷售。

六、競爭禁止

在未獲甲方同意前，乙方不得在「地區」外進行「產品」之行銷與銷售，亦不得行銷或銷售即將或可能與「產品」競爭或干擾「產品」銷售之任何製品，或者為其提供行銷或促銷之支援或諮詢。

七、償付能力

　　若「客戶」之訂單已傳送至甲方，乙方應盡力查明該「客戶」之償付能力，並協助甲方收取到期之欠款。

八、紀錄

　　乙方應以甲方可接受之形式保存現有及潛在「客戶」之紀錄，並不定期將其傳送予甲方。

第 4 條　（佣金—銷售代理商之開支）

一、佣金

　　（一）若甲方已接受並履行乙方取得之訂單，且「客戶」已付清貨款，乙方有權支領之佣金金額，應相當於甲方在「地區」內所售出「產品」之「船上交貨價格」價值之 4%。

　　（二）若「客戶」於某月支付甲方所有貨款，乙方接獲佣金之日期不得晚於該月月底。

　　（三）乙方依各訂單支領之佣金，應由甲方選擇以日圓或美元支付。

二、代理商之開支

　　除非另有約定，依本契約書支付之佣金，應為甲方因本契約服務而給予乙方之唯一報酬。

　　乙方應負擔其提供服務時產生之一切支出，其中包括但不限於人員、辦公室及差旅支出。

第 5 條　（期間）

　　本契約書應自首頁所撰之日期起生效，且在為時一年之起始期間內具完全效力。本契約書應依相同之條件與規定自動更新，且每次續約一年，除非一方於起始或任何續約期間到期至少六十日前，以書面方式通知另一方終止本契約書。

第 6 條　（終止）

一、當下述情事發生時，任一方均有權終止本契約書：

　　（一）任一方週轉不靈；被裁定破產；申請與其債權人進行訴訟上或訴訟外和解；為其債權人之利益進行轉讓；自願申請破產；因週轉不靈而遭指定破產管理人或受託人（或類似），或者〔他人〕針對一方提出非自願性破產申請；任一方成為清算或解散之對象；或任一方終止營業。

　　（二）一方實質違反本契約書之條件與規定，且違約方無法於接獲控訴方之違約通知後三十日內，將該違約事實完全改正。

二、本契約書終止或期滿當日產生之義務及權利，將不因本契約書之終止或期滿而受影響。

第 7 條　（不可抗力）

　　若一方因超出其合理掌控範圍之偶發事件，其中包括但不限於天災；暴動；火災；爆炸；水災；無法取得燃料、電力、原料、貨櫃或運輸設備；意外；機器或器材故障；勞工糾紛或短缺；國防要求或政府之法令規章（無論其是否有效，其中包含但不限於優先權、徵收、分配或價格調整限制），而無法履行本契約書，該方不須負擔責任，唯乙方在任何情況下，均須履行依約交貨後付清「產品」貨款之義務。

若交貨因第7條規定之事由之一而遭延誤超過三十日，任一方均得於儘速通知另一方後取消交貨，且不負擔責任，而在此情況下，取消交貨之數量應自雙方買賣義務之數量中扣除。

第8條　（轉讓性）

在未獲另一方書面同意之情況下，任一方均有權轉讓本契約書，然由轉讓方完全所有之子公司除外。

第9條　（管轄法律—仲裁）

本契約書應由中華民國法律管轄及解釋。

因本契約書而引起之糾紛，最後應由國際商會根據《和解暨仲裁規則》指定之仲裁人（一位或以上）依該規則解決之。仲裁應在臺北舉行。仲裁判斷不得更改，並對雙方具約束力。

第10條　（雜項）

一、標題

標題之制訂係為方便之用，且不得影響本契約書之意義或解釋。

二、棄權

對任一方違約或無法行使權利之棄權，不得被視為對違反相同或任何其他條文之棄權。

三、分割性

若本契約書之任何部分被判定無法執行，或者與任何管轄區內適用之法令規章有所衝突，無效或無法執行之部分或規定，應由另一規定取代，且該規定須可以最有效且可行之方式執行原部分或規定之商業目的，而本契約書之其餘部分，則仍對立約雙方具約束力。

訂約人：甲方：日本○○株式會社

代表人：○○○○

地址：日本國東京都○○區○○目○號

乙方：臺灣○○股份有限公司

代表人：○○○

地址：臺灣臺北市○○○路8號

中　　華　　民　　國　　○○　　年　　○○　　月　　○○　　日

（四）經銷商契約書

1. **本契約書的特點**：本契約書為經銷商契約書，立契約人甲方以產品委由乙方銷售契約。

2. **適用對象**：本契約適用產品委託銷售契約。

3. **基本條款**：訂立本契約應訂明行紀契約的基本條款。

4. **相關法條**：民法第576條。

商務活動契約 7-5-9

經銷商契約書

　　立契約人日本山本株式會社（簡稱甲方），臺灣仁愛股份有限公司（簡稱乙方），雙方同意訂立以下契約，共同遵守

第 1 條　（定義）

　　一、本契約書用詞定義如下：

　　　　（一）「產品」係指甲方製造或銷售之產品，細目見〈附件一〉。

　　　　（二）「地區」係指臺灣。

　　　　（三）「客戶」係指「地區」內購買甲方「產品」之現有或潛在客戶。

　　二、第 1 條第 1 項所定用詞之單複數應視情況而定。

第 2 條　（指定）

　　一、在本契約書有效期間，甲方授予乙方一非獨家權利，使乙方得以向「地區」內之第三者從事以下工作：

　　　　（一）爭取「產品」訂單；

　　　　（二）使用「產品」；

　　　　（三）重新包裝「產品」；

　　　　（四）銷售「產品」；

　　　　（五）促銷「產品」；及／或

　　　　（六）配銷「產品」。

　　二、甲方應與乙方進行適當之合作，以提供廣告簡介、產品安全與技術資料及其他銷售與行銷協助。

　　三、甲方應以雙方書面同意之成本為基礎，提供乙方在「地區」內銷售與維修「產品」時必要之額外技術支援。

第 3 條　（指定之接受）

　　乙方接受前述權利，並同意盡力於本契約書期間內，將「地區」內「產品」之銷售與配銷極大化。乙方同意定期向甲方提交「產品」報告，其中包含市價、銷售量、競爭者趨勢、工業消息與供需趨勢。

第 4 條　（訂單與交貨）

　　一、甲方將於本契約書期間出口並售予乙方「地區」內配銷及／或轉售所需之「產品」數量。

　　二、根據本契約書發出之一切訂單，均應遵守〈銷售暨採購契約〉（○○年○○月○○日簽訂）內之條件與規定。

　　三、甲方應於裝運後即刻將空運提單、發票與包裝單等貨運文件提供乙方。

第 5 條　（售價、貨款與付款條件）

　　一、按本契約書購買「產品」之價格，應將乙方給予「客戶」之轉售價納入考量，並由雙方同意。本契約書〈附件一〉所列之市價，可由雙方協商後進行調整。

　　二、甲方售予或運至乙方或乙方指定地點之一切「產品」，其貨款應於提單日起六十日內透過電匯一次付清。

　　三、甲方將「產品」售予乙方時之付款條件應以「向運送人交貨條件」為基礎。

四、乙方無權收取〈代理商契約〉（○○年○月○日簽訂，與甲乙雙方間完成之交易有關）第4條所定義之任何佣金。

第6條　（保證與索賠）

一、甲方保證按本契約書規定交運之「產品」，必符合本契約〈附件三〉中甲方訂定之規格，只要儲藏方式符合甲方建議之條件，以及立約雙方明文同意之其他規格。

二、若甲方於〈附件三〉所定之保證期內接獲乙方之通知，乙方應自行由下列兩者中擇一為之：

（一）提供「產品」之替代品；或

（二）支付與「產品」數量程度相等之現金。

三、若與保證不符之狀況，係因甲方處理不善或疏失而造成，甲方應負擔乙方承受之一切其他索賠、損害與支出，無論其種類為何。

第7條　（產品危險）

甲方應將使用、搬運與儲存「產品」時之一切危險，以書面方式通知乙方，並於標籤上提供必要之注意事項或使用說明。

第8條　（期間）

本契約書及其規定之權利與義務，自本契約簽署日期起三年內均具效力，並於之後每年自動續約，除非一方於任一期限截止至少九十日前，以書面方式終止本契約。

第9條　（終止）

一、若一方違反本契約之任何重要義務或規定，且未於接獲該違約書面通知起九十日內加以改正，受侵害方應有權立即終止本契約。

二、若一方

（一）破產或週轉不靈；

（二）為債權人之利益進行轉讓；

（三）接獲依破產法、法律或具類似目的或效力之法律，針對另一方提出之申請；

（四）展開解散程序，另一方得在不通知對方之情況下立即終止本契約。

三、本契約書終止或期滿之事實，不得影響任何終止前未完成之契約義務，或者損及受侵害方應有之任何其他救濟。

四、本契約書終止或期滿當日，根據本契約第4條、第5條與第6條所產生之權利與義務仍具效力。

第10條　（通知）

若寄件方為甲方，一切根據本契約書規定須發出之通知，應按前述地址或乙方得不定期書面通知之地址，藉郵資已付之航空掛號郵件或傳真送交乙方總裁，並要求其收據；若寄件方為乙方，根據本契約書規定須發出之通知，應按前述地址或甲方得不定期書面通知之地址，藉郵資已付之航空掛號郵件或傳真送交甲方○○○總經理，並要求其收據。根據郵件或傳真收據上之收件日期所示，通知應被視為已於當日送達。

第11條　（轉讓）

任一方均不得在未獲另一方書面同意之情況下，以任何方式將本契約或其規定之權利或義務轉讓。

第 12 條　（代理商）

根據○○年○○月○○日簽訂之〈代理商契約〉，乙方在「地區」內應以甲方之「產品」代理商自稱。

第 13 條　（管轄法律）

本契約書應由中華民國法律管轄並解釋。

第 14 條　（完整條款）

根據本文件之主題，本契約書為立約雙方間之所有及唯一協定，且雙方於先前或目前完成之協議或溝通，均因本契約書而被取代、取消並作廢。

第 15 條　（增訂）

本契約書唯在雙方授權之代表簽署同意書後，方能進行修正或增訂。

透過獲授權之主管或代表，雙方已於首頁簽署日起履行本契約書，特此為證。

訂約人：甲方：日本○○株式會社
代表人：○○一郎
地址：日本東京都○○區一丁目 10 號
乙方：臺灣○○股份有限公司
代表人：林○○
地址：臺灣臺北市○○路 100 號

中　　華　　民　　國　　○○　　年　　○○　　月　　○○　　日

第三節）合作授權

【技術合作】

（一）技術合作契約書

1. 本契約的特點：本契約為技術合作契約，由契約當事人之一方（出賣人）將技術提供他方（買受人），他方支付權利金之契約。
2. 適用對象：本契約適用於技術合作契約。
3. 相關條款：訂立本契約應註明契約之基本條款、定義條款、主要內容、一般條款、仲裁條款之詳細內容。

合作授權契約 7-5-10

技術合作契約書

本契約由○○公司（以下簡稱技術人），係依美國加州法律設立之公司，主事務所設於美國加州○○市○○大樓；○○公司（以下簡稱合作人），係依中華民國法律設立之公司，主事

務所設於中華民國臺灣省臺北市○○路○○段○○號。由於技術人在美國對於膠琺瑯（RUB-BER ENAMEL）成形法方面具有珍貴之技術及經驗，該項技術方法可應用於製造及銷售各種橡膠、纖維強化塑膠產品，而合作人在中華民國製造及銷售橡膠、纖維強化塑膠產品，但並非應用膠琺瑯成形法，因此技術人願意協助合作人利用膠琺瑯成形法在中華民國製造上述產品，雙方約定條款如下：

一、定義：

（一）「產品」係指流線型冷卻水皿、浴盆、球形儲水塔及 BUDLAC/P-36,P-20 膠琺瑯。

（二）「AB」係指纖維強化塑膠或橡膠。

（三）「XY」係指膠琺瑯成形法，即將橡膠注入預先鋪上玻璃纖維之模子之空心及突心部分以製造 A、B 產品。

二、技術資料之提供：

合作人願意將產品之 AB 皿模、一套附件及細節工程圖運至○○州○○市技術人處。

技術人於收到水皿模並加以分析，將建議修改規格以適用 XY 方法製模，經合作人同意修改後，技術人即在其適當監督下進行製造產品 XY 模之空心部分或外表面。

三、技術協助：

（一）人員之派遣與訓練：

在雙方同意之期間，合作人將派最多五位代表至○○州○○市技術人處接受約三週琺瑯成形法製模之訓練並在技術人協助及指導下製造產品的實心模（或內層表面），合作人代表中最少一人須英語流利並負責翻譯，在此期間之訓練內容並包括工具及設備之使用以供其他膠琺瑯成形作業及本契約第 2 條第 2 項之試模，技術人應使合作人代表熟悉生產設計、生產機械、生產過程、產品測試、原料規格、品質控制等技術，並允許合作代表作成紀錄及圖說，並提供該等技術之有關資料。

（二）技術發展：

技術人具有「AB」產品之各項設計能力及有產品之整體發展計畫。技術人將在○○市以 XY 模試驗產品並保證依膠琺瑯成形法製造之產品具有市場銷售性。AB 產品已經初期研究發展正在成長中，且具有發展及創新之潛力者。

（三）費用負擔：

上述事項完成後，XY 模及產品將依合作人指定之方式運交合作人，費用由合作人負擔。

（四）研發計畫與費用負擔：

技術人具有規模之研究機構從事高級創新研究及發展工作。當合作人具備膠琺瑯成形法製模及生產設備開始作業時，技術人將在雙方同意之期間派遣一位膠琺瑯成形法專協助並提供技術指導合作人開始作業，期間為兩週，費用由技術人負擔。

四、權利金、額外服務之報酬：

權利金為美金○○元。所得稅由技術人負擔。合作人應於中華民國政府核准本技術合作，並依規定申報實行日期後，將權利金一次給付技術人。

如合作人希望自技術人獲得本契約規定內容及期間以外之服務而經技術人同意時，該項額外服務之報酬金不得超過技術人對其國外附屬機構及被特許權人提供相同服務所收取之報酬金。

五、合作產品之品質管制、產品責任：

（一）品質管制系統之建立：

技術人應協助合作人製造產品，使其產品於設計、規格、品質及成品之標準，皆能達到技術人品質管制之標準。此項協助所生之費用，應由合作人負擔。為達成品質管制之目的，技術人應為下述行為：（略，可由當事人就實際需要自行約定）

（二）未達品質管制標準之處理：

合作人之產品如未能依據前項之規定，達到技術人之標準，應先行通知技術人，請求技術人之指示。技術人自行得知或受合作人通知得知上述情事時，應給予合作人改正缺失之指示與協助。改正費用由合作人負擔。

（三）產品責任：

合作人就製造產品，及產品、材料瑕疵，且非可歸責於技術人之任何請求、責任、損失或賠償，均應負責。技術人於下述情況，係為可歸責，而應就合作人或其他第三人之請求，負損害賠償責任：1. 技術人所提供之任何零件、材料、設備或器械，供合作人應用於產品上時，該提供之物有任何瑕疵時；2. 技術人對於產品製作，或技術、改正之指示，或任何資料有錯誤之指示，合作人並應用於產品上時。

六、保密義務：

合作人對於下述事項應嚴守保密義務：

（一）合作人應隨時盡力並要求其職工董事就其直接或間接收到技術人之任何技術知識，保持秘密並不得將其公開或洩露給任何第三人。但本約另有規定者不在此限。

（二）本條之規定不得限制合作人利用或散播已公開之任何技術知識，但該技術知識係因合作人未經許可或因其過失而成為公開者，不在此限。

（三）合作人得將有關純為產品使用及裝置之任何技術知識透露予合作人之顧客或經書面同意保持秘密而為合作人製造或改善設備之著名○○公司。但對後者透露之技術知識應以該等公司依實際情況為設計、製造、改善本契約規定之任何機械、設備或工廠設施所必要者為限，該等公司於事後並應將全部圖說、規格及其他技術知識返還合作人或於合作人監督下銷毀。

（四）本條之規定於本契約終止後一年仍應有效。

七、政府之核准：

合作人為使本技術合作申請獲得中華民國政府之核准應負責為必要可行之行為。

八、限制解釋：

本契約之規定不得被解釋為限制合作人或其附屬機構在中華民國境外銷售產品。

九、無合夥關係：

除本契約另有特別規定外，本契約雙方之義務及責任均無共同或連帶責任，而應由其各自負擔。本契約不得解釋為雙方當事人有信託或合夥關係。除本契約另有特殊規定外，

雙方各自單獨就契約所述之義務負其責任。一方無權為他方或代表他方進入訴訟程序。

十、期間：

本契約有效期間為三年，自中華民國政府最後核准之日起算。

十一、雜項條款：

（一）聯絡人：

技術人及合作人應各指定一經理人負責有關履行及簽訂本契約之聯絡事宜。

（二）使用語文：

合作人與技術人間往來之一切圖說、規格、手冊、研究報告、說明或其他聯絡文件應以英文為之，於必要時合作人應負責英制與公制度量衡間之換算。

（三）授予特許權：

技術人所為之技術知識移轉應視同技術人就其可能擁有或控制之本契約所指技術方法之專利或秘密資料授予特許權。

（四）準據法、管轄法院：

本契約應以美國加州法律為準據法。相關爭議，應於○○（某地）進行訴訟，並以○○法院為第一審管轄法院。

十二、本契約一式二份，由雙方合法授權之代表人簽署，並由雙方各執一份為憑。

公司名稱：

公司地址：

代表人：○○○ 印

住址：

身分證統一編號：

合作人：

公司名稱：

公司地址：

代表人：○○○ 印

住址：

身分證統一編號：

中　　華　　民　　國　　○○　　年　　○○　　月　　○○　　日

註：1. 簽訂技術合作契約時，應視個案需求，增訂產品所有權歸屬、專利權授予及其授權事項、授權之範圍是否為全球性、專屬性、如產品進行改良時雙方之權利義務、違約賠償、契約轉讓、契約終止與終止後之處理、不可抗力條款、雙方有限責任、契約條款一部無效之處理、競業禁止條款、商標禁用或於一定條件下准許使用、通知送達地及對象等等之約定。

2. 關於研發產品或技術合作生產產品期間，技術人或合作人之員工（或研發者）對於研發產品可否主張智慧財產權之歸屬，亦為在進行技術合作期間，契約當事人應予注意之重要事項。故契約當事人亦可以於契約中約定，或是另行簽訂備忘錄，約定雙方對於其各自之員工，亦應以工作日誌，或是以智慧財產權研發區域實施進出控管等方式，約束其員工，避免智慧財產權之歸屬另生爭議，以致於無法確實達到技術合作契約之目的。

（二）技術協助契約

1. 本契約的特點：本契約為技術協助契約書，乙方協助開發產品技術的契約。
2. 適用對象：本契約適用於技術協助契約。
3. 基本條款：訂立本契約應訂明技術協助的內容。
4. 相關法條：民法第 347 條

商業活動契約 7-5-11

技術協助契約書

　　立契約人臺灣○○股份有限公司（簡稱甲方），日本○○株式會社（簡稱乙方）雙方同意訂立下列契約，共同遵守。

第 1 條　（目標）
　　　　本「專案」之目標係發展電動機車，以滿足客戶預期及製造背景。本契約書之工作內容與乙方之協助範圍詳見〈附件一〉。

第 2 條　（定義）
　　　　除非文本另行明確定義，下列用語在本契約書中之定義如下：
　　　　一、「專案」應指電動機車之開發工作。至於本契約書細節部分，本契約書〈附件一〉之規定應適用。
　　　　二、「產品」應指電動機車。詳細規格由〈附件一〉定義之。
　　　　三、「技術資料」應指乙方為執行並發展本契約書所開發之技術知識、專門技術、數據與資料。
　　　　四、「貨品」應指乙方執行「專案」時完成之書面或錄音「技術資料」與報告，以及其他甲方依本契約書應獲得之項目。「貨品」中之項目應由〈附件一〉定義之。

第 3 條　（專利）
　　　　一、若乙方知悉並認為第三人之任何專利或類似權利可能與本契約書相關，乙方應將該專利或類似權利告知甲方。
　　　　二、甲方應在臺灣及甲方欲銷售「產品」之其他地區調查與電動機車有關之專利，並將結果告知乙方。
　　　　三、本契約書期間發明之專利，應由甲乙雙方共享之。

第 4 條　（製造與銷售權利）
　　　　一、製造地區之權利：
　　　　　　甲方有權於日本以外之亞洲國家製造電動機車，而乙方有權於日本製造電動機車。若經濟規模適當，乙方得委託甲方製造電動機車。
　　　　　　甲乙雙方將在本「產品」量產前，針對亞洲以外地區之製造事宜分別協商。
　　　　二、銷售地區之權利：
　　　　　　甲方有權於日本以外亞洲國家銷售電動機車，而乙方有權於日本銷售電動機車。

甲乙雙方將在本「產品」量產前，針對亞洲以外地區之銷售事宜分別協商。

雙方均應盡全力在上述地區內建立足夠之銷售網路，其中並具備銷售、服務與儲存零件之能力。

第5條　（權利之授與）

一、雙方均可製造本「專案」所開發之「產品」。甲乙雙方均須取得另一方之書面同意，方可將製造權授予第三人。

二、本契約書授予之權利，應遵守任何不屬乙方專有，且可約束甲方及其他臺灣使用者之專利及其他權利。儘管乙方之授權出於善意，並希望該權利之行使不會引發違反民法、刑法或侵害他人權利之主張，但乙方卻未保證或擔保該權利不會經由違法或侵權之方式遭行使或使用。在全世界任何地區，乙方均不接受或承擔上述主張之後果所造成之責任。

三、在本契約書存續期間，若甲方因乙方提供之任何技術資料而遭第三人提出控訴，乙方應提供甲方辯駁該控訴之資料，並贊同甲方對該第三人採取之行動。乙方應有對該第三人採取直接行動之自由，唯乙方應在第三人對甲方提出控訴時，提供甲方合理之協助。

四、在「專案」期間，除電動公司與主要組件廠商、大學及政府外，甲乙雙方均不得與任何有意於臺灣製造電動機車之第三人合作。

第6條　（產品保證）

甲方應負擔對「產品」功能與品質負保證之責。

第7條　（技術協助與服務）

一、乙方應在本「專案」期間，提供甲方「貨品」與技術支援，以協助甲方運用「技術資料」及「貨品」開發適當之「產品」。甲乙雙方應盡全力滿足雙方人員建立之時程。

二、乙方應盡力提供「產品」之準確且可行之「技術資料」，以進行開發之工作。

三、乙方應依事先協議送交甲方乙份書面進度報告，以告知甲方「產品」開發之最新進展。本契約書期滿時，乙方應準備一份總結報告，以將「專案」之結果向甲方做一摘要簡報。

四、乙方應依雙方同意之時程執行本「專案」。「專案」能否依時程執行，端視甲方能否及時提供乙方本契約書所需之繪圖、數據、資料、材料與許可而定。

第8條　（甲方人員之聯繫拜訪）

一、乙方同意甲方之工程師及／或主管可拜訪甲方，且甲乙雙方須召開進度會議。

二、甲方人員停留日本期間，應由甲方提供疾病與醫療保險，唯乙方應提供合理之協助，以取得醫療照顧。

第9條　（工程改變）

一、甲方已認可步驟之結果，乙方有權從中尋求可能對「產品」造成重大影響之工程改變，唯該改變須事先獲得甲方之書面同意。

二、若甲方要求之改變與正式契約所述不同，該改變應被視為新工程，且得要求分別付費。

第10條　（機密資料）

除本「專案」期間建立之完備技術外，甲乙雙方均得在未與另一方合作之情況下，

從事不屬本「專案」範圍之先進電動機車開發工作。本「專案」導致之任何發明、設計、專門技術及其他智慧財產，應為雙方之專有財產。

本契約書終止或期滿後連續十二年內，雙方均不得將取自另一方之任何秘密或機密性技術或商業資料提供予第三人，然甲方得將該資料透露予任何子公司或關係企業，唯前述公司或關係企業須向乙公司提出類似之保密擔保。

第 11 條　（付款與條件）

總計＿＿＿＿＿＿萬日圓之款項共分成四部分，而各款項之百分比如下：

40%、20%、20% 與 20%。

付款時程如下：

一、簽署「專案」備忘錄後十日內，支付 40%。

二、步驟八「全套配置與骨幹設計」完成且或甲方核可後，支付百分之二十。

三、步驟十二「底盤骨架設計」完成，且甲方核可底盤骨架產量後，支付 20%。

四、「專案」全部完成且甲方核可後，支付 20%。然若結果為〈附件一〉所定之最低目標，甲方不須負擔支付乙方尾款之責任。若乙方無法達到最低目標，乙方應償付甲方款項總和之 20%。

一切支付乙方之款項，應經由正式之電匯方式以現金支付。

以上金額包含將操作測試用 ES600 送交甲方之成本。

甲方應免費提供乙方具競爭力之現有機車乙輛，以滿足「專案」需求。

本契約書要求建造之前原形車應為兩輛。

第 12 條　（權利金）

各方應為售出之各輛依本契約開發之電動車支付另一方一筆權利金。金額細節應在「產品」量產前討論之。

第 13 條　（開支）

一、貨運、關稅及／或報關等所需之成本與支出，以及甲方將零件或相關繪圖運交乙方所導致之開支，應由甲方負擔，然甲方不須負擔日本內陸之運費。

二、貨運、關稅及／或報關等所需之成本與支出，以及乙方將「貨品」運交甲方所導致之開支，應由甲方負擔，然甲方不須負擔乙方至橫濱港間之內陸運費與該港之報關費，以及乙方送交文件、繪圖與報告時產生之包裝成本與郵資。

三、因財產處理而產生之任何成本，應由甲方負責並支付。

四、任何因上述事由而產生且須由甲方支付之成本，應於發票開立後三十日內支付。

第 14 條　（稅金與關稅）

一、一切與本契約有關，且由臺灣政府或其他官方機構於現在或未來向甲方課徵之稅金、關稅及任何費用，應由甲方負責並支付。

二、一切與本契約有關，且由日本政府或其他官方機構於現在或未來向乙方課徵之稅金、關稅及任何費用，應由乙方負責並支付。

第 15 條　（保證）

一、乙方保證其提供甲方之一切「技術資料」，就乙方而言應包含契約「產品」規定之重要與必要資料。

二、在本契約書有效期間及期滿後兩年內，若乙方發現其送交甲方之技術資料錯誤，乙方應立即將該錯誤告知甲方，並免費盡力任何錯誤或瑕疵之改正結果告知甲方。

三、除第 15 條第 1 項與第 2 項明定者外，乙方並未針對以下各項做出任何明示或默示之聲明或保險：

（一）「貨品」之技術資料或其內容。

（二）「貨品」技術資料針對任何特定目的之適用性；或

（三）不對第三人之權利造成侵害。

在任何情況下，乙方均不須為甲方之特殊、偶發、衍生或懲罰性損害對甲方負責，其中包含因「技術資料」或「貨品」之瑕疵、可能瑕疵或用途所造成之虧損，無論其根據何種理論或責任，甚至在該損害之可能性已被告知時亦同。

在任何情況下，乙方因本契約書而須向甲方負擔之責任，無論其根據為何種理論或責任，均不得高於乙方依本契約已向甲方領取之金額。

第 16 條　（生效日期與終止）

一、本契約書應自第二方簽約當日起生效。本契約書之有效期間，請見〈附件一〉中乙方規劃之工作時程。

二、本契約書應在下列情況終止：

（一）任一方即將破產；該方為其資產之任一部分指定清算人或接收人；或者該方資產之任一部分被指定清算人或接收人；或

（二）一方無法於接獲另一方之書面違約通知後三十日內，針對違反本契約書之部分加以補救。

第 17 條　（仲裁）

本契約書係根據互相信任及友善合作之精神而訂定。甲乙雙方均瞭解本契約並未包含任何違法之處。

未來發生之任何糾紛，雙方應試圖於個人會面時處理之。

若乙方展開仲裁，其程序應依中華民國商務仲裁協會之《仲裁程序執行規則》於臺灣臺北進行；若甲方展開仲裁，其程序應依日本商務仲裁協會之《日本商務仲裁協會商務仲裁規則》於日本東京進行。

第 18 條　（不可抗力）

若一方無法或延遲履行對另一方之義務，且該不履行或延誤係由（但不限於）戰爭、社會動亂、暴動、工業糾紛、勞工問題、燃料短缺、原料短缺、運輸延誤、火災、意外或惡劣氣候等無法掌控之原因所造成，則不須對另一方負責。以不可抗力為由之一方應於不可抗力之因素消滅後，盡全力補救該違約或延誤情事。

第 19 條　（語言）

一切甲乙雙方相互交流，且與本契約書有關之任何資料、技術文件、繪圖、文獻及資料，均應以中文撰寫，而中文應被視為甲乙雙方進行溝通、交易與記錄時之正式語言，然任何刊印之資料應可以日文撰寫。

中文版本為本契約書之正本，且適用於任何目的，無論其與委託仲裁或雙方間之糾紛有關。

第 20 條　（聯絡）
　　　　一切雙方間之聯絡通知應為有效，唯該通知應以傳真、電報或掛號郵件為之，並以下列住址為受件地址：
　　　　甲方為收件人：＿＿＿＿＿＿＿＿＿＿　〔地址〕中華民國臺灣
　　　　乙方為收件人：＿＿＿＿＿＿＿＿＿＿　〔地址〕日本

　　　　　　　　　臺灣○○股份有限公司
　　　　　　　　　代表人：○○○
　　　　　　　　　地址：臺灣臺北市○○北路 8 號
　　　　　　　　　日本○○株式會社
　　　　　　　　　代表人：○○太郎
　　　　　　　　　地址：日本國東京○○區一丁目 10 號

中　華　民　國　○○　年　○○　月　○○　日

（三）合作研究計畫契約書

1. 本契約的特點：本契約為合作研究計畫契約書，甲乙方共同研究開發新產品之契約。
2. 適用對象：本契約適用於合作研究計畫契約。
3. 基本條款：訂立本契約應詳述合作研究開發的內容。
4. 相關法條：民法第 347 條。

商業活動契約 7-5-12

合作研究計畫契約書
　　立契約人英國○○公司（簡稱甲方）臺灣○○股份有限公司（簡稱乙方）雙方同決訂立下列契約，共同遵守。

第 1 條　（目標）
　　　　〈超低排氣機車技術合作研究計畫〉之整體目標，係根據下列臺灣未來之立法提案，針對 50cc 至 150cc 四行程機車之排氣控制技術進行研究：

排氣	耗油量	噪音
2.5g/km CO	44.5km/l　（100-150cc）	78 分貝　（100-150cc）
0.8g/km HC + NOX	48.0km/l　(51-100cc)	75 分貝　(51-100cc)
三萬公里耐久性	19.0km/l　(< 50cc)	72 分貝　(< 50cc)

並自以下各層面評估可能之排氣控制方式：
- 廢氣排放減量
- 控制方式之耐久性
- 製造成本
- 可駕駛性／馬力輸出／噪音

● 省油性

而〈超低排氣機車技術合作研究計畫〉之工程目標如下：

排氣	耗油量
1.6g/km CO	44.5km/l（100-150cc）
0.51g/km HC + NOX	48.0km/l（51-100cc）
三萬公里耐久性	49.0km/l（< 50cc）

第一階段之特定目標如下：

一、針對與四行程汽油引擎排氣控制之資料庫及文獻進行研究；

二、針對與二行程汽油引擎排氣控制之資料庫及文獻進行研究；

三、藉現有四行程機車之引擎及車輛測試進行評估；

四、確認二行程汽油機車引擎之潛力（尤其 50cc 機車）；

五、以符合未來臺灣之廢氣立法提案；

六、確認並評估四行程排氣特性之差異，以及汽車與機車引擎間之控制要求；

七、確認並評估各四行程燃燒系統與特性之差異，以及機車引擎間之種類與尺寸；

八、研究電子引擎管理於 50cc 至 150cc 四行程機車之應用；

九、定義可能適用於超低排氣車輛之廢氣處理技術；及

十、提供〈超低排氣機車技術合作研究計畫〉第二階段高品質之資料庫。

第二及第三階段之規定目標見〈附件一〉。

第 2 條　（工作範圍）

甲方應根據圖一之專案計畫，利用〈附件三〉定義設備及資源執行〈附件二〉詳定之工作範圍。

第 3 條　（時程）

本契約書規定之工作，應自第 16 條定義之契約生效日起即刻展開，唯甲方獲得規定數目之「聯盟成員」承諾，以展開第 2 條定義之工作範圍。

甲方應在根據圖一所示時程展開後八個月內完成工作。

第 4 條　（專案管理）

一、甲方應指定專案經理一名負責專案之日常管理。

二、工作展開之前，「聯盟成員」應舉行籌備會議，以成立「聯盟執行委員會」，其成員應包含「專案經理」及各「聯盟成員」提名之代表，並由資深甲方工程師擔任主席。

三、基於預算限制及契約共識，「聯盟執行委員會」應有權更改第二條定義之「工作範圍」。

第 5 條　（會議、報告與聯繫）

一、各「聯盟成員」應每月接獲進度報告，其中將前一月完成之工作及主成果做一摘要。「聯盟執行委員會」開會約一個月前，則應發出更詳細之進度報告。

二、工作於臺灣開始前，應召開一次為時一日之籌備會議（會議一），且各「聯盟成員」均須出席，以成立第 4 條所述之「聯盟執行委員會」。

三、之後，「專案檢討」會議應每四個月於臺灣或甲方處召開一次，每次時間至多兩日，且「聯盟執行委員會」須出席。甲方之「專案經理」應針對專案進度進行報告。該會議應依下列方式召開：

會議二：討論可用之技術與初步結果。

會議三：於「階段一」完成時召開。

四、「專案檢討」會議於臺灣結束後，甲方應派遣兩名工程師拜訪各參與之「聯盟成員」，並召開為時至多一日之會議，以進一步討論甲方所進行之與該「聯盟成員」工作有關之研究。

五、甲方應準備一份詳細之總結報告，並將其於末次會議送交「聯盟執行委員會」。該執行應包含文獻研究結果、測試程序、測試結果及分析，以確認與廢氣及經濟有關之重要燃燒系統設計層面。

六、「階段一」完成時，最主要之成果應為一完整資料庫，其中包含四行程引擎之排氣控制技術，以及不同燃燒系統之交換特性與敏感度。計畫亦應定義適當之引擎種類、排氣方式及進行「階段二」與「階段三」所需之組件。

七、雙方應視情況以電話、傳真及信函保持密切聯繫。

第 6 條　（付款）

基於甲方目前進行之工作，「聯盟」應支付甲方之總額為三十七萬英鎊。

身為半額資助「聯盟成員」及五位全額資助「聯盟成員」之一，乙方應支付甲方之總額為六萬七千二百七十三英鎊。

甲方之發票應以＿＿＿＿＿執行副總裁為抬頭，並寄至＿＿＿＿＿，臺灣。

款項應進入以下銀行之甲方帳戶（帳號＿＿＿＿＿＿＿＿＿＿）：

> BARCLAYS BANK PLC
>
> 1, Pall Mall East
>
> LONDON
>
> SE1Y 5AX
>
> England

甲方接獲頭期款時，應以書面方式通知乙方。

乙方應經由甲方屬意之主要英國銀行開立已確認之不可撤銷信用狀，以支付甲方後續之各期款項。所有信用狀均應於付款日前三十日內開立。若該主要英國銀行未告知甲方信用狀已於付款目前三十日內開立，甲方保留停止依約提供乙方執行與資料之權利，直至信用狀開立為止。

因信用狀而產生之銀行費用，應由乙方單獨承擔。

款項應按以下時程分期支付：

一、甲方展開工作前，乙方應支付頭期款，其金額應為乙方,出資之 35%，即二萬三千五百四十五英鎊。

二、甲方向該主要英國銀行出示確認「會議二」已召開之發票及受益人聲明書後，乙方應支付中期款，其金額應為乙方出資之 35%，即二萬三千五百四十五英鎊。

三、甲方向該主要英國銀行出示確認總結執行已提交之發票及受益人聲明書後，乙方應支付尾款，其金額應為乙方出資之 30%，即二萬零一百八十三英鎊。

第 7 條　（開支）

一切因乙方將資料或材料送至英國而產生之相關成本與支出，以及因甲方將資料送交乙方而產生之相關成本與支出，均應由乙方負擔，然甲方投遞文件、繪圖及報告

時產生之郵資除外。

一切在英國內將資料或材料送交甲方所產生之成本與支出，應由甲方負擔。

一切與甲方處理乙方財產有關之成本，應由乙方負擔。

一切與乙方拜訪甲方有關差旅、食宿及醫療支出，應由乙方負擔。一切與甲方拜訪乙方有關差旅、食宿及醫療支出，應由甲方負擔。

第8條　（稅賦）

一切臺灣課徵之稅款應由乙方負擔。乙方應一次付清第6條詳述之款項。

第9條　（保密）

在工作期間或本契約書終止或到期後五年內，甲乙雙方均不行將自另一方取得這任何機密性技術或商業資料洩漏予第三人，然各得視必要將該資料洩漏予子公司或關係企業，唯該子公司或關係企業應對另一方負起類似之保密責任。本條文所涵蓋之一切資料，應以書面或其他實質形式為之，並註明「機密」字樣。

下列資料不應被視為機密，且甲乙雙方均不須履行保密義務：

一、甲乙雙方已知者；

二、非因甲乙雙方錯誤而成為公開資料者；

三、自不受限且未違約之第三人處合法取得者；或

四、由甲乙雙方獨立開發者。

工作完成後五年內，計畫所產生之資料應甲乙雙方視為「聯盟」機密，然乙方取得甲方事前書面同意後發表之論文除外。

乙方持有但所有權屬甲或另一「聯盟成員」之資料，應被乙方視為「聯盟」機密。

將該資料洩漏或交予第三人或環保署機構使用之行為，應遵守相關各方書面協議之規定。

「聯盟」持有但所有權屬乙方之資料，應被甲方視為「聯盟」機密，且甲方應促使其他「聯盟成員」將該資料視為「聯盟」機密。

濫用或洩漏該資料之行為，應遵守相關各方書面協議之規定。

儘管有上述限制，甲方應可公開透露其乙方之商業關係，且該關係之內容為〈超低排氣機車技術合作研究計畫〉。在未獲乙方之事前書面同意前，甲方不得進一步透露計畫之細節。

甲方應向所有「聯盟成員」要求相等之保密義務。

第10條　（協商）

若本契約之條文或其他特定事項在解釋時導致糾紛，甲乙雙方同意經由協商進行和解。若無法達成協議，雙方同意將該糾紛交由位於瑞典斯德哥爾摩之國際商會進行仲裁，且仲裁委員會之仲裁判斷應對雙方具約束力。

第11條　（終止）

甲乙雙方應善盡一切合理之努力，以履行本契約書之義務，且若有違約情事發生，雙方應採取一切合理之措施保護「聯盟」，使其免於因違約而造成之損失或損害。若一方以掛號郵件要求違約方改正其違約行為，而違約方在發函六十日後仍持續違反本契約書規定之義務，未違約之一方得以掛號郵件通知違約方，並立刻終止契約書，且本契約書應於該通知發出當日終止。

若任一方有破產、財產接管、週轉不靈或為債權利益進行轉讓之行為,另一方得以書面方式通知該方,並立刻終止本契約書。

若乙方因任何其他因素提前終止本契約書,甲方有權因終止生效日前(含)已完成之工作,以及日後甲方無法避免之後續成本,而取得乙方已資助之金額,唯甲方無時無刻均應盡合理之努力將該成本降至最低,並會同「聯盟執行委員會」調整「工作範圍」,以符合現有之預算。

乙方在本計畫期間依第 20 條規定所享有之資料權利應立即消滅。

甲方應向所有「聯盟成員」要求相等之終止義務。

第 12 條 (權利與專利之賦予)

一、基於第 6 條詳述之全額資助款項,乙方應享有免費之非獨家權利,以在全球各地使用依本契約書規定傳送至乙方之專門技術或資料。此權利包含轉授權予全球各地子公司之權利。

二、甲方向第三人提及計畫所產生之資料時,應說明乙方為該資料之研發者。

三、乙方於計畫期間提供甲方之資料及材料,應有為乙方之財產,甲方應依乙方之指示處理該資料及材料。一切相關之處理費用應由乙方承擔。

甲方依第 5 條規定送交乙方之文件及報告,應為乙方之財產。

背景資料及計畫前應屬甲方財產之數據,應仍為甲方之財產,其中包含計算程序、數據、電腦軟體及操作與設計之專門技術。

四、乙方應有權為其內部用途,其中包含轉授權予全球各地之子公司,在本契約書期間或之後使用上述甲方資料及數據,且不須支付額外費用,唯該資料及數據須為送交乙方之文件或報告所涵蓋或提及。除非獲得甲方書面許可,該權利不可分割且不得轉讓,亦不得轉授權予非子公司。

五、任何因甲方履行本專案而產生之發明或專門技術,應為甲方及「聯盟」之財產。

若甲方為因其履行本契約書而產生之發明或專門技術申請專利,在提出申請至發給專利之期間,甲方應隨時將一切消息告知乙方。

六、若產品包含受專利或其他權利保護之發明,且甲方得依第 12 條第 5 項之規定取得該專利或權利,並在本契約書期間及之後轉授權予全球各地之子公司,且不須支付額外費用,乙方應有權運用及/或銷售該產品。除非獲得甲方書面許可,該權利不可分割且不得轉讓,亦不得轉授權予非子公司。

七、甲方保證其依本契約書工作範圍而提供乙方使用之甲方資料、專門技術或專利標的物,均不對第三人之權利及/或專利造成侵害。

若簽約任一方發現依本契約書交流之繪圖、設計理念或專門技術,可能侵害第三者之權利及/或專利,該方應儘速通知另一方,並由雙方討論應一致採取之行動。

八、乙方應保護並賠償甲方,使其免於因使用甲方依約提供之專門技術、或數據或資料,而對乙方或第三人造成之責任、要求、損害、支出或損失。

九、甲方因任何違約行為而須對「聯盟」負責之極限,應限於第 6 條詳述之總額,即三十七萬英鎊。

十、甲方應賦予所有「聯盟成員」相等之權利，並向所有「聯盟成員」提出相等之限制。

第 13 條　（不可抗力）

若一方因超出其合理掌控範圍之因素，其中包含火災、水災、不可避免之意外、政府規定、暴動、叛亂、罷工或其他工業動亂，而無法或遲延履行本契約書規定之義務，該方不須對另一方負責。該不可抗力之情事發生時，受影響方應立刻盡其所能將細節通知另一方，並儘速告知其後續之發展情勢。該因素一旦消失，受影響方應立刻按進度履行義務。

第 14 條　（更動）

「目標」、「工作範圍」或「時程」之任何更動，僅在「聯盟執行委員會」以書面同意後始可生效。同時雙方應進行討論，並針對第 6 條規定之付款額進行必要調整。

第 15 條　（遲延）

若遲延係由受測設備故障造成，「聯盟執行委員會」應進行討論，同時針對「目標」、「工作範圍」或「時程」進行必然之更動，並在必要時調整第 6 條規定之付款額。

第 16 條　（生效日期及期間）

本契約書應在雙方簽字後立即生效。本契約書之有效期間，自生效日起為時二年。

第 17 條　（法律及仲裁）

若在解釋本契約書之條文或其他特定事項時導致糾紛，甲乙雙方同意經由協商進行必要之和解。若無法達成協議，雙方同意將該糾紛交由日內瓦國際商會之常設仲裁法庭進行仲裁。其他不受該糾紛影響之契約書條文仍應有效。

本契約書應受英國法律管轄。

立約雙方已致使本契約自雙方均已簽字之日起生效。本契約書一式二份，由雙方各執一份為憑。

> 訂約人：甲方：英國○○公司
> 　　　　代表人：○○○○
> 　　　　地址：英格蘭倫敦○○路東 10 號
> 　　　　乙方：臺灣○○股份有限公司
> 　　　　代表人：○○○
> 　　　　地址：臺灣臺北市○○○路 1 號

中　　華　　民　　國　　○○　　年　　○○　　月　　○○　　日

【合作生產】

（一）合作生產契約

1. 本契約的特點：本契約為合作生產契約，由契約當事人之一方，以技術提供與

他方，他方給付酬金之契約。

2. 適用對象：本契約適用於契約當事人之一方以技術提供他方，他方給付酬金之契約。

3. 相關條款：訂立本契約應註明契約之基本條款、定義條款、主要內容、一般條款、仲裁條款之內容。

商業活動契約 7-5-13

合作生產契約書

　　本契約由美國○○公司（以下簡稱甲方）○○公司（以下簡稱乙方）茲就合作生產事宜，訂立本件契約，條款如後：

一、本契約書所稱技術合作製品之對象，係甲方於本契約期間內，甲方在其本國製造販賣之○○○之全部及其附件（以下簡稱本製品）。

二、本契約存續期間內，甲方應向乙方提供左列之技術指導及技術上協助：

　（一）關於乙方財務之計劃、業務之企劃、調度及稽核、研究發展事項。

　（二）契約製品製造上必要之設計圖、裝配圖、零件圖、製造工程圖、裝配作業指導書、檢查要領書、保養說明書以及作業管理之指導及設備配置之技術指導。

　（三）關於乙方各項設施之籌建，保稅倉庫、儲運單位之設立及經營事項。

　（四）甲方對本契約製品如有研究改良，具備專門技術或專利權者，應隨時將其資料提供乙方。

　（五）甲方願在其本國工廠指導教育乙方之技術實習員，但乙方欲派遣時，應事先將技術研修發展計畫通知甲方，以徵求甲方同意，甲方應依雙方同意決定之計畫內容實施教育及指導，惟實習員之往返旅費及居留期間各費用應由乙方負擔。

　（六）甲方應配合乙方之需要派遣適合之指導技術人員來臺指導乙方，但乙方應負擔其往返旅費（來回飛機票限經濟票席位）、保險費及居留間各費用，惟被派遣者之資格及派遣期間應得乙方同意。

三、甲方保證將來乙方之製品，其品質與甲方之製品完全一致，乙方不得販賣不合甲方品質管理規定及儲運、包裝、修配檢查規格之製品。

四、乙方製造之契約內製品得標示甲方之商標於乙方名牌內，又其廣告、型錄等亦使用甲方之商標。

五、乙方對甲方依本契約第 2 條規定所提供之技術指導，應依下列規定支付報酬：

　（一）基於本契約甲方給予乙方技術合作實施權，乙方應在本契約生效後三十日內付與甲方美金○萬○千元整。

　（二）乙方應以契約製品之出廠價減去輸入原料之 CIF 價格及稅捐、廣告費、佣金、折扣等費用後之金額 3% 為技術酬金支付甲方。

　（三）本契約存續中，乙方應付與甲方之技術酬金應在計算年度結束起六十日內支付，以 12 月底為計算年度之末日。

六、甲方具有本製品之各項設計能力及有產品之整體發展計畫。

七、甲方保證本製品具有市場銷售性，且已經初期研究發展正在成長中，具備發展及創新之潛力者。

八、甲方具有規模之研究機構從事高級創新研究及發展工作。

九、依本契約應為之付款（技術報酬、旅費、居留期間費用等）依中華民國管理外匯辦法，以美金表示，並以美金匯交甲方。

乙方在每年 12 月底，應作成契約製品全年之生產量及工廠原價之合計報告書通知甲方，該報告應在上述末日起三十日內通知甲方。

十、甲方保證乙方生產過程中可引進與培植高級科學技術人員，並需要較多研究發展費用，並且乙方能獲得關於科學技術人才訓練及人力資源之調節。

十一、本契約經雙方當事人簽名蓋章後發生效力，其後五年為有效期間。

十二、如有下列情事，當事人之一方得終止契約，如有損害並得請求賠償：

　　（一）甲乙任一方不履行本契約之義務，但應有六十日之預告期間。

　　（二）本契約之當事人之一方破產，停止營業或與債權人任意和解。

十三、與本契約有關所發生之一切爭執、異議或違約，不得向美國及中華民國之裁判機關起訴，而應交付仲裁以解決之，其仲裁裁定為最終裁定，當事人應受拘束。

　　由乙方提付仲裁時，應由國際商事仲裁協會，依其仲裁規則加以仲裁。

　　由甲方提請仲裁時，應由中華民國仲裁協會依其仲裁規則及商務仲裁條例加以仲裁。

十四、本契約以中文本為正本，一式二份，甲、乙雙方各執一份為憑。

甲方：

公司名稱：

公司地址：

代表人：○○○　印

住址：

身分證統一編號：

乙方：

公司名稱：

公司地址：

代表人：○○○　印

住址：

身分證統一編號：

中　　華　　民　　國　　○○　　年　　○○　　月　　○○　　日

註：1. 本契約第 13 條規定本契約爭執之仲裁機關。

　　2. 契約當事人於簽訂技術生產契約時，應視個案之需要，增訂關於產品所有權歸屬、專利權授予及其授權事項、產品改良合作方案、契約轉讓、不可抗力條款、雙方有限責任、契約條款一部無效之處理、競業禁止條款、通知送達地及對象等之約定。

【授權契約】

（一）授權契約書

1. **本契約的特點**：本契約為授權契約書，甲方授權乙方銷售其產品。

2. 適用對象：本契約適用於授權銷售產品之契約。
3. 基本條款：訂立本契約應訂明行紀契約之基本條款。
4. 相關法條：民法第 576 條。

商業活動契約 7-5-14

授權契約書

　　立契約人美國○○公司（簡稱甲方）臺灣○○股份有限公司（簡稱乙方）雙方同意訂立下列契約共同遵守。

第 1 條　（定義）

　　本契約書用詞定義如下：

　　一、「機密資料」係指目前及未來之機密或專有資料，其中包含由立約雙方製作、所有或控制之「技術」及「改善部分」。

　　二、本契約書之「生效日期」係指○○年○○月○○日。

　　三、「改善部分」係指發明、改良、創新或修改部分，或者其他機密「技術」改進部分。「改善部分」亦應包含已申請或獲得專利之「改善部分」，以及無法申請專利之「改善部分」。

　　四、「所有人」係指乙方銷售「廠房」之對象。

　　五、「廠房」係指包含所有或部分「技術」之設施。

　　六、「產品」係指使用活性碳廢水處理「技術」之一切服務、程序、製品及設備系統，其中有機化合物係由活性碳吸收。

　　七、「技術」係指與「粉狀活性碳處理」水污染設備及廢水處理系統有關之專用資料，其中包含專利資料、已申請專利之資料、以及現由或在契約期間將由甲方所有或控制之無專利資料，其中又包含發明、商業機密、專門技術、技巧、數據、規格、繪圖、藍圖、流程圖、設計、設計參數、工程資料、建築資料、運轉標準及運轉資料。

　　八、「地區」係指中華民國臺灣。

第 2 條　（授權）

　　乙方接受甲方給予之獨家且不可轉讓授權與權利，以在「地區」內銷售、設計、操控、建造、製造並運轉使用「機密資料」之「產品」或「廠房」，而甲方之專利請見〈附件一〉。本授權其獨家性應遵守第 4 條之規定。本授權應自契約書之「生效日期」起開始。

第 3 條　（商標）

　　甲方授權並准許乙方在本契約書期間獨家使用〈附件二〉所列之商標，以及甲方指定之商號，而其使用須與「產品」有關。乙方將該商標及商號用於一切適當之文獻、廣告藍圖與製品。本授權及其獨家性應遵守第 4 條之規定。本授權及權利應自本契約書之「生效日期」起開始。

　　雙方清楚瞭解並同意乙方所使用之一切商標及商號應仍為甲方之財產。

第 4 條　（授權費及授權期間）

　　乙方同意支付甲方三十五萬美元之費用。乙方應依下列方式支付「授權費」：

一、頭期款應為「授權費」之 30（十萬五千美元），並於○○年○○月○○日前（含）以電匯方式支付。

二、尾款應為「授權費」之 70，以○○年○○月○○日簽發之不可轉讓信用狀支付，並於○○年○○月○○日前（含）押匯。若該不可轉讓信用狀未於○○年○月○日前簽發，依第 2 及第 3 條規定進行之授權即應終止。乙方不得收回任何先前支付之款項，且甲方不須再對乙方負責。

若該獨家授權未被終止，且乙方已建造、安裝及／或運轉達以下銷售額之「廠房」或「產品」，該獨家權利應仍屬乙方：

生效日期週年	累計銷售額（美元）
第三年	五百萬
第四年	一千萬

若乙方尚未達到以上銷售額，授權應於特定之週年日期自動終止。然若乙方支付以下額外費用，即得繼續保有原應被終止之授權：

生效日期週年	授權費（美元）
第三年	五萬
第四年	十萬

第 5 條　（稅賦）

由臺灣依法針對本契約書任何款項而向甲方課徵之稅金，應由乙方負擔。

第 6 條　（機密資料）

規範甲方「機密資料」之使用與透露之乙方義務，應由○○年○○月○○日簽訂之「保密協議」（見〈附件三〉）定之。

第 7 條　（保證）

甲方向乙方保證依本契約書授權之「技術」、專利及商標均屬甲方所有，且甲方有權依本契約書之規定給予該權利及授權。

乙方將「技術」應用於廢水處理商機後取得之結果，甲方不做任何保證。

乙方同意保護並賠償甲方，使其免於任何因操作及／或使用「技術」而引發之索賠主張。

第 8 條　（甲方之服務）

甲方應為基本技術轉移提供乙方合理之訓練服務。該訓練服務應使乙方具備在「地區」內銷售、設計並建造「粉狀活性碳處理」系統之能力。

甲方同意依雙方之協議提供乙方工程與技術服務。該服務之費率、費用、成本及開支應遵照〈附件四〉之規定。

一切服務應視甲方能否提供合理之人力而定。

第 9 條　（改善部分）

在本契約書期間，各方應儘速將其開發或和知且有權透露之「改善部分」告知另一方。

若甲方將該「改善部分」告知乙方，乙方應有權（不須另付權利金）在本契約書期間，依本契約之規定製造、使用並銷售運用「技術」之「改善部分」。

關於乙方告知甲方之「改善部分」，甲方應擁有一全球性、免權利金且不可撤銷之非獨家權利，以製造、使用並銷售與甲方使用「技術」及／或「改善部分」進行銷售有關之「改善部分」。

第 10 條　（終止）

若乙方宣告破產或財產遭接管；乙方之重整對乙方之銷售或促銷能力造成阻礙；或乙方現有之所有權或控制權大幅更動，乙方之契約權利得在甲方對乙方發出書面通知後立即終止。

若一方違反或不履行任何本契約書之規定（一項或以上）另一方得終止本契約書，唯不履行之一方應在終止三十日前接獲書面通知，然若不履行之一方於該三十日內改正通知所述之不履行情事，該通知即不得生效，且本契約書仍具完全效力。

本契約書終止或期滿時，雙方之一切權利及義務即應消滅，然以下各項除外：

一、乙方依第 7 條規定履行之保密義務，應仍具效力。

二、乙方應將一切有形之「機密資料」歸還甲方，然若乙方確定其將繼續履行之義務，即有權保留各「機密資料」之副本一份。

第 11 條　（責任之限制）

儘管本契約另有相反之規定，甲方無論何時均不須針對本契約書所引發之利潤、產品或用途損失，或者任何種類之偶發或衍生損害，向乙方或任何「所有人」負責。甲方依本契約書所有規定；或因本契約書引起之任何相關責任，而須對乙方及「所有人」負擔之最高累積總額，不得超過已依第 4 條規定支付甲方之「授權費」之 50%。

第 12 條　（糾紛之排解）

立約雙方應以善意履行本契約書，有任何疑問；由本契約書引發或與本契約書有關之糾紛；或本契約書之解釋、履行或違反應透過相互協商解決。

若上述協商無法達成善意和解，該事務應由國際商會依《調解暨仲裁規則》指派仲裁人依該規則仲裁之，唯該仲裁應於臺灣臺北市進行。

仲裁判斷不得更改，並對雙方具約束力，且雙方應以善意遵守該決定。仲裁判斷得在具管轄權之法庭提出，且若有必要，得向該法庭聲請司法承認或強制執行命令。

第 13 條　（轉讓）

本契約書對立約雙方及其繼受人均具約束力。各方均不得在未獲另方書面同意前轉讓本契約書，唯在未獲該同意之情況下，各方得藉合併將其權益轉讓予繼受人、該方控制之公司或控制該方之公司。一切轉讓均不對本契約書造成改變，且除非受讓人向轉讓人明文表示接受並遵守本契約書之條件與規定，否則任何轉讓均不具效力。

第 14 條　（甲方在地區內之銷售）

若乙方因故拒絕或無法為專案於「地區」內銷售「產品」甲方應有權進行銷售。凡甲方在獨家授權乙方期間於地區內銷售這前述專案，甲方應支付乙方專案銷售淨額之 3%。銷售淨額係指在扣除優惠、信用收益、津貼、保險、包裝、運輸費用、營業稅、貨物稅、加值稅及銷售佣金後，甲方因銷售「產品」而取得之實際金額。

第15條 （除外項目）

甲方依第2條規定授權乙方之項目絕不包含：

一、將「技術」用於掩埋場過濾處理；及

二、一切涉及粉狀活性碳濕氣再生之專案或其部分，其中粉狀活性碳吸收之有機化合物藉濕氣化過程被氧化；

三、然甲方同意在獨家授權乙方期間，乙方應為「地區」內任何濕氣再生應用工程之獨家代理商。前述代理及／或銷售之條件及規定，應在屆時由雙方取得合理之共識。

若乙方因故拒絕或無法擔任該代理商，甲方有權擔任之。凡甲方在獨家授權乙方期間於地區內完成之前述銷售，甲方應支付乙方該銷售淨額之3%。銷售淨額之意義同第14條之規定。

在獨家授權乙方期間，凡由第三人展開且由甲方完成之銷售，甲方應支付乙方該銷售淨額之1%。

甲方依本條規定應給予乙方之金額，僅在甲方取款後方可去付。若甲方未取得全部款項，支付乙方之金額應按比例降低。

訂約人：甲方：美國○○公司

代表人：○○○

地址：美國○○州○○市第○大道第10號

乙方：臺灣○○股份有限公司

代表人：○○

地址：臺灣臺北市○○○路8號

中　　華　　民　　國　　○○　　年　　○○　　月　　○○　　日

（二）開發授權契約書

1. 本契約的特點：本契約為開發授權契約書，甲公司授權乙公司使用其設計於乙公司產品。

2. 適用對象：本契約適用於開發授權使用設計契約。

3. 基本條款：訂立本契約應訂明開發授權的內容。

4. 相關法條：民法第347條。

商業活動契約 7-5-15

開發暨授權契約書

第1條 （立約方）

● 甲公司

德國○○○公司

以下簡稱甲方

　甲方為 VLSI VIP 處理器中 ISDN 軟硬體之設計暨開發商。

● 乙公司

臺灣○○股份有限公司

以下簡稱乙方

乙方為 ISDN 製造商，欲在其 ISDN 產品中使用甲方之設計。

第 2 條　（定義與解釋）

除非另有需要，否則本契約書用詞之定義如下：

「智慧財產」係指一切專利著作權設計及其他智慧財產。

「甲方產品」係指規格符合〈附件〉規定之產品。

第 3 條　（陳述）

甲方已為 VLSI VIP 組件開發出 ISDN 終端機設計（ISDN 電話、ISDN 終端機配接器）。

乙方欲為其新一代 ISDN 終端機取得此技術之授權，並將終端機外殼與用戶介面之修改與研發工作包予甲方。

第 4 條　（授予之權利）

一、甲方授予乙方非專屬性權利，使其得在以 VLSI VIP 產品（乙方用戶介面與控制軟體可用之 ISDN 終端機電子設計、協定堆疊）為基礎之產品上使用甲方技術。

二、甲方與乙方承認雙方均不因以上授權而取得任何權利或所有權，且雙方將於另一方提出合理要求時納入適當之著作權標記。

三、雙方以書面方式同意後，得不定期將產品加入本契約書，或者將產品自本契約書中刪除。

四、本契約書包含之任何內容，均不得禁止甲方修改、加強、授權、轉讓或以其他方式處理其通訊軟體。

第 5 條　（保證與責任）

一、甲方保證「甲方產品」若按其規格裝運並使用，且未遭乙方進行任何修改，便不會產生功能上之缺陷，並導致用途無法發揮。本保證應於提出當日後六個月到期。本保證應包含甲方技術人員針對故障或缺點所進行之修正。乙方之索賠應為書面形式。

除以上所言外，本保證應取代任何其他明示或默示之保證，其中包含用途之適銷或適用保證，且絕無例外。甲方據本契約否認並拒絕一切適銷或適用保證。

二、除第 5 條之規定外，甲方違反其契約義務時之唯一責任，即甲方將自費更換故障媒介或修正軟體，此為乙方可得之唯一補償。

三、在任何情況下，任一方按本契約書履行之責任，均不得包含任何特殊、間接、偶發或衍生之損失或損壞，其中包含但不限於與通訊安全、數據或資料遺失或傳輸成本有關者，即便當事一方已事先獲知該潛在損失或損害之可能性。

第 6 條　（第三者權利）

甲方保證、聲明並同意：

一、甲方具簽訂及履行本契約書之全部權力與權利；

二、甲方根據本契約書執行及履行之義務，將不違反甲方已簽署之任何協議或文件，或者構成甲方已簽署之任何協議或文件之不履行。

三、甲方並未察覺任何未簽署本契約之第三者之智慧財產，會因乙方製造、使用或銷售，且含「甲方產品」之產品，而被侵害或誤用。

就本契約而言，甲方未將任何非己所有之專利轉讓予乙方。若運用或銷售乙方產品時需要第三者之專利，乙方應獨力負責與第三者針對該權利進行安排，並負擔一切費用。

第 7 條　（付款）

開發之頭期款應於本契約書簽訂十四日後到期。本契約書所述之一切其他費用，應於提出有效發票後二十一日內支付。本契約書所定之一切價格，均不含運費及加值稅。運費將在適當加入，而加值稅將根據現行法律加入。

有效發票應按〈附件〉規定於交貨予乙方時開立。

第 8 條　（訓練）

終端機設計之費用，包含客戶要求時於甲方場所舉行之兩日訓練，以及自製造移轉起為時兩星期之電子郵件支援，此支援每個工作天至多兩小時。額外支援與訓練可按〈附件〉定義之甲方收費標準安排。

第 9 條　（通知）

一切通知均應按前述住址以書面方式送交收件方，唯任一方均得於發出通知至少二十一日後更改該服務住址。

第 10 條　（修改）

唯甲乙雙方授權之簽字人簽署之書面文件，方得修改或更改本契約書。

第 11 條　（不可抗力）

若甲方或乙方無法遵守本契約規定之行為，係由無法合理掌控之因素造成，該行為不構成違約行為。

第 12 條　（完整條款）

本契約書為雙方根據本文件議題達成之唯一契約。除非經書面方式記錄，並由甲乙雙方授權之人簽字，否則本契約書未包含或未記錄之保證、擔保、聲明、陳述或其他任何種類之規定或條件，均不具任何效力或影響。

第 13 條　（期間與終止）

本契約書應於雙方簽署當日起生效。除非遭終止，否則本契約書之有效期間，應自簽署日維持至少五年，任一方均有權於以下情事發生時，以書面通知方式終止本契約：

一、雙方同意；

二、另一方嚴重違反本契約書之任何規定或條件，然若該違約行為可於發出通知後三十日內補救，並於三十日內補救完成者，該終止通知應為無效；

三、另一方因重整以外之原因進行強制或自願清算。

第 14 條　（機密性）

在履行或規劃本契約書期間，任一方及其員工與代理人，均可能取得由另一方擁有或控制之專有或機密資料，且此資料與另一方之設備、儀器、程式、軟體、規格、繪圖及其他情報有關，而該情報又可能包含專利細節及內容。所有經一方確認為專

有或機密之資料，若於履行或規劃本契約期間透露予另一方或其員工或代理人，應仍為透露方之專有財產，且另一方應依其保密程序盡全力維護該資料之機密性，並不得於未獲透露方書面同意前，將該資料複製、出版或透露予他人。

第 15 條　（管轄法律）
　　本契約書應由德國法律建構並管轄。

訂約人：甲方：德國○○○公司
代表人：○○○○○
地址：德國漢堡市○○○街 11 號
乙方：臺灣○○股份有限公司
代表人：○○○
地址：臺灣臺北市○○路 100 號

中　　華　　民　　國　　○○　　年　　○○　　月　　○○　　日

【委託設計】

（一）委託設計契約書

1. **本契約的特點**：本契約為委託設計契約書，所有人委託設計人設計室內設計的契約。
2. **適用對象**：本契約適用於所有人委託設計人設計室內設計的契約。
3. **基本條款**：訂立本契約應訂明委任契約的基本條款。
4. **相關法條**：民法第 528 條。

商業活動契約 7-5-16

委託設計契約書

　　立契約人○○股份有限公司（簡稱所有人），○○設計股份有限公司（簡稱設計人）

　　立約雙方同意如下：

　　「設計人」已向「所有人」提交一份「所有人」接受之室內設計提案，且雙方均已簽署意願書，雙方同意唯在前述文件與本契約書牴觸時，本契約書方可取代之。

　　立約基礎——

　　「所有人」欲為甲俱樂部（以下簡稱「俱樂部」）之室內設計簽訂契約，以取得本契約書〈附件一：服務範圍〉所述之設計服務，且此範圍與附件二：專案範圍所述之區域有關。「所有人」瞭解並承認「設計人」僅提供室內之圖案與設計發展，且不為建築師。「所有人」欲簽約由「設計人」提供專業之室內設計服務，唯範圍僅限於本契約書所稱之「俱樂部」，且「設計人」亦欲提供上述服務，此立約基礎已融入本契約書中，並於附件三中詳述。

　　有鑑於此，雙方將本契約書所述之前提、協約與協定納入考量，並同意如下：

第1條　（設計人之服務）

一、基本服務

（一）「設計人」應提供本契約書中與「俱樂部」有關之專業室內設計服務。在此服務方面，「設計人」應對「所有人」及不定時由「所有人」指定之個人或有權人（entitles）負責。

（二）在本契約所有階段期間，「設計人」均應與建築師、承包商或「所有人」指定或有權人共同檢視所有提案之工作。

（三）「設計人」應針對本契約書要求之一切固著物、裝潢與塗飾制定詳細規格，以為專案各階段工作之所有層面準備完整評估。

（四）「設計人」應協助「所有人」挑選專案所需之顧問與分包服務。本契約書之一切相關要求均應納入所有分包契約中，以確保各時程之完成與進度。「所有人」與「設計人」應安排必要之進度會議，以及時取得文件與資料，並將其納入計畫與時程。

（五）在專案資料建立期間，「所有人」應有權檢視、修訂、建議、要求修正並進行調整，以達成「俱樂部」整體設計與營運之目標。然「所有人」同意已認可工作之任何修訂與修正均應訴諸文字，且「設計人」應有權依本契約書第4條「所有人要求之額外服務」所述獲得額外報酬。

（六）繪圖設計、桌面設計、制服設計及採購服務等額外與選擇性服務，並不為本契約書之一部分，倘有需要，應分別訂約。

二、服務範圍／專案範圍

「設計人」之基本服務，應包含本契約書〈附件一〉（服務範圍）所指之服務，基本室內設計服務應包含本契約書〈附件二〉〈專案範圍〉所指區域中〈階段一〉至〈階段五〉（第1條第二款（一）項至（四）項）內「設計人」之職務與責任。

（一）階段一：圖案設計

1. 「設計人」應檢視「所有人」提供之資料，以瞭解其營運與設計主題。「設計人」應自該資料中確定「俱樂部」之要求，並與「所有人」討論其對該要求之認知，以建立專案範圍。

2. 基於前項所述，「設計人」應準備

a.「柔線」（"soft-line"）平面圖，其中標明提議傢俱之配置；b.「概念氣氛手冊」（"Concept Mood Work Book"）一份；及 c. 傢俱之照片與必要之其他選擇，以向「所有人」進行說明。

3. 「設計人」應依「所有人」為固著物、裝潢與塗飾所擬之預算，針對上述提交價格預估。

（二）階段二：設計發展

1. 在「所有人」認可（階段一）發展之概念後「設計人」應針對所有公共及來賓區域製作室內配置圖。「設計人」應為「所有人」製作彩色透視圖（依本契約書第3條所定及〈附件五〉所述，由「所有人」准許並償付）與「說明板」（"Presentation Boards"），其中須標明地板、牆壁、天花板、窗戶加工方式、傢俱、固著物與配件之顏色、材

料及實際樣品（依本契約書第 3 條所定及〈附件五〉所述，由「所有人」准許並償付）。

2. 「設計人」應於接獲本契約書第 3 條所定及〈附件五〉所述之償付許可後，向「所有人」提交三套 8-1/2"×11"之彩色透視圖、說明板與平面圖。

3. 「設計人」應針對提議之固著物、裝潢與塗飾，提交以美元計價之貨品價格預估。

4. 「設計人」應依規定與建築師、餐飲顧問、裝潢暨燈光顧問、製圖顧問、制服設計顧問及／或其他分包商進行協調，並以口頭方式報告目前之初步設計方向。

（三）階段三：資料建立

1. 「所有人」認可〈階段二〉之設計發展後，「設計人」應依執行專案採購與競標作業時所需之建築及設計概念，準備詳細之工程圖、規格、時程、「契約文件」（Contract Docu-ments）與其他資料供「所有人」審核。

2. 「設計人」應提供具 F.F.& E 規格之「樣品規格手冊」（Swatches Specification Books），其中須包含所有傢俱塗飾之樣品目錄，並提供一切建材、傢飾布、色彩設計，其中包含彩色透視圖、穗邊及／或樣品；「設計人」亦應與「所有人」指定之代表協調，以確認具備適當施工品質之供應商與廠商，以實現設計之理念。

3. 「設計人」應與「所有人」指定之代表協調，以整合固著物、裝潢、塗飾、藝術品與必要特殊配件之資料、設計與採購。

4. 「他人」針對本專案繪圖設計、制服設計及桌面物品提交之樣式、設計與規格，「設計人」均應參與其審核過程。

5. 「設計人」應與「所有人」指定之代表及專案建築師協調，以確保「柔線」平面圖已融入「施工資料」中，且「設計人」之理念得以實現。

6. 「所有人」指定代表針對室內裝潢、固著物與藝術品所提供之「採購訂單」，「設計人」應檢視並協調之，以檢查其是否與設計理念相符。

（四）階段四：檢查

1. 「設計人」不得控制、掌控或負責以下各項：施工、製造、採購、運貨、交貨或裝設之工具、方法、技術、順序或程序；安全措施；承包商、分包商、供應商或任何其他施工者之作為或不作為；或承包商、分包商、供應商或任何其他施工者無法按照「契約文件」進行工程。「所有人」指定之現場代表，應為下列由他人所測面積之準確度及／或確認負責：

(1) 石板地板；

(2) 地毯；

(3) 壁飾。

2. 在裝潢之最後階段，「設計人」應提供合格之現場人員進行檢查，並與「所有人」指定之裝潢監工進行協調。

3. 為確定一切傢俱、固著物與藝術品均已依「契約文件」交貨並安裝，「設計人」應檢查所有物品之最後配置，以及品質、組裝與功能。

4. 若「所有人」與「設計人」認為有必要，「設計人」應於施工及裝設期間，定期訪臺開會並進行發展及／或現場檢查，以確保施工品質與進度符合已批准之文件，本專案允許十二人次為時一星期之拜訪，而每人訪臺平均時間為每兩個月至多一星期。

5. 在本專案期間，每位受「設計人」僱用者平均至多可進行十二次為時一星期之上述定期拜訪，每位進行此定期拜訪之個人應以一人次計。

第 2 條　（基本服務之設計費用）

一、「所有人」同意就第 1 條及其各款所述之基本室內設計服務，支付「設計人」＿＿＿＿＿美元之設計費，其中不含「償付支出」，以及「所有人」事先指定且批准之任何額外服務。上述金額應按以下條件與方式支付：

（一）施工時程／付款方式及時程

付款方式及時程應按下列百分比分配，且各比例與以下四階段所定之施工進度與完工程度有關：

階段一：圖案設計 20%

階段二：設計發展 25%

階段三：施工文件 40%

階段四：檢查 15%

（二）費用應依各階段結帳期間之完工比例支付予「設計人」。

在服務特定階段之架構下，款項應每月支付，且金額與當月服務完成之百分比成比例。

（三）為數 20% 之保留款已獲支付，並應依各階段完工時之百分比，於上述規定之費用中扣除。

（四）在本契約期間，「設計人」應依〈附件七〉所述，開立發票予「所有人」。

二、費用應於「所有人」接獲發票當日後十五日內支付予「設計人」，其中應包含〈附件七〉所述之「償付支出」。「所有人」接獲發票後，有十五日之時間檢查發票是否正確，並與本契約書之要求相符。接獲發票十五日後，除非「所有人」以書面方式通知「設計人」發票有誤，否則該發票應被視為正確無誤。

三、接獲發票四十五日後，若「設計人」仍未接獲按本契約書規定應得之款項，該款項之利息應自發票開立日起以百分之 1.5% 之月利率計算。

四、若發票無誤，但在開立發票六十日後仍未獲支付，「設計人」可選擇暫停本契約書所定之一切工作，直至「所有人」付款為止。

五、稅法針對該案而向「所有人」徵收之任何稅款及／或課賦，均不屬於基本契約費用，亦不得由「設計人」負擔或支付。

第 3 條　（償付支出）

一、除「基本室內設計服務」之報酬以及因「所有人」要求「額外服務」而產生之報酬外，「設計人」亦應收取「償付支出」。

二、「設計人」應按月分別將帳單送至「所有人」處，以收取一切為「所有人」利益而支付之現金款項，其中包含但不限於差旅費、住宿費、複製費、長途電話費、電報費、傳真費、電話影印費、特殊繪圖費、攝影費、快遞費、彩色透視圖費與電腦租費以及因「所有人」要求更改或額外服務而產生之加班費。

三、「收帳程序」與呈報「償付支出」之格式應符合第 2 條所定與〈附件七〉所述。

第 4 條　（「所有人」要求之額外服務）

一、若「所有人」希望「設計人」提供本契約書範圍未提及之服務，「所有人」應以書面方式提出改變或增補，並為此額外服務另行支付「設計人」一筆雙方同意之費用。此費用不低於「直接人事支出」（Direct Personnel Expense）所得結果乘以三後之金額。此筆雙方同意之費用，應以「所有人」與「設計人」共同簽署之文件證明之。

二、「直接人事支出」一詞代表並包含受僱於「設計人」並參與「俱樂部」之專業與技術員工之薪資。「設計人」各級員工之「報帳費率表」附於〈附件四〉，且完全併入本契約書中。

三、「額外服務」款項與相關之「償付支出」，應依本契約書第 2 條及其各款所定之條件支付。

第 5 條　（「設計人」費用之再議）

一、若本契約書涵蓋之服務未能於本契約書生效日（本契約書之生效日應為第一頁註明之日期）起十八個月內完成，且此情形並非「設計人」之過失，「設計人」應有權針對之後由其施工之未完成部分增收費用，金額則由雙方善意協議之。

二、在任何階段之工作完成並核可後，若「所有人」決定更改或重新規劃任一區域之用途；或者要求「設計人」提供本契約書範圍以外之額外服務，額外費用應依本契約書第 4 條及其各款規定協議之。

第 6 條　（「所有人」之責任）

一、「所有人」應提供計畫與資料，其中包含可決定「所有人」對專案有何要求之預算標準。

二、「所有人」應於其組織內指定一人，並授權該人代表其處理「俱樂部」事宜。「所有人」應審核「設計人」認可之文件，並於「所有人」與「設計人」同意之預定期間內，做出與該文件相關之決定。

三、「所有人」應將提供必要資料，以確保工程順利進行，並符合雙方共同制訂並認可之完工時程。

四、「所有人」提供且與專案有關之繪圖、規格、服務、資料、調查與報告，應由「所有人」自行負擔費用，且「設計人」應有權採信上述各項之正確度與完整性。

第 7 條　（固著物、裝潢與特殊塗飾之費用）

一、「固著物、裝潢與塗飾預算」係指「所有人」擬定並核准之預算限制，且此預算已為「設計人」瞭解。

（一）「設計人」應依其專業經驗、洞察力與資源，盡力於同意之金額內提供「所有人」最後設計。

（二）若固著物、裝潢與塗飾之預算，不高於最低之善意競價或「所有人」可接受之協議價格，「所有人」應於下列各項中擇一為之：

1. 以書面方式同意增加固著物、裝潢與特殊塗飾之預算；

2. 於合理時間內再次舉行工程競標；或

3. 配合修改範圍、建材或細節，以降低可能成本。在此情況上，「設計人」應與「所有人」指定之代表合作，針對文件進行必要修改，以將成本控制於調整後之「固著物、裝潢與塗飾預算」內，且「所有人」不須負擔額外費用。

第8條 （「設計人」之會計紀錄）

一、與「設計人」服務有關「償付支出」紀錄，應依一般接受之會計原則保存，以符合「所有人」之利益，且「所有人」應可於提出要求後取得該紀錄。

二、「所有人」同意應於合理時間提出檢視會計紀錄及補充資料之要求，並以適當方式通知「設計人」準備相關文件。

第9條 （契約之終止）

一、「所有人」得於提出書面通知十五日後終止本契約，而本契約應於「設計人」接獲上述通知後正式終止。本契約終止後，「所有人」應於契約終止當日起十日內，支付「設計人」正式終止日前一切積欠「設計人」之款項。

二、下列任一情事發生時，「設計人」得於提出書面通知十五日後終止本契約，且不損及任何應付或積欠「設計人」之款項：

（一）「所有人」並未支付「設計人」本契約同意之費用。

（二）「所有人」表示放棄本專案或本專案室內設計部分之明顯意圖；或

（三）「所有人」並未與「設計人」合作，以致本契約書規定之服務難以完成。

上述「設計人」終止本契約之行為，不得損及正式終止日前積欠設計人之任何款項。

第10條 （文件之所有權）

一切依本契約準備之繪圖、時程與規格（以下簡稱「繪圖」），均應為「所有人」之財產，且「設計人」應於之工程完工後，立刻將「繪圖」交付「所有人」，然「設計人」應有權保留任何「繪圖」之副本。若本契約因故於完工前遭終止，而「所有人」使用、僱用或指示另一「設計人」使用「繪圖」完成本專案，「所有人」同意「設計人」不須為「繪圖」與未完部分相符之情事負責。儘管有前述規定，若本契約因上述情況而遭終止，且「俱樂部」之設計與「設計人」準備之設計大體相同，該設計之藝術貢獻應歸功於「設計人」。「設計人」應受允保留與本專案有關之資料副本以供參考。

第11條 （仲裁）

一、「所有人」與「設計人」同意本契約造成之任何歧見或糾紛，均應交由「國際商會調解與仲裁法庭」處理。一切與本契約有關之糾紛，最後均應遵照《國際商會調解與仲裁規則》之規定，指派至少一位仲裁人解決之。

二、若本契約之糾紛或爭端應受仲裁，立約各方均不得提出解決該糾紛或爭端之法律訴訟或衡平法訴訟，除非該起訴之目的，為迫使與本契約有關之仲裁得以進行，或者執行仲裁之判決。

三、任何糾紛或歧見均應由臺灣法律管轄並解釋。仲裁人之仲裁判斷不得更改，且具約束力。

第 12 條　（室內設計人之姓名與新聞稿）

一、「俱樂部」室內設計之成果，應完全歸功於「設計人」。所有與室內設計有關之新聞稿與公關稿，均應發表以下聲明：

「設計人：加州洛城乙設計顧問公司」

二、「設計人」同意配合「所有人」為本專案爭取媒體與新聞之報導。

第 13 條　（繼承人與受讓人）

一、除自我約束外，「所有人」與「設計人」均應約束其董事、股東、合夥人、繼承人、受讓人與法定代理人遵守本契約書之所有規定。

二、在未取得另一方之書面許可或同意前，各方均不得轉讓或移轉本契約書賦予之權利與義務。

第 14 條　（通知）

一切通知、請求、要求與其他聯絡事宜，其中包含但不限於本契約書規定之發票與帳單，均應以書面方式進行。若通知係由專人直接交予收件人，該通知應被視為已於收件當日按時送達；若通知係以郵遞方式寄予收件人，該通知應被視為已於寄件後第三日按時送達。若採郵遞方式進行，應預付郵資以限時掛號寄至：

設計人

　　乙公司

　　美國_____〔地址〕

所有人

第 15 條　（管轄法律）

本契約書於中華民國簽訂，應依中華民國法律詮釋及解釋。

第 16 條　（附件）

本契約書之附件如完整規定一般，為本契約一部分，並列舉如下：

附件一：室內設計服務範圍

附件二：室內設計專案範圍

附件三：立約基礎

附件四：償付支出預算

附件五：意願書

附件六：發票

第 17 條　（契約範圍）

本契約書代表「所有人」與「設計人」之所有協議，並取代先前一切書面或口頭之協商、陳述或約定，其中不含「所有人」於○○年○○月○○日簽署、認可並接受

之意願書（附件五）。本契約書僅在「所有人」與「設計人」簽署正式文件後方得修訂。

訂約人：所有人：○○股份有限公司

代表人：○○○

村址：臺灣臺北市○○○路 8 號

設計：○○設計股份有限公司

代表人：○○○

地址：臺灣臺北市仁受路 100 號

中　華　民　國　○○　年　○○　月　○○　日

第四節　加盟與連鎖店

（一）加盟店契約

商務活動契約 7-5-17

○○木屐專賣店加盟契約

立契約書人：○○木屐專賣店（以下簡稱甲方）

○○○（以下簡稱乙方）

緣甲方製作木屐技術精良、品質卓越，信譽深獲各界好評，現因乙方欲加盟甲方之「木屐專賣店」，以經營販賣甲方所製作之木屐商品，約定如下條款，以昭信守：

第 1 條　加盟店名稱、營業所在地

一、營業加盟店名：○○店加盟店。

二、乙方不得任意變更加盟店營業所在地，但經甲方書面同意者不在此限。

三、若乙方因加盟店租約終止，致該店無法於該地繼續營運時，甲方同意給予乙方二個月的時間，另覓甲方認可營運地點繼續營運。

第 2 條　契約存續期間

本件加盟契約期間自民國○○年○○月○○日起，至民國○○年○○月○○日止。

契約期間屆滿前，如乙方欲續約者，應至少於屆滿前一個月前，以書面通知甲方另行訂立新約。否則契約期間屆滿，本件契約自動失其效力。

第 3 條　使用權利金、履約保證金及設計費

乙方於簽訂本契約時，應支付下列金額予甲方：

一、使用權利金共計新臺幣十萬元整，本項使用權利金之性質為一次給付，無論乙方營業期間長短，乙方均不得請求退還。

二、履約保證金，共計新臺幣十萬元整，本件契約期間屆滿如雙方未再續約，甲方應無息退還本項費用。

三、規劃設計費，共計新臺幣五萬元整，作為甲方為乙方規劃加盟店之裝潢監督、內部動線、空間設計等費用。

四、相關生財器具費用，共計新臺幣五萬元整。

第 4 條　名詞疑義解釋

本件契約所用之專業名詞或用語如有疑義時，悉依甲方所定之作業手冊或管理規章為準，如上開手冊或規章所未定義之名詞或用語者，悉依甲方之解釋為準。

第 5 條　會計

就甲方批發予乙方之木屐貨款，乙方無論當月銷售數量多寡，乙方應於當月月底與甲方完成對帳程序，並應於對帳完成日之次日起七日內支付全額貨款予甲方，不得藉故拖延或遲滯。

第 6 條　授權使用及委託經營

一、甲方授權乙方非獨家使用甲方所提供之商業機密及設備以經營該店。

二、乙方取得甲方指定之○○店加盟店的經營權乃基於甲方為委託人，乙方為受託人之法律關係。乙方係經甲方委託而取得經營權，然如本契約屆期，不再續約或乙方違反本契約規定，致甲方收回經營或終止委託，或發生乙方擅自轉讓本契約權利義務情事，乙方之經營權立即終止。

三、乙方不得就本條被授權使用之商業機密、生財設備、用品更轉授權他人使用。

四、有關該店之經營及商品之銷售，乙方同意接受甲方之指導及遵照甲方所管理規章及附件（均含嗣後修正）及本契約之約束。

第 7 條　非代理關係

一、除本契約規定外，乙方或乙方之受僱人不得以甲方之代理人或甲方代表之名義或甲方之受任人、受僱人之身分對外為任何法律行為，乙方不得以甲方之名義僱用職員對外承擔、承諾債務或擔任保證等事宜。

二、乙方或乙方之受僱人之對外一切法律行為，除係依契約規定、運作或經甲方另以書面同意或授課外，皆係乙方之獨立作為，乙方應自行負責，與甲方無涉。

三、就本契約之履行及各項義務之遵守，乙方之受僱人、使用人、履行輔助人如有故意過失情事，視為乙方之故意過失。

四、因可歸責於乙方或乙方受僱人之故意或過失，不法侵害他人權利者，乙方須自行負擔其法律責任，概與甲方無涉，如因此致肇甲方之任何損害者（包含，但不僅限於：預期利潤之喪失、存貨損失、商譽損失者等），乙方須對甲方負全部賠償責任。

第 8 條　店（職）員之聘僱、訓練

一、乙方因經營該店所需之店（職）員，均由乙方自行聘僱並負擔其薪資及相關費用，概與甲方無涉。

二、乙方就其所聘僱之員工，其有關經營加盟店之規劃訓練，甲方願免費提供相關訓練，乙方亦應配合甲方按期派員受訓。

三、乙方就其所聘僱之店（職）員之休假、員工福利、管理、撫卹、稅捐及資遣、退休等職工福利事宜均由乙方自理，不得請求甲方補貼之。

第 9 條　營業內容及相關產品之陳列

一、甲方應提供乙方有關之行銷技術、存貨、管理等商業機密，並協助指導乙方有關商品之陳列，環境整潔等事宜。

二、乙方不得任意販售非加盟契約所定之產品，但其經甲方書面同意者，不在此限。

三、乙方亦得以書面建議甲方，販售乙方認為確有營業價值之商品，甲方未決定之前，或甲方已為不接受之決定，乙方均不得擅自販售該商品。

四、加盟店陳列之商品，未經甲方同意，乙方不得擅自與他人簽約或允諾而陳列。

第 10 條　利益歸屬

乙方因經營加盟店所獲之利潤、所得均歸乙方所有，甲方不得以任何目的向乙方請求分配其利潤、所得；反之，乙方因經營所生之虧損，概由乙方自理，乙方亦不得以任何理由請求甲方補貼。

第 11 條　稅捐負擔

乙方因經營加盟對外營業所生之稅，均由乙方自行負責，概與甲方無涉。

第 12 條　廣告行銷

甲方將提供包括全國性媒體廣告（電視、報紙、雜誌、廣播電臺）等有關廣告事宜，另如甲方舉辦之促銷活動，亦應事前七天以書面通知乙方，乙方亦應盡力配合參加。

第 13 條　競業禁止及守密義務

一、乙方及乙方受僱人於本契約期間內或契約屆滿合意終止、解除、終止後三年內，不得投資或參與或教導或受僱或從事合夥經營類似之商店業務，如有違反，乙方須將其（含受僱人）因之所得之利，給付或歸入甲方所有，甲方並得請求乙方賠償懲罰性之賠償新臺幣二百萬元整，乙方不得異議。

二、乙方或乙方受僱人不得洩漏有關之商業機密、文件予他人，否則甲方除得向乙方請求懲罰性之賠償新臺幣二百萬元整，並得就因此所受之損害請求乙方賠償。

三、乙方應與其受僱人為相同之禁止競業及保密之規定，並對甲方負擔保之義務。

四、本條之規定，縱於本契約關係消滅後三年內仍具拘束乙方之效力。

第 14 條　權利移轉

一、乙方未經甲方同意，不得將本契約之權利全部或部分轉讓予他人或出租設質、盤讓，或實際經營權移轉予他人之行為。

二、甲方得將本契約之權利及義務轉讓他人，或與其他公司合併，或另設立公司承受本契約之業務，乙方不得異議。

第 15 條　違約事項

一、乙方有下列行為者，視為違約：

（一）乙方未按本契約之規定經營該加盟店或使用設備或銷售商品者，或私自增設分店、店內設備或違反競業限制，或擅將該店商品或設備移往他處販賣或使用者，或有損加盟店形象、商譽者。

（二）乙方依法進行重整或清算程序，或依破產法聲請和解或宣告破產或受強制執行、假扣押、假處分或其他任何司法上或行政上之處分，或停止營業或買方之負責人隱匿或逃逸或買方所簽或背書、承兌、保證之票據等發生停止支付或經票據交換所宣告拒絕往來者。

（三）乙方擅自以甲方代理人或代表名義與第三人訂約或從事法律行為（包括乙方不得任意與第三人為批發木屐之行為）。

（四）乙方其他違背本契約之約定，經甲方認為重大違約，或經甲方催告期限補正仍怠於補正者。

二、乙方如有上述重大違約事由之一，甲方得不待催告，逕自解除或終止本契約，並得請求一切之損害賠償。

第 16 條　契約終止事由

一、乙方有下列情形之一者，甲方得終止本契約：

（一）本契約第 14 條所定之任何違約事由之一者。

（二）乙方或乙方之負責人死亡或喪失或被限制行為能力或滯留國外一個月以上。

（三）乙方怠於提供加盟金或甲方認可之履約擔保者。

第 17 條　違約金

乙方如有怠於本契約義務之履行者或有本契約第 14 條所規定重大違約事由之一者，乙方須給付甲方新臺幣六十萬元整，此項違約金為懲罰性質之違約金，甲方尚得請求乙方履行及於乙方不履行時，請求乙方賠償所受之一切損害。

第 18 條　通知暨送達

一、一方向他方通知時，依下列通知地址為通知：

甲方：

乙方：

二、如一方對他方為書面通知，而他方拒收或遭退件者，視為已合法送達。

第 19 條　合意管轄

雙方當事人如就本契約或因加盟業務有所爭議、糾紛時，雙方合意以臺灣臺北地方法院為第一審管轄法院。

第 20 條　本件契約如有未盡之事宜，甲、乙雙方應以民法之相關規定，並以誠信原則協商之。

第 21 條　本件契約應經公證始生效力，作成一式三份，除由公證人執存一份，餘由甲、乙雙方各執一份為憑。

甲方：○○木屐專賣店

統一編號：

地址：○○縣○○鎮○○路○號○樓

法定代理人：○○○　印

身分證字號：

乙方：○○○　印

身分證統一編號：

地址：

中　華　民　國　○○　年　○○　月　○○　日

（二）連鎖店契約

1. **本契約的特點**：本契約爲連鎖店契約，由契約當事人之一方提供招牌、商標授權他方使用，並提供其產品與他方販賣。
2. **適用對象**：本契約適用於特殊產品販賣之連鎖店契約。
3. **基本條款及應注意事項**：本契約爲特殊產品之買賣，買賣契約之基本條款應列入，並注意契約當事人之特殊權利義務。
4. **相關法條**：民法第 345-378 條。

商業活動契約 7-5-18

連鎖店契約書

立契約當事人○○食品有限公司（甲方），王○○（乙方），雙方同意訂立以下連鎖店契約，由雙方共同遵守。

一、連鎖店名稱及營業所在地
　　店名：
　　地址：
二、契約有效期間
　　本契約有效期間由○○年○○月○○日至○○年○○月○○日止，共五年，屆滿時，由雙方再協商延長或終止。
三、連鎖店之招牌及商標
　　連鎖店之招牌及商標，由甲方提供授權乙方使用。契約終止時由甲方收回，乙方不得使用，乙方如繼續使用，則視為對甲方之侵權行為。
四、連鎖加盟金及履約保證金
　　（一）乙方須於訂約同時給付甲方新臺幣○○○萬元正之加盟金，本加盟金乙方不得請求返還。
　　（二）乙方須於訂約之同時給付甲方新臺幣○○萬元正之履約保證金，於本契約終止時，由甲方無息退還乙方。
五、連鎖店商品之販賣
　　連鎖店之商店由甲方提供，由乙方出資購買，販賣價格由甲方訂定。乙方不得販賣非甲方所提供之商品。乙方如有違反，甲方得終止本契約。
六、廣告促銷
　　連鎖店商品之促銷，由甲方提供透過全國傳播媒體廣告，費用由甲方負擔，與乙方無涉，乙方對於甲方之廣告促應全力配合。
七、連鎖店之營業場所
　　連鎖店之營業場所由乙方提供，如為租賃而來，由乙方負擔租金，場所之地點，須經甲方認可。
八、連鎖店之生財設備
　　連鎖店之生財設備由甲方提供其特殊設備，由乙方出資購買，所有權歸乙方所有。

九、連鎖店工作人員之聘僱
　　連鎖店之工作人員由乙方聘僱，並由乙方給付薪資與甲方無涉。

十、連鎖店工作人員之訓練
　　連鎖工作人員由甲方免費加以訓練，以熟悉連鎖店營業之運作，順利推展業務。

十一、連鎖店之營運及管理
　　　由甲方提供連鎖店之營運及管理技術，乙方應確實遵守不得違背，如果乙方不遵守而影響連鎖店之營運，甲方得要求乙方改善，乙方如不改善，甲方得終止本契約。

十二、稅捐負擔
　　　乙方為獨立營利單位，乙方由甲方購入之商品販賣之一切稅捐，均由乙方自行負擔。

十三、嚴守祕密的義務
　　　乙方及其受僱人不得洩漏甲方所提供商業機密與他人，如有違反，乙方應負損害賠償責任，甲方並得終止本契約。

十四、競業禁止
　　　乙方不得在他處，經營投資與本連鎖店相似之商店。本契約屆滿後五年內亦不得經營或投資與本連鎖店相似之商店，如有違反，乙方所得利益，應歸甲方所有。

十五、營業利益
　　　甲方保證乙方所經營之連鎖店，每月營業額 40% 之毛利率，如有不足，應由甲方補足。

十六、非代理關係
　　　乙方為獨立營利單位，與甲方為非代理關係，乙方不得以甲方名義對外為任何法律行為，如有為此項行為，與甲方無涉，由乙方自行負責。

十七、權利移轉
　　　乙方非經甲方同意不得將本契約之權利全部或一部移轉他人，如有此項行為，甲方得終止本契約。

十八、合意管轄
　　　因本契約的爭執所叢生的訴訟，雙方同意以臺北地方法院為合意管轄之法院。

十九、本契約一式二份，雙方各執一份。

　　　　　　　　甲方：○○食品有限公司
　　　　　　　　代表人：○○○　印
　　　　　　　　地址：
　　　　　　　　乙方：王○○　印
　　　　　　　　地址：
　　　　　　　　乙方連帶保證人：林○○　印
　　　　　　　　地址：

中　華　民　國　○○　年　○○　月　○○　日

註：本契約為特殊買賣關係，乙方為非甲方之代理人，故本契約第 16 條為重要條款。

第五節 商務其他相關契約

（一）手術、麻醉同意書及住院須知之契約（行政院消費者保護委員會編印）

1. 本契約的特點：本契約為手術，麻醉同意書及住院須知之契約書，由當事人一方為他方住院醫療，他方給付醫療費用之契約。
2. 適用對象：本契約適用於住院醫療契約。
3. 基本條款及應注意事項：訂立本契約應訂明委任、僱佣契約之基本條款及應注意要項。
4. 相關法條：本契約為委任、僱佣之混合契約，應注意相關法條之運用，消費者保護法第 11-17 條。

商業活動契約 7-5-19(1)

手術同意書

行政院衛生署 84 年 8 月 14 日衛署醫字第 84052263 號函頒

病歷號碼：

病人＿＿＿＿，性別＿＿＿＿，＿＿＿＿年＿＿＿＿月＿＿＿＿日生，因患＿＿＿＿，需實施＿＿＿＿手術，經貴院＿＿＿＿醫師（由醫師親自簽名）詳細說明下列事項，並已充分了解，同意由貴院施行該項手術：

一、須實施手術之原因。

二、手術成功率或可能發生之併發症及危險。

貴院實施手術時，應善盡醫療上必要之注意，手術中或麻醉恢復期間，若發生緊急情況，同意接受貴院必要之緊急處理。

此致

＿＿＿＿＿＿＿＿＿＿＿＿＿＿醫院（診所）

立同意書人：　　　　簽章

身分證統一編號：

住址：

電話：

與病人之關係：

中　　華　　民　　國　　○○　　年　　○○　　月　　○○　　日

註：1. 立同意書人，由病人親自簽具；病人為未成年人或無法親自簽具者，得由下列醫療法第 46 條第 1 項規定之相關人員簽具。

2. 立同意書人非病人本人者，「與病人之關係」欄應予填載與病人之關係。

3. 醫院為病人實施手術後，如有再度手術之必要，除有醫療法第 46 條第 1 項但書所定情況緊急者

外，仍應依本格式之程序說明並再簽具同意書，始得為之。

4. 醫療法第 46 條第 1 項規定：「醫院實施手術時，應取得病人或其配偶、親屬或關係人之同意，簽具手術同意書及麻醉同意書；在簽具之前，醫師應向其本人或配偶、親屬或關係人說明手術原因，手術成功率或可能發生之併發症及危險，在其同意下，始得為之。但如情況緊急，不在此限。」

5. 診所實施門診手術時，準用本同意書。

商業活動契約 7-5-19(2)

麻醉同意書

行政院衛生署 84 年 8 月 14 日衛署醫字第 84052263 號函頒

病歷號碼：

病人_____，性別_____，_____年_____月_____日生，因患_____，需實施_____手術，經貴院_____醫師（由醫師親自簽名）詳細說明下列事項，並已充分了解，同意由貴院施行該項手術麻醉：

一、行麻醉及麻醉監視之方式。

二、麻醉可能發生之併發症及危險（參閱背面麻醉說明書）。

　　貴院實施手術麻醉時，應善盡醫療上必要之注意，手術麻醉或麻醉恢復期間，若發生緊急情況，同意接受貴院必要之緊急處理。

　　此致

_____醫院（診所）

　　　　　　　　　　　　　立同意書人：　　　簽章

　　　　　　　　　　　　　身分證統一編號：

　　　　　　　　　　　　　住址：

　　　　　　　　　　　　　電話：

　　　　　　　　　　　　　與病人之關係：

中　　華　　民　　國　　○○　　年　　○○　　月　　○○　　日

註：1. 立同意書人，由病人親自簽具；病人為未成年人或無法親自簽具者，得由下列醫療法第 63 條第 1 項規定之相關人員簽具。

2. 立同意書人非病人本人者，「與病人之關係」欄應予填載與病人之關係。

3. 醫院為病人實施手術後，如有再度手術之必要，除有醫療法第 63 條第 1 項但書所定情況緊急者外，仍應依本格式之程序說明並再簽具同意書，始得為之。

4. 醫療法第 63 條第 1 項規定：「醫院實施手術時，應取得病人或其配偶、親屬或關係人之同意，簽具手術同意書及麻醉同意書；在簽具之前，醫師應向其本人或配偶、親屬或關係人說明手術原因，手術成功率或可能發生之併發症及危險，在其同意下，始得為之。但如情況緊急，不在此限。」

5. 診所實施門診手術時，準用本同意書。

麻醉說明書

一、由於您的病情，手術是必要的治療。正因為手術，您必須同時接受麻醉，除輔助手術順利施行外，可以使您免除手術時的痛苦和恐懼，並維護您生理功能之穩定，但對於部分接受麻醉之病人而言，或全身麻醉，或區域麻醉，均有可能發生以下之副作用及併發症：

（一）對於已有或潛在性心臟血管系統疾病之病人而言，於手術中或麻醉後較易引起突發性急性心肌梗塞。

（二）對於已有潛在性心臟血管系統或腦血管系統疾病之病人而言，於手術中或麻醉後較易發生腦中風。

（三）緊急手術，或隱瞞進食，或因腹內壓高（如腸阻塞、懷孕等）之病人，於執行麻醉時有可能導致嘔吐，因而造成吸入性肺炎。

（四）對於特異體質之病人，麻醉可引發惡性發燒（這是一種潛在遺傳疾病，現代醫學尚無適當之事前試驗）。

（五）由於藥物特異過敏或因輸血而引致之突發性反應。

（六）區域麻醉有可能導致短期或長期之神經傷害。

（七）其他偶發之病變。

二、病人或立同意書人，對以上說明如有疑問，請在立同意書前詳細詢問醫師。

醫院住院須知規範基本原則

一、醫院應訂有各該醫院住院須知，提供住院病人參閱。

二、各該醫院之住院須知，至少應包括下列事項：

（一）住院手續。

（二）病房守則。

（三）供應事項。

（四）收費原則。

（五）文件申請。

（六）出院手續。

三、住院手續之說明，至少應包括下列事項：

（一）辦理住院手續之地點。

（二）辦理住院手續應攜帶或持憑之文件。

（三）辦理住院手續應填具之文件。

（四）其他之相關事項。

四、病房守則之說明，至少應包括下列事項：

（一）訪客及夜間陪病之規範。

（二）病人住院期間應配合遵守之義務。

（三）禁止吸菸之規範。

（四）財務安全之提醒。

（五）其他之相關事項。

五、供應事項之說明，至少應包括下列事項：

（一）膳食供應或供膳時間。

（二）病患服之供應。

（三）自備盥洗用物或其他應自備用物。

（四）其他之相關事項。

六、收費原則之說明，至少應包括下列事項：
　　（一）住院基本費用之計算原則。
　　（二）非保險病房之差額負擔及額度。
　　（三）全民健康保險住院費用應自付之部分負擔比率原則。
　　（四）其他之相關事項。
七、文件申請之說明，至少應包括下列事項：
　　（一）診斷、出生、死亡證明書之申請與交付。
　　（二）出院、轉診、自動出院病歷摘要之申請與交付。
　　（三）檢查報告資料及檢查造影片拷貝之申請與交付。
　　（四）其他之相關事項。
八、出院手續之說明，至少應包括下列事項：
　　（一）出院應辦理之事項。
　　（二）自動出院之許可程序與填具自動出院書之義務。
　　（三）符合出院或轉診條件，病人應即辦理出院或轉診之義務。
　　（四）其他之相關事項。
九、其他事項。

第八編

信託契約

審訂：金石國際法律事務所所長　林石猛

一、定義

信託為委託人將財產權移轉或為其他處分，使受託人依信託本旨，為受益人之利益或為特定之目的，管理或處分信託財產之關係（信託法第1條）。

二、受益人

委託人欲使其享有信託利益者，或是其權利的繼受人，依信託本旨就信託財產及其管理，處分利益的全部或一部享有受益權者或是其繼受人。

三、受託人

受託管理或處分信託財產之人，受託管理信託財產，受託人應依信託本旨，以善良管理人之注意，處理信託事務。

四、信託財產

受託人因信託行為取得之財產權為信託財產。

受託人因信託財產之管理、處分、滅失、毀損或其他事由取得之財產權，仍屬於信託財產。

信託財產不屬於遺產、破產財產。強制執行之禁止及例外，抵銷禁止，不因混同而消滅。

五、管理方法變更

管理方得經委託人、受託人、受益人之同意而變更。

因情勢變更不符合受益人之利益時，法院因委託人、受託人、受益人聲請而變更，法院管理時亦同。

六、信託監察人之選任

行使保全受益權的權限，以保護受益人的利益的人稱為信託監察人。

受益人不特定、尚未存在或其他為保護受益人之利益認為有必要時，法院得因利害關係人或檢察官之聲請選任一人或數人為信託監察人，但信託行為規定有信託監察人或選任方法者，從其規定。

七、信託之監督

信託除營業及公益信託外，由法院監督。

法院得因利害關係人或檢察官之聲請爲信託事務之檢查，並選任檢查人及命爲其他必要處分。

八、信託關係之消滅

信託關係因信託行爲所定事由發生，或因信託目的已完成或不能完成而消滅。

九、公益信託

以慈善、文化、學術、技藝、宗教、祭祀或其他以公共利益爲目的之信託。

法人爲增進公共利益，得經決議對外宣言自爲委託人及受託人，並邀公眾加入爲委託人。

前項信託對於公眾宣言前，應經目的事業主管機關許可。

第 1 項信託關係所生之權利義務，依該法人之決議及宣言內容定之。

十、信託契約應訂明的基本條款

1. 委託人、受託人、受益人。
2. 信託目的。
3. 信託財產。
4. 管理方法及其變更。
5. 信託期限。

十一、 契約範例

（一）指定金錢信託約定書

1. 本約定書的特點：本約定書爲金錢信託約定書，委託人以本約定書託載之金錢爲受益人信託於受託人，並由受託人承擔此信託。
2. 適用對象：本約定書適用於金錢信託約定。
3. 基本條款及注意事項：訂立本約定書應訂明信託契約的基本條款及其應注意事項。
4. 相關法條：信託法第 9-51 條。

信託契約 8-1-1

指定金錢信託約定書

第 1 條　委託人以獲利為目的，就本約定書所記載之金錢為受益人信託於受託人，並由受託人承擔此信託。

第 2 條　委託人得受託人之同意時，得追加信託金額。

第 3 條　信託金運用於貸款金、票據貼現、公債、公司債、短期貸款或是存款。但其一部分可投資於股票或不動產。

第 4 條　運用信託金所取得之信託財產，得再投入信託財產加以運用。

第 5 條　信託財產中的公債、公司債或是股票，受託人限於對受益人履行債務之必要時，始得依時價作為受託人之固有財產。

第 6 條　信託財產依同一方法，與其他信託財產聯合運用。

第 7 條　信託財產除了受託人認為必要的情形外，關於信託之登記、登錄或是信託的表示與記載得加以省略。

第 8 條　原本發生虧損之情形時，受託人於信託終了時需為完全之補償。

第 9 條　關於信託財產之稅務負擔以及其他信託事務之必要費用，由信託財產中支付。

第 10 條　信託報酬，在原本之 80‰ 之比例以內，由受託人定其比例，於每次收益計算期的收益當中領取之。

第 11 條　信託期間之計算從契約締結之日起算。
　　　　　信託期間為了配合本信託中收益金之貸款期間，得與延長。依委託人及受益人之請求亦得與延長。

第 12 條　信託契約不得解除。但因不可抗力情況發生，由受益人經委託人的同意而請求解約的情形，不在此限。此時受託人除了因解約所造成之損害賠償外，得於信託財產當中收取相當之解約手續費。解約之請求係由於委託人死亡者，由受益人單方面亦可提出。

第 13 條　於本信託終了之時，受託人需為結算，並在得受益人之承認下，交換信託證書並將原本以及收益，以金錢支付受益人。

第 14 條　受託人得受託人之承認，得指定或變更受益人。此權利專屬於委託人不得轉讓。

第 15 條　受益權未得受託人之承認，不得轉讓或出質。

第 16 條　委託人、受益人、代理人、同意人以及其他信託關係者的印鑑應事先交存於受託人。關於因本信託之受領證明以及其他文件所蓋之印章與所交出之印鑑符合，而致受託人為支付或其他的處理行為時，關於印章之盜用或其他原因所生之損害，受託人一概不負其責。

第 17 條　以下的情形應儘速依受託人所定之手續報告之。若因遲延該手續所發生之損害，受託人不負任何責任。
　　　　　一、信託證書或是印章遺失。
　　　　　二、受益人、代理人或是同意人變更時。
　　　　　三、委託人、受益人、代理人或是同意人死亡或是其行為能力有所變動時。
　　　　　四、委託人、受益人、代理人或是同意人改變印章、移居或是改名時。

五、委託人、受益人或是同意人是法人、非法人團體時，其名稱、組織或其代表者
　　有變更時。

> 信託人：○○○
> 地址：
> 受託人：○○○
> 地址：
> 受益人：○○○
> 地址：

中　　華　　民　　國　　○○　　年　　○○　　月　　○○　　日

註：本約定書第15條規定受益權未得受託人的承認，不得轉讓或出質。

（二）投資信託約款

1. **本約款的特點**：本約款為投資信託約款，委託人以為受益人設定投資信託為目的，將金錢信託於受託人，受託人並受領該金錢。
2. **適用對象**：本約款適用於金錢投資信託約款。
3. **基本條款及注意事項**：訂立本約款應訂信託契約的基本條款及其應注意事項。
4. **相關法條**：信託法第 9-16、21-51 條。

信託契約 8-1-2

投資信託約款

第 1 條　委託人以為受益人設定投資信託為目的，將下列金錢信託於受託人，受託人並受領
　　　　該金錢。

第 2 條　信託期間為自契約締結日起滿○○年為止。

第 3 條　本信託之最初受益人為○○證券股份有限公司。

第 4 條　本信託財產之金錢，得依下列各款，投資委託人所指定之有價證券，但其一部得預
　　　　先存入銀行。
　　　　一、投資證券應為國債、地方債、公司債以及股票。
　　　　二、股票應限於最近之決算期內，為年四分以上者。
　　　　三、對國債之投資應為當初原本之一成以下。
　　　　四、對地方債以及公司債之投資應為當初原本之一成以下。
　　　　五、對股票之投資不得超過當初原本的七成五以上。
　　　　六、對股票之投資七成以上應為在證券交易所有上市之股票。
　　　　七、對於同一公司股票之投資不得超過當初原本之二成。

第 5 條　受託人於下列的情形，依委託人之申請得賣卻其投資證券之全部或一部。
　　　　一、買入的平均原價發生 8‰ 以上的價格高漲或低落時。
　　　　二、因投資證券所生之收益有顯著低落之虞時。

　三、投資證券的價格有顯著低落之虞時。

　四、關於投資證券發生借貸、轉換、增資、減資、配股時。

第 6 條　關於前條之賣卻金、公司債的償還金、股票的清算分配金（減資返還金、合併交付金等）得再投資。

　　　　前兩項的情形準用第 4 條規定。

第 7 條　關於投資證券之信託登錄或信託財產之表示以及記載得加以省略。

第 8 條　受益權依百分之〇的比例均分之。

　　　　受託人依前項之規定，發行證明分割受益權之記名式證券。

　　　　發行卷為百分之〇卷、百分之〇卷、百分之〇卷、百分之〇卷四種，發行後不得合併。

第 9 條　受益權得轉讓之。

　　　　受益權的轉讓非經更改受益證券名義之登記，不可抗力之對抗委託人以及受託人，有轉讓以外的原因而移轉受益權者亦同。

　　　　更改受益證券的名義人需將請求書以及受益證券提出於受託人。

　　　　更改受益證券名義人於每計算期終日後十五日內以及信託終了後不得為之。

第 10 條　喪失受益證券時，得以受託人認為相當之擔保或依受託人所定之手續立保證人而請求再交付新證券。

第 11 條　更改受益證券的名義人每封〇元，新證券的交付每封〇元。

第 12 條　關於信託財產之租稅、公課利息、第 19 條所定之特別報償金、其他信託事務之處理所必要之費用，由受益人負擔之，並由受託人自信託財產中支付之。

第 13 條　信託報酬以對原本之 8‰ 的比例由受託人於每計算期終了或信託終了之時，自信託財產中取得。

第 14 條　每年的 1 月 27 日起至翌年的 1 月 26 日止為計算期，受託人於每期期末做成其損益的計算報告以及財產目錄，並於該當計算期間中，交付投資證券的異動報告於委託人以及受益人。

第 15 條　信託財產所生的盈餘或是利息於扣除第 12 條所定之租稅公課、利息及其他費用和信託報酬後，其餘額交付於受益人，但其一部得保留作為受益調整或是原本的填補。

第 16 條　作為信託財產之證券的買賣、償還或是清算分配（減資返還金、合併交付金等包含之）所得之分配金應保留至信託終了之際處理原本時，但投資證券因買賣、償還或清算分配發生損失時得為了填補或充實或調整收益得將之交付與受益人。

第 17 條　委託人於信託契約期滿前，得與受託人協議延長之，但不得延長超過三年。於信託期間內，委託人為了受益人之利益或是因不可抗力之情事發生亦得與受託人協議終了本契約。

　　　　於前項之情形，受託人得自信託財產內，於 3‰ 的比例內扣除相當的解約手續費。

第 18 條　委託人因合併或是其他事由而解散時，應得受託人之承諾而定委託人權利義務之繼承人。

　　　　受託人不限於前項之規定得終止信託契約，於此情形，準用前條第 3 項之規定。

第 19 條　信託終了時應交付予受益人之信託原本，就超過當初原本之部分，委託人得取得其一成作為特別報酬金。

第20條 於信託終了之情形，受託人需立即為最終計算時，並與受益人交換受益證券以及作為原本及收益之金錢。

依第14條之報告事項視為受益人承認，得省略前項之最終計算書之記載。

第21條 因為將來法令變更或廢止之情事而必要之情形下，依委託人與受託人之協議，得變更或追加契約之條項。

第22條 委託人以及受益人之印鑑應事先寄存於受託人處。

關於信託財產之受領時所做成之文件其上之印鑑與前項符合時，受託人對於任何原因之損害皆不負其責。

第23條 下列的情形，委託人或受益人應立即通知受託人並依受託人所定之手續辦理。

一、受益證券或寄存之印章發生喪失時。

二、委託人或是受益人遷移、改名、改稱或改印時。

三、法人組合或其他團體之受益人發生組織之變更或解散時。

四、委託人或受益人之代理人有所變更時。

五、其他應準用之前各款之事實發生時。

怠於為前項之手續而發生之損害，受託人不負其責。

特約

本公司對於本信託之受益人，於信託終了時所應交付之信託原本未達到當初信託之原本時，其不足額的部分僅補償其 20%。

委託人：○○○
地址：
受託人：○○○
地址：

中　華　民　國　○○　年　○○　月　○○　日

註：本約款第9條規定受益權得轉讓之。

（三）貸款信託契約

1. **本契約的特點**：本契約為貸款信託契約，委託人以資源之開發、對其他重要產業之資金提供、以及為了受益人之利益為目的，信託金錢於受託人。

2. **適用對象**：本契約適用於貸款信託契約。

3. **基本條款及注意事項**：訂立本契約應訂明信託契約之基本條款及其應注意事項。

4. **相關法條**：信託法第9-51條。

信託契約 8-1-3

貸款信託契約

第1條　委託人以資源之開發、對其他重要產業之資金提供、以及為了受益人之利益為目的，信託金錢於受託人。

第2條　信託金額為五千元或是其整數倍數的金額。

第3條　信託契約的期間始於信託契約締結之日，到信託契約處理期間終了後之日起，二年或五年後終了。

第4條　受託人發行代表受益權之受益證券並交付與受益人。
　　　　受益證券為無記名式，但依受益人之請求亦得改為記名式。
　　　　受益證券之證券種類，受託人會將之公告。
　　　　已經發行之無記名受益證券不得分割或是合併之。

第5條　以無記名式受益證券表示受益權之行使、讓渡以及出質必須親自持有受益證券。記名式受益證券之表示行使、轉讓以及出質必須得受託人之承諾。

第6條　取得無記名式受益證券以及依記名式受益證券者表示其取得受益權者，承繼本信託契約之委託人的權利義務。

第7條　受益人依受託人所定之手續而請求受益之情形，受託人得將無記名式證券交換為記名式證券，或是將記名式證券交換為無記名式證券。

第8條　喪失無記名式證券之受益人，得檢附依公示催告所得之除權判決，並依受託人所定之程序辦理，請求再發給無記名式證券。

第9條　喪失記名式證券之受益人，得依受託人所定之手續，請求再發給記名式證券。

第10條　受益人得檢附污損或損壞之受益證券，並依受託人所定之手續請求再發給受益證券。但證券之真假鑑別發生困難時，準用第8條的規定當作遺失處理或依第9條之規定辦理。

第11條　受託人依第7條到第10條發給證券時，得請求必要之費用。

第12條　受託人依信託之目的，得運用票據方法，將信託財產貸款於電力、海運、鋼鐵或其他重要產業。但若在運用上有所剩餘或是信託契約期滿後之資金，亦得運用於其他之貸款、票據、短期貸款、有價證券或銀行存款。
　　　　關於信託財產，除受託人認為有必要者外得省略信託之登記、登錄以及信託之表示及記載。

第13條　基於信託約款，本信託契約之信託財產合併運用之。但亦得與其他信託財產合併運用聯合運用財產所發生之損益，依各信託財產之金額比例負擔之。

第14條　受託人就原本發生之虧欠需為完全之補償。
　　　　受託人就前項填補之資金，於每次計算期日，依法令所定之方法，於信託財產中建立特別保留金。於原本未發生虧損時，依法令所定，受託人得從特別保留金中取得信託報酬。若原本發生虧損時，則將特別保留用作填補之用。

第15條　關於信託財產之租稅以及其他信託事務之處理必要費用，由信託財產當中支付之。

第16條　信託契約期間中之信託報酬，依以下之比例於每次計算期日時從收益當中取得。
　　　　一、期間為兩年以上未滿五年之信託契約，為對原本之對○比率。
　　　　二、期間為五年以上之信託契約，為對原本之○比率。

第17條　就信託財產所發生之收益，扣除前3條所規定之特別保留金、各種費用以及信託報酬後，其剩餘應分配給受益人。

前項分配之比例，由受託人公告之。記名式證券之受益人則加以通知。

第18條　對於信託契約締結之日起至信託處理期間終了之日之前一日止，其收益之分配不依前條及第20條之規定，而係對應於信託期間，以受託人所定之比例，按每日計算於締結信託契約之前支付之。但是前項之比例以不超過指定金錢信託當時之預定比率為限。

第19條　關於信託財產之計算期日，為每年○○月○○日以及○○月○○日，受託人於每次計算期日計算其損益。

第20條　收益於每次計算期日之第二天起，由受益人以受益證券換取受託人支付金錢，但記名式證券則以領受證書換取之。

第21條　原本於信託契約期滿之第二日起，由受益人以受益證券與受託人交換應償還之金錢。

第22條　收益之支付以及原本之償還於受託人之各營業所為之。

第23條　無記名式證券之權利人，若於十年內不行使其權利，其信託財產歸屬於受託人。

第24條　信託契約之期間不得延長或解約。但是信託契約終了以後，經過一年之受益證券，得經受益人之請求，由受託人依時價買受之。

第25條　受託人於當初之信託契約處理期間以外另定信託契約處理期間時，依本信託約款得追加發行受益證券。

第26條　受託人變更信託約款時，得於○○承認後，關於變更之內容以及受益證券之權利人於相當期間內其變更之意義需加以公告之。

受益證券之權利人，不於相當期間內提出異議，視為承認該變更。

受益證券之權利人若提出異議，該變更對於該權利人不生變更之效力，受益人得請求受託人依時價買受該受益證券。

第27條　第4條、第17條以及前條之公告以及其他相關於本信託之受託人之公告一律登載於○○日報。

第28條　記名式證券之受益人，需預先交出印鑑於受託人。

因本信託之受領證明以及其他文件所蓋之印章與所交出之印鑑符合，而受託人為原本之支付或其他的處理行為時，關於印章之盜用或其他原因所生之損害，受託人一概不負其責。

第29條　以下的情形請儘速依受託人所定之手續報告之。若因遲延該手續所發生之損害，受託人不負任何責任。

一、受益人死亡或是其行為能力有所變動時。

二、受益人改變印章、遷移或是改名時。

關於前項手續之遲延而生之損害，受託人不負其責。

委託人：○○○

住址：

受託人：○○○

住址：

受益人：○○○

住址：

中　華　民　國　○○　年　○○　月　○○　日

（四）特定金錢契約書

1. 本契約的特點：本契約為特定金錢信託契約，委託人以本契約所記載之金錢，以使受益人獲利為目的，而信託並交付於受託人。
2. 適用對象：本契約適用於特定金錢信託契約書。
3. 基本條款及注意事項：訂立本契約應訂明信託契約的基本條款及其應注意事項。
4. 相關法條：信託法第 9-51 條。

信託契約 8-1-4

特定金錢契約書

信託之目的：

信託金：

委託人：

原本受益人：

收益受益人：

契約日：民國○○年○○月○○日

期間：至締約日始至支付日之前一天

原本支付日：民國○○年○○月○○日

收益處分之方法：於每次收受收益時支付之

如前述之目的以及後面記載之契約條項而締結信託契約

民國○○年○○月○○日

住所：

委託人：○○○

受託人：○○信託銀行股份有限公司

　　契約條款

第 1 條　委託人以本契約所記載之金錢，以使受益人獲利為目的，而信託並交付於受託人。

第 2 條　信託金依委託人所製之運用方法特定書所定之方法而運用之。但依情形亦得作為銀行之存款。

第 3 條　關於信託財產，除受託人認為必要時外，得省略信託之登記、登錄以及信託之表示與記載。

第 4 條　關於處理信託以及其他相關事務之必要費用，由收益當中支付，但亦得向委託人以及受益人請求。

第 5 條　信託報酬為原本之（相當比例），從每次收益所收受者當中收取之。但亦得對委託人或是受益人請求之。

第 6 條　本信託契約不得解除。但是當不可抗力之情事發生時，並由受益人得委託人之同意而解約之情形，不在此限。

解約之情形，受託人除因解約所造成之損害，對於相當之解約手續費，亦得從信託財產中扣除，但亦得對委託人以及受益人請求之。

解約之申請，自委託人死亡後得由受益人單獨為之。

第 7 條　當因經濟情況發生變動而致信託之目的難以達成時，受託人得解除契約。

此種情形，受託人就解約所生之損害不負其責。

第 8 條　本信託終了時，受託人關於最終之計算必須受益人之承認，將原本以及證書交換，並對受益人支付其金錢。但是運用中之信託金之回收有困難者，或是發生其他之情事時，得以信託財產之原狀交付之。

第 9 條　信託期間得因委託人與受益人之請求而延長。

第 10 條　委託人得受託人之承諾，得指定或變更受益人。本權利專屬於委託人，不得轉讓。

第 11 條　關於本信託之受益權，非得受託人之承諾，不得轉讓與出質。

第 12 條　委託人、受益人、代理人、同意人之印鑑，應預先交給受託人。關於文件之印章如果與事先交出的印鑑符合，而致受託人為信託金之支付以及其他事務的處理時，就印章之盜用與其他事情之發生所致之損害，受託人一概不負其責。

第 13 條　以下的情形須儘速依受託人所定之手續報告之。若因遲延該手續所發生之損害，受託人不負任何責任。

一、信託證書或是印章遺失。

二、受益人、代理人或是同意人變更時。

三、委託人、受益人、代理人或是同意人死亡或是其行為能力有所變動時。

四、委託人、受益人、代理人或是同意人改變印章、移居或是改名時。

五、委託人、受益人或是同意人是法人或非法人團體時，其名稱、組織或其代表人有變更時。

第 14 條　本信託契約證書由受託人保存，並將特定金錢信託證書交由委託人。

註：本契約第 6 條第 1 項規定本信託契約不得解除，但是當不可抗力之情事發生時，並由受益人得委託人之同意而解除。

（五）年金信託契約書

1. **本契約的特點**：本契約為年金信託契約，委託人以支付受益人之年金的必要使用費信託於受託人，並以信託金的管理、運用以及給付為目的與受託人所訂立的契約。

2. **適用對象**：本契約適用於年金信託契約。

3. **基本條款及注意事項**：訂立本契約應訂明信託契約之基本條款及其應注意事項。

4. **相關法條**：信託法第 9-51 條。

信託契約 8-1-5

年金信託契約書

民國○○年○○月○○日
委託人：○○○○股份有限公司
受益人：○○○○股份有限公司
　　　　依年金規約所定之年金以及時金之受給權者
信託管理人：○○○○
受託人：○○信託銀行股份有限公司

年金信託契約書
委託人：○○○○股份有限公司
受託人：○○信託銀行股份有限公司

　　委託人，在本契約締結日，基於民國○○年○○月○○日施行的○○○○股份有限公司之退職年金規約（以下簡稱年金規約），以支付受益人之年金的必要使用費信託於受託人，並以此信託金的管理、運用以及給付為目的，與受託人依照下列條款，於民國○○年○○月○○日締結年金信託契約。

第 1 條　（信託金）
　　　　一、委託人信託下列金錢，受託人收受之。
　　　　　　$○○○○元
　　　　二、委託人基於年金規約，至其次所定之期日止，追加年金規約第○條所定之準備金（稱第一準備金）以及年金規約第○條所規定之準備金（稱第二準備金）為信託。
　　　　　　（一）第一準備金為每月○○日。
　　　　　　（二）第二準備金為每月○○日。
第 2 條　（信託期間）
　　　　信託期間自信託契約締結日起，至依本約款第 14 條或第 24 條第二項解除信託之終了日止。
第 3 條　（受益人）
　　　　本信託之原本以及收益之受益人為依年金規約所定之年金以及時金之收給權人。
第 4 條　（信託管理人）
　　　　一、本信託之信託管理人為○○○○
　　　　二、委託人請求變更信託管理人時，受託人得為同意。
第 5 條　（運用）
　　　　一、本信託金得為下列之運用。
　　　　　　（一）指定金錢信託受益權（聯合運用普通窗口）。
　　　　　　（二）同上（聯合運用年金基金投資窗口）。
　　　　　　（三）貸款信託受益證券。
　　　　　　（四）動產信託以及不動產信託受益權。
　　　　　　（五）貸款金。

（六）國債、公司債、地方債與其他依特別法由法人所發行之債券。

（七）股票以及依特別法設立之法人所發行之出資證券。

（八）證券投資信託受益證券。

（九）不動產。

（十）存款與短期貸款。

二、前項之第 1 款，至於第 4 款、第 8 款所揭示之財產運用，包含作為受託人之○○信託銀行股份有限公司。

三、第 1 項第 5 款所定之貸款金如下列所記載：

（一）財團抵押貸款金。

（二）不動產抵押貸款金。

（三）船舶抵押貸款金。

（四）有價證券保證貸款金。

（五）付保證保留條款之貸款金。

（六）依企業擔保法所設定企業擔保權之公司，關於電力臨時措施法律的規定。

（七）依特別法所設立之法人與地方公共團體之貸款金。

四、第 1 項各款所記載之各種財產，對於信託財產之運用比例如以下所記：

（一）第 1 款、第 3 款、第 5 款中具有確實且充分的擔保之貸款金、第 6 款中之國債與地方債，依特別法設立之法人所發行之債券擔保公司債以及第 10 款。50% 以上。

（二）第 2 款、第 7 款以及第 8 款（主要是國債、地方債或是以公司債之運用為目的，且將不運用股票之證券投資信託受益證券除外）30% 以下。

（三）第 4 款中不動產信託受益權以及第 9 款。20% 以下。

（四）關於前兩款之規定，若發生財產價格的變動、擔保權之行使、其他不基於受託人意思之事由發生，或發生不可抗力之情事時，不在此限。

五、關於同一公司所發行之公司債與股票與擔保之貸款金，對於該公司貸款金之合計額為信託財產之 10% 以下。

六、對於同一人之貸款金為信託財產之 10% 以下。

七、關於本信託財產，受託人對於委託人不得運用比通常條件更有力之條件來做貸款或其他的運用。又委託人對於受託人，關於本信託財產之運用不得做個別的指示。

第 6 條　（貸款金）

受託人關於信託財產，當新上市股票或是繳納其他短期之資金在計算上發生不可抗力之情事時，得以供擔保信託財產而貸款。關於該貸款金依前條之同一方法加以運用。

第 7 條　（買受信託財產）

信託財產中之國債、地方債、公司債與依交易所市價之股票，受託人限於對委託人履行所負擔之債務必要時，得依時價作為受託人的固有財產。

第 8 條　（給付）

受託人基於年金規約，將年金或是短期金依該規約所定之方法支付於受益人。

第 9 條　（公示的省略）

關於信託財產，除了委託人或受託人認為必要者外，得省略信託之登記、登錄或是信託之表示以及記載。

第 10 條　（租稅、事物費用）

關於信託財產之租稅以及其他信託事務之處理費用，由信託財產中支付之，但亦得對委託人請求。

第 11 條　（收益計算期與收益處分方法）

一、收益計算期為每年○月最後一天與信託終了或是受任者辭任時。收益除了信託終了或是受託人辭任時之情形外，以每次計算期日的第二天起六十天以內者皆算入原本。

二、關於前項之計算與收益，需於收益計算期後九十天以內報告信託管理人，對收益計算之結果於收到報告一百二十日之內無異議者，視為承認。但信託終了的情形依第 16 條規定。

第 12 條　（信託報酬）

信託報酬於每年○○月的最後一天或信託終了與受託人辭職之時，由受託人依其他方法所決定之每年固定比例，從信託財產中收取，但亦得對委託人請求。

第 13 條　（報告書之提出）

受託人於每年○○月最後一天，對委託人以及信託管理人提出就現在之信託財產之報告以及其他所定之年金財政之報告。

第 14 條　（解除）

一、委託人發生不可抗力之情事時，得於信託管理人之同意後，於六十日以內對受託人預告解除本信託契約。

二、解除契約時，受託人除了因解除所造成之損害之外，亦得從信託財產當中，扣除受託人認為相當之手續費用。但亦得直接對委託人請求。

第 15 條　（辭任）

一、受託人發生不可抗力之情事時，得於六十日前對委託人預告而辭去其任。

二、就受託人辭任之情形，委託人得選任新受託人。委託人如未選任，則可由受託人向法院請求選任新受託人。

三、受託人辭任時，受託人需進行信託事務之計算，並經信託管理人之同意將信託財產交由新受託人，繼續進行其事務。

第 16 條　（最終計算以及信託財產之交付）

一、信託終了之時，受託人根據年金規約所定之方法進行信託財產之分配，做成最終計算書，並得受益人之承認下，將信託財產以金錢支付與受益人。

二、前項之情形，如受託人認為將受託財產直接換價成金錢將造成不利益時，亦得以信託財產之原物交付。

三、信託財產之交付日為信託終了之第二天。

四、為了交付信託財產而必須要進行計算時，無前項之適用，交付之日為清算終了日之第二天。

第 17 條　（受益人變更權）

委託人不得變更受益人。

第 18 條　（信託財產之返還）

　　　　受託人不將信託財產返還委託人。

第 19 條　（轉讓、出質）

　　　　關於本信託的受益權，不得轉讓以及設定質權。

第 20 條　（善良管理人注意義務）

　　　　受託人基於本信託之主旨，盡善良管理人之義務處理信託事務。但是受託人基於本
　　　　契約，依委託人或信託管理人之意思表示或是其他行為不符合年金規約而致生受益
　　　　人之損害時，受託人不負其責。

第 21 條　（印鑑寄存）

　　　　一、委託人必須將委託人、受益人、信託管理人與代理人之印鑑預先寄放於受託人
　　　　　　處。

　　　　二、關於本信託之收取證書、同意書、通知書以及其他文件所使用之印鑑，如果與
　　　　　　事先交出的印鑑符合，而致受託人為信託金之支付以及其他事物的處理時，就
　　　　　　印章之盜用與其他事情之發生所致之損害，受託人一概不負其責。

第 22 條　（寄放事項）

　　　　下列之情形，委託人、受益人或是信託管理人，需依所定之程序立刻通知受託人。
　　　　因其遲延而生之損害，受託人不負其責。

　　　　一、信託契約書或是寄放的印章遺失時。

　　　　二、委託人、受益人、信託管理人或是代理人之變更、移轉戶籍、改印、改名、名
　　　　　　稱組織之變更、死亡或是行為能力之變動。

第 23 條　（準備金之遲延）

　　　　一、委託人於第 1 條第 2 項所定之期日止，未進行第一準備金或是第二準備金之信
　　　　　　託時，委託人應於應當進行該信託之期日之第二天起兩個月內（以下稱猶豫期
　　　　　　間），依該當準備金之遲延日，以該當準備金為計算基礎，乘以一定的預定利
　　　　　　率（以下稱遲延利息），並信託於委託人。

　　　　二、委託人於前項所定之猶豫期間內，若未進行第一準備金以及遲延利息之信託，
　　　　　　受託人得不管第 8 條之規定，就信託之第一準備金、第二準備金及其收益，基
　　　　　　於適當之年金管理方式，與委託人協議依其他之方法減少給付額度。

　　　　三、於第 1 項所定之期間內，未進行第二準備以及遲延利息之信託時，委託人必
　　　　　　須與受託人協調，依下列方式選擇其一作為必要之信託金額信託於受託人。

　　　　（一）依年金規約第○條變更第二準備金之提出方式。

　　　　（二）因遲延第二準備金所發生在年金財政上之不足額時，依年金規約第○條
　　　　　　　於最終提出期以後信託。

　　　　（三）因遲延第二準備金所發生在年金財政上之不足額時，依年金規約第○條
　　　　　　　所定之同一方式信託。

　　　　又關於上列各款之細目，委託人得與受託人協議定其他之方式行之。

第 24 條　（準備金之遲延與給付之回復原狀）

　　　　一、委託人於第 1 條第 2 項所定之期日止，未進行第一準備金或是第二準備金時，
　　　　　　委託人於應當進行該信託之期日翌日起兩個月內（以下稱猶豫期間），依該當
　　　　　　準備金之遲延日，以該當準備金為計算基礎，乘以一定的預定利率（以下稱為

遲延利息）信託於委託人。

二、委託人於前項所定之猶豫期間內若未進行第一準備金或是遲延利息之信託，則受託人不受第 8 條之限制，得就信託之第一準備金以及第二準備金並對應逾期收益，基於適當的年金數理，在與委託人的協議下，依其所定之方法作給付之減額。

三、不依第一項所定之猶豫期間進行第二準備金與其遲延利息之信託時，委託人在與受託人協議下，得就下列所記載之各款方法，選擇其一作為必要準備金信託於受託人。

（一）依年金規約第○條進行第二準備金之提出方法。

（二）因遲延第二準備金而生之年金財政上之不足部分，依年金規約第○所定方法，於最終提出期之後信託之。

（三）因遲延第二準備金而生之年金財政上之不足部分，依年金規約第○所定方法與同一方法信託之。

又，上記各款的細目，委託人與受託人協議後定之。

四、委託人基於第 2 項之給付額變更後二年內，得向受託人請求將被減額部分之給付回復原狀。但是當受託人承認其有合理之理由時，亦得給與如同回復原狀一般之相當期限之延長。

五、受託人承認前項之回復原狀時，委託人回復至遲延前之提出方法，依第 1 條第 2 項所定之方法，將第一準備金以及第二準備金信託受託人之。

六、前項之情形，委託人應將從遲延第一準備金與第二準備金起到回復原狀之後所應給付之金額，對應於回復原狀之期間，以該當準備金為計算基礎，乘以預定的比例並加以調整後，依年金規約第○條所定之方法，將之信託於受託人（標準約款）。

第 25 條 （年金規約之變更）

委託人在變更年金規約時，事前應通知受託人。

第 26 條 （契約書之保有）

本契約書，做成兩份，由委託人以及受託人各保有一份。

中　　華　　民　　國　　○○　　年　　○○　　月　　○○　　日

註：本契約第 5 條規定信託金之運用。

第九編

公證與認證

審訂：臺灣臺北地方法院所屬民間公證人

重慶聯合事務所所長　謝永誌

一、說　明

　　公證事務，依公證法之規定，由法院或民間之公證人辦理之。地方法院及其分院應設公證處，必要時並得於管轄區域內適當處所設公證分院。公證處、民間之公證人應於所屬地方法院或其分院管轄區域內，司法院指定之地，設立事務所。公證制度之目的，在保障私人權利，疏減訟源。

　　無論是公證書或認證書，均具有證據力，當事人毋庸舉證。而且經公證或認證者，法院均永久保存，有案可查，無需擔心證據滅失。如果依法作成之公證書記明「應逕受強制執行」者，並取得執行名義。再以經公證或認證之契約，其權利義務明確而內容完整，自可杜減紛爭。

　　公證乃公證人對某種法律行為或私權事實作成公證書，而認證乃由聲請人提出作好之私文書，在公證人之前簽名或蓋章，由公證人予以證明。

（一）公證認證之範圍

1. 關於法律行為：當事人或其他關係人得請求公證人就下列各款法律行為，作成公證書或認證私證書：
   (1) 關於買賣、贈與、租賃、借貸、僱傭、承攬、委任、合夥或其他關於債權、債務之契約行為。
   (2) 關於所有權、地上權、地役權、永佃權、抵押權、質權、典權或其他有關物權取得、設定、喪失及變更之行為。
   (3) 關於婚姻、認領、收養或其他涉及親屬關係之行為。
   (4) 關於遺產處分之行為。
   (5) 關於票據之拒絕承兌、拒絕付款、船舶全部或一部之運送契約、保險契約或其他涉及商事之行為。
   (6) 關於其他涉及私權之法律行為。
2. 關於私權之事實：當事人或其他關係人，得請求公證人就下列各款關於私權之事實，作成公證書或認證私證書：
   (1) 關於時效之事實。
   (2) 關於不當得利、無因管理、侵權行為、債務履行或不履行之事實。
   (3) 關於不動產相鄰關係、無主物之先占、遺失物之拾得、埋藏物之發見、漂流物或沉沒品之拾得、財產共有或先占之事實。

(4) 關於其他涉及私權之事實。

（二）有執行名義之公證書

當事人請求公證人就下列各款法律行為作成之公證書，載明應逕受強制執行者，得依該證書執行之：

1. 以給付金錢或其他代替物或有價證券之一定數量為標的者。
2. 以給付特定之動產為標的者。
3. 租用或借用房屋，定有期間並應於期間屆滿時交還房屋者。
4. 租用或借用土地，約定非供耕作或建築為目的，而於期限屆滿時應交還土地者。

上述公證書，除當事人外，對於公證書作成後，就該法律行為，為當事人之繼受人，及為當事人或其他繼受人占有所請求之標的物者，亦有效力。債務人繼受人或占有人，主張上述之公證書有不得強制執行之事由提起訴訟時，受訴法院得因必要情形，命停止執行，但聲請人陳明願供擔保者，法院應定相當之擔保額，命停止執行。

（三）繕本或印本之提出

請求認證私證書，應提出私證書之繕本或印本。

二、各類公證辦理事宜

（一）辦理公證結婚應行注意事項

1. 辦理公證結婚，在辦公時間內，應隨到隨辦。
2. 結婚日期，由結婚人自行決定，如其結婚日期在星期日或國定休假日時，應於前一天辦理聲請手續，並繳納公證費。
3. 公證人收受當事人公證結婚聲請書時，應注意審查是否合法，並得就到場人為必要之詢問。
4. 公證人於公證結婚儀式時，應切實查核到場之結婚人、法定代理人及證人是否為本人。
   結婚人有下列情形者，不得為其辦理公證結婚。
   (1) 男未滿十八歲，女未滿十六歲者。（民法第 980 條）
   (2) 女子自前婚姻關係消滅後未逾六個月之期間，但已分娩者不在此限。（民法

　　第 987 條）

(3) 違反民法第 983 條所定親屬結婚之限制者。

(4) 監護人與受監護人於監護關係存續中結婚，而未經受監護人之父母同意者。（民法第 984 條）

(5) 重婚者。（民法第 985 條）（依 74 年 6 月 3 日修正公布之民法第 985 條第 2 項規定，一人不得同時與二人以上結婚）

(6) 因姦經判決離婚或受刑之宣告而與相姦人結婚者。（民法第 986 條）

6. 結婚人如有原配偶死亡（包括宣告死亡）或離婚情形者，應命其提出國民身分證查核，必要時得命其提出戶籍謄本予以核對。

7. 結婚人如男已滿十八歲，女已滿十六歲而未滿二十歲者，其法定代理人（即生父母、養父母或監護人）應親自到場，行使同意權，其不能到場者，應提出附有印鑑證明書之同意書或經其他公務機關簽註之同意書。

8. 未成年人結婚，其法定代理人到場行使同意權時，應於公證聲請書有關欄內，記名法定代理人姓名、性別、年齡、籍貫、職業、住所、身分證字號，表示同意，並由其在公證結婚證書上簽名蓋章。

9. 現役軍人聲請辦理公證結婚，應繳驗所屬長官核准其結婚之證明文件。在核准結婚之日期前不得舉行公證結婚儀式。

10. 現役軍人結婚時，應於公證結婚證書有關欄內，註明請求人為現役軍人，並記載核准結婚證明文件之日期及字號。

11. 現役軍人所繳驗之核准結婚證明文件，由公證處附卷備查。如必須取回者，應具備繕本或複印本，經佐理員核對相符，註明「與原件相符」字樣，並蓋章於該繕本或複印本上，送請公證人核准後發還之。

12. 公證結婚典禮時，男女雙方及其法定代理人、證人等必須各自攜帶國民身分證（軍人身分補給證）及私章親自到場，並應當場在公證結婚證書上簽名、蓋章。公證人簽名，亦必須當場為之。

13. 結婚人如為外國人或其一方為外國人時，應繳驗各該當事人所屬大使館、領事館發給之婚姻狀況宣誓書或經其簽證得為婚姻之證明文件。如為外國軍人時，應繳驗各該當事人所屬大使館、領事館或服務機關、部隊主管，發給之軍人結婚批准書。

14. 華僑聲請公證結婚時，應提出僑居地大使館、領事館或華僑團體等，相當機關簽證之證明文件。

15. 結婚人如為無國籍人或為與我國無外交關係之外國人時，應繳驗足以證明其婚姻狀況之適當證明文件。

16. 舉行公證結婚典禮時，公證人應當場詢問新郎新娘，是否有爲結婚之眞意。

17. 辦理公證結婚，公證人及佐理員暨其他工作人員，應儀容端莊，服裝整齊，並必須注意維持禮堂之秩序，同時勸導當事人應儀容端正，服裝整齊清潔。

18. 結婚公證書應以打字、毛筆或黑墨水填寫。

19. 結婚公證書正本，應於結婚時當場交付，並另作成結婚公證書繕本一份，交付聲請人，以便向戶政機關辦理登記。

20. 結婚公證書正本或繕本之標題下，應加蓋正本或繕本戳記。

21. 結婚公證書正本及繕本均免貼印花稅票。

22. 公證結婚儀式應依院訂儀式程序辦理，並揭示於公證處之禮堂。

23. 公證人宣讀結婚公證書及致詞，應言詞清晰，快慢適度。

24. 公證結婚儀式進行中，禮樂應繼續播放，但公證人及當事人發言時，應將音量降低。

25. 公證人致詞，應依照公證人公證結婚致詞範例爲之，但得斟酌結婚當事人學識身分，以富有勉勵之詞句，爲必要之增加或變更。

（二）公證結婚登記須知

1. 聲請公證結婚，除有急需情形外，請在結婚前一、二日向公證處登記。

2. 結婚時間由聲請人指定，如逢該日聲請結婚人數過多時，其時間按照公證處每日規定之梯次自由選定。星期六下午、星期日及例假日，均照常辦理。

3. 公證聲請由聲請人填寫，不能自寫時，得由公證處人員代填。

4. 中文結婚證書及英文譯本，均由公證處打字，聲請人無需自行書寫。
   登記時請攜帶 (1) 結婚人雙方之國民身分證及印章。(2) 證人二人之國民身分證及印章。如證人之身分證及印章登記時未能攜帶，得在結婚當日補辦。
   未成年人結婚，應得法定代理人之同意。登記時請攜帶其身分證及印章。

6. 結婚人爲外國人或國外華僑，請攜帶護照或僑居地之身分證件，及未婚身分之證明書。

7. 我國軍人聲請結婚，請提出主管批准之婚姻報告表原本，以憑核對，並請準備複印本一份，交公證處存查。

8. 聲請登記得由一人攜帶前開證件、印章及費用前來辦理。結婚當天，結婚人、未成年人之法定代理人及證人均應攜帶身分證件親自到場，提前半小時報到舉行儀式。

9. 公證用紙之出售價格 (1) 結婚聲請書一份二元。(2) 結婚公證書四份二十元。(3)

結婚證書英文譯本二份十八元。及應繳公證費九十元，抄錄費五十四元，需英文證書者另繳翻譯費五十四元。

10. 參加婚禮人員，應服裝整齊，新郎、新娘穿不穿禮服一律歡迎。公證處並備有新郎領帶、領結，新娘禮服、面紗、花球、手套、胸花、名條等，免費供給結婚人借用。

11. 登記手續辦妥後，由公證處發給登記證一張，於排定之結婚時間三十分鐘以前到達舉行儀式。

12. 結婚儀式於公證處公證結婚禮堂舉行，禮畢交付結婚公證書正本二份。

（三）參加公證結婚時穿著服裝注意事項

婚姻是人生大事，婚禮儀式應該莊重。過去有少數人在舉行婚禮時，衣著過於隨便，引起社會人士批評。這裡就公證結婚新郎、新娘應穿的服裝，提供意見如下，希望採納。

● 新郎服裝：

1. 一般的服裝，如西服（必須打領帶或領結）、中山服、軍人制服、學生或公務員制服、青年裝、中式長袍都可以穿著參加婚禮，但必須整齊清潔。
2. 夏季穿襯衫或香港衫長褲（不可穿短褲或著拖鞋）可參加婚禮，穿襯衫要加打領帶。
3. 法院公證處備有領帶，可供借用。

● 新娘禮服：

1. 長裙禮服、洋裝、短衣長褲、中式旗袍都可以穿著參加婚禮，但必須整齊清潔。
2. 法院公證處備有新娘面紗禮服、手套及花球，免費出借穿用。

（四）認領子女公證

1. 認領是無婚姻關係所生子女，由生父依法認領，使子女取得與婚生子女相同身分。
2. 請求書的填寫方式：
   (1) 依認領人（被認領人之生父）、被認領人及其法定代理人（被認領人之生母）之次序，將姓名、年籍、身分證統一號碼、住址等，填入請求人欄中。

  (2)「請求公證之法律行為或私權事實」欄內填寫「當事人間因認領子女，請求公證。」

  (3) 其餘各欄無需填寫，最後由請求人簽名蓋章，並寫明年月日。

3. 請求書寫好後，交公證處收件登記，分由公證人辦理。

4. 認領人及被認領人之生母必須攜帶國民身分證和印章，親自到場，另需帶被認領人與生母之戶籍謄本一份。

  公證處有印好的認領書，當事人無需自備。

6. 此類事件在辦公時間內隨到隨辦，除出生證明書視情形需加以查對外，均可即時作成公證書，交付給請求人。

7. 外國人收養我國人為養子女，必須提出收養行為合於其本國法律之證明文件，詳細說明請向公證處索取。

（五）夫妻財產制契約公證

1. 夫妻分別財產訂立契約，辦理公證之後，只是完成法律手續的一半，尚需向法院聲請登記，其效力方能對抗第三人。

2. 請求書內填明夫妻姓名、年籍、身分證統一編號、住址等。在「請求公證之法律行為或私權事實」欄內僅寫「請求人夫妻因分別財產訂立契約，請予公證」，末尾由請求人簽名或蓋章，並記明年月日。

3. 請求書寫好後，交公證處收件登記，分由公證人辦理。

4. 請求人夫妻必須親自到場，並攜帶國民身分證及印章。

5. 夫妻分別財產制契約書，法院公證處有印好的通用稿，請向服務臺索取。當事人無需自備或找人代書，可節省費用。惟應就夫或妻所有不動產及有價值之動產自行列具財產清單，一式三份，用白紙或十行紙均可，以之附於契約書之後。

6. 公證書及契約作成後，由當事人自行持向法院民事庭聲請登記。

（六）遺囑公證

1. 遺囑行為法律規定很嚴格，如不依照法定方式，會影響遺囑的效力。如遺囑人不及早辦理，待身體衰弱不能表達意思，則為時已晚，關係親屬間權利甚大。聲請手續如下所述。

2. 依民法規定公證遺囑的方式，是由遺囑人在公證人之前口述遺囑意旨，並有見證人二人在場，由公證人筆記作成遺囑，向在場人宣讀、講解，經遺囑人之認

可，與見證人一同簽名，由公證人簽名，加蓋公證處圖記，其手續才算完成。

3. 遺囑人可偕同見證人親至公證處辦理，均應攜帶國民身分證及印章，遺囑人因衰病不能外出者，得請求公證人至醫院或其家中辦理。

4. 聲請時必須填寫公證請求書一份，在法院公證處服務臺購買。

5. 遺囑內容關於財產事，如內容甚繁，遺囑人不能記憶者，得提供有關文件，指示公證人記錄。

6. 遺囑人如因病或年老，精神耗弱，不能清楚表示意見，僅憑他人提示，答以是或否，或用搖頭點頭表示意見者，則難以據此作成公證遺囑。

7. 見證人必須非親屬及對遺囑事件無利害關係之人方可擔任。

8. 公證費用依遺囑內財產標的之價額徵收，比例約為千分之一。

（七）債權債務公證

1. 公證法修正後，對於可以強制執行之標的大為擴增。給付金錢、代替物、有價證券、特定的動產、租借期滿交還房屋或土地等，公證之後債務人不履行，無需訴訟就可請求法院強制執行。

2. 訂立契約雙方的當事人、保證人都是請求人，依次序將姓名、年籍、身分證統一編號、住址填入請求書請求人欄內，如有見證人，填入證人欄內。

3. 請求書「請求公證之法律行為或私權事實」欄內，填明聲請的事由，如買賣、贈與、借貸、僱用、承攬、委任、合夥等事件訂立契約，請求公證。

4. 在「約定逕受強制執行」欄內，寫明強制執行之標的，請求書末尾由請求人簽名或蓋章，並記明年月日。

5. 請求書填好後交公證處收案登記，分由公證人辦理。

6. 請求人均應攜帶國民身分證印章，親自到場，公司法人要攜帶公司執照及營利事業登記證、公司印章。不能親自到場者，應提出授權書及印鑑證明書。

7. 各種法律行為的契約書，由當事人自備，至少需三份，一份由公證處存卷。

8. 公證人依公證法第 26 條規定，於必要時得對公證之標的物實際體驗。

9. 公證費用依標的金額或價額計算，約為千分之一，必須強制執行者，加倍計算。

（八）房屋租賃公證

1. 房屋出租訂立書面契約，經過公證之後，對於承租人交還房屋、給付租金及違約金、出租人返還押租金等事項，不需訴訟就可請求法院強制執行。雙方權利

獲得保障，糾紛也可避免。

2. 請求書的填寫方式：

(1) 填明請求人即出租人、承租人（承租人覓有保證人時，保證人填在承租人之後），姓名、年籍、身分證統一號碼及住址。

(2) 「請求公證之法律行為或私權事實」欄內，僅需填寫「當事人間訂立房屋租賃契約，請求公證」。

(3) 「約定逕受強制執行」欄內，分別寫明需要強制執行之標的，如「租賃期滿交還房屋」或「給付房租金及違約金」或「返還押租金」。

(4) 最後由請求人簽名或蓋章，並記明年月日。

3. 請求書寫好後，交公證處收件登記，分由公證人辦理。

4. 請求人均應攜帶國民身分證及印章，出租人並要帶房屋產權證件及繳稅單。請求人如係公司法人，要帶公司執照、營利事業登記證（複印本亦可）、負責人身分證、公司及負責人印章。

請求人本人不能到場，可以委任他人代理，但要提出授權書及印鑑證明書。

5. 所需租賃契約書，請求人如有自備至少要攜帶三份，如未準備，可利用公證處印製的契約，不另收費。

6. 依公證法第 26 條，公證法施行細則第 19 條第 5 款、此條文與「房屋租賃」無關之規定，公證人認為必要時，必須至房屋所在地實際體驗。

7. 應徵公證費為：（租賃期間租金總額 + 保證金）× 1/1000 + 27 元，附有強制執行效力之請求時，則為：（房屋課稅現值及租金總額兩項中之較高者 + 保證金）× 2/1000 + 54 元。

（九）公司資格及廠商機具設備私權事實公證

1. 公司廠商向聯勤總部物資署申請登記、公司設立及升等登記，以及營造廠商參加投標，依各主管機關的規定，其資格及工廠設備、機具等必須經法院公證。

2. 向法院公證處服務臺購買公證請求書一份，新臺幣二元。

3. 請求書請求人欄內廠填明公司或廠商名稱，營業所在地及負責人的姓名、年籍、身分證統一編號。在「請求公證之法律行為或私權事實」欄內寫明「本公司（工廠商行）向某單位申請登記之用，請求就所具備之資格及工廠機具設備等私權事實，予以公證」，請求書末尾記明年月日及由負責人簽名，加蓋公司或廠商印章。

4. 請求書填好後，交公證處收案登記，分由公證人辦理。

5. 公證人先就公司廠商所持有之證件作書面審查，請求人應提出之證件如下：
   (1) 經濟部公司登記執照。
   (2) 縣市政府營利事業登記證。
   (3) 工廠登記證。
   (4) 營造業或水管電氣業登記證照。
   (5) 工作人員資格證件或執照。
   (6) 公會會員證。
   (7) 承攬之工程合同。
   (8) 核定使用電力證明。
   (9) 最近一年內繳納營業稅單。
   (10) 最近一年之營業額計算書。
6. 就公司及工廠設備、所有機具等，由公證人排定時間，至現場體驗。如係價值甚高之機具，並應提出來源證明。
7. 此類事件視受理件數之多寡，通常均在二、三日內作成公證書，交付請求人。

三、認證事件

（一）邀請書或聘書認證

1. 公司團體或私人邀請國外人士來臺，或聘僱外國人來我國工作，邀請書或聘書之認證，聲請手續照以下辦理。
2. 公司團體行號出名邀請或聘請者，由公司團體行號為請求人，私人出名者以私人為請求人；將公司團體名稱，事務所所在地，負責人年籍，或私人之姓名、年籍身分證號碼、住址等，填入請求書內。
3. 請求書「請求認證之私證書名稱」欄內，填明「本公司或本人邀請或聘請某國某人來臺之邀請書或聘書，請求認證」，末尾由請求人簽名或蓋章。
4. 公司團體商號之負責人，應攜帶經濟部公司登記執照，縣市政府營利事業登記證及身分證，公司及個人印章，親至法院公證處辦理。如不能親自到場者，應提出授權書及印鑑證明書，由代理人到場辦理。
   邀請書或聘書由請求人提出，中英文均可，應多準備一份，由公證處存卷。
6. 此種事件如請求人親自到場，證件齊全，通常在二、三十分鐘內即可辦妥，交付請求人。

（二）寄信認證

一般人大都知道郵局存證信函的用途，法院公證處寄信認證情形也相同，但是具有法律上效力，且費用甚廉，聲請手續如下：

1. 首先當事人要準備好需寄出的文件，如信函、通知、催告書、同意書、具結書等，一式複寫或打字三份（一份寄給對造人，一份存法院公證處，一份寄信人自己收存。如對造人不止一人時，按人數增加份數）。
2. 當事人不識字或不能自已撰寫寄出的文件時，可以請求公證人代作。法院公證處並備有專用紙，供此項用途，不另收費。
3. 持準備好的文件，至公證處服務臺購買請求書一份，不識字的人還可以用言詞聲請。
4. 請求人要攜帶國民身分證及印章親自到場辦理。不能到場者必須提出授權書及印鑑證明書。
5. 寄出的文件內容不得有謾罵、侮蔑之詞，損害他人名譽，或毫無事實根據的指摘，如有不妥之處，需由寄件人加以修正方能受理。

（三）辦理出國手續需婚姻及出生證件認證

辦理出國手續，需要提出婚姻及出生證件，並必須經過公證人認證辦理手續，茲依下列情形分別說明：

1. 有婚姻關係但結婚證書遺失者，由夫妻親自到場，攜帶國民身分證、圖章及戶口名簿。婚姻關係宣誓書中文及英文，公證處有印製，並代打字，可供使用。
2. 出生證明書遺失者，未成年人由父或母到場，已成年人由本人或父母到場。攜帶戶口名簿、身分證及印章。中英文出生宣誓書，由公證處印製及打字，收費與前項同。
3. 結婚證書如尚有保存，依據原本複印三份，由夫妻二人或其中一人到場，攜帶身分證、圖章，英文譯本由公證處印製並代打字，收費與前項同。
4. 出生證書如未遺失，據原件複印三份，攜帶到場。可以由本人或家屬提出聲請，經公證處查對該證件屬實後，予以認證。

四、各種公證處之契約例稿

司法院第一廳為推廣公證制度，加強便民服務，斟酌實際需要，撰擬各種契約例稿，凡四十二種，各地方法院公證處可斟酌情形予以製備，以供當事人採用。

【同意書】

公證與認證 11-1-1

同意書

　　立同意書人○○○茲以未成年人○○○與○○○間所為之○○○○行為係經本人 允許 承認
特出具本同意書以資為證。

法定代理人　○○○

中　　華　　民　　國　　　○○　　年　　　○　　月　　　○　　日

　　右同意書確為未成年人○○○之法定代理人○○○所出具，特予證明。

○○縣○○^{鄉市}鎮○○村里長○○○

中　　華　　民　　國　　　○○　　年　　　○　　月　　　○　　日

【房屋買賣契約更正同意書】

公證與認證 11-1-2

房屋買賣契約更正同意書

　　立房屋買賣契約更正同意書人○○○（以下簡稱甲方）○○○（以下簡稱乙方），前於
民國○○年○月○日買賣座落○○市○○區○○路○巷○號○式一棟，雙方訂立房屋買賣契
約書，並經○○地方法院以○○年○字第○○○號公證在案，茲因該項契約書部分填載錯
誤，雙方同意更正如下：

　　　　一、建築改良物標示：

　　　　二、買賣價款總金額：

　　　　三、聲請登記以外之約定事項：

　　　　四、訂立契約人：

　　　　五、立約日期：

　　下同意書係經甲乙雙方同意更正，各願遵守，並經公證後生效。

甲方（買方）：○○○
乙方（賣方）：○○○

中　　華　　民　　國　　　○○　　年　　　○　　月　　　○　　日

【授權書】

公證與認證 11-1-3

<table>
<tr><td colspan="2" align="center">授權書（一）</td></tr>
<tr><td colspan="2">　　立授權書人○○○與○○○辦理○○契約公證事件，茲因事務冗繁，不克親自到場，特授權○○○君為代理人，並有民法第五三四條第一項但書規定之特別代理權，代理本人與○○○君辦理上項契約公證。</td></tr>
<tr><td colspan="2" align="right">立授權書人：○○○　</td></tr>
<tr><td>中　　華　　民　　國　　○○　　年　　○　　月　　○　　日</td></tr>
</table>

右授權書確為授權人○○○所出具特予證明。

○○縣○○鄉市鎮○○村（里）長○○○

中　　華　　民　　國　　○○　　年　　○　　月　　○　　日

公證與認證 11-1-4

<table>
<tr><td align="center">授權書（二）</td></tr>
<tr><td>　　立授權人○○○今向
　　臺灣○○地方法院公證處辦理○○公證事件，因事不能親自到場，提出本授權書，委任○○○為代理人，代理授權人到場提出公證之聲請，及代簽署本事件之有關文件，特此委任是實。</td></tr>
<tr><td align="right">立　授　權　人：○○○
身分證號碼：
住址或事務所：　　</td></tr>
<tr><td>中　　華　　民　　國　　○○　　年　　○　　月　　○　　日</td></tr>
</table>

註：提出本授權書時，必須另附有授權人之印鑑證明書，授權人如係公司，應提出該管縣（市）政府建設局或經濟部商業司發給之印鑑證明書原本一份存卷。

【切結書】

公證與認證 11-1-5

法定代理人代未成年人處分不動產切結（證明）書	
一、不動產所有名義人	
二、不動產種類、所在地、面積	
三、該不動產屬於未成年人名義之原因	
四、處分之目的（所獲代價之用途）	

右結證屬實，如有虛偽願負法律上責任。

　具　結　人○○○未成年人○○○之○○

（證明人）　　　　　　　　　住

　　　　　　未成年人○○○之○○

　　　　　　　　　　　　　　　住

　　　　　　未成年人○○○之○○

　　　　　　　　　　　　　　　住

中　　華　　民　　國　　○○　　年　　○　　月　　○　　日

註：應附印鑑證明書

公證與認證 11-1-6

切結書（一）

　立切結書人○○○茲因○○○○於民國○○年○月○日死亡，遺有○○牌○○西西機器腳踏車一部（引擎號碼○○○○，牌照號碼○○○○號，行車執照○○○○號），該車應由具結人繼承，除檢同戶籍謄本及上開有關證件外，並負責據實具結，倘有虛偽等情事或損及第三人權益時，願負法律上一切責任。

　　　　　　　　　具　　結　　人：○○○

　　　　　　　　　國民身分證號碼：

　　　　　　　　　住　　　　　址：

中　　華　　民　　國　　○○　　年　　○　　月　　○　　日

公證與認證 11-1-7

切結書（二）

　具切結書人○○○在○○鎮市鄉○○村里○鄰○○路○巷○弄○號（○○段○○小段○○地號）興建○層○房○棟之基地，將來○○○計畫實施規劃為公共設施用地時，具結人願無條件自行拆除上開房屋，並拋棄補償金之請求權，恐口無憑，特具切結書為憑。

　此　致

　○○公　所

　　　　　　　　　具　切　結　書　人：○○○

　　　　　　　　　住　　　　　址：

　　　　　　　　　國民身分證號碼：

中　　華　　民　　國　　○○　　年　　○　　月　　○　　日

【保證書】

公證與認證 11-1-8

邀請及保證書

　　受邀請人○○○現住○○○○○號，受邀請人與邀請人係○○關係，茲事須邀請其由○○前來臺灣暫時居留，受邀請人所需往返機票及住臺期間之生活費用，邀請人願全部負擔，特此保證是實。

邀　　請　　人：○○○

住　　　　　址：

國民身分證號碼：

中　　華　　民　　國　　○○　　年　　○　　月　　○　　日

公證與認證 11-1-9

財產（不動產）保證書

　　立財產保證書人○○○與被保證人○○○係○○關係，茲因被保證人赴求學，保證人願提供所有座落中華民國臺灣省○○縣市○○土地○坪，房屋○棟，價值新臺幣○○○元正為被保證人赴○○旅費及在○○○○求學期間之學雜費及其他一切生活費用，特此保證。

　　附土地、房屋所有權狀○份

保　證　人：○○○　　印

被保證人：○○○　　印

中　　華　　民　　國　　○○　　年　　○　　月　　○　　日

公證與認證 11-1-10

財產（動產）保證書

　　立財產保證人○○○與被保證人○○○係○○關係，茲因被保證人赴○○求學，保證人願提供在中華民國臺灣省○○○○○○之存款新臺幣○○○元正，為被保證人赴旅費及在○○求學期間之學雜費及其他一切生活費用，特此證明。

　　附○○○○存款證明書○份

保　證　人：○○○　　印

被保證人：○○○　　印

中　　華　　民　　國　　○○　　年　　○　　月　　○　　日

五、公證書之製作

（一）一般公證書

1. 空白格式

格式一（約定逕受強制執行者）

公　證　書　本								年度公字第　　　號
請　求　人　姓　名　或　名　稱	性別	籍貫	出　生 年月日	職業	身份證明文件 名稱及其字號	住居所 或事務所	備考	
證人見證人通譯或已為同意 或允許之第三人姓名								
請求公證之法律行為或私權 事實								
已得第三人許可或同意者其 證明								
約定逕受強制執行者其本旨								
公證之本旨及依據法條								
有通譯見證人或證人到場者 其事由								
作成證書之日期及處所	本證書於中華民國　年　　月　　日在○○○○地方法院公證處作成							
右證書經下列在場人承認無誤簽名於後。 證公用蓋 記 圖 處	請求人 　○○○○地方法院公證處 　　公證人							

本　　本於中華民國　　　年　　　月　　　日在○○○○地方法院公證處照原本作成交付與　　收執
　　　○○○○地方法院公證處公證人

格式二（未約定逕受強制執行者）

公 證 書 本　　　　　　　　　　　　　　　　　年度公字第　　號

請　求　人　姓　名　或　名　稱	性別	籍貫	出　生 年月日	職業	身份證明文件 名稱及其字號	住居所 或事務所	備考
證人見證人通譯或已為同意 或允許之第三人姓名							
請求公證之法律行為或私權 事實							
公證之本旨及依據法條							
作成證書之日期及處所	本證書於中華民國年　　月　　日在○○○○地方法院公證處作成						

右證書經下列在場人承認無誤簽名於後。

證公用蓋 記圖處	請求人 ○○○○地方法院公證處 公證人

本　　本於中華民國　　年　　月　　日在○○○○地方法院公證處照原本作成交付與　　收執
　　○○○○地方法院公證處公證人

格式三（記載實際體驗者）

公 證 書 本　　　　　　　　　　　　　　　　　年度公字第　　號

請　求　人　姓　名　或　名　稱	性別	籍貫	出　生 年月日	職業	身份證明文件 名稱及其字號	住居所 或事務所	備考
證人見證人通譯或已為同 意或允許之第三人姓名							
公證之本旨及依據法條	一、請求人或代理人之陳述： 二、公證人所見之狀況： 三、公證之本旨：（內容較複雜者亦可以附件附綴公證書之後） 四、其他實際體驗之方法與結果： 以上依公證法第○條第○款之規定予以公證。						
作成證書之日期及處所	本證書於中華民國年　　月　　日在○○○○地方法院公證處作成						

右證書經下列在場人承認無誤簽名於後。

證公用蓋 記圖處	請求人 ○○○○地方法院公證處 公證人

本　　本於中華民國　　年　　月　　日在○○○○地方法院公證處照原本作成交付與　　收執
　　○○○○地方法院公證處公證人

2. 說明

(1) 公證人收案後，編定公字及其號數後，應先審查其公證請求書類是否合法，如有不合程式而可以補正者，應先命補正完備，再行辦理。公證書應永久保存，所編字號不得有誤。

(2) 請求人之姓名或名稱欄，公證人填載時務必先核對所提出之身分證明文件詳加記載，如為法人或非法人團體，應核對主管機關核准登記之文件，並載明其法定代理人。

(3) 由代理人請求者，除應核對其身分證明文件詳加記載外，並應於備考欄內記載其代理之事由及已提出授權書。關於代理人之授權書應注意公證法第 22 條第 2、3 項之規定。

(4) 請求公證之事項，即請求公證何種法律行為或私權事實。公證人不得就違反法令事項或無效之法律行為作成公證書（公證法第 17 條），所以當事人或其他關係人請求公證之行為，雖屬於公證法第 4、5 條各款所列事項之一，仍應以有效之合法行為為限。

(5) 已得第三人允許或同意者，應令其提出證明書，切勿先行公證再命補正，以防無法補正時，公證行為無法生效。對於應得第三人允許或同意之公證事項，應載明其事由及該第三人之身分。

(6) 為增強公證書之效力，疏減訟源，公證法第 11 條第 1 項所列事項得於公證書內載明應逕受強制執行，而取得執行名義。即 ① 以給付金錢或其他代替物或有價證券之一定數量為標的者。② 以給付特定之動產為標的者。③ 租用或借用房屋，應於期間屆滿時交還房屋者（如期間未屆滿，因承租人違約，出租人解除契約請求交還房屋者，不在此範圍）。④ 租用或借用土地，約定非供建築或耕作為目的，而於期限屆滿時應交還土地者。若約定事項超出上列範圍，則無執行力。公證書有約定應逕受強制執行者，應記載其本旨，注意上述規定外，其範圍且須明確，將來執行時始無爭執。

(7) 公證之本旨及所依據法條，按公證法第 26 條規定，公證人作成公證書，應記載請求人或其代理人之陳述與所見之狀況，及其他實際體驗之方法與結果，此不僅私權事實公證事件須依此記載，即其他公證亦不例外，此即應記明之公證之本旨，至於依據之法條，應記明公證之法律行為或私權事實，合於公證法第四條或第五條第幾款所列規定。如其他法律有特別規定者，亦應併予記明，如民法第 1191 條規定之公證遺囑。

(8) 請求人為不通中國語言或聲啞不能用文字表達者，公證人應使通譯在場，請求人為盲者或不識文字者，應使見證人在場。無上述情形，經請求人請求者亦

同。公證人並應於公證書上記明其事由，及載明通譯或見證人之姓名、年齡、職業、住居所等，以示公正。公證人自己通曉外文，無須通譯者，應記明其事由。

(9) 公證事項，須有證人或見證人者，亦應記明其姓名、年籍、職業及住居所等項，依法應簽名或蓋章者，併應注意爲之。

(10) 公證書作成之年、月、日及處所，應記載明確並加蓋公證處圖記。

(11) 作成公證書後，應向在場人朗讀，或使其閱讀，經請求人或代理人承認無誤後，記明其事由。有通譯時，應將公證書譯述，並記明其事由後，公證人及在場人（請求人、代理人、見證人、通譯等）應各自簽名，在場人有不能簽名者，公證人得代書其姓名，使本人蓋章或按指印，並記明其事由，由公證人簽名。

(12) 證書有數頁時，或引用其他文書各種證明書爲附件者，公證人請求人或其他代理人及見證人應於每頁騎縫處及連綴於公證書處加蓋印章或按捺指印。

3. 範例：

範例一　　　　　　　公　證　書　原　本　　　　　　　年度公字第　　號

請求人姓名或名稱	性別	籍貫	出生年月日	職業	身分證明文件名稱及其字號	住居所或事務所	備考
出　賣　人：陳○○	女	○○市	民國○年○月○日		國民身分證		提出授權書授權代理人到場辦理。
代　理　人：李○○	男	○○市	民國○年○月○日		國民身分證		
買　受　人：王○○	男	○○市	民國○年○月○日		國民身分證		
法定代理人：王○○	男	○○市	民國○年○月○日		國民身分證		

證人見證人通譯或已為同意或允許之第三人姓名	見證人林○○	男	○○省○○縣	民國○年○月○日		國民身分證	

請求公證之法律行為或私權事實	右開請求人間，因房屋及基地買賣事件，當場訂立如後附之契約。雙方陳明對於契約條款，願互相遵守，切實履行，請求予以公證。
已得第三人許可或同意者其證明	出賣人陳○○出賣之不動產已徵得其丈夫○○○之允許，特提出允許出賣證明書一件為證。
約定逕受強制執行者其本旨	本件買賣標的物移轉登記為買受人名義並交付完畢後，買受人如有價金未按時付清，買受人應逕受強制執行。
公證之本旨及依據法條	公證之本旨及依據法條公證人核對與契約有關之證件，及到場人之身分證明等，均屬相符。將契約附綴於公證書之後，由雙方在公證書簽名及蓋章，承認其行為。依公證法第　條第　款之規定，予以公證。
有通譯見證人或證人到場者其事由	見證人係買賣契約之介紹人，到場作見證人。
作成證書之日及處所	本證書於中華民國　　年　　月　　日在○○○○地方法院公證處作成

右證書經下列在場人承認無誤簽名於後。

證公用蓋　　　　　　　　　　請求人　陳○○代　理　人　李○○（簽章）
記圖處　　　　　　　　　　　　王○○法定代理人　王○○（簽章）
　　　　　　　　　　　　　見證人　林○○（簽章）
　　　　　　　　　　　　○○○○地方法院公證處
　　　　　　　　　　　　　公證人　○○○

本　本於中華民國　　年　　月　　日在○○○○地方法院公證處照原本作成交付與　收執
　　○○○○地方法院公證處公證人

範例二　　　　　證　書　原　本　　　　　　　　　　○○年度公字第○○○號

請 求 人 姓 名 或 名 稱	性別	籍貫	出　生 年月日	職業	身分證明 文件名稱 及其字號	住居所 或事務所	備考
委任人：○○○	男	○○省	民國 ○年○月○日		國民身分證	住：	
受任人：○○○	男	○○省	民國 ○年○月○日		國民身分證	住：	
證人見證人通譯 或已為同意或允 許之第三人姓名							
請求公證之法律 行為或私權事實	右開請求人間，因委託出賣房屋事件，當場訂立如後附件之委任契約。雙方陳明對於契約條款，願互相遵守，切實履行，請求予以公證。						
已得第三人許可 或同意者其證明							
約定逕受強制 執行者其本旨							
公 證 之 本 旨 及 依 據 法 條	公證人核對與契約有關之證件，及到場人之身分證明等，均屬相符。將契約附綴於公證書之後，由雙方在公證書簽名及蓋章，承認其行為。依公證法第肆條第壹款之規定，予以公證。						
有通譯見證人或證 人到場者其事由							
作 成 證 書 之 日 及 處 所	本證書於中華民國　　年　　月　　日在○○○○地方法院公證處作成						

右證書經下列在場人承認無誤簽名於後。

證公用蓋 記圖處	請求人　委任人　○○○（簽章） 　　　　受任人　○○○（簽章） 　見證人　林○○（簽章） ○○○○地方法院公證處 　　公證人　○○○

本　　本於中華民國　　年　　月　　日在○○○○地方法院公證處照原本作成交付與　　收執
　　○○○○地方法院公證處公證人

【委任契約書】

公證與認證 11-1-11

委任契約書（範例一備考欄所指之授權書）

第1條　委任人○○○委任受任人○○○將委任人所有座落（某某地號）之房屋及基地，以新臺幣○○○元以上之價格出售，並授權受任人辦理買賣上開房地訂立契約之公證事務，現經受任人○○○承諾代為辦理。

第2條　委任人於受任人完成前條委任事務時，應給付報酬新臺幣○○○元。

第3條　本契約經辦理公證後，雙方各執一份。

委任人　○　○　○（簽章）

住　　址：

受任人　○　○　○（簽章）

住　　址：

中　　華　　民　　國　○○　年　○　月　○　日

（二）訂婚、結婚公證書

1. 空白格式：

格式一

訂 婚 公 證 書 　　　　　　　　　　　　　　　　　　　　公字第　　　號

請 求 人	姓　　　　　名	性別	出 生 年 月 日	籍貫	職業	住所或居所	身分證明文件 及 其 字 號	備考
		男						
		女						

公證之本旨	公證之右開請求人　　　因訂婚事件，聲請公證。據其親自來院在公證人之前陳述：「請求人間因彼此相愛，自願訂定婚約，期將來結為夫婦，請求予以公證。」經核其身分相符，由請求人等在公證書上簽名蓋章，承認以上行為，爰依公證法第4條第3款之規定予以公證。
有 第 三 人 允 許 或 同 意 者 其 證 明	
有 通 譯 或 見 證 人 到 場 者 其 事 由	
作 成 證 書 之 年 月 日 及 處 所	本證書於中華民國　年　月　日在　地方法院公證處作成

右證書經向在場人朗讀或使其閱覽承認無誤
　　　　　　　　　　　　　訂婚人
中　　華　　民　　國　　　○○　　年　　　○　　月　　　○　　日
　　　　　　　　　　　地方法院公證處
　　　　　　　　　　　公 證 人

本　　本於中華民國　年　月　　日在○○○○地方法院公證處照原本作成交付與　收執
　　　○○○○地方法院公證處公證人

格式二（中文）

結婚公證書 　　　　　　　　　　　　　　　　　　　　　　　　證字第　　　號

請求人	姓 名	性別	出生年月日	籍貫	職業	住所或居所	身分證明文件及其字號
		男					
		女					

公證之本旨	右結婚人於中華民國　　　公開舉行結婚儀式，有二人以上之證人在場。本公證人據其請求，依公證法第4條第3款之規定，作成本公證書。

有第三人允許或同意者其證明	

結婚人
結婚人
證　人
證　人

本件向在場人朗讀，經其承認無誤

中　華　民　國　○○　年　○　月　○　日

格式三（英文）

(Translated Copy)
NOTARIAL CERTIFICATE OF MARRIAGE

Chen Tzu No.＿＿＿＿＿＿＿

This is to certify that:

＿＿＿＿＿＿＿＿＿＿＿＿, a native of＿＿＿＿＿＿＿＿＿＿＿＿＿＿＿＿＿＿,
residing at＿＿＿＿＿＿＿＿＿＿＿＿＿＿＿＿＿＿＿＿＿＿＿＿＿＿,
who was born on＿＿＿＿＿＿＿＿＿＿＿＿＿＿＿＿19＿＿＿＿, and a
native of＿＿＿＿＿＿＿＿＿＿, residing at＿＿＿＿＿＿＿＿＿＿＿＿
＿＿＿＿＿＿＿＿＿＿＿＿＿＿, who was born on 19＿＿＿ , were married on the＿＿＿＿
＿＿＿day of＿＿＿＿19＿＿＿, and their wedding was legally solemnized at the District Court of
Taipei, Taiwan.

Bridegroom＿＿＿＿＿＿＿
Bride＿＿＿＿＿＿＿＿＿
Witnesses＿＿＿＿＿＿＿

This certificate issued pursuant to Clause 3, Article
4 of the Notary Law by the district Court of Taipei,
Taiwan, Republic of China, on the＿＿＿day＿＿＿of 19＿＿.

公證結婚證書之製作

（公證法第 4 條第 3 款施行細則第 42 至 45 條）

一、說明：按法律行爲或私權事實，請求公證人作成公證書，如當事人或其他關係人不能親自到公證處辦理時，原則上固得由其委任代理人代爲請求辦理，但專屬於身分上之法律行爲，自以本人自己決定意思及親自在場爲必要，例如公證訂婚、公證結婚、收養子女之公證、兩願離婚之公證及其他關於親屬法或繼承法如遺囑之公證等意思表示，均須由本人親自爲之，不得授權由代理人代爲意思表示。惟如請求人不能到公證處辦理時，可請求公證人前往現場辦理。有關親屬或繼承事件之公證，應特別注意民法及其他有關法令之規定，如有違反法令或無效之情形，或違背公序良俗者，應說明理由，拒絕其請求，以免日後發生無效或得撤銷情事，徒增訟累，反而失去公證制度之本旨。

二、辦理公證結婚，事前應審查事項：

按民法第 980 條、第 987 條規定，男未滿十八歲，女未滿十六歲，不得結婚。未成年人結婚，應得法定代理人之同意。結婚應有公開儀式及二人以上之證人。特定關係近親間不得結婚。監護關係存續中監護人與被監護人不得結婚。有配偶者，不得重婚。因姦經判決離婚，或受刑之宣告者，不得與相姦者結婚。女子自婚姻關係消滅後，非逾六個月不得再行結婚。但於六個月內已分娩者，不在此限。因之應先審查是否合於此等要件。依據公證法施行細則規定，辦理公證結婚按個別情形應先審查婚姻狀況之證明文件，並注意下列事項：

1. 請求公證結婚，應就下列規定提出證明文件：
   (1) 請求人未結婚者，應提出其證明文件。
   (2) 請求人之原配偶死亡（包括宣告死亡）或離婚者，應提出其證明文件。
   (3) 請求人爲現役軍人者，應提出軍事主管核准結婚之證明文件。
   (4) 請求人爲外國人或無國籍人者，應提出足以證明其婚姻狀況之證明文件，其爲外國軍人或依其本國法須經核准始得結婚者，應提出其本國主管長官核准結婚之證明文件。
   (5) 請求人爲僑居國外之中華民國人民者，應提出僑居地中華民國大使館、領事館或華團體或相當機關出具之婚姻狀況證明文件。
2. 舉行公證結婚典禮時，請求公證結婚之男女當事人及證人，應攜帶身分證明文件親自到場，並在公證結婚證書上簽名。當事人未成年者，其法定代理人亦同，如法定代理人因故不能到場者，當事人應提出已得其法定代理人允許或同

意之證明書。

3. 公證人應當場詢問結婚人有無結婚之眞意。

4. 公證結婚儀式，原則上應於公證處禮堂公開舉行，其進行程序，應揭示於公證處禮堂。

5. 公證結婚儀式，除預先聲明係舉行集團結婚儀式或經當事人同意外，不得合併舉行。

6. 公證人宣讀結婚公證書及致詞，應言詞清晰，快慢適度。

公證人致詞，應以祝賀及增進家庭幸福爲內容，並宜莊重簡明。

7. 公證結婚儀式、禮堂佈置、公證人致詞範例可參照公證法施行細則附式四辦理。

（三）遺囑公證書

1. 空白格式

遺囑公證書本　年度公字第　號

請　求　人　姓　名	性別	籍貫	出　生 年月日	職業	身分證明文件 名稱及其字號	住居所	備考
遺 囑 人 即請求人							
見 證 人							
請 求 公 證 之 法 律 行 爲（即 遺 囑 意 旨）							
公 證 之 本 旨 及 依 　 據 　 法 　 條	據請求人口述遺囑意旨如上，由公證人筆記、並經宣讀、講解經請求人認可後簽名，合依公證法第四條第四款予以公證。						
有 通 譯 見 證 人 或 證 人 到 場 者 其 事 由	民法第 1191 條之規定二人以上之見證人到場						
依 作 成 證 書 之 日 期 及 處 所	本證書於中華民國年月日在○○○○地方法院公證處作成。						

右證書經下列在場人承認無誤簽名於後

證公用蓋
記圖處

請求人
見證人
○○○○地方法院公證處
公證人

本　　本於中華民國　　年　　月　　日在○○○○地方法院公證處照原本作成交付　　收執

○○○○地方法院公證處公證人

2. 說明：遺囑乃有意思表示能力之自然人，於生前因其一方之意思表示而生效
力，不須任何人同意，故為單方法律行為，依法定方式完成，並以立遺囑人死
亡為發生效力之時期。按民法第 1189 條規定，遺囑應依下列方式之一為之，即
① 自書遺囑，② 公證遺囑，③ 密封遺囑，④ 代筆遺囑，⑤ 口授遺囑。同法第
1186 條規定，無行為能力人，不得為遺囑。限制行為能力人無須經法定代理人
之允許，得為遺囑。但未滿十六歲者，不得為遺囑。其他於第 1187 條至第 1198
條法律設有許多特別規定，公證或認證遺囑時必須詳予審查，是否符合法定方
式。

3. 製作遺囑公證書應特別注意事項：

(1) 遺囑之公證，除有關依民法所定方式辦理外，並應由遺囑人及其指定之見證
人，攜帶身分證明文件，親自到場辦理，不得由代理人代為請求辦理，如有
必要情形，得至法院公證處以外之場所辦理之。

(2) 公證遺囑，除請求人外，不得請求閱覽或交付正本或繕本，但請求人聲明願
意公開或於公證遺囑後死亡者，不在此限。

(3) 公證遺囑，應指定二人以上之見證人，在公證人面前口授遺囑意旨，由公證
人筆記、宣讀、講解，經遺囑人認可後記明年月日，由公證人、見證人、立
遺囑人同時簽名，遺囑人不能簽名者，由公證人記明其事由，使按捺指印代
之。前述公證遺囑，在無公證人之地，得由法院書記官或僑居地之我國領事
代行公證人之職務。

(4) 其他自書遺囑、密封遺囑、代筆遺囑、口授遺囑，亦得於踐行民法所定方式
外，按辦理公證或認證程序，辦理公證或認證。

(5) 密封遺囑，應由遺囑人於遺囑上簽名後，將其密封，並於封縫處簽名，由遺
囑人及其指定之見證人攜帶身分證明文件親自到場辦理，不得由代理人代為
請求。

4. 範例：

遺囑公證書

請 求 人 姓 名 或 名 稱	性別	籍貫	出　生 年月日	職業	身分證明 文件名稱 及其字號	住居所 或事務所	備考
遺囑人：林○○	男		民國 ○年○月○日	醫師	國民身分證		
見證人：郭○○	男		民國 ○年○月○日	公	國民身分證		
李○○	男		民國 ○年○月○日	公	國民身分證		

請求公證之法律行為（即遺囑意旨）	據遺囑人林○○陳稱：其戶籍設臺北，暫居臺南，今因年事已高，旦夕難測，為免家內日後紛爭，特邀同見證人二人，請公證遺囑內容如下：其所有○鎮○段○○號○○則建地零點零零壹零壹公頃全部，同段○○○○號○○則建地零點零零零五公頃全部……（餘略）等不動產之分配，由其次子林○○、三子林○○兩人共同辦理繼承，女一名○○因出嫁時已另行酌給財產，其他人均不得爭執。
公 證 之 本 旨及 依 據 法 條	據請求人口述遺囑意旨如上，由公證人筆記並經宣讀、講解，經請求人認可後簽名，合依公證法第四條第四款予以公證。
有通譯見證人或證人到場者其事由	依民法第1191條之規定二人以上之見證人到場。
作 成 證 書 之日 及 處 所	本證書於中華民國　　年　　月　　日在○○○○地方法院公證處作成。
右證書經下列在場人承認無誤簽名於後 蓋用公證 處圖記	請求人　林○○ 　　　　　見證人　郭○○　李○○ 　○○○○地方法院公證處 　　　　　公證人　　○○○

本　　　於中華民國○○年○○月○○日在○○○○地方法院公證處照原本作成付予林○○收執
　　　　○○○○地方法院公證處公證人　　○○○

（四）終止收養子女公證書

公 證 書 原 本 　　　　　　　　　　　　　　　　　　　　年度公字第　　號

請求人姓名或名稱	性別	籍貫	出 生 年 月 日	職業	身分證明文件 名稱及其字號	住居所 或事務所	備考
養 父：高○○	男	○○	民國 ○年○月○日		W○○○○○○○○號		
養 母：高○○	女	○○	民國 ○年○月○日		W○○○○○○○○號		
養 女：高○○	女	○○	民國 ○年○月○日		W○○○○○○○○號		
證人見證人通譯 或已為同意或允 許之第三人姓名							
請求公證之法律 行為或私權事實	請求人間因終止收養子女事件，請求准予公證。						
約定逕受強制 執行者其本旨							
公 證 之 本 旨 及 依 據 法 條	請求人雙方當公證人面前訂立終止收養契約書如附件，所訂各項條款，互願遵守履行，並承認各自在公證書上簽名或蓋章，核其意旨一致，與所提有關證件，尚無不合，爰依公證法第4條第3款之規定予以公證。						
作 成 證 書 之 日 及 處 所	本證書於中華民國○○年○月○日在○○○○地方法院公證處作成						

右證書經下列在場人承認無誤簽名於後

證公用蓋 記 圖 處	請求人　養父高　○　○
	養母高　○　○
	養女高　○　○
	○○○○地方法院公證處
	公證人　○　○　○

本　　本於中華民國○○年○○月○○日在○○○○地方法院公證處照原本作成交付與兩造請求
　　　人收執
　　　　　○○○○地方法院公證處公證人

【終止收養契約書】

公證與認證 11-1-12

```
                          終止收養契約書
        立約人 高○○
              高○○ （以下簡稱甲方），於民國○○年○月間收養高○○（以下簡稱乙方）
    為養女，現在雙方同意終止收養關係，並約定條款於下：
        一、自本約成立起雙方即無收養關係，乙方並回復本姓。
        二、甲乙雙方私人負債各自負責。
        三、本約自雙方簽字後生效，各執一紙為證。

                            立約人
                            甲 方：高 ○ ○
                                   高 ○ ○
                            乙 方：高 ○ ○

    中    華    民    國    ○○    年    ○    月    ○    日
```

（五）認領子女公證書

1. 空白格式

公證書本　　　　　　　　　　　　　　　　　　　　　　年度公字第　　號

請求人姓名或名稱	性別	籍貫	出　生年月日	職業	身分證明文件名稱及其字號	住居所或事務所	備考
認領人 被認領人 右法定代理人（生母）	男 女						
證人見證人通譯或已為同意或允許之第三人姓名							
請求公證之法律行為或私權事實	右開請求人　　　諾領與　　　　同居所生之非婚生　　　　，請求公證。
公證之本旨及依據法條	右開請求人陳述如左： 一、　　　於民國　年　月　日生一　　　，係非婚生。 二、　　　承認與　　有同居關係，乃該　　之生父，願依法子以認 　　　領，使該　　取得與婚生子女相同之身分。 三、該　　應從生父姓，取名為　　　，由生父母負保護教養之責。 以上事項經請求人同意，在公證書簽名蓋章承認其行為。公證人核所提出出生 證書或戶籍謄本，與陳述相符。並核女方於該　　出生前，與第三人並無婚 姻關係。依民法第1065條第1項，公證法第4條第3款之規定予以公證。
作成證書之日及處所	本證書於中華民國　年　月　日在○○○○地方法院公證處作成

右證書經下列在場人承認無誤簽名於後

證公用蓋 記圖處	請求人 ○○○○地法法院公證處 公證人　○○○

本　　本於中華民國　年　月　日在○○○○地方法院公證處照原本作成交付與　　收執
　　　　○○○○地方法院公證處公證人

2. 說明：按民法第1065條規定，非婚生子女經生父認領者，視為婚生子女，其經生父撫育者，視為認領。因之，生父亦得以公證方式，認領其非婚生子女，惟應由生父、生母、非婚生子女親自到場辦理，公證人應先詢明當事人之意見加以記載。請求人應攜帶身分證明文件、印章、被認領人與生母之戶籍謄本，如非婚生子女尚未申報籍者，應攜帶出生證明書。

（六）拒絕證書

1. 空白格式

拒　絕　證　書　　　　　　　　　　　　　　　　　公字第　　　號

拒絕者之姓名或商號	
被拒絕者之姓名或商號	
對於拒絕者雖為請求未得允許之意旨或不能會晤拒絕者之事由或其營業所住所或居所不明之情形	
請求或不能為請求之地及其年月日	
於法定處所外作成拒絕證書時當事人之合意	
有參加承兌時或參加付款時參加之種類及參加人並被參加人之姓名或商號	
拒絕證書作成之處所及年月日	年　　月　　日於○○○○地方法院公證處
中　　華　　民　　國　　　年　　　月　　　日 ○○○○地方法院公證處公證人	

2. 說明：依照票據法第 79、86、144 條之規定，執票人因行使或保全票據上之權利，請求承兌、付款、交還複本或原本、清償等行為被拒絕時，依同法第 106 條規定，得由拒絕承兌地或付款地或交付複本、原本地之法院公證處作成拒絕證書。

拒絕證書，有以下數種：

(1) 拒絕付款證書：拒絕付款證書，有全部拒絕付款證書與一部拒絕付款證書之分，各種票據均得為之（票據法第 86、87、89、124、144）。匯票、本票或支票全部或一部無從為付款提示時，執票人得請求作成拒絕證書證明之。此種證書，應在票據或其黏單上作成之（票據法第 108 條第 1 項、第 124、144 條）。

(2) 其他拒絕證書：此種證書，應照匯票或本票，或其謄本作成抄本，在該抄本或其黏單上作成之（票據法第 109 條），不得在匯票上作成。

① 拒絕承兌證書：即匯票全部或一部不獲承兌或無從承兌提示時，執票人得請求作成拒絕證書證明之，亦分全部拒絕承兌證書與一部拒絕承兌證

書。此種證書，惟匯票始得爲之。

② 拒絕複本交還證書：爲提示承兌送出匯票複本之一者，應於其他各份上載明接收人之姓名或商號及其住址。匯票上有前項記載者，執票人得請求接收人交還其所接收之複本。若接收人拒絕交還時，執票人非請求作成拒絕交付複本證書，不得行使追索權（票據第 117 條），此種證書，惟匯票始得爲之。

③ 拒絕見票證書：此種證書，僅見票後定期付款之本票有之，亦即見票後定期付款之本票，應由執票人向本票發票人爲見票之提示，發票人於提示見票時拒絕簽名者，執票人應於提示見票期限內，請求作成拒絕證書（票據法第 122 條），以證明見票拒絕給付之事實。

3. 拒絕交還原本證書：此種證書，原亦爲拒絕證書之一種，惟因票據法第 110 條特別規定，其拒絕證書應在謄本或其黏單上作成之，故另立一項，此種證書於匯票或本票有其適用。

公證人爲記載拒絕證書各欄所列事項，得視情形會同執票人或自行查對有關事實。

六、認證書之製作

（公證法第 46、47 條；細則第 51、54 條）

認證書係當事人或其他關係人，就關於私權之法律行爲或法律事實，作成私證書後，請求公證人確認該私證書簽名之眞正。認證書爲公務員職務上所製作之文書，故爲公文書之一種，但認證之客體，則爲私證書。所謂私證書無非係有關私法上權義之文書，其範圍較「私文書」爲廣，即公務機關從事私經濟活動，所作成之文書，如催告函之類，亦屬私證書之範疇。

（一）一般認證書

1. 空白格式

認　證　書　本　　　　　　　　　　　　　　　　　　　　　　　年度認字第　　號

請求人姓名或名稱	性別	籍貫	出生年月日	職業	身分證明文件名稱及其字號	住居所或事務所	備考
證人見證人通譯或已為同意或允許之第三人姓名							
請求認證之私證書名稱							
已得第三人許可或同意者其證明							
認證之事由及依據法條							
公證之本旨及依據法條							
作成證書之日及處所	本證書於中華民國年月日在○○○○地方法院公證處作成。						
右證書經下列在場人承認無誤簽名於後							

蓋用公證
處圖記

（證公用蓋記圖處）

　　　　　　　　　　請求人
　　　　　　　　　○○○○地方法院公證處
　　　　　　　　　公證人

本公證書　本於中華民國　　年　　月　　日在○○○○地方法院公證處作成交付與請求人　收執
　　　　　　　　　○○○○地方法院公證處公證人

2. 認證書製作時應注意事項

(1) 認證書應先編定認字號數，俾便永久保存。

(2) 關於認證書中，請求人、代理人、應得第三人允許或同意者以及通譯、見證人、證人欄應記載事項與公證書製作方法相同，不再贅述。

(3) 請求認證之事項，即關於何種私權法律行為或私權事實之私證書名稱。

(4) 認證之事由及依據法條，因公證人認證私證書，應使當事人當面於私證書上簽名，或承認為其簽名，並於認證書內記明其事由，以及載明所依據法條屬公證法第 4 條或第 5 條第幾款。

(5) 私證書有增刪、塗改、損壞或形式上顯有可疑之點者，應記明於認證書內。

(6) 認證之私證書內容，公證人應先詢問請求人或其他關係人是否瞭解，如有不瞭解時應加以說明，並記明其事由。

(7) 認證書上應載明作成年、月、日及處所，公證人一一記載完畢後，應由公證

人及在場人簽名，並蓋公證處圖記。在場人不能簽名者，得由公證人代書其姓名，使其蓋章或按指印，並記明其事由由公證人簽名以證明之。

(8) 公證人認證私證書時，請求人應增加提出私證書之繕本或影本，供公證人核對無誤後，於繕本或影本內記明與原本相符，連綴於認證書，由公證人及在場人加蓋騎縫章後，認證書正本連綴私證書原本部分，交付請求人，認證書原本連綴私證書繕本或影本部分，留供法院公證處永久保存。

(9) 公證法第 17 至 25、28、29 條及第 30 條第 4 項，有關製作公證書之規定，於認證私證書時亦準用之，不再重複說明。

(10) 關於結婚證書或離婚證書之認證，依公證法施行細則第 53 條及第 54 條規定，應由男女當事人及於結婚證書或離婚證書上簽名或蓋章之證人二人，攜帶身分證明文件親自到場簽名。

(11) 認證私證書時有兩種情形，一為當事人在公證人前當面於證書簽名，一為承認為其簽名，公證人應依實際狀況分別記載。

3. 範例

認 證 書 原 本　　　　　　　　　　　　　　　　年度認字公○○號

請求人姓名或名稱	性別	籍貫	出 生 年月日	職業	身分證明文件 名稱及其字號	住居所或事務所	備考
授權人　王○○	男	○○	民國 ○年○月○日	軍人	軍人身分補給證 地○○○○號	○○郵政○○○ ○附○號	

請 求 認 證 之 私 權 事 實 或 私 證 書 名 稱	
已得第三人許可 或同意者其證明	
認 證 之 事 由 及 依 據 法 條	右委任人王○○提出後附之授權書，並陳稱該授權書為其親自簽名蓋章，請求認證，核其提出身分證明文件相符，與到場在認證書上簽名蓋章，承認授權事實。爰依公證法第 4 條第 1 款、第 19 條、第 47 條之規定予以認證。
有通譯見證人或 證人到場其事由	
作 成 證 書 之 日 及 處 所	本證書於中華民國○○年○○月○○日在○○○○地方法院公證處作成。

右證書經下列在場人承認無誤簽名於後。

蓋用公證 處圖記	請求人 委任人　王○○ ○○○○地方法院公證處 公證人　○○○

本　　本於中華民國○○年○○月○○日在○○○○地方法院公證處照原本作成交付與○○　收執
　　　　○○○○地方法院公證處公證人

【授權抵押借款】

公證與認證 11-1-13

授　權　書

　　立授權書人王○○擬以本人所有臺北市大安區大安段○地號之土地持分幾分之幾及座落上開土地之建物，即門牌號碼臺北市大安區大安路○巷○弄○號房屋公寓一樓，向○○銀行抵押借款新臺幣四十一萬元，本人完全同意，並願擔任借款人，特授權本人胞兄王○○全權代理並簽立約定書借款契約書類及辦理一切貸款手續。

　　　　此　致
○　○　銀　行

　　　　　　　　　立授權書人：王　○　○
　　　　　　　　　身分證統一編號：P○○○○○○○○○
　　　　　　　　　軍人補給證兵籍號碼：地○○○○○○
　　　　　　　　　信箱號碼：金門郵政○附○號

中　華　民　國　　○○　年　　○　月　　○　日

（二）信函認證書

1. 空白格式

認　證　書（寄信認證用）　　　　　　　　　　　年度認字第　　號

請 求 人 姓 名 或 名 稱	性別	籍貫	出 生 年 月 日	職業		住居所或事務所	備考

對造人姓名或名稱		住居所或事務所	
副 本 收 受 人			

請 求 認 證 及 送 達 之 文 件 名 稱	

認 證 之 事 由	本件請求人提出如後附之　　　　　　一件，請求認證為其簽名，及將該文件送達予對造人。經公證人核對請求人所持有之身分及資格證件，均屬相符。並詢明據稱：「對於文件內容完全瞭解。」茲依公證法第　　條第　　款之規定予以認證，證明該文件之簽名為真實，並將文件送達與對造人。

作成證書之日期及　處　所	本證書於中華民國　年　月　日在○○○○地方法院公證處作成

右證書經下列在場人承認無誤簽名於後。

證公用蓋 記 圖 處	請求人 ○○○○地方法院公證處 公證人

附一　○○○○地方法院公證處認證寄信用紙

文　件　名　稱			寄件日期	中　華　民　國　　年　　月　　日	
收件人		地址		副本收受 人及地址	
收件人		地址		副本收受 人及地址	

附二　公證處專用

送達機關　郵政機關執達員　　送達證書　送達方法

○○○○地方法院　年（認）第　　號寄信認證事件　交辦佐理員

應受送達之文書之種類　認證信函壹件

已將文書交與應受送達人　　本人（由送達人記載其姓名）　　（由受送達人簽名蓋章或按指印）

未獲會晤本人已將文書交與有辨別事理能力之下列人員：
- 同居人（由送達人記載其姓名）　　（由受送達人簽名蓋章或按指印）
- 受僱人（由送達人記載其姓名）　　（由受送達人簽名蓋章或按指印）

應受送達人之姓名（由送達人填記）

送達處所（由送達人填記）　中華民國　市　區鄉　里　鄰　街 / 縣　鎮　村　路 / 段　巷　弄　號之

送達時間（由送達人填記）　中華民國　年　月　日　午　時

送達人（職務）（由送達人填記）　送達人（簽名蓋章）

（送達欄）

應受送達之本人、同居人或受僱人收領，但拒絕、或不能簽名、蓋章或按指印者，由送達人記明其事由於下欄。

（由送達人記載絕收領人之姓名）

應受送達之本人、同居人或受僱人無法律上理由拒絕收領，經送達人將文書留置於送達處所，以為送達。

（由送達人記載拒絕收領人之姓名）
一、本人
二、同居人
三、受僱人

（證達欄）

（由達達選記）

一、未獲會晤本人，亦無受領文書之同居人或受僱人，已將文件作如下之處置。

二、應受送達之本人，或同居人、受僱人，無法律上之理由拒絕收受，並有難達留置情事，已將文件作如下之處置。

（由送達人在空欄上填記）

一、該送達文書寄存於警察所。

二、該送達文書寄存於○○區、鎮、鄉公所或村里鄉長辦公處。

並作送達通知書粘貼於應受送達人門首以為送達

（法方欄）

注意

一、依上述送達方法送達者，送達人應即將本送達證書，提出於法院附卷。

二、無法依上述送達方法送達者，送達人應作上述送達方法記載該事由之報告書，提出於法院附卷，並繳回應送達之文書。

送達郵局日戳　　　原寄郵局日戳

2. 說明

(1) 請求人以支票、郵政匯票及其他有價證券聲請隨函送達者，因超越認證範圍，應不予准許，以杜糾紛。

(2) 請求人聲請寄送之文件，如係寄往香港地區或其他國家者，可使用國際郵件回執，不可使用送達證書。

(3) 文件送達不到或對造人拒收時，宜通知請求人知悉，通知例稿見附件。

(4) 文件已經合法送達，交付請求人收執之認證書（包括所附文件），必須加蓋業已送達之證明書，以便請求人提出使用。

(5) 有必要派專人送達之文件，（例如預知對造人將拒收）由公證人指派佐理員送達之。佐理員送達文件時，準用民事訴訟法之規定。

附　件

```
受文者：
臺端聲請認證　年度認字第　號寄與　之函件，經付郵後因下列原因未能送達：
（一）原址查無其人
（二）遷移地址不明
（三）原書地址欠詳
（四）查無此地址
（五）招領逾期未領
（六）收件人拒收（如有另派人送達之必要請告知本處）
（七）

　　　函　請

查　照

　　　　　　　　　　　　　　○○○○地方法院公證處　啟
　　　　　　　　　　　　　　　　　　　月　　　日
```

（三）涉外認證書

1. 空白格式

涉外認證事件用紙（一）

認　證　書　　　　　　　　　　　　　　　　　　　　　　　　　　年度認字第　　號

請 求 人 姓 名 或 名 稱	性別	籍貫	出　生年月日	職業	身分證明文件名稱及其字號	住居所或事務所	備考

請求認證之文件名　　　稱	

認證之事由及依據　　法　　條	後附文件　　　文譯本由翻譯者承認為其簽名蓋章，及中文原件之簽名及蓋印，經公證人核對屬實，依公證法第　　條第　　款予以認證。 CERTIFICATE OF ATTESTATION The signature(s)/seal(s) of the attached translation and Chinese orginal have been examined by the Notary Public of Taipei District Court, Taipei, Taiwan, Republic of China on thisday of＿＿19. ＿＿＿＿＿＿＿＿＿＿ Notary Public
作 成 證 書 之日 及 處 所	本證書於中華民國　　年　　月　　日在○○○○地方法院公證處作成。

右證書經下列在場人承認無誤簽名於後

證公用蓋記 圖 處	請求人 ○○○○地方法院公證處 公證人

涉外認證事件用紙（二）

認 證 書　　　　　　　　　　　　　　　　　　　　　　　　年度認字第　　　號

請求人姓名或名稱	性別	籍貫	出 生 年月日	職業	身分證明文件 名稱及其字號	住居所或事務所	備考

請求認證之文件 名　　　　　稱	
認證之事由及依 據　法　條	後附英文證明文件之簽名或蓋章，經公證人核對屬實，依公證法第　　　條第　　　款予以認證。 CERTIFICATE OF ATTESTATION The signature(s)/seal(s) of the attached document have been examined by the No-tary Public of Taipei District Court, Taipei, Taiwan, Republic of China on this____day of____19. 　　　　　　　　　　　　　　　　_____ 　　　　　　　　　　　　　　　　　　Notary Public
作 成 證 書 之 日 及 處 所	本證書於中華民國　　年　　月　　日在○○○○地方法院公證處作成。
右證書經下列在場人承認無誤簽名於後。	
證公用蓋 記 圖 處	請求人 ○○○○地方法院公證處 公證人

涉外認證事件用紙（三）

認 證 書　　　　　　　　　　　　　　　　　　　　　　　　年度認字第　　　號

請求人姓名或名稱	性別	籍貫	出 生 年月日	職業	身分證明文件 名稱及其字號	住居所或事務所	備考

請求認證之文件 名　　　　　稱	
認證之事由及依 劇　法　條	後附之　　　　　由請求人當面在文件上簽名或蓋章，經公證人核對所提出證明其身分及資格之證件，均屬相符。依公證法第　　　條第　　　款之規定予以認證。
作成證書之日期 及　　處　　所	本證書於中華民國　　年　　月　　日在○○○○地方法院公證處作成
右證書經下列在場人承認無誤簽名於後。	
證公用蓋 記 圖 處	請求人 ○○○○地方法院公證處 公證人

涉外認證事件用紙（四）

認 證 書　　　　　　　　　　　　　　　　　　　　　　　　　　　年度認字第　　　號

請求人姓名或名稱	性別	籍貫	出 生 年月日	職業	身分證明文件 名稱及其字號	住居所或事務所	備考

請求認證之文件 名　　　　　稱	中文結婚證書及英譯本
認證之事由及依 據　　法　　條	後附中文結婚證書係當事人依民間儀式結婚時作成。公證人核證書內之蓋章均屬真實，並核已在戶籍機關辦理結婚登記。依公證法第四條第三款予以認證。 CERTIFICATE OF ATTESTATION 　　The attached Certificate of Marriage was affixed with seals out of Court while performing a civil ceremony. The Notary Public had examined it and prepared and English Translation on this_____day_____of_____19. 　　　　　　　　　　　　_____Notary Public 　　Taipei Disstrict Court, Taipei, Taiwan Rep. of China.
作成證書之 日 及 處 所	本證書於中華民國　　年　　月　　日在○○○○地方法院公證處作成。
右證書經下列在場人承認無誤簽名於後。	
證公用蓋 記 圖 處	請求人 ○○○○地方法院公證處 公證人

認 證 書　　　　　　　　　　　　　　　　　　　　　　　　　　　　認字第　　　號

請求人姓名或名稱	性別	籍貫	出 生 年月日	職業	身分證明文件 名稱及其字號	住居所或事務所	備考

請 求 認 證 之 私 證 書 名 稱	向外交部請求更改所持有本國護照內英文譯名之聲請書。
認 證 之 事 由 及 依 劇 法 條	後附聲請書由請求人當面簽名蓋章，經公證人核對所提出之身分證件相符。依公證第4條第6款予以認證。
作成證書之日期 及　　　　處　　所	本證書於中華民國　　年　　月　　日在○○○○地方法院公證處作成。
右證書經下列在場人承認無誤簽名於後。	
證公用蓋 記 圖 處	請求人 ○○○○地方法院公證處 公證人

【護照內英文譯名更改聲請書】

公證與認證 11-1-14

護照內英文譯名更改聲請書

聲請人○○○所持用之○○字第○○○○號中國護照內所記載之英文譯名，與曾經使用之英文譯名不符，因辦理出國及簽證事宜，發生困難，擬請　准予更改如下：

護照內之譯名：

請更改之譯名：

謹　呈

外　交　部

聲請人：○○○

中　　華　　民　　國　　○○　　年　　○　　月　　○　　日

註：其他公證處之契約例稿，請參閱本書各章之公證處之契約例稿。

【更改本人及家長護照內英文譯名聲請書】

公證與認證 11-1-15

更改本人（及家屬）護照內英文譯名聲請書

聲請人○○○（及家屬）所持有之本國護照○○字第○○○號，護照內所記載本人（及家屬）之英文譯名，茲因與曾經使用之譯名不符，辦理出國及簽證事實將發生困難，擬請准予更改如下：

護照內原譯名：

請更正之譯名：

謹　呈

外交部

聲請人：○○○

---

2. 說明：由於近年來國際間交往頻仍，天涯若比鄰，加以我國華僑遍佈世界各國，涉外事件已大量增加，其中以婚姻、收養（以上詳見公證書之製作）、邀請、約聘、移民有關之身分證明等事件為最多。辦理涉外認證事件，應注意下列事項：

(1) 按公證法第 47 條第 4 項、第 18 條規定，認證書均應以中國文字作成之，必要時得附記外國文字或附譯本，所以涉外事件之認證書，除附記外國文字（如姓名、地址、專有名詞）或附譯本外，仍應以中國文字作成。

(2) 關於當事人姓名之外國文字，公證人辦理時應注意令當事人提出護照、外僑居留證、中華民國駐外領事館之證明書、國內外大學之外文證書、外國使領館之證明書加以核對，俾免發生錯誤，出國後再申請更改，徒增麻煩。

(3) 請求人為外國人，通曉中國語言，或公證人熟諳外語，得不選通譯到場，但應記明於認證書。

(4) 外國公文書，依 1961 年 10 月 5 日荷蘭海牙公約締約國約定，無庸經外交官或領事官之認證，此類文件如中文譯本請求予以認證者，以涉及私權者為限，可檢具有關證明文件，予以辦理。宜附記「本件私證書之認證書，僅證明其譯文之真正，至其內容在我國之效力，應依各有關法律之規定定之，因原件係由國外發給，文件內之簽名或蓋章，本公證人不予認證。」俾避免當事人或承辦機關誤認外國文件之譯本經認證者，當然發生譯本內容所記載效力。

(5) 應注意我國涉外民事法律適用法有關規定外，並應注意外國人本地法有無排除國外法之特別規定。尤其關於人之行為能力、身分行為，各國之法律所規定，大都不一致。

(6) 辦理涉外案件，如有疑問，可先向我國外交部洽詢。

3. 範例

認 證 書　　　　　　　　　　　　　　　　　　　　　　　○○○年度認字第○○○號

請求人姓名或名稱	性別	籍貫	出生年月日	職業	身分證明文件名稱及其字號	住　　　　所	備考
○○○公司 負責人　陳林○○	女	○○ ○○	民國○○年○月○日	商	○○縣商業登記證○○○年第○○號國民身分證		

請 求 認 證 之 私 證 書 名 稱	請求人提出中英文委任狀各一件，請求予以認證。
認 證 之 事 由 及 依 據 法 條	後附之中英文委任狀由請求人當面在文件上簽名或蓋章，經公證人核對所提出證明其身分及資格之證件，均屬相符。依公證法第 4 條第 1 款之規定予以認證。 （英文略）
作成證書之日期 及 　 處 　 所	本證書於中華民國○○年○○月○○日在○○○○地方法院公證處作成。

右證書經下列在場人承認無誤簽名於後。

證公用蓋 記圖處	請求人　○○○公司 負責人　陳林○○（簽章） ○○○○地方法院公證處 公證人　○　○

七、公證書原本之閱覽或抄錄

（公證法第 35、42 條、細則第 28 條第 3 項）

　　請求人或其繼承人或就公證書有法律上利害關係人得請求閱覽公證書原本，其請求程序與請求作成公證書時，請求人或其代理人應繳驗身分證明文件或授權書之程序同。除閱覽原本外，亦得請求交付公證書及其附屬文書之繕本或節錄繕本。惟宜注意者，公證遺囑除請求人外，不得請求閱覽或交付正本繕本，但請求人聲明願意公開或於公證遺囑後死亡者，不在此限。

　　閱覽或抄錄聲請書之格式如下：

閱覽抄錄聲請書

聲 請 人 姓 名 或 名 稱	性別	籍貫	出生日期	職業	身分證明文件名稱及其字號	住居所或事務所	備考
聲請閱覽或抄錄之原因							
聲請人如非原請求人而係繼承人或利害關係人時，應提出其為繼承人或利害關係人之證明文件							
聲請閱覽或抄錄之內容如聲請人知悉聲請閱覽或抄錄事件之案號或辦理公證認證之年月日請註明							
或聲請抄錄之份數							
受文機關　　○○○○地方法院公證處							
中　　　　華　　　　民　　　　國　　　　年　　　　月　　　　日							
聲請人　　　　　　　　　（簽名蓋章）							

第十編

中華人民共和國投資相關契約

第 1 章　中華人民共和國通行合同範本

第一節) 買賣合同

一、定　義

　　買賣合同是出賣人轉移標的物的所有權於買受人，買受人支付價款的合同。

二、買賣合同的主要條款

1. 當事人的名稱或者姓名和住所。
2. 標的物。
3. 數量。
4. 質量。
5. 價款。
6. 包裝方式。
7. 檢驗標準和方法。
8. 結算方式。
9. 合同使用的文字。
10. 合同效力。
11. 履行期限、地點和方式。
12. 違約責任。
13. 解決爭議的方法。

三、合同範例

（一）中華人民共和國房屋買賣合同

1. 本合同的特點：本合同為房屋買賣合同，房屋買賣不涉及土地之買賣，土地僅有使用權。
2. 適用對象：本合同適用於房屋買賣。
3. 基本條款：訂立本合同應訂明買賣合同之基本條款。

4. **相關法條**：中華人民共和國合同法第九章買賣合同。

買賣合同 10-1-1

房屋買賣合同

　　出賣人：○○○（以下簡稱甲方）

　　買受人：○○○（以下簡稱乙方）

　　甲、乙雙方就房屋買賣事項經過多次協商，一致同意訂立合同條款如下，以資共同遵守。

一、甲方願將自有座落○○市○○路○號房屋○間，建築面積○○平方米售賣給乙方。

二、甲方出售給乙方的房屋東至○○，南至○○，西至○○，北至○○（附四至平面圖一張）。其房屋包括陽臺、走道、樓梯、衛生間、灶間及其他設備。

三、上列房屋包括附屬設備，雙方議定房屋價款人民幣○○萬元，由甲方售賣給乙方。

四、房屋價款乙方分三期付給甲方。第一期，在雙方簽訂買賣合同之日，付人民幣○○萬元；第二期在交付房屋之日，付人民幣○○萬元；第三期，在房屋產權批准過戶登記之日付清。每期付款，甲方收到後出具收據。

五、甲方應自本合同簽訂日起○天內將房屋騰空，連同原房屋所有權證等有關證件，點交乙方，由乙方出具收到憑證。

六、在辦理房屋產權移轉過戶登記時，甲方應出具申請房屋產權移轉給乙方的書面報告。如需要甲方出面處理的，不論何時，甲方應予協助。如因甲方的延誤，致影響產權過戶登記，因而遭受的損失，由甲方負賠償責任。

七、本合同簽訂前，該房屋如有應繳納的一切捐稅、費用，概由甲方負責。其他稅費按有關法律規定，各自承擔。

八、甲方如不按合同規定的日期交付房屋，每逾期一天按房價的總額3‰計算違約金給予乙方。逾期超過三個月時，乙方得解除本合同。解約時，甲方除將已收的房價款全部退還乙方外，並應賠償所付房價款同額的賠償金給乙方。

九、乙方全部或一部分不履行本合同第4條規定的日期給付房價款時，其逾期部分，乙方應加付按日5‰計算的違約金給予甲方。逾期超過三個月時，甲方得解除本合同。解約時，乙方已付的房價款作為賠償金歸甲方所有。

十、甲方保證其出賣給乙方的房屋，產權清楚，絕無其他項權利設定或其他糾紛。乙方買受後，如該房屋產權有糾葛，致影響乙方權利的行使，概由甲方負責清理，並賠償乙方損失。

十一、交屋時，乙方發現房屋構造或設備與合同約定的不符，經鑒定屬實，甲方應於一個月內予以修理，如逾期不修理，乙方得自行修理，費用在房價款中扣除。如修理仍達不到合同約定的要求，乙方得解除合同，解約時，甲方除返還全部房價款外，並按本合同第8條規定承擔違約責任。

十二、房屋所占用的土地（包括庭院圍牆等）所有權屬於國家。乙方取得上開房屋占有相應比例的土地使用權，並依照國家法律的規定繳納土地使用稅及其他有關費用。

十三、本合同的附件與合同有同等效力。

十四、本合同一式四份，甲乙方各執一份，另二份分別送交房產和土地管理機關辦理產權過戶登記手續。

　　　立約人：

　　　甲方：○○○（簽章）　　　　乙方○○○（簽章）

　　　　　　　○○○○年○月○日訂於○○市（縣）

註：房屋買賣須土地使用權，本合同第 14 條規定須繳納土地使用稅。

（二）中華人民共和國汽車買賣合同

1. 本合同的特點：本合同爲汽車買賣合同，出賣人向買受人出售之汽車必須是在《全國汽車、民用改裝車和摩托車生產企業及產品目錄》上備案的產品，或經過交通管理部門認可之汽車爲其特色。
2. 適用對象：本合同適用於汽車買賣。
3. 基本條款：訂立本合同應訂明買賣契約之基本條款。
4. 相關法條：中華人民共和國合同法買賣合同。

買賣合同 10-1-2

汽車買賣合同

　　　　　　　　　　　　　　　　　合同編號：○○○○

　　賣方：○○○　　　　　　　　　簽訂地點：○○○

　　買方：○○○　　　　　　　　　簽訂日期：○○○○年○月○日

一、汽車型號及金額

汽車品牌	型號	發動機號	合格證號	車架號	海關單號	商檢單號	顏色	價格	備註

二、交車地點、方式：

　　交車地點：　　　　　　交車時間：

　　付款方式：　　　　　　付款時間：

三、質量、維修：

　　1. 賣方向買方出售的汽車，其質量必須符合國家頒布的汽車質量標準。

　　2. 賣方向買受人出售的汽車，必須是在《全國汽車、民用改裝車和摩托車生產企業及產品目錄》上備案的產品或經過交通管理部門認可的汽車。

　　3. 賣方向買方出售汽車時要真實、準確介紹所銷售車輛的基本情況。

　　4. 賣方在買方購買車時必須向買受人提供：(1) 銷售發票；(2)（國產車）車輛合格證、（進口車）海關進口證明和商品檢驗單；(3) 保修卡或修手冊；(4) 說明書；(5) 隨車工具及備胎。（以上 (3)、(4)、(5) 項如沒有，售前應說明）

　　5. 買方在購車時應認真檢查賣方所提供的車輛證件、手續是否齊全。

　　6. 買方在購車時對所購車輛的功能及外觀進行認真檢查、確認。

7. 汽車在購買後，如發現屬於生產廠家的質量問題，可由賣方協助買方與生產廠家的維修站聯繫、解決。

8. 如屬於在汽車售出前流通過程中出現的質量問題，賣方未向買方人明示的，依法承擔責任。

9. 如買方使用、保管或保養不當造成的問題，由買方自行負責。

四、違約責任（雙方協商）：（略）

五、合同爭議的解決方式：

因本合同引起的或與本合同有關的任何爭議，由雙方當事人協商解決；也可向有關部門申請調解；協商或調解不成的，按下列第○種方式解決：

1. 提交○○○仲裁委員會仲裁；

2. 依法向人民法院起訴。

六、本合同一式三份，雙方各執一份，汽車交易市場主辦單位留存一份（市場留存期一年）。

七、本合同經買賣雙方簽字蓋章後生效。

買方：　　　　　　　　　　　　賣方：

買方姓名○○○（章）　　　　　賣方姓名○○○（章）

註：本合同第3條第八項為出賣人之瑕疵擔保責任。

（三）中華人民共和國農副產品買賣合同

1. **本合同的特點**：本合同為農副產品之買賣合同，本合同因氣候影響早熟或晚熟，交貸日期經雙方協商可以提前或延遲。

2. **適用對象**：本合同適用於農副產品買賣合同。

3. **基本條款**：訂立本合同應訂明買賣合同之基本條款。

4. **相關法條**：中華人民共和國合同法第九章買賣合同。

買賣合同 10-1-3

農副產品買賣合同

訂立合同雙方：

買受人：○○縣農產公司（或農副產品收購站）

出賣人：○○縣○○鄉○○村○○○村民

為了促進農副產品生產的發展，溝通城鄉流通渠道，為城鎮人民和對外貿易提供豐富的農副產品，經買、賣雙方充分協商，特訂立本合同，以便雙方共同遵守。

第1條　　交售日期、數量及價格

1. 出賣人在○○○○年○月以前（或○月○旬內），向買受人交售○○（農副產品）○○斤（擔）（有些農副產品在簽訂合同時，應根據有關部門的規定或實際情況，確定超欠幅度、合理損耗和正負尾差）。

2. 除政府定價和政府指導價以外，價格由買、賣雙方協商議定。

3. 買、賣雙方的任何一方如須提前或延期交貨與提貨，均應事先通知對方，達成協議後按協議執行。

第 2 條　品種、等級、質量及包裝

1. ○○（農副產品）的品種、等級和質量，按下列第（　）項執行：

　(1) 有國家標準的，按國家標準執行；

　(2) 無國家標準而有部頒標準的，按部頒標準執行；

　(3) 無國家標準和部頒標準的，按地區標準執行；

　(4) 無上述標準的，由買、賣雙方協商確定。

　（對某些乾、鮮、活產品，應根據國家的有關規定，商定合理的、切實可行的檢驗、檢疫辦法；國家沒有規定的，由買、賣雙方協商確定。農副產品確定標準後需要封存樣品的，應由買、賣雙方共同封存，妥善保管，作為驗收的依據。）

2. ○○（農副產品）的包裝，按下列第（　）項辦理：

　(1) 按國家或部規定的辦執行；

　(2) 沒有國家或部的包裝規定的，由買、賣雙方協商包裝辦法。

　　包裝物由賣（買）方供應，包裝物的回收辦法另訂附件（略）。

第 3 條　交（提）貨方式、驗收和貨款結算辦法

1. 交（提）貨方式按下列第（　）項辦理：

　(1) 實行送貨的，出賣人應按合同規定的時間送往○○（接收地點），交貨日期以發運時運輸部門的戳記為準；

　(2) 實行提貨的，出賣人應按合同規定的時間通知買受人提貨，以發出通知之日作為通知提貨時間；

　(3) 實行代運的，出賣人應按買受人的要求，選擇合理的運輸路線和運輸工具，向運輸部門提報運輸計劃，辦理托運手續，並派人押運（如果需要）。交貨日期以發運時運輸部門的戳記為準；

　(4) 實行義運的，對超過國家規定的義運里程的運輸費用負擔，按國家有關規定執行；國家沒有規定的，由買、賣雙方協商。

2. 農副產品的驗收地點，實行出賣人送貨或出賣人委託運輸部門代運的，以接收地點為驗收地點；實行買受人提貨的，以提貨地點為驗收地點；實行義運的，以○○為驗收地點。

　驗收辦法：＿＿＿＿＿＿＿＿＿＿。

　（合同應明確約定：(1) 驗收期限；(2) 驗收手段；(3) 驗收標準；(4) 由誰負責驗收；(5) 在驗收中對產量、質量發生爭議，應按《中華人民共和國標準化管理條例》的規定，交質量監督檢驗機構裁決。）

3. 貨款結算辦法：

　出賣人交售的○○（農副產品）經驗收合格後，買受人應在○天之內，通過銀行轉帳（或按銀行的規定以現金）向出賣人支付貨款。

第 4 條　出賣人的違約責任

1. 出賣人交貨數量少於合同的規定而買受人仍然需要的，以及出賣人逾期交貨而買受人仍需要的，應照數補交，出賣人並應比照人民銀行有關延期付款的規定，按逾期交貨部分貨款總值計算，向買受人償付逾期交貨的違約金；出賣人超過規定期限不能交貨的，應償付買受人不能交貨部分貨款總值百分之○（1% 至 20% 的幅度）的違約金；因逾期交貨，買受人不再需要的，由出賣人自行處理，並向買受人償付該部分貨款總值百分之○（1% 至 20% 的幅度）的違約金。

2. 出賣人如因違約自銷或因套取超購加價款而不履行合同時，應向買受人償付不履行合同部分貨款總值百分之○（5% 至 25% 的幅度）的違約金，並退回套取的加價款和獎售、換購的物資。

3. 出賣人在交售○○（農副產品）中摻雜使假、以次充好的，買受人有權拒收，出賣人同時應向買受人償付該批貨款總值百分之○（5% 至 25% 的幅度）的違約金。出賣人交售的鮮活產品如有污染或疫病的，買受人有權拒收，並可按國家有關規定處理。

4. 出賣人的包裝不符合規定，發貨前須返修或重新包裝的，應負責返修或重新包裝，並承擔因此而支付的費用。發貨後因包裝不善給買受人造成損失的，應賠償其實際損失。出賣人由於返修或重新包裝而造成逾期交貨的，按逾期交貨處理。

5. 買受人按出賣人通知的時間、地點提貨而未提到的，出賣人應負逾期交貨的違約責任，並承擔買受人因此而支付的實際費用。

6. 因數量、質量、包裝或交貨期限不符合同規定而被拒收的產品，買受人應代出賣人保管。在代保管期間，出賣人應負責支付實際開支的一切費用，並承擔非因保管、保養不善所造成的損失。

7. 買受人根據出賣人的要求預付定金的，出賣人在不履行或不完全履行合同時，應加倍償還不履行部分的預付定金。

8. 實行送貨或代運的，出賣人錯發到貨地點或接貨單位（人）時，應按合同規定重新發貨或將錯發的貨物送到合同規定的地點、接貨單位（人），並承擔因此多付的運雜費及其他費用；造成逾期交貨的，還應償付逾期交貨的違約金。出賣人未徵得買受人同意，擅自改變合同規定的運輸路線或運輸工具的，應承擔因此多支付的費用。實行送貨或代運的產品，由於錯發到貨地點或接貨單位（人）而造成損失，屬於承運部門責任的，由出賣人按國家有關貨物運輸規定向承運部門要求賠償損失。

9. 出賣人在接到買受人驗收產品提出的書面異議後，應在十天內做出處理（買賣雙方商定有期限或另有約定的除外），如出賣人未按時處理，可視為默認。

第 5 條　買受人的違約責任

1. 買受人在合同執行中退貨的，應償付出賣人退貨部分貨款總值百分之○（5% 至 25% 的幅度）的違約金。因此造成出賣人損失的，還應根據實際情況賠償其損失。

2. 買受人無故拒收送貨或代運的產品，應向出賣人償付被拒收貨款總值百分之○（5% 至 25% 的幅度）的違約金，並承擔因此而造成的損失和費用。

3. 按合同規定提貨的產品，出賣人通知提貨而逾期提貨的，除比照銀行有關延期付款的規定，按逾期提貨（收購）部分貨款總值計算償付違約金以外，還應承擔出賣人在此期間支付的保管費或保養費，並承擔因此而造成的其他實際損失。

4. 買受人未按合同規定的期限付款的，應按銀行有關延期付款的規定，向出賣人償付延期付款的違約金。

5. 買受人未按合同規定提供包裝物的，出賣人交貨日期得以順延，買受人並應向出賣人償付延期付款的違約金。因此造成出賣人損失的，買受人還應根據實際情況賠償其損失。

6. 買受人如向出賣人預付定金的，在不履行或不完全履行預購合同時，無權收回未履行部分的預付定金。

7. 買受人必須承擔因錯填或臨時改變到貨地點而多支付的一切費用。

8. 買受人在合同規定的驗收期限內，未進行驗收或驗收後未在規定期限內提出異議，視為默認。

9. 在合同規定的驗收期限內，未進行驗收或進行驗收後未提出書面質量異議的，即視為默認符合規定。對於提出質量異議或因其他原因拒收，應負責妥善保管，等候處理，不得動用。一經動用即視為接收，買受人應按期向出賣人付款，如不按期付款，則按延期付款處理（對被拒收的易腐爛變質的產品及鮮活產品，出賣人應允買受人在取得有關部門同意後，及時就地處理）。

第 6 條　不可抗力

買、賣雙方的任何一方由於不可抗力的原因，不能履行或不能完全履行合同時，應盡快向對方通報理由，在提供相應證明後，可允許延期履行、部分履行或不履行，並可根據情況部分或全部免予承擔違約責任，出賣人如果由於不可抗力造成產品質量不符合同規定的，不以違約論。對這些產品的處理辦法，可由買、賣雙方協商決定。

○○（農副產品）因受氣候影響早熟或晚熟的，交貨日期經雙方協商，可適當提前或推遲。

第 7 條　合同的變更與解除

買、賣雙方的任何一方，要求變更或解除合同時，應及時通知對方，並採用書面形式由雙方達成協議。未達成協議以前，原合同仍然有效。當事人一方接到另一方要求變更或解除合同的建議後，應在收到通知之日起十五天內做出答覆，當事人雙方另有約定的，按約定的期限答覆，逾期不做答覆的，即視為默認。

第 8 條　合同爭議的解決方式

本合同在履行過程中發生的爭議，由雙方當事人協商解決；也可由當地工商行政管理部門調解；協商或調解不成的，按下列第（　）種方式解決：

1. 提交○○仲裁委員會仲裁；

2. 依法向人民法院起訴。

第9條　　其他

　　　　　違約金或賠償金，應在買、賣雙方商定的日期內或由有關部門確定責任後十天內償付，否則，按逾期付款處理。

　　　　　本合同正本一式二份，雙方各執一份；合同副本一式○份，交銀行……各留存一份。

　　買　受　人：○○縣農產公司（或農副產品收購站）（章）

　　法定代表人：

　　委託代理人：

　　開　戶　銀　行：

　　帳　　　　號：

　　出　賣　人：○○鄉○○村○○○村民（章）

　　開　戶　銀　行：

　　帳　　　　號：

　　　　　　　　　　　　　　　　　　　　　　　　　　○○○○年○月○日訂

註：本合同第7條合同的變更與解除為本合同之重要條款，雙方應切實遵守。

第二節　贈與合同

一、定　義

　　贈與合同是贈與人將自己的財產無償給予受贈人，受贈人表示接受贈與的合同。

二、贈與合同的主要條款

1. 贈與財產的名稱、數量、質量和價值。
2. 贈與目的。
3. 所附的義務。
4. 贈與物（是／否）有瑕疵。
5. 贈與財產的交付時間、地點及方式。
6. 合同爭議的解決方式。
7. 合同生效日期。
8. 其他約定事項。

三、合同範例

（一）中華人民共和國贈與合同（贈與名畫）

1. 本合同的特點：本合同爲贈與名畫古玩予文物館，並規定文物館必須每年安排一次展覽會。
2. 適用對象：本合同適用於無償贈與合同。
3. 基本條款：訂立本契約應訂明贈與合同之基本條款。
4. 相關法條：中華人民共和國合同法第十一章贈與合同

贈與合同 10-1-4

贈與合同（一）

　　贈與人：○○○

　　受贈人：○○歷史文物館

一、贈與人○○○自願將多年來珍藏的歷代名畫、古玩無償贈與受贈人○○歷史文物館。

二、贈與的名畫和古玩，於贈與合同正式生效時一次性交付。由○○歷史文物館派專人負責清點接收。

三、為保證該批名畫和古玩得到妥善保存和利用，○○歷史文物館應當建立專門的藏室和展室；並建立嚴密的保安措施。保管所需費用，由○○歷史文物館自行解決。

四、○○歷史文物館決定每年安排一次公開展出，向社會公眾展覽。內部展覽根據有關研究單位和學者的請求，不定期舉行。展覽所得收益用於贈與物品的保管。

五、該批贈與的名畫和古玩，○○歷史文物館不得改變、轉讓、捐贈，但可以小批量的複製，複製品可以出售，出售所得，可用於館藏服務。複製品應精工細做，不得粗製濫造。不得以高額營利為目的，大批量複製。

六、贈與物品交換地點為：○○市○○街○號。

七、本合同經過公證之後正式生效。

八、本合同有效期為○年。在贈與人逝世後，由贈與人的法定繼承人負責本合同的履行。

　　在合同期滿之後，可以由贈與人或其法定繼承人與○○歷史文物館協商，確定有關事宜。

贈與人：○○○（簽章）

贈與人親屬：○○○（簽章）

受贈人：○○歷史文物館（簽章）

法定代表人：○○○（簽章）

公證機關：○○○（簽章）

合同簽訂時間：○○○○年○月○日

合同簽訂地點：

註：本合同第 5 條有關贈與物處分之限制，受贈人應遵守。

（二）中華人民共和國贈與合同（房屋及服務贈與）

1. 本合同的特點：本合同為不動產與股份之贈與，並企業中擔任董事長一職由受贈人擔任。
2. 適用對象：本合同適用於不動產及股份之贈與。
3. 基本條款：訂立本合同應訂明贈與合同之基本條款。
4. 相關法條：中華人民共和國合同法第十一章贈與合同。

贈與合同 10-1-5

贈與合同（二）

贈與人：○○○

受贈人：○○○

本人自願立此合同。

贈與人根據自己的意願，在沒有任何外界干擾的情況下，決定將屬於自己所有的財產贈與下列人員：

1. ○○○（受贈人姓名）：贈與其座落於○○市○○區○○大街○號平房五間，房產權證號為：NO.○○○○。
2. ○○○（受贈人姓名）：贈與其座落於○○市○○區○○街○弄○號○樓公寓房一套。房產權證號：SH-NO：○○○○。
3. ○○○（受贈人姓名）：贈與其本人珍藏的圖書、字畫、古董共○冊（幅、件）。清單附後。
4. ○○○（受贈人姓名）：贈與其本人所創辦的○○企業股份。本人擁有該企業的股份共二十萬股，占該企業全部股份的18%。這些股份全部歸其所得。本人所擔任的董事長一職，由其擔任至屆滿。屆滿之後是否繼續擔任，由董事會決定。

以上條款，在本人正式簽字並公證之後生效。

在本合同生效之後，由受贈人辦理相關的登記手續。本人給予應有的協助。登記費用由受贈人自負。

立合同人：

贈與人：○○○（簽字）　受贈人：○○○（簽字）

合同簽訂時間：○○○○年○月○日

合同簽訂地點：

註：本合同係由贈與人之自由意志所決定贈與，如贈與人在本合同中所陳述。

第三節) 租賃合同

一、定　義

租賃合同是出租人將租賃物交付承租人使用、收益，承租人支付租金的合同。當事人一方將物交付另一方使用，另一方為此支付租金，並於使用完畢後歸還原物的協議。提供物的使用、收益的一方為出租人，使用、收益物的一方為承租人，被交付使用的物為租賃物，租金則為使用租賃物的代價。

二、租賃合同的主要條款

1. 標的。
2. 租金。
3. 租賃期。
4. 租賃物的用途。
5. 出租方的義務。
6. 承租方的義務。
7. 違約責任。
8. 租賃合同的變更和解除。
9. 押金或擔保。
10. 當事人約定的其他事項。

三、合同範例

（一）中華人民共和國租賃合同（財產租賃）

1. 本合同的特點：本合同為租賃合同，出租人得將出生財產轉讓他人，並由受讓人為出租人。
2. 適用對象：本合同適用於財產租賃合同。
3. 基本條款：訂立本合同應訂明租賃合同之基本條款。
4. 相關法條：中華人民國共和國經濟合同法第十三章租賃合同。

租賃合同 10-1-6

財產租賃合同

出租方：　　　　　　　　　　　　　　　　合同編號：
　　　　　　　　　　　　　　　　　　　　簽訂地點：
承租方：　　　　　　　　　　　　　　　　簽訂時間：　　年　　月　　日

　　根據《中華人民共和國經濟合同法》及有關規定，為明確出租方與承租方的權利義務關係，經雙方協商一致，簽訂本合同。

第1條　　租賃財產及附件的名稱、數量、質量與用途

第2條　　租賃期限

　　　　　租賃期共○年○月，出租方從○○○○年○月○日起將○○交付承租方使用，至○○○○年○月○日收回。

第3條　　租金和租金的交納期限

第4條　　租賃期間租賃財產的維修保養

第5條　　出租方與承租方的變更

　　　　　1. 在租賃期間，出租方如將出租財產所有權轉移給第三方，不必徵求承租方同意，但應告知承租方所有權轉移情況。所有權轉移後，出租財產所有權取得方即成為本合同的當然出租方，享有原出租方享有的權利，承擔原出租方承擔的義務。

　　　　　2. 承租方如因工作需要，將租用財產轉讓給第三方承租使用，必須事先徵得出租方的同意。

第6條　　違約責任

第7條　　解決合同糾紛的方式：本合同在履行過程中發生爭議，由當事人雙方協商解決。協商不成，當事人雙方同意由○○仲裁委員會仲裁（當事人雙方未在本合同中約定仲裁機構，事後又未達成書面仲裁協議的，可向人民法院起訴）。

第8條　　其他約定事項

第9條　　本合同在規定的租賃期屆滿前○日內，雙方如願意延長租賃期，應重新簽訂合同。

　　　　　本合同未盡事宜，一律按《中華人民共和國經濟合同法》的有關規定，經合同雙方共同協商，作出補充規定，補充規定與本合同具有同等效力。

　　　　　本合同一式○份，合同雙方各執○份；合同副本○份，送○○單位備案。

出租方（章）：　　　　　　　　　承租方（章）：
單 位 地 址：　　　　　　　　　單 位 地 址：
法 定 代 表 人：　　　　　　　　　法 定 代 表 人：
委 託 代 理 人：　　　　　　　　　委 託 代 理 人：
電　　　　話：　　　　　　　　　電　　　　話：
電　　　　挂：　　　　　　　　　電　　　　挂：
開 戶 銀 行：　　　　　　　　　開 戶 銀 行：
帳　　　　號：　　　　　　　　　帳　　　　號：
郵 政 編 碼：　　　　　　　　　郵 政 編 碼：

```
鑑（公）證意見：

經辦人：                    經（公）證機關（章）
                                  年  月  日

（注：除國家另有規定外，鑑（公）證實行自願原則）
```

有效期限： 年 月 日至 年 月 日
監製部門：

註：違反財產租賃合同的責任，依中華人民共和國合同法第十三章租賃合同有關規定負責。

（二）中華人民共和國房屋租賃合同

1. 本合同的特點：本合同為租賃合同，租賃期間出租人將房屋轉讓予第三人，不必徵求承租人之同意為本合同之特色。
2. 適用對象：本合同適用於房屋租賃。
3. 基本條款：訂立本合同應訂明租賃合同之基本條款。
4. 相關法律：中華人民共和國合同法第十三章租賃合同。

租賃合同 10-1-7

房屋租賃合同

訂立合同雙方：

出租方：○○○（個人或單位），以下簡稱甲方；

承租方：○○○（個人或單位），以下簡稱乙方。

為調劑房屋使用的餘缺，甲方願意將產權（或管理權）屬於自己的房屋出租給乙方，雙方根據○○市（縣）有關房產管理的規定，經過充分協商，特訂立本合同，以便共同遵守。

第 1 條　出租房屋座落地址：（略）

第 2 條　房屋名稱、規格、等級、間數、面積、單價、金額、地面質量（見下表）

房屋名稱（樓、正、廂、平、廈）	規格	等級	間數（間）	面積（m²）	m²單價（元）	年租賃金額（元）	門數（合）	窗數（眼）	地面質量（土、磚、水泥）

第 3 條　租賃期限

租期為○年○月○日，從○○○○年○月○日起至○○○○年○月○日止。

甲方應按照合同規定時間和標準，將出租的房屋及時交給乙方使用居住。

第4條　租金和租金交納期限

乙方每月向甲方繳納租金人民幣○○元整，甲方應出具收據。租金在當月○天內交清，交租金地點在○○○○○。

（房屋租金，由租賃雙方按照房屋所在地人民政府規定的私有房屋租金標準協商議定；沒有規定標準的，由租賃雙方根據公平合理的原則，參照房屋所在地租金的實際水平協商議定。出租人不得任意抬高租金。）

第5條　出租人與承租人的變更

一　租賃期間，甲方如將房產所有權轉移給第三人，不必徵得乙方同意，但應通知乙方。房產所有權轉移給第三人後，該第三人即成為本合同的當然甲方，享有原甲方的權利，承擔原甲方的義務。

二　租賃期間，乙方如欲將房屋轉讓給第三人使用，必須徵得甲方的同意。取得使用權的第三人，即成為本合同的的當然乙方，享有原乙方的權利，承擔原乙方的義務。

第6條　甲方的責任

一　甲方如未按本合同規定的時間向乙方提供租賃房屋，應按延遲期間內乙方應交租金的百分之○計算，向乙方償付違約金。

二　租賃期間，出租房屋的維修由甲方負責，如租賃房屋發生重大自然損壞或有傾倒危險，而甲方又不修繕時，乙方可以退租或代甲方修繕，並可以用修繕費用收據抵銷租金。

三　出租房屋的房產稅、土地使用費由甲方負擔。

四　租賃期間，如甲方確需收回房屋自住，必須提前○個月以書面通知乙方，解除合同，甲方應付給乙方違約金，違約金以剩餘租期內應交租金總額的百分之○計算。

第7條　乙方的責任

一　乙方依約交付租金，甲方如無正當理由拒收，乙方不負遲延交租的責任；乙方如果拖欠租金，應按中國人民銀行延期付款的規定向甲方償付違約金。乙方如拖欠租金達○月以上，甲方可以從乙方履約金（如乙方付有履約金）中扣除租金，並可收回出租之房屋。

二　租賃期間，房屋管理費、水電費由乙方負擔。

三　租賃期間，如乙方確因特殊情況需要退房，必須提前○個月書面通知甲方，解除合同，應付給甲方違約金，違約金以剩餘租期內應交租金總額的百分之○計算。

四　租賃期間，乙方不得擅自改變房屋的結構及用途，乙方如因故意或過失造成租用房屋和設備的毀損，應負責恢復原狀或賠償經濟損失。乙方如需裝修牆窗，必須事先徵得甲方同意，並經房屋修繕管理部門批准方能施工。乙方在租用房屋內裝修牆窗的格、花、板壁、電器等物，在遷出時可一次折價給甲方，亦可自行拆除，但應恢復房屋原狀。

五　租賃期滿或合同解除，乙方必須按期搬出全部物件。搬遷後○日內，房屋裡如仍有餘物，視為乙方放棄所有權，由甲方處理。

六　租賃期滿或合同解除，如乙方逾期不搬遷，乙方應賠償甲方因此所受的損失，必要時甲方可以向人民法院起訴和申請執行。

第 8 條　合同爭議的解決方式

本合同在履行過程中發生的爭議，應通過甲乙雙方協商解決，也可由當地房管部門或工商行政管理部門調解。協商或調解不成的，按下列第○種方式解決：

一　提交○○仲裁委員會仲裁；

二　依法向人民法院起訴。

第 9 條　合同期滿，如甲方的租賃房屋需繼續出租或出賣，乙方享有優先權。

第 10 條　房屋如因不可抗力的自然災害導致毀損，本合同則自然終止，互不承擔責任。

第 11 條　本合同如有未盡事宜，必須經雙方協商作出補充規定。補充規定與本合同具有同等效力。

本合同一式二份，甲、乙雙方各執一份；合同副本一式○份，交○○市（縣）房管局、……等單位各留存一份。

> 出租方（或單位）：○○○（蓋章）
> 地址：
> 承租方（或單位）：○○○（蓋章）
> 地址：

註：本合同第 6 條規定租賃期滿或合同解除，乙方應行搬遷，否則乙方應賠償甲方損害，甲方必要時可以向人民法院提起訴訟或申請執行，為本合同的重要條款。

（三）中華人民共和國施工物質租賃合同

1. 本合同的特點：本合同為施工物質租賃合同，出租人將施工物質租給承租人使用，使承租人能按物質施工為其特色。
2. 適用對象：本合同適用於施工物質之租賃。
3. 基本條款：訂立本合同應訂明租賃合同的基本條款。
4. 相關法條：中華人民共和國合同法第十三章租賃合同。

租賃合同 10-1-8

建築施工物資租賃合同

合同編號：

出租人：○○○　　簽訂地點：

承租人：○○○　　簽訂時間：

根據《中華人民共和國合同法》的有關規定，按照平等互利的原則，為明確出租人與承租人的權利義務，經雙方協商一致，簽訂本合同。

第 1 條　租賃物資的品名、規格、數量、質量：（詳見合同附件）

第 2 條　租賃物資的用途及使用方法：（略）

第 3 條　租賃期限：自○○○○年○月○日至○○○○年○月○日，共計○天。承租人因
　　　　　工程需要延長租期，應在合同屆滿前○日內，重新簽訂合同。

第 4 條　租金、租金支付方式和期限
　　　　　收取租金的標準：
　　　　　租金的支付方式和期限：

第 5 條　押金（保證金）
　　　　　經雙方協商，出租人收取承租人押金○○元。承租人交納押金後辦理提貨手續。
　　　　　租賃期間不得以押金抵作租金；租賃期滿，承租人返還租賃物資後，押金退還承
　　　　　租人。

第 6 條　租賃物資交付的時間、地點及驗收方法：

第 7 條　租賃物資的保管與維修
　　　　　一、承租人對租賃物資要妥善保管。租賃物資返還時，雙方檢查驗收，如因保管
　　　　　　　不善造成租賃物資損壞、丟失，要按照雙方議定的《租賃物資缺損賠償方
　　　　　　　法》，由承租人向出租人償付賠償金。
　　　　　二、租賃期間，租賃物資的維修及費用由○○人承擔。

第 8 條　出租人變更
　　　　　一、在租賃期間，出租人如將租賃物資所有權轉移給第三人，應正式通知承租
　　　　　　　人，租賃物資新的所有權人即成為本合同的當然出租人。
　　　　　二、在租賃期間，承租人未經出租人同意，不得將租賃物資轉讓、轉租給第三
　　　　　　　人，也不得變賣或作抵押品。

第 9 條　租賃期滿租賃物資的返還時間為：

第 10 條　本合同解除的條件：

第 11 條　違約責任
　　　　　一、出租人違約責任：
　　　　　1. 未按時間提供租賃物資，應向承租人償付違約期租金百分之○的違約金。
　　　　　2. 未按質量提供租賃物資，應向承租人償付違約期租金百分之○的違約金。
　　　　　3. 未按數量提供租賃物資，致使承租人不能如期正常使用的，除按規定如數補齊
　　　　　　　外，還應償付違約期租金百分之○的違約金。
　　　　　4. 其他違約行為：
　　　　　二、承租人違約責任：
　　　　　1. 不按時交納租金，應向出租人償付違約期租金百分之○的違約金。
　　　　　2. 逾期不返還租賃物資，應向出租人償付違約期租金百分之○的違約金。
　　　　　3. 如有轉讓、轉租或將租賃物資變賣、抵押等行為，除出租人有權解除合同，限
　　　　　　　期如數收回租賃物資外，承租人還應向出租人償付違約期租金百分之○的違約
　　　　　　　金。
　　　　　4. 其他違約行為：

第 12 條　本合同在履行過程中發生的爭議，由雙方當事人協商解決；也可由當地工商行政
　　　　　管理部門調解；協商或調解不成的，按下列第○種方式解決：
　　　　　一、提交○○仲裁委員會仲裁；
　　　　　二、依法向人民法院起訴。

第 13 條　　其他約定事項：
第 14 條　　本合同未作規定的，按照《中華人民共和國合同法》的規定執行。
第 15 條　　本合同一式○份，合同雙方各執○份。本合同附件○份都是合同的組成部分，與合同具有同等效力。

出租人：　　　　　　　　　　承租人：
出租人（章）：　　　　　　　承租人（章）：　　　　　　　鑑（公）證意見：
住所：　　　　　　　　　　　住所：
法定代表人（簽名）：　　　　法定代表人（簽名）：
委託代理人（簽名）：　　　　委託代理人（簽名）：　　　　鑑（公）證機關：
監製部門：　　　　　　　　　印製部門：

註：本合同第 11 條之違約責任，對出租人及承租人之責任有詳加規定，值得重視之條款。

第四節　借款合同

一、定義

借款合同是出借人將一定數額的貨幣交付給借用人，借用人在約定的期限內將同數額的貨幣返還給出借人，並向出借人支付利息而確定雙方權利義務的協議。

二、借款合同的主要條款

1. 借款的種類。
2. 借款的用途。
3. 借款的金額。
4. 借款利率。
5. 借款期限。
6. 還款的資金來源及還款方式。
7. 保證條件。
8. 合同的變更和解除。
9. 違約責任。
10. 爭議的解決方式。
11. 雙方當事人約定的其他條款。

三、合同範例

（一）中華人民共和國借款合同

1. 本合同的特點：本合同為借款合同，詳述借貸雙方之違約責任為本合同之特色。
2. 適用對象：本合同適用於一般借款合同。
3. 基本條款：訂立本合同應訂明借款合同之基本條款。
4. 相關法條：中華人民共和國合同法第十二章借款合同。

借款合同 10-1-9

借款合同

貸款方：○○○　　　　　　　　　　　合同編號：○○○○

借款方：○○○

保證方：○○○

　　（借款合同中應否有保證方，應視借款方是否具有銀行規定的一定比例的自有資金和適銷適用的物資、財產，或者根據借貸一方或雙方是否提出擔保要求來確定。）

　　借款方為進行○○生產（或經營活動），向貸款方申請借款，並聘請○○○作為保證人，貸款方業已審查批准，經三方（或雙方）協商，特訂立本合同，以便共同遵守。

第1條　　貸款種類：

第2條　　借款用途：

第3條　　借款金額：人民幣（大寫）○○○○元整。

第4條　　借款利率：借款利息為千分之○，利隨本清，如遇國家調整利率，按新規定計算。

第5條　　借款和還款期限

　　　　　1. 借款時間共○○年○○個月，自○○○○年○○月○○日起，至○○○○年○○月○○日止。借款分期如下：

貸款期限	貸款時間	貸款金額
第一期	○○○○年○○月底前	○○○○元
第二期	○○○○年○○月底前	○○○○元
第三期	○○○○年○○月底前	○○○○元

　　　　　2. 還款分期如下：

歸還期限	還款時間	退款金額	還款時的利率
第一期	○○○○年○○月底前	○○○○元	
第二期	○○○○年○○月底前	○○○○元	
第三期	○○○○年○○月底前	○○○○元	

第 6 條　　還款資金來源及還款方式

1. 還款資金來源：

2. 還款方式：

第 7 條　　保證條款

1. 借款方用○○○做抵押，到期不能歸還貸款方的貸款，貸款方有權處理抵押品。借款方到期如數歸還貸款的，抵押權消滅。

2. 借款方必須按照借款合同的用途使用借款，不得挪作他用，不得用借款進行違法活動。

3. 借款方必須按合同規定的期限還本利息。

4. 借款方有義務接受貸款方的檢查、監督貸款的使用情況，了解借款方的計畫執行、經營管理、財務活動。物資庫存等情況。借款方應提供有關的計畫、統計、財務會計報表及資料。

5. 需要有保證人擔保時，保證人履行連帶責任後，有向借款方追償的權利，借款方有義務對保證人進行償還。

6. 由於經營管理不善而關閉、破產，確實無法履行合同的，在處理財產時，除了按國家規定用於人員工資和必要的維護費用時，應優先償還貸款。由於上級主管部門決定關、停、併、轉或撤銷工程建設等措施，或者由於不可抗力的意外事故致使合同無法履行時，經向貸款方申請，可以變更或解除合同，並免除承擔違約責任。

第 8 條　　違約責任

一、借款方的違約責任

1. 借款方不按合同規定的用途使用借款，貸款方有權收回部分或全部貸款，對違約使用的部分，按銀行規定的利率加收罰息。情節嚴重的，在一定時期內，銀行可以停止發放新貸款。

2. 借款方如逾期不還借款，貸款方有權追回借款，並按銀行規定加收罰息。借款方提前還款的，應按規定減收利息。

3. 借款方使用借款造成損失浪費，或利用借款合同進行違法活動的，貸款方應追回貸款本息，有關單位對直接責任人應追究行政和經濟責任。情節嚴重的，由司法機關追究刑事責任。

二、貸款方的違約責任

1. 貸款方未按期提供貸款，應按違約數額和延期天數，付給借款方違約金。違約金數額的計算應與加收借款方的罰息計算相同。

2. 銀行、信用合作社的工作人員，因失職行為造成貸款損失浪費或利用借款合同進行違法活動的，應追究行政和經濟責任。情節嚴重的，應由司法機關追究刑事責任。

第 9 條　　解決合同糾紛的方式：執行本合同發生爭議，由當事人雙方協商解決。協商不成，雙方同意由○○仲裁委員會仲裁（當事人雙方未在本合同中約定仲裁機構，事後又未達成書面仲裁協議的，可向人民法院起訴）。

第 10 條　其他

　　本合同非因《借款合同條例》規定允許變更或解除合同的情況發生，任何一方當事人不得擅自變更或解除合同。當事人一方依照《借款合同條例》要求變更或解除本借款合同時，應及時採用書面形式通知其他當事人，並達成書面協議。本合同變更或解除之後，借款方已占用的借款和應付的利息，仍應按本合同的規定償付。

　　本合同如有未盡事宜，須經合同各方當事人共同協商，作出補充規定，補充規定與本合同具有同等效力。

　　本合同正本一式三份，貸款方、借款方、保證方各執行一份；合同副本一式○份，報送……等有關單位（如經公證或鑑證，應送公證或鑑證機關）各留存一份。

貸款方（公章）：○○○
代表人（蓋章）：○○○
地址：
電話號碼：

借款方（公章）：○○○
代表人（蓋章）：○○○
地址：
銀行帳戶：
電話號碼：

保證方（公章）：○○○
代表人（蓋章）：○○○
地址：
銀行帳戶：
電話號碼：

簽約日期：
簽約地點：

註：借款合同應遵守國務院有關規定、合同中，應明確規定貸款數額，用途、期限、利率、結算辦法和違約責任等條款，本合同合乎規定。

（二）中華人民共和國建設工程借款合同

1. **本合同的特點**：本合同為建設工程借款合同，本合同為建設工程之需要而借款所訂立的合同，借款指定為建設工程。
2. **適用對象**：本合同適用於為建設工程借款合同。
3. **基本條款及注意事項**：訂立本契約應訂明借款合同之基本條款。
4. **相關法條**：中華人民共和國合同法第十二章借款合同。

借款合同 10-1-10

建設工程借款合同

貸款方：○○○　　　　　　　　合同編號：○○○○

借款方：○○○

根據國家規定，借款方為進行基本建設所需貸款，經貸款方審查發放。為明確雙方責任，恪守信用，特簽訂本合同，共同遵守。

第 1 條　借款用途：

第 2 條　借款金額：借款方向貸款方借款人民幣（大寫）○○○元。預計用款為○○○○年○○元；○○○○年○○元；○○○○年○○元；○○○○年○○元；○○○○年○○元；○○○○年○○元。

第 3 條　借款利率：自支用貸款之日起，按實際支用數計算利息，並計算複利。在合同規定的借款期內，年息為百分之○。借款方如果不按期歸還貸款，逾期部分加收利率 20%。

第 4 條　借款期限：借款方保證從○○○○年○月起至○○○○年○月止，用國家規定的還款資金償還全部貸款。預定為○○○○年○○元；○○○○年○○元；○○○○年○○元；○○○○年○○元；○○○○年○○元；○○○○年○○元。貸款逾期不還的部分，貸款方有權限期追回貸款，或者商請借款單位的其他開戶銀行代為扣款清償。

第 5 條　因國家調整計畫、產品價格、稅率，以及修正概算等原因，需要變更合同條款時，由雙方簽訂變更合同的文件，作為本合同的組成部分。

第 6 條　貸款方保證按照本合同的規定供應資金。因貸款方責任未按期提供貸款，應按違約數額和延期天數，付給借款方違約金。違約金的計算與銀行規定的加收借款方的罰息相同。

第 7 條　貸款方有權檢查、監督貸款的使用情況，了解借款方的經營管理、計畫執行、財務活動、物資庫存等情況。借款方應提供有關的統計、會計報表及資料。

借款方如果不按合同規定使用貸款，貸款方有權收回部分貸款，並對違約使用部分按照銀行規定加收罰息。借款方提前還款的，應按規定減收利息。

第 8 條　本合同條款以外的其他事項，雙方遵照《中華人民共和國經濟合同法》的有關規定辦理。

第 9 條　本合同經過簽章後生效，貸款本息全部清償後失效。本合同一式五份，簽章各方各執一份，報送主管部門、總行、分行各一份。

借款方：○○○（蓋章）

負責人：○○○

地址：

貸款方：○○○（蓋章）

負責人：○○○

地址：

	簽約日期：
	簽約地點：

註：本合同為建設工程借款，故本合同第7條規定貸款方有權檢查、監督貸款使用情況，了解借款方的經營管理、計畫執行、財務活動、物質庫存等情況，借款方應提供有關的統計、會計報表及資料。

（三）中華人民共和國抵押擔保借款合同

1. 本合同的特點：本合同為抵押擔保借款，抵押之財物在抵押期間由保管方負責其安全及完整性為本合同之特色。
2. 適用對象：本合同適用於抵押擔保借款。
3. 基本條款：訂立本合同應訂明借款合同之基本條款。
4. 相關法條：中華人民共和國合同法第十二章借款合同。

借款合同 10-1-11

抵押擔保借款合同

（　）銀借合字第○○○○號

　　經中國 ○○ 銀行（下稱貸款方）與○○○（下稱借款方）充分協商簽訂本合同，共同遵守。

第1條　　自○○○○年○月○日起，由貸款方向借款方提供○○（種類）貸款（大寫）○○元，用於○○，還款期限至○○○○年○月○日，利率按月息百分之○計算。貸款利率如遇國家調整，按調整後的新利率和計息方法計算。

　　　　　具體用款、還款計算如下：

分期用款計畫		分期還款計畫	
日期	金額	日期	金額

第2條　　貸款方應在符合國家信貸政策和計畫的前提下，按期、按額向借款方提供貸款，否則應按違約數額和延期天數付給借款方違約金。違約金數額的計算，與逾期貸款的加息同。

第3條　　借款方願遵守貸款方的有關貸款辦法規定，並按合同規定用途使用貸款，否則貸款方有權停止發放貸款，收回或提前收回已發放的貸款，對違約部分，按規定加收百分之○利息。

第4條　　借款方保證按期償還貸款本息，並以○○○（詳見清冊）上述財物的所有權歸○○○（借款方或第三方），現作價○○○元，作為本合同載明借款的抵押財物。借款方到期不能歸還貸款本息，又無特定理由的，貸款方有權處理抵押財物，從中優先受償。對不足受償的貸款，貸款方仍有權向借款方追償。

第 5 條　抵押財物由○○○保管。抵押期間,借款方不得擅自轉讓、買賣抵押財物,不得重複設置抵押。發生上述行為均屬無效。

抵押財物的保管方應當保證抵押財物在抵押期間的安全、完整。在抵押貸款本息未清償期間,發生抵押財物毀損、減失的,由保管方承擔責任。

第 6 條　貸款方有權檢查、監督貸款的使用情況和抵押財物的保管情況,了解借款方的計畫執行、經營管理、財務活動、物資庫存等情況。借款方對上述情況應完整如實地提供。對借款方違反借款合同的行為,貸款方有權按有關規定給予信貸制裁。貸款方按規定收回或提前收回貸款,均可直接從借款方存款帳戶中扣收。

第 7 條　貸款到期,借款方不能歸還貸款本息,又未與貸款方達成延期協議的,由貸款方按照規定程序處理抵押財務,清償貸款本息。從逾期之日起至貸款全部清償前,貸款方按規定對未清償部分加收百分之○利息。並隨時可以從借款方的存款帳戶中直接扣收逾期貸款本息。

第 8 條　在借款方抵押財物之外的財產不足以清償多個債權人的債務時,借款方願以其財產(包括應收款項)優先償還所欠貸款方的貸款本息。

第 9 條　借貸雙方發生糾紛,由雙方協商解決:協商不成的,可按下列第○種方式解決:

一、提交○○仲裁委員會仲裁。

二、向貸款設計所在地人民法院起訴。

第 10 條　其他

第 11 條　本合同未盡事宜,按照國家有關法律規定及銀行有關貸款規定辦理。

第 12 條　本合同經借、貸雙方簽章之日起生效。

本合同一式三份,借、貸、保證人各執一份。

借款方	貸款方
借款單位:	貸款單位:
（公章或合同專用章）	（公章或合同專用章）
法定代表人:　　　（簽章）	負責人:　　　（簽章）
經辦人:　　　（簽章）	經辦人:　　　（簽章）
開戶銀行及帳號:	

簽約日期:○○○○年○○月○○日

簽約地點:

註:抵押財物在抵押期間不得轉讓、買賣、重複抵押,有上述行為無效。

第五節　承攬合同

一、定義

承攬合同是承攬人按照定作人的要求完成工作,交付工作成果,定作人給付報酬的合同。

二、承攬合同的主要條款

1. 承攬的品名或項目。
2. 標的物的數量、質量、包裝及加工方法。
3. 原材料的提供以及標的物的品種、規格、型號、等級。
4. 價款或酬金。
5. 履行的期限、地點和方式。
6. 驗收的標準和方法。
7. 結算方式、開戶銀行、帳號。
8. 違約責任和處理。

三、合同範例

（一）中華人民共和國加工合同

1. **本合同的特點**：本合同為加工合同，定作人提供材料與承攬人製成加工物的合同。
2. **適用對象**：本合同適用於加工合同。
3. **基本條款**：訂立本合同應訂明承攬合同之主要條款。
4. **相關法條**：中華人民共和國合同法第十五章承攬合同。

承攬合同 10-1-12

加工合同

合同編號：＿＿＿＿＿＿
簽訂地點：＿＿＿＿＿＿
簽訂時間：＿＿年＿＿月＿＿日

定作人：＿＿＿＿＿＿
承攬人：＿＿＿＿＿＿

第 1 條　　加工物、數量、報酬、交貨期限

加工物名稱	規格型號	計量單位	數量	報酬			交貨期限及數量								
				單價	金額	合計									
合計人民幣金額（大寫）：															

（注：空格如不夠用，可以另接）

第 2 條　定作人提供的材料

材料名稱	規格型號	計量單位	數量	質量	提供日期	消耗定額

（注：空格如不夠用，可以另接）

第 3 條　承攬人對定作人提供的材料的檢驗標準、時間及提出異議的期限：

_____

_____

_____

第 4 條　加工物的技術標準、質量要求：

_____

_____

第 5 條　承攬人對定作物質量負責的期限及條件：

_____

_____

第 6 條　加工物的包裝要求及費用負擔：

_____

_____

第 7 條　定作人提供技術資料、圖紙的時間、辦法及保密要求：

_____

_____

第 8 條　承攬人發現定作人提供的圖紙、技術要求不合理的，在_____日內向定作人提出書面異議。定作人應在收到書面異議後的_____日內答覆。

第 9 條　定作人（是／否）允許第三人完成加工物的主要工作。

第 10 條　加工物的交付方式及地點：

_____

_____

第 11 條　加工物的檢驗標準、方法、地點及期限：

_____

_____

第 12 條　報酬的結算方式及期限：

_____

_____

第 13 條　定作人在___年___月___日前交定金（大寫）_____元。

第 14 條　本合同解除的條件：

_____

_____

_____

第 15 條　定作人未向承攬人支付報酬的，承攬人（是／否）可以留置加工物。
第 16 條　違約責任：

_____

_____

第 17 條　合同爭議的解決方式：本合同在履行過程中發生的爭議，由雙方當事人協商解決；也可由當地工商行政管理部門調解；協商或調解不成的，按下列第_____種方式解決：

1. 提交_____仲裁委員會仲裁。
2. 依法向人民法院起訴。

第 18 條　其他約定事項：

_____

_____

定作人	承攬人	鑑（公）證意見：
定作人（章）：	承攬人（章）：	
住所： 法定代表人： 居民身分證號碼	住所： 法定代表人： 居民身分證號碼	
委託代理人： 電話： 開戶銀行： 賬號： 郵政編碼：	委託代理人： 電話： 開戶銀行： 賬號： 郵政編碼：	鑑（公）證機關（章） 經辦人： 　年　　月　　日
建制部門：	印製單位：	

註：本合同第 17 條規定本合同爭議之解決方式。

（二）中華人民共和國定作合同

1. 本合同的特點：本合同為定作合同，定作人定作產品，而由承攬人提供材料加工成產品，再交付定作人之合同。
2. 適用對象：本合同適用於定作合同。
3. 基本條款：訂立本合同應訂明承攬合同之主要條款。
4. 相關法條：中華人民共和國合同法第十五章承攬合同。

承攬合同 10-1-13

定作合同

定作人：＿＿＿＿＿　　　　　　　　合同編號：＿＿＿＿＿＿＿

承攬人：＿＿＿＿＿　　　　　　　　簽訂地點：＿＿＿＿＿＿＿

　　　　　　　　　　　　　　　　　簽訂時間：＿＿＿年＿＿月＿＿日

第 1 條　　定作物、數量、報酬、交付期限

加工物名稱	規格型號	計量單位	數量	報酬			交貨期限及數量							
				單價	金額	合計								
合計人民幣金額（大寫）：														

　　　　　　　　　　　　　　　　（注：空格如不夠用，可以另接）

第 2 條　　承攬人提供的材料

序號	材料名稱	牌號商標	規格型號	生產廠家	計量單位	用料數量	質量	單價	金額

　　　　　　　　　　　　　　　　（注：空格如不夠用，可以另接）

第 3 條　　定作人對承攬人提供的材料的檢驗標準、方法、時間及提出異議的期限：
　　　　　　_____
　　　　　　_____

第 4 條　　定作物的技術標準、質量要求：
　　　　　　_____
　　　　　　_____

第 5 條　　承攬人對定作物質量負責的期限及條件：
　　　　　　_____
　　　　　　_____

第 6 條　　定作人提供技術資料、圖紙樣品、工藝要求等的時間、辦法及保密要求：
　　　　　　_____
　　　　　　_____

第 7 條　　承攬人發現定作方提供的圖紙、技術要求不合理的，應在_____日內向定作人提出書面異議。定作人應在收到書面異議後的_____日內答覆。

第 8 條　　定作物的包裝要求及費用負擔：
　　　　　　_____
　　　　　　_____

第 9 條　定作人（是／否）允許第三人完成定作物的主要工作。

第 10 條　定作物交付方式及地點：

_____

第 11 條　定作物檢驗標準、方法、地點及期限：

_____

第 12 條　定作人在＿＿年＿＿月＿＿日前向承攬人預付材料款（大寫）＿＿＿＿＿元。

第 13 條　報酬及材料費的結算方式及期限：

_____

第 14 條　定作人在＿＿年＿＿月＿＿日前交定金（大寫）＿＿＿＿＿元。

第 15 條　本合同解除的條件：

_____

第 16 條　定作人未向承攬人支付報酬或者材料費的，承攬人（是／否）可以留置定作物。

第 17 條　違約責任：

_____

第 18 條　合同爭議的解決方式：本合同在履行過程中發生的爭議，由雙方當事人協商解決；也可由當地工商行政管理部門調解；協商或調解不成的，按下列第＿＿＿＿＿種方式解決：

1. 提交＿＿＿＿＿仲裁委員會仲裁。

2. 依法向人民法院起訴。

第 19 條　其他約定事項：

_____

定作人	承攬人	鑑（公）證意見：
定作人（章）：	承攬人（章）：	
住所： 法定代表人： 居民身分證號碼	住所： 法定代表人： 居民身分證號碼	
委託代理人： 電話： 開戶銀行： 帳號： 郵政編碼：	委託代理人： 電話： 開戶銀行： 帳號： 郵政編碼：	鑑（公）證機關（章） 經辦人： 　年　月　日
建制部門：	印製單位：	

註：本合同第 18 條規定關於本合同爭議之解決方式。

（三）中華人民共和國承攬合同

1. 本合同之特點：本合同為承攬合同，定作人提供技術資料，圖紙由承攬人加工製造之合同。
2. 適用對象：本合同適用於承攬合同。
3. 基本條款：訂立本合同應訂明承攬合同之主要條款。
4. 相關法條：中華人民共和國合同法第十五章承攬合同。

承攬合同 10-1-14

<table>
<tr><td colspan="7" align="center">承攬合同</td></tr>
</table>

承攬合同

定作人：＿＿＿＿＿　　　　　　合同編號：＿＿＿＿＿＿＿

承攬人：＿＿＿＿＿　　　　　　簽訂地點：＿＿＿＿＿＿＿

　　　　　　　　　　　　　　　簽訂時間：＿＿＿年＿＿＿月＿＿＿日

第 1 條　　承攬項目、數量、報酬及交付期限

項目名稱及內容	計量單位	數量	工作量（工時）	報酬		交貨期限
				單價	金額	
合計人民幣金額（大寫）：						

（注：空格如不夠用，可以另接）

第 2 條　　技術標準、質量要求：

　　　　　　＿＿＿＿＿＿＿＿＿＿＿＿＿＿＿＿＿＿＿＿＿＿＿＿＿＿＿＿

　　　　　　＿＿＿＿＿＿＿＿＿＿＿＿＿＿＿＿＿＿＿＿＿＿＿＿＿＿＿＿

第 3 條　　承攬人對質量負責的期限及條件：

　　　　　　＿＿＿＿＿＿＿＿＿＿＿＿＿＿＿＿＿＿＿＿＿＿＿＿＿＿＿＿

　　　　　　＿＿＿＿＿＿＿＿＿＿＿＿＿＿＿＿＿＿＿＿＿＿＿＿＿＿＿＿

　　　　　　＿＿＿＿＿＿＿＿＿＿＿＿＿＿＿＿＿＿＿＿＿＿＿＿＿＿＿＿

第 4 條　　定作人提供技術資料、圖紙等的時間、辦法及保密要求：

　　　　　　＿＿＿＿＿＿＿＿＿＿＿＿＿＿＿＿＿＿＿＿＿＿＿＿＿＿＿＿

　　　　　　＿＿＿＿＿＿＿＿＿＿＿＿＿＿＿＿＿＿＿＿＿＿＿＿＿＿＿＿

第 5 條　　承攬人使用的材料由＿＿＿＿＿＿人提供。材料的檢驗方法：

　　　　　　＿＿＿＿＿＿＿＿＿＿＿＿＿＿＿＿＿＿＿＿＿＿＿＿＿＿＿＿

第 6 條　　定作人（是／否）允許承攬項目中的主要工作由第三人來完成。可以交由第三人完成的工作是：

_____

_____

第 7 條　　工作成果檢驗標準、方法和期限：

_____

_____

第 8 條　　結算方式及期限：

_____

_____

第 9 條　　定作人在＿＿年＿＿月＿＿日前交定金（大寫）＿＿＿＿＿＿元。

第 10 條　　定作人解除承攬合同應及時書面通知承攬人。

第 11 條　　定作人未向承攬人支付報酬或材料費的，承攬人（是／否）可以留置工作成果。

第 12 條　　違約責任：

_____

_____

_____

第 13 條　　合同爭議的解決方式：本合同在履行過程中發生的爭議，由雙方當事人協商解決；也可由當地工商行政管理部門調解；協商或調解不成的，按下列第＿＿＿＿＿＿種方式解決：

　　　　　　1. 提交＿＿＿＿＿＿仲裁委員會仲裁。

　　　　　　2. 依法向人民法院起訴。

第 14 條　　其他約定事項：

_____

_____

定作人	承攬人	鑑（公）證意見：
定作人（章）：	承攬人（章）：	
住所：	住所：	
法定代表人：	法定代表人：	
居民身分證號碼	居民身分證號碼	
委託代理人：	委託代理人：	
電話：	電話：	
開戶銀行：	開戶銀行：	鑑（公）證機關（章）
帳號：	帳號：	經辦人
郵政編碼：	郵政編碼：	年　　月　　日

建制部門：　　　　　　　　　印製單位：

註：本合同第 5 條規定承攬人使用材料由何人提供。

（四）中華人民共和國修繕修理合同

1. 本合同的特點：本合同為修繕修理合同，承攬人為定作人做修繕修理工作之合同。
2. 適用對象：本合同用於修繕修理合同。
3. 基本條款：訂立本合同應訂明承攬合同之主要條款。
4. 相關法條：中華人民共和國合同法第十五章承擔合同。

承攬合同 10-1-15

修繕修理合同

定作人：_____　　　　　　合同編號：_____

承攬人：_____　　　　　　簽訂地點：_____

　　　　　　　　　　　　　　簽訂時間：___年___月___日

第 1 條　　修繕修理項目、數量、報酬

修繕修理項目及內容	計量單位	數量或工作量	報酬	
			單價	金額
合計人民幣金額（大寫）：				

（注：空格如不夠用，可以另接）

第 2 條　　材料

材料名稱	商標	生產廠家	規格型號	計量單位	數量	質量	提供人	交付日期	單價	價款

（注：空格如不夠用，可以另接）

第 3 條　　定作人檢驗承攬人提供材料的標準、方法、時間及地點：

_____

_____

_____

承攬人檢驗定作人提供材料的標準、方法、時間及地點：

_____

_____

第 4 條　修繕修理時間從＿＿年＿＿月＿＿日至＿＿年＿＿月＿＿日。

第 5 條　修繕修理項目的技術標準、質量要求：

＿＿＿＿＿＿＿＿＿＿＿＿＿＿＿＿＿＿＿＿＿＿＿＿＿＿＿＿＿＿＿

＿＿＿＿＿＿＿＿＿＿＿＿＿＿＿＿＿＿＿＿＿＿＿＿＿＿＿＿＿＿＿

第 6 條　定作人提供技術資料、圖紙的時間、方法及保密要求：

＿＿＿＿＿＿＿＿＿＿＿＿＿＿＿＿＿＿＿＿＿＿＿＿＿＿＿＿＿＿＿

＿＿＿＿＿＿＿＿＿＿＿＿＿＿＿＿＿＿＿＿＿＿＿＿＿＿＿＿＿＿＿

第 7 條　定作人（是／否）允許第三人完成修繕修理項目的主要工作。

第 8 條　定作人協商承攬人的事項與要求：

＿＿＿＿＿＿＿＿＿＿＿＿＿＿＿＿＿＿＿＿＿＿＿＿＿＿＿＿＿＿＿

＿＿＿＿＿＿＿＿＿＿＿＿＿＿＿＿＿＿＿＿＿＿＿＿＿＿＿＿＿＿＿

第 9 條　修繕修理項目交付時間、方式及地點：

＿＿＿＿＿＿＿＿＿＿＿＿＿＿＿＿＿＿＿＿＿＿＿＿＿＿＿＿＿＿＿

＿＿＿＿＿＿＿＿＿＿＿＿＿＿＿＿＿＿＿＿＿＿＿＿＿＿＿＿＿＿＿

第 10 條　修繕修理項目檢驗標準、方法及時間：

＿＿＿＿＿＿＿＿＿＿＿＿＿＿＿＿＿＿＿＿＿＿＿＿＿＿＿＿＿＿＿

＿＿＿＿＿＿＿＿＿＿＿＿＿＿＿＿＿＿＿＿＿＿＿＿＿＿＿＿＿＿＿

第 11 條　定作人在＿＿年＿＿月＿＿日前向承攬人預付材料款（大寫）＿＿＿＿＿元。

第 12 條　報酬與材料費的結算方式及期限：

＿＿＿＿＿＿＿＿＿＿＿＿＿＿＿＿＿＿＿＿＿＿＿＿＿＿＿＿＿＿＿

＿＿＿＿＿＿＿＿＿＿＿＿＿＿＿＿＿＿＿＿＿＿＿＿＿＿＿＿＿＿＿

第 13 條　保修期限：

＿＿＿＿＿＿＿＿＿＿＿＿＿＿＿＿＿＿＿＿＿＿＿＿＿＿＿＿＿＿＿

＿＿＿＿＿＿＿＿＿＿＿＿＿＿＿＿＿＿＿＿＿＿＿＿＿＿＿＿＿＿＿

第 14 條　本合同解除的條件：

＿＿＿＿＿＿＿＿＿＿＿＿＿＿＿＿＿＿＿＿＿＿＿＿＿＿＿＿＿＿＿

＿＿＿＿＿＿＿＿＿＿＿＿＿＿＿＿＿＿＿＿＿＿＿＿＿＿＿＿＿＿＿

第 15 條　違約責任：

＿＿＿＿＿＿＿＿＿＿＿＿＿＿＿＿＿＿＿＿＿＿＿＿＿＿＿＿＿＿＿

＿＿＿＿＿＿＿＿＿＿＿＿＿＿＿＿＿＿＿＿＿＿＿＿＿＿＿＿＿＿＿

第 16 條　合同爭議的解決方式：本合同在履行過程中發生的爭議，由雙方當事人協商解決；也可由當地工商行政管理部門調解；協商或調解不成的，按下列第＿＿＿＿＿＿種方式解決：

1. 提交＿＿＿＿＿＿仲裁委員會仲裁。

2. 依法向人民法院起訴。

第 17 條　其他約定事項：

＿＿＿＿＿＿＿＿＿＿＿＿＿＿＿＿＿＿＿＿＿＿＿＿＿＿＿＿＿＿＿

＿＿＿＿＿＿＿＿＿＿＿＿＿＿＿＿＿＿＿＿＿＿＿＿＿＿＿＿＿＿＿

定作人	承攬人	鑑（公）證意見：
定作人（章）：	承攬人（章）：	
住所： 法定代表人： 居民身分證號碼	住所： 法定代表人： 居民身分證號碼	
委託代理人： 電話： 開戶銀行： 帳號： 郵政編碼：	委託代理人： 電話： 開戶銀行： 帳號： 郵政編碼：	鑑（公）證機關（章） 經辦人 　年　　月　　日
建制部門：	印製單位：	

註：本合同第 7 條規定合同當事人約定是否由第三人代為修繕修理。

第六節　建設工程合同

一、定義

　　建設工程合同是承包人進行工程建設，發包人支付價款的合同。建設工程合同必須採取書面形式，這是國家對基本建設進行監督管理的需要，同時也是由建設工程合同自身履行的特點決定的。因此，建設工程合同應為要式合同，不採用書面形式的建設工程合同不能有效地成立，法律排除了當事人各方的自由約定。

　　建設工程合同包括工程勘察、設計、施工合同。

二、建設施工合同的主要條款

1. 工程範圍。
2. 建設工期。
3. 中間交工工程的開工和竣工時間。
4. 工程質量。
5. 工程造價。
6. 技術資料交付時間。
7. 材料和設備供應責任。
8. 撥款和結算。
9. 竣工驗收。
10. 質量保修範圍和質量保證期。

11. 雙方相互協作條件。

三、合同範例

（一）中華人民共和國家庭居室裝飾裝修工程施工合同

1. 本合同的特點：本合同為家庭居室裝飾裝修工程施工合同，由發包人將家庭居室裝飾裝修工程合與承包人施工之合同。
2. 適用對象：本合同適用於家庭居室裝飾裝修工程施工之合同。
3. 基本條款：訂立本合同應訂明建設工程合同之主要條款。
4. 相關法條：中華人民共和國合同法第 16 條建設工程合同。

建設工程合同 10-1-16

家庭居室裝飾裝修工程施工合同

合同編號：＿＿＿＿＿＿＿＿＿

發包人：	承包人：	
住所：	住所：	
委託代理人：	營業執照號：	
電話：	法定代表人：	電話：
BP 機號：	法定代理人：	電話：
手機：	本工程設計人：	電話：
	施工隊負責人：	電話：

依照《中華人民共和國合同法》及有關法律、法規的規定，結合家庭居室裝飾裝修工程施工的特點，雙方在平等、自願、協商一致的基礎上，就發包人的家庭居室裝飾裝修工程（以下簡稱工程）的有關事宜，達成如下協議：

第 1 條　　工程概況

　　1. 工程地點：＿＿＿＿＿＿＿＿＿＿＿。

　　2. 工程內容及做法（詳見附表 1：家庭居室裝飾裝修工程施工項目確認表。附表 2：家庭居室裝飾裝修工程內容和做法一覽表）。

　　3. 工程承包方式：雙方商定採取下列第種承包方式。

　　（1）承包人包工、包料（詳見附表 5：承包人提供裝飾裝修材料明細表）。

　　（2）承包人包工、部分包料，發包人提供部分材料（詳見附表 4：發包人提供裝飾裝修材料明細表。附表 5：承包人提供裝飾裝修材料明細表）。

　　（3）承包人包工、發包人包料（詳見附表 4：發包人提供裝飾裝修材料明細表）。

　　4. 工程期限＿＿＿＿＿＿天，開工日期＿＿＿年＿＿月＿＿日，施工日期＿＿＿年＿＿月＿＿日。

　　5. 合同價款：本合同工程造價為（大寫）：＿＿＿＿＿＿＿＿＿＿元（詳見附表 3：家庭居室裝飾裝修工程報價單）。

第 2 條　工程監理

若本工程實行工程監理，發包人與監理公司另行簽訂《工程監理合同》，並將監理工程師的姓名、單位、聯繫方式及監理工程師的職責等通知承包人。

第 3 條　施工圖紙

雙方商定施工圖紙採取下列第＿＿＿＿＿種方式提供：

1. 發包人自行設計並提供施工圖紙，圖紙一式二份，發包人、承包各一份（詳見附表 6：家庭居室裝飾裝修工程設計圖紙）；

2. 發包人委託承包人設計施工圖紙，圖紙一式二份，發包人、承包各一份（詳見附表 6：家庭居室裝飾裝修工程設計圖紙），設計費（大寫）＿＿＿＿＿元，由發包人支付（此費用不在工程價款內）。

第 4 條　發包人義務

1. 開工前＿＿＿＿＿天，為承包人入場施工創造條件。包括：搬清室內家具、陳設或將室內不易搬動的家具、陳設歸堆、遮蓋，以不影響施工為原則。

2. 提供施工期間的水源、電源。

3. 負責協調施工隊與鄰里之間的關係。

4. 不拆動室內承重結構，如須拆改原建築的非承重結構或設備管線，負責到有關部門辦理相應的審批手續。

5. 施工期間發包人仍需部分使用該居室的，負責做好施工現場的保衛及消防等項工作。

6. 參與工程質量和施工進度的監督，負責材料進場、竣工驗收。

第 5 條　承包人義務

1. 施工中嚴格執行安全施工操作規範、防火規定、施工規範及質量標準，按期保質完成工程。

2. 嚴格執行有關施工現場管理的規定，不得擾民及污染環境。

3. 保護好原居室室內的家具和陳設，保證居室內上、下水管道的暢通。

4. 保證施工現場的整潔，工程完工後負責清掃施工現場。

第 6 條　工程變更

工程項目及施工方式如需變更，雙方應協商一致，簽定書面變更協議，同時調整相關工程費用及工期（見附表 7：家庭居室裝飾裝修工程變更單）。

第 7 條　材料的提供

1. 由發包人提供的材料、設備（詳見附表 4：發包人提供裝飾裝修材料明細表），發包人應在材料運到施工現場前通知承包人，雙方共同驗收並辦理交接手續；

2. 由承包人提供的材料、設備（詳見附表 5：承包人提供裝飾裝修材料明細表），承包人應在材料運到施工現場前通知發包人，並接受發包人檢驗。

第 8 條　工期延誤

1. 對以下原因造成竣工日期延誤，經發包人確認，工期相應順延：

(1) 工程量變化和設計變更。

(2) 不可抗力。

(3) 發包人同意工期順延的其他情況。

2. 因發包人未按約定完成其應負責的工作而影響工期的，工期順延；因發包人提供的材料、設備質量不合格而影響工程質量的，返工費用由發包人承擔，工期順延。

3. 發包人未按期支付工程款，合同工期相應順延。

4. 因承包人責任不能按期開工或無故中途停工而影響工期的，工期不順延；因承包人原因造成工程質量存在問題的，返工費用由承包人承擔，工期不順延。

第 9 條　質量標準

雙方約定本工程施工質量標準：

_____

_____

施工過程中雙方對工程質量發生爭議，由_____部門對工程質量予以認證，經認證工程質量不符合合同約定的標準，認證過程支出的相關費用由承包人承擔；經認證工程質量符合合同約定的標準，認證過程支出的相關費用由發包人承擔。

第 10 條　工程驗收和保修

1. 雙方約定在施工過程中分下列幾個階段對工程質量進行驗收：

(1) _____ ；

(2) _____ ；

(3) _____ 。

承包人應提前兩天通知發包人進行驗收，階段驗收合格後應填寫工程驗收單（見附表 8：家庭居室裝飾裝修工程驗收單）。

2. 工程竣工後，承包人應通知發包人驗收，發包人應自接到驗收通知後兩天內組織驗收，填寫工程驗收單（見附表 8：家庭居室裝飾裝修工程驗收單）。在工程款結清後，辦理移交手續（詳見附表 9：家庭居室裝飾裝修工程結算單）。

3. 本工程自驗收合格雙方簽字之日起保修期為_____月。驗收合格簽字後，填寫工程保修單（見附表 10：家庭居室裝飾裝修工程保修單）。

第 11 條　工程款支付方式

1. 雙方約定按以下第_____種方式支付工程款：

(1) 合同生效後，發包人按下表中的約定直接向承包人支付工程款：

支付次數	支付時間	支付金額
第一次	開工前三日	支付　　　元
第二次	工程進度過半	支付　　　元
第三次	雙方驗收合格	支付　　　元

工程進度過半指：

_____

_____

(2) 其他支付方式：

_____

_____

2. 工程驗收合格後，承包人應向發包人提出工程結算，並將有關資料送交發包人。發包人接到資料後＿＿＿＿日內如未有異議，即視為同意，雙方應填寫工程結算單（見附表9：家庭居室裝飾裝修工程結算）並簽字，發包人應在簽字時向承包人結清工程尾款。

3. 工程款全部結清後，承包人應向發包人開具正式統一發票。

第 12 條　違約責任

1. 合同雙方當事人中的任何一方因未履行合同約定或違反國家法律、法規及有關政策規定，受到罰款或給對方造成損失的均由責任方承擔責任，並賠償給對方造成的經濟損失。

2. 未辦理驗收手續，發包人提前使用或擅自動用工程成品而造成損失的，由發包人負責。

3. 因一方原因，造成合同無法繼續履行時，該方應及時通知另一方，辦理合同終止手續，並由責任方賠償對方相應的經濟損失。

4. 發包人未按期支付第二（三）次工程款的，每延誤一天向對方支付違約金＿＿＿＿元。

5. 由於承包人原因，工程質量達不到雙方約定的質量標準，承包人負責修理，工期不予順延。

6. 由於承包人原因致使工期延誤，每延誤一天向對方支付違約金＿＿＿＿元。

第 13 條　合同爭議的解決方式

本合同在履行過程中發生的爭議，由當事人雙方協商解決，也可由有關部門調解；協商或調解不成的，按下列第＿＿＿＿種方式解決：

1. 提交＿＿＿＿仲裁委員會仲裁。

2. 依法向人民法院提起訴訟。

第 14 條　幾項具體規定

1. 因工程施工而產生的垃圾，由承包人負責運出施工現場，並負責將垃圾運到指定的地點，發包人負責支付垃圾清運費用（大寫）＿＿＿＿元（此費用不在工程價款內）。

2. 施工期間，發包人將外屋鑰匙＿＿＿＿把，交給承包人保管。工程竣工驗收後，發包人負責提供新鎖＿＿＿＿把，由承包人當場負責安裝交付使用。

3. 施工期間，承包人每天的工作時間為：上午＿＿＿點＿＿＿分至＿＿＿點＿＿＿分；下午＿＿＿點＿＿＿分至＿＿＿點＿＿＿分。

第 15 條　其他約定事項：

＿＿＿＿＿＿＿＿＿＿＿＿＿＿＿＿＿＿＿＿＿＿＿＿＿＿＿＿＿＿＿＿＿＿＿＿＿＿

＿＿＿＿＿＿＿＿＿＿＿＿＿＿＿＿＿＿＿＿＿＿＿＿＿＿＿＿＿＿＿＿＿＿＿＿＿＿

第 16 條　附則

1. 本合同經雙方簽字（蓋章）後生效，合同履行完畢後終止。

2. 本合同簽訂後工程不得轉包。

3. 本合同一式＿＿＿＿份，雙方各執＿＿＿＿份，＿＿＿＿＿＿＿＿部門＿＿＿＿份。

4. 合同附件為本合同的組成部分，與本合同具有同等法律效力。

合同附件：

   附表 1-1：家庭居室裝飾裝修工程施工項目確認表（一）

   附表 1-2：家庭居室裝飾裝修工程施工項目確認表（二）

   附表 2：家庭居室裝飾裝修工程內容和做法一覽表

   附表 3：家庭居室裝飾裝修工程報價單

   附表 4：發包人提供裝飾裝修材料明細表

   附表 5：承包人提供裝飾裝修材料明細表

   附表 6：家庭居室裝飾裝修工程設計圖紙

   附表 7：家庭居室裝飾裝修工程變更單

   附表 8：家庭居室裝飾裝修工程驗收單

   附表 9：家庭居室裝飾裝修工程結算單

   附表 10：家庭居室裝飾裝修工程保修單

  發包人（簽字）：   承包人（蓋章）：

             法定代表人：

             委託代理人：

  年 月 日   年 月 日

  鑑證意見：

                鑑證機關（章）

                經辦人：

                年 月 日

   建制部門：   印製單位：

註：本合同第 12 條規定對於本合同違約責任之解決方法。

● 附表 1-1

家庭居室裝飾裝修工程施工項目確認表（一）

序號	施工項目	居室1 m²	居室2 m²	居室3 m²	居室4 m²	門廳 m²	廚房 m²	衛生間1 m²	衛生間2 m²	陽臺 m²	
一、頂棚	1. 塗料										
	2. 乳膠漆										
	3. 吊頂										
	4. 頂紙										
	5. 燈池										
	6. 塑料板										
	7.										
	8.										
	9.										
	10. 顏色										
二、地面	1. 通體磚										
	2. 釉面磚										
	3. 木地板										
	4. 花崗岩										
	5. 地毯										
	6.										
	7.										
	8.										
	9.										
	10. 顏色										
三、牆面	1. 塗料										
	2. 乳膠漆										
	3. 壁紙										
	4. 軟包										
	5. 壁板										
	6. 大理石										
	7. 瓷磚										
	8.										
	9.										
	10. 顏色										

● 附表 1-2

家庭居室裝飾裝修工程施工項目確認表（二）

序號	施工項目	居室1 m²	居室2 m²	居室3 m²	居室4 m²	門廳 m²	廚房 m²	衛生間1 m²	衛生間2 m²	陽臺 m²	
四、裝飾裝修做法	1. 塗料										
	2. 塑料牆裙										
	3. 木踢腳										
	4. 磚踢腳										
	5. 塑料踢腳										
	6. 窗簾盒										
	7. 暖氣罩										
	8. 木質陰角線										
	9. 石膏陰角線										
	10. 包門套										
	11. 包窗套										
	12. 包門										
	13. 現製門										
	14. 現製窗										
	15. 現製吊櫃										
	16. 現製地櫃										
	17. 現製落地櫃										
	18. 包管道										
	19. 暖氣移位										
	20. 管道改線										
	21. 供電改線										
	22.作防水										

（續）

序號	施工項目	居室 1 m²	居室 2 m²	居室 3 m²	居室 4 m²	門廳 m²	廚房 m²	衛生間 1 m²	衛生間 2 m²	陽臺 m²	
四、裝飾裝修做法	23.燈具安裝										
	24.潔具安裝										
	25.油煙機安裝										
	26.排風扇安裝										
	27.熱水器安裝										
	28.洗手盆安裝										
	29.洗菜池安裝										
	30.托布池安裝										
	31.防盜門安裝										
	32.鋁合金門窗										
	33.掛鏡線										
	34.飾物、鏡子										
	35.										
	36.										
	37.										
	38.										
	39.										

發包人代表（簽字）：　　　　　承包人代表（簽字）：

● 附表 2

家庭居室裝飾裝修工程內容和做法一覽表

序號	工程項目及做法	計量單位	工程量

發包人代表（簽字）：　　　　　承包人代表（簽字）：

● 附表 3

家庭居室裝飾裝修工程報價單

金額單位：元

序號	裝飾裝修內容及材料規格、型號、品牌、等級	數量	單位	單價	合計金額
1					
2					
3					
4					
5					
6					
7					
8					
9					
10					
11					
12					
13					
14					
15					
16					

發包人代表（簽字）：　　　　　承包人代表（簽字）：

● **附表** 4

發包人提供裝飾裝修材料明細表

金額單位：元

材料名稱	單位	品種	規格	數量	單價	金額	供應時間	供應至的地點

　發包人代表（簽字）：　　　　承包人代表（簽字）：

● **附表** 5

承包人提供裝飾裝修材料明細表

金額單位：元

材料名稱	單位	品種	規格	數量	單價	金額	供應時間	供應至的地點

　發包人代表（簽字）：　　　　承包人代表（簽字）：

● 附表 6

家庭居室裝飾裝修工程設計圖紙

發包人代表（簽字）：　　　　　承包人代表（簽字）：

● **附表** 7

家庭居室裝飾裝修工程變更單

變更內容	原設計	新設計	增減費用（＋　－）

詳細說明：

注：若變更內容過多請另附說明

　　發包人代表（簽字）：　　　　　承包人代表（簽字）：

● 附表 8

家庭居室裝飾裝修工程驗收單

序號	主要驗收項目名稱	驗收日期	驗收結果
整體工程驗收結果			

全部驗收合格後雙方簽字蓋章：

發包人代表（簽字）：　　　　　承包人代表（簽字）：

● **附表** 9

家庭居室裝飾裝修工程結算單

年　　　月　　　日

1	合同原金額	
2	變更增加值	
3	變更減值	
4	發包人已付金額	
5	發包人結算應付金額	

發包人代表（簽字蓋章）：　　　承包人代表（簽字蓋章）：

● **附表** 10

家庭居室裝飾裝修工程保修單

公司名稱		聯繫電話	
用戶姓名		登記編號	
裝修房屋地址			
設計負責人	施工負責人		
進場施工日期	竣工驗收日期		
保修期限	___年___月___日至___年___月___日		

發包人代表（簽字蓋章）：　　　承包人代表（簽字蓋章）：

註：1. 從竣工驗收之日計算，保修期為一年。
　　2. 保修期內由於承包人施工不當造成質量問題，承包人無條件地進行維修。
　　3. 保修期內如屬發包人使用不當造成裝飾面損壞，或不能正常使用，承包人酌情收費。
　　4. 本保修單在發包人簽字、承包人簽章後生效。

（二）中華人民共和國建築安裝工程承包合同

1. 本合同的特點：本合同為建築安裝工程承包合同，發包人發包建築安裝工程與承包人之合同。
2. 適用對象：本合同適用於建築安裝工程承包之合同。

3. 基本條款：訂立本合同應訂明建設工程合同之主要條款。
4. 相關法條：中華人民共和國合同法第十六章建設工程公司。

建設工程合同 10-1-17

建築安裝工程承包合同

合同編號：_____

工程名稱：_____

工程編號：_____

發包方：_____

承包方：_____

簽訂時間：_____

簽訂地點：_____

　　根據《中華人民共和國建築法》、《中華人民共和國合同法》和《建設工程質量管理條例》及有關規定，為明確雙方在施工過程中的權利、義務和責任，經雙方責任，經雙方協商同意簽訂本合同。

第 1 條　工程項目

一、工程名稱：_____

二、工程地點：_____

三、工程項目批准單位：_____

批准文號：_____（指此工程立項有權批准機關的文號）

項目主管單位：_____

四、承包範圍和內容：（詳見附件一：工程項目一覽表）；工程建築_____面積（平方米）；其他_____。

五、工程造價：_____（萬元），其中土建：（萬元），安裝：_____（萬元）

第 2 條　施工準備

一、發包方：

1. ___月___日前做好建築紅線以外的「三通」，負責紅線外進場道路的維修。

2. ___月___日前，負責接通施工現場總的施工用水源、電源、變壓器（包括水源、配電板），應滿足施工用水、用電量的需要。做好紅線以內場地平整，拆遷障礙物的資料。

3. 本合同簽訂後___天內提交建築許可證。

4. 合同簽訂後___天內（以收簽最後一張圖紙為準）提供完整的建築安裝施工圖___份，施工技術資料（包括地質及水準點坐標控制點）___份。

5. 組織承、發包雙方和設計單位及有關部門參加施工圖交底會審，並做好三方簽署的交底會審紀要，在___天內分送有關單位，___天內提供會審紀要和修改施工圖__份。

二、承包方：

1. 負責施工區域的臨時道路、臨時設施、水電管線的鋪設、管理、使用和維修工作。

2. 組織施工管理人員和材料、施工機械進場。

3. 編制施工組織設計或施工方案、施工預算、施工總進度計畫，材料設備、成品、半成品等進場計畫（包括月計畫），用水、用電計畫，送發包主。

第 3 條　工程期限

一、根據國家工期定額和使用需要，商定工程總工期為　　天（日曆天），自＿＿＿年＿＿＿月＿＿＿日開工至＿＿＿年＿＿＿月＿＿＿日竣工驗收（附各單位工程開竣工日期，見附件一）。

二、開工前＿＿＿天，承包方向發包發出開工通知書。

三、如遇下列情況，經發包方現場代表簽證後，工期相應順延：

1. 按施工準備規定，不能提供施工場地、水、電源，道路未能接通，阻礙物未能清除，影響進場施工。

2. 凡發包方負責供應的材料、設備、成品或半成品未能保證施工需要或因交驗時發現缺陷需要修、配、代、換而影響進度。

3. 不屬於干系數範圍內的重大設計變更，提供的工程地質資料不準，致使設計方案改變或由於施工無法進行的原因而影響進度。

4. 在施工中如因停電、停水八小時以上或連續間歇性停水、停電三天以上（每次連續四小時以上），影響正常施工。

5. 非承包方原因而監理簽證不及時影響下一道工序施工。

6. 未按合同規定撥付預付款、工程進度款或代購材料差價款而影響施工。

7. 人力不可抗拒的因素而延誤工期。

第 4 條　工程質量

一、本工程質量經雙方研究要求達到：

_____

_____

二、承包方必須嚴格按照施工圖紙、說明文件和國家頒發的建築工程規範、規程和標準進行施工，並接受發包方派駐代表的監督。

三、承包方在施工過程中必須遵守下列規定：

1. 由承包方提供的主要原材料、設備、構配件、半成品必須按有關規定提供質量合格證，或進行檢驗合格後方可用於工程。

2. 由發包方提供的主要原材料、設備、構配件、半成品也必須有質量合格證方可用於工程。對材料改變或代用必須經原設計單位同意並發正式書面通知和發包方派駐代表簽證後，方可用於工程。

3. 隱蔽工程必須經發包方派駐代表檢查、驗收簽章後，方可進行下一道工序。

4. 承包方應按質量驗評標準對工程進行分項、分部和單位工程質量進行評定，並及時將單位工程質量評定結果送發包方和質量監督站。單位工程結構完工時，應會同發包方、質量監督站進行結構中間驗收。

5. 承包方在施工中發生質量事故，應及時報告發包方派駐代表和當地建築工程質量監督站。一般質量事故的處理結果應送發包方和質量監督站備案；重大質量事故的處理方案，應經設計單位、質量監督站、發包方等單位共同研究，並經設計建設單位簽證後實施。

第5條　建築材料、設備的供應、驗收和差價處理

一、由發包方供應以下材料、設備的實務或指標（詳見附件二）。

二、除發包方供應以外的其他材料、設備由承包方採購。

三、發包方供應、承包方採購的材料、設備，必須附有產品合格證才能用於工程，任何一方認為對方提供的材料需要復驗的，應允許復驗。經復驗符合質量要求的，方可用於工程，其復驗費由要求復驗方承擔；不符合質量要求的，應按有關規定處理，其復驗費由提供材料、設備方承擔。

四、本工程材料和設備差價的處理辦法：

_____

_____

第6條　工程價款的支付與結算

工程價款的支付和結算，應根據中國人民建設銀行制定的「基本建設工程價款結算辦法」執行。

一、本合同簽訂後___日內，發包方支付不少於合同總價（或當年投資的百分之___備料款，計人民幣_____萬元；臨時設施費，按土建工程合同總造價的百分之___計人民幣　　　　　　萬元，安裝工程按人工費的百分之___計人民幣_____萬元；材料設備差價_____萬元，分___次支付，每次支付時間、金額_____。

二、發包方收到承包方的工程進度月報後必須在___日內按核實的工程進度支付進度款，工程進度款支付達到合同總價的百分之___時，按規定比例逐步開始扣回備料款。

三、工程價款支付達到合同總價數的95%時，不再按進度付款，辦完交工驗收後，待保修滿連本息（財政撥款不計息）一次支付給承包方。

四、如發包方拖欠工程進度款或尾款，應向承包方支付拖欠金額日萬分之___的違約金。

五、確因發包方拖欠工程款、代購材料價差款而影響工程進度，造成承包方的停、窩工損失的，應由發包方承擔。

六、本合同造價結算方式：_____

七、承包方在單項工程竣工驗收後___天內，將竣工結算文件送交發包方和經辦銀行審查，發包方在接到結算文件___天內審查完畢，如到期未提出書面異議，承包方可請求經辦銀行審定後撥款。

第7條　施工與設計變更

一、發包方交付的設計圖紙、說明和有關技術資料，作為施工的有效依據，開工前由發包方組織設計交底和三方會審作出會審紀要，作為施工的補充依據，承、發包雙方均不得擅自修改。

二、施工中如發現設計有錯誤或嚴重不合理的地方，承包方及時以書面形式通知發包方，由發包方及時會同設計等有關單位研究確定修改意見或變更設計文件，承包方按修改或變更的設計文件進行施工。若發生增加費用（包括返工損失、停工、窩工、人員和機械設備調遣、材料構配件積壓的實際損失）由發包方負責，並調整合同造價。

三、承包方在保證工程質量和不降低設計標準的前提下，提出修改設計、修改工藝的合理化建議，經發包方、設計單位或有關技術部門同意後採取實施，其節約的價值按國家規定分配。

四、發包方如需設計變更，必須由原設計單位作出正式修改通知書和修改圖紙，承包方才予實施。重大修改或增加造價時，必須另行協商，在取得投資落實證明，技術資料設計圖紙齊全時，承包方才予實施。

第 8 條　工程驗收

一、竣工工程驗收，以國家頒發的《關於基本建設項目竣工驗收暫行規定》《工程施工及驗收規範》《建築安裝工程質量檢驗評定標準》和國務院有關部門制定的竣工驗收規定及施工圖紙及說明書、施工技術文件為依據。

二、工程施工中地下工程、結構工程必須具有隱蔽驗收簽證、試壓、試水、抗滲等記錄。工程竣工質量經當地質量監督部門檢驗合格後，發包方須及時辦理驗收簽證手續。

三、工程竣工驗收後，發包方方可使用。

第 9 條　質量保修

一、承包方應按《中華人民共和國建築法》《建設工程質量管理條例》和建設部《房屋建築工程質量保修辦法》的有關規定，對交付發包方使用的工程在質量保修期內承擔質量保修責任。

二、承包方應在工程竣工驗收之前，與發包方簽訂質量保修書，作為本合同附件（見附件三）。

三、質量保修書的主要內容包括：

1. 質量保修項目內容及範圍。

2. 質量保修期（質量保修期自工程竣工驗收合格之日起計算）。

3. 質量保修責任。

4. 保修費用。

第 10 條　違約責任

承包方的責任：

一、因施工造成工程質量不符合合同規定的，負責無償修理或返工。由於修理或返工造成逾期交付的，償付逾期違約金。

二、工程不能按合同規定的工期交付使用的，償付逾期違約金，造成損失的，還要賠償損失。

發包方的責任：

一、未能按照合同的規定履行自己應負的責任，除竣工日期得以順延外，還應賠償承包方由此造成的實際損失。

二、工程中途停建、緩建或由於設計變更以及設計錯誤造成的返工，應採取措施彌補或減少損失。同時，賠償承包方由此造成的停工、窩工、返工、倒運、人員物機械設備調遷、材料和構件積壓的實際損失。

三、工程未經驗收，發包方提前使用或擅自動用，由此而發生的質量或其他問題，由發包方承擔責任。

四、承包方驗收通知書送達＿＿日後不進行驗收的，按規定償付逾期違約金。

五、不按合同規定撥付工程款，按銀行有關逾期付款辦法的規定償付承包方賠償金。

第 11 條　合同爭議的解決方式

本合同在履行過程中發生的爭議，由當事人雙方協商解決。協商不成的，按下列第＿＿＿＿＿種方式解決：

1. 提交＿＿＿＿＿仲裁委員會仲裁。

2. 依法向人民法院起訴。

第 12 條　附則

一、本合同一式＿＿份，合同附件＿＿份。甲乙雙方各執正本一份，其餘副本由發包方報送經辦銀行、當地工商行政管理機關、建設主管部門備案。按規定必須辦理鑑（公）證的合同，送建築物所在地工商、公證部門辦理鑑（公）證。

二、本合同自雙方代表簽字，加蓋雙方公章或合同專用章即生效，須辦理鑑（公）證的，自辦畢鑑（公）證之日起生效；工程竣工驗收符合要求，結清工程款後終止。

三、本合同簽訂後，承、發包雙方如需要提出修改時，經雙方協商一致後，可以簽訂補充協議，作為本合同的補充合同。

發包方（蓋章） 法定代表人（簽章）： 委託代理人（簽章）： 單位地址： 開戶銀行： 帳號： 電話： 電掛： 郵政編碼： 　　　年　　月　　日	承包方（蓋章） 法定代表人（簽章）： 委託代理人（簽章）： 單位地址： 開戶銀行： 帳號： 電話： 電掛： 郵政編碼： 　　　年　　月　　日
經辦建設銀行 （蓋章） 　年　　月　　日	建築管理部門 （蓋章） 　年　　月　　日 / 鑑（公）證意見 鑑（公）證機關（蓋章） 經辦人： 　年　　月　　日

註：本合同第 10 條規定雙方違約責任之解決方法。

● **附件一**

工程項目一覽表

建設單位：

序號	工程名稱	設計單位	棟數	結構	層數	面積	獎金來源	批准文號	投資總額（萬元）	工程總造價（萬元）	開工時間	竣工時間	備註

注：維修、屋外、管道、給排水等項目也應按此表逐項填寫。

● **附件二**

由發包方負責供應設備和材料表

材料名稱	規格	單位	數量	交料地點	到場日期	備註

● **附件三**

工程質量保修書（略）

第七節　出版合同

一、定義

出版合同是著作權人與圖書出版者就出版圖書所訂的協議。

二、出版合同的主要條款

1. 作品的暫定名。
2. 作品的主要內容和全稿的大約字數。
3. 對稿件的基本要求。
4. 基本稿酬：○○元／千字。
5. 作品交付後的核查、修改辦法。
6. 作品因故不能出版時，應根據實際情況，追究過錯方應負的責任。

三、合同範例

（一）中華人民共和國圖書約稿合同

1. 本合同的特點：本合同為圖書約稿合同，當事人之一方邀請他撰寫書稿（或翻譯書稿）之合同。
2. 適用對象：本合同適用於圖書約稿的合同。
3. 基本條款：訂立本合同應訂明出版合同之主要條款。
4. 相關法條：中華人民共和國合同法第 124 條、中華人民共和國著作權法。

出版合同 10-1-18

圖書約稿合同

訂立合同雙方：

約稿者：○○出版社，以下簡稱甲方；著者（或譯者）：○○○以下簡稱乙方。

為了快出書、出好書，甲方邀請乙方撰寫書稿（或翻譯書稿），經雙方協商一致，簽訂本合同，共同信守執行。

第 1 條　著作稿（或譯稿）名稱：

　　　　1. 著作稿名稱：

　　　　2. 譯稿名稱：

　　　　本譯作原著名稱：

　　　　原著作者姓名及國籍：

原出版者及出版地點、年份：

第 2 條　對著作稿（或譯稿）的要求：

_____

_____

第 3 條　全稿字數和插圖（照片）：

_____

_____

第 4 條　稿費：按有關規定，初定每千字○○○元。

第 5 條　交稿日期：○○○○年○○月○○日止交完全部書稿。

第 6 條　甲方的責任：

1. 甲方收到稿件後在○○天內通知乙方已收到稿件，在○○月內審閱完畢，通知乙方是否採用或退改，否則認為稿件已被接受。

2. 甲方如對稿件無修改要求，應在規定的審閱期限內與乙方簽訂出版合同。

3. 甲方如對稿件提出修改意見，乙方在○○個月內修改退回。甲方應在○○個月內審閱完畢。

4. 稿件如經修改符合出版要求，甲方應在審閱期限內與乙方簽訂出版合同。若經修改仍不符合要求，甲方應書面通知乙方終止本合同並將稿件退還乙方，但應根據約稿情況向乙方支付○○○元的約稿費，作為給乙方勞動的補償。

5. 本合同簽訂後，所約稿件如達到出版水平，由於甲方的原因不能簽訂出版合同，甲方應向乙方支付基本稿酬百分之○，並將稿件歸還乙方；由於客觀形勢變化，不能簽訂出版合同，甲方應向乙方支付基本稿酬百分之○，稿件由甲方保留○○年，在此期限內若有第三者（出版社）願出版上述稿件，乙方必須徵詢甲方是否出版，若甲方不擬出版，乙方有權終止本合同，收回稿件交第三者出版。超過上述保留期限，甲方應將稿件退還乙方，本合同自行失效。

6. 甲方收到所約稿件後，若將稿件損失或丟失，應賠償乙方經濟損失○○○元。

第 7 條　乙方的責任：

1. 乙方如不能按期完交稿件，每延遲一個月，應向甲方賠償違約金○○○元。

2. 如稿件由乙方修改，乙方不能按期交回修改稿，每延期一個月，應向甲方償付違約金○○○元。

3. 乙方如非因不可抗力而終止本合同，應向甲方償付違約金○○○元。

4. 乙方如將甲方所約稿件投寄其他出版單位或期刊，應向甲方償付違約金○○○元。

第 8 條　甲乙雙方簽訂出版合同後，本合同即自行失效。

本合同一式二份，雙方各執一份為憑。

甲方：○○○○（蓋章）　　　乙方：○○○○（蓋章）

代表人：○○○（簽字）　　　代表人：○○○（簽字）

地址：　　　　　　　　　　　地址：

電話：　　　　　　　　　　　電話：

簽字日期：　　　　　　　　　簽字日期：

註：本合同第 4 條有關簽訂出版合同之規定。

（二）中華人民共和國圖書出版合同（一）

1. 本合同的特點：本合同為圖書出版合同，出版者承擔著者書稿（或譯稿）出版之合同。
2. 適用對象：本合同適用於圖書出版的合同。
3. 基本條款：訂立本合同應訂明出版合同之基本條款。
4. 相關法條：中華人民共和國合同法第 124 條、中華人民共和國著作權法。

出版合同 10-1-19

圖書出版合同（一）

訂立合同雙方

出版者：○○○，以下簡稱甲方；

著（譯）者：○○○，以下簡稱乙方。

　　甲乙雙方經過充分協商，就甲方承擔乙方書稿的出版問題達成如下協議，共同信守執行。

第 1 條　　甲方同意出版乙方書稿《○○○○》，並享有該書稿的專有出版權，其期限為○○年，即從○○○○年○○月○○日起至○○○○年○○月○○日止。甲方在合同期間有權將本書稿以各種形式出版。期滿後，經雙方協商可再續訂。

第 2 條　　本書稿是乙方本人的智力成果（或受他委託的智力成果），如發生抄襲和侵犯他人版權情況，由乙方承擔侵權責任。

第 3 條　　在本合同有效期間，乙方不得將本書稿以任何形式在其他出版單位另行出版。否則，乙方應向甲方償付違約金○○○○元。

第 4 條　　本書稿的字數和插圖（照片）○○○○。

第 5 條　　本書稿的基本稿酬定為每千字○○○元，並按規定付印數稿酬。書出版後，一個月內付清全部稿酬。

第 6 條　　本書定於○○○○年○○月底出版。如不能按期出版，甲方應預支給乙方 30% 以內的基本稿酬。

第 7 條　　本合同簽訂後，由於客觀形式的變化不能出版，甲方應支付給乙方 30% 的基本稿酬。由於甲方原因不能出書，付給乙方 50% 至 70% 的稿酬。遇有這兩種情況，都應在○天內將原稿退給乙方。

第 8 條　　甲方對原稿負責，原則上不給乙方看清樣。如乙方要求看清樣，只能作個別文字改動，如因改動過多而造成經濟損失和延長出書時間，由乙方負責。

第 9 條　　書出版後，贈乙方樣書二十冊，乙方可按定價的 70% 購書一百冊。以後每重印一次，贈乙方樣書二冊。

第 10 條　　在本合同有效期間，經乙方許可，甲方有權允許第三者轉載、選編、改編、翻譯、錄音播放和攝制影片等，甲方應將所得報酬的 70% 轉給乙方。

第 11 條　　本合同自簽字之日起生效。執行合同期間雙方如發生爭議，應友好協商解決，協商不成，任何一方都可以提請出版管理機關仲裁，直至向法院起訴。

第 12 條　本合同如有未盡事宜，須經雙方共同協商作出補充規定，補充規定與本合同具有
　　　　　同等效力。

第 13 條　本合同正本一式二份，雙方各執一份。

　　　　　甲方：○○○（蓋章）　　　乙方：○○○（蓋章）
　　　　　地址：　　　　　　　　　　地址：
　　　　　電話：　　　　　　　　　　電話：

　　　　　　　　　　　　　　　　　　　　　○○○○年○○月○○日訂

註：本合同第 2 條規定抄襲或侵犯他人版權之責任。

（三）中華人民共和國圖書出版合同（二）

1. **本合同的特點**：本合同為圖書出版合同，著作者在合同有效期間內授與出版者專有出版權。
2. **適用對象**：本合同適用於在合同有效期間由著作者授與出版人專有出版之權。
3. **基本條款**：訂立本合同應訂明出版合同之基本條款。
4. **相關法條**：中華人民共和國合同法第 124 條、中華人民共和國著作權法。

出版合同 10-1-20

圖書出版合同（二）

　著者（或譯者）姓名：

　出版者名稱：

　著作稿（或譯稿）名稱：

　本譯作原著名稱：

　原著者姓名及國籍：

　原出版者及出版地點、年份：

　上列著作稿（或譯稿）的著者（或譯者）和出版者於○○○○年○月○日簽訂本合同，
雙方達成協議如下：

第 1 條　本著作稿（或譯稿）的專有出版權由著者（或譯者），在本合同第 17 條規定的
　　　　有效期間授予出版者。出版者在此有效期間有權將本著作稿（或譯稿）以各種版
　　　　本形式出版，但未經著者（或譯者）同意不向第三者轉讓出版權。

第 2 條　本著作稿（或譯稿）係著者（或譯者）本人創作（或翻譯）的原稿，如發現剽竊
　　　　等侵犯他人版權情況，著者（或譯者）負全部責任，並適當賠償出版者由此受到
　　　　的經濟損失。

第 3 條　在本合同有效期間，著者（或譯者）不得將本著作稿（或譯稿）的全部或一部
　　　　分，或將其內容稍加修改以原名稱或更換名稱授予第三者另行出版。著者（或譯
　　　　者）若違反本規定，應適當賠償出版者的經濟損失。出版者並可廢除本合同。

第 4 條　出版者將按照國家規定的稿酬辦法向著者（或譯者）支付稿酬。基本稿酬定為每千字○○○元。書稿發排後預付稿酬○○○元，在見到樣書後三十天內結清全部稿酬。

第 5 條　出版者將在○○○○年○季度出版本著作稿（或譯稿）。如出現出版者本身無法控制的特殊情況須推遲出版日期，出版者應與著者（或譯者）另議出版日期。如更改後的出版日期到期著作稿（或譯稿）因印刷原因仍未出版，出版者照付基本稿酬，全部稿酬在出書後結算付清。

第 6 條　本合同簽訂後，由於出版者的原因本著作稿（或譯稿）不能出版，出版者應向著者（或譯者）支付基本稿酬百分之○，並將稿件歸還著者（或譯者）；由於客觀形勢變化，本著作稿（或譯稿）不能出版，出版者應向著者（或譯者）支付基本稿酬百分之○，並將稿件退還著者（或譯者），但可保留複製本。上述稿件以後如有可能出版，在本合同有效期間出版者可保留專有出版權，亦可允許第三者使用此項出版權。

第 7 條　出版者加工著作稿（或譯稿），若改書名、增加插圖、標題、前言後記或對稿件內容作實質性修改，應事先徵得著者（或譯者）同意，並在發稿前退著者（或譯者）審定簽字，著者（或譯者）應按雙方議定日期退回原稿。

第 8 條　本著作稿（或譯稿）的校樣，由出版者負責根據著者（或譯者）審定簽字的原稿校對；著者（或譯稿）的校樣，由出版者負責根據著者（或譯者）審定簽字的原稿校對；著者（或譯者）若看校樣，只在校樣上作個別不影響版面的修改，並在○天內簽字後退還出版者。如校樣不按期退還或因修改過多（不是由於排版錯誤或客觀形勢的變化）而增加排版費用，著者（或譯者）應承擔百分之○（不超過稿酬總額的 30%）。

第 9 條　本著作（或譯作）首次出版前，出版者若將稿件損壞或丟失，應賠償著者（或譯者）不低於基本稿酬 50% 的經濟損失。

　　　　本著作（或譯作）首次出版後，其原稿按下列辦法之一處理：

　　　　(1) ○○天內退還著者（或譯者）；

　　　　(2) 由出版者保留○○年後再退還著者（或譯者）。

第 10 條　本著作（或譯作）首次出版後，出版者應贈著者（或譯者）樣書○○冊。以後每重印一次贈送樣書○○冊。

　　　　出版者同意著者（或譯者）本人在著作（或譯作）出版後○○個月內按批發折扣購書○○冊。

第 11 條　本著作（或譯作）首次出版一年之內，出版者可自行重印。一年之後出版者如需重印，應事先通知著者（或譯者）並送校正本；著者（或譯者）收到通知後，應在一個月內將修改意見通知出版者，否則出版者按原版重印。

第 12 條　本著作（或譯作）如經出版者所在地區總發機構證實脫銷，著者（或譯者）有權要求出版者重印，如出版者拒絕重印，或自著者（或譯者）提出要求後○○年內不重印，著者（或譯者）有權廢除本合同。但本著作（或譯作）屬控制發行者除外。

第 13 條　本著作（或譯作）修訂本的出版日期和付酬辦法等事項，雙方另行協商並補簽協議書作為本合同的附件。

第 14 條　如出版者在合同有效期間允許第三者以摘編、選編形式轉載本著作（或譯作），
　　　　　應事先徵得著者（或譯者）同意，將與第三者簽訂的合同及其他有關文件的抄件
　　　　　寄給著者（或譯者），並將從第三者所得報酬的三分之二付給著者（或譯者）。

第 15 條　本書著者（或譯者）委託出版者在合同有效期間授權第三者使用下列權利，出版
　　　　　者將與第三者簽訂的合同及其他有關文件的抄件寄著者（或譯者），並按下列比
　　　　　例向著者（或譯者）支付從第三者所得報酬：(1) 改編──75%；(2) 翻譯──75%；
　　　　　(3) 表演──75%；(4) 播放──80%；(5) 錄音錄像──80%；(6) 攝製影片──
　　　　　80%。（此條供選擇用）

第 16 條　如一方認為對方違反合同條款，由雙方協商解決，或請雙方同意的上級主管部門
　　　　　或省級出版管理機構調解，也可向法院起訴。

第 17 條　依據中華人民共和國《著作權法》第三○條規定，本合同自簽訂之日起生效，有
　　　　　效期為○○年，在此○○年內出版者享有本書專有出版權。任何一方要求延長合
　　　　　同期限，應在合同期滿三個月通知對方，是否延長由雙方商定。

第 18 條　本合同條款需補充、更改，由雙方商定。

第 19 條　本合同一式二份，雙方各執一份為憑。

　　　　　著者（或譯者）　　　　　　　　出版者
　　　　　○○○（簽字）　　　　　　　　○○○（簽字）
　　　　　地址：　　　　　　　　　　　　地址：
　　　　　電話：　　　　　　　　　　　　電話：
　　　　　簽字日期：　　　　　　　　　　簽字日期：

註：本合同第 2 條及第 3 條規定著作之侵權行為。

（四）中華人民共和國圖書出版合同

1. 本合同的特點：本合同為圖書出版合同，著作人授與出版人在一定地區出版作
   品。

2. 適用對象：本合同適用於在一定地區著作人授與出版人出版作品。

3. 基本條款：訂立本合同應訂明出版合同之主要條款。

4. 相關法條：中華人民共和國合同法第 124 條、中華人民共和國著作權法。

出版合同 10-1-21

圖書出版合同（三）

甲方（著作權人）：　　　　　　　　　　乙方（出版者）：
地址：　　　　　　　　　　　　　　　　地址：
作品名稱：
作者姓名：
甲乙雙方就上述作品的出版達成如下協議：

第 1 條　甲方授予乙方在合同有效期內，在○○地區以圖書形式出版上述作品、文本的專有使用權。

第 2 條　甲方保證擁有第 1 條授予乙方的權利。如因上述權利的行使侵犯他人權益，甲方承擔全部責任並賠償因此給乙方造成的損失，乙方可以終止合同。

第 3 條　上述作品的內容、篇幅、體例、圖表、附錄等應符合下列要求：

第 4 條　甲方應於○○○○年○○月○○日前將上述作品的謄清稿交付乙方。甲方因故不能按時交稿，應在交稿期限屆滿前○○日通知乙方，雙方另行約定交稿日期。甲方到期仍不能交稿，乙方可以終止合同。

　　　　甲方交付的稿件應有作者的簽章。

第 5 條　乙方應於○○○○年○○月○○日前出版上述作品，因故不能按時出版，應在出版期限屆滿前○○日通知甲方，雙方另行約定出版日期。乙方到期仍不能出版，甲方可以終止合同。乙方應按第 9 條約定報酬標準的百分之○向甲方支付賠償金。

第 6 條　在合同有效期內，未經雙方同意，任何一方不得將第 1 條約定的權利許可第三方使用。如有違反，另一方有權要求經濟賠償並終止合同。一方經對方同意許可第三方使用上述權利，應將所得報酬的百分之○交付對方。

第 7 條　乙方尊重甲方確定的署名方式。乙方不得更動上述作品的名稱，不得對作品進行修改、刪節、增加圖表及前言、後記。（乙方可以更動上述作品的名稱，對作品進行修改、刪節、增加圖表及前言、後記，但改動結果應得到甲方的書面認可。）

第 8 條　上述作品的校樣由乙方審校。

　　　　（上述作品的校樣由甲方審校。甲方應在○日內簽字後退還乙方。甲方未按時審校，乙方可自行審校，並按計畫付印。因甲方修改造成版面改動超過百分之○或未能按期出版，甲方承擔改版費用或推遲出版的責任。）

第 9 條　乙方向甲方支付報酬的方式和標準為：

　　　　一、基本稿酬加印數稿酬：○○元／每千字×○○○千字＋印數×基本稿酬的百分之○。

　　　　或

　　　　二、一次性付酬：○○○○元。

　　　　或

　　　　三、版稅：○○○○元（圖書定價）×百分之○（版稅率）×銷售數（印數）。最低印數為○冊。

第 10 條　乙方在合同簽字後○○日內，向甲方預付上述報酬的百分之○（元），其餘部分於出版後○○日付清。

第 11 條　甲方交付的稿件未達到合同第 3 條約定的要求，而且甲方拒絕按照合同的約定修改，乙方有權終止合同並要求甲方返還預付報酬的百分之○。如經反復修改仍未達到合同第 3 條的要求，預付報酬不返還乙方；如未支付預付報酬，乙方按合同第 9 條約定報酬的百分之○向甲方支付酬金。

第 12 條　上述作品首次出版○○年內，乙方可以自行決定重印。首次出版○○年後，乙方重印應事先通知甲方。如果甲方需要對作品進行修改，應於收到通知後○○日內答覆乙方，否則乙方可按原版重印。

第 13 條　乙方重印、再版，應將印數通知甲方，並在重印、再版○○日內按第 9 條的約定向甲方支付報酬。

第 14 條　甲方有權核查圖書的印數。如甲方指定第三方進行核查，需提供書面授權書。如乙方隱瞞印數，除向甲方補齊應付報酬外，還應支付全部報酬百分之○的賠償金並承擔核查費用。如核查結果與乙方提供的印數相等，核查費用由甲方承擔。

第 15 條　在合同有效期內，如圖書脫銷，甲方有權要求乙方重印、再版。如甲方收到乙方拒絕重印再版的書面答覆，或乙方收到甲方重印、再版的書面要求後○○月內未重印、再版，甲方可以終止合同。

第 16 條　上述作品出版後：乙方應於○○日內將作品原稿退還甲方。如有損壞，應賠償甲方○○○元；如有遺失，賠償○○○元。（作品原稿由乙方自行處理。）

第 17 條　上述作品首次出版後○○日內，乙方向甲方贈樣書○○冊，並以○折價售予甲方圖書○○冊。每次再版後○○日內，乙方向甲方贈樣書○○冊。

第 18 條　乙方許可報社、雜誌社刊載上述作品，須另行取得甲方書面授權。
（甲方授權乙方許可報社、雜誌社刊載上述作品，乙方應及時將報刊使用作品的情況通知甲方，並將所得報酬的百分之○交付甲方。）*

第 19 條　雙方因合同的解釋或履行發生爭議，由雙方協商解決。協商不成，由○○著作權合同仲裁機構仲裁。
（或向人民法院提起訴訟。）*

第 20 條　合同的變更、續簽及其他未盡事宜，由雙方另行商定。

第 21 條　本合同自簽字之日起生效，有期期為○年。

第 22 條　本合同一式二份，雙方各執一份為憑。

　　　　　　　　甲方：　　　　　　　　　乙方：
　　　　　　　　○○○（簽章）　　　　　○○○（簽章）
　　　　　　　　年　月　日　　　　　　　年　月　日

註：帶*的為選擇性內容。

註：本合同第 6 條規定違約之懲罰。

（五）圖書出版合同（四）

1. **本合同的特點**：本合同為圖書出版公司，由著作權人授與出版人在合同有效期內，出版發行著作物。
2. **適用對象**：本合同適用於圖書出版合同。
3. **基本條款**：訂立本合同應訂明出版合同的主要條款。
4. **相關法條**：中華人民共和國合同法 124 條，中華人民共和國著作權法。

出版合同 10-1-22

圖書出版合同（四）
（國家版權局 1999 年 3 月修訂）

甲方（著作權人）： 乙方（出版者）：

地址： 地址：

作品名稱：

作者署名：

甲乙雙方就上述作品的出版達成如下協議：

第 1 條　甲方授予乙方在合同有效期內，在（中國大陸以圖書形式出版發行上述作品（中文））文本的專有使用權。

第 2 條　根據本合同出版發行的作品不得含有下列內容：

一、反對憲法確定的基本原則；

二、危害國家統一、主權和領土完整；

三、危害國家安全、榮譽和利益；

四、煽動民族分裂，侵害少數民族風俗習慣，破壞民族團結；

五、洩漏國家機密；

宣揚淫穢、迷信或者渲染暴力，危害社會公德和民族優秀文化傳統；侮辱或者誹謗他人；法律、法規規定禁止的其他內容。

第 3 條　甲方保證擁有第 1 條授予乙方的權利。因上述權利的行使侵犯他人著作權的，甲方承擔合部責任並賠償因此給乙方造成的損失，乙方可以終止合同。

第 4 條　甲方的上述作品含有侵犯他人名譽權、肖像權、姓名權等人身權內容的，甲方承擔全部責任並賠償因此給乙方造成的損失，乙方可以終止合同。

第 5 條　上述作品的內容、篇幅、體例、圖表、附錄等應符合下列要求：（略）

第 6 條　甲方應於○○年○○月○○日前將上述作品的謄清稿交付乙方。甲方不能按時交稿的，應在交稿期限屆滿前○日通知乙方，雙方另行約定交稿日期。甲方到期仍不能交稿的，應按本合第 11 條約定報酬的百分之○向乙方支付違約金，乙方可以終止合同。

甲方交付的稿件應有作者的簽章。

第 7 條　乙方應於○○年○○月○○日前出版上述作品，最低印數為○○冊。乙方不能按時出版的，應在出版期限屆滿前○日通知甲方，並按本合同第 11 條約定報酬的百分之○向甲方支付違約金，雙方另行約定出版日期。乙方在另行約定期限內仍不出版的，除非因不可抗力所致，乙方應按本合同第 11 條約定向甲方支付報酬和歸還作品原件，並按該報酬的百分之○向甲方支付賠償金，甲方可以終止合同。

第 8 條　在合同有效期內，未經雙方同意，任何一方不得將第 1 條約定在權利許可第三方使用。如有違反，另一方有權要求經濟賠償並終止合同。一方經對方同意許可第三方使用上述權利，應將所得報酬的百分之○交付對方。

第 9 條　乙方尊重甲方確定的署名方式。乙方如要更動上述作品的名稱，對作品進行修改、刪節、增加圖表及前言、後記，應徵得甲方同意，並經甲方書面認可。

第 10 條　上述作品的校樣由乙方審校。

　　（上述作品的校樣由甲方審樣。甲方應在○○日內簽字後退還乙方。甲方未按期審校，乙方可自行審校，並按計畫付印。因甲方修改造成版面改動超過百分之○或未能按期出版，甲方承擔改版費用或推遲出版的責任。）*

第 11 條　乙方採用下列方式及標準之一向甲方支付報酬：

一、基本稿酬加印數稿酬：○元／每千字×千字＋印數（以千冊為單位）×基本稿酬○%。

或

二、一次性付酬：○○○元。

或

三、版稅：○○○元（圖書定價）×○%（版稅率）×印數。

第 12 條　以基本稿酬加印數稿酬方式付酬的，乙方應在上述作品出版後○○日內向甲方支付報酬，但最長不得超過半年。

或

以一次性支付方式付酬的，乙方在甲方交稿後○○日內向甲方付清。

或

以版稅方式付酬的，乙方在出版後○○日內向甲方付清。

乙方在合同簽字後○○日內，向甲方預付上述報酬的百分之○（○○○元）*。

乙方未在約定期限內支付報酬的，甲方可以終止合同並要求乙方繼續履行付酬的義務。

第 13 條　甲方交付的稿件未達到合同第 5 條約定的要求，乙方有權要求甲方進行修改，如甲方拒絕按照合同的約定修改，乙方有權終止合同並要求甲方返還本合同第 12 條約定的預付報酬。如甲方同意修改，且反覆修改仍未達到合同第 5 條的要求，預付報酬不返還乙方；如未支付預付報酬，乙方按合同第 11 條約定報酬的百分之○向甲方支付酬金，並有權終止合同。

第 14 條　上述作品首次出版○年內，乙方可以自行決定重印。首次出版○年後，乙方重印應事先通知甲方。如果甲方需要對作品進行修改，應於收到通知後○○日內答覆乙方，否則乙方可按原版重印。

第 15 條　乙方重印、再版，應將印數通知甲方，並在重印、再版○○日內按第 11 條的約定向甲方支付報酬。

第 16 條　甲方有權核查乙方應向甲方支付報酬的賬目。如甲方指定第三方進行核查，需提供書面授權書。如乙方故意少付甲方應得的報酬，除向甲方補齊應付報酬外，還應支付全部報酬百分之○的賠償金並承擔核查費用。如核查結果與乙方提供的應付報酬相符，核查費用由甲方承擔。

第 17 條　在合同有效期內，如圖書脫銷，甲方有權要求乙方重印、再版。如甲方收到乙方拒絕重印、再版的書面答覆，或乙方收到甲方重印、再版的書面要求後○○日內未重印、再版，甲方可以終止合同。

第 18 條　上述作品出版後○○日內乙方應將作品原稿退還甲方。如有損壞，應賠償甲方○○元；如有遺失，賠償○○元。

第 19 條　上述作品首次出版後○○日內，乙方向甲方贈樣書○冊，並以○折價售予甲方圖書○冊。每次再版後○○日內，乙方向甲方贈樣書○冊。

第 20 條　在合同有效期內乙方按本合同第 11 條（一）基本稿酬加印數稿酬方式，或者按本合同第 11 條（二）一次性付酬方式向甲方支付報酬的，出版上述作品的修訂本、縮編本的付酬的方式和標準應由雙方另行約定。

第 21 條　在合同有效期內，甲方許可第三方出版包含上述作品的選集、文集、全集的，須取得乙方許可。

　　　　　在合同有效期內，乙方出版包含上述作品的選集、文集、全集或者許可第三方出版包含上述作品的選集、文集、全集的，須另行取得甲方書面授權。乙方取得甲方授權的，應及時將出版包含上述作品選集、文集、全集的情況通知甲方，並將所得報酬的百分之○交付甲方。

第 22 條　在合同有效期內，甲方許可第三方出版上述作品的電子版的，須取得乙方的許可。

　　　　　在合同有效期內，乙方出版上述作品電子版或者許可第三方出版上述作品電子版的，須另行取得甲方書面授權。乙方取得甲方授權的，應及時將出版上述作品電子版的情況通知甲方，並將所得報酬的百分之○交付甲方。

第 23 條　未經甲方書面許可，乙方不得行使本合同第 1 條授權範圍以外的權利。

　　　　　（甲方授權乙方代理行使（本合同第 1 條授權範圍以外）*使用上述作品的權利，其使用所得報酬甲乙雙方按比例分成。）

第 24 條　雙方因合同的解釋或履行發生爭議，由雙方協商解決。協商不成將爭議提交○○仲裁機構仲裁（向人民法院提起訴訟）。*

第 25 條　合同的變更、續簽及其他未盡事宜，由雙方另行商定。

第 26 條　本合同自簽字之日起生效，有效期為○○年。

第 27 條　本合同一式二份，雙方各執一份為憑。

　　　　　甲方：　　　　　　　　　乙方：
　　　　　　（簽章）　　　　　　　　（簽章）
　　　　　年　月　日　　　　　　年　月　日

註：1. 帶*的為選擇性內容。
　　2. 本合同第 2 條值得注意。

第八節　委託合同

一、意義

委託合同是委託人和受託人約定，由受託人處理委託人事務的合同。

二、委託合同的主要條款

1. 委託人委託受託人處理的事務內容。
2. 受託人處理委託事務的權限與具體要求。

3. 委託期限。
4. 付款日期。
5. 報酬及支付方式。
6. 合同解除的條件。
7. 違約責任。
8. 爭議與仲裁。

三、合同範例

（一）中華人民共和國委託拍賣合同

1. 本合同的特點：本合同為委託人委託拍賣人拍賣物品，拍賣人因保管不善，致拍賣物品毀損、滅失，應由拍賣人參照該物品保留價予以賠償。
2. 適用對象：本合同適用於委託拍賣物品。
3. 基本條款：訂立本合同應訂明委託合同之主要條款。
4. 相關法條：中華人民共和國拍賣法，中華人民共和國合同法第二十一章委託合同。

委託合同 10-1-23

委託拍賣合同

合同編號：＿＿＿＿＿＿＿＿＿＿

委託人：＿＿＿＿＿＿＿＿＿＿

拍賣人：＿＿＿＿＿＿＿＿＿＿

　　依照《中華人民共和國拍賣法》、《中華人民共和國合同法》及其他有關規定，雙方在平等、自願的基礎上協商達成協議如下：

第 1 條　拍賣標的

　　　　委託人自願委託拍賣人依法拍賣如下標的：（詳見附件《拍賣標的清單》）

　　　　委託人保證對拍賣標的擁有無可爭議的所有權（處分權），並根據拍賣人的要求提供拍賣標的的有關證明和資料，說明知道或應當知道的拍賣標的的瑕疵。

第 2 條　拍賣標的的評估與鑑定

　　　　拍賣人認為需要對拍賣標的進行評估的，可以委託○○○評估，評估費用由○○○承擔。

　　　　拍賣人認為需要對拍賣標的進行鑑定的，可以：(1)自行鑑定；(2)委託○○○鑑定，鑑定費用由○○○承擔。

　　　　鑑定結論與委託人聲明的拍賣標的狀況不相符的，拍賣人有權要求變更或解除合同。

第 3 條　拍賣期限及地點

拍賣人應於○○○○年○○月○○日之前在○○○舉辦的拍賣會上對本合同所載拍賣標的進行拍賣。

第 4 條　拍賣標的的交付（轉移）及其時間、方式

拍賣標的經拍賣成交的，由○○○將標的交付（轉移）買受人。

若拍賣標的由拍賣人交付（轉移）買受人，委託人應於○○○○年○○月○○日前將本合同所載拍賣標的交付拍賣人，交付地點為○○○，交付方式為○○○○○，交付後保管費用由○○○承擔。

第 5 條　佣金、費用及其支付的方式、期限

拍賣標的經拍賣成交的，委託人應在交割之日起○日內向拍賣人支付成交價百分之○的佣金，支付方式為○○○○。

拍賣標的未成交的，委託人應向拍賣人支付如下費用：（略）

第 6 條　價款的支付方式及期限

拍賣標的經拍賣成交的，拍賣人應在交割之日起○○日內，將拍賣成交款支付給委託人，支付方式為○○○○。

第 7 條　拍賣標的的撤回與撤除

委託人在拍賣開始前可以撤回拍賣標的。

委託人撤回拍賣標的時，應當向拍賣人支付如下費用：（略）

拍賣人有確切證據證明拍賣標的存在下列情況之一時，有權撤除該標的，並不承擔由此產生的法律責任：

1. 拍賣標的的權屬狀況與委託人聲明不一致。

2. 拍賣標的存在委託人未聲明的重大瑕疵。

3. _____。

第 8 條　拍賣標的未售出的約定

因未成交或買受人未按約定交割等不可歸責於拍賣人的原因，致使拍賣標的未能售出時，委託人與拍賣人可以：(1) 續簽合同；(2) 解除合同。

雙方約定解除合同時，委託人應在接到拍賣人通知之日起○○日內領回拍賣標的，超過期限未領回，_____。

第 9 條　保密約定

拍賣人應當對委託人的 (1) 身分、(2) 保留價及○○○○進行保密。

第 10 條　其他約定

1. 委託人不得參與競賽，也不得委託他人代為競買本合同所列各拍賣標的。

2. 拍賣人不得擅自變更拍賣標的的保留價，也不得低於保留價拍賣各標的。

3. 拍賣人不得擅自將拍賣標的委託其他人進行拍賣。

4. _____。

5. _____。

第 11 條　違約責任

1. 拍賣人保管不善造成拍賣標的的毀損、滅失時，應參照標的保留價予以賠償。

2. 拍賣人沒有確切證據撤除拍賣標的時，應承擔以下責任：

第 12 條　爭議解決方式

雙方在履行合同過程中發生的爭議，應通過協商或○○○○部門調解解決；協商或調解不成的，按下列○種方式解決：

1. 提交○○仲裁委員會仲裁；

2. 依法向人民法院提起訴訟。

未盡事宜，可依照拍賣規則。拍賣規則與本合同不一致處，以本合同為準。

委託人：○○○（簽字或蓋章）

證照號碼：＿＿＿＿＿＿＿＿＿＿　國籍：＿＿＿＿＿＿＿＿＿＿

住所：＿＿＿＿＿＿＿＿＿＿＿＿＿＿＿＿＿＿＿＿＿＿＿＿＿

法定代表人：＿＿＿＿＿＿＿＿＿　聯繫電話：＿＿＿＿＿＿＿＿＿

E-mail：＿＿＿＿＿＿＿＿＿＿　傳真：＿＿＿＿＿＿＿＿＿

郵政編碼：＿＿＿＿＿＿＿＿＿＿　開戶銀行：＿＿＿＿＿＿＿＿＿

帳號：＿＿＿＿＿＿＿＿＿＿＿＿＿＿＿＿＿＿＿＿＿＿＿＿＿

委託代理人：＿＿＿＿＿＿＿＿＿　聯繫電話：＿＿＿＿＿＿＿＿＿

拍賣人：○○○（蓋章）

證照號碼：＿＿＿＿＿＿＿＿＿

住所：＿＿＿＿＿＿＿＿＿＿＿＿＿＿＿＿＿＿＿＿＿＿＿＿＿

法定代表人：＿＿＿＿＿＿＿＿＿　委託代理人：＿＿＿＿＿＿＿＿＿

聯繫電話：＿＿＿＿＿＿＿＿＿＿　E-mail：＿＿＿＿＿＿＿＿＿

傳真：＿＿＿＿＿＿＿＿＿＿　郵政編碼：＿＿＿＿＿＿＿＿＿

開戶銀行：＿＿＿＿＿＿＿＿＿＿　帳號：＿＿＿＿＿＿＿＿＿

＿＿＿＿＿＿＿＿＿＿＿＿＿＿＿＿＿＿＿＿＿＿＿＿＿＿＿＿＿＿＿

工商行政管理機關鑒證意見：

簽證機關（章）

經辦人：＿＿＿＿＿＿＿＿＿

＿＿＿年＿＿＿月＿＿＿日

註：拍賣人對於委託人的身分及保留價進行保密，並不得競買，亦不得委託他人競買。

第九節　居間合同

一、意義

居間合同是居間人向委託人報告訂立合同的機會或者提供訂立合同的媒介服務，委託人支付報酬的合同。

二、居間合同的主要條款

1. 委託的具體事項。
2. 委託事項的具體要求。
3. 居間期限。
4. 居間費用。
5. 居間報酬。
6. 居間方的保密責任。
7. 違約責任。
8. 爭議與仲裁。

三、合同範例

（一）中華人民共和國居間合同

1. 本合同的特點：本合同為居間合同，居間人促成合同成立的，居間活動的費用由居間人負擔為本合同特色。
2. 適用對象：本合同適用於居間合同。
3. 基本條款：訂立本合同應訂明居間合同之主要條款。
4. 相關法條：中華人民共和國合同法第二十三章居間合同。

居間合同 10-1-24

居間合同

合同編號：＿＿＿＿＿＿＿＿＿

委託人：＿＿＿＿＿＿＿＿　　簽訂地點：＿＿＿＿＿＿＿＿＿

居間人：＿＿＿＿＿＿＿＿　　簽訂時間：＿＿年＿＿月＿＿日

第1條　　委託事項及具體要求：

＿＿＿＿＿＿＿＿＿＿＿＿＿＿＿＿＿＿＿＿＿＿＿＿＿＿＿＿＿

＿＿＿＿＿＿＿＿＿＿＿＿＿＿＿＿＿＿＿＿＿＿＿＿＿＿＿＿＿

第2條　　居間期限：從○○○○年○○月○○日至○○○○年○○月○○日。

第3條　　報酬及支付期限：居間人促成合同成立的，報酬為促成合同成立金額的○或者（大寫）○○○元。委託人應在合同成立後的○○日內支付報酬。未促成合同成立的，居間人不得要求支付報酬。

第4條　　居間費用的負擔：居間人促成合同成立的，居間活動的費用由居間人負擔；未促成合同成立的，委託人應向居間人支付必要費用（大寫）○○○元。

第5條　　本合同解除的條件

　　　　　1. 當事人就解除合同協商一致。

　　　　　2. 因不可抗力致使不能實現合同目的。

　　　　　3. 在委託期限屆滿之前，當事人一方明確表示或者以自己的行為表明不履行主要義務。

　　　　　4. 當事人一方遲延履行主要義務，經催告後在合理期限內仍未履行。

　　　　　5. 當事人一方遲延履行義務或者有其他違約行為致使不能實現合同目的。

第 6 條　　委託人的違約責任：

　　　　　_____

　　　　　_____

第 7 條　　居間人的違約責任：

　　　　　_____

　　　　　_____

第 8 條　　合同爭議的解決方式：本合同在履行過程中發生的爭議，由雙方當事人協商解決；也可由當地工商行政管理部門調解；協商或調解不成的，接下列第○種方式解決：

　　　　　1. 提交○○仲裁委員會仲裁。

　　　　　2. 依法向人民法院起訴。

第 9 條　　其他約定事項：

第 10 條　　本合同未作規定的，按《中華人民共和國合同法》的規定執行。

委託人（章）：	居間人（章）：	鑑（公）證意見：
住所： 法定代表人： 居民身分證號碼	住所： 法定代表人： 居民身分證號碼	
委託代理人： 電話： 開戶銀行： 帳號： 郵政編碼：	委託代理人： 電話： 開戶銀行： 賬號： 郵政編碼：	鑑（公）證機關（章） 經辦人 　年　　月　　日
監制部門：	印制單位：	

註：本合同因居間人未促成合同成立，委託人應向居間人支付費用若干，為本合同特別規定。

第十節　行紀合同

一、定義

　　行紀合同是行紀人以自己的名義為委託人從事貿易活動，委託人支付報酬的合同。是指雙方當事人約定一方以自己的名義，用另一方當事人的費用，為該另一方當事人辦理動產和有價證券買賣等業務，並收到報酬的合同。

二、行紀合同的主要條款

1. 委託事項。
2. 委託具體要求。
3. 委託事項之報酬。
4. 行紀人爲委託事項支出的費用。
5. 違約責任。
6. 爭議的解決。
7. 其他需要約定的事項。

三、合同範例

（一）中華人民共和國行紀合同

1. 本合同的特點：本合同爲行紀合同，代辦事項應詳列爲本合同之特色。
2. 適用對象：本合同適用於典型行紀合同。
3. 基本條款：訂立本合同應訂明行紀合同之主要條款。
4. 相關法條：中華人民共和國合同法第二十二章行紀合同。

行紀合同 10-1-25

行紀合同

委託方：　　　　　　　　　　　　合同編號：

行紀方：　　　　　　　　　　　　簽訂地點：

　　　　　　　　　　　　　　　　簽訂時間：___年___月___日

　　根據《中華人民共和國經濟合同法》和有關法規的規定，行紀方接受委託方的委託，就代辦事項，雙方協商一致，簽訂本合同。

第 1 條　　代辦事項（具體約定是寄售、代購代銷貨物，還是其他法律事務）

第 2 條　　代辦事項的具體要求：（凡屬寄售和代購代銷貨物，應明確具體貨物品名、規格、型號、質量、數量，以及最低銷價或最高購價和時間要求）

第 3 條　　貨物保管責任及費用承擔

第 4 條　　酬金的計算給付方式、給付時間

第 5 條　　違約責任

第 6 條　　執行本合同發生爭議，由當事人雙方協商解決，協商不成，雙方同意由仲裁委員會仲裁（當事人雙方不在本合同中約定仲裁機構，事後又沒有達成書面仲裁協議的，可向人民法院起訴）。

第 7 條　　其他約定事項

委託方：	行紀方：
單位（人）	單位（人）：
名稱（章）：	名稱（章）：
地址：	地址：
法定代表人	法定代表人
或　　　　：	或　　　　：
委託代理人	委託代理人
電話：	電話：
電報掛號：	電報掛號：
郵政編碼：	郵政編碼：
開戶銀行：	開戶銀行：
帳號：	帳號：
	本合同有效期：
	自＿＿年＿＿月＿＿日至＿＿年＿＿月＿＿日

註：於行紀合同，應依本合同第 2 條規定詳細述明代辦事項的具體要求。

（二）中華人民共和國商品代銷合同

1. 本合同的特點：本合同爲商品代銷合同，爲行紀合同，由行紀人代銷委託人之商品，應取得報酬。
2. 適用對象：本合同適用於商品代銷合同。
3. 基本條款：訂立本合同應訂明行紀合同之主要條款。
4. 相關法條：中華人民共和國合同法第二十二章行紀合同。

行紀合同 10-1-26

商品代銷合同

合同編號：＿＿＿＿＿＿＿＿＿＿

委託人：＿＿＿＿＿＿＿＿＿	簽訂地點：＿＿＿＿＿＿＿＿＿
代銷人：＿＿＿＿＿＿＿＿＿	簽訂時間：＿＿年＿＿月＿＿日

第 1 條　　代銷商品、數量、價格

商品名稱	商品品牌	規格型號	生產廠家	計量單位	數量	單價

合計人民幣金額（大寫）：

第 2 條　　代銷商品的質量標準：

第 3 條　　代銷商品的交付時間、地點、方式及費用負擔：

第 4 條　代銷期限：從○○○○年○○月○○日至○○○○年○○月○○日。

第 5 條　代銷期限終止後，未售出的代銷商品的處理：

第 6 條　代銷商品報酬的計算方法是：

第 7 條　報酬、貨款的結算（可按下列方式選擇，未選擇的劃掉）

　　　　1. 已售商品的價款每月日結算一次，代銷人的相應報酬從價款中扣除。最後一批代銷商品價款與報酬在代銷期限終止時結清。

　　　　2. 已售商品達百分之○○時，代銷人與委託人結算一次價款，相應報酬從價款中扣除。最後一批代銷商品價款與報酬在代銷期限終止時結清。

　　　　3. _____。

第 8 條　本合同解除的條件：

第 9 條　違約責任：

第 10 條　合同爭議的解決方式：本合同在履行過程中發生的爭議，由雙方當事人協商解決；協商不成的，按下列第○種方式解決：

　　　　1. 提交○○仲裁委員會仲裁。

　　　　2. 依法向人民法院起訴。

第 11 條　其他約定事項：

委託人：	代銷人：
委託人名稱（章）：	代銷人名稱（章）：
住所：	住所：
法定代表人：	法定代表人：
居民身分證號碼	居民身分證號碼
電話：	電話：
開戶銀行：	開戶銀行：
帳號：	賬號：
郵政編碼：	郵政編碼：

監制部門：　　　　　　　　　印製單位：

註：行紀代銷委託人之商品之報酬貨幣經合計應確實，以免雙方發生糾紛，故本合同第 7 條應明確規定。

第十一節　保管合同

一、定義

　　保管合同是保管人保管寄存人交付的保管物，並返還該物的合同。雙方當事人約定一方將物品交付地方保管，寄存人應當按照約定向保管人支付保管費。當事人對保管費沒有約定或者約定不明確，依照合同法第 61 條的規定仍不能確定的，保管是無償的。

二、保管合同的主要條款

1. 保管物的名稱。
2. 保管物的數量。
3. 保管期限。
4. 保管物交付的方法。
5. 保管責任。
6. 保管費用及付款方法。
7. 爭議的解決方式。
8. 其他約定事項。

三、合同範例

（一）中華人民共和國保管合同

1. 本合同的特點：本合同爲保管合同，保管合同爲保管人爲寄存人保管物品，保管物在保管期間發生損壞，由保管人負賠償責任。
2. 適用對象：本合同適用於保管合同。
3. 基本條款：訂立本契約應訂明保管合同之主要條款。
4. 相關法條：中華人民共和國合同法第十九章保管合同。

保管合同 10-1-27

保管合同

合同編號：＿＿＿＿＿＿＿＿＿＿

保管人：＿＿＿＿＿＿＿＿＿＿＿＿＿＿＿＿＿＿＿＿

寄存人：＿＿＿＿＿＿＿＿＿＿＿＿＿＿＿＿＿＿＿＿

　　根據《中華人民共和國合同法》的規定，雙方本著平等互利的原則，經過協商，簽訂本保管合同，共同信守。

一、保管物的名稱：＿＿＿＿＿＿＿＿＿＿

二、保管物的數量：＿＿＿＿＿＿＿＿＿＿

三、保管期限：自○○○○年○○月○○日至○○○○年○○月○○日止。

四、保管物交付的方法：保管物在交付保管時，保管人應當驗收，確認有無損壞，並當面記錄。寄存人在提取保管物品時，應該當面檢查，是否符合原樣。

五、保管責任：

　　1. 保管物在保管期間發生的損壞，由保管人負賠償責任。

　　2. 寄存人隱瞞保管物自身的缺陷，導致保管期間發生損壞，由寄存人承擔責任。

　　3. ＿＿＿＿＿＿＿＿＿＿＿＿＿＿＿＿＿＿＿＿＿＿＿。

　　4. ＿＿＿＿＿＿＿＿＿＿＿＿＿＿＿＿＿＿＿＿＿＿＿＿＿＿。
六、保管費用及付款方法：
　　1. 在保管物交付保管時，寄存人應先行交付保管費用百分之○。
　　2. 在保管期滿，寄存人提取保管物時，應交付其餘保管費用。
　　3. 保管費總額為：＿＿＿＿＿＿＿＿＿＿＿。
　　4. 保管費用一律以現金交付。
七、爭議的解決方式：
　　本合同在履行過程中發生的爭議，由雙方當事人協商解決，也可由當地工商行政管理部
　　門調解；協商或調解不成的，按下列二種方式解決：
　　1. 提交○○仲裁委員會仲裁；
　　2. 依法向人民法院起訴。
八、其他約定事項
　　＿＿＿＿＿＿＿＿＿＿＿＿＿＿＿＿＿＿＿＿＿＿＿＿＿＿＿＿＿＿
　　＿＿＿＿＿＿＿＿＿＿＿＿＿＿＿＿＿＿＿＿＿＿＿＿＿＿＿＿＿＿

　　保管人名稱（姓名）：　　　　　　寄存人名稱（姓名）：
　　聯繫人：　　　　　　　　　　　　聯繫電話或聯繫方式：
　　聯繫電話：
　　合同簽訂時間：＿＿年＿＿月＿＿日
　　簽訂地點：＿＿＿＿＿＿＿＿＿＿

註：寄存人隱瞞保管物自身的缺陷，導致保管期間發生損壞由寄存人承擔責任。本合同為有償保管合同。

第十二節　倉儲合同

一、意義

　　倉儲合同是保管人儲存存貨人交付的倉儲物，存貨人支付倉儲費的合同。

二、倉儲合同的主要條款

1. 貨物的品種、品名。
2. 貨物的質量、包裝。
3. 貨物驗收的內容、標準、方法、時間。
4. 貨物保管條件和保管要求。
5. 貨物進出庫手續、時間、地點、運輸方式。
6. 貨物的損耗標準和損耗處理。
7. 計費項目、標準和結算方式以銀行帳號、時間。

8. 違約責任。

三、合同範例

（一）中華人民共和國倉儲合同

1. 本合同的特點：本合同為倉儲合同，倉儲合同為倉庫保管人與存貨人權利義務之合同，雙方權利義務皆根據本合同，如有有糾紛，則交付仲裁，或起訴。
2. 適用對象：本合同適用於倉儲合同。
3. 基本條款：訂立本合同應訂明倉儲合同之主要條款。
4. 相關法條：中華人民共和國合同法第二十章倉儲合同。

倉儲合同 10-1-28

倉儲合同

合同編號：＿＿＿＿＿＿＿＿＿

存貨人：＿＿＿＿＿＿＿＿　　簽訂地點：＿＿＿＿＿＿＿＿＿

保管人：＿＿＿＿＿＿＿＿　　簽訂時間：＿＿年＿＿月＿＿日

　　根據《中華人民共和國合同法》的有關規定，存貨人和保管人根據委託儲存計畫和倉儲容量，經雙方協商一致，簽訂本合同。

第 1 條　　倉儲物的品名、品種、規格、數量、質量、包裝件數和標記。
　　　　　　1. 貨物品名：＿＿＿＿＿＿＿＿＿＿＿＿＿＿＿＿＿＿＿＿＿。
　　　　　　2. 品種規格：＿＿＿＿＿＿＿＿＿＿＿＿＿＿＿＿＿＿＿＿＿。
　　　　　　3. 數量：＿＿＿＿＿＿＿＿＿＿＿＿＿＿＿＿＿＿＿＿＿＿＿。
　　　　　　4. 質量：＿＿＿＿＿＿＿＿＿＿＿＿＿＿＿＿＿＿＿＿＿＿＿。
　　　　　　5. 貨物包裝：＿＿＿＿＿＿＿＿＿＿＿＿＿＿＿＿＿＿＿＿＿。
　　　　　　6. 件數：＿＿＿＿＿＿＿＿＿＿＿＿＿＿＿＿＿＿＿＿＿＿＿。
　　　　　　7. 標記：＿＿＿＿＿＿＿＿＿＿＿＿＿＿＿＿＿＿＿＿＿＿＿。
第 2 條　　貨物驗收的內容、標準、方法、時間、資料
第 3 條　　貨物保管條件和保管要求
第 4 條　　貨物入庫、出庫手續、時間、地點、運輸方式
第 5 條　　貨物的損耗標準和損耗處理
第 6 條　　倉儲費計費項目、標準和結算方式
第 7 條　　違約責任
　　　　　　1. 保管人的責任
　　　　　　　　(1) 在貨物保管期間，未按合同規定的儲存條件和保管要求保管貨物，造成貨物滅失、短少、變質、污染、損壞的，應承擔賠償責任。
　　　　　　　　(2) 對於危險物品和易腐物品等未按國家和合同規定的要求操作、儲存造成毀損的，應承擔賠償責任。

(3) 由於保管人的責任，造成退倉不能入庫時，應按合同規定賠償存貨人運費和支付違約金○○元。

(4) 由保管人負責發運的貨物，不能按期發貨，應賠償存貨人逾期交貨的損失；錯發到貨地點，除按合同規定無償運到規定的到貨地點外，並賠償存貨人因此而造成的實際損失。

(5) 其他約定責任：

_____

_____

2. 存貨人的責任

(1) 由於存貨人的責任造成退倉不能入庫時，存貨人應償付相當於相應保管費百分之○（或百分之○）的違約金。超過議定儲存量儲存的，存貨人除交納保管費外，還應向保管人償付違約金○○元，或按雙方協議辦理。

(2) 易燃、易爆、易滲漏、有毒等危險物品，以及易腐、超限等特殊物品，必須在合同註明，並向保管人提供必要的保管運輸技術資料，否則造成的貨物毀損、倉庫毀損或人身死亡，由存貨人承擔賠償責任甚至刑事責任。

(3) 貨物臨近失效期或有異狀的，在保管人通知後不及時處理造成的損失，由存貨人承擔。

(4) 未按國家或合同規定的標準和要求對倉儲物進行必要的包裝，造成貨物損壞、變質的，由存貨人負責。

(5) 存貨人已通知出庫或合同期已到，由於存貨人（含用戶）的原因致使貨物不能如期出庫，存貨人除按合同的規定交付保管費外，並應償付違約金○○元。由於出庫憑證或調撥憑證上的差錯所造成的損失，由存貨人負責。

(6) 按合同規定由保管人代運的貨物，存貨人未按合同規定及時提供包裝材料，或未按規定期限變更貨物的運輸方式、到站、接貨人，應承擔延期的責任和增加的有關費用。

(7) 其他約定責任：

_____

_____

第 8 條　儲存期間

從○○○○年○月○日至○○○○年○月○日止。

第 9 條　變更和解除合同的期限

由於不可抗力事故，致使直接影響合同的履行或者不能按約定的條件履行時，遇有不可抗力事故的一方，應立即將事故情況電報通知對方，並應在○天內，提供事故詳情及合同不能履行、或者部分不能履行、或者需要延期履行的理由的有效證明文件，此項證明文件應由事故發生地區的機構出具。按照事故對履行合同影響的程度，由雙方協商解決是否解除合同，或者部分免除履行合同的責任，或者延期履行合同。

第 10 條　合同爭議的解決方式

本合同在履行過程中發生的爭議爭議，由雙方當事人協商解決；協商不成的，按下列第○種方式解決：

　　　　　1. 提交○○仲裁委員會仲裁。

　　　　　2. 依法向人民法院起訴。

　　　　　當事人雙方同意由○○仲裁委員會仲裁；當事人雙方未在本合同約定仲裁機構，事後又未達成書面仲裁協議的，可向人民法院起訴。

第 11 條　貨物商檢、驗收、包裝、保險、運輸等其他約定事項。

第 12 條　本合同未盡事宜，一律按《中華人民共和國合同法》執行。

存貨人（章）：	保管人（章）：
地址：	地址：
法定代表人：	法定代表人：
委託代理人：	委託代理人：
電話：	電話：
傳真：	傳真：
開戶銀行：	開戶銀行：
帳號：	帳號：
郵政編碼：	郵政編碼

鑑（公）證意見：

　　　　　　　　　　　　　　　　　　鑑（公證）機關（章）

　　　　　　　　　　　　　　　　　　經辦人：

註：存貨人對於易燃、易爆、易滲漏、有毒等危險物品，以及易腐，超限等特殊物品，必須於合同註明，否則應負民事及刑事責任。

第十三節　運輸合同

一、意義

　　運輸合同是承運人將旅客或貨物從起運地點運輸到約定地點，旅客、托運人或收貨人支付票款或者運輸費用的合同。

二、運輸合同的主要條款

1. 一般形式合同：其主要條款：

　(1) 託運人、收貨人的名稱和詳細地址。

　(2) 發站（港）和到站（港）。

　(3) 如果是聯運，要註明聯繫貨物的換裝站（港）。

　(4) 貨物的名稱、件數和重量。

　(5) 車（船）種、車次（船次或飛機架次）。

　(6) 違約責任。

(7) 雙方約定的其他事項。

　　如果是公路運輸合同，還有如下條款：① 運輸的質量和安全要求；② 貨物的裝卸責任和裝卸方法；③ 貨物交接的手續；④ 批量運輸的起止日期；運輸計畫的提送貨期限和計畫限量；⑤ 運雜費的計算標準和結算方式；⑥ 變更和解除合同的期限。

　　如果是航空運輸合同，還應列有國家規定的標明包裝儲運的指示標誌。

2. 運單形式合同：其主要條款是：

(1) 託運人、收貨人及其詳細地址。

(2) 發站（港）、到站（港）或機場所在城市名稱。

(3) 聯運貨物的換裝站（港）。

(4) 貨物名稱、件數、重量或體積。

(5) 貨物包裝物標誌。

(6) 承運日期和運達日期。

(7) 運雜費及其結算方式。

(8) 車（船）號和貨號。

(9) 水運貨物運單，還要寫明貨物的價值。

三、合同範例

（一）中華人民共和國貨物運輸合同

1. 本合同的特點：本合同為貨物運輸合同，由託運方委託承運方運送貨物的合同。

2. 適用對象：本合同適用於貨物運輸合同。

3. 基本條款：訂立本合同應訂明運輸合同之主要條款。

4. 相關法條：中華人民共和國合同法第十七章運輸合同。

運輸合同 10-1-29

貨物運輸合同

訂立合同雙方：

託運方：＿＿＿＿＿＿＿＿＿

承運方：＿＿＿＿＿＿＿＿＿

託運方詳細地址：_____
收貨方詳細地址：_____
根據國家有關運輸規定，經過雙方充分協商，特訂立本合同，以便雙方共同遵守。

第 1 條　　貨物名稱、規格、數量、價款

貨物編號	品名	規格	單位	單價	數量	金額（元）

第 2 條　　包裝要求託運方必須按照國家主管機關規定的標準包裝；沒有統一規定包裝標準的，應根據保證貨物運輸安全的原則進行包裝，否則承運方有權拒絕承運。

第 3 條　　貨物起運點：
　　　　　貨物到達地點：

第 4 條　　貨物承運日期：
　　　　　貨物運到期限：

第 5 條　　運輸質量及安全要求：

第 6 條　　貨物裝卸責任和方法：

第 7 條　　收貨人領取貨物及驗收辦法：

第 8 條　　運輸費用、結算方式：

第 9 條　　各方的權利義務

一、託運方的權利義務

1. 託運方的權利：要求承運方按照合同規定的時間、地點，把貨物運輸到目的地。貨物託運後，託運方需要變更到貨地點或收貨人，或者取消託運時，有權向承運方提出變更合同的內容或解除合同的要求。但必須在貨物未運到目的地之前通知承運方，並應按有關規定付給承運方所需費用。

2. 託運方的義務：按約定向承運方交付運雜費。否則，承運方有權停止運輸，並要求對方支付違約金。託運方對託運的貨物，應按照規定的標準進行包裝，遵守有關危險品運輸的規定，按照合同中規定的時間和數量交付託運貨物。

二、承運方的權利義務

1. 承運方的權利：向託運方、收貨方收取運雜費用。如果收貨方不交或不按時交納規定的各種運雜費用，承運方對其貨物有扣壓權，查不到收貨人或收貨人拒絕提取貨物，承運方應及時與託運方聯繫，在規定期限內負責保管並有權收取保管費用，對於超過規定期限仍無法交付的貨物，承運方有權按有關規定予以處理。

2. 承運方的義務：在合同規定的期限內，將貨物運到指定的地點，按時向收貨人發出貨物到達的通知。對託運的貨物要負責安全，保證貨物無短缺、無損壞、無人為的變質。如有上述問題，應承擔賠償義務。在貨物到達以後，按規定的期限，負責保管。

三、收貨人的權利義務

1. 收貨人的權利：在貨物運到指定地點後有以憑證領取貨物的權利。必要時，收貨人有權向到站、或中途貨物所在站提出變更到站或變更收貨人的要求，簽訂變更協議。
2. 收貨人的義務：在接到提貨通知後，按時提取貨物，繳清應付費用。超過規定提貨時，應向承運人交付保管費。

第 10 條　違約責任

一、託運方責任：

1. 未按合同規定的時間和要求提供託運的貨物，託運方應按其價值的百分之○償付給承運方違約金。
2. 由於在普通貨物中夾帶、匿報危險貨物，錯報笨重貨物重量等而招致吊具斷裂、貨物摔損、吊機傾翻、爆炸、腐蝕等事故，託運方應承擔賠償責任。
3. 由於貨物包裝缺陷產生破損，致使其他貨物或運輸工具、機械設備被污染腐蝕、損壞，造成人身傷亡的，託運方應承擔賠償責任。
4. 在託運方專用線或在港、站公用線、專用鐵道自裝的貨物，在到站卸貨時，發現貨物損壞、缺少，在車輛施封完好或無異狀的情況下，託運方應賠償收貨人的損失。
5. 罐車發運貨物，因未隨車附帶規格質量証明或化驗報告，造成收貨方無法卸貨時，託運方應償付承運方卸車等存費及違約金。

二、承運方責任：

1. 不按合同規定的時間和要求配車（船）發運的承運方應償付託運方違約金○○○元。
2. 承運方如將貨物錯運到貨地點或接貨人，應無償運至合同規定的到貨地點或接貨人。如果貨物逾期達到，承運方應償付逾期交貨的違約金。
3. 運輸過程中貨物滅失、短少、變質、污染、損壞，承運方應按貨物的實際損失（包括包裝費、運雜費）賠償託運方。
4. 聯運的貨物發生滅失、短少、變質、污染、損壞，應由承運方承擔賠償責任的，由終點階段的承運方向負有責任的其他承運方追償。
5. 在符合法律和合同規定條件下的運輸，由於下列原因造成貨物滅失、短少、變質、污染、損壞的，承運方不承擔違約責任。
   (1) 不可抗力。
   (2) 貨物本身的自然屬性。
   (3) 貨物的合理損耗。
   (4) 託運方或收貨方本身的過錯。

本合同正本一式二份，合同雙方各執一份，合同副本一式○份，送……等單位各留一份。

託運方：＿＿＿＿＿　　　　承運方：＿＿＿＿＿
代表人：＿＿＿＿＿　　　　代表人：＿＿＿＿＿
地址：＿＿＿＿＿　　　　　地址：＿＿＿＿＿
電話：＿＿＿＿＿　　　　　電話：＿＿＿＿＿

```
┌─────────────────────────────────────────────────────────┐
│  開戶銀行：＿＿＿＿＿＿      開戶銀行：＿＿＿＿＿＿          │
│  帳號：＿＿＿＿＿＿          帳號：＿＿＿＿＿＿             │
│                                      ＿＿年＿＿月＿＿日訂  │
└─────────────────────────────────────────────────────────┘
```

註：本契約第 10 條規定託運方及承運方之違約責任，應予以注意。

第十四節 ） 技術合同

一、定義

　　技術合同是當事人就技術開發、轉讓、諮詢或服務訂立的確立相互之間權利和義務的合同。

二、技術合同的主要條款

1. 項目名稱。
2. 標的內容、範圍和要求。
3. 履行的計劃、進度、期限、地點、地域和方式。
4. 技術情報和資料的保密。
5. 風險責任的承擔。
6. 技術成果的歸屬和收益的分成方法。
7. 驗收標準和方法。
8. 價款、報酬或使用費及其支付方式。
9. 違約金或損失賠償的計算方法。
10. 解決爭議的方法。
11. 名詞和術語的解釋。

　　與履行合同有關的技術背景資料，可行性論證和技術評價報告，項目任務和計畫書、技術標準、技術規範、原始設計和工藝文件，以及其他技術文檔，按照當事人的約定可以作為合同的組成部分。

　　技術合同涉及專利的，應當註明發明創造的名稱、專利申請人和專利權人、申請日期、申請號、專利號以及專利權的有效期。

三、合同範例

【技術開發】

（一）中華人民共和國技術開發合同

1. 本合同的特點：本合同技術開發合同、委託人與研究開發人訂立本合同開發新技術。
2. 適用對象：本合同適用於技術開發的合同。
3. 基本條款：訂立本合同應訂明技術合同之主要條款。
4. 相關法條：中華人民共和國合同法第十八章第二節技術開發合同。

技術合同 10-1-30

技術開發合同

合同登記編號：

項目名稱：＿＿＿＿＿＿＿＿＿＿＿＿＿＿＿＿＿＿

委託人：＿＿＿＿＿＿＿＿＿＿＿＿＿＿＿＿＿

研究開發人：＿＿＿＿＿＿＿＿＿＿＿＿＿＿

簽訂地點：＿＿＿＿省＿＿＿＿市（縣）

簽訂日期：＿＿＿＿年＿＿＿＿月＿＿＿＿日

有效期限：＿＿＿＿年＿＿＿＿月＿＿＿＿日至＿＿＿＿年＿＿＿＿月＿＿＿＿日

填寫說明

一、「合同登記編號」的填寫方法：
　　合同登記編號為十四位，左起第一、二位為公歷年代號，第三、四位為省、自治區、直轄市編碼，第五、六位為地、市編碼，第七、八位為合同登記點編號，第九至十四位為合同登記序號，以上編號不足位的補零，各地區編碼按 GB2260-84 規定填寫（合同登記序號由各地區自行決定）。

二、技術開發合同是指當事人之間就新技術、新產品、新工藝和新材料及其系統的研究開發所訂立的合同，技術開發合同包括委託開發合同和合作開發合同。

三、計畫內項目應填寫國務院部委、省、自治區、直轄市、計畫單列市、地、市（縣）級計畫，不屬於上計畫的項目此欄劃（／）表示。

四、標的技術的內容、形式：
　　包括開發項目應達到的技術經濟指標、開發目的、使用範圍及效益情況、成果提交方式及數量。
　　提交開發成果可採取下列形式：
　　1. 產品設計、工藝規程、材料配方和其他圖紙、論文、報告等技術文件；

　2. 磁盤、磁帶、計算機軟件；

　3. 動物或植物新品種、微生物菌種；

　4. 樣品、樣機；

　5. 成套技術設備。

五、研究開發計畫：

　包括當事人各方實施開發項目的階段進度，各個階段要解決的技術問題，達到的目標和完成的期限等。

六、技術情報和資料的保密：

　包括當事人各方情報和資料保密義務的內容、期限和洩露技術秘密應承擔的責任。

　雙方可以約定，不論本合同是否變更、解除、終止、本條款均有效。

七、其他：

　合同如果是透過中介機構介紹簽訂的，應將中介合同作為本合同的附件。

　如果雙方當事人約定定金、財產抵押及擔保的，應將給付定金、財產抵押及擔保手續的複印件作為本合同的附件。

八、委託代理人簽訂本合同書時，應出具委託證書。

九、本合同書中，凡是當事人約定認為無需填寫的條款，在該條款填寫的空白處劃（／）表示。

　依據《中華人民共和國合同法》的規定，合同雙方就　項目的技術開發（該項目屬_____計畫※），經協商一致，簽訂本合同。

一、※標的技術的內容、形式和要求：

_____

_____

二、應達到的技術指標和參數：

_____

_____

三、※研究開發計畫：

_____

_____

四、研究開發經費、報酬及其支付或結算方式：

　（一）研究開發經費是指完成本項研究開發工作所需的成本；報酬是指本項目開發成果的使用費和研究開發人員的科研補貼。

　　　本項目研究開發經費及報酬：_____元

　　　其中：委託人提供_____元，研究開發人提供_____元。

　　　如開發成本實報實銷，雙方約定如下：

_____

_____

　（二）經費和報酬支付方式及時限（採用以下第_____種方式）：

　　　一次總付：_____元，時間：_____

　　　分期支付：_____元，時間：_____

　　　　　　　　_____元，時間：_____

　　　按利潤_____% 提成，期限：_____

　　　按銷售額_____% 提成，期限：_____

　　　其他方式：_____

五、利用研究開發經費購置的設備、器材、資料的財產權屬：

_____

_____

六、履行的期限、地點和方式：

本合同自_____年_____月_____日至_____年_____月_____日在_____（地點）
履行。

本合同的履行方式：

_____

_____

七、※技術情報和資料的保密：

_____

_____

八、技術協作和技術指導的內容：

_____

_____

九、風險責任的承擔：

在履行本合同的過程中，確因在現有水平和條件下難以克服的技術困難，導致研究開發
部分或全部失敗所造成的損失，風險責任由_____承擔。（1.研究開發人；2.雙
方；3.雙方另行商定）

經約定，風險責任委託人承擔_____%

　　　　　　研究開發人承擔_____%

本項目風險責任確認的方式為：

_____

_____

十、技術成果的歸屬和分享：

（一）專利申請權：

_____

（二）非專利技術成果的使用權、轉讓權：

_____

十一、驗收的標準和方式：

研究開發所完成的技術成果，達到了本合同第 2 條所列技術指標，按_____
標準，採用_____方式驗收，由_____人出具技術項目驗收證明。

十二、違約金或者損失賠償額的計算方法：

違反本合同約定，違約方應當按《合同法》第 333 條、第 334 條、第 336 條規定承擔
違約責任。

（一）違反本合同第＿＿＿＿＿＿條約定，人應當承擔違約責任，承擔方式和違約金額如下：

＿＿＿＿＿＿＿＿＿＿＿＿＿＿＿＿＿＿＿＿＿＿＿＿＿＿＿＿

（二）違反本合同第＿＿＿＿＿＿條約定，＿＿＿＿＿＿人應當承擔違約責任，承擔方式和違約金額如下：

＿＿＿＿＿＿＿＿＿＿＿＿＿＿＿＿＿＿＿＿＿＿＿＿＿＿＿＿

＿＿＿＿＿＿＿＿＿＿＿＿＿＿＿＿＿＿＿＿＿＿＿＿＿＿＿＿

（三）＿＿＿＿＿＿＿＿＿＿＿＿＿＿＿＿＿＿＿＿＿＿＿＿＿＿

＿＿＿＿＿＿＿＿＿＿＿＿＿＿＿＿＿＿＿＿＿＿＿＿＿＿＿＿

十三、合同爭議的解決方式：

本合同在履行過程中發生的爭議，由雙方當事人協商解決；協商不成的，按下列第＿＿＿＿＿＿種方式解決：

（一）提交＿＿＿＿＿＿仲裁委員會仲裁；

（二）依法向人民法院起訴。

十四、名詞和術詞的解釋：

＿＿＿＿＿＿＿＿＿＿＿＿＿＿＿＿＿＿＿＿＿＿＿＿＿＿＿＿＿

＿＿＿＿＿＿＿＿＿＿＿＿＿＿＿＿＿＿＿＿＿＿＿＿＿＿＿＿＿

十五、※其他（含中介人的權利、義務、服務費及其支付方式、定金、財產抵押、擔保等上述條款未盡事宜）：

＿＿＿＿＿＿＿＿＿＿＿＿＿＿＿＿＿＿＿＿＿＿＿＿＿＿＿＿＿

＿＿＿＿＿＿＿＿＿＿＿＿＿＿＿＿＿＿＿＿＿＿＿＿＿＿＿＿＿

＿＿＿＿＿＿＿＿＿＿＿＿＿＿＿＿＿＿＿＿＿＿＿＿＿＿＿＿＿

	名稱（或姓名）			（簽章）
委託人	法定代表人	（簽章）	委託代理人	（簽章）
	聯繫人			（簽章）
	住所（通訊地址）			
	電話		電掛	
	開戶銀行			
	帳號		郵政編碼	
研究開發人	名稱（或姓名）			（簽章）
	法定代表人	（簽章）	委託代理人	（簽章）
	聯繫人			（簽章）
	住所（通訊地址）			
	電話		電掛	
	開戶銀行			
	帳號		郵政編碼	

	單位名稱				（簽章）
中介人	法定代表人		（簽章）	委託代理人	（簽章）
	聯繫人				（簽章）
	住所 （通訊地址）				
	電話			電掛	
	開戶銀行				
	帳號			郵政編碼	

印花稅票黏貼處

登記機關審查登記欄：

技術合同登記機關（專用章）

經辦人：　　　（簽章）　　　　年　　月　　日

註：1. 本合同填寫說明第6條規定技術情報和資料的保密，應予以注意。
　　2. 本合同標有※號的條款按填寫說明填寫。

【技術轉讓】

（一）中華人民共和國技術轉讓合同

1. 本合同的特點：本合同為技術轉讓合同，合同當事人就專利權轉讓、專利申請權轉讓、專利實施許可、非專利技術轉讓所訂立的合同。
2. 適用對象：本合同適用於技術轉讓的合同。
3. 基本條款：訂立本合同應訂明技術合同的主要條款。
4. 相關法條：中華人民共和國合同法第十八章第三節技術轉讓合同。

技術合同 10-1-31

技術轉讓合同

項目名稱：＿＿＿＿＿＿＿＿＿＿

受讓人：＿＿＿＿＿＿＿＿＿＿

讓與人：＿＿＿＿＿＿＿＿＿＿

簽訂地點：＿＿＿＿＿＿＿＿＿省＿＿＿＿＿＿＿＿＿市（縣）

簽訂日期：＿＿年＿＿月＿＿日

有效期限：＿＿年＿＿月＿＿日至＿＿年＿＿月＿＿日

填寫說明

一、「合同登記編號」的填寫方法：

合同登記編號為十四位，左起第一、二位為公歷年代號，第三、四位為省、自治區、直轄市編碼，第五、六位為地、市編碼，第七、八位為合同登記點編號，第九至十四位為合同登記序號，以上編號不足位的補零，各地區編碼按 GB2260-84 規定填寫（合同登記序號由各地區自行決定）。

二、技術轉讓合同是指當事人就專利權轉讓、專利申請權轉讓、專利實施許可、非專利技術轉讓所訂立的合同。本合同書適用於非專利技術轉讓合同，專利權轉讓合同、專利申請權轉讓合同、專利實施許可合同，採用專利技術合同書文本簽訂。

三、計畫內項目應填寫國務院部委、省、自治區、直轄市、計畫單列市、地、市（縣）級計畫，不屬於上述計畫的項目此欄劃（／）表示。

四、技術保密的範圍和保密期限：

是指各方承擔技術保密義務的內容、保密的地域範圍和保密的起止時間、洩漏技術秘密應承擔的責任。

五、使用非專利技術的範圍：

是指使用非專利技術的地域範圍和具體方式。

六、其他：

合同如果是透過中介機構介紹簽訂的，應將中介合同作為本合同的附件。

如雙方當事人約定定金、財產抵押及擔保的，應將給付定金、財產抵押及擔保手續的複印件作為本合同的附件。

七、委託代理人簽訂本合同書時，應出具委託證書。

八、本合同書中，凡是當事人約定無需填寫的條款，在該條款填寫的空白處劃（／）表示。

依據《中華人民共和國合同法》的規定。合同雙方就_____轉讓（該項目屬_____計畫※），經協商一致，簽訂本合同。

一、非專利技術的內容、要求和工業化開發程度：

_____

二、技術情報和資料及其提交期限、地點和方式：

讓與人自合同生效之日起___天內，在_____（地點），以_____方式，向受讓人提供下列技術資料：

_____

三、※本項目技術秘密的範圍和保密期限：_____

四、※使用非專利技術的範圍：

受讓人：_____讓與人：_____

五、驗收標準和方法：

受讓人使用該項技術，試生產_____後，達到了本合同第 1 條所列技術指標，按_____標準，採用_____方式驗收，由_____方出具技術項目驗收證明。

六、經費及其支付方式：

（一）成交總額_____元。

其中技術交易額（技術使用費）：_____ 元。

（二）支付方式（採用以下第_____ 種方式）：

1. 一次總付：_____ 元，時間：_____ 。

2. 分期支付：_____ 元，時間：_____ 。

_____ 元，時間：_____ 。

3. 按利潤_____ % 提成，期限：_____ 。

4. 按銷售額_____ % 提成，期限：_____ 。

5. 其他方式：

七、違約金或者損失賠償額的計算方法：

違反本合同約定，違約方應當按《合同法》第351條、第352條規定承擔違約責任。

（一）違反本合同第_____ 條約定，_____ 人應當承擔違約責任，承擔方式和違約金額如下：

_____

_____

（二）違反本合同第_____ 條約定，_____ 人應當承擔違約責任，承擔方式和違約金額如下：

_____

_____

（三）_____

_____

_____

八、技術指導的內容（含地點、方式及費用）：

_____

_____

九、後續改進的提供與分享：

本合同所稱的後續改進，是指在本合同有效期內，任何一方或者雙方對合同標的的技術成果所作的革新和改進。雙方約定，本合同標的的技術成果後續改進由_____ 人完成，後續改進成果屬於_____ 人。

十、合同爭議的解決方式：

本合同在履行過程中發生的爭議，由雙方當事人協商解決；協商不成的，按下列_____ 種方式解決：

（一）提交_____ 仲裁委員會仲裁；

（二）依法向人民法院起訴。

十一、名詞和術語的解釋：

_____

_____

十二、※其他（含中介人的權利、義務、服務費及其支付方式、定金、財產抵押、擔保等上述條款未盡事宜）：

_____

_____

	名稱（或姓名）			（簽章）
受讓人	法定代表人	（簽章）	委託代理人	（簽章）
	聯繫人			（簽章）
	住所（通訊地址）			
	電話		電掛	
	開戶銀行			
	帳號		郵政編碼	
	名稱（或姓名）			（簽章）
讓與人	法定代表人	（簽章）	委託代理人	（簽章）
	聯繫人			（簽章）
	住所（通訊地址）			
	電話		電掛	
	開戶銀行			
	帳號		郵政編碼	
	單位名稱		（公章）	年　月　日
中介人	法定代表人	（簽章）	委託代理人	（簽章）
	聯繫人			（簽章）
	住所（通訊地址）			
	電話		電掛	
	開戶銀行			
	帳號		郵政編碼	

印花稅票黏貼處

登記機關審查登記欄：

技術合同登記機關（專用章）

經辦人：　　（簽章）　　　年　月　日

註：1. 本合同填寫說明第 5 條規定使用非專利技術的範圍。
　　2. 本合同標有※號按填寫說明填寫。

【技術服務】

（一）中華人民共和國技術諮詢合同

1. 本合同的特點：本合同為技術諮詢合同。合同當事人之一方為他方就特定技術

　　項目提供可行性論證、技術預測、專題技術調查、分析評價報告。

2. **適用對象**：本合同適用於技術諮詢的合同。
3. **基本條款**：訂立本合同應訂明技術合同之主要條款。
4. **相關法條**：中華人民共和國合同法第八章及第十八章第一節。

技術合同 10-1-32

技術諮詢合同

項目名稱：＿＿＿＿＿＿＿＿＿
合同登記編號：

項目名稱：＿＿＿＿＿＿＿＿＿
委託人：＿＿＿＿＿＿＿＿＿
受託人：＿＿＿＿＿＿＿＿＿
簽訂地點：＿＿＿＿＿＿＿＿省＿＿＿＿＿＿＿＿市（縣）
簽訂日期：＿＿年＿＿月＿＿日
有效期限：＿＿年＿＿月＿＿日至＿＿年＿＿月＿＿日

填寫說明

一、「合同登記編號」的填寫方法：
　　合同登記編號為十四位，左起第一、二位為公歷年代號，第三、四位為省、自治區、直轄市編碼，第五、六位為地、市編碼，第七、八位為合同登記點編號，第九至十四位為合同登記序號，以上編號不足位的補零，各地區編碼按 GB2260-84 規定填寫（合同登記序號由各地區自行決定）。
二、技術諮詢合同是指當事人一方為另一方就特定技術項目提供可行性論證、技術預測、專題技術調查、分析評價報告所訂立的合同。
三、計畫內項目應填寫國務院部委、省、自治區、直轄市、計畫單列市、地、市（縣）級計畫，不屬於上述計畫的項目此欄劃（／）表示。
四、技術情報和資料的保密：
　　包括當事人各方情報和資料保密義務的內容、期限和洩漏技術秘密應承擔的責任。
　　雙方可以約定，本合同變更、解除、終止，本條款均有效。
五、其他：
　　合同如果是透過中介機構介紹簽訂的，應將中介合同作為本合同的附件。
六、委託代理人在簽訂本合同書時，應出具委託證書。
七、本合同書中，凡是當事人約定無需填寫的條款，在該條款填寫的空白處劃（／）表示。

　　依據《中華人民共和國合同法》的規定，合同雙方就＿＿＿＿＿項目的技術諮詢（該項目屬＿＿＿＿＿計畫※），經協商一致，簽訂本合同。
一、諮詢的內容、形式和要求：
　　＿＿＿＿＿＿＿＿＿＿＿＿＿＿＿＿＿＿＿＿＿＿＿＿＿＿＿＿＿

二、履行期限、地點和方式：

　　本合同自＿＿＿年＿＿＿月＿＿＿日至＿＿＿年＿＿＿月＿＿＿日在＿＿＿＿＿＿＿（地點）履行。

　　本合同的履行方式：

　　＿＿＿＿＿＿＿＿＿＿＿＿＿＿＿＿＿＿＿＿＿＿＿＿＿＿＿＿＿＿＿

三、委託人的協作事項：

　　在合同生效後＿＿＿＿＿＿＿＿＿＿＿＿（時間）內，委託人應向受託人提供下列資料和工作條件：

　　＿＿＿＿＿＿＿＿＿＿＿＿＿＿＿＿＿＿＿＿＿＿＿＿＿＿＿＿＿＿＿

　　其他：＿＿＿＿＿＿＿＿＿＿＿＿＿＿＿＿＿＿＿＿＿＿＿＿＿＿＿＿＿

四、※技術情報和資料的保密：

　　＿＿＿＿＿＿＿＿＿＿＿＿＿＿＿＿＿＿＿＿＿＿＿＿＿＿＿＿＿＿＿

五、驗收、評價方法：

　　諮詢報告達到了本合同第一項所列要求，採用＿＿＿＿＿＿＿方式驗收，由＿＿＿＿＿＿＿人出具技術諮詢驗收證明。

　　評價方法：

　　＿＿＿＿＿＿＿＿＿＿＿＿＿＿＿＿＿＿＿＿＿＿＿＿＿＿＿＿＿＿＿

　　＿＿＿＿＿＿＿＿＿＿＿＿＿＿＿＿＿＿＿＿＿＿＿＿＿＿＿＿＿＿＿

六、報酬及其支付方式：

　　（一）本項目報酬（諮詢經費）：＿＿＿＿＿＿＿元。

　　　　　受託人進行調查研究、分析論證、試驗測定的經費為＿＿＿＿＿＿＿元，由＿＿＿＿＿＿＿人負擔。（此項經費如包含在諮詢經費中則不再單列）

　　（二）支付方式（採用以下第＿＿＿＿＿＿＿種方式）：

　　　　　一次總付：＿＿＿＿＿＿＿元，時間：＿＿＿＿＿＿＿。

　　　　　分期支付：＿＿＿＿＿＿＿元，時間：＿＿＿＿＿＿＿。

　　　　　　　　　　＿＿＿＿＿＿＿元，時間：＿＿＿＿＿＿＿。

　　　　　其他方式：

　　　　　＿＿＿＿＿＿＿＿＿＿＿＿＿＿＿＿＿＿＿＿＿＿＿＿＿＿＿＿

　　　　　＿＿＿＿＿＿＿＿＿＿＿＿＿＿＿＿＿＿＿＿＿＿＿＿＿＿＿＿

七、違約金或損失賠償額的計算方法：

　　違反本合同約定，違約方應當按《合同法》第三五九條規定，承擔違約責任。

　　（一）違反本合同第＿＿＿＿＿＿＿條約定，＿＿＿＿＿＿＿人應當承擔違約責任，承擔方式和違約金額如下：

　　（二）違反本合同第＿＿＿＿＿＿＿條約定，＿＿＿＿＿＿＿人應當承擔違約責任，承擔方式和違約金額如下：

　　　　　＿＿＿＿＿＿＿＿＿＿＿＿＿＿＿＿＿＿＿＿＿＿＿＿＿＿＿＿

　　　　　＿＿＿＿＿＿＿＿＿＿＿＿＿＿＿＿＿＿＿＿＿＿＿＿＿＿＿＿

　　　　　＿＿＿＿＿＿＿＿＿＿＿＿＿＿＿＿＿＿＿＿＿＿＿＿＿＿＿＿

　　（三）＿＿＿＿＿＿＿＿＿＿＿＿＿＿＿＿＿＿＿＿＿＿＿＿＿＿＿＿

　　　　　＿＿＿＿＿＿＿＿＿＿＿＿＿＿＿＿＿＿＿＿＿＿＿＿＿＿＿＿

八、合同爭議的解決方式：

　　本合同在履行過程中發生的爭議，由雙方當事人協商解決；協商不成的，按下列第_____種方式解決：

　　（一）提交_____仲裁委員會仲裁；

　　（二）依法向人民法院起訴。

九、※其他（含中介人權利、義務、服務費及其支付方式等上述條款未盡事宜）：

　　_____

　　_____

委託人	名稱（或姓名）			（簽章）
	法定代表人	（簽章）	委託代理人	（簽章）
	聯繫人			（簽章）
	住所（通訊地址）			
	電話		電掛	
	開戶銀行			
	帳號		郵政編碼	
受託人	名稱（或姓名）			（簽章）
	法定代表人	（簽章）	委託代理人	（簽章）
	聯繫人			（簽章）
	住所（通訊地址）			
	電話		電掛	
	開戶銀行			
	帳號		郵政編碼	
中介人	單位名稱	（公章）	年　月　日	
	法定代表人	（簽章）	委託代理人	（簽章）
	聯繫人			（簽章）
	住所（通訊地址）			
	電話		電掛	
	開戶銀行			
	帳號		郵政編碼	

印花稅票黏貼處

登記機關審查登記欄：

　　　　　　　　　　技術合同登記機關（專用章）

經辦人：　　（簽章）　　　　　年　月　日

註：1. 本合同填寫說明第 5 條規定本合同如經中介機構介紹簽訂，應將中介合同作為本合同　附件。

　　2. 本合同標有※號的條款按填寫說明填寫。

（二）中華人民共和國技術服務合同

1. 本合同的特點：本合同為技術服務合同。技術服務合同是當事人之一方為他方以技術知識為他方解決特定技術問題所訂立的合同。
2. 適用對象：本合同適用於技術服務的合同。
3. 基本條款：訂立本合同應訂明技術合同之主要條款。
4. 相關法條：中華人民共和國合同法第八章及第十八章第一節。

技術合同 10-1-33

技術服務合同

（含技術培訓、技術中介）

合同登記編號：

項目名稱：＿＿＿＿＿＿＿＿＿＿＿＿

委託人：＿＿＿＿＿＿＿＿＿＿＿＿

受託人：＿＿＿＿＿＿＿＿＿＿＿＿

簽訂地點：＿＿＿＿＿＿＿＿＿省＿＿＿＿＿＿＿＿市（縣）

簽訂日期：＿＿＿年＿＿＿月＿＿＿日

有效期限：＿＿＿年＿＿＿月＿＿＿日至＿＿＿年＿＿＿月＿＿＿日

填寫說明

一、「合同登記編號」的填寫方法：

合同登記編號為十四位，左起第一、二位為公歷年代號，第三、四位為省、自治區、直轄市編碼，第五、六位為地、市編碼，第七、八位為合同登記點編號，第九至十四位為合同登記序號，以上編號不足位的補零，各地區編碼按 GB2260-84 規定填寫（合同登記序號由各地區自行決定）。

二、技術服務合同是指當事人一方以技術知識為另一方解決特定技術問題所訂立的合同。技術服務合同中包括技術培訓合同和技術中介合同。

技術培訓合同是指當事人一方委託另一方對指定的專業技術人員進行特定項目的技術指導和專業訓練所訂立的合同。

技術中介合同是指當事人一方以知識、技術、經驗和信息為另一方與第三方訂立技術合同進行聯繫，介紹、組織工業化開發並對履行合同提供服務所訂立的合同。

三、計畫內項目應填寫國務院部委、省、自治區、直轄市、計畫單列市、地、市（縣）級計畫，不屬於上述計畫的項目此欄劃（／）表示。

四、服務內容、方式和要求：

包括技術服務的特徵、標的範圍及效益情況；特定技術問題的難度、主要技術經濟指標；具體的做法、手段、程序以及交付成果的形式。

屬技術培訓合同的，此條款填寫培訓內容和要求，以及培訓計畫、進度。

屬技術中介合同，此條款填寫中介內容和要求。

五、工作條件和協作事項：

包括委託人為受託人提供的資料、文件及其他條件，雙方協作的具體事項。

屬技術培訓合同，此條款填寫培訓所需必要場地、設施和試驗條件，以及當事人各方應當約定提供和管理有關場地、設施和試驗條件的責任。

六、其他：

合同如果是透過中介機構介紹簽訂的，應將中介合同作為本合同的附件。

如果雙方當事人約定定金、財產抵押擔保的，應將給付定金、財產抵押及擔保手續的複印件作為本合同的附件。

七、委託代理人簽訂本合同書時，應出具委託證書。

八、本合同書中，凡是當事人約定認為無須填寫的條款，應在該條款填寫的空白處劃（／）表示。

依據《中華人民共和國合同法》的規定，合同雙方就　項目的技術服務（該項目屬　計畫※），經協商一致，簽訂本合同。

一、※服務內容、方式和要求：

_____

_____

（屬技術培訓合同應當填寫培訓內容和要求、培訓計畫、進度，屬技術中介合同應當填寫中介內容和要求）

二、※工作條件和協作事項：

_____

_____

三、履行期限、地點和方式：

_____

_____

四、驗收標準和方式：

技術服務或者技術培訓按標準，採用_____方式驗收，由_____人出具服務或者培訓項目驗收證明。

本合同服務項目的保證期為_____。在保證期內發現服務質量缺陷的，受託人應當負責返工或者採取補救措施。但因委託人使用、保管不當引起的問題除外。

五、報酬及其支付方式：

（一）本項目報酬為（服務費或培訓費）：_____元。

受託人完成專業技術工作，解決技術問題需要的經費，由_____人負擔。

（二）本項目中介入活動經費為：_____元，由_____人負擔。

中介人的報酬為：_____元，由_____人支付。

（三）支付方式（按以下第_____種方式）：

一次總付：_____元，時間：_____

分期支付：_____元，時間：_____

_____元，時間：_____

其他方式：

_____

六、違約金或者損失賠償額的計算方法：

技術服務違反本合同約定，違約方應當按《合同法》第 362 條規定，承擔違約責任。

技術培訓、技術中介違反本合同約定，違約方應當按技術合同行政法規的有關規定，承擔違約責任。

（一）違反本合同第_____條約定，_____人應當承擔違約責任，承擔方式和違約金額如下：

（二）違反本合同第_____條約定，_____人應承擔違約責任，承擔方式和違約金額如下：

_____

（三）_____

_____

七、合同爭議的解決方式：

本合同在履行過程中發生的爭議，由雙方當事人協商解決；協商不成的，按下列第_____種方式解決：

（一）提交_____仲裁委員會仲裁；

（二）依法向人民法院起訴。

八、※其他（含中介人的權利、義務、服務費及其支付方式、定金、財產抵押及擔保等上述條款未盡事宜）：

_____

_____

	名稱（或姓名）				（簽章）
委託人	法定代表人		（簽章）	委託代理人	（簽章）
	聯繫人				（簽章）
	住所（通訊地址）				
	電話			電掛	
	開戶銀行				
	帳號			郵政編碼	
受託人	名稱（或姓名）				（簽章）
	法定代表人		（簽章）	委託代理人	（簽章）
	聯繫人				（簽章）
	住所（通訊地址）				
	電話			電掛	
	開戶銀行				
	帳號			郵政編碼	

中介人	單位名稱	（公章）　　　　年　　月　　日		
	法定代表人		（簽章）	委託代理人	（簽章）
	聯繫人				（簽章）
	住所（通訊地址）				
	電話		電掛		
	開戶銀行				
	帳號		郵政編碼		

印花稅票黏貼處

登記機關審查登記欄：

技術合同登記機關（專用章）

經辦人：　　　（簽章）　　　　年　　月　　日

註：1. 技術服務合同包括技術培訓合同及技術中介合同應予以注意。
　　2. 本合同標有※號的條款按填寫說明填寫。

【專利】

（一）中華人民共和國專利實施許可合同

1. 本合同的特點：本合同為專利實施許可合同。當事人之一方授權他方為專利實施的許可。
2. 適用對象：本合同適用於專利實施許可的合同。
3. 基本條款：訂立本合同應訂明技術合同之主要條款。
4. 相關法條：中華人民共和國專利法第六章。

技術合同 10-1-34

專利實施許可合同

合同登記編號：

項目名稱：＿＿＿＿＿＿＿＿
受讓人：＿＿＿＿＿＿＿＿
讓託人：＿＿＿＿＿＿＿＿
簽訂地點：＿＿＿＿＿＿省＿＿＿＿＿＿市（縣）
簽訂日期：＿＿年＿＿月＿＿日
有效期限：＿＿年＿＿月＿＿日至＿＿年＿＿月＿＿日

填寫說明

一、「合同登記編號」的填寫方法：

合同登記編號為十四位，左起第一、二位為公歷年代號，第三、四位為省、自治區、直轄市編碼，第五、六位為地、市編碼，第七、八位為合同登記點編號，第九至十四位為合同登記序號，以上編號不足位的補零，各地區編碼按 GB2260-84 規定填寫（合同登記序號由各地區自行決定）。

二、計畫內項目應填寫國務院部委、省、自治區、直轄市、計畫單列市、地市（縣）級計畫，不屬於上述計畫的項目此欄劃（／）表示。

三、專利技術內容是指專利說明書和各項保護範圍中所涉及的全部技術內容。

四、技術秘密的範圍是指各方承擔技術保密的義務的內容，保密的地域範圍和保密的起止時間，洩漏技術秘密應承擔的責任。

五、其他：

合同如果是透過中介機構介紹簽訂的，應將中介合同作為本合同的附件。

如果雙方當事人約定入門費、財產抵押及擔保的，應將給付入門費、財產抵押及擔保手續的複印件作為合同的附件。

六、委託代理人簽訂本合同書時，應出具委託書。

七、本合同書中，凡是當事人約定無需填寫的條款，在該條款填寫的空白處劃（／）表示。

八、填寫時請參照《專利實施許可合同簽訂指南》的對應條款。（《簽訂指南》由中國專利局編制）

依據《中華人民共和國合同法》和《中華人民共和國專利法》的規定，合同中的讓與人就專利項目（申請日、申請號：授權日〈公開日、公告日〉、專利法定有效期限：），許可受讓人實施（該項目屬計畫※）。本發明屬於：職務發明（非職務發明）。經協商一致，簽訂本合同。

一、※專利技術內容（包括實施該專利有關的一般技術秘密）、要求和工業化開發程序：

_____

_____

二、技術資料及其提交期限，地點和方式：

讓與人自會同生效之日起_____天內在_____（地點）以_____方式，向受讓人提供下列資料：

_____

_____

三、※本項目技術秘密的範圍和保密期限：

_____

_____

四、專利實施許可的種類：_____

五、驗收標準和方法：

受讓人使用該項技術，試生產後達到了本合同規定的技術性能指標（　　），採取_____方法驗收，由雙方簽署合同技術驗收合格協議書。

如產品驗收不合格時雙方協商各派代表調查原因並確定雙方責任（參照《專利實施許可合同簽訂指南》第 6 條：）

_____

_____

六、使用費及支付方法：

  （一）一次支付方式

    總金額_____元

      (1) 一次性支付：_____元___年___月___日

      (2) 分期支付：_____元___年___月___日

                _____元___年___月___日

      _____元___年___月___日

  （二）入門費加提成費方式

    入門費_____元，支付日期：_____

      (1) 按銷售額_____% 提成，支付日期：_____

      (2) 按純利潤_____% 提成，支付日期：_____

七、技術服務（地點、方式及費用）（參照《專利實施許可合同簽訂指南》第5條）

_____

_____

八、後續改進的提供與分享（參照《專利實施許可合同簽訂指南》第8條）

_____

_____

九、專利權無效和侵權的處理辦法（參照《專利實施許可合同簽訂指南》第9條）：

_____

_____

十、違約金或者損失賠償額的計算方法：

  違反本合同約定，違約方應當按《合同法》第351條、第352條規定承擔違約責任。

  （一）違反本合同第_____條規定，_____人應當承擔違約責任，承擔方式和違約
      金額如下：

_____

_____

  （二）違反本合同第_____條約定，_____人應當承擔違約責任，承擔方式和違約
      金額如下：

_____

_____

  （三）違反本合同第_____條約定，_____人應當承擔違約責任，承擔方式和違約
      金額如下：

_____

_____

  （四）其他：

_____

_____

十一、合同的變更和終止（參照《專利實施許可合同簽訂指南》第10條）：

_____

_____

十二、爭議的解決方式：

本合同在履行過程中發生的爭議，由雙方當事人協商解決，也可以請求專利管理機關進行調解。

雙方不願協商、調解解決或者協商、調解不成時，按下列第_____種方式解決：

（一）提交_____仲裁委員會仲裁；

（二）依法向人民法院起訴。

十三、名詞和術語的解釋（參照《專利實施許可合同簽訂指南》第1條）：

_____

_____

十四、※其他（含中介人的權利、義務、服務費及其支付方式，入門費、財產抵押、擔保等上述條款未盡事宜）：

_____

_____

受讓人	名稱（或姓名）				（簽章）
	法定代表人		（簽章）	委託代理人	（簽章）
	聯繫人				（簽章）
	住所（通訊地址）				
	電話			電掛	
	開戶銀行				
	帳號			郵政編碼	
讓與人	名稱（或姓名）				（簽章）
	法定代表人		（簽章）	委託代理人	（簽章）
	聯繫人				（簽章）
	住所（通訊地址）				
	電話			電掛	
	開戶銀行				
	帳號			郵政編碼	
中介人	單位名稱		（公章）	年　　月　　日	
	法定代表人		（簽章）	委託代理人	（簽章）
	聯繫人				（簽章）
	住所（通訊地址）				
	電話			電掛	
	開戶銀行				
	帳號			郵政編碼	

印花稅票黏貼處

登記機關審查登記欄：

技術合同登記機關（專用章）

經辦人：　　　（簽章）　　　年　月　日

註：1. 專利技術內容是指專利說明書和各項保護範圍中所涉及的全部技術內容。
　　2. 本合同中標有※號條款按填寫說明填寫。

【表演節目】

（一）電影（電視）製版權轉讓合同

1. 本合同的特點：本合同為電影（電視）製版權轉讓合同，作者將電影（電視）委託代理人將製版權轉讓與製版人。
2. 適用對象：本合同適用於電影（電視）製版轉讓合同。
3. 基本條款：訂立本合同應訂明作者，委託代理人，製作人及詳細轉讓製版權之內容。
4. 相關法條：中華人民共和國合同法第八章。

影視合同 10-1-35

電影（電視）製版權轉讓合同

作者：
委託代理人：
製版人：
一、作品的名稱：
二、交付出版物，交付已發行的作品：
　　1. 正式出版物，交付已發行的作品；
　　2. 未出版的作品，交付謄清的手稿或打印稿。
三、作品的字數：
四、交付作品的日期：
五、轉讓費的數額及支付的方式：
　　1. 製片人以一次總付的方式支付轉讓費○○○○元；
　　2. 製片人支付轉讓費應採用現金；
　　3. 支付轉讓費的期限。
六、轉讓的權利：

    1. 為拍攝電影（電視）片而改編該作品；

    2. 複製所製成的影片拷貝或錄像帶；

    3. 以電影（電視）形式公演該作品（或其改編本）；

    4. 以電影（電視）形式，通過廣播電臺或電視臺，廣播或播映該作品或其改編本；

    5. 以電影（電視）形式，發行該作品的電影拷貝或電視錄像帶；

    6. 以成冊小說（不得超過○○○○字數）或連載形式出版改成電影（電視）的改編本；

    7. 廣播或傳播演員現場演出該作品改編劇本的表演。

七、作者的擔保義務：

    1. 該作品係作者自己創作，同時自己合法享有所轉讓的一切專有權，該作品不含有任何侵犯他人版權的內容；

    2. 該作品不包含任何誹謗他人的內容；

    3. 所轉讓的權利未同時轉讓給任何第三方，也未曾作為抵押財產或其他財產轉移給任何第三方，也未曾作為禮物贈與任何第三方；

    4. 在本合同生效後○○年內，作者未經製片人同意不得將作品付諸其他人公開表演；

    5. 作者對上述所列各項專有權，在未經製片人書面表示不接受之前，不得向第三方轉讓。

八、製片人對原作修改權的範圍限制：

    作者同意（或部分同意）製片人為攝製電影（或電視）目的而改動原作的題目、人物、情節和對白，或將該作品與其他文字作品、戲劇或音樂作品相結合。

九、作者收回權利的條件：

    如果製片人在合同生效後一定時間（一般一年左右）並未開始拍攝，或在商定的時間內雖開始拍攝，但未在商定的時間內完成，則作者有權要求收回所轉讓的權利。如果屆時製片人已將其中部分或全部權利再轉讓給第三方，則由製片人負責先收回在第三方手中的權利。

十、製片人的義務：

    1. 根據作品製作成電影（電視）片；

    2. 以該作品為基礎製成的影片（電視片）發行後，按發行的拷貝數量支付一定的報酬（在上述「轉讓費」之外）。

十一、製片人能否再轉讓改編權，由雙方立法另行商定。

十二、製片人有權將轉讓著作權的部分從屬權利，許可第三方使用，但不得損害作者的合法權益。

十三、違約責任：

    1. 作者在規定的時間內未交付稿件，製片人有權解除合同，並追究作者的違約責任；

    2. 製片人在約定的時間內未向作者支付稿酬的，作者有權終止合同，並追究製片人的違約責任。

    3. ……

十四、本合同所發生的爭議，由作者的住址所在仲裁機構裁決。該裁決為終局裁決，任何一方不得向法院起訴。

十五、本合同自各方簽字之日起生效。

  作者（簽字）：　　　　　代理人（簽字）：　　　　製片單位：
  住址：　　　　　　　　　住址（或聯繫地址）：　　代表人（簽字）：
  電話：　　　　　　　　　電話：　　　　　　　　　電話：
  郵政編碼：　　　　　　　郵政編碼：　　　　　　　郵政編碼：
  合同簽訂地點：　　　　　地址：
  合同簽訂時間：○○○○年○○月○○日

註：本合同第 7 條之作者的擔保條款為作者應盡的責任。

（二）演出合同

1. **本合同的特點**：本合同為演出合同，演出方與受演方訂立本合同，由演出方為
   受演作營業演出之合同。
2. **適用對象**：本合同適用於演出合同。
3. **基本條款**：本合同應訂明演出方，受演方、及演出之內容。
4. **相關法條**：中華人民共和國合同法第八章。

影視合同 10-1-36

演出合同

  訂立合同雙方：
  演出方：○○○○（藝術表演團體），以下簡稱甲方。
  受演方：○○○，以下簡稱乙方。
  為了促進藝術交流、繁榮社會主義文藝、滿足人民文化生活的需要，同時努力增加收
入，減輕國家的財政負擔，甲乙雙方根據以上精神，輕協商一致，簽訂本合同，共同信守。

第 1 條　　演出劇目和主要演員：＿＿＿＿＿＿＿＿＿＿＿＿＿＿＿＿＿＿。
第 2 條　　演出時間和場次自○○○○年○○月○○日起至○○○○年○○月止，由○○
　　　　　至○○演出，計○○天，演出○場。
第 3 條　　乙方應為甲方提供劇場現有設備○○○及聯繫好宿舍（住宿費由○○○承擔），
　　　　　並給予一定裝臺時間，負責組織觀眾，做好宣傳工作。
第 4 條　　票價：
第 5 條　　分帳方法：每天所售票款，扣除公提費用外，甲得百分之○，乙得百分
　　　　　之○。
第 6 條　　公提費用是指旅運費（即演職員的旅費和演出用品的運費）和宣傳費（包括報紙
　　　　　廣告、海報及其他雙方協商同意的宣傳品）。
第 7 條　　甲方應將上演計畫及有關宣傳資料於演出○○日前寄給乙方。
第 8 條　　甲方在○○演出，應接受當地文化主管部門的安排和領導，辦理有關演出手續。

第 9 條　　在演出期間，雙方均應注意防止發生意外事故。要注意節約水電、愛護公物，如果甲乙雙方損壞對方的設備或演出物品時應照價賠償。

第 10 條　　違約責任。

1. 一方由於無故違約使對方遭受損失，應賠償對方的實際損失，並償付違約金○○○○元。

2. 一方因不可抗力的原因不能履行合同時，應儘快用電話、電報、電傳通知對方，雙方均應設法補救。如仍無法履行合同，可協商延緩或撤銷合同。

3 .一方接受出國、接待外國貴賓或中央指定特殊的政治任務時，應由接受任何一方協同主辦單位在一個月前通知對方，雙方應積極設法安排補救，對實在無法補救的，應由主辦單位根據對方實際損失進行賠償。

甲方：○○○（簽名蓋章）　　　　　乙方：○○○（簽名蓋章）
聯繫人姓名：○○○　　　　　　　　聯繫人姓名：○○○
談判代表：○○○　　　　　　　　　談判代表：○○○
通訊地址：　　　　　　　　　　　　通訊地址：
電話：　　　　　　　　　　　　　　電話：
　　　　　　　　　　　　　　　　　　　　　○○○○年○○月○○日

註：本合同有演出方及受演方雙方之聯繫代表，談判代表參與訂立本合同。

（三）電視欄目合作合同

1. 本合同的特點：本合同為電視欄目合作合同，乙方在甲方指導製作欄目，並甲方在電視臺播出之合同。

2. 適用對象：本合同適用於電視欄目合作合同。

3. 基本條款：訂立本合同應訂明合作雙方之明確權利及義務。

4. 相關法條：中華人民共和國合同法第八章。

影視合同 10-1-37

電視欄目合作合同

甲方：○○○
乙方：○○○

雙方經友好協商，就共同合作推出大型系列宣內情景欄目《××××》欄目（以下簡稱為「該欄目」）事宜達成條款如下：

一、乙方按照甲方要求並在甲方指導下製作該欄目。該欄目宗旨為用系列形式，將當代中國經濟快速發展中的百姓生活及各類經濟現象予以生動的故事表現，使觀眾得到共鳴、享受和啟迪。

二、乙方負責投入資金，負責實施該欄目的策劃、編劇、拍攝及後期製作。節目內容和質量應達到甲方的基本要求。

三、甲方負責該欄目在○○○○年○○月左右在○○電視臺○○套節目該欄目內開始播出，每周播出○○集（每集片長○○分鐘，每集重播○次）。甲方保證依照既定時間段和頻率在中央電視臺首輪播出該欄目。

四、1. 甲方播出該欄目不向乙方支付製作費用，以該欄目貼片廣告時間（每集不低於○○秒，最高不超過○分鐘）給乙方作為回報，甲、乙雙方共同遵守○○電視臺對外統一廣告價格標準。廣告全部收入歸乙方所有。

2. 乙方擁有該欄目每集片尾字幕中○個「協辦單位」和○個「鳴謝單位」的署名權，甲方保證播出時不漏播、不改動。

3. 乙方製作該欄目時租用甲方的攝影棚及相關設備，甲方給予乙方優惠價格。

五、該欄目海外版權收益和國內外全部音像副產品收益全部歸乙方所有，國內除中央電視臺外的其他電視臺的播放收益由甲、乙雙方按各 50% 的比例進行分配，國內其他電視臺的二輪播出須在中央電視臺播出半年後播出。

六、1. 該欄目每集片尾字幕「聯合製作」單位的署名名單順序和全稱如下：

（甲方名稱）

（乙方名稱）

2. 該欄目主創人員的署名和順序由甲、乙雙方另行協商。

七、該欄目首次合作期為一年，即一年○週×n（集）＝○集。首期合作結束前三個月雙方再行商討下一合作計畫，乙方享有優先合作權。

八、1. 乙方自本合簽訂之日起開始該欄目的總體策劃及運作籌備，甲方保證在本合同有效期內不再與第三方進行該欄目的合作。

2. 乙方向甲方支付○○萬元人民幣保證金，共分兩期付清：第一期○○萬元，於本合同簽署生效之日支付；第二期○○萬元，於本合同簽署生效六十日後支付。

3. 甲方認可乙方送交的該欄目第一期節目之日，甲方一次性退回乙方支付的○○萬元保證金。

4. 本合同有效期內，甲、乙雙方任何一方不得單方撤出合作。乙方如果單方撤出合作，所支付的○○萬元保證金由甲方全部罰沒；甲方如果單方撤出合作，除向乙方退還乙方所支付的○○萬元保證金外，另外向乙方支付○○萬元的賠償金。

九、乙方在該欄目的籌備及正式運作中，可以用雙方共同名義與主創人員、演員等進行接觸洽談。

十、其他未盡事宜雙方另行協商，友好解決。

本合同一式二份，雙方各執一份。簽字蓋章後生效。

甲方：○○○　　　　　　　　乙方：○○○

簽字：　　　　　　　　　　　簽字：

○○○○年○○月○○日　　　○○○○年○○月○○日

第 2 章　臺資（外資）合作、投資、營業的合同

第一節　勞動合同（中外合作）

一、定義

　　勞動合同是用工單位與勞動者之間確立勞動關係，明確雙方的權利和義務的協議。

二、勞動合同主要條款

1. 勞動合同期限。
2. 工作內容。
3. 勞動保護和勞動條件。
4. 勞動報酬。
5. 勞動紀律。
6. 勞動合同終止的條件。
7. 違反勞動合同的責任。

三、合同範例

（一）中外合資企業勞動合同

1. 本合同的特點：本合同爲中外合資企業勞動合同，中外合資企業僱傭職工之合同。
2. 適用對象：本合同適用於中外合資勞動的合同。
3. 基本條款：訂立本合同應訂明勞動合同之主要條款。
4. 相關法條：中華人民共和國勞動法、中外合資經營企業法。

勞動合同 10-2-1

中外合資企業勞動合同

　　　　有限公司（以下簡稱甲方）係○○合資經營企業，現聘用○○○先生／女士（以下簡稱乙方）為甲方合同制職工，於○○○○年○月○日簽訂本合同。

第 1 條　　乙方工作部門：
　　　　　職位（工種）：

第 2 條　　試用期：乙方被錄用後，須經過○○個月的試用期。在試用期內，任何一方均有權提出終止合同，但需提前一個月通知對方。如甲方提出終止合同，須付給乙方半個月以上的平均實得工資，作為辭退補償金。試用期滿時，若雙方無異議，本合同即正式生效，乙方成為甲方的正式合同制職工。

第 3 條　　工作安排：甲方有權根據生產和工作需要及乙方的能力、表現安排調整乙方的工作。乙方須服從甲方的管理和安排，在規定的工作時間內，按質按量完成甲方指派的任務。

第 4 條　　教育培訓：在乙方被聘用期間，甲方負責對乙方進行職業道德、業務技術、安全生產及各種規章制度的教育和訓練。

第 5 條　　生產、工作條件：甲方須為乙方提供符合國家規定的安全衛生的工作環境，否則乙方有權拒絕工作或終止合同。

第 6 條　　工作時間：乙方每週工作不超過五天，每天工作不超過八小時（不含吃飯時間）。如因工作需要加班加點，甲方應為乙方安排同等時間的倒休或按國家規定的標準向乙方支付加班加點費。

第 7 條　　勞動報酬：甲方每月按本公司規定的工資形式和考核辦法確定乙方的勞動所得，以現金人民幣向乙方支付工資、獎金，並按國家有關規定向乙方支付各種補貼及福利費用。

第 8 條　　勞動保險待遇：甲方按照國家勞動保險條例的規定為乙方支付醫療費用、病假工資、傷殘撫恤費、退休養老金及其他勞保福利費用。
　　　　　乙方享受元旦、春節、「五一」、「十一」國家法定有薪假日。乙方家屬在外地的，乙方實行計畫生育的，分別按國家規定享受探親假待遇和計畫生育假待遇。乙方符合公司休假條件的，享受年休假待遇。

第 9 條　　勞動保護：甲方根據生產和工作的需要，按國家規定向乙方提供勞動保護用品和保健食品。
　　　　　甲方按國家規定在女職工經期、孕期、產褥期、哺乳期對其提供相應的勞動保護。

第 10 條　勞動紀律：乙方應遵守國家的各項法律規定、《職工守則》及甲方的各項規章制度。

第 11 條　獎懲：甲方將根據乙方的工作態度、勞動表現、貢獻大小，按照本公司獎懲條例給予乙方物質和精神獎勵。乙方如違反《職工守則》和甲方的其他規章制度，甲方有權給予乙方處分。乙方如觸犯刑律受到法律制裁，甲方將予開除，本合同自行解除。

第 12 條　合同期限：本合同自簽訂之日起生效，有限期為○○年，於○○○○年○○月○○日到期。

第 13 條　本公司《職工守則》（略）為本合同的附件，是本合同的有效組成部分。

甲方：○○○

公司總經理（或其代表）簽章

乙方：○○○

職工個人簽章：

簽訂時間：○○○○年○○月○○日

註：本合同第 11 條規定有關職工之獎懲應予以注意。

（二）聘請外籍工作人員合同

1. 本合同的特點：本合同為聘請外籍工作人員之合同，由聘請方聘請受聘方擔任教職。

2. 適用對象：本合同適用於聘請外籍工作人員之合同。

3. 基本條款：訂立本合同應訂明勞動合同之主要條款。

4. 相關法條：中華人民共和國勞動法、中外合資經營企業法、中外合作經營企業法。

勞動合同 10-2-2

聘請外籍工作人員合同

　　○○○（聘方）聘請○○○（受聘方）為外籍工作人員（或○語教師），雙方本著友好合作的精神，簽訂本合同。

第 1 條　聘期為○年（學校可按學期、學年定），自○○○○年○○月○○日到職之日起，至○○○○年○○月○○日離職之日止。

第 2 條　受聘方的工作任務，商定如下：

受聘方應按時、按質完成以上工作任務。聘方應為受聘方提供必要的工作生活條件。受聘方在工作中提出的合理化建議，聘方應予採納。

雙方應積極合作。

第 3 條　中國政府法定的工作日為：每週五天，每天八小時（教師按週課時填寫）。

第 4 條　聘方每月付給受聘方工資人民幣○○元，並按附件規定提供各項生活待遇。

第 5 條　受聘方應遵守中國政府的法律、法令、有關規定和聘方的工作制度。

第 6 條　雙方均不得無故提前終止合同。受聘方如中斷合同，必須在離華前一個月向聘方提出書面申請，未經聘方同意；受聘方仍應照常進行工作。聘方自同意之日起的兩週後，停發工資，並停止提供受聘方及其家屬的有關生活待遇，回國的一切費用自理。

受聘方違犯中國政府法令，聘方有權提出解聘。自提出解聘之日起一個月內工資照發，但受聘方應在此期間內安排回國。聘方負擔受聘方及其家屬在中國境內的旅費，國際旅費自理。

對瀆職的受聘方，聘方有權提出解聘，自提出解聘之日起一個月內，安排受聘方回國。受聘方及其家屬回國的旅費由聘方支付，其他一切費用自理。

第 7 條　受聘方因健康原因，經醫生證明連續病休兩個月後仍不能繼續工作，聘方有權提出提前終止合同，並根據受聘方的健康狀況，於一個月內安排其回國。聘方提供受聘方及其家屬回國的飛機票和負擔按規定限量的行李託運費。

第 8 條　本合同自聘期開始之日起生效。任何一方如要求延長聘期，均應在合同期滿前三個月向對方提出，由雙方協商確定，並另簽延聘合同。延聘合同係本合同不可分割的組成部分。本合同的各項條款在延聘期內繼續有效。雙方均未提出延長聘期或一方不同意延長聘期時，本合同期滿即失效。

第 9 條　本合同在執行中如有爭議，由雙方協商解決。

第 10 條　本合同用中方和○文（外文略）寫成，兩種文本具有同等效力。

> 聘方：○○○　　（蓋章）
> 受聘方：○○○　　（簽字）
> 簽訂時間：○○○○年○○月○○日

註：本合同第 6 條為有關終止合同規定，雙方應遵守。

（三）中華人民共和國中外勞務合作合同

1. 本合同的特點：本合同為中外勞務合同，由中國公司與外國公司合作，由中國公司派遣工程師、技術工人、行政人員至外國之合同。
2. 適用對象：本合同適用於中外勞務合作合同。
3. 基本條款：訂立本合同應訂明中外勞務合作合同之主要條款。
4. 相關法條：中華人民共和國合同法第八章。

勞動合同 10-2-3

中外勞務合作合同

甲方：_____國_____公司　　法定地址：_____

電話：_____電傳：_____電報掛號：_____

乙方：中國_____公司　　法定地址：_____

電話：_____電傳：_____電報掛號：_____

第 1 條　根據甲方的願望，乙方同意派遣中國工程師、技術工人、行政人員（翻譯、廚師）到_____國工作。具體人數、工程、工齡和月工資詳見本合同附件（略）。該附件為本合同不可分割的組成部分。

第 2 條　乙方人員出入中國國境和過境手續，由乙方負責辦理，並負擔其費用。乙方人員出入＿＿＿＿＿國國境的簽證和在＿＿＿＿＿國境內所需辦理的居留、勞務許可證等手續，由甲方負責辦理並負擔其費用。

第 3 條

1. 乙方人員在＿＿＿＿＿國工作期間，由甲方按本合同的規定向乙方人員支付每月的工資。

2. 凡工作不滿一個月的乙方人員，按下列公式計算：不滿一個月的工資 $= \dfrac{月工資}{30 天} \times$ 工作天數（包括周日和官方假日）。

3. 上述工資應以乙方人員到達＿＿＿＿＿國之日起到離開＿＿＿＿＿國之日止計算。

4. 乙方於每月末將乙方人員該月的工資，包括加班費，列具清單提交甲方，甲方於清單開出之日起三天內按清單所列金額的百分之七十五以美元支付，並按當天牌價電匯給北京中國銀行總行營業部中國＿＿＿＿＿公司＿＿＿＿＿帳戶，並按＿＿＿＿＿國＿＿＿＿＿銀行的規定負擔其手續費。同時書面通知中國駐＿＿＿＿＿國大使館經濟參贊處。

5. 甲方將乙方人員月工資和加班費的 25% 以＿＿＿＿＿國＿＿＿＿＿貨幣支付並匯給中國駐＿＿＿＿＿國大使館經濟參贊處在＿＿＿＿＿銀行＿＿＿＿＿帳戶。

第 4 條　甲方負責乙方人員從＿＿＿＿＿到＿＿＿＿＿的旅費，並負責將此費用匯到上述乙方帳戶。乙方人員從＿＿＿＿＿返回＿＿＿＿＿，由甲方通過＿＿＿＿＿航空公司向乙方人員提供機票。甲方負責乙方人員只限往或返單程的行李超重費，其重量為二十公斤。

第 5 條

1. 甲方負責乙方人員的住宿費，在工作時間和加班時間提供從居住地到工地的交通工具，負責國營醫院的醫療費。

2. 乙方人員的工資和加班費不交所得稅。

3. 甲方為乙方人員在＿＿＿＿＿國家保險公司投保生命保險。其保險費每人為（貨幣及數量）＿＿＿＿＿。

4. 甲方向乙方人員提供工作服和工作所需的工具。

5. 甲方提供的住房，包括水、電、空調和必要的家具、床和床上用品。

6. 乙方人員的居住面積如下：
   (1) 組長、工程師、技術員、行政人員為八至十平方米；
   (2) 其餘人員為四至五平方米。

7. 甲方向乙方提供廚房所用的炊具和旨在自己用飯所需的餐具。

第 6 條

1. 乙方人員每周工作六天，每天工作八小時。

2. 根據工程需要，甲方需要乙方人員加班時，加班工資按下列比例計算：
   平時加班為日工資的 150%。
   周假日加班為日工資的 200%。

第 7 條

1. 乙方人員享受周日假和_____國官方規定的節假日為十七天。

2. 乙方人員每年享受帶薪休假三十天。如乙方不願享受上述假期或享受部分天數，甲方應向乙方提供報酬，其工資按下列方法計算：

$$\frac{月工資}{30 天} \times 假期工作天數。$$

第 8 條

1. 根據總利益的要求，甲方有權在任何時間內終止本合同，在這種情況下乙方人員應享受三個月或本合同所餘期限的工資，但以最短的時間為準。乙方人員將有權享受回_____的機票。

2. 在乙方願望以外的原因而停工，如斷電、斷水、材料供應不足等，在停工期間甲方照付乙方人員的工資。但根據工作需要，甲方有權使其在其他項目上工作。

第 9 條　在緊急情況下，（乙方在國內其家庭人員死亡）甲方在得到乙方書面通知後，對有事人員給予二個月的緊急事假，並向其支付代替平時總假期的報酬。超過二個月的期限沒有工資，對此乙方負責其旅費。

緊急事假，超過二個月的時間，乙方應在二個月結束後的一個月內予以替換，並負責替換者的旅費。

第 10 條

1. 乙方人員因工作生病或傷殘，甲方在二個月內負責支付在_____國內的醫療費和全部工資。如在二個月內不能痊癒，乙方應負責替換，在此情況下的一個月內甲方負責傷者回_____的旅費和替換者來_____的旅費。同樣，甲方將根據_____國通行的規定對傷病者給予補償的各種措施。

2. 在_____期間，乙方人員如發生死亡，甲方應辦理一切喪葬或遺體火化以及遺體或骨灰運回_____的一切善後費用。還有行李及遺物運回的費用。如因工作而死亡，按照_____國保護法的規定向死者家屬支付撫恤金。

第 11 條

1. 乙方人員在_____服務期間，應遵守_____國現行法律和規章制度，要保守機密，不洩密，在其執行任務期間或合同結束以後不作有害甲方利益的事。

乙方人員應尊重_____當地的風俗習慣。

2. 甲方應為乙方人員提供工作方便，不干涉其工作時間以外和住地內的社會活動自由，尊重乙方人員的生活習慣以及對推動工作的良好建議。

第 12 條

1. 服務期為_____年，從乙方人員到達_____地算起，其間包括乙方人員在_____國內或國外所享受的假期。

2. 本合同自簽字之日起生效，有效期_____年。期滿根據甲方要求，經乙方同意可以延長。

3. 當本合同延期後，乙方人員在工作_____年後，月工資增長 15%。

第 13 條
1. 乙方人員在工作期間，甲方有權撤換其不稱職的任何人員，乙方並在甲方通知後的三個月內予以替換，不給任何費用。
2. 在合同期內，乙方人員擅自放棄工作，將不給予機票待遇。但由於執行工作而生病，且有醫療證明者除外。
3. 在本合同簽字期間或簽字後，凡乙方已在_____的人員，不享受從_____到_____的機票。但甲方按本合同規定在工作結束時，負責其從_____至_____的旅費。
4. 甲方不允許乙方人員在工作以外的時間干私活或任何方面的自行開業。

第 14 條
1. 自工作開始，甲方向乙方支付二個月的預付款，並在四個月內償還。
2. 乙方人員抵達_____後，_____國現行出差補貼規定適用於乙方人員。

第 15 條　由於地震、颱風、水災、火災、戰爭以及其他不能預見並且對其發生和後果不能防止或避免的不可抗力事故，致使直接影響合同的履行或者按約定的條件履行時，事故的一方應在十五天內電報通知另一方，並提交由當地公證機關出具的有效證明，經雙方協商決定後，可以免除或部分免除履行合同的責任，亦可商定補救辦法的補充協議，以付諸實施。

第 16 條　雙方應嚴格遵守本合同的各項條款，任何一方或雙方違約都必須承擔責任，負責賠償由此產生的一切經濟損失。

第 17 條　為保證本合同及其附件的履行，雙方應相互提供履約合同的銀行擔保書，或協商約定其他形式的擔保。

第 18 條　除合同中另有規定外或經雙方協商同意外，本合同所規定雙方的權利和義務，任何一方未經另一方的書面同意，不得轉讓給第三者。

第 19 條　雙方對合同的內容及其實施負有保密責任。

第 20 條　雙方在發生重大情況變化時，可協商修改、補充及至解除或終止本合同，但不影響當事人對於損失賠償的請求權和合同關於解決爭議條款的效力。

第 21 條　凡因執行本合同或與本合同有關的一切爭議，應由雙方通過友好協商解決。如果不能協商解決時，則在被告國家根據被告國仲裁機構的仲裁規則進行仲裁。仲裁裁決是終局的，對雙方具有同等的約束力。仲裁費用除非仲裁機構另有裁決，均由敗訴一方負擔。

第 22 條　甲方協助乙方在合同履行地聘請一名當地律師擔任乙方的法律顧問，以協助和指導乙方履行合同和解決爭議，其費用由甲方負擔。

第 23 條　本合同的適用法律選擇由雙方協商同意的第三國實體法，並參照有關的國際公約和國際慣例。
本合同用中文和_____文寫成，兩種文字具有同等效力。合同正本二份，雙方各執一份；副本若干份。
本合同於___年___月___日由甲、乙雙方的授權代表在_____國_____市簽字。

```
甲方：                    乙方：
代表：（簽字）            代表：（簽字）
職務：                    職務：
            見證人：
                    _____ 律師事務所律師：（簽字）
```

註：本合同第 15 條規定關於不可抗力無法履約之解決方法。

第二節 中外貨物買賣合同

一、定義

中外貨物買賣合同是中華人民共和國與其他國家或地區當事人之間簽訂的，以貨物買賣為核心的合同。

二、中外貨物買賣合同的主要條款

1. 品名、規格、數量及單價。
2. 合同總值。
3. 原產國別及製造廠商。
4. 裝運港。
5. 目的港。
6. 裝運期。
7. 包裝。
8. 嘜頭。
9. 保險。
10. 付款條件。
11. 裝運條件。
12. 技術文件。
13. 保質條款。
14. 檢驗條款。
15. 索賠。
16. 不可抗力。
17. 仲裁。
18. 延期和罰款。

19. 附加條款。

三、合同範例

（一）中外貨物買賣合同（FOB 條款）

1. 本合同的特點：本合同為中外貨物買賣合同，為起岸價格之買賣合同。
2. 適用對象：本合同適用於起岸價格之買賣合同。
3. 基本條款：訂立本合同應訂明中外貨物買賣合同之主要條款。
4. 相關法條：中華人民共和國合同法第九章。

中外貨物買賣合同 10-2-4

中外貨物買賣合同（FOB 條款）

合同號：＿＿＿＿＿＿
日　期：＿＿＿＿＿＿
地　點：＿＿＿＿＿＿

買方：＿＿＿＿＿＿
地址：＿＿＿＿＿＿
電報：＿＿＿＿＿＿
電傳：＿＿＿＿＿＿
賣方：＿＿＿＿＿＿
地址：＿＿＿＿＿＿
電報：＿＿＿＿＿＿
電傳：＿＿＿＿＿＿

本合同由買賣雙方商訂，在合同項下，雙方同意按下列條款買賣下述商品：

第 1 條　品名、規格、數量及單價

＿＿＿＿＿＿＿＿＿＿＿＿＿＿＿＿＿＿＿＿

＿＿＿＿＿＿＿＿＿＿＿＿＿＿＿＿＿＿＿＿

第 2 條　合同總值
第 3 條　原產國別及製造廠商
第 4 條　裝運港
第 5 條　目的港
第 6 條　裝運期
　　　　分運：＿＿＿＿＿＿＿＿＿＿＿＿＿＿＿＿
　　　　轉運：＿＿＿＿＿＿＿＿＿＿＿＿＿＿＿＿
第 7 條　包裝
　　　　所供貨物必須由賣方妥善包裝，適合遠洋和長途內陸運輸，防潮、防濕、防震、防鏽、耐野蠻裝卸，任何由於賣方包裝不善而造成的損失由賣方負擔。

第 8 條　嘜頭
賣方須用不褪色油漆於每件包裝上印刷包裝編號、尺碼、毛重、淨重、提吊位置及「此端向上」、「小心輕放」、「切勿受潮」等字樣及下列嘜頭：
嘜　NA ＿＿＿＿＿＿

第 9 條　保險
裝運後由買方投保。

第 10 條　付款條件
1. 買方在收到備貨電傳通知或裝運期前三十天，開立以賣方為受益人的不可撤銷信用證，其金額為合同總值的＿＿＿＿＿＿％，計＿＿＿＿＿＿。
中國銀行＿＿＿＿＿＿行收到下列單證經核對無誤後，承付信用證款項（如果分運，應按分運比例承付）：
(1) 全套可議付已裝船清潔海洋運提單，外中兩套副本，註明「運費待收」，空白抬頭，空白背書，已通知到貨口岸中國對外貿易運輸公司。
(2) 商業發票一式五份，註明合同號、信用證號和碼頭。
(3) 裝箱單一式四份，註明每包貨物數量、毛重和淨重。
(4) 由製造廠家出具並由賣方簽署的品質證明書一式三份。
(5) 提供全套技術文件的確認書一式二份。
(6) 裝運後即刻通知買方啟運日期的電報／電傳副本一份。
2. 賣方在裝船後十天內，須掛號航空郵寄三套上述文件（(6) 除外），一份寄買方，兩份寄目的港中國對外貿易運輸公司。
3. 中國銀行收到合同＿＿＿＿＿＿中規定的，經雙方簽署的驗收證明後，承付合同總值的＿＿＿＿＿＿％，金額為＿＿＿＿＿＿。
4. 買方在付款時，有權按合同第 15、18 條規定扣除應由賣方支付的延期罰款金額。
5. 一切在中國境內的銀行費用均由買方承擔，一切在中國境外的銀行費用均由賣方承擔。

第 11 條　裝運條款
1. 賣方必須在裝運期前四十五天，用電報／電傳向買方通知合同號、貨物品名、數量、發票金額、件數、毛重、尺碼及備貨日期，以便買方安排訂倉。
2. 如果貨物任一包裝達到或超過重二十噸，長十二米、寬二米七，高三米，賣方應在裝船前五十天，向買方提供五份包裝圖紙，說明詳細尺碼和每件重量，以便買方安排運輸。
3. 買方須在預計船抵達裝運港日期前十天，通知賣方船名，預計裝船日期，合同號和裝運港船方代理，以便賣方安排裝船。如果需要改載貨船隻，提前或推後船期，買方或船方代理應及時通知賣方。如果貨船未能在買方通知的抵達日期後三十天內到達裝運港，從第三十一天起，在裝運港所發生的一切倉儲費和保險費由買方承擔。
4. 船按期抵達裝運港後，如果賣方未能備貨待裝，一切空倉費和滯期費由賣方承擔。

5. 在貨物越過船舷脫離吊鉤前，一切風險及費用由賣主承擔。在貨物越過船舷脫離吊鉤後，一切風險及費用由買方承擔。

6. 賣方在貨物全部裝運完畢後四十八小時內，須以電報／電傳通知買方合同號、貨物品名、數量、毛重、發票金額、載貨船名和啟運日期。如果由於賣方未及時電告買方，以致貨物未及時保險而發生的一切損失由賣方承擔。

第 12 條　技術文件

1. 下述全套英文本技術文件應隨貨物發運：
   (1) 基礎設計圖。
   (2) 接線說明書，電路圖和氣／液壓連接圖。
   (3) 易磨損件製造圖紙和說明書。
   (4) 零備件目錄。
   (5) 安裝、操作和維修說明書。

2. 賣方應在簽訂合同後六十天內，向買方或用戶掛號航空郵寄本條 1. 款規定的技術文件，否則買方有權拒開信用證或拒付貨款。

第 13 條　保質條款

賣方保證貨物係用上等的材料和一流工藝製成，嶄新、未曾使用，並在各方面與合同規定的質量、規格和性能相一致，在貨物正確安裝、正常操作和維修情況下，賣方對合同貨物的正常使用給予_____天的保證期，此保證期從貨物到達_____起開始計算。

第 14 條　檢驗條款

1. 賣方／製造廠必須在交貨前全面、準確地檢驗貨物的質量、規格和數量，簽發質量證書，證明所交貨物與合同中有關條款規定相符，但此證明不作為貨物的質量、規格、性能和數量的最後依據。賣方或製造廠商應將記載檢驗細節和結果的書面報告附在質量證明書內。

2. 在貨物抵達目的港之後，買方須申請中國商品檢驗局（以下稱商檢局）就貨物質量、規格和數量進行初步檢驗並簽發檢驗證明書。如果商檢局的檢驗發現到貨的質量、規格或數量與合同不符，除應由保險公司或船方負責者外，買方在貨物到港後_____天內有權拒收貨物，向賣方提出索賠。

3. 如果發現貨物質量和規格與合同規定不符，或貨物在本合同第 13 條所規定的保證期內證明有缺陷，包括內在缺陷或使用不良的原材料，買方將安排商檢局檢驗，並有權依據商檢證書向賣方索賠。

4. 如果由於某種不能預料的原因，在合同有效期內檢驗證書不及辦妥，買方須電告賣方延長商檢期限_____天。

第 15 條　索賠

1. 如果賣方對貨物不符合本合同規定負有責任且買方按照本合同第 13 條和第 14 條規定，在檢驗和質量保證期內提出索賠時，賣方在徵得買方同意後，可按下列方法之一種或幾種理賠。
   (1) 同意買方退貨，並將所退貨物金額用合同規定的貨幣償還買方，並承擔買方因退貨而蒙受的一切直接損失和費用，包括利息、銀行費用、運費、保險費、檢驗費、倉儲、碼頭裝卸及監管保護所退貨物的一切其他必要的費用。

　　　　(2) 按照貨物的質量低劣程度、損壞程度和買方蒙受損失的金額將貨物貶值。

　　　　(3) 用符合合同規定規格、質量和性能的部件替換有瑕疵部件，並承擔買方所蒙受的一切直接損失和費用。新替換部件的保質期須相應延長。

　　2. 如果賣方在收到買方索賠書後一個月之內不予答覆，則視為賣方接受索賠。

第16條　　不可抗力

　　1. 簽約雙方中任何一方受不可抗力所阻無法履約，履約期限則應按不可抗力影響履約的期限相應延長。

　　2. 受阻方應在不可抗力發生或終止時盡快電告另一方，並在事故發生後十四天內將有關當局出具的事故證明書掛號航空郵寄給另一方認可。

　　3. 如果不可抗力事故持續超過一百二十天，另一方有權用掛號航空郵寄書面通知，通知受阻方終止合同。通知立即生效。

第17條　　仲裁

　　1. 雙方對執行合同時發生的一切爭執均應通過友好協商解決。如果不能解決，則可訴諸仲裁。

　　2. 仲裁應提交中國國際經濟貿易仲裁委員會，根據該會的仲裁程序進行仲裁，也可提交雙方同意的第三國仲裁機構。

　　3. 仲裁機構的裁決具有最終效力，雙方必須遵照執行，仲裁費用由敗訴方承擔，除非仲裁機構另有裁定。

　　4. 仲裁期間，雙方須繼續執行合同中除爭議部分之外的其他條款。

第18條　　延期和罰款

　　如果賣方不能按合同規定及時交貨，除因不可抗力者外，若賣方同意支付延期罰款，買方應同意延期交貨。罰款通過在議付付款時扣除，擔罰款總額不超過延期貨物總值的5%，罰款率按每星期0.5%計算，少於七天者按七天計。如果賣方交貨延期超過合同規定船期十足期時，買方有權取消合同。儘管取消了合同，但賣方仍須立即向買方交付上述規定罰款。

第19條　　附加條款（如果上述任何條款與下列附加條款不一致時，應以後者為準）

　　　　————————————————————————
　　　　————————————————————————

此鑑：

　　本合同由雙方於＿＿年＿＿月＿＿日用＿＿＿＿＿＿文簽署。原本一式＿＿份，買賣雙方各執＿＿份。本合同以下述第（　　）款方式生效：

　　1. 立即生效。

　　2. 合同簽署後＿＿天內，由雙方確認生效。

　　3. ＿＿＿＿＿＿＿＿＿＿＿＿＿＿＿

　　　　買方：＿＿＿＿＿＿　　賣方：＿＿＿＿＿＿

　　　　簽名：＿＿＿＿＿＿　　簽名：＿＿＿＿＿＿

註：本合同第17條規定關於本合同引起爭執之仲裁機構。

（二）中外貨買賣合同（C&F 或 CIF 條款）

1. 本合同的特點：本合同為中外貨物買賣合同。為到岸價格之買賣合同。
2. 適用對象：本合同適用於到岸價格之中外貨物買賣合同。
3. 基本條款：訂立本合同應訂明中外貨物買賣合同之主要條款。
4. 相關法條：中華人民共和國合同法第九章買賣合同。

中外貨物買賣合同 10-2-5

中外貨物買賣合同（C&F 或 CIF 條款）

合同號：＿＿＿＿＿＿＿
日期：＿＿＿＿＿＿＿
地點：＿＿＿＿＿＿＿

買方：＿＿＿＿＿＿＿
地址：＿＿＿＿＿＿＿
電報：＿＿＿＿＿＿＿
電傳：＿＿＿＿＿＿＿
賣方：＿＿＿＿＿＿＿
地址：＿＿＿＿＿＿＿
電報：＿＿＿＿＿＿＿
電傳：＿＿＿＿＿＿＿

本合同由買方和賣方商訂。在合同項下，雙方同意按下述條款買賣下述商品：

第 1 條　品名、規格、數量及單價

＿＿＿＿＿＿＿＿＿＿＿＿＿＿＿＿＿＿＿＿＿＿＿＿＿
＿＿＿＿＿＿＿＿＿＿＿＿＿＿＿＿＿＿＿＿＿＿＿＿＿

第 2 條　合同總值
第 3 條　原產國別及製造廠商
第 4 條　裝運港
第 5 條　目的港
第 6 條　裝運期
　　　　分運：＿＿＿＿＿＿＿＿＿＿＿＿＿＿＿＿＿＿＿
　　　　轉運：＿＿＿＿＿＿＿＿＿＿＿＿＿＿＿＿＿＿＿
第 7 條　包裝
　　　　所供貨物必須由賣方妥善包裝，適合遠洋及長途內陸運輸，防潮、防濕、防震、防鏽、耐野蠻裝卸，以確保貨物不致由上述原因受損，使之完好安全到達安裝或建築工地。任何由於包裝不妥善所致之任何損失均由賣方負擔。
第 8 條　嘜頭
　　　　賣方必須用不褪色油漆於每一包裝箱上印刷包裝編號、尺碼、毛重、淨重、提吊位置、「此端向上」、「小心輕放」、「保持乾燥」等字樣及下列嘜頭：
　　　　＿＿＿＿＿＿＿

第 9 條　　保險

在 CIF 條款下：由賣方出資按 110% 發票金額投保。

在 C&F 條款下：裝運後由買方投保。

第 10 條　付款條件

1. 買方在裝運期前三十天，通過中國銀行開立由買方支付以賣方為受益人的不可撤銷信用證，其金額為合同總值的_____%，計_____。

該信用證在中國銀行_____行收到下列單證並核對無誤後承付（在分運情況下，則按分運比例承付）。

　　(1) 全套可議付已裝船清潔海運提單，外加兩份副本，註明「運費已付」，空白抬頭，空白背書，已通知到貨口岸中國對外貿易運輸公司。

　　(2) 商業發票一式五份，註明合同號、信用證號和嘜頭。

　　(3) 裝箱單一式四份，註明每包貨物數量、毛重和淨重。

　　(4) 由製造廠家出具並由賣方簽字的品質證明書一式三份。

　　(5) 已交付全套技術文件的確認書一式二份。

　　(6) 裝運後即刻發給買方的已裝運通知電報／電傳副本一份。

　　(7) 在 CIF 條款下：

　　　　全套按發票金額 110% 投保_____的保險單。

2. 賣方在裝運後十天內，須航空郵寄三套上述文件（f 除外），一份寄給買方，兩份寄目的港中國對外貿易運輸公司。

3. 中國銀行在收到合同_____中規定的，由雙方簽署的驗收證明後，在_____天內，承付合同金額的_____%，金額為_____。

4. 按本合同第 15 條和第 18 條，規定買方在付款時有權將應由賣方支付的延期貨物罰款扣除。

5. 所有發生在中國境內的銀行費用應由買方承擔，所有發生在中國境外的銀行費用應由賣方承擔。

第 11 條　裝運條件

1. 賣方必須在裝運前四十天向買方預訂的船名及其運輸路線，供買方確認。

2. 賣方必須在裝運前二十天通知買方預計發貨時間、合同號、發票金額、發運件數及每件的重量和尺碼。

3. 賣方必須在裝船完畢後四十八小時內，以電報／電傳方式向買方通知貨物名稱、數量、毛重、發票金額、船名和啟運日期。

4. 如果任一單件貨物的重量達到或超過二十噸，長十二米，寬二米七，高三米，賣方須在裝船期前五十天向買方提供五份詳細包裝圖紙，註明詳細的尺碼和重量，以便買方安排內陸運輸。

5. 在 C&F 條款下：

如果由於賣方未及時按一一條第 3. 款執行，以致買方未能將貨物及時保險而造成的一切損失，由賣方承擔。

6. 在目的港卸貨和內陸運輸的一切費用由買方承擔。

第 12 條　技術文件

1. 下述全套英文本技術文件一份必須隨每批貨物一同包裝發運：
   (1) 基礎設計圖。
   (2) 接線說明書，電路圖，氣／液壓連接圖。
   (3) 易磨損件的製造圖紙和說明書。
   (4) 零配件目錄。
   (5) 安裝、操作和維修說明書。
2. 此外，在簽訂合同六十天內，賣方必須向買方或最終用戶掛號航空郵寄本條款 1. 中規定的技術文件。否則，買方有權拒信用證或拒付貨款。

第 13 條　保質條款

賣方必須保證所供貨物系用上等材料和一流工藝製造，嶄新、未曾使用，並在各方與合同規定的質量、規格和性能相一致，在貨物正確安裝、正常操作和維修情況下，賣方必須對合同貨物的正常使用給予_____天的保證期，此保證期從貨物到達_____起開始計算。

第 14 條　檢驗

1. 賣方／製造廠商必須在交貨之前對貨物質量、規格、性能和數量進行精確全面的檢驗，並簽發質量證明書，證明貨物符合合同規定。此證明書不作為貨物質量、規格、性能和數量的最後依據。

   賣方或製造廠商必須將記載檢驗細節和結果的書面報告附在質量證明書內。

2. 在貨物抵達目的地港之後，買方須申請中國商品檢驗局（以下簡稱商檢局）就貨物質量、規格和數量進行初步檢驗，並簽發檢驗證明書。如果發現到貨的質量、規格和數量與合同不符，除應由保險公司或船方負責者外，買方在貨物抵達目的港後_____天內有權拒收貨物，向賣方索賠。

3. 如果發現貨物的質量和規格與合同規定不符或貨物在本合同第 13 條所述保證期內被證明有缺陷，包括內在缺陷或使用不適當原材料，買方將安排商檢局檢驗，並有權依據檢驗證書向賣方索賠。

4. 如果由於某種不能預料的原因在合同有效期內檢驗證書不及辦妥，買方應電告賣方延長商檢期_____天。

第 15 條　索賠

1. 如果賣方對貨物與合同規定不符負有責任，且買方在本合同第 13 條和第 14 條規定的檢驗和質量保證期之內提出索賠時，賣方在徵得買方同意後，須按下列方法之一種或幾種索賠。
   (1) 同意買方退貨，並將所退貨物金額用合同規定的貨幣償還買方，並承擔因退貨造成的一切直接損失和費用，包括：利息、銀行費用、運費、保險費、檢驗費、倉儲、碼頭裝卸費以及監管保護所退貨物的一切其他必要費用。
   (2) 按照貨物質量低劣程度、損壞程度和買方蒙受損失金額將貨物貶值。
   (3) 用符合合同規定的規格質量和性能的新部件替換有瑕疵部件，並承擔買方所蒙受的一切直接損失及費用。新替換部件的保質期須相應的延長。
2. 若賣方在收到買方上述索賠書後一個月之內未予答覆，則視為賣方接受索賠。

第 16 條　不可抗力

    1. 如簽約雙方中任何一方受不可抗力所阻，無法履約，履約期限則按照不可抗力影響履約的時間作相應延長。

    2. 受阻方應在不可抗力發生或終止時盡快電告另一方，並在事故發生後十四天內將主管機構出具的事故證明書掛號航空郵寄給另一方認可。

    3. 如果不可抗力事故持續超過一百二十天，另一方有權用掛號航空郵寄書面通知，通知受阻一方終止合同，通知立即生效。

第 17 條　仲裁

    1. 凡由於執行本合同而發生的一切爭執，應通過友好協商解決。如不能解決，則可訴諸仲裁。

    2. 仲裁應提交中國北京中國國際經濟貿易仲裁委員會，按照其程序仲裁，也可提交雙方同意的第三國仲裁機構。

    3. 仲裁機構的裁決具有最終效力，雙方必須遵照執行。仲裁費用由敗訴一方承擔。仲裁機構另有裁定者除外。

    4. 仲裁期間，雙方應繼續執行除爭議部分之外的合同其他條款。

第 18 條　延期和罰款

    如賣方不能按合同規定及時交貨，除因不可抗力事故之外，若賣方同意支付延期罰款，買方應同意延期交貨，罰款通過議付行在議付時扣除，但是罰款額不得超過貨物總值的 5%。罰金率按每星期 0.5% 計算。不足一星期者按一星期計。如果賣方交貨延期超過合同規定船期十星期，買方有權撤銷合同。儘管撤銷了合同，賣方仍須向買方立即支付規定罰款。

第 19 條　附加條款（如果上述條款與下列附加條款不符，將以後者附加條款為準）

此鑑

    本合同由雙方於＿＿年＿＿月＿＿日用＿＿＿＿＿＿文簽署，原本一式＿＿份，買賣雙方各執＿＿份。合同以下述（　　）款為生效方式：

    1. 立即生效。

    2. 合同簽署後＿＿＿＿＿＿天內，由雙方交換確認書後生效。

    3. ＿＿＿＿＿＿＿＿＿＿＿＿＿＿＿＿＿＿＿＿＿＿＿＿＿。

            買方：＿＿＿＿＿＿　　　　賣方：＿＿＿＿＿＿

            簽名：＿＿＿＿＿＿　　　　簽名：＿＿＿＿＿＿

註：本合同第 17 條規定本合同引起爭執之仲裁機構。

（三）中華人民共和國對外貿易貨物出口合同

1. **本合同的特點**：本合同為中國對外貿易貨物出口合同，本合同專供貨物對外貿易出口之用。

2. **適用對象**：本合同適用於對外貿易出口之合同。

3. **基本條款**：訂立本合同應訂明中國對外貿易貨物出口合同之主要條款。

4. 相關法條：中華人民共和國合同法第九章買賣合同。

中外貨物買賣合同 10-2-6

中國對外貿易貨物出口合同
CHINA FOREIGN TRADE
SALES CONTRACT

合同編號 Contract NO：＿＿＿＿＿＿＿

簽訂日期 Date：＿＿＿＿＿＿＿

簽訂地點 Signed at：＿＿＿＿＿＿

買方 THE BUYERS：＿＿＿＿＿＿＿　　電話 Tel：＿＿＿＿＿＿

傳真 Fax：＿＿＿＿＿＿

地址：ADDRESS ＿＿＿＿＿＿　　　電報 Cable：＿＿＿＿＿＿

電傳 Telex：＿＿＿＿＿＿

賣方 THE SELLERS：＿＿＿＿＿＿　　電話 Tel：＿＿＿＿＿＿

傳真 Fax：＿＿＿＿＿＿

地址：ADDRESS ＿＿＿＿＿＿　　　電報 Cable：＿＿＿＿＿＿

電傳 Telex：＿＿＿＿＿＿

經買賣雙方確認根據下列條款訂立本合同：

The undersigned Sellers and Buyers have confirmed this contract in accordance with the terms and conditions stipulated below:

1.

貨員 Art NO	名稱及規格 Descriptions	單位 Unit	數量 Quantity	單價 Unit price	金額 Amount
					合計 Totally
總值（大寫）： Totally value: (in words)					

允許溢短＿＿＿＿＿＿％。

＿＿＿＿＿＿＿% more or less in quantity and value allowed.

2. 成交價格術語：□FOB　□CFR　□CIF　□DDU　□Terms：

3. 包裝 Packing：

4. 裝運嘜頭 Shipping marks：

5. 運輸起訖：由＿＿＿＿＿＿經＿＿＿＿＿＿到＿＿＿＿＿＿
   Shipment from ＿＿＿＿＿＿ to ＿＿＿＿＿＿

6. 轉運：□允許　□不允許；
   分批裝運：□允許　□不允許
   Transhipment：□allowed　□not allowed
   Partial shipments：□allowed　□not allowed

7. 裝運期 Shipment date：

8. 保險：由＿＿＿＿＿＿按發票金額百分之一百一十，投保＿＿＿＿＿＿險，易
   加保＿＿＿＿＿＿險至＿＿＿＿＿＿為止。
   Insurance: to be covered by the ＿＿＿＿＿＿ FOR 110% of the invoice value cover-
   ing additional ＿＿＿＿＿＿ from ＿＿＿＿＿＿ to ＿＿＿＿＿＿.

9. 付款條款 Terms of payment：
   □買方不遲於＿＿年＿＿月＿＿日前將 100% 的貨款用即期匯票／電匯送抵賣方。
   The buyers shall pay 100% of the sales proceeds through sight（demand）draft/by T/T re-
   mittance to the sellers later than ＿＿＿＿＿＿.
   □買方須於＿＿年＿＿月＿＿日前透過＿＿＿＿＿＿銀行開出以賣方為受益人的不可
   撤銷＿＿＿＿＿＿無期信用證，並註明在上述裝運日期後＿＿＿＿＿＿天內在
   中國議付有效，信用證須註明合同編號。
   The buyers shall issue an irrevocable L/C at ＿＿＿＿＿＿ sight through
   ＿＿＿＿＿＿ in favour of the sellers prior to ＿＿＿＿＿＿ indicating L/C shall be
   valid in China through negotiation within ＿＿＿＿＿＿ day after the shipment effected,
   the L/C must mention the Contract Number.
   □付款交單：買方應對賣方開具的以買方為付款人的見票後＿＿＿＿＿＿天付款
   跟單匯票，付款時交單。
   Documents against payment：（D/P）
   The buyers shall duly make the payment against documentary draft made out to the buyers
   at ＿＿＿＿＿＿ sight by the sellers.
   □承兌交單：買方應付賣方開具的以買方為付款人的見票後　　　　天承兌跟匯票，
   承兌時交單。
   Documents against acceptance：（D/A）
   The buyers shall duly accept the documentary draft made out to the buyers at
   ＿＿＿＿＿＿ days by the sellers.

10. 單據：賣方應將下列單據提交銀行議付／託收：
    Documents requireo: The sellers shall present the following documents required for nego-
    tiation/collection to the banks.
    □整套正本清潔提單。
    Full set of clean on Board Ocean Bills of Lading.

□商業發票一式＿＿＿＿＿＿份。

Signed commercial invoice in ＿＿＿＿＿＿ copies.

□裝箱單或重量單一式＿＿＿＿＿＿份。

Packing list/weight memo in ＿＿＿＿＿＿ copies.

□由＿＿＿＿＿＿簽發的質量與數量證明書一式＿＿＿＿＿＿份。

Certificate of quantity and quality in ＿＿＿＿＿＿ copies issued by ＿＿＿＿＿＿

□保險單一式＿＿＿＿＿＿份。

Insurance policy in ＿＿＿＿＿＿ copies.

□由＿＿＿＿＿＿簽發的產地證一式＿＿＿＿＿＿份。

Certificate of Origin in ＿＿＿＿＿＿ copies issued by ＿＿＿＿＿＿.

11. 裝運通知：一俟裝運完畢，賣方應即電告買方合同號、品名，已裝載數量、發票總金額、毛重、運輸工具名稱及啟運日期等。

Shipping advice: The sellers shall immediately, upon the completion of the loading of the goods, advise the buyers of the Contract NO, names of commodity, loading quantity, invoice values, gross weight, names of vessel and shipment date by TLX/FAX

12. 檢驗與索賠 Inspection and Claims：

(1) 賣方在發貨前由＿＿＿＿＿＿檢驗機構對貨物的品質、規格和數量進行檢驗，並出具檢驗證明書。

The buyers shall have the qualities, specifications, quatities of the good scarefully inspected by the ＿＿＿＿＿＿ Inspection Authority, which shall issue Inspection Certificate before shipment.

(2) 貨物到達目的口岸後，買方可委託當地的商品檢驗機構對貨物進行複檢。如果發現貨物有損壞、殘缺或規格、數量與合同規定不符，買方須於貨到目的口岸的＿＿＿＿＿＿天內憑＿＿＿＿＿＿檢驗機構出具的檢驗證明書向賣方索賠。

The buyers have right to have the goods inspected by the local commodity inspection authority after the arrival of the goods at the port of destination. If the goods are found damaged/short/thief specifications and quantities not in compliance with that specified in the contract, the buyers shall lodge claims against the sellers based on the Inspection Certificate issued by the Commodity Inspection Authority within ＿＿＿＿＿＿ days after the goods arrival at the destination.

(3) 如買方提出索賠，凡屬品質異議須於貨到目的口岸之日起＿＿＿＿＿＿天內提出；凡屬數量異議須於貨到目的口岸之日起＿＿＿＿＿＿天內提出。對所裝貨物所提任何異議應由保險公司、運輸公司或郵遞機構負責的，賣方不負任何責任。

The claims, if any regarding to the quality of the goods, shall be lodged within ＿＿＿＿＿＿ days after arrival of the goods at the destination, if any regarding to the quantities of the goods, shall be lodged within ＿＿＿＿＿＿ days after arrival of the goods at the destination. The sellers shall not take any responsibibity if any claims concerning the shipping; goods is up to the responsibility of Insurance Company/ Transportation Company/ Post office.

13. 人力不可抗拒：如因人力不可抗拒的原因造成本合同全部或部分不能履約，賣方概不負責，但賣方應將上述發生的情況及時通知買方。

Force Majeure: The sellers shall not hold any responsibility for partial or total non-performance of this contract due to Force Majeure. But the sellers shall advise the buyers on time of such occurrence.

14. 爭議之解決方式 Disputes settlement：

□任何因本合同而發生或與本合同有關的爭議，應提交中國國際經濟貿易仲裁委員會，按該會的仲裁規則進行仲裁。仲裁地點在中國。仲裁裁決是終局的，對雙方均有約束力。

All disputes arising out of the contract or in connection with the contract, shall be submitted to the China International Economic and Trade Arbitration Commission for arbitration in accordance with its Rules of Arbitration in China. The arbitral award is final and binding upon both parties.

15. 法律適用 Law application：

本合同之簽訂地、或發生爭議時貨物所在地在中華人民共和國境內或被訴人為中國法人時，適用中華人民共和國法律，除此規定外，適用《聯合國國際貨物銷售公約》。

It will be governed by the law of the People's Republic of China under the circumstances that the contract is singed or the goods while the disputes arising are in the people's Republic of China or the defendant is Chinese legal person, otherwise it is governed by United Nations Convention on Contract for the International Sale of Goods.

本合同使用的 FOB、CFR、CIF、DDU 術語系根據國際商會《Incoterms 1990》。

The terms in the contract are based on INCOTERMS 1990 of the International Chamber of Commerce.

16. 文字：

本合同中、英兩種文字具有同等法律效力，在文字解釋上，若有異議，以中文解釋為準。

Versions: This contract is made out in both Chinese and English of which version is equally effective. Conflicts between these two languages arising therefrom, if any, shall be subject to Chinese version.

17. 附加條款（本合同上述條款與本附加條款有抵觸時，以本附加條款為準）：

Additional clauses: (Conflicts between contract clause hereabove and this additional clause, if any, it is subject to this additional clause)

18. 本合同共＿＿＿＿＿＿份，自雙方代表簽字（蓋章）之日起生效。

This contract is in ＿＿＿＿＿＿ copies, effective since being sighed/sealed by both parties.

賣方代表人：	買方代表人：
Representative of the sellers：	Representative of the buyers：
簽字：	簽字：
Authorized signiture：	Authorized signiture：

註：本合同第 15 條規定本合同法律之適用。

（四）中國對外貿易貨物進口合同

1. 本合同的特點：本合同爲中國對外貿易貨物進口合同，本合同專供對外貿易貨物進口之合同。
2. 適用對象：本合同適用於對外貿易貨物進口合同。
3. 基本條款：訂立本合同訂明中國對外貿易進口合同之主要條款。
4. 相關法條：中華人民共和國合同法第九章。

中外貨物買賣合同 10-2-7

中國對外貿易貨物進口合同
CHINA FOREIGN TRAED
PURCHASE CONTRACT

合同編號 Contract NO：_____

簽訂日期 Date：_____

簽訂地點：Signed at：_____

買方 THE BUYERS：_____　　電話 Tel：_____

　　　　　　　　　　　　　　　　　傳真 Fax：_____

地址 ADDRESS：_____　　　電報 Cable：_____

　　　　　　　　　　　　　　　　　電傳 Telex：_____

賣方 THE SELLERS：_____　電話 Tel：_____

傳真 Fax：_____

地址 ADDRESS：_____　　　電報 Cable：_____

電傳 Telex：_____

經買賣雙方確認根據下列條款訂立本合同：

The undersigned Sellers and Buyers have confirmed this contract in accordance with the terms and conditions stipulated below:

1.

貨員 Art NO	名稱及規格 Descriptions	單位 Unit	數量 Quantity	單價 Unit price	金額 Amount
					合計 Totally
總值（大寫）： Totally value: (in words)					

允許溢短＿＿＿＿＿＿＿＿％。

＿＿＿＿＿＿＿＿＿％ note or less in quantity and value allowed.

2. 成交價格術語 Terms：

  □FOB □CFR □CIF □DDU

3. 出產國與製造商 Country of origin and manufacturers：

4. 包裝 Packing：

5. 裝運碼頭 Shipping marks：

6. 裝運港 Delivery port：

7. 目的港 Destination：

8. 轉運：□允許 □不允許；

  分批裝運：□允許 □不允許

  Transhipment: □allowed □not allowed

  Partial shipments: □allowed □not allowed

9. 裝運期 Shipment date：

10. 保險：由＿＿＿＿＿＿＿＿按發票金額110%，投保＿＿＿＿＿＿＿險，另加＿＿＿＿＿險。

  Insurance: to be covered by the ＿＿＿＿＿＿＿ for 110% of the invoice value covering ＿＿＿＿＿＿＿ additional ＿＿＿＿＿＿＿.

11. 付款條件 Terms of payment：

  □買方透過＿＿＿＿＿＿＿銀行在＿＿年＿＿月＿＿日前開出以賣方為受益人的＿＿＿＿＿＿＿期信用證。

  The buyers shall open a Letter of Credit at ＿＿＿＿＿＿ sight through ＿＿＿＿＿＿ bank in favour of the sellers prior to ＿＿＿＿＿＿.

  □付款交單：買方應付賣方開具的以買方為付款人的見票後＿＿＿＿＿＿＿天付款跟單匯票，付款時交單。

  Document against payment:（D/P）

  The buyers shall duly make the payment against documentary draft made out to the buyers at ＿＿＿＿＿＿ sight by the sellers.

  □承兌交單：買方應付賣方開具的以買方為付款人的見票後＿＿＿＿＿天承兌跟單匯票，承兌時交單。

  Documents against acceptance：（D/A）

  The buyers shall duly accept the documentary draft made out to the buyers at ＿＿＿＿＿ sight by the sellers.

  □貨到付款：買方在收到貨物後＿＿＿＿＿天內將全部貨款支付賣方（不適用於 FOB、CFR、CIF 術語）。

  Cash on delivery：（COD）

  The buyers shall pay to the sellers total amount within ＿＿＿＿＿ days after the receipt of the goods.（This clause is not applied to the terms of FOB, CFR, CIF）.

12. 單據：賣方應將下列單據提交銀行議付／託收：

  Documents: the sellers shall present the following documents required to the banks for negotiation/collection:

(1) 運單 Shipping Bills：
　　□海運：全套空白抬頭／指示抬頭、空白背書／指示背書註明運費已付／到付的
　　已裝船清潔海運／聯運正本提單，通知在目的港＿＿＿＿公司。
　　In case by sea: Full set of clean on board ocean Bills of Lading/combined transporta-
　　tion Bills of Lading made out to order blank endorsed/endorsed in favour of ＿＿＿＿
　　or made out to order of ＿＿＿＿, marked "freight prepaid/collected" notifying
　　＿＿＿＿ at the port of destination.
　　□陸運：全套註明運費已付／到付的裝車的記名清潔運單，通知在目的地
　　＿＿＿＿公司。
　　In case by land transportation: Full set of clean on board land transportation Bills made
　　out to ＿＿＿＿ marked "freight prepaid/collected" notifying ＿＿＿＿ at the destina-
　　tion.
　　□空運：全套註明運費已付／到付的記名空運單，通知在目的地＿＿＿＿公司。
　　In case by Air : Full set of clean on board AWB made out to ＿＿＿＿ marked "freight
　　prepaid/collected" notifying ＿＿＿＿ at the destination.
(2) 標有合同編號、信用證號及裝運碼頭的商業發票一式＿＿＿＿份。
　　Signed commercial invoice in ＿＿＿＿ copied indication Contract NO, L/C No. and
　　shipping marks.
(3) 由＿＿＿＿出具的裝箱單或重量單一式＿＿＿＿份。
　　Packing list/weight memo in ＿＿＿＿ copies issued by ＿＿＿＿.
(4) 由＿＿＿＿出具的質量證明書一式＿＿＿＿份。
　　Certificate of Quality in ＿＿＿＿ copies issued by ＿＿＿＿.
(5) 由＿＿＿＿出具的數量證明書一式＿＿＿＿份。
　　Certificate of Quantity in ＿＿＿＿ copies issued by ＿＿＿＿.
(6) 保險單正本一式＿＿＿＿份。
　　Insurance policy/certificate in ＿＿＿＿ copies
(7) ＿＿＿＿簽發的產地證一式＿＿＿＿份。
　　Certificate of Origin in ＿＿＿＿ copies issued by ＿＿＿＿.
(8) 裝運通知 Shipping advice：
　　另外，賣方應在交運後＿＿＿＿小時內以特快專遞方式郵寄給買方第＿＿＿＿項
　　單據副本一套。
　　In addition, the sellers shall, within ＿＿＿＿ hours after shipment effected, send each
　　copy of the above-mentioned documents NO. ＿＿＿＿, ＿＿＿＿, ＿＿＿＿,
　　＿＿＿＿, ＿＿＿＿, ＿＿＿＿, ＿＿＿＿ directly to the buyers by courier
　　service.

13. 裝運條款 Shipping terms：
　　□FOB
　　賣方應在合同規定的裝運日期前三十天，以電報／電傳／傳真通知買方合同號、品
　　名、數量、金額、包裝件、毛重、尺碼及裝運港可裝日期，以便買方安排租船／訂
　　艙。裝運船只按期到達裝運港後，如賣方不能按時裝船，發生的空船費或滯期費由
　　賣方負擔。在貨物越過船弦並脫離吊鉤以前一切費用和風險由賣方負擔。

The sellers shall, 30 days before the shipment date specified in the contract advise the buyers by CABLE/TELEX/FAX of the contract NO., commodity, quantity, amount, packages, gross weight, measurement, and the date of shipment in order that the buyers can charter a vessel/book shipping space. In the event of the sellers failure to effect loading when the vessel arrives duly at the loading port, all expenses including dead freight and/or demurrage charges thus incurred shall be for seller's account.

□CIF 和 CFR

CIF and CFR

賣方須按時在裝運期限內將貨物由裝運港裝船至目的港。在 CFR 術語下，賣方應在裝船前二天電傳／傳真／電報買方合同號、品名、發票價值及開船日期，以便買方安排保險。

The sellers shall ship the goods duly within the shipping duration from the port of shipment to the port of destination. Under CFR terms, the sellers shall advise the buyers by CABLE/FAX/TELEX of the contract NO., commodity, invoice value and the date of dispatch two days before the shipment for the buyers to arrange insurance in time.

□DDU

賣方須按時在裝運期限內將貨物由裝運港裝運至目的港。

The sellers shall ship the goods duly within the shipping duration from the port of shipment to the port of destination.

14. 裝運通知 Shipping advice：

一俟裝載完畢，賣方應在＿＿＿＿小時內電傳／傳真／電報買方合同編號、品名、已發運數量、發票總金額、毛重、船名／車／機號及啟程日期等。

The sellers shall immediately upon the completion of the loading of the goods, advise buyers of the contract NO., names of commodity, loading quantity, invoice values, gross weight. name of vessel and shipment date by TLX/EAX/CABLE within ＿＿＿＿ hours.

15. 質量保證 Quality guarantee：

貨物品質規格必須符合本合同及質量保證書之規定，品質保證期為貨到目的港＿＿＿＿個月內。在保證期限內，因製造廠商在設計製造過程中的缺陷造成的貨物損害應由賣方負責賠償。

The commodity must be in conformity with the quality and specifications specified in this contract and Letter of Quality Guarantee. The guarantee period shall be ＿＿＿＿ months after the arrival of the good at the port of destination, and during the period the sellers shall be responsible for the damage due to defects in designing and manufacturing of the manufacturer.

16. 商品檢驗：賣方須在裝運前＿＿＿＿日委託＿＿＿＿檢驗機構對本合同之貨物進行檢驗並出具檢驗證書，貨到目的港後，由買方委託＿＿＿＿檢驗機構進行復檢。

Goods inspection: The sellers shall have the goods inspected by ＿＿＿＿ Inspection Authority ＿＿＿＿ days before the shipment and issued the Inspection Certificate. The buyers shall have the goods reinspected by ＿＿＿＿ Inspection Authority after the goods arrival at the destination.

17. 索賠 Claims：

如經中國＿＿＿＿檢驗機構復檢，發現貨物有損壞、殘缺或品名、規格、數量及質量與本合同及質量保證書之規定不符，買方可於貨到目的港後＿＿＿＿天內憑上述檢驗機構出具的證明書向賣方要求索賠。如上述規定之索賠期與質量保證期不一致，在質量保證期限內買方仍可向賣方就質量保證條款之內容向賣方提出索賠。

The buyers shall lodge claims against the sellers based on the Inspection Certificate issued by China ＿＿＿＿ Inspection Authority ＿＿＿＿ days after the arrival of the goods at the destination if the goods are found to be damaged, missing or the specifications, quantity, and quality not in conformity with those specified in this contract and Letter of Quality Guarantee, In case the claim period above specified is not in conformity with the quality guarantee period, during the quality guarantee period, the buyers have rights to lodge claims against the sellers concerning the quality guarantee.

18. 延期交貨違約金 Late delivery and penalty：

除雙方認可的不可抗力因素外，賣方遲於合同規定的期限交貨，如買方同意遲延交貨，賣方應同意對信用證有關條款進行修改和同意銀行在議付貨款時扣除本條規定的違約金。違約金總值不超過貨物總價值的百分之五，差率按七天 0.5% 計算，不滿七天仍按七天計算。在未採用信用證支付的情況下，賣方應將前述方法計算的違約金即付買方。

If the sellers fail to make delivery on time as stipulated in the contract, with exception of Force Majeure, the buyers shall agree to postpone the delivery on conditions that the sellers agree to amend the clauses of the L/C and pay a penalty which shall be deducted by the paying bank from the payment under negotiation the penalty, however, shall not exceed 5% of the total value of the goods. The rate of penalty is charged at 0.5% for every seven days, if less than seven days. In case, the payment is not made through L/C, the sellers shall pay the penalty counted as above to the buyers as soon as possible.

19. 不可抗力：如發生不可抗力情況，賣方應及時以電報／傳真／電傳通知買方，並在十四天內郵寄事故發生地政府或商會出具的證明事故的文件。

Force Majeure: The sellers shall advise the buyers by CABLE/FAX/TLX in case of Force Majeure, and furnish the later within 14 days by registered airmail with a certificate issued by local government/Chamber of Commerce attesting such event or events.

20. 爭議之解決方式 Disputes settlement：

□任何因本合同而發生或與本合同有關的爭議，應提交中國國際經濟貿易仲裁委員會，按該會的仲裁規則進行仲裁。仲裁地點在中國。仲裁裁決是終局的，對雙方均有約束力。

All disputes arising out of the contract or concerning the contract, shall be submitted to the China International Economic and Trade Arbitration Commission for arbitration in accordance with its Arbitration Rules. The arbitration shall take place in China. The arbitral award is final and binding upon both parties.

21. 法律適用 Law application：

本合同之簽訂地、或發生爭議時貨物所在地在中華人民共和國境內或被訴人為中國法人的，適用中華人民共和國法律，除此規定外，適用《聯合國國際貨物銷售合同公約》。

It will be governed by the law of the People's Republic of China under the circumstances that the contract is signed or the goods while the disputes arising are in the people's Republic of China or the defendant as Chinese legal person, otherwise it is governed by United Nations Conention on Contract for the International Sale of Goods.

22. 本合同使用的 FOB、CFR、CIF、DDU 術語係根據國際商《Incoterms 1990》。

The terms in the contract the based on INCOTERMS 1990 of the International Chamber of Commerce.

23. 文字 Versions：

本合同中、英兩種文字具有同等法律效力，如文字解釋有異議，應以中文本為準。

This contract is made out in both Chinese and English of which version is equally effective. Conflicts between these two languages arising therefrom, if any, shall be subject to Chinese version.

24. 附加條款（本合同上述條款與本附加條款抵觸時，以本附加條款為準）：

Additional clause:（Conflicts between contract clause hereabove and this additional clause, if any, it is subject to this additional clause）

25. 本合同共＿＿＿份，自雙方代表簽字（蓋章）之日起生效。

This contract is in ＿＿＿ copies, effective since being signed/sealed by both parties.

買方代表人：	賣方代表人：
Representative of the buyers：	Representative of the sellers：
簽字：	簽字：
Authorized signiture：	Authorized signiture：

註：本合同第 15 條規定本合同法律之適用。

第三節 中外技術轉讓合同

一、定義

中外技術轉讓合同是指一國境內的當事人同另一國境內的當事人之間簽訂的，以轉讓技術的使用權或所有權為內容的協議。

二、中外技術轉讓合同的主要條款

（一）技術引進合同的主要條款

1. 合同名稱、當事人名稱、法定地址、簽約地點和簽約時間。

2. 合同中關鍵詞語的含義。
3. 引進技術的內容、範圍、技術指標、技術資料清單。
4. 出讓方對受讓方的技術培訓和技術服務事項。
5. 引進技術達標考核檢驗的標準、期限、措施及風險承任的承擔及考核驗收中發生爭議的解決辦法。
6. 保證責任。
7. 受讓方的權利。
8. 技術引進的保密責任。
9. 價款或報酬的總額、使用的貨幣和支付方式。
10. 雙方的義務和違約責任。

（二）技術證可合同的主要條款

1. 合同名稱、合同號、簽約時間、地點、當事人名稱。
2. 定義，即對合同中關鍵詞的解釋和說明。
3. 計價方法、金額、使用的貨幣和支付方式。
4. 包裝和標記。
5. 技術的名稱、規格和型號。
6. 生產規模、產品的種類和質量。
7. 原材料消耗定額、出讓方提供的設計圖紙和數據、生產工藝的資料和說明，技術的使用範圍，許可種類。
8. 專利批准的時間、批准機關。
9. 專利編號、專利的權利保護範圍、保護地區和有效期、技術服務的項目、內容。
10. 保證和索賠。
11. 技術的侵權和保密。
12. 稅費和不可抗力。
13. 爭議的解決辦法。
14. 合同的期限、變更、解除和終止。

三、合同範例

（一）國際技術轉讓加設備進口合同

1. 本合同的特點：本合同為技術轉讓及買賣之合同，由賣方技術轉讓及設備出售

買方之國際性合同。

2. 適用對象：本合同適合於國際性技術轉讓及設備買賣合同。
3. 基本條款：本合同應訂明技術轉讓及買賣合同之基本條款。
4. 相關法條：中華人民共和國合同法第六章及第九章。

技術轉讓合同 10-2-8

國際技術轉讓加設備進口合同

簽約日期：＿＿＿＿＿＿＿＿
簽約地點：＿＿＿＿＿＿＿＿
合同號：＿＿＿＿＿＿＿＿

一方為中國＿＿＿＿＿＿公司，主要辦公地址在中國＿＿＿＿＿＿（以下簡稱被轉讓方），另一方為＿＿＿＿＿＿公司，主要辦公地址在＿＿＿＿＿＿（以下簡稱轉讓方）。

鑑於轉讓方擁有製造＿＿＿＿＿＿設備的專有技術，並有資格轉讓上述技術；

鑑於轉讓方有權並同意向被轉讓方許可上述專有技術，只在＿＿＿＿＿＿廠使用；
＿＿＿＿＿＿公司購買許可活動所必需的合同材料和合同設備，由＿＿＿＿＿＿廠進行許可的製造活動；＿＿＿＿＿＿公司和＿＿＿＿＿＿廠共同而又分別承擔本合同中的義務；

鑑於被轉讓方希望使用轉讓方的專有技術，只在中華人民共和國＿＿＿＿＿＿廠製造＿＿＿＿＿＿設備；

鑑於被轉讓方希望向轉讓方購買合同材料和模塊，該模塊由要製造的元部件組成，並購買合同設備，使被轉讓方只在＿＿＿＿＿＿廠能製造＿＿＿＿＿＿設備；

鑑於被轉讓方應不斷履行以購買訂單為形式的不同協議，以向轉讓方購買合同材料；

鑑於該購買訂單應服從於本合同有關合同材料的條件和條款；

因此，雙方授權的代表通過友好協商達成如下協議，特此為證。

第一章　定義

1.1 「輔配件」指大量商用可購買到的材料，包括易耗品和其他與＿＿＿＿＿＿系統安裝和系統配套有關的元部件，可由＿＿＿＿＿＿廠或轉讓方提供。

1.2 「合同設備」指附件十二中規定的由轉讓方售給被轉讓方的測試生產設備。

1.3 「合同工廠」指被轉讓方用轉讓方提供的技術文件和專有技術製造合同產品的唯一地點，即中國＿＿＿＿＿＿廠。

1.4 「合同材料」指固定網絡設備、轉讓方軟件和輔配件。

1.5 「合同產品」指合同材料製成整機，經測試可銷售給最終用戶。「合同產品」的進一步定義見附件一A。

1.6 「最終用戶」指合同產品的購買者。

1.7 「固定網絡設備」指附件一B中規定的材料，為＿＿＿＿＿＿系統的一部分。

1.8 「模塊」指本合同附件一B中規定的＿＿＿＿＿＿設備子機及由轉讓方售給被轉讓方用於製成合同產品的元部件。

1.9 「專有模塊」指用於製造合同產品的元部件和組件。

1.10 「專有資料」指本合同條款規定的資料，包括軟件、目標代碼、源碼、測試設備的計算機程序、技術支持、轉讓方＿＿＿＿＿＿＿＿專有技術和其他與之相關的文件、數據、材料、及指可向轉讓方公開的業務、商業、金融、計畫資料。任何專有資料均由轉讓方標明＿＿＿＿＿＿＿「註冊祕密專有」，證明其屬「最高級機密類」或標明＿＿＿＿＿＿＿＿「保密專有」證明其屬「初級機密類」。

1.11 「專有權利」指專利、版權、專有技術、商業祕密、商標和其他知識產權或指本合同終止或期滿前產生的專有權利、軟件或其他著作，不論轉讓方是否獲得專利、享有版權或已註冊。

1.12 「軟件」指與合同產品配用的目標碼計算機程序，以及與合同設備配套使用的測試源碼計算機程序，以人們認可的形式提供，需經中間處理過後，由處理機編制。所有軟件均按附件十一Ａ與十一Ｂ中規定的軟件許可證，由轉讓方許可給＿＿＿＿＿＿＿＿廠。

1.13 「技術支持服務」指本合同附件三和四中規定的在合同設備和合同材料和合同產品的製造、檢驗、調試、操作和其他有關職能方面由轉讓方向合同工廠人員提供的技術諮詢和技術指導。

1.14 「技術文件」指本合同附件二中規定的與合同設備的操作、維護、調試和檢驗有關，以及與合同產品的製造有關的所有技術指標、圖紙、說明、數據和其他文件。

1.15 「技術培訓」指轉讓方在轉讓方工廠和合同工廠為合同產品的製造、檢驗、調試和操作以及為「合同設備」的安裝、調試、操作和維護，對「合同工廠」人員所進行的培訓。具體的培訓內容和要求詳見本合同附件四。

1.16 「專有技術」或「技術訣竅」指與合同材料和合同設備有關的相應的知識和經驗，該知識和經驗是轉讓當時生產中所使用的。「專有技術」由轉讓方以技術文件、技術支持和技術培訓的形式向合同工廠提供。

1.17 「驗收標準」指技術文件中規定的用以限定合同設備性能的標準。

1.18 「合同」指一許可證合同及其所有附件。

第二章 合同範圍

2.1 (A) 轉讓方同意向被轉讓方轉讓製造合同產品的專有技術和技術文件。

(B) 合同產品的製造按本合同附件十一中的說明，分一、二、三、四、五階段實施。

(C) 轉讓方同意為合同工廠確認並向其銷售按當時的技術合作階段在技術合作等級下製造合同產品所需的合同設備。合同工廠所需的合同設備目錄見本合同附件一Ｃ。

2.2 轉讓方給予被轉讓方許可證和權利，使用轉讓方的技術文件和專有技術，製造合同產品，使用和／或銷售形成的合同產品。合同產品的銷售限於中華人民共和國和其他＿＿＿＿＿＿＿制式國家，下列國家和地區除外：＿＿＿＿＿＿＿＿。

本合同所有許可證均是含提成的（除了附件九中規定的軟件許可證是免提成的以外）、非獨占的、不可轉讓的、不可轉售的。

2.3 轉讓方負責按本合同規定向被轉讓方提供與合同材料和合同設備有關的技術文件和專有技術。

2.4 轉讓方負責派遣其技術人員來華提供技術支持服務，並對合同設備進行驗收。

2.5　轉讓方應盡最大努力滿足合同工廠技術人員的要求，使上述技術人員能掌握 1.15 條中確定的技術培訓。

2.6　除非經轉讓方書面同意另增場所，否則被轉讓方只能在合同工廠進行許可的合同產品製造工作。

2.7　轉讓方同意向被轉讓方出售其專有模塊，被轉讓方按轉讓方授權，僅止於製造完整的合同產品。被轉讓方同意使用上述專有模塊進行上述製造工作。除了被轉讓方經本合同特許生產的模塊外，被轉讓方應向轉讓方購買所有被轉讓方要求的專有模塊。

2.8　只有事先得到轉讓方的書面同意，才能修改或改變轉讓方許可的用於合同材料或合同產品的專用資料。這有利於專有資料的質量保證、控制和標準化。被轉讓方同意向轉讓方支付工程費用，用以審批改變或改進的內容。被轉讓方同意給予轉讓方許可證，用以製造、委託他人製造、使用和銷售應用被轉讓方改變或改進合同材料後生產的產品。被轉讓方同意向轉讓方提供關於改變或改進的足夠文件，以使轉讓方能將此改變或改進同樣包括在轉讓產品中，費用由轉讓方支付。

2.9　事先未經另一方書面同意，任何一方均不應讓渡本合同或合同中給予的任何權利。然而，為履行轉讓方在本合同中的義務，轉讓方可使用其任何分公司、聯營公司和／或附屬公司的服務。

第三章　本合同的價格

3.1　被轉讓方根據本合同第二章規定的內容和範圍，向轉讓方支付合同總價和提成費，以美元計價。第 3.2 條款中所列的價格為第一、二、三、四、五階段的費用。合同設備價格詳見附件十二。輔配件的預算性報價見附件一 B，僅供參考。實際價格調整應在每次訂貨前由雙方討論。

3.2　費用如下：

合同總價：_____

技術轉讓費：_____

合同設備價格：

　測試設備：_____

　加工設備和工具：_____

　培訓設備：_____

　合同設備軟件許可證費：_____

技術文件費：

　設備手冊：_____

　加工資料：_____

技術培訓費：

　設備操作：_____

　加工：_____

　系統：_____

技術支持服務費：

　設備操作：_____

　加工：_____

A、合同設備和合同材料價格為 C.F.R.（按 1990 年《國際商會貿易術語解釋通則》定義）＿＿＿＿＿＿＿＿＿＿＿＿機場。

B、技術文件費為 C.I.F（按 1990 年《國際商會貿易術語解釋通則》定義）＿＿＿＿＿＿＿＿＿＿＿＿機場。

C、合同材料價格不包括在合同總價中。

3.3 提成費

在本合同各階段的所有合同材料（輔配件除外）價格上提取提成費。五個階段的提成費分別為：階段一＿＿＿＿＿；階段二＿＿＿＿＿；階段三＿＿＿＿＿；階段四＿＿＿＿＿；階段五＿＿＿＿＿。

3.4 模塊價格

轉讓方同意銷售模塊，使合同工廠能製造固定網絡設備。模塊價格可修改。新的模塊價格應由本合同雙方共同商定。

第四章　付款條件

4.1 本合同中規定的一切費用均以美元計價。本合同中每個階段均在該階段開始日付款。各階段開始日定義見本合同第 17.2 條。

4.2 本合同第三章中規定的合同總價按下列條款由被轉讓方付給轉讓方。

　　4.2.1 合同設備

被轉讓方收到轉讓方的合同設備的貨物發運通知後，應在預計發運日期前三十天內，以全電開的形式通過中國＿＿＿＿＿＿＿銀行及＿＿＿＿＿＿＿開具不可撤銷的、不可轉讓的信用證。該信用證格式由雙方商定，見附件十三，金額以美元計，為該貨運總價的百分之一百（100%），該信用證使中國＿＿＿＿＿＿＿銀行負有義務向受益人轉讓方支付所有款項，有效期截止至雙方按本合同第 9.1 條的規定簽署驗收合格證後三十天。

被轉讓方收到貨運單據後用信用證付款：

(A) 轉讓方發運貨物後，被轉讓方銀行收到轉讓方的下列單據，審核無誤後，不遲於三十天，支付金額的 90%。

　　(1) 全套清潔空運提單正本一份，副本四份，標明「C.F.R.＿＿＿＿＿＿＿機」，並根據本合同第 6.3 款標明「運費預付」，合同號和運輸嘜頭，並註明通知目的港所在地的中國外貿運輸總公司；

　　(2) 金額為合同設備價格總價的形式發票六份；

　　(3) 金額為合同設備價格 90% 的商業發票正本六份；

　　(4) 即期匯票一式兩份；

　　(5) 詳細包裝清單一式六份；

　　(6) 原產地證明一式兩份。

(B) 被轉讓方銀行收到轉讓方下列單據，經審核無誤後，不遲於三十天，支付金額的 10%。

　　(1) 商業發票正本一式六份。

　　(2) 雙方代表按本合同第 9.1 條規定簽署的驗收證明正本一份。

(3) 即期匯票一式兩份。

4.2.2　一至五階段的技術轉讓費、技術文件費、技術培訓費和技術支持服務費。

所有的技術轉讓費、技術文件費、技術培訓費和技術支持服務費均以美元電匯，通過中國＿＿＿＿＿＿銀行和＿＿＿＿＿＿銀行分行支付。根據本合同第13.2條，一切應由轉讓方在中華人民共和國繳納的所得稅應由被轉讓方預扣並代表轉讓方向有關稅務機構繳納，付款收據應立即傳真和郵寄給轉讓方，本章所列費用按下列比例支付：

(A) 合同生效後三十天內，被轉讓方收到下列單據後，被轉讓方以全電開的方式向轉讓方支付 15% 的技術轉讓費、技術文件費、技術培訓費和技術支持服務費。

另外，轉讓方應提供以被轉讓方為受益人的保函正、副本各一份，格式見附件十四，金額為上述費用的 15%。階段一預定的技術培訓課程結束後，本保函即失效。

(1) 轉讓方國家有關當局出具的有效出口許可證影印本一份，或轉讓方有關當局出具的信函一份，聲明不需要出口許可證；

(2) 金額為上述費用 15% 的商業發票六份。

(B) 階段二開始後三十天內，收到金額為上述費用 25% 的商業發票六份及全套標有「運費預付」和合同號、運輸嘜頭，僅用於支付技術文件費的空運提單後，被轉讓方以全電開的方式向轉讓方支付 25% 的技術轉讓費、技術文件費、技術培訓費和技術支持服務費。

(C) 階段三開始後三十天內，收到金額為上述費用 25% 的商業發票六份，及全套標有「運費預付」和合同號、運輸嘜頭，僅用於支付技術文件費的空運提單後，被轉讓方以全電開的方式向轉讓方支付 25% 的技術文件費、技術培訓費和技術支持費。

(D) 階段四開始後三十天內，收到金額為上述費用 25% 的商業發票六份，以及全套標有「運費預付」和合同號、運輸嘜頭，僅用於支付技術文件費的空運提單後，被轉讓方以全電開方式向轉讓方支付 25% 的技術轉讓費、技術文件費、技術培訓費和技術支持服務費。

(E) 階段五開始後三十天內，收到金額為上述費用百分之十的商業發票六份，以及全套標有「運費預付」和合同號、運輸嘜頭，僅用於支付技術文件費的空運提單後，被轉讓方以全電開方式向轉讓方支付 20% 的技術轉讓費、技術文件費、技術培訓費和技術支持服務費。另外，轉讓方應提供以被轉讓方為受益人，金額為上述費用的 10% 的不可撤銷的保函正副本各一份，格式見附件十四。階段五合同產品的最終驗收合格後，本保函即失效。

4.2.3　合同設備軟件許可證

合同設備軟件許可證用總額應不遲於合同設備第一次預計裝運前三十天，電匯支付。

4.3　提成費由被轉讓方在一至五階段簽訂合同材料購買訂單後，不遲於三十天向轉讓方電匯支付。但是，提成費和合同材料費發票單獨開具。

4.4　對轉讓方以 C.I.F 條件發運的任何貨物，被轉讓方同意，由外國保險公司出具的金額為貨運值 110%，投保了一切險的自行保險證明應為足夠的保險憑證。保險期截止至貨物運抵中華人民共和國_____機場。

4.5　被轉讓方應不斷履行購買訂單，向轉讓方購買合同材料。被轉讓方向轉讓方購買合同材料，其付款條件同本合同第 4.2.1 規定。但有關合同材料的驗收合格證規定見本合同第 9.2 條。而按第 4.2.1.B.2 所述，驗收合格證參見第 9.1 條，在此則應參見第 9.2 條。

第五章　交付方式

5.1　技術文件

5.1.1　轉讓方以 CIF 中國_____機場向被轉讓方交付本合同附件二規定的所有技術文件。

5.1.2　當技術文件到達中國_____機場後，該技術文件的所有權和損失風險即由轉讓方轉移至被轉讓方。

5.1.3　_____機場在技術文件空運提單上所蓋的日期戳為技術資料實際交付的日期。

5.1.4　每批技術文件發運前一星期，轉讓方應將本合同號、預計啟運日期、大概包數、大概重量用電傳或傳真通知被轉讓方。
　　　每批技術文件發運後四十八小時內，轉讓方應將本合同號、發運日期、空運提單號、包（件）數量和重量用電傳或傳真通知被轉讓方及被轉讓方指定的中國境內內陸貨運公司，並在每批技術文件發運後兩個工作日內將下列單據用 DHL 或快件寄給轉讓方及合同工廠：
　　　(A) 兩份技術文件空運提單
　　　(B) 兩份技術文件裝箱單

5.1.5　轉讓方提供給被轉讓方的技術文件用英文寫就。

5.1.6　轉讓方提供給被轉讓方的技術文件按照本合同附件二檢驗。

5.1.7　如轉讓方提供給被轉讓方的文件有丟失、損壞和／或不完整，轉讓方在收到被轉讓方書面通知後三十天內，免費將技術文件重寄或補發給被轉讓方。

5.1.8　轉讓方提供給被轉讓方的技術文件應裝在適於長途運輸、多次轉運，具防潮、防雨保護措施的包裝箱內。

5.1.9　每包技術文件的包裝封面上，應以醒目的英文印刷體標明以下內容：
　　　(A) 目的地
　　　(B) 合同號
　　　(C) 收貨人代號
　　　(D) 嘜頭
　　　(E) 重量（公斤）
　　　(F) 箱號／件號

5.1.10　每包技術文件中，應有兩份裝箱單。

5.1.11　附件二中規定的合同材料的技術文件和合同設備的技術文件由轉讓方分別交付給被轉讓方。

5.1.12 每階段預定培訓日期前三十天，轉讓方向被轉讓方發運該階段的技術文件，一式兩份。

5.2 合同設備和合同材料

5.2.1 本合同附件十二中規定的所有合同設備和附件一 B 中規定的所有合同材料由轉讓方交付。交付條件為 C.F.R 機場目的地為中國_____機場。

5.2.2 (A)本合同生效日起兩個月內，轉讓方應將初步的裝運計畫，包括合同號、項號、貨物名稱、種類、規格、數量、單價、總價、大概總體積，裝運日期、批次和裝運港（機場）等以及尺寸（長、寬、高、體積）一式六份寄給被轉讓方。如果有超寬或超重的合同設備或易燃、危險的合同設備，那麼還應將超重合同設備的大概重量，易燃、危險合同設備在運輸和存放中的特殊要求和應採取的預防措施也一式六份寄給被轉讓方。

(B)不可分割的成套合同設備每套最大重量為_____公噸，最大尺寸為_____立方米。不遲於首批設備裝運前三個月，轉讓方應將更改後合同設備的裝運計畫一式七份提交給被轉讓方，包括合同號、發票號、項號、貨物名稱、規格、數量、單價、總價、每件大概毛重、淨重、物件的大概尺寸（長×寬×高）、體積、每批貨物的裝運港（或機場）、裝運預計日期以及重量超過_____公噸和尺寸超過_____立方米的超大超重合同設備的包裝草圖和裝運危險合同設備時應採取的預防措施，各一式七份。

5.2.3 海運（空運）提單上的日期為合同設備和合同材料的實際交付日期。

5.2.4 根據合同第 5.2.1 款，轉讓方在被轉讓方指定的港口（或機場）將合同設備和合同材料裝上被轉讓方指定的運輸工具。轉讓方將合同設備和合同材料轉交給被轉讓方指定的承運人後，合同設備和合同材料的損失風險、所有權立即由轉讓方轉移至被轉讓方。

5.2.5 每次裝運前，轉讓方應用電傳或傳真或電報盡快將下列內容通知被轉讓方：

(A)合同號

(B)目的地

(C)貨物準備就緒日期

(D)總體積

(E)總毛重

(F)總件數

(G)裝運港（或機場）

(H)每件重量超過_____公噸或尺寸超過_____立方米的合同設備和合同材料的總的毛重、體積、名稱。

同時，轉讓方用航空信、傳真、快件、電傳將下列票據交給被轉讓方，各一式六份。

(A)每大件重量超過_____公噸或尺寸超過_____立方米後的裝運草圖。

(B)危險合同設備和合同材料的說明，包括名稱、特性、特別保護措施和處置辦法。

(C) 在運輸過程中，對溫度、濕度、震動等有特殊要求的合同設備和合同材料，採取特殊預防措施的說明。

轉讓方還應將以上所列單據副本提交目的港所在地的中國對外貿易運輸總公司。

5.2.6　轉讓方應在每批合同設備和合同材料完全裝上承運工具前四十八小時內，將合同號、商品名、數量、尺寸、毛重、發票以及預計到達日期，以電傳或電報通知被轉讓方。發運前，被轉讓方負責辦理貨物保險。如因轉讓方未及時通知，致使貨物未及時投保，由此產生的任何及所有損失均由轉讓方承擔。如係危險品（例如易爆材料），轉讓方應將其性質有搬運方法電告被轉讓方和目的港所在地的中國外貿運輸總公司。

第六章　包裝和嘜頭

6.1　所有待運合同設備和合同材料都必須包裝堅固，適合所選的長途運輸方式及多次搬運裝卸。為了確保合同設備和合同材料在運輸過程中安全無損，須根據合同設備和合同材料中不同貨物的性能和要求，採取合理保護措施，防潮、防鏽、防震、防腐蝕。被轉讓方與轉讓方承認合同設備和合同材料由精密電子組成，因此，將盡力保證這些貨物有防雨、防熱、防濕、防震保護。

如被轉讓方要求提供長途海運用包裝及無防護內陸運輸和存放用包裝，轉讓方應提供包裝，費用另加。轉讓方對包裝不當負有責任，並對因包裝不慎或不當導致的鏽損負有責任。

6.2　轉讓方應在每包散裝附件上標上合同號、合同設備和合同材料主機名、附件名、安裝圖上附件的位置號及附件號。備件、工具和易損件部件在上述標識基礎上，應再標上「備用件」、「工具」和「易損件」字樣。

6.3　在合同設備和合同材料的包裝箱相鄰的四個面上，轉讓方應用印刷標籤，以醒目的印刷體英文字標出下列內容：

(A) 合同號

(B) 嘜頭

　　如目的地為中華人民共和國＿＿＿＿＿＿＿，則嘜頭為：＿＿＿＿＿＿＿

(C) 目的地

(D) 收貨人代號

(E) 裝箱單號

(F) 毛重／淨重（公斤）

(G) 箱號／件號

(H) 尺寸（長×寬×高；英寸／厘米）

(I) 合同設備名稱和項號

如果合同設備和合同材料重量大於等於二公頓，其重心位置和起重位置應以英文標出，並採用國際貿易中通用的適當運輸標誌和圖案標在包裝箱兩側，以便於裝卸和搬運。

根據合同設備和合同材料的特點及在裝卸、運輸過程中的不同要求，應在其包裝箱上醒目地用英文及國際貿易慣例中規定的適當符號和示意圖，標上「小心輕放」、「箭頭朝上」、「保持乾燥」等字樣。

6.4 無包裝合同設備和合同材料應用金屬標牌標出上述內容。對裝在甲板上運輸的大件貨物，應提供充分的支撐和防震緩衝措施。

6.5 合同設備的每件包括裝箱內，應裝有以下單據：

(A) 質量合格證書一式兩份

　　質量證書樣本：

　　_____公司在此保證並證明：

　　此中所含的_____產品皆為新產品；且上述產品符合所公布的技術指標。

(B) 詳細裝箱單一式兩份

(C) 對必須進行組裝的合同設備和部件，應有兩份詳細的組裝圖。

6.6 每件合同材料的包裝箱上應附詳細裝箱單兩份，質量證明兩份。

第七章　技術服務和技術培訓

7.1 轉讓方應派遣熟練、健康和有能力的人員去合同工廠根據本合同規定提供現場技術支持服務。在中國提供技術支持服務的人數、專業、任務、內容和期限詳見本合同附件三。轉讓方聲明，技術支持服務和技術培訓足夠用來培訓被轉讓技術人員製合同產品。

7.2 轉讓方技術支持服務人員提供出入境簽證的方便及在華的工作方便。轉讓方技術支持服務人員在華待遇見本合同附件三。

7.3 轉讓方技術支持服務人員在華支持服務期間應遵守中華人民共和國法律，遵守合同工廠的規章制度。

7.4 被轉讓方有權派遣其技術人員或操作工人去轉讓方相關工廠培訓。培訓的人數、專業、內容、時間和要求詳見本合同附件四。

7.5 轉讓方應為被轉讓方培訓人員提供出入境簽證方便和培訓條件。培訓人員在轉讓方國家待遇詳見合同附件四。

第八章　初步檢驗和初步驗收

8.1 轉讓方將盡其最大努力，保證本合同中由轉讓方提供的合同設備和合同產品的製造和檢驗按以下規定實施。

8.2 對所有由轉讓方提供的合同設備，轉讓方應向被轉讓方提供保證聲明書。合同材料的保證見本合同第十章。

8.3 合同生效起三個月內或相關階段開始後三個月內，轉讓方應通知被轉讓方相關階段檢驗和測試設備的初步計畫，並提前一個月通知被轉讓方檢驗和測試的確切日期。被轉讓方有權自費派遣人為期_____天，去轉讓方工廠觀看對主要合同材料的檢驗和測驗、了解設備的包裝情況。但上述檢驗不應嚴重影響正常生產。

如發現合同設備和合同材料的質量不符合本合同規定的標準，發現包裝不當，被轉讓方人員有權表明意見。轉讓方應予以充分考慮並採取必要措施保證設備質量。

被轉讓方人員不應會簽任何質量證書。被轉讓方人員參與質量檢驗，這既不免除本合同規定的轉讓方的擔保責任，也不能代替合同設備運抵中華人民共和國後，被轉讓方對其的檢驗工作。

8.4　合同設備和合同材料抵達目的港或合同工廠後，被轉讓方應委托中國進出口商品檢驗局對包裝、外觀、質量進行檢驗，並盡可能地對技術規格目測初檢。

　　檢驗後，由中國進出口商品檢驗局出具檢驗證明，該證明應作為檢驗證據。

　　轉讓方有權自費派遣其檢驗人員參加開箱檢驗。

　　被轉讓方應提前四週以電報或電傳或傳真通知轉讓方檢驗的預定日期和地點。轉讓方檢驗人員應在預定檢驗日期前到達上述地點。

　　如果因轉讓方自身原因，未能在上述規定時間內派遣其技術人員去上述地點，則由被轉讓方在轉讓方人員制度情況下進行檢驗。在這種情況下，由中國進出口商品檢驗局出具的檢驗證書應作為檢驗證據。

8.5　在對合同設備或合同材料的初步檢驗中，若發現有任何損壞、數量短缺、規格錯誤，證實皆係轉讓方疏忽所致，則被轉讓方有權在檢驗後憑中國進出口商品檢驗局出具的檢驗證書向轉讓方提出索賠。轉讓方收到附證明的索賠書後，應立即免費維修或替換損壞或短缺的合同設備和合同材料。

第九章　最終驗收檢驗測試

9.1　技術文件和合同設備的最終驗收

　9.1.1　為證明根據本合同附件二提供的專有技術和技術文件是完整的、正確的，證明轉讓方許可的合同材料是能組裝、測試的，轉讓方應自費派遣其技術人員去合同工廠參加相應階段合同設備的驗收測試。被轉讓方的技術人員也應參加這些驗收測試。

　9.1.2　雙方應盡其最大努力完成驗收測試。

　9.1.3　驗收測試時，若合同設備達到了驗收標準，則雙方應簽署四份合同設備驗收合格證書，每方各執兩份。

　9.1.4　若合同設備未達到驗收標準，雙方共同分析驗收測試失敗的原因，澄清驗收測試失敗的責任。

　　(A) 若驗收測試失敗的責任在於轉讓方負責，則轉讓方應在第一次驗收測試後四週內，再派其技術人員進行第二次驗收測試，並承擔其在第二次驗收測試期間所發生的一切費用。

　　(B) 若驗收測試失敗的責任在於被轉讓方負責，則被轉讓方應為轉讓方技術人員提供往返機票並承擔第二次驗收測試期間其在華的食宿費用和當地交通費。

　　第二次驗收測試時，若合同設備達到了驗收標準，則雙方應簽署四份合同設備驗收合格證書，每方各執兩份。

　　(A) 若因轉讓方的責任，第二次驗收測試時，合同設備未達到驗收標準，轉讓方應採取各種措施，並在第二次驗收測試後六週內，再派其技術人員進行第三次驗收測試，並承擔其在第三次驗收測試期間所發生的一切費用。

　　(B) 若第二次驗收測試失敗的責任在被轉讓方，則被轉讓方應為轉讓方技術人員提供往返機票，並承擔第三次驗收測試期間他們在華食宿費和當地交通費。

第三次驗收測試時，若合同設備達到了驗收標準，則雙方應簽署四份合同設備的驗收合格證，每方各執兩份。

9.1.5 第三次驗收測試時，若合同設備未達到驗收標準，雙方應共同分析原因並繼續驗收測試。若二個月後，還達不到驗收標準，轉讓方將對有缺陷的合同設備進行修理，或更換以符合本合同規定的技術指標、質量和性能標準的新設備。轉讓方與被轉讓應在合同及座談討論解決此類問題的方法。

9.2 合同材料的最終驗收

9.2.1 合同材料每次運抵合同工廠後，被轉讓方人員應立即對其進行檢驗。

9.2.2 轉讓方有權自費派其檢驗人員參加開箱檢驗。

9.2.3 被轉讓方應提前兩週用電報、電傳或傳真通知轉讓方檢驗的預定日期和現場。如到了檢驗日期轉讓方未能派其人員去現場，由被轉讓方在轉讓方人員制度情況下進行檢驗。

9.2.4 檢驗後，如確定合同材料的數量或質量與訂單不符，轉讓方應在檢驗後二十個工作日內接到數量短缺或不符貨運要求的書面通知。轉讓方在收到通知後的三十天內或合理時間內盡快根據情況，發運短少部分的合同材料或符合要求的合同材料。

9.2.5 (i) 檢驗順利完成後或 (ii) 缺陷部分改正後，雙方應簽署驗收合格證。

9.2.6 本第九章不包括運輸時及運輸後出現的損壞，其補救責任在被轉讓方。如被轉讓方要求，轉讓方應提供合理的幫助。

9.3 合同產品的最終驗收

將每階段首批發運的合同材料組裝成首批合同產品，按照技術文件中提供的技術指標，用合同設備對該首批合同產品進行測試。如該首批合同產品測試工作圓滿完成，即意味著合同產品最終驗收合格。整機經測試符合全部技術指標，測試工作勝利完成，即可認為完成了合同產品的驗收測試義務。

第十章　擔保和保證

10.1 轉讓方保證按本合同向轉讓方提供的合同設備、合同設備用品測試軟件和技術文件為當時的技術，適於製造合同產品；保證在本合同期間將免費向被轉讓方提供與此相關的更新後的測試軟件和技術文件。

10.2 若被轉讓方發現轉讓方提供的本合同設備、測試軟件和技術文件驗收不合格，轉讓方應在收到被轉讓方的書面通知後三十天內，向被轉讓方免費發送所要求的合格的合同設備、測試軟件和技術文件，轉讓方向被轉讓方提供改正了的合同設備、測試軟件和技術文件，這應為被轉讓方唯一的補救措施。

10.3 各階段合同設備驗收測試勝利完成後，今後成功製造合同產品責任即為被轉讓方的責任。但是如雙方認為完全因為轉讓方提供的模塊有缺陷，或文件有缺陷致使合同設備不符質量標準，轉讓方應糾正完全由轉讓方導致的任何缺陷。轉讓方承認轉讓方向被轉讓方提供的所有專有模塊中，證實完全因轉讓方原因致命模塊有缺陷的故障率不超過百分之五。

10.4 如完全因轉讓方能控制的因素致使轉讓方未能按本合同附件二中規定的日期交付合同設備、軟件或技術文件，則轉讓方應為延期交付合同設備、軟件和技術文件，略被轉讓方繳付罰金，費率如下：

第一至第四週，每遲交付一週，付相應階段延期交付貨物價格的 0.5%。

自第五週起，每遲交付一週，付相應階段延期交付貨物價格的 1%。

上述總罰金不應超過相應階段延期交付貨物價格的百分之五。遲交天數不足一週，以一週計算。

10.5 轉讓方按本合同第 10.4 款的規定向被轉讓方繳付罰金，並不因此即免除轉讓方繼續交付合同設備、軟件和技術文件的義務。根據此條款繳付罰金是轉讓方遲交貨物，被轉讓方因而未獲得的唯一補救措施。

10.6 如果一定階段用的轉讓方的合同設備、軟件或技術文件延期交付六個月以上，完全是因轉讓方所能控制的原因所致，則被轉讓方有權終止本合同。在該情況下，轉讓方應向被轉讓方退回被轉讓方為該階段所付的全部費用，並加付 5% 的年息。在這種情況下，按條款選擇賠償即為被轉讓方的唯一補救措施。

10.7 合同設備保證

合同設備保證見本合同附件八。

10.8 軟件保證

軟件保證和軟件維護向合同產品的最終用戶提供，轉讓方軟件許可證也一併提供。

被轉讓方同意向最終用戶銷售合同產品應以最終用戶執行上述軟件許可證為前提。

轉讓方將向被轉讓方提供必要和適當的測試軟件，用以製造符合本合同提供的技術指標的合同產品。轉讓方對合同設備軟件更改或更新，如雙方認為此更改或更新為被轉讓方生產合同產品所需，轉讓方將向被轉讓方提供。

10.9 轉讓方將全部非_____生產的合同設備和輔助設備的原製造商保證書轉給被轉讓方。該合同設備和輔助設備的保證期應由該合同設備和輔助設備的製造商確定。

被轉讓方應從製造商或其在當地的維修辦事處獲得該合同設備和輔助設備的保證和／或維修服務。保證期過後，被轉讓方應負責與製造商或其在當地的辦事處取得聯繫，獲得對該合同設備和輔助材料的服務和／或維護支持。

所有與合同設備和輔助設備一並提供的計算機軟件均以照「原樣」為基礎提供，無保證。

第十一章　專利、商標和保密

11.1 轉讓方保證他對根據本合同提供給被轉讓方的全部專有技術和技術文件擁有合法的所有權，並有權許可被轉讓方。對向被轉讓方提出的任何索賠要求，聲稱：本合同中_____提供的設備侵犯了經中華人民共和國法律認可，具有法律約束力的專利，轉讓方為被轉讓方辯護。如果 (1) 被轉讓方立即書面通知轉讓方索賠要求；(2) 未經轉讓方同意，被轉讓方不派律師出庭；(3) 由轉讓方完全控制辯護及與該索賠要求有關的全部談判；(4) 被轉讓方為轉讓方辯護提供合理的資料和幫助，那麼法庭最終裁決被轉讓方因此將償付的賠費和／或損失清償費，由轉讓方付清。如果訴訟結果為禁止使用銷售_____提供的設備，不向被轉讓方另行收費，則由_____選擇，或者為被轉讓方獲取使用_____提供的設備的權利或銷售合同產品的權利；或者以相同的未侵犯專利的材料替換；或者接受對_____提供的設備的退貨，並對退回的設備，向被轉讓方退還原購貨款價。在任何情況下，對由於侵犯專利或侵犯專利嫌疑而引起的意外或間接損失，被轉讓方不負有責任。

11.2 被轉讓方同意對轉讓方提供的專有技術和技術資料自本合同生效日起保密十年。如果上述專有技術或技術文件的部分或全部由轉讓方或任何第三方公布於眾（前提為上述解密不違反任何保密義務），那麼被轉讓方不再受保密義務中已洩密事項的約束。經轉讓方事先同意被轉
讓方可因部件國產化需要，只將轉讓方技術文件的該部分內容洩密。但在轉讓方對此洩密授權前，為保證對其專有資料的保護，轉讓方可要求其採取某些保護措施。

11.3 對被轉讓方提供的與合同材料的專有技術、技術及生產有關的注有需保密的資料，轉讓方應予以保密，保密期限為本合同生效日起十年。

11.4 本合同終止或期滿後，被轉讓方無權使用附件七規定的轉讓方的商標或商品名稱（或任何易混淆的相似商標或商品名稱）。本合同終止或期滿後，雙方應真誠協談，從而決定轉讓方是否向被轉讓方銷售合同模塊及其組件或部件。

11.5 (A) 被轉讓方承認「_____」及其相應的中文名稱是轉讓方及其使用「_____」或相應中文名稱的子公司和分公司的商品名稱的主要特徵；承認「_____」標誌，「_____」和相應中文名或任何英語或漢語的派生詞都是轉讓方與被轉讓方製造的產品的重要商標，是與該產品配套服務的重要商標；

　　(B) 轉讓方給予被轉讓方權利使用本合同附件七（「轉讓方的商標」）所列的轉讓方的商標。轉讓方的商標只許可用於被轉讓方在合同製造並在中華人民共和國銷售的合同產品。被轉讓方同意使用轉讓發明的標誌，這並不章法著將標誌的擁有權中正當利潤轉讓給了被轉讓方。

　　(C) 除非由本合同授權或由轉讓方另行書面授權，否則被轉讓方無權在任何產品上、廣告上或在銷售或促銷中使用任何轉讓方發明的商標。

11.6 除非有關法律要求，否則在未徵得對方書面同意前，任何一方不得將本合同內容洩漏給任何第三方。

11.7 轉讓方不將其專利或版權的許可證或權利授於於被轉讓方。但是轉讓方同意在本合同期內就其在中華人民共和國的任何專利或版權，不向被轉讓方提出質疑，這只限於該質疑會妨礙被轉讓方使用本合同給予的權利。被轉讓方承認任何時候專有技術均係轉讓方財產。

11.8 如嚴重違反本合同保密條款，則非違約方有權終止本合同。

11.9 被轉讓方同意將許可的商標只在中華人民共和國製造和銷售的合同產品上使用。（任何在中華人民共和國以外國家銷售的合同產品不應含轉讓方的商標和／或商品名稱）

第十二章　質量標準

12.1 被轉讓方根據轉讓方所定、提供充分的場地、設施、人員和工藝規程，用以製造合同材料、存放模塊、備用件和其他元器件；用以測試合同材料成品、保證性能和提供其他服務。

12.2 被轉讓方同意由被轉讓方實施的任何所許可的活動和被轉讓方使用轉讓方商標銷售的合同產品，應與轉讓方實施的合同活動以及轉讓方製造的與合同產品相應的產品，質量相同、工藝相等所有許可活動的實施應按附件二所列文件中所述的標準及本合同中轉讓方提供的專有資料和技術支持。活動的質量、工藝和性能標準與轉讓方所進行的

類似活動至少一樣。為判斷被轉讓方是否遵照堅持本文要求，轉讓方有權在一切合理時間檢查合同工廠、合同材料以及所許可的活動開展的方法。經轉讓方要求，被轉讓方應及時將其有關工作具代表性的樣本提供給轉讓方，費用由轉讓方支付。

12.3 被轉讓方應在轉讓方的監督下制定並保持一質量保證常規計畫。該質量保證計畫應經雙方同意，不遲於合同鑑定後一百二十天實施。被轉讓方應作缺損紀錄，將每季度缺損紀錄報送轉讓方。

12.4 任何時候，如轉讓方確定在被轉讓方銷售的合同產品上被轉讓方的工作未能達到轉讓方要求的質量、工藝和性能標準（見技術文件），轉讓方可將此認定書面通知被轉讓方，被轉讓方同意立即改正缺陷。如被轉讓方收到該書面通知後，三十天內未能改正缺陷，被轉讓方應暫停發運此有缺陷的合同產品，雙方共同真誠討論改正該缺陷的方法。如被轉讓方收到該書面通知後六十天內未能改正缺陷，則轉讓方可暫停本合同給予的商標權，和／或可暫停所有許可的活動。

12.5 被轉讓方和轉讓方發現合同產品有缺陷，在該有缺陷的合同產品上，被轉讓方對轉讓方商標的使用權，應立即自動暫停。

12.6 被轉讓方對專用資料或合同材料作任何改變或改進，這只可在雙方同意下進行。

12.7 對被轉方提供的任何輔助設備，被轉讓方應提供轉讓方該設備手冊、技術文件並提供識別用於合同材料的該元件、材料清單，以便轉讓方與被轉讓方共同確定該元部件是否符合轉讓方的質量、性能技術指標。被轉讓方將向轉讓方提供合格的測試結果，證明該元部件符合質量和性能指標。如果轉讓方有書面要求，被轉讓方應自費提供給轉讓方該元部件樣品，供審批。轉讓方將盡其最大努力，在轉讓方收到合格測試結果後三十個工作日內答復被轉讓方的報批報告，在逐項商討後決定的合理時間內，對被轉讓方報批的樣品給予答覆。如收到轉讓方的書面通知，表示該元部件不符合轉讓方的質量和性能指標，則被轉讓方不能使用該元部件。

12.8 為保證合同材料具有滿意的質量和技術性能，被轉讓方應向轉讓方購買所有被轉讓方要求的模塊，本合同中被轉讓方特許生產的模塊除外，且被轉讓方無權以其他材料代替任何模塊。被讓方同意只將上述模塊用於合同材料，以及用於進行許可的活動。

第十三章　稅收

13.1 凡與本合同有關或在執行本合同時，根據有效的稅法由中華人民共和國政府向被轉讓方徵收的一切稅應由被轉讓方支付。

13.2 凡與本合同有關或在執行本合同時由中國政府根據「_____國政府與中華人民共和國政府間就所得稅避免雙重課稅和防止偷稅漏稅的協議」，向轉讓方徵收的一切稅應由轉讓方支付。上述協議中包含的稅中，根據「中華人民共和國有關外資企業所得稅法」向轉讓方徵收的預扣稅款應從本合同第4.2條規定的每次付款中扣除，且應由被轉讓方代表轉讓方向中國有關稅務機構繳納。

如果轉讓方向被轉讓方提交有關機構出具的減免全部或部分稅款的文件證明，則被轉讓應按有關稅務機構的要求，扣除調整後的金額。被轉讓方應在繳納上述稅後，向轉讓方提交由中華人民共和國有關稅務機構出具的稅收收據原件一份。

13.3 凡與本合同有關或在執行本合同時在中華人民共和國以外徵收的一切稅費應由轉讓方支付。

第十四章　不可抗力

14.1　簽約雙方中任何一方，由於但不只限於戰爭、嚴重水災、颱風和地震及其他簽約方無法控制的不可抗力事故而影響履行本合同的義務，本合同的執行期應相應延長，延長期限相當於事故所耽誤的時間。

14.2　責任方應盡快將發生不可抗力事故的情況以電傳或電報掛號通知對方，並於事故發生後十四天內以航空掛號信將有關當局出具的證明（若有的話）遞交給另一方確認。不可抗力事故一旦排除或消失，責任方應盡快以電傳或電報掛號通知對方，並向對方發出航空掛號信，確認不可抗力事故的消除。如不可抗力事故延續一百二十天以上，雙方應盡快通過友好協商解決繼續執行合同所面臨的問題。

第十五章　爭議解決

15.1　凡由本合同引起的或與解釋或執行本合同有關的任何爭議，雙方應首先通過友好協商來解決。如果協商開始後九十天內，雙方還不能解決此爭議，則任何一方均可將此爭議提交仲裁。

15.2　若通過上述友好協商雙方仍解決不了爭議，則應將爭議提交_____商會仲裁院，由該仲裁院根據其仲裁程序，最終裁決。

15.3　仲裁裁決是終局的，對雙方都具有約束力。

15.4　除非由仲裁小組裁決，否則，仲裁費用由敗訴方負擔。

15.5　在仲裁過程中，除了提交仲裁的那部分合同外，雙方應繼續履行合同。

第十六章　合同生效及其他

16.1　本合同由雙方授權代表簽署，各方保證均有合法的權力產生並簽訂具有法律約束力的合同。如必要，雙方應向本國政府申請批准本合同，以中國和_____政府中最後一方必需的批准日期為本合同生效日期。雙方應盡最大努力爭取在本合同簽字後九十天內獲得所必需的批准，並用電傳或電掛通知對方，用信用確認已經獲得所有必須的批准。

16.2　如本合同自簽字之日起六個月內仍不能生效，雙方有權毀銷本合同。

16.3　本合同自合同生效日起有效期十年，有效期滿後除非雙方同意續訂，否則本合同自動失效。

16.4　本合同期滿時，雙方發生的未了債權和債務，不受合同期滿的影響。債務人應對債權人繼續償付未了債務。

16.5　本合同為_____文本，一式四份，每方各執兩份。本合同的任何譯文無法律效力。

16.6　本合同由第一章至第十七章，附件一至附件十三組成，本合同附件內容為本合同不可分割的組成部分，具有同等法律效力。如果本合同條件和條款與附件的文字發生矛盾，應以本合同條款和條件的文字為準。本合同受中華人民共和國法律約束。被轉讓方保證本合同在中華人民共和國法律下有效。

16.7　對合同條款的任何變更、修改或增減，須經雙方授權代表簽署本合同書面修正案後生效，該修正案應作為本合同不可分割的組成部分，具有同等法律效力。

16.8 執行本合同期間，雙方所有通訊應以＿＿＿＿文進行，正式通知應以書面形式，用航空掛號信郵寄，一式兩份。

16.9 任何情況下，轉讓方或被轉讓方均不對意外、或間接損失負有責任。損失包括但不限於本合同中另一方喪失利潤或收益、資本費用、替代產品費用、設施或服務費用、停工費用。

16.10 本合同雙方同意真誠執行合同，尊從一切適用的法律。任何一方若偏離此良好行為，另一方有權終止本合同。如本合同在合同期末前終止，所有技術文件應退還給轉讓方，且專有資料應自本合同生效日起保密十年。

第十七章　聯絡會議

17.1 為順利實施合同，轉讓方與被轉讓方應召開聯絡會議。

17.2 聯絡會議期間確定的每個新階段的起始日期一至，如雙方同意，即開始合同的下一階段。被轉讓方和轉讓方對合同產品驗收後，且被轉讓方又達到了附件三中規定的階段實際生產產量，並能時保附件二所列文件中規定的質量標準，被轉讓方有資格進入下一階段。如到了聯絡會議期間確定的時間，被轉讓方沒有資格進入下一階段，應推遲該階段起始日期，並對照新的起始日期，重新安排付費時間。

17.3 聯絡會議的時間、地點、參加人員身份規定如下：

(1) 第一次聯絡會議

　　日期：合同生效日起＿＿＿＿天內

　　期限：＿＿＿＿個工作日

　　地點：＿＿＿＿

　　人數：轉讓方工程師＿＿＿＿名

　　目的：a. 項目範圍檢查

　　　　　b. 考察場地

(2) 第二次聯絡會議

　　日期：第二階段開始前三十天

　　期限：＿＿＿＿個工作日

　　地點：＿＿＿＿

　　人數：被轉讓方人員＿＿＿＿名，合同工廠人員＿＿＿＿名

　　目的：a. 考察工廠

　　　　　b. 深化項目

　　　　　c. 檢查項目實施情況

(3) 第三次聯絡會議

　　日期：第三階段開始前三十天

　　期限：＿＿＿＿個工作日

　　地點：＿＿＿＿

　　人數：轉讓方工程師＿＿＿＿名

　　目的：a. 考察場地

　　　　　b. 深化項目

c. 檢查項目實施情況
(4) 第四次聯絡會議
日期：第四階段開始前三十天
期限：_____個工作日
地點：_____
人數：被轉讓方人員_____名，合同工廠人員_____名
目的：a. 技術討論
b. 深化項目
c. 檢查項目實施情況
(5) 第五次聯絡會議
日期：第五階段開始前三十天
期限：_____個工作日
地點：_____
人數：轉讓方工程師_____名
目的：a. 考察場地
b. 檢查項目實施情況

第十八章　法定地址

18.1 轉讓方：
名稱：_____公司
地址：_____
傳真：_____

18.2 被轉讓方：
名稱：_____公司
地址：_____
電傳：_____
電話：_____
傳真：_____
合同工廠：_____
名稱：_____
地址：_____
電話：_____
傳真：_____

18.3 雙方授權代表簽字：
本協議和附件構成了雙方就此合同內容的全部理解，取代了先前所有的討論、協議和陳述，不論是口頭的還是書面的，不論轉讓方與被轉讓方執行與否。

_____公司
（簽名）：_____
職務：_____

日期：＿＿＿＿＿＿＿

＿＿＿＿＿＿公司

（簽名）：＿＿＿＿＿＿

職務：＿＿＿＿＿＿

日期：＿＿＿＿＿＿

＿＿＿＿＿＿廠

（簽名）：＿＿＿＿＿＿

職務：＿＿＿＿＿＿

日期：＿＿＿＿＿＿

附件：

附件一 A　合同產品目錄（略）

附件一 B　合同材料目錄（略）

附件一 C　合同設備目錄（略）

附件二　資料目錄（略）

附件三　技術支持

　　轉讓方根據被轉讓方的要求可以派遣各類技術人員進行生產人員管理，促使整個工廠運轉正常，並在該組織內監察全部產品的質量。擔任該項工作的人員在該領域將完全勝利且富有經驗，他們會幫助並全力負責有關方面的工作。下列技術人員也將同樣提供服務：工程技術生產助理、製造工程師、質量工程師、管理人員（經理）、電子工程師和銷售人員，下面就上述人員的責任進行說明。

　　工程技術生產助理應完全掌握產品組裝和測試方法，他將全權負責有關從最初到最高級＿＿＿＿＿＿＿＿技術方面的事務，並在生產過程中對具體工序進行測試、校準。任何有關產品安裝和測試的問題應提交工程技術生產助理評議解決。

　　製造工程師應熟知組裝過程的各個方面，他將決定編碼顏色的可用性和使用，便於掌握的生產輔助工具及有助於提高組裝效率的標準化工序。任何有關組裝生產工序的問題應盡快提交製造工程師評議解決，不讓產生的任何問題導致停產。

　　質量工程師應精通與產品質量保證、質量控制及產品工藝檢查有關的所有領域，他將制定並實施具體的質量計畫，並對工藝方面的問題進行量化，與關鍵工藝和產品人員就這些問題商議解決辦法。

　　銷售人員素質問題應提交質量工程師並採取措施保證他們的素質，總之，他將負責全部產品的質量和故障消除。

　　管理人員（經理）應負責全部的組裝操作及上述各人員的工作協助他們盡力支持工廠生產出所能實現的最好產品。

　　如果純粹由於轉讓方錯誤的技術指導引起合同產品及合同設備損壞，轉讓方將負責維修，更換及發運損壞的合同設備或合同產品。

　　下列幾項內容將包括在轉讓方提供的技術支持中：

　1. 為實施合同，轉讓方將派遣熟練、健康及勝任的技術人員到合同工廠提供技術支持。他們到達及離開合同工廠的確切日期應由雙方根據合同材料組裝和測試的實際進度商議確定。

2. 轉讓方的技術人員應向被轉讓方的技術人員就合同材料的組裝、測試、檢查及操作原理進行技術指導。

3. 轉讓方的技術人員應幫助被轉讓方的技術人員在技術支持期間在合同工廠培訓被轉讓方的技術人員。

4. 轉讓方技術人員的技術支持費用見合同第三章，轉讓方應對其技術人員展開第三章規定的技術支持活動提供交通及食宿費。被轉讓方將支付轉讓方技術人員附加技術服務的來回交通費。

5. 轉讓方技術人員前往中國的一個半月前，轉讓方應用電傳、傳真或電掛把轉讓方技術人員的資料包括姓名、性別、生日、國籍、專業及公司名通知被轉讓方，以使被轉讓方幫助辦理簽證。

6. 轉讓方技術人員前往中國的七天以前，應用電傳、傳真或電掛把轉讓方技術人員的姓名，到達時間及飛機航班通知被轉讓方。

7. 轉讓方的技術人員前往合同工廠以前，雙方應共同商討並確定一個技術服務的工作日程，而轉讓方的技術人員應該根據合同工廠的安排和雙方確定的工作日程展開技術支持。

8. 在合同工廠期間，技術人員的工作期限應該從他們到達合同工廠的那天算起直到他們離開合同工廠那天為止。

9. 被轉讓方應免費向轉讓方的技術人員提供技術支持所必需的工具及合適的辦公室。

10. 被轉讓方應依據中華人民共和國的規章、條例和習俗幫助轉讓方的技術人員安排辦理技術支持所必需的工具及儀器的進出口手續。

11. 被轉讓方應採取必要的措施保障轉讓方的技術人員在合同工廠逗留期間的人身安全。

12. 被轉讓方應為轉讓方技術人員在合同工廠提供必要的通信設施，諸如電話、電傳及傳真，費用由轉讓方支付。

13. 轉讓方應對管理和組織提出建議。雙方必要及重要的聯絡渠道將建立起來。

附件四　合同技術培訓的內容和要求

1. 轉讓方在培訓開始前三個月應向被轉讓方提交一份初步培訓計畫。雙方應在被轉讓方技術人員前往培訓地點之前商討並制定一個最終的培訓計畫。由轉讓方主持的技術培訓應根據雙方制定的培訓計畫展開。

2. 轉讓方應免費向被轉讓方的技術人員提供所必需的工具、技術資料及合適的辦公室。住宿由轉讓方安排。

3. 轉讓方應採取必要的措施在被轉讓方逗留期間保障他們的人身安全。

4. 培訓費用見合同正文第三章。

5. 培訓開始前一個半月，被轉讓方應以電傳、傳真或電報通知轉讓方關於被轉讓方技術人員的個人資料，包括姓名、性別、出生日期和專業，以使轉讓方協助辦理他們的簽證。

6. 被轉讓方技術人員應遵守轉讓方國家的法律和法令，遵守培訓所在地工廠的規章制度。

7. 培訓應根據合同的實施計畫分階段進行。具體的培訓時間由雙方協商確定。

8. 培訓語言為英語，所有技術資料為英語。

9. 各階段培訓中，被轉讓方人員不變（不能在培訓期間更換人員）。

10. 培訓將按照預定時間表完成。

11. 任何附加培訓將在第一輪培訓結束後決定，並應單獨談判。

12. 所有培訓都將由轉讓方的_____人員在轉讓方生產工廠進行。

13. 被轉讓方受訓人員應至少有兩年生產和測試產品的經驗，英語流利，技術熟練。

14. 被轉讓方人員在轉讓方工廠受訓後，將負責培訓被轉讓方工廠的人員。

15. 被轉讓方工廠的生產人員應至少有兩年生產和測試產品的經驗。

16. 被轉讓方將支付其培訓人員的交通及食宿費，轉讓方將負責被轉讓方培訓人員在培訓地的交通。

（人員要求、培訓項目及時間表略。）

附件五　補充商務條款

A、檢查

轉讓方應有權派遣其有資格的人員或指定的代表訪問合同工廠或其他存有關於被轉讓方、合同工廠或其他相關公司、代理商或組織的書籍和紀錄的場所，並有權審閱、查核這類紀錄中關於合同工廠組裝的各種合同產品每臺整機的質量、可靠性及符合驗收標準的程度的信息。

B、技術服務費率

如果被轉讓方要求進行額外的技術培訓，對技術文件、合同設備、合同材料和軟件進行補充諮詢或在合同工廠為被轉讓方組裝工作提供其他支持等額外的技術服務，轉讓方應對所要求的專門的技術服務提供報價或提供一段合理期限的現場技術服務。從合同生效之日起_____年內，對此種支持的費率將是：轉讓方提供的技術服務人員每人每天_____美元，外加技術服務人員從其常規辦事地點到合同工廠的商務級來往旅行費用。對於來自中國境外的技術服務人員，被轉讓方將支付該技術服務人員到合同工廠的一天旅行費及回到其常規辦事地點的一天旅行費。_____年期限以後，合同合作方將根據類似產業的技術服務費協商出一個附加技術服務的費率。

附件六　合同產品的轉讓方商標和被轉讓方商標

只有經轉讓方預先書面批准，被轉讓方才能在合同產品中使用下列轉讓方商標之一。

轉讓方商標	在中國的登記號	類別	在中國的生效日期

被轉讓方還應在其全部合同產品上標出如下「附註」

註：經_____公司許可，由中國_____廠製造。

附件七　合同材料價格（略）

附件八　合同設備的保證

1. _____保證其_____材料和工藝完好無損，保證期為從裝運日算起_____個月，或最終驗收通過後_____月。

2. ＿＿＿＿生產的合同設備應有＿＿＿＿個月的保證期，從最終驗收完成那天算起。

3. 被轉讓方負責指出初步的故障線索，負責硬件、固件及軟件的搬動、更換及把出現故障的機器用防損包裝運到轉讓方指定的維修地。

4. 在轉讓方維修地維修或更換出故障的＿＿＿＿合同設備在整個保證期內是免費的。

5. 把＿＿＿＿合同設備郵寄、空運或以其他運輸方式發運到指定的轉讓方維修地，所化費用由被轉讓方承擔；維修件或更換件運回被轉讓方的費用由轉讓方承擔。

6. 在保證期內發生故障，轉讓方應免費在保證期內或維修或更換＿＿＿＿合同設備。所維修或所更換的項目保證期順延相同一段時間，轉讓方通過更換所獲得的故障件將是轉讓方的財產。被轉讓方唯一的補償及義務是不再索回送去維修或更換的＿＿＿＿合同設備。

7. 本保證不包括：

7.1 故障、損壞或失靈源自＿＿＿＿。

7.1.1 ＿＿＿＿合同設備使用不當。

7.1.2 使用失誤、事故、疏忽，環境或現場條件不符＿＿＿＿合同設備指標。

7.1.3 不經認可任意維修、改造或在＿＿＿＿合同設備內換用未經認可的部件。

7.1.4 不可抗力事故。

7.1.5 不經轉讓方認可，擅自安裝、優化或把＿＿＿＿合同設備從原安裝位置移開。

7.1.6 天線、線路或互連設施任何部分的失靈。

7.1.7 被轉讓方不依據轉讓方的設備及軟件維修協議維護＿＿＿＿；或沒有按照一位或數位有關培訓完成人員的指導，及技術資料的要求進行其他維修。

7.1.8 把＿＿＿＿合同設備從被轉讓方運送給轉讓方途中所遭的損壞。

8. 本書面保證由轉讓方提出，只限於最初購買方，並只在中華人民共和國生效。經轉讓方書面認可，本保證的有效條款可以提供給用戶。

9. 本保證將取代所有其他具體排除的保證，無論是明確的還是暗示的，包括但不限於，為一個特殊目的所暗含的商用性和適用性保證。轉讓方不對間接的，事故性的，特殊的重大損壞負責；但是，如果任何適用於本協議的司法法律不允許這類損壞完全不受指控，那麼本條款應如此理解，即有必要給予轉讓方任何指控的全部有利方面或者這類法律所允許的對上述損壞指控的限制。另外，轉讓方只對本合同規定的保證負責，並明確表示不對＿＿＿＿承擔責任。

（合同產品保證由被轉讓方提供給用戶。）

附件九 目標代碼計算機程序許可證

為保持合同簡潔與一致，關於合同與附件是指本許可證合同及其附件。

本合同所有定義均適用於此。

1. 範圍

根據上述確定的合同，除了交換測試軟件之外，用於其他轉讓方交付的設備中的目標代碼計算機程序，將在許可證基礎上由轉讓方向被轉讓方提供，用打印或其他可能的機器可讀的形式，包括但不限於磁帶、磁盤、紙帶或只讀存儲器裝置。被轉讓方將因此成為關於這些計算機程序的被轉讓方。轉讓方提供這些程序及被轉讓方的接受都將在下面的條件下進行，否則應依據轉讓方書面同意的其他條件。

2. 計算機程序為轉讓方所有

本許可證下交付的任何計算機程序原件及被轉讓方複製的部分或全部程序均為轉讓方所有。

3. 軟件許可證

為與許可證合同執行一致，轉讓方給予被轉讓方不含提成、非獨占及不可轉讓的許可證，在轉讓方的所有權下轉讓根據以下條款與條件使用交付給被轉讓方的每個計算機程序（以下簡稱「轉讓程序」）。每個此類許可證授權被轉讓方只以機器可讀形式在轉讓方提供的單機中使用轉讓程序。該許可證不可由被轉讓方分配，再轉讓或者以其他方式轉讓給他方，被轉讓方無權複製全部或部分轉讓程序，除了本文表明的以外。

4. 複製、保護及保密的權利

4.1　任何在此提供的轉讓程序可以全部或部分複製（只用於支持的目的），以打印或機器可讀的形式為被轉讓方內部使用；但是除了無順事先獲得轉讓方的書面同意，而在一份許可證下的任何時候存在至多兩份打印複製件或兩份機器可讀複製件以外，在被轉讓方的設備中不應備有軟件複製件。

4.2　被轉讓方同意把轉讓方提供的任何有關轉讓程序的版權通知，包括在它部分或全部的所有同樣複製件中。轉讓方的版權通知將以幾種形式出現，包括機器可讀形式。在轉讓程序上使用版權通知並不說明該程序已經出版或以其他方式公布了。

4.3　被轉讓方同意對提供給它的任何形式的轉讓程序保密，不向任何除轉讓方及被轉讓方雇員以外的人提供或使其獲得轉讓程序的部分或全部。

4.4　被轉讓方同意在不使用時將轉讓程序加鎖存放。

5. 期限

5.1　被轉讓方可在收到書面通知＿＿＿＿＿個月後終止在此轉讓的任何許可證。

5.2　如果被轉讓方不遵守許可證合同或附件的任何條款和條件，轉讓方可終止該許可證，且如被轉讓方在轉讓方書面通知後＿＿＿＿＿天內未能糾正違約行為，該終止即生效。

5.3　該許可證終止後，4.3 條中的義務仍將存在。

6. 專有資料的退還

在任何許可證終止後＿＿＿＿＿個月內，被轉讓方要提供給轉讓方一個文件證明；表示對每個轉讓程序，已盡其所能與所知，除了經轉讓方書面同意由被轉讓方保留的一個用以歸檔的複製件外，將其原件和其他完整或部分複製的複製件，不論何種形式，包括更新以後的任何複製件，退還給轉讓方或已銷毀。

7. 權力

本文包含的任何內容都不應該認為是直接或暗示地或以其他方式給予轉讓任何專利和專利使用的許可證；除非被轉讓方在轉讓方的專利及專利使用下有一份非獨占、免提成費的許可證，也只應在轉讓方提供的設備中，使用該許可證提供的各轉讓程序。

附件十　源代碼計算機程序許可證

為保持合同簡潔與一致，關於合同與附件的內容應是指本許可證合同及其附件。

本合同的所有定義在此均適用。

1. 範圍

根據上述確定的合同，用於合同設備的源代碼計算機程序只在被授權的＿＿＿人員的指導下執行許可證中授權的活動時，轉讓方才向被轉讓方在許可證的基礎上交付。這些源代碼程序可有多種可能的機器可讀形式，包括但不限於磁帶、磁盤、紙帶或只讀存儲器（ROM）裝置。被轉讓方就此成為該計算機程序的被轉讓方。轉讓方向被轉讓方交付此種程序以及被轉讓方接受同樣的程序只在下列條件下進行，否則需經轉讓方書面同意。本源代碼許可證適用於所有轉讓方提供的交換機測試軟件。被轉讓方無權對源代碼程序進行變動或修改。

2. 計算機程序為轉讓方所有

本許可證中交付的計算機程序原件（包括由此更新、修改或派生的）及被轉讓方對全部或部分複製的拷貝，均為轉讓方所有。

3. 軟件許可證

為保持許可證合同執行的一致，轉讓方按本許可證規定的條件與條款在轉讓方版權下，給予被轉讓方無提成、非獨占、不可轉讓的許可證，以使用交付給被轉讓方的每個計算機程序（下文稱作「源代碼程序」）。轉讓軟件許可證費見第三章。該許可證不可由被轉分配，再轉讓或者以其他方式轉讓。除了本文表明的以外，被轉讓方無權全部或部分複製源代碼程序，按照許可證規定的條款與條件，被轉讓方必須只從＿＿＿購買所有必需的專用測試設備、進行培訓並獲得技術服務。

4. 保護及保密

4.1　被轉讓方同意將源代碼程序在不使用時加鎖保存。

4.2　被轉讓方同意對提供給它的源代碼程序保守機密，不對任何除轉讓方及被轉讓方雇員以外的人提供，使其獲得此源代碼程序或其中一部分。

4.3　除了本文說明的之外，被轉讓方同意在許可證活動中不以任何方法或在任何條件下對並非確須知道的人全部或部分通過任何媒介公開或轉讓源代碼程序或其內容，並確保那些已知源代碼的人員保護該源代碼程序。

4.4　被轉讓方同意不嘗試用任何方法包括但不限於「逆向工具」發現附加的專有信息。

4.5　被轉讓方同意對於源代碼程序及其中的信息或其部分不通過圖示（不限於此）向任何第三方發表、洩漏、傳播、提供或以其中的其他方式使用第三方得到。

4.6　被轉讓方如發現存在違反許可證第4節的可疑情況應立即書面通知轉讓方。被轉讓方同意自費努力調查該情況。

4.7　被轉讓方理解並同意任何轉讓方提供的專有資料和其他材料上存在的任何版權說明並不表示已對之公開。

4.8　被轉讓方同意安全保存源代碼程序並採取一切必要措施使源代碼程序免於偷盜、複製和未經授權的分發、公開及傳播。

5. 期限

給予被轉讓方的許可證期限將從許可證合同生效之日開始，除非出現下列情況而終止，正常終止將在本許可證簽署之日起十年後。

6. 終止

6.1　被轉讓方收到書面通知一個月後可終止在此授予的任何許可證。

6.2　被轉讓方如不履行本許可證或附件的任何條款和條件，轉讓方可終止該許可證，且如轉讓方書面通知後十天內被轉讓方不採取行動糾正，該終止即生效。

6.3　如出現任何不履行合同的行為，轉讓方可立即終止本許可證。以下任何情況都構成不履行合同的行為：

  a.　被轉讓方嚴重違反本許可證；或

  b.　被轉讓方不按時根據本許可證交付任何數目的欠款並在轉讓方給予書面通知後三十天後仍不付款；或

  c.　根據中國法律被轉讓方宣布破產或停止業務活動；或

  d.　被轉讓方停止執行本合同的活動；或

  e.　在政府或公眾授權下任何個人、機構對源代碼程序或其部分進行干涉、征用、沒收、處罰、強占或取走；或

  f.　控制被轉讓方活動的所有制，股份、權力發生實質性變化。

6.4　任何許可證終止後，第 4 節義務仍然有效。

 7. 專有資料的歸還

如果轉讓方終止許可證，被轉讓方應採用任何或所有的補救實施。許可證終止後一個月以內，被轉讓方要向轉讓方提供一個關於每個源代碼程序的證明文件，證明被轉讓方已盡其所能，盡其所知，將其原件或任何形式的複製件的全部或部分，包括在更新後的複製件退還給轉讓方或已銷毀。

 8. 許可證權力

本文包含的任何內容都不應該被認為是直接或暗示地或以其他方式給予被轉讓方任何專利和專利使用的許可證，除非被轉讓方在轉讓方的專利及專利使用下有一份非獨占、免提成費的許可證，也只應在讓方提供的設備中使用該許可證提供的各轉讓程序。

 9. 許可證費、提成費及稅收

對本許可證下的轉讓軟件，其許可證和軟件許可提成費、及技術文件、技術支持、技術培訓的費用見本合同第三章。

 10. 審查

在強調許可證及許可證合同條款一致的情況下，轉讓方有權定期在正常工作時間內對所有專有資料、記錄與報告，作適當的審查。該審核也包括對專有資料妥善保密措施的檢查。

附件十一　合同產品的製造（略）

附件十二　合同設備目錄及價格（略）

附件十三　信用證格式（略）

附件十四　各階段保函格式（略）

附件十五　數量及價格折扣協議（略）

（二）中外技術轉讓合同

1.　本合同的特點：本合同中外技術轉讓合同，中國工廠與外國公司訂立技術轉讓合同。

2.　適用對象：本合同適用於中外技術轉讓合同。

3.　基本條款：訂立本合同應訂明中外技術轉讓合同之主要條款。

4. 相關法條：中華人民共和國合同法第十八章第三節。

技術轉讓合同 10-2-9

中外技術轉讓合同

合同號：_____

前言

本合同於_____年_____月_____日在_____簽訂。

甲方為：中國_____公司

合同工廠：中國_____廠（以下簡稱甲方）。

乙方為：_____國_____公司（以下簡稱乙方）。

第一章　合同內容

1.1　乙方同意向甲方提供製造_____合同產品的書面及非書面專有技術。用該項技術所生產的合同產品的品種、規格、技術性能等詳見本合同附件一（略）。

1.2　乙方負責向甲方提供製造、使用和銷售合同產品的專有技術和其它所有有關技術資料。技術資料的內容及有關事情詳見本合同附件二（略）。

1.3　乙方負責安排甲方技術人員在乙方工廠進行培訓，乙方應採取有效措施使甲方人員掌握製造合同產品的技術，具體內容見本合同附件三（略）。

1.4　乙方派稱職的技術人員赴甲方合同工廠進行技術服務。具體要求詳見本合同附件四（略）。

1.5　乙方同意在甲方需要時，以最優惠的價格向甲方提供合同產品的備件。屆時雙方另簽協議。

1.6　乙方有責任對本合同項目甲方需要的關鍵設備提供有關諮詢。

1.7　乙方應向甲方提供合同產品的樣機、鑄件和備件，具體內容詳見本合同附件五（略）。

1.8　甲方銷售合同產品和使用乙方商標的規定，見本合同第八章。

第二章　定義

2.1　「合同產品」指本合同附件一所列的全部產品。

2.2　「藍圖」指乙方製造合同產品目前所使用的總圖、製造圖樣、材料規範及零件目錄等的複製件。

2.3　「技術資料」是指生產合同產品所必須具有的乙方目前正用於生產合同產品的全部專有技術和其他有關設計圖紙、技術文件等。

2.4　「標準」指為製造合同產品向甲方提供的技術資料中，由乙方採用和制定的標準。

2.5　「入門費」指由於乙方根據本合同第一章1.2條、1.3條、1.4條、1.6條、1.7條規定的內容以技術資料轉讓的形式向甲方提供合同產品的設計和製造技術，甲方向乙方支付的費用。

2.6　「提成費」指在本合同有效期內，由於乙方所給予甲方連續的技術諮詢和援助，以及甲方在合同有效期內連續使用乙方的商標和專有技術，甲方向乙方支付的費用。

2.7 「合同有效」期指本合同開始生效的時間到本合同 14.3 條規定的本合同終止時間的期間。

第三章　價格

3.1 按本合同第一章規定的內容，甲方向乙方支付的合同費用規定如下：

    3.1.1 入門費為＿＿＿＿＿美元（大寫：＿＿＿＿＿美元）這是指本合同產品有關的資料轉讓費和技術培訓費，包括技術資料在交付前的一切費用。入門費為固定價格。

    3.1.2 合同產品考核驗收合格後，甲方每銷售一臺合同產品的提成費為基價的＿＿＿＿＿％。甲方向乙方購買的零件不計入提成費。

    3.1.3 計算提成費的基價應是甲方生產合同產品當年 12 月 31 日有效的，乙方在＿＿＿＿＿國＿＿＿＿＿市公布和使用的每臺目錄價格的＿＿＿＿＿％。

3.2 乙方同意返銷甲方生產的合同產品。返銷產品的金額為甲方支付乙方全部提成費的＿＿＿＿＿％。返銷的產品應達到乙方提供的技術性能標準。每次返銷的產品品種、規格、數量、交貨期由雙方友好協商確定。

返銷產品價格 3.1.3 條規定的提成基價計算。即目錄價格的＿＿＿＿＿％。

第四章　支付和支付條件

4.1 本合同項目的一切費用，甲方和乙方均以美元支付。

甲方支付給乙方的款項應通過＿＿＿＿＿中國銀行和＿＿＿＿＿國＿＿＿＿＿銀行辦理。

如果乙方與甲方償還金額，則此款項應通過一國＿＿＿＿＿銀行＿＿＿＿＿中國銀行辦理。

所有發生在中國的銀行費用，由甲方負擔。發生在中國以外的銀行費用由乙方負擔。

4.2 本合同第三章規定的合同費用，甲方按下列辦法和時間向乙方支付：

    4.2.1 甲方收到下列單據，並審查無誤後＿＿＿＿＿天內向乙方支付入門費＿＿＿＿＿（美元）（大寫：＿＿＿＿＿美元）。

        (a) 由乙方出具的保證函。在乙方不能按照合同規定交付技術資料時，保證償還金額＿＿＿＿＿美元。

        (b) 即期匯票正、副本各一份。

        (c) 應支付金額為入門費總價的形式發票正本一份，副本三份。

        (d) ＿＿＿＿＿國政府當局出具的許可證影印件一份。若乙方認為不需要出口許可證，則乙方應提出一份有關不需要出口許可證的證明信一份。

    4.2.2 甲方收到乙方交付第一階段產品的下列單據並審查無誤後＿＿＿＿＿天內向乙方支付＿＿＿＿＿美元（大寫：＿＿＿＿＿美元）。

        (a) 即期匯票正、副本各一份。

        (b) 商業發票正本一份，副本三份。

        (c) 空運提單正本一份，副本三份。

        (d) 乙方出具的第一階段產品的技術資料、樣機、鑄件和備件交付完畢的證明信正、副本各一份。

4.2.3　甲方收到乙方交付第二階段產品的下列單據並審查無誤後＿＿＿＿天內向乙方支付＿＿＿＿美元（大寫：＿＿＿＿美元。）。

(a) 即期匯票正、副本各一份。

(b) 商業發票正本一份，副本三份。

(c) 空運提單正本一份，副本三份。

(d) 乙方出具的第二階段產品的技術資料、樣機、附件五規定的＿＿＿＿已交付完畢的證明信正副本各一份。

4.2.4　合同產品第一批樣機驗收合格後，甲方收到乙方下列單據並審查無誤＿＿＿＿天內，向乙方支付＿＿＿＿美元（大寫：＿＿＿＿美元）。

(a) 即期匯票正、副本各一份。

(b) 商業發票正本一份，副本三份。

(c) 雙方簽署的「合同產品考核驗收合格證書」影印本一份。

註：如果驗收試驗延遲並是甲方的責任，將不遲於合同生效後（時間）支付。

4.3　本合同第三章規定的提成費，甲方將在抽樣產品考核驗出合格後按下述辦法和條件向乙方支付。

4.3.1　甲方在每日曆年度結束後＿＿＿＿天內，向乙方提交一份甲方在上一日曆年度的每種型號的產品實際銷售量的報告。

4.3.2　乙方每年可派代表到合同工廠檢查和核實甲方合同產品實際銷售量的報告，甲方將給予協助。乙方來華費用由乙方負擔。如果匯總和／或報告中所列的合同產品數量在檢查時發現出入很大，則甲乙雙方應討論此差距並洽商採取正確的措施。

4.3.3　甲方收到乙方下列單據並審查無誤後＿＿＿＿天內向乙方支付提成費：

(a) 即期匯票正、副本各一份。

(b) 商業發票正本一份，副本三份。

(c) 該年提成費計算書一式四份。

4.3.4　在合同期滿年度內，甲方在合同終止後＿＿＿＿天內將提交一份最後銷售合同產品數量的報告，以便乙方計算提成費。

4.4　按本合同規定，如乙方須向甲方支付罰款或賠償時，甲方有權從上述任何一次支付中扣除。

第五章　技術資料支付

5.1　乙方應按本合同附件二的規定向甲方提供技術資料。

5.2　乙方應在＿＿＿＿機場或車站交付技術資料。＿＿＿＿機場或車站的印戳日期為技術資料的有效交付日期。甲方應在收到資料兩週內，確認資料收悉。

5.3　第一階段產品的技術資料、樣機、鑄件和備件：

5.3.1　在合同生效的＿＿＿＿週內，乙方必須發出一套藍圖、一套二底圖和一套標準。可以分批交貨。

5.3.2　在合同生效後＿＿＿＿週內，乙方必須發出與第一階段合同產品有關的全部技術資料、樣機、鑄件和備件。

5.4 第二階段產品的技術資料和樣機：

    5.4.1 第二階段開始日期後的＿＿＿＿週內，乙方必須發出與第二階段產品有關的一套藍圖、一套二底圖和一套標準，可以分期交貨。

    5.4.2 第二階段開始後的＿＿＿＿週內，乙方必須盡快發出與第二階段合同產品有關的全部技術資料和樣機、鑄件和備件。

5.5 在每批技術資料或樣機、鑄件和備件發運後的＿＿＿＿小時內，乙方應將空運提單號、空運提單日期、資料編號、合同號、件數和重量電告甲方。同時乙方以航空信將下列單據寄給甲方：

  (a) 空運提單正本一份，副本二份。

  (b) 所發運技術資料、樣機、鑄件和備件的詳細清單一式二份。

5.6 若乙方提供的技術資料或樣機、鑄件和備件在運輸途中遺失或損壞，乙方在收到甲方關於遺失或損壞的書面通知書後，應盡快不遲於＿＿＿＿個月內免費補寄或重寄給甲方。

5.7 交付技術資料應具有適於長途運輸、多次搬交、防雨、防潮的堅固包裝。在每件包裝箱的內部與外表，都應以英文標明下列內容：

  (a) 合同號

  (b) 運輸標記

  (c) 收貨人

  (d) 技術資料目的地

  (e) 重量（公斤）

  (f) 樣機、鑄件和備件目的地

5.8 每箱內應附有詳細裝箱單一式四份。

第六章　技術資料的改進和修改

6.1 為了適應中國的設計標準、材料、工藝裝備和其他生產條件，在不改變乙方基本設計的條件下，甲方有權對乙方的技術資料進行修改和變動。甲方必須將這些修改和變動通知乙方。乙方有責任在培訓或技術指導時協助甲方修改技術資料，詳見附件三和附件四。

6.2 甲方必須在型號後加註尾標，以示區別那些影響形狀，配合或功能的修改，並通知乙方。

6.3 合同有效期內，雙方在合同規定的範圍內的任何改進和發展，都應相互免費將改進、發展的技術資料提交對方。

6.4 改進和發展的技術，所有權屬改進、發展的一方。

第七章　質量驗收試驗

7.1 為了驗證按乙方提供的技術資料製造的合同產品可靠性，由甲、乙雙方共同在合同工廠對考核的合同產品的技術性能和要求進行考核驗收。如果需要，也可以在乙方工廠進行試驗或重做。甲方可派指定的人員驗證重複試驗，乙方負責重複試驗和乙方人員的費用，甲方負責甲方參加重複試驗的人員和翻譯的費用。具體辦法見本合同附件七。

7.2 考核試驗產品的技術性能應符合乙方提供的本合同中的標準規定，即通過鑑定。甲、乙雙方簽署「合同產品考核驗收合格證明」一式四份，每方各執二份。

7.3 如考核試驗產品的技術性能達不到附件規定的技術參數，雙方應友好協商，共同研究分析原因，採取措施，消除缺陷後進行第二次考核驗收。

7.4 如考核試驗產品不合格是乙方的責任，則乙方派人參加第二次考核驗收的一切費用，由乙方負擔。如系甲方責任，該費用由甲方負擔。

7.5 若考核試驗產品第二次試驗仍不合格時，如係乙方的責任，乙方應賠償甲方遭受的直接損失，並採取措施消除缺陷，參加第三次考核，費用由乙方負擔。如系甲方責任，該費用由甲方負擔。

7.6 若考核試驗產品第三次考核試驗不合格時，雙方應討論執行合同的問題，如系乙方責任，則按合同9.8規定，甲方有權修正合同。如系甲方責任，則由雙方共同協商進一步的執行問題。乙方將根據甲方的要求，為改進不合格的樣機提供技術諮詢。

第八章 「合同產品」的出口和商標

8.1 甲方生產的「合同產品」可在中華人民共和國國內銷售，可根據下列條件出口到其他國家：

    8.1.1 甲方應首先與乙方協商，要求在乙方的銷售／分配網所在地區安排銷售（銷售／分配網包括乙方子公司和代理商）。

    出口銷售的數量和項目將通過友好協商決定，若無法安排，則甲方可以自由出口，但是，甲方必須在完成交易後一週內，將項目、數量和購買商名稱通知乙方。

    8.1.2 在乙方銷售／分配網不包括的地區，甲方可以自由銷售。

8.2 對於甲方把「合同產品」裝在中國的主機上出售到任何國家（包括在乙方銷售／分配網所在地國家）的權利，乙方不得干涉。為維修中國出口的主機，甲方可以自由銷售作為配件的「合同產品」。

8.3 在合同期間，甲方可以在「合同產品」上使用乙方使用的商標和標上甲方的商標，並注上「中華人民共和國＿＿＿＿廠製造」。商標許可證應由甲方和公司單獨簽訂。

8.4 當使用商標時，甲方生產的「合同產品」必須符合本合同項下由乙方提供的標準。在必要的時候，每年乙方可進行一次抽樣試驗。

    在抽樣試驗結果不符合乙方提供的標準時，乙方應建議甲方改進不合格的「合同產品」並在＿＿＿＿個月內再次進行試驗。若結果仍不符合，則乙方就可中止甲方使用其商標的權利。甲方可以再次提交另外的樣品給乙方進行試驗。再次抽樣試驗，結果符合乙方提供的標準時，乙方將再次給予甲方使用其商標的權利。

第九章 保證

9.1 乙方保證其提供的技術資料是在合同生效時乙方使用的最新技術資料，並與乙方擁有的技術資料完全一致。在合同期間，「合同產品」設計變化的技術通告書和技術改進、發展資料，乙方將及時地送至甲方。

9.2 乙方保證其提供的技術資料是完整的、清晰的、可靠的，並按第五章的規定接付交付。有關定義如下：

9.2.1 「完整」係指乙方提供的資料是本合同附件中規定的全部資料，並與乙方自己工廠目前使用的資料完全一致。

9.2.2 「可靠」係指甲方按技術資料製造的合同產品應符合乙方按本合同提供的合同產品技術規範。

9.2.3 「清晰」係指資料中的圖樣、曲線、術語符號等容易看清。

9.3 如果乙方提供的技術資料不符合9.2條的規定時，乙方必須在收到甲方書面通知書後_____天內免費將所缺的資料，或清晰、可靠的資料寄給甲方。

9.4 當乙方不能按本合同第五章或9.3規定的時間交付資料，則乙方應按下列比例向甲方支付罰款：

遲交_____至_____週，每整週罰款為入門費總價的_____%。

遲交_____至_____週，每整週罰款為入門費總價的_____%。

遲交超過_____週以上，每整週罰款為入門費總價的_____%。

9.5 若發生 9.4 條事項，乙方支付給甲方的罰款總數不超過_____美元（大寫：_____美元）。

9.6 乙方支付給甲方的9.4條中規定的罰款，應以遲交的整週數進行計算。

9.7 乙方支付給甲方的罰款後，並不解除乙方繼續交付上述資料的義務。

9.8 按第七章的規定，由於乙方的責任，產品考核經三次不合格時，則按以下辦法處理：

9.8.1 若考核產品不合格以致甲方不能投產，則必須修改合同，採取有效措施將不合格的產品從合同中刪除。乙方應退還甲方已經支付的那部分金額。這部分退還金額僅限於合同產品總的範圍中不合格產品所占部分，並加年利_____% 的利息。

9.8.2 如果根據 9.8.1 條修改合同，則甲方放棄只涉及不合格的那部分產品和零件的製造權，甲方將退回有助於製造這些不合格產品的全部文件，不可複製或銷毀。

第十章　許可證和專有技術

10.1 乙方唯自己是根據本合同規定向甲方提供許可證和專有技術的合法者，並能夠合法地向甲方轉讓上述許可證和專有技術而無任何第三者的指控。

如果第三方提出侵權的控訴，則乙方應與第三方處理此控訴並負責法律和經濟責任。

10.2 與本合同有關的完整的_____國專利清單列入附件二，本合同生效一個月內，乙方將向甲方提供專利影印本一式二份。但不給予_____國專利許可證或不應包括此許可證。

10.3 本合同終止後，甲方仍有權使用乙方提供的許可證和專有技術，而不承擔任何義務和責任。合同終止後，使用_____商標的權利也將終止。

10.4 雙方都應履行本合同，不應以任何方式向任何第三方透露和公布雙方提供的任何技術資料或商業情報。

第十一章　稅費

11.1 凡因履行本合同而引起的一切稅費，發生在中國以外的應由乙方承擔。

11.2 在執行合同期間，乙方在中國境內取得的收入應按中國稅法繳稅。此稅費由甲方在每次支付時扣交，並將稅務局的收據副本一份交乙方。

第十二章 仲裁

12.1 凡因執行本合同而引起的一切爭執，應由雙方通過友好協商來解決。在不能解決時，則提交仲裁解決。

12.2 仲裁地點在中國北京，由中國國際經濟貿易仲裁委員會按該會仲裁程序暫行規則進行仲裁。仲裁也可在瑞典的斯德哥爾摩進行，並由斯德哥爾摩商會仲裁院按仲裁院的程序進行仲裁。

12.3 仲裁裁決決應是終局裁決，對雙方均有約束力。雙方都應遵照執行。

12.4 仲裁費應由敗訴一方負擔。

12.5 在仲裁過程中，本合同中除了接受仲裁的部分外，仍應由雙方繼續執行。

第十三章 不可抗力

13.1 若簽約的任一方，由於戰爭及嚴重的火災、水災、颱風和地震所引起的事件，影響了合同的執行時，則應延遲合同期限，延遲時間應相當於事故所影響的時間。

13.2 責任方應盡快地將發生的人力不可抗拒事故電告另一方，並在_____天內以航空掛號將有關當局出具的證明文件提交另一方確認。

13.3 若人力不可抗拒事故延續到_____天以上時，雙方應通過友好協商盡快解決合同繼續執行問題。

第十四章 合同生效及其他

14.1 合同在甲方和乙方代表簽字之後，雙方需向各自政府申請批准，並以最後批准一方的日期作為生效日。雙方應盡最大的努力在_____天期限內獲得批准，並用電報通知對方，隨之以信件予以確認。若合同簽字後_____個月內不能生效，則本合同對甲方和乙方都無約束力，經雙方同意，申請批准的期限可以延長。

14.2 本合同用_____文和中文書寫各四份，_____文文本和中文文本具有同等效力。雙方執中、_____文文本各二份。

14.3 本合同從合同生產之日起_____年內有效。有效期滿後，本合同即自動失效。除非在合同有效期內雙方另有協議。第二階段合同產品開始日期將由乙方來華指導時，雙方簽訂備忘錄予以確認。

    14.3.1 合同期滿前_____個月之前的任何時候，甲方或乙方均可提出要求進行合同延期的談判；屆時簽訂合同延期和專門條款。

    14.4 合同第一階段在合同生效之日開始，合同第二階段的開始日期預期為合同生效後的第_____個月。

14.5 合同終止前，任何合同項下發生的未清理的賒欠和債務將不受合同終止的影響。合同的終止並不能解除債務賒欠一方對另一方債務。

14.6 本合同附件均為本合同不可分割的部分，與合同正文具有同等效力。

14.7　合同簽字前雙方之間的所有來往通訊文電，從合同生效之日起自動失效。

14.8　只有根據雙方授權代表簽字的書面文件才能對本合同進行更改和補充。這些文件將成為合同不可分割的部分。

14.9　雙方為履行本合同而進行的通訊應以＿＿＿＿國文書寫一式二份。

14.10　在對方預先沒有同意前，雙方不應將本合同的任何權利和／或義務轉讓給第三方。

14.11　本合同中的任何條款並不影響＿＿＿＿國和任何其他國家之間的貿易。

14.12　甲方同意從乙方購買一批（原材料或半成品），以便甲方生產「合同產品」，金額為＿＿＿＿美元（大寫＿＿＿＿美元。）特定零件的訂貨和計畫由考察小組在＿＿＿＿國確定，如價格和條件優惠，甲方將從乙方再訂一批（原材料或零件）。

第十五章　法定地址

甲方：中國＿＿＿＿公司　　乙方：＿＿＿＿公司

地址：＿＿＿＿＿＿＿　　　地址：＿＿＿＿＿＿＿

電報掛號：＿＿＿＿＿　　　電傳：＿＿＿＿＿＿

電傳：＿＿＿＿＿＿　　　　本合同於＿＿＿年＿＿＿月＿＿＿日在＿＿＿簽字。

地址：中華人民共和國＿＿＿省＿＿＿市

電報掛號：＿＿＿＿＿＿

甲方：＿＿＿＿＿＿公司　　　乙方：＿＿＿＿＿＿公司

代表（簽字）：＿＿＿＿＿　　代表（簽字）：＿＿＿＿＿

工廠代表（簽字）：＿＿＿＿＿

甲方律師（簽字）：＿＿＿＿＿　乙方律師（簽字）：＿＿＿＿＿

（合同附件均略）

註：本合同第十二章規定關於本合同爭執之仲裁。

第四節　中外來料加工合同

一、定義

　　中外來料加工合同指外商提供原材料、零部件、必要時提供一定的設備和技術，由國內加工單位按照對方的要求進行加工，成品交回外商銷售，我方收取工繳費而訂立的協議。

二、中外來料加工合同的主要條款

1. 合同的訂立時間、地點和當事人名稱、法定地址、註冊國家。
2. 加工或裝配的項目。
3. 交貨時間和地點。

4. 來料數量與質量。

5. 加工數量與質量。

6. 成品率和票材料消耗定額。

7. 商標的使用。

8. 工繳費、工繳費的標準和結算方式。

9. 運輸和保險。

10. 約束性規定。

11. 不可抗力。

12. 雙方當事人的義務和違約責任。

13. 合同的生效時間和有效期限。

14. 文字、文本和效力。

15. 雙方約定的其他事項。

三、合同範例

（一）中外來料加工合同

1. 本合同之特點：本合同為中外來料加工合同。由外國公司提供原料給中國加工成產品之合同。

2. 適用對象：本合同適用於中外來料加工合同。

3. 基本條款：訂立本合同應訂明中外來料加工合同之主要條款。

4. 相關法條：中華人民共和國合同法第十五章。

中外來料加工合同 10-2-10

中外來料加工合同

訂立合同雙方：

甲方：中國 ＿＿＿＿ 公司，地址：＿＿＿＿＿＿＿。電報掛號：＿＿＿＿，電傳：＿＿＿＿。

乙方：＿＿ 國 ＿＿＿＿ 公司，地址：＿＿＿＿＿＿＿。電報掛號：＿＿＿＿，電傳：＿＿＿＿。

雙方為開展來料加工業務，經友好協商，特訂立本合同。

第 1 條　加工內容

乙方向甲方提供加工＿＿＿＿（產品）＿＿＿＿套所需的原材料；甲方將乙方提供的原材料加工成產品後交付乙方。

第 2 條　交貨

乙方在合同期間，每個月向甲方提供_____原材料，並負責運至_____車站（經_____港口）交付甲方；甲方在收到原材料後的_____個月內將加工後的成品_____套負責運至_____港口交付乙方。

第 3 條　來料數量與質量

乙方提供的原材料須含_____%的備損率；多供部分不計加工數量。

乙方提供給甲方的材料應符合本合同附件一（略）的規格標準。如乙方未能按時、按質、按量提供給甲方應交付的原材料，甲方除對無法履行本合同不負責外，還得向乙方索取停工待料的損失；乙方特此同意確認。

第 4 條　加工數量與質量

甲方如未能按時、按質、按量交付加工產品，在乙方提出後，甲方應予賠償乙方所受的損失。

第 5 條　加工費

甲方為乙方進行加工的加工費，在本合同訂立時的_____年為每套_____幣_____元；合同訂立第二年起的加工費雙方另議，但不得低於每套_____幣_____元；該加工費是依據合同訂立時中國國內和國外的勞務費用而確定的，故在中國國內外勞務費用水平有變化時，雙方將另行議定。

第 6 條　付款方式

乙方將不作價的原材料運交甲方；在甲方向乙方交付本合同產品前一個月，由乙方向甲方開立即期信用證，支付加工費。

第 7 條　運輸與保險

乙方將原材料運交甲方的運費和保險費由乙方負責；甲方將本合同產品運交乙方的運費和保險費由甲方負責。

第 8 條　不可抗力

由於戰爭和嚴重的自然災害以及雙方同意的其他不可抗力引起的事故，致使一方不能履約時，該方應盡快將事故通知對方，並與對方協商延長履行合同的期限，由此而引起的損失，對方不得提出賠償要求。

第 9 條　仲裁

本合同在執行期間，如發生爭議，雙方應本著友好方式協商解決。如未能協商解決，可提請_____國_____仲裁機構進行仲裁。仲裁適用法律為：

1. 中華人民共和國加入的國際公約、條約；
2. 中華人民共和國法律；
3. 在中國法律無明文規定時，適用國際通行的慣例。

仲裁裁決為終局裁決，仲裁費用由敗訴一方承擔。

第 10 條　合同有效期

本合同自簽字日起生效。有效到本合同規定的「_____套由甲方加工的成品交付乙方，並收到乙方含加工費在內的全部應付費用」時終止。

第 11 條　合同的續訂

本合同有效期屆滿之前_____月，如一方需續訂合同，可以向對方提請協商。

第 12 條　合同文本與文字

本合同正本一式＿＿＿＿＿份，甲乙雙方各執一份，副本＿＿＿＿＿份交＿＿＿＿＿等單位備案。

本合同以中、＿＿＿＿＿兩國文字書就，兩國文字具有同等效力。

第13條　其他

1. 甲方為交付乙方產品而耗用的包裝、輔料、運輸及保險等項開支，在加工費以外收取，但這些費用不超過每套合同產品的＿＿＿＿＿％。

2. 甲方收到原材料後，應按乙方提供的技術標準，對其規格、品質進行驗收。如乙方提供的原材料不符合標準，或數量不足，在甲方向乙方提出檢驗報告後，乙方負責退換或／和補足。

第14條　合同條款的變更

本合同如有未盡事宜，或遇特殊情況需要補充、變更內容，須經雙方協商一致。

甲方：＿＿＿＿＿＿（蓋章）　　　乙方：＿＿＿＿＿＿（蓋章）

代表：＿＿＿＿＿＿（簽字）　　　代表：＿＿＿＿＿＿（簽字）

見證人，律師＿＿＿＿＿＿（簽字）　（中國＿＿＿＿＿＿律師事務所）

合同訂立時間：＿＿年＿＿月＿＿日

合同訂立地點：＿＿＿＿＿＿＿＿＿＿

第五節　中外合資經營企業合同

一、定義

　　中外合資經營企業合同是指中國的企業或其他經濟組織同外國的企業、其他經濟組織或個人為在中國境內共同舉辦合資經營企業，依據中國的法律和有關規定，就相互間的權利、義務關係達成一致意見而訂立的協議。

二、中外合資經營企業合同的主要條款

1. 合同的名稱、當事人各方的名稱（或姓名）、住址、國籍、法人代表的姓名、職務、國籍；合營企業的名稱、法定地址、合營企業合同的法律依據、簽訂地點、簽訂時間等。

2. 合同的原則。平等互利、協商一致是最基本的原則。

3. 合營企業應遵守的法律。即合營各方必須遵守中國的法律、法規有關條例、政策等。

4. 合營企業的組織形式是有限責任公司。

5. 合營企業的生產經營目的、範圍和規模。

6. 投資總額和註冊資本。

7. 組織機構。董事會是合營企業的最高權力機構。
8. 合營各方的義務和違約責任。
9. 經營活動，包括計畫、購買設備、籌建和建設、產品銷售、外匯平衡、勞動和財務管理等。
10. 稅務及其優惠條款。
11. 期限、解散和清算。

三、合同範例

（一）中外合資經營企業合同

1. 本合同的特點：本合同為中外合資經營企業合同，中國公司與外國公司在中國境內共同投資舉辦合資經營企業之合同。
2. 適用對象：本合同適用於中外合資經營企業合同。
3. 基本條款：訂立本合同應訂明中外合資經營企業合同之主要條款。
4. 相關法條：中華人民共和國中外合資經營企業法。

中外合資經營企業合同 10-2-11

中外合資經營企業合同

第一章　總則

　　中國_____公司和_____國_____公司，根據《中華人民共和國中外合資經營企業法》和中國的其他有關法規，本著平等互利的原則，通過友好協商，同意在中華人民共和國_____省_____市，共同投資舉辦合資經營企業，特訂立本合同。

第二章　合營各方

第 1 條　　本合同的各方為
　　　　　中國_____公司（以下簡稱甲方），在中國_____地登記註冊，其法定地址在中國____市____區____街____號。
　　　　　法定代表：姓名_____職務_____國籍_____。
　　　　　_____國_____公司（以下簡稱乙方），在_____國_____地登記註冊，其法定地址在_____。
　　　　　法定代表：姓名_____職務_____國籍_____。
　　　　　（註：若有兩個以上合營者，依次稱丙、丁……方）

第三章　成立合資經營公司

第 2 條　甲、乙方根據《中華人民共和國中外合資經營企業法》和中國的其他有關法規，同意在中國境內建立合資經營＿＿＿＿有限責任公司（以下簡稱合營公司）。

第 3 條　合營公司的名稱為＿＿＿＿有限責任公司。

外文名稱為＿＿＿＿。

合營公司的法定地址為＿＿＿省＿＿＿市＿＿＿路＿＿＿號。

第 4 條　合營公司的一切活動，必須遵守中華人民共和國的法律法令和有關條例規定。

第 5 條　合營公司的組織形式為有限責任公司。甲、乙方以各自認繳的出資額對合營公司的債務承擔責任。各方按其出資額在註冊資本中的比例分享利潤和分擔風險及虧損。

第四章　生產經營目的、範圍和規模

第 6 條　甲、乙方合資經營的目的是：本著加強經濟合作和技術交流的願望，採用先進而適用的技術和科學的經營管理方法，提高產品質量、發展新產品，並在質量、價格等方向具有國際市場上的競爭能力，提高經濟效益，使投資各方獲得滿意的經濟利益。（註：在具體合同中要根據具體情況寫）

第 7 條　合營公司生產經營範圍是：

生產＿＿＿＿產品；

對銷售後的產品進行維修服務；

研究和發展新產品。（註：要根據具體情況寫）

第 8 條　合營公司的生產規模如下：

1. 合營公司投產後的生產能力均＿＿＿＿。
2. 隨著生產經營的發展，生產規模可增加到年產＿＿＿＿。產品品種將發展＿＿＿＿。（註：要根據具體情況寫）

第五章　投資總額與註冊資本

第 9 條　合營公司的投資總額為人民幣＿＿＿＿元（或雙方商定的一種外幣）。

第 10 條　甲、乙方的出資額共為人民幣＿＿＿＿元，以此為合營公司的註冊資本。其中：甲方＿＿＿＿元，占＿＿＿＿％；乙方＿＿＿＿元，占＿＿＿＿％。

第 11 條　甲、乙雙方將以下列作為出資：

甲方：現金＿＿＿＿元

機械設備＿＿＿＿元

廠房＿＿＿＿元

土地使用權＿＿＿＿元

工業產權＿＿＿＿元

其他＿＿＿＿元　共＿＿＿＿元。

乙方：現金＿＿＿＿元

機械設備＿＿＿＿元

工業產權＿＿＿＿元

其他＿＿＿＿元　共＿＿＿＿元。

（註：以實物工業產權作為出資時，甲、乙雙方應另行訂立合同，作為本合同的組成部分）

第 12 條　合營公司註冊資本由甲、乙方按其出資比例分＿＿＿＿期繳付，每期繳付的數額如下：（註：根據具體情況寫）

第 13 條　甲、乙任何一方如向第三者轉讓其全部或部分出資額，須經另一方同意，並報審批機構批准。

一方轉讓其全部或部分出資額時，另一方有優先購買權。

第六章　合營各方的責任

第 14 條　甲、乙方應各自負責完成以下各項事宜：

甲方責任：

辦理為設立合營公司向中國有關主管部門申請批准、登記註冊、領取營業執照等事宜。

向土地主管部門辦理申請取得土地使用權的手續；

組織合營公司廠房和其他工程設施的設計、施工；

按第 11 條規定提供現金、機械設備、廠房……；

協助辦理乙方作為出資而提供的機械設備的進口報關手續和在中國境內的運輸；

協助合營公司在中國境內購置或租賃設備、材料、原料、辦公用具、交通工具、通訊設施等；

協助合營公司聯繫落實水、電、交通等基礎設施；

協助合營公司招聘當地的中國籍的經營管理人員、技術人員、工人和所需的其他人員；

協助外籍工作人員辦理所需的入境簽證、工作許可證和旅行手續等；

負責輸合營公司委託的其他事宜。

乙方責任：

按第 11 條規定提供現金、機械設備、工業產權……並負責將作為出資的機械設備等實物運至中國港口；

辦理合營公司委託在中國境外選購機械設備、材料等有關事宜；

提供需要的設備安裝、調試以及試用生產技術人員、生產和檢驗技術人員；

培訓合營公司的技術人員和工人；

如乙方同時又是技術轉讓方，則應負責合營公司在規定的期限內按投計能力穩定地生產合格產品；負責辦理合營公司委託的其他事宜。

（註：要根據具體情況寫）

第七章　技術轉讓

第 15 條　甲、乙雙方同意，由合營公司與＿＿＿＿方或第三者簽訂技術轉讓協議，以取得為達到本合同第四章規定的生產經營目的、規模所需的先進生產技術，包括產品設計、製造工藝、測試方法、材料配方、質量標準、培訓人員等。（註：要在合同中具體寫明）

第 16 條　乙方對技術轉讓提供如下保證：（註：在乙方負責向合營公司轉讓技術的合營合同中才有此條款）

1. 乙方保證為合營公司提供的＿＿＿＿（註：要寫明產品名稱）的設計、製造技術、工藝流程、測試和檢驗等全部技術是完整的、準確的、可靠的，是符合合營公司經營目的要求的，保證能達到本合同要求的產品質量和生產能力；

2. 乙方保證本合同和技術轉讓協議規定的技術全部轉讓給合營公司，保證提供的技術是乙方同類技術中最先進的技術，設備的選型及性能質量是優良的，並符合工藝操作和實際使用的要求；

3. 乙方對技術轉讓協議中規定的各階段提供的技術和技術服務，應開列詳細清單作為該協議的附件，並保證實施；

4. 圖紙、技術條件和其他詳細資料是所轉讓的技術的組成部分，保證如期提交；

5. 在技術轉讓協議有效期內，乙方對該項技術的改進，以及改進的情況和技術資料，應及時提供給合營公司，不另收費用；

6. 乙方保證在技術轉讓協議規定的期限內使合營公司技術人員和工人掌握所轉讓的技術。

第 17 條　如乙方未按本合同及技術轉讓協議的規定提供設備和技術，或發現有欺騙或隱瞞之行為，乙方應負責賠償合營公司的直接損失。

第 18 條　技術轉讓費採取提成方式支付。提成率為產品出廠淨銷售額的＿＿＿＿％。
提成支付期限按照本合同第 19 條規定的技術轉讓協議期限為期限。

第 19 條　合營公司與乙方簽訂的技術轉讓協議期限為＿＿＿＿年。技術轉讓協議期滿後，合營公司有權繼續使用和研究發展該引進技術。
（註：技術轉讓協議期限一般不超過十年，協議須經對外經濟貿易部或其委託的審批機構批准）

第八章　產品的銷售

第 20 條合營公司的產品，在中國境內外市場上銷售，外銷部分占＿＿＿＿％，內銷部分占＿＿＿＿％。
（註：可根據實際情況寫明各個年度內外銷的比例和數額。一般情況下，外銷量至少應能滿足合資公司外匯支出的需要）

第 21 條　產品可由下述渠道向國外銷售：
由合營公司直接向中國境外銷售的占＿＿＿＿％
由合營公司與中國外貿公司訂立銷售合同，委託其代銷，或由中國外貿公司包銷的占＿＿＿＿％。
由合營公司委託乙方銷售的占＿＿＿＿％。

第 22 條　合營公司內銷產品可由中國物資部門、商業部門包銷或代銷，或由合營公司直接銷售。

第 23 條　為了在中國境內外銷售產品和進行銷售後的產品維修服務，經中國有關部門批准，合營公司可在中國境內外設立銷售維修服務的分支機構。

第 24 條　合營公司的產品使用商標為＿＿＿＿。

第九章　董事會

第 25 條　合營公司註冊登記之日，為合營公司董事會成立之日。

第 26 條　董事會由_____名董事組成，其中甲方委派_____名，乙方委派_____名。董事長由甲方委派，副董事長蒙乙方委派。董事和董事長任期四年，經委派方繼續委派可以連任。

第 27 條　董事會是合營公司的最高權力機構，決定合營公司的一切重大事宜。對於重大問題（註：按中外合資經營企業法實施條例第 36 條列舉主要內容），就一致通過，方可作出決定。對其它事宜，可採取多數通過或簡單多數通過決定（在具體合同中要明確規定）。

第 28 條　董事長是合營公司法定代表。董事長因故不能履行其職責時，可臨時授權副董事長或其他董事為代表。

第 29 條　董事會會議每年至少召開一次，由董事長召集並主持會議。經三分之一以上的董事提議，董事長可召開董事會臨時會議。會議記錄應歸檔保存。

第十章　經營管理機構

第 30 條　合營公司經營管理機構，負責公司的日常經營管理工作。經營管理機構設總經理一人，由_____方推薦；副總經理_____人，由甲方_____推薦_____人，乙方推薦_____人。總經理、副總經理由董事會聘請，任期_____年。

第 31 條　總經理的職責是執行董事會會議的各項決議，組織領導合營公司的日常經營管理工作。副總經理協助總經理工作。

　　　　經營管理機可設若干部門經理，分別負責企業各部門的工作，辦理總經理和副總經理交辦的事項，並對總經理和副總經理負責。

第 32 條　總經理、副總經理有營私舞弊或嚴重失職的，經董事會會議決議可隨時撤換。

第十一章　設備購買

第 33 條　合營公司所需原材料、燃料、配套件、運輸工具和辦公用品等，在條件相同情況下，盡先在中國購買。

第 34 條　合營公司委託乙方在國外市場選購設備時，應邀請甲方派人參中。

第十二章　籌備和建設

第 35 條　合營公司在籌備、建設期間，在董事會下設立籌建處。籌建處由_____人組成，其中甲方_____人，乙方_____人。籌建處主任一人，由_____方推薦，副主任一人，由_____方推薦。籌建處主任、副主任由董事會任命。

第 36 條　籌建處具體負責審查工程設計，簽訂工程施工承包合同，組織有關設備、材料等物資的採購和驗收，制定工程施工總進度，編制用款計劃，掌握工程財務支付和工程決算，制定有關的管理辦法，做好工程施工過程中文件、圖紙、檔案、資料的保管和整理等工作。

第 37 條　甲乙雙方指派若干技術人員組成技術小組，在籌建處領導下，負責對設計、工程質量、設備材料和引進技術的審查、監督、檢驗、驗收和性能考核等工作。

第 38 條　籌建處工作人員的編制、報酬及費用，經甲乙雙方同意後，列入工程預算。

第 39 條　籌建處在工廠建設完成並辦理完畢移交手續後，經董事會批准撤銷。

第十三章　勞動管理

第 40 條　合營公司職工的招收、招聘、辭退、工資、勞動保險、生活福利和獎懲等事項，按照《中華人民共和國中外合資經營企業勞動管理規定》及其實施辦法，經董事會研究制定方案，由合營公司和合營公司的工會組織集體或個別地訂立勞動合同加以規定。

　　　　勞動合同訂立後，報當地勞動管理部門備案。

第 41 條　甲、乙方推薦的高級管理人員的聘請和工資待遇、社會保險、福利、差旅費標準等，由董事會會議討論決定。

第十四章　稅務、財務、審計

第 42 條　合營公司按照中國的有關法律和條例規定繳納各項稅金。

第 43 條　合營公司職工按照《中華人民共和國個人所得稅法》繳納個人所得稅。

第 44 條　合營公司按照《中華人民共和國中外合資經營企業法》的規定提取儲備基金、企業發展基金及職工福利獎勵基金，每年提取的比例由董事會根據公司經營情況討論決定。

第 45 條　合營公司的會計年既從每年 1 月 1 日起至 12 月 31 日止，一切記帳憑證、單據、報表、帳簿、用中文書寫。（註：也可同時用甲乙雙方同意的一種外文書寫）

第 46 條　合營企業的財務審計聘請在中國註冊的會計師審查、稽核，並將結果報告董事會和總經理。

　　　　如乙方認為需要聘請其他國家的審計師對年度財務進行審查，甲方應予以同意。其所需要一切費用由乙方負擔。

第 47 條　每一營業年度的頭三個月，由總經理組織編制上一年度的資產負債表、損益計算書和利潤分配方案，提交董事會會議審查通過。

第十五章　合營期限

第 48 條　合營公司的期限為＿＿＿＿年。合營公司的成立日期為合營公司營業執照簽發之日。

　　　　經一方提議，董事會會議一致通過，可以在合營期滿六個月前向對外經濟貿易部（或其委託的審批機構）申請延長合營期限。

第十六章　合營期滿財產處理

第 49 條　合營期滿或提前終止合營，合營公司應依法進行清算，清算後的財產，根據甲、乙各方投資比例進行分配。

第十七章　保險

第 50 條　合營公司的各項保險均在中國人民保險公司投保，投保險別、保險價值、保期等按照中國人民保險公司的規定由合營公司董事會議討論決定。

第十八章　合同的修改、變更與解除

第 51 條　對本合同及其附件的修改，必須經甲、乙雙方簽署書面協議，並報原審批機構批准，才能生效。

第 52 條　由於不可抗力，致使合同無法履行，或是由於合營公司連年虧損、無力繼續經營、經董事會一致通過，並報原審批機構批准，可以提前終止合營期限和解除合同。

第 53 條　由於一方不履行合同、章程規定的義務，或嚴重違反合同、章程規定，造成合營公司無法經營或無法達到合同規定的經營目的，視作違約方片面終止合同，對方除有權向違約一方索賠外，並有權按合同規定報原審批機構批准終止合同。如甲、乙雙方同意繼續經營，違約方應賠償合營公司的經濟損失。

第十九章　違約責任

第 54 條　甲、乙任何一方未按本合同第五章的規定依期按數提交完出資額時，從逾期第一個月算起，每逾期一個月，違約一方應繳付應交出資額的 ＿＿＿＿% 的違約金給守約的一方。如逾期三個月仍未提交，除累計繳付應交出資額的＿＿＿＿% 的違約金外，守約一方有權按本合同第 53 條規定終止合同，並要求違約方賠償損失。

第 55 條　由於一方的過失，造成本合同及其附件不能履行或不能完全履行時，由過失的一方承擔違約責任，如屬雙方的過失，根據實際情況由雙方分別承擔各自應負的違約責任。

第 56 條　為保證本合同及其附件的履行，甲、乙各方應相互提供履約的銀行擔保書。

第二十章　不可抗力

第 57 條　由於地震、颱風、水災、火災、戰爭以及其它不能預見並且對其發生和後果不能防止或避免的不可抗力事故，致使直接影響合同的履行或者不能按約定的條件履行時，遇有上述不可抗力事故的一方，應立即將事故情況電報通知對方，並應在十五天內，提供事故詳情及合同不能履行、或者部分不能履行、或者需要延期履行的理由的有效證明文件，此項證明文件應由事故發生地區的公證機構出具。
按照事故對履行合同影響的程度，由雙方協商決定是否解除合同，或者部分免除履行合同的責任，或者延期履行合同。

第二十一章　適用法律

第 58 條　本合同的訂立、效力、解釋、履行和爭議的解決均受中華人民共和國法律的管轄。

第二十二章　爭議的解決

第 59 條　凡因執行本合同所發生的或與本合同有關的一切爭議，雙方應通過友好協商解決；如果協商不能解決，應提交中國北京中國國際經濟貿易仲裁委員會，根據該會的仲裁程序暫行規則進行仲裁。仲裁裁決是終局的，對雙方都有約束力。或者，凡因執行本合同所發生的或與本合同有關的一切急議，雙方應通過友好協商解決，如果協商不能解決，應提交＿＿＿＿國＿＿＿＿地＿＿＿＿仲裁機構根據該仲裁機構的仲裁程序進行仲裁。仲裁裁決是終局的，對雙方都有約束力。或者，凡因執行本合同所發生的或與本合同有關的一切爭議，雙方應通過友好協商解決；如果協商不能解決，應提交仲裁。仲裁在被訴人所在國進行：

在中國，由中國國際經濟貿易仲裁委員會根據該會的仲裁程序暫行規定進行仲裁。

在（被訴人國名），由（被訴人國家的仲裁組織名稱）根據該組織的仲裁程序進行仲裁。

仲裁裁決是終局的，對雙方都有約束力。

（註：在訂立合同時，上述三種方式僅能選一）

第 60 條　在仲裁過程中，除雙方有爭議正在進行仲裁的部分外，本合同應繼續履行。

第二十三章　文字

第 61 條　本合同用中文和＿＿＿＿＿＿文寫成，兩種文字具有同等效力。上述兩種文本如有不符，以中文本為準。

第二十四章　合同生效及其他

第 62 條　按照本合同規定的各項原則訂立如下的附屬協議文件，包括：合營公司章程、工程協議、技術轉讓協議，銷售協議……，均為本合同的組成部分。

第 63 條　本合同及其附件，均須經中華人民共和國對外經濟貿易部（或其委託的審批機構）批准，自批准之日起生效。

第 64 條　甲、乙雙方發送通知的方法如用電報、電傳通知時，凡涉及各方權利、義務的，應隨之以書面信件通知。合同中所列甲、乙雙方的法定地址即為甲、乙雙方的收件地址。

第 65 條　本合同於一九＿＿＿＿年＿＿月＿＿日由甲、乙雙方的授權代表在中國＿＿＿＿＿＿簽字。

　　　　　中國＿＿＿＿＿＿公司代表（簽字）
　　　　　＿＿國＿＿＿＿＿＿公司代表（簽字）

註：本合同第二二章規定關於本合同爭議之仲裁。

（二）中外合作經營企業合同

1. 本合同的特點：本合同為中外合作經營企業合同，中國公司與外國公司成立一

家合作經營企業簡稱為合營公司之合同。

2. 適用對象：本合同適用於中外合作經營企業合同。

3. 基本條款：訂立本合同應訂明中外合作經營企業合同的主要條款。

4. 相關法條：中華人民共和國合作經營企業法，中華人民共和國中外合作經營企業法實施條例。

中外合作經營企業合同 10-2-12

中外合作經營企業合同

第 1 條　　約因

有限公司，遵照＿＿＿＿法律註冊的＿＿＿＿公司（簡稱＿＿＿＿），地址為甲方與＿＿＿＿有限公司，遵照＿＿＿＿法律註冊的＿＿＿＿公司（簡稱＿＿＿＿），地址＿＿＿＿為乙方。甲方和乙方（簡稱雙方）同意根據《中華人民共和國合資經營企業法》和《中華人民共和國中外合資經營企業法實施條例》及其他有關法律的規定，共同成立一家合作經營企業（簡稱合營公司）。

合營公司的宗旨係引進專利，按專利提供技術決議進行合行生產。甲方提供生產廠房及所需設備，乙方提供專利技術。雙方按本合同附件列明的項目投入。

合營公司由甲方獨自經營管理，乙方承包使用技術的全過程，保證其產品達到合同規定的要求。乙方提供的專利技術按合同第 5 條款規定，以提成費的辦法作為補償。

第 2 條　　定義

本合同及附件中所引用的技術名詞分別闡述，其意義明確如下：

2.1　「產品」係指合同附件所列的產品。

2.2　「專利」係指經登記獲有專利權的和經登記獲有實用型專利權有及本合同附件所列明的須經申請的專利技術。

2.3　「技術」係指為滿足生產、使用、保養及銷售該產品所需的技術並為乙方目前所持有的或將來能獲得的並有權向第三者公開的技術數據、配方、生產程序、圖紙、說明書、手冊目錄及信息等。

2.4　「商標」係指合併同附件所列明的商標為準。

2.5　「技術協助」——按合同規定乙方每年派出三名生產和發展該產品的技術專家至合營公司生產部門指導生產，逗留期限由合營公司與乙方商定。該專家的薪俸及往返差旅費由乙方承擔，在中國逗留期間的住宿、膳食及生活津貼由合營公司負擔。應合營公司的要求，乙方按雙方商定的適當時間內派三名技術專家至合營公司就有關生產、生產過程及銷售產品等方面提供更有效的技術協助。合營公司應支付專家從受雇地至合營公司的差旅費及在中國期間的住宿、膳食及生活津貼等費用。

2.6　「技術信息互換」——在合同期限內乙方將已改進的技術通知合營公司。合營公司在使用技術中作改進時，應通知乙方，經改進的技術，其所有權屬改進的一方並受本合同載明的保密條款所約束。

2.7 乙方保證按雙方議定時間提供的技術信息應是準確的、完整的和清晰的並且由乙方提供的實用技術是最先進的；合營公司按乙方的要求，在正確地應用其技術的狀況下，合營公司的產品應達到國際的先進水平。

第 3 條　專利和商標的使用

3.1 按合同的規定生產、使用和銷售產品外，不經乙方同意，合營公司不得使用其專利、商標和技術。

3.2 事先未得到書面同意，合營公司不得對所生產的產品進行修改。合營公司生產的產品與乙方生產的產品質量應相同。乙方有權採取任何必要的措施確保合營公司的產品達到規定的質量水平。

3.3 在合同期限內乙方向合營公司提供的使用技術係在中國境內生產及銷售其產品，並按合同規定亦向乙方提供在國際市場中銷售的產品。

3.4 合營公司應乙方的請求，在可能的情況下，於適當的時候在_____以乙方的名義申請、登記、註冊其提供的技術，使乙方獲得其技術專利或專利權。

3.5 合營公司按照雙方的議定，在銷售產品上須標誌商標時，應標明該產品是按乙方的許可證製造。

3.6 合營公司出售的全部產品所使用的名稱和標誌均載明於附件。經乙方同意後合營公司可使用其他名稱和商標的中國市場銷售。

第 4 條　第三方偽造及侵犯

合營公司若發現有任何偽造的產品或侵犯專利或商標時，應立即通知乙方。雖然，僅乙方獨家持有對其偽造產品或失常的使用產品、侵犯專利或商標時採取追究或多次訴訟或採取其他行動的權利，但乙方對合營公司就上述有關情況提出的各種建議應給予適當的考慮。為此，乙方可用合營公司的名義作原告人或雙方聯合作原告人，合營公司對此不應無理由的予以拒絕，但須先取得合營公司的專題書面批准。

第 5 條　提成費

5.1 在合同期限內合營公司須向乙方為合營公司提供的技術及協助給予補償費。

5.2 根據合同及附件的生效日起一百八十天內合營公司應支付售出該產品的總淨售額_____％ 的提成費。其提成費應根據該產品的淨售價計算。

5.3 按合同附件規定的提成費應從得到該項技術之日起執行_____年，以後每年遞減_____％。

5.4 合營公司應保持完整、正確的紀錄，便於確定向乙方支付的款額，乙方可派會計師代表乙方審查其紀錄，自_____年_____月_____日起，於合同期限內每年每季度後六十天內向乙方提供季度的銷售報告。銷售報告應列明上一個季度內出售產品數量的淨售價並附上應支付的款額數字。銷售報告應由合營公司主管財務者簽署。

5.5 合營公司根據合同及乙方書面指定的銀行將所得款額以美元按時匯至乙方。

第 6 條　技術培訓

6.1 按合營公司的合同，乙方應向公司提供技術培訓，為提高公司雇員的技術水平。

6.2 乙方同意向合營公司選拔的雇員按下述技術範圍提供培訓：_____產品的製造、發展、銷售和使用：_____加工生產及有關工廠實習，培訓其他有關的技術待合營公司與乙方協商而定。

6.3　乙方不提供與製造、銷售或維修保養該產品無直接關係的任何事宜的培訓，亦不提供乙方對第三方承擔有保密義務項目的培訓。

6.4　培訓的人數和內容、地點、期限及其他有關培訓事宜由合營公司與乙方商定。

6.5　合營公司若須要求乙方派遣指導人員，技術專家及有關管理人員至中國對中方人員進行培訓，合營公司應支付聘請人員從受僱地至合營公司的全部差旅費及在中國期間的住宿、膳食及生活津貼費用。

6.6　按合同規定，合營公司屬下的僱員凡參加並完成由乙方提供的培訓計畫者，自培訓完結後一年內，不得向合營公司提出辭職。

第 7 條　　優先條款

7.1　合營期間合營公司所需要的材料、設備、配件等在價格、供貨時間和質量同等的情況下，必須優先購買和使用中華人民共和國製造的產品。

7.2　合營期間合營公司所需的各項服務，在費用、時間和服務質量同等的條件下，必須優先同中華人民共和國有關單位簽訂承包和技術服務合同。

7.3　在費用、時間和質量方面同等的條件下，合營公司必須優先購買和採用由甲、乙任何一方直接簽訂承包合同的一方所提供的貨物和服務。

第 8 條　　保密

　　　　　合營公司承認並同意在合同期內由乙方提供的技術係屬祕密。合營公司及其全體僱員和工作人員應按合同列明的目的而使用其技術。

　　　　　在未得到乙方事先書面同意，不得向任何第三者公開或透露此技術。自簽署合同至終止合同，該項技術的保密期限為＿＿＿＿＿＿年。

第 9 條　　合營期限

9.1　合營公司的合作經營期限是以合營公司取得營業執照簽發之日起計算，為期＿＿＿＿＿＿年。

9.2　當合作經營期限屆滿前期六個月，除雙方同意終止外，合營公司的合作經營期限可按《中華人民共和國中外合資經營企業登記管理辦法》規定繼續作為期二年的延長，但必須經過有關部門的批准並辦理變更登記手續。

9.3　在未得到乙方事先專題書面的同意，合營公司或甲方應保證將全部技術和其他權利退還給乙方，且在將來任何時候無權繼續使用與本合同有關的專利、商標或技術。

第 10 條　　仲裁

10.1　甲、乙雙方對本合同發生的任何爭執應首先通過各方主管部門以互相信賴的精神予以解決。若於三十天內雙方主管部門不能解決時，雙方可推薦第三方予以調解。

10.2　若於三十天內調解不能解決時，甲方與乙方同意將爭執提交中國國際經濟貿易仲裁委員會，按仲裁程序暫行規定予以仲裁。

10.3　若對本合同的有效性、解釋或強制執行等發生爭執時，仲裁員應根據合同條款及國際企業慣例予以有效的解決。

10.4　在發生爭執，並將爭執提交仲裁過程中，除所爭執並提交仲裁的爭執者外，雙方都應按本合同的規定，繼續執行各自的權利和履行各自的義務。

10.5　仲裁的裁決是終局性的，對雙方都有約束力，仲裁費由敗訴方負擔或由仲裁機構裁決。

第 11 條　不可抗力

11.1　雙方遇有無法控制的事件或情況應視為不可抗力事件，但只限於火災、風災、水災、地震、爆炸、戰爭、叛亂、暴動、傳染病及瘟疫。若遭受不可抗力事件的一方導致另一方不能履行合同規定的義務時，應將履行合同的時間延長，延長至與發生不可抗力事件所延誤的時間相等。

11.2　遭受不可抗力事件影響的一方應立即用電報或電傳將發生不可抗力的事件通知另一方，並於十五天內用航空掛號信將政府或有關部門出具的發生不可抗力事件的證明書寄給另一方。若因不可抗力引起的延誤時間超過六十天時，雙方應通過友好協商進一步解決履行合同事宜。

第 12 條　合同文字和工作語言

12.1　本合同及附件用中、英文書就，兩種文字具有同等法律效力。

12.2　合營公司的重要文件，一律用中、英文書就，兩種文字具有同等法律效力。雙方同意用英語和漢語為工作語言。

第 13 條　其他

13.1　本合同書就的標題，僅為醒目參考用，不影響本合同的意義和解釋。

13.2　合同的中、英文本各一式四份，每種文本雙方各持二份。

13.3　甲、乙方及合營公司之間的通訊來往均以中、英文為準。

13.4　按本合同規定任何一方發出的通知或通訊，應以書面文字為準並按對方的地址寄出後七天，視為有效送達。

```
甲方：＿＿＿＿＿＿＿＿            乙方：＿＿＿＿＿＿＿＿
姓名：＿＿＿＿＿＿＿＿            姓名：＿＿＿＿＿＿＿＿
職務：＿＿＿＿＿＿＿＿            職務：＿＿＿＿＿＿＿＿
電傳：＿＿＿＿＿＿＿＿            電傳：＿＿＿＿＿＿＿＿
電掛：＿＿＿＿＿＿＿＿            電掛：＿＿＿＿＿＿＿＿
                                見證人：＿＿＿＿＿＿＿＿
                                姓名：＿＿＿＿＿＿＿＿
                                職務：＿＿＿＿＿＿＿＿
                                日期：＿＿＿＿＿＿＿＿
                                附件略
```

註：本合同的約因為引進專利，按專利提供技術決議進行合作生產，甲方提供生產廠房及所需設備，乙方提供專利技術。

第六節　國際 BOT 投資合同

（一）國際 BOT 投資合同

1. 本合同的特點：本合同為國際 BOT 投資合同，由外國公司與國內公司共同投資，由外國公司授予國內公司勘測和實施基礎設施工程的專有權。

2. 適用對象：本合同適用於國際 BOT 投資合同。

3. 基本條款：本合同應訂明國際 BOT 投資項目及細節。

4. 相關法條：中華人民共和國中外合作經營企業法。

國際 BOT 投資合同 10-2-13

國際 BOT 投資合同

　　本合同由_____（下稱 A）代表_____國政府（下稱 B）和根據中華人民共和國法律組建的_____公司（下稱 C）簽署，C 主要辦公地點在中華人民共和國_____。

　　鑑於 A 和 C 於_____年_____月_____日簽訂的基礎設施建設備忘錄對 B 授予 C 勘測和實施基礎設施工程的專有權，方式為 B 與 C 共同投資。鑑於，貸款協議、擔保協議、保函等為本合同不可分割的一部分，基礎設施總裝機容量為_____，以及_____等主要內容達成了一致意見。

　　因此雙方達協議如下：

　　1. 定義與解釋：

　　「工程」指基礎設施建設的規劃、可行性研究、設計與工程技術服務、建造、供貨、竣工、調試、試運行和運行。

　　「工程造價」指第 3 款的費用。

　　「運行期」指從基礎設施商業運行開始日計算的日期。

　　「竣工期」指 C 證明基礎設施調試成功並可以開始運行期的日期。

　　「不可抗力」含義見第 16 款。

　　「工程範圍」指實施本工程時附件二規定的供貨範圍和服務範圍。

　　「轉讓日期」指運行期最後一天的第二天。

　　「新公司」指由第 5 款規定的 C 和_____國實體組建的公司。

　　「投資協定」指《中華人民共和國政府和_____國政府關於相互鼓勵和保護投資協定》。

　　「專有權」指備忘錄、協議以及附屬文件中授予 C 或新公司的特殊權力。

　　「日」指公曆日。

　　2. 工程

2.1　本工程命名為_____工程。

2.2　基礎設施位於_____國_____地區。其確切位置可以根據現場條件在詳細設計階段予以調整。

2.3　本工程應在建造、運行和轉讓（BOT）的基礎上實施。

2.4　本工程的組成。

2.5　經 B 和 C 接受後，最終可行性研究報告和詳細設計應作為本工程開發和竣工的基礎。

　　3. 工程造價

3.1　工程造價_____億美元，建設期利息_____萬美元，工程總造價_____萬美元，見附件。

3.2　工程總造價應由下述費用組成，但不限於下述費用，工程造價的細目見附件：

　　(1) 可行性研究、設計和工程技術服務及其他諮詢服務的費用；

(2) 建造和安裝費用；

(3) 購買設備和材料的費用；

(4) 管理費用（含國外支出）；

(5) 其他費用；

(6) 不可預見費；

(7) 建造期利息＿＿＿＿＿％／年加銀行手續費；

(8) 工程建設和出口信用保險的保險費。

3.3 工程造價以可行性研究報告為基礎。如因工程地質等問題引起大的投資變化，資金的追加部分應經 B 批准。C 與 B 另行簽訂追加投資協議或合同。

4. 工程實施責任

4.1 C 應負責下述工作，但在新公司成立後，責任轉給新公司，由新公司股東分擔：

(1) 設計與工程技術服務、採購、建造和試運行；

(2) 建造基礎設施的所有費用及所有必要的融資安排；

(3) 基礎設施的運行；

(4) 在轉讓日期將基礎設施轉讓給 B。

4.2 B 應負責：

(1) 安排

——向 C 或新公司提供一切必要的條件，包括開發批准、許可、同意、現場轉讓、使用及其他權利，解決公司註冊、進口許可證、關稅免除等必需的要求；

——為 C 獲得貸款提供一切必要的、必需的幫助；

——獲得實施工程必要的一切管理、法律等方面的同意、批准、授權、稅款減免、投資鼓勵；

——為 C 或新公司將資金和盈利（美元）從＿＿＿＿＿國帶出從＿＿＿＿＿有關當局獲得一切必要的許可和批准；

——為 C 或新公司的職員以及工程設計、製造、安裝、施工人員以及家屬從有關當局獲得工作期的居住證、工作許可和其他必要的批准；

——如果 C 或新公司願意，在擴大基礎設施建設方面提供一切必要的批准和許可；

——B 應在轉讓日期之前為本工程提供必要的安全保衛，確保工程建設人員、運行人員和設施的安全；

——為工程建設和運行提供通訊和交通方便。

(2) 協助基礎設施運作。

(3) 向 C 和／或新公司免費提供現場包括但不限於施工場地、交通道路用地、輸變電線路用地和某些範圍內的開發和利用等，不予妨礙。

(4) 同 C 或新公司、＿＿＿＿＿保險公司的代表一起與其他國家政府談判並簽署基礎設施服務協議，應保證 C 或新公司、＿＿＿＿＿保險公司等代表出席談判，並徵得其同意。

(5) 在現場和新公司派駐代表，協助 C 或新公司，並在 C 或新公司和 B 之間作必要的協調。

4.3 B 保證本工程運行期不少於＿＿＿＿＿年。但是如果內部回收率未達到＿＿＿＿＿％，雙方將商談適當延長運行期直至年內部回收率達到＿＿＿＿＿％。

4.4　先決條件

B 應負責提供下述文件，使 C 在簽署本協議之日起一個月內獲得本協議的各個部分，這些文件對新公司應是有效的：

(1) 由 C 接受的_____國議會簽發主權擔保書，該擔保書應在轉讓日期交回 B。

(2) B 承擔工程建設費用的_____% 由 B 提出，由_____國中央銀行作為借款人，由_____國財政部作為擔保人，簽訂和開出_____國銀行和_____國保險公司可以接受的貸款協議和擔保手續以及按照_____國銀行的要求，開出信用證或保函。貸款期為_____年（包括工程建設期_____年），貸款利息（年息）_____%。B 的貸款可以提前償還。

(3) 為 C 獲得國際一流銀行的貸款提供一切必要的幫助和方便，由 B 中央銀行和財政部開出（包括建設期利息）和_____國保險公司以及貸款銀行可以接受的 C 所占工程費用_____% 份額的貸款保函和擔保。保函和擔保期為到達轉讓日期（保函和擔保有效期到_____年_____月_____日）。

(4) _____國最高法院院長簽署的法律證明書和_____國最高檢察院檢察長簽署的法律證明書，證明本協議在各方面根據法律都是有效和可實施的。_____國政府簽發的批准書證明該項目的合法性。

(5) B 允許本工程所需的施工機械、材料和設備等可由海運經_____進入_____國和／或陸運經_____邊境以及經空運進入_____國境內_____國邊境檢查機關和海關應予以方便和及時的放行。

4.5　B 保證其不改變或不允許他人改變現場環境以致影響本工程的建造和運行。

4.6　B 工程建設費用的_____% 由中方提供買方信貸，其支付給 C 的時間分別為：

(1) 合同簽訂_____日支付貸款額的_____%；

(2) _____年_____月_____日支付貸款額的_____%；

(3) _____年_____月_____日支付貸款額的_____%。

4.7　雙方應互相提供足夠的信息，以便清楚地了解影響工程有關事物的主要問題。

4.8　雙方應互相合作以實現本協議的目標，履行各自的義務。

5. 新公司

5.1　雙方同意在新公司股東準備投資時，但在工程竣工前建立新公司，為此_____國政府就推薦並指定一個_____國實體成為新公司的股東。C 占股份_____%，應是主要公司，應任命新公司董事長。其餘股份可由_____國實體占有。

5.2　工程的設計和建造由 C 實施。每月的第_____天（如遇節假日順延），C 應向 B 提出基於上一個月的土建和工程的進度報告，這種報告應是證明公正性的結論性證據，但明顯計算錯誤除外。

5.3　B 應盡力協助於_____國有關當局註冊新公司，從_____國有關當局得到一切必要的准許或批准。

5.4　新公司應同樣被賦予第 9.2 款規定給予 C 的特權，本協議規定的 C 的義務和責任應轉交給新公司，並由新公司各股東分擔。

新公司股東應在新公司成立時，在基於本協議的規定制訂的公司章程中描述其權利和義務的規定。

5.5　如果新公司各股東對本工程的有關事宜不能達成協議，主要股東的意見和決定應是最終的，對新公司其他股東具有約束力。

6. 基礎設施的建造

6.1　根據第 4.1 款關於基礎設施建造的義務 C 完全有權同 B 協商從事下述工作：

(1) 進行詳細的設計，其設計和施工應符合＿＿＿＿國現行國家標準；

(2) 任命顧問和專業顧問；

(3) 購買設備和材料包括建築設備，設備和材料以及安裝、調試等應符合＿＿＿＿國現行國家標準；

(4) 任命、組織和領導職工，管理和監督工程；

(5) 簽署提供設備、材料和服務的合同；

(6) 按照以上工程標準，從事完成基礎設施建設一切必要的工作；

(7) 選擇分包商。

6.2　B 有權自費監督建造和安裝工作的速度和質量，因此 C 應：

(1) 保證 B 和 B 任命的與本工程有關的專家可以進入現場，但這種進入不應妨礙工作；

(2) 為現場視察人員準備圖紙和設計的複印件；

(3) 在工程竣工六個月後，向 B 提供＿＿＿＿套圖紙和其他文件。

6.3　B 應保證及時自費提供本工程竣工所需要的一切基礎設施，尤其是：

(1) 使 C 在建造期免費擁有現場；

(2) 保證海關按時，使 C 不受延遲和影響進口設備、材料、施工機械等；

(3) 保證 C 可以使用＿＿＿＿國的施工用電和通信設施，按＿＿＿＿國現行工業用電價格計費，使用費應記在 C 帳上，按照第 3.2 款的規定打入工程造價，作為建造費用或管理費用；C 每兩個月向＿＿＿＿國電部門支付一次施工期用電的費用；

6.4　B 應保證在建造期 C 可以免去下述稅費：

(1) 免除各種設備和材料的進口關稅，政府稅費以及地方稅費如發電設備、施工設備、車輛（包括臥車、吉普車等）、工具、建築材料以及其他物品和生活設施；

(2) 免除＿＿＿＿國有關當局對 C 在＿＿＿＿國的工程建造活動征收的公司銷售稅、所得稅等各種稅費。

7. 工程進度

7.1　雙方應共同努力，按照附件四及時使工程竣工。建造期從開工日計算為＿＿＿＿年，C 可以經 B 同意延長竣工期。

7.2　開工日應為本協議生效日＿＿＿＿個月之後的第＿＿＿＿天，但 C 可在開工日之前開始修建進廠通道、勘探、測量和現場清理等。如果 C 按照第 9.1 款的規定開始土建工作，開工日應為 C 實際開始土建工作的日期，C 應通知 B。

7.3　在工程實質性竣工時，C 可以由新公司或其代表提出，基礎設施建設已成功地完成了調度，因此竣工日已經到來。

7.4　如果工程有變化，而這種變化影響到工程的施工時間，C 應得到 B 關於延長施工時間的批准，但 B 不應無故推延批准。

8. 調試

8.1　雙方應按中國標準協商並就基礎設施調試計畫、程序達成共識。

8.2　C 應在開始調試前＿＿＿＿天通知 B。

8.3　B 和／或其專家有權參加雙方同意的調試。

8.4　調試結束後，C 應詢問新公司或其代表：基礎設施是否調試成功，並向 B 提供這種證明。

9. 生效日和特權

9.1　本協議自簽署之日起生效，但 C 有權保留履行其義務直至下述條件滿足為止。

(1) B 不收租金將現場交給 C，並簽發同樣內容的信函（期限到＿＿＿＿年運行結束）。

(2) 履行第 4.4 款的規定。

本協議一經簽署，B 可以終止在本協議序言中所述的備忘錄中規定的專有權的權力應失效。

9.2　C 應通過 B 的安排從有關當局獲得下述特權的批准文件，在新公司建立時，應將該特權轉讓於新公司或與新公司同時共享。

(1)　＿＿＿＿國中央銀行和財政部對下述的批准：

C 的投資包括但不限於這種投資的利潤以美元寄回＿＿＿＿國。

(2) B 在轉讓日期前對僱傭外國國民擔任監理、技術和諮詢職位的批准以及擔任董事長、財務總監、總經理或類似職位的批准。

(3) 工程進展必需的國家其他批准和地方批准。

(4) 由＿＿＿＿國有關當局對下述項目免稅的批准：

——在項目移交前對進口設備、材料和工程所需的施工設備和物品的關稅和進口的其他稅收全免；

—— 自第＿＿＿＿個盈利年起＿＿＿＿年內利潤稅、附加稅、地方稅和營業稅＿＿＿＿％ 免除，接下來利潤稅免除＿＿＿＿％。

(5) 投資的自由寄出，包括但不僅限於這種投資的利潤和／或收到的付款或銷售盈利，不扣留稅、匯款稅或根據＿＿＿＿國法律徵收的其他稅款。

(6)　＿＿＿＿國政府有關機構對同本工程有關的所有設備材料等直接進口的批准。

(7) C 將在＿＿＿＿國註冊分公司或子公司。B 簽發的有關本工程的註冊證書，確認 C（包括分、子公司）是一個根據＿＿＿＿國外國投資法註冊的企業。

(8) 可以將酬金（美元）自由寄出＿＿＿＿國，免收個人所得稅、匯款稅或其他稅款。

10. 基礎設施的運行

10.1　新公司應在運行期，即基礎設施開始商業運行後的＿＿＿＿年內負責管理、運行、維護、修理和大修，應盡力確保狀況良好。如在三十年運行期內內部回收率未達到＿＿＿＿％，上述運行期的延長應經雙方商定。

10.2　為了從事必要的大修、維護、檢查和修理，新公司自竣工日起每年應停機檢修一次。

10.3　根據第 10.1 款的義務，新公司應有權利：

(1) 簽訂提供材料和服務包括購買替換設備的合同，參與基礎設施商業支行協議的談判和簽約；

(2) 任命、組織和領導職員，管理和監督電站；

(3) 建立和保持定期檢查、維護和大修程序；

(4) 從事基礎設施運行所需要的一切其他工作。

10.4 B和新公司應經常地共同討論並就基礎設施運行的安全規則達成共識。

10.5 新公司應按照簽署本協議時現行的所有_____國國家和地方法律及規則經營基礎設施。

如果任何變化或新的立法

(1) 使基礎設施不能在通常的條件下運行；

(2) 使新公司的利益在很大程度上受到減少、受到歧視或其他不利影響；那麼雙方應協商，努力就修改本協議達成共識。

10.6 B應有權任命和分配其專家機構監督新公司對基礎設施的經營，費用由B承擔。這種監督不應妨礙新公司對電站的正常經營。

11. 基礎設施的服務

11.1 新公司應按照合同的規定向其他國家提供基礎設施的服務，但如服務對象不是合同所規定的國家，則雙方另行簽訂協議。

11.2 如果B打算將基礎設施的服務分配到需要的當地市場，B應將其作為第12.4款規定的資源補償費，如B的需要多於資源補償費，應經新公司同意，但是應按照第12款的規定以美元向新公司支付費用。

12. 基礎設施的服務費用和收入分配

12.1 為了達到第_____、_____、_____和_____款的目的，B應負責同_____國政府談判，簽署基礎設施服務協議。B應提供對談判有用和必要的信用和資料，並指定一人會同C或新公司和_____國保險公司代表負責談判。

負責談判人員應按照下述程序行使職責：

(1) 自簽署本協議之日_____天內提交工程的基本思路和整體規劃；

(2) 自簽署本協議之日_____天內開始有關基礎設施服務費的具體的技術談判和討論；

(3) 自簽署本協議之日_____個月內結束有關事宜，簽署基礎設施服務協議。

C或新公司應全面協助和支持B，提供談判所需要的一切技術資料、信息和材料。如雙方派遣代表團要求基礎設施服務者談判C或新公司應任命經驗豐富、技術過硬的人員參加代表團。

12.2 B和C或新公司同意作為談判的一個要點：基礎設施服務出口付款應按月收取，直接轉到新公司指定的_____國的新公司帳號以美元結算，不得扣留稅費。

12.3 基礎設施服務收入應由新公司的主要股東——C按照下述順序分配：

(1) 按第12.4款的規定向B支付資源補償費；

(2) 運行和維護費用；

(3) 建造基礎設施的貸款本息；

(4) 給新公司股東的股息。

雙方同意使新公司不作任何折舊扣除或設立任何貯備金，在支付 (1)、(2) 兩項後，應首先保證償還基礎設施建設的本息。_____國保險公司作為出口信用險的保險人，在所擔保的貸款償還期內，作為新公司的財務總監，以便確保貸款本息的償還。

12.4 應使用附件一作為參考計算分配給B和新公司股東的收入。作為資源補償費支付給B的比例如下所述，並根據基礎設施服務協議和工程造價予以調整：

——在運行期的第一個_____年內_____%；

——在運行期的其他時期_____%。

上述支付給 B 的資源補償費的補償範圍包括但不僅限於 B 提供給 C 或新公司自由使用現場、技術援助、行政安排和支持以及本協議規定的其他協助和支持。

12.5 如主要設備需要替換，新公司股東應按其股份比例增加投資額，用以購買和安裝替換設備。替換設備和部件的使用年限由國際上接受的會計原則確定，如使用年限超過轉讓期，替換費應由 B 和新公司按照超過轉讓期的年份比例和在轉讓期的年份比例分擔。

13. 轉讓所有權

13.1 在新公司成立以前，C 和 B 在建造期和／或運行期應是基礎設施或其任何部分的業主，應擁有和行使各種權利、特權、對基礎設施的權利和利益。新公司成立時，這種所有權應由新公司各股東按其股份比例分享直至轉讓期。

B 承認這種所有權，並保證這種所有權應根據_____國法律予以尊重和保護，B 應做出決定、發佈命令或採取必要的措施以保護這種所有權。

B 保證在任何情況下，無論是任何理由，在建造期或竣工期之後，基礎設施的所有權和 C 或新公司的其他資產不得予以征用、充公、收歸國有或受到限制。但 C 或新公司取消本工程則例外。

本款中的取消指：(i) C 或新公司通知 B 不建基礎設施的最終意願；(ii) C 或新公司無故不建基礎設施超過_____個月。

在建造期和／或運行期，C 或新公司應自行對基礎設施和構成本工程的其他設施行使置留權，B 不應對此予以反對。

13.2 在轉讓期，新公司應將對基礎設施的權利轉讓給 B，新公司不應置留，也不能要求補償，除非協議或補充協議中另有規定。

13.3 轉讓期一年前，B 和新公司應討論基礎設施轉讓的必要程序，在轉讓期六個月前，B 和新公司應開會商討有關的清單和轉讓的機制。

13.4 根據第 13 款轉讓的基礎設施和所有其他設備應照原樣轉讓，在轉讓期之後，新公司對 B 經營基礎設施或 B 指定的人員經營基礎設施以及基礎設施發生的責任等均不負任何責任。

13.5 B 應負責同第 13 款所述的與轉讓有關的所有費用和支出（含律師費、稅費或關稅，以及獲得政府的批准和其他批准、執照、註冊和歸檔的費用），並採取必要的措施，以補償新公司因轉讓產生的所有費用和支出。

14. 賠償責任

14.1 C 或新公司對任何損失均不負賠償責任，但由於嚴重違反本協議規定的義務而造成的直接損失除外。

14.2 在第 14.1 款所述情況下，C 或新公司有權將 C 或新公司對建造中或已竣工的基礎設施的擁用權和所有權作為違約罰金全部或部分轉讓給 B，以替代對實際損失的計算和賠償。這種轉讓應是 C 自願的或仲裁第 23 款裁定的。在貸款本息償還期中，任何轉讓須經_____國保險公司和貸款銀行確認並批准。在上述情況下，C 或新公司對 B 的賠償責任僅限於將其對基礎設施的擁有權和所有權轉讓給 B，B 向 C 或新公司的索賠一律無效。

15. 文件和專利

15.1 本協議中的任何規定不應被解釋為對本協議所述設備的專利或版權進行轉讓，所有這些權利均屬於其真正的合法的主人或新公司應保留對有關規範、圖紙和其他文件的所有權利，B 保證在未經 C 或新公司事先書面同意的條件下，將有關內容洩漏給第三國。

15.2 對有關該項目的所有商務文件、技術文件、協議、議案均保密，其保密權歸 C 或新公司所有。B 保證在未經 C 或新公司事先書面同意的條件下，將有關內容洩漏給第三國或第三方。

16. 不可抗力

16.1 如未履行本協議的有關條款、規定或條件是由於天災或 C 或新公司力所不及的類似情況所造成的，則這種情況不應被視作違反本協議。

不可抗力包括但不僅限於下述內容：

a. 戰爭、敵意行為（無認是否宣戰）、侵略、國外敵對勢力的行為；

b. 叛亂、革命、暴亂、兵變、篡權或內戰；

c. 核燃料的輻射造成的離子輻射或汙染，核燃料、輻射性有毒爆炸物、爆炸核聚集的其他危險性能或核成分的燃燒產生的核廢物造成的離子輻射或汙染；

d. 以音速或超音速行駛的飛行器或其他空中設施造成的壓力波；

e. 騷亂、騷動、混亂、罷工、破壞、封鎖或雇員的其他工業行為影響到 C 或新公司或其分包商；

f. 任何政府當局的進出口限制、關閉港口、碼頭、運河；

g. 火災、異常的水災、地震、泥石流、塌方、滑坡、暴風雨、閃電或其他異常惡劣的天氣；

h. 航行事故、船舶故障或損壞；

i. 流行病、防疫隔離；

j. 原材料短缺、不可預見的主要貨源關閉；

k. 船卸貨和報關時多於三十天的不合理延誤；

l. 現場表面下遇到的隱蔽狀況。

16.2 儘管有 16.1 款的規定，B 不應自行宣佈發生不可抗力。

16.3 援引不可抗力條款的一方應：

a. 儘快書面通知其他方不可抗力的性質和迫使該方暫停履行本協議規定的該方義務的程度；

b. 在不可抗力狀況一經結束，盡快恢復履行義務。

16.4 如在竣工期之前遇到不可抗力，雙方應開會討論修改工程竣工的時間表。

16.5 如在運行期遇到不可抗力，運行期的延長期應等同於不可抗力的適用期。

16.6 儘管有第 16.4 和 16.5 款的規定，如不可抗力超過九十天，雙方應開會討論本協議繼續執行的基礎和條件，如雙方認為本協議不能繼續執行，雙方應討論減少損失的辦法。

16.7 雙方應互相協商，採取一切合理的步驟將各方因不可抗力造成的損失減少到最低程度。

16.8 如不可抗力的發生損壞了工程或基礎設施，C 或新公司沒有義務重新恢復之，或完成其修建，但雙方就這種恢復或完成的條件達成一致意見則例外。

17. 保險

　　C 或新公司應負責基礎設施建造或運行所要求的保險。

18. 情況的變化

　　如由於_____國法律或規則、政府控制下任何機構或組織的法律或法規，基礎設施所在區域地區當局的法律或法規在協議簽字之日後生效、如由於現行的這種法律或法規（含 C 簽署本協議時適用的任何官方解釋）在協議簽字日後予以修改、撤銷，那麼由此產生的對 C 在現場、工程或基礎

設施的利益或／或 C 對其投資的經濟回收受到很大程度的影響、歧視或不利影響（包括但不僅限於對把美元資金輸出_____國的限制），雙方應開會努力就修改本協議達成一致意見。

19. 通知

　　對本協議的任何通知應以書面形式給予，應派人送達或掛寄、電傳或傳真發送，地址如下：

C 地址：_____

　電話：_____

　傳真：_____

　郵編：_____

B 地址：_____

　電話：_____

　傳真：_____

　　任何一方均應提前_____天通知另一方需改變上述地址，另一方收到這種通知後這種改變則生效。

20. 爭議解決

20.1　在本協議有效期限內，雙方代表應至少半年與會一次討論工程的進展和基礎設施的運行以便保證雙方的安排在互相滿意的基礎上繼續進行。

20.2　雙方同意如在執行本協議或解釋有關規定時產生爭議或歧義，雙方應協商努力解決這種爭議，如不能解決，雙方代表應開會解決爭議或歧義，雙方的聯合決定對各方均有約束力，如根據本款不能解決爭議或歧義，適用於第 23 款。

20.3　如在基礎設施建造或運行的技術問題上雙方有爭議，應提供設計和生產標準，提交雙方同意的專家決定。這種決定應是最終的，但可以促裁。如該專家未能在三十天內做出決定，或有一方不滿意這種決定，該方可以在收到這種決定通知後或在爭議提交三十天後的三十天內將爭議提交仲裁，詳見第 23 款。

21. 放棄主權豁免權

　　B 聲明並保證：本協議是商業協議而不是公共或政府法令，因而 B 放棄就其本身或其任何資產由於主權或根據任何法律或在任何管轄範圍內要求免予訴訟的權力。

22. 法律和語言

　　本協議的適用法律為_____國法律，並據此解釋（技術標準除外）。本協議用_____文書寫，一式_____份，雙方各執_____份。

23. 仲裁

　　在執行本協議中產生的或關於違約的所有分歧，應經過友好協商予以解決，如經三次以上協商解決無效，應按照《中華人民共和國政府和_____國政府關於相互鼓勵和保護投資

協定》進行。如《投資協定》失效，則應根據國際商會調解仲裁規則，由此法指定三個仲裁員最終仲裁解決，仲裁應在_____進行，仲裁員的仲裁應是最終的，對雙方均有約束力。

　　雙方授權各自代表於_____年_____月_____日簽署本協議，以茲為證。

　　_____國政府代表（簽字）

　　中國_____總公司代表（簽字）

附件

　　附件 1　基本情況

　　附件 2　工程範圍

　　附件 3　工程造價

　　附件 4　工程進度

　　附件 5　貸款協議和擔保協議

　　附件 6　保函格式和擔保格式

　　附件 7　主權擔保書格式

　　附件 8　_____國最高法院院長簽署的法律證明書、
　　　　　　_____國最高人民檢察院檢察長簽署的法律證明書

　　附件 9　_____國政府批准書

　　附件 10　授權證書

　　（略）

第七節 國際計算機軟件許可合同

（一）國際計算機軟件許可合同

1. 本合同的特點：本合同為國際計算機軟件許可合同，買方購買賣方之國際計算機軟件。
2. 適用對象：本合同適用於國際計算機軟件許可合同。
3. 基本條款：訂立本合同應訂明軟件內容及許可期限。
4. 相關法條：中華人民共和國專利法。

國際計算機軟件許可合同 10-2-14

國際計算機軟件許可合同

　　本合同是由以下雙方於_____年_____月_____日簽訂的：中國_____是根據中華人民共和國法律正式成立並註冊的企業法人（簡稱「買方」）；_____國_____公司（簡稱「賣方」）。

　　鑑於賣方多年來從事_____系統的設計、生產、銷售業務並為該系統提供服務，並在進一步開發；

鑑於買方願意建立一個＿＿＿系統；

鑑於引進＿＿＿系統將會提高科學技術水平，改進＿＿＿的質量和類型，在先進技術產品的使用及服務方面提供培訓機會，並且通過創造一種平等、積極的工作環境促進工人的權利和尊嚴，從而對中國人民做出貢獻；

鑑於按照平等互利的原則，經友好協商，買方已決定它願成為＿＿＿系統的使用人，而賣方願意提供該等系統供買方使用。

因此，考慮到本合同中所含的相互條款和協議，現雙方特協議如下：

1. 雙方間的協議（簡稱「合同」）由本合同所規定的條款和條件以及以下所提及的附件構成：
   附件一　系統組件
   附件二　交貨和安裝時間表
   附件三　價格和支付條件
   附件四　產品說明和規格
   附件五　賣方軟件許可合同
   附件六　軟件分許可合同
   附件七　租賃合同

2. 定義
   下列詞語在本合同中應有如下含義：
   (a) 商用＿＿＿系統：（略）
   (b) 用戶＿＿＿系統：（略）
   (c) 控制用計算機：指由買方用於＿＿＿系統及其所控制的一切＿＿＿系統組成部分。
   (d) ＿＿＿（註冊商標）：指賣方的一個註冊商標，賣方用其表示生產和銷售的＿＿＿系統的一個較早版本。
   (e) ＿＿＿（註冊商標）II：指＿＿＿系統的一個較晚版本，賣方用該詞指作為本合同標的系統。
   (f) 系統：指賣方的＿＿＿系統。（略）
   (g) 標準轉換器：（略）

3. 系統的提供
   (a) 賣方根據作為本合同一部分的產品說明和規格及交貨和安裝時間表提供系統，買方根據作為本合同一部分的價格和支付條件就系統付款。
   (b) 在買方訂購的＿＿＿系統可以提供使用之前，賣方應根據本合同附件七租賃合同所規定的條款將此系統租賃給買方。買方承認並同意，賣方可以自行決定，通過改進租賃給買方的＿＿＿系統提供一個不同的系統或者將前述兩個系統結合起來，提供買方所訂購的＿＿＿系統。

4. 交貨和安裝
   (a) 系統按附件二規定的交貨時間表交付。運費將加在賣方發票上，由買方支付。買方有權指定承運人，並以書面形式將期所選擇的承運人通知賣方。如果買方未將其所選擇的承運人通知賣方，賣方將挑選承運人。但是，賣方不應因此承擔有關運輸的任何責任，並且也不應將承運人視為賣方的代理人。除非買方要求，賣方沒有義務為買方取得保險。

(b) 賣方或其指定的服務供應商應在買方指定的中華人民共和國境內設施上安裝
＿＿＿＿系統。安裝費應加在賣方發票上，由買方支付。買方應根據本合同的安裝
時間表，按照預先交給買方的場地準備指南所規定的規格，負責按時完成任何必
要的現場準備及買方設施的修改。必要時，買方應按照場地準備指南提供其他測
試設備及物資（包括但不限於占地面積、電源插座、中繼電纜、衛星設施等）。
買方應負責一切該等設施、準備、設備、物資以及為此所需的許可和批准，並支
付其費用。

5. 遵守賣方所在國出口管制法律

(a) 賣方同意為買方從賣方購買的產品和技術，申請＿＿＿＿向中國出口產品和技術所
必需的一切＿＿＿＿政府出口許可、同意和批准。如果賣方雖盡其最大努力仍不能
取得該等產品和技術從＿＿＿＿合法出口中國所需的任何及一切許可、同意和批
准，則本合同立即終止，賣方免除履行，並且買方使賣方不受損害。

(b) 買方特承諾遵守＿＿＿＿出口法律及法規，並且同意在未取得必要的＿＿＿＿政府批准
許可的情況下，買方不會故意：

(i) 直接或間接地向在出口時＿＿＿＿政府或其任何機構要求出口許可或其他政府批准
的任何國家出口從賣方獲得的、源於＿＿＿＿的技術資料、軟件或該技術資料的任
何直接產品；

(ii) 向＿＿＿＿政府或其任何機構要求出口許可或其他政府批准的任何國家國民透露從
賣方獲得的、源於＿＿＿＿的任何技術資料或軟件。

6. 所有權和損失風險

本合同項下購買的一切物品的所有權及損失風險，應在賣方設施所在地，於該等物品交
付承運人後轉移給買方。在購買價款全部支付前，買方授予賣方對該系統的擔保權益，作為
買方按照本合同付款的保證。在交付承運人後，系統或其任何部分的損失或損壞應由買方負
責。在損失風險轉給買方後，賣方應有權得到所損失或損壞的任何物品的全部購買價款。

7. 驗收測試和驗收

(a) 系統的驗收測試應依照賣方的驗收測試程序進行。賣方和其指定的服務供應商應
根據前述測試程序進行驗收測試。如果任何該等測試沒有成功完成，賣方或其指
定的服務供應商應對測試進行評估，並且對系統進行任何調整或校正，使系統能
按規格運行。一切該等測試的開始，應給予買方合理的事先通知，並且給予買方
觀察一切該等測試的合理機會。

(b) 「成功完成」一詞，在本合同中用於任何測試方面時，指在特定的測試程序中規
定的該等測試的成功完成，並且一切對測試的提及指的都是賣方驗收測試程序中
的測試。

(c) 為附件三之目的，在系統的驗收測試程序中規定的一切測試已在買方設施地點成
功完成時，系統的驗收（簡稱「驗收」）應被視為已經進行。

(d) 賣方聲明並保證，賣方將向買方交付完整、準確、有效的系統。該系統能夠達到
在產品說明和規格中規定的技術指標，並由系統驗收測試的成功完成予以證明。
成功完成應被視為系統完整、準確、有效並能達到規格所述技術指標的決定性證
據。

8. 裝運到場和驗收合格

    (a) 如果系統或其任何部分已按附件二規定的日期準備裝運或安裝，但根據買方請求或者由於買方不能提供驗收或安裝系統所必需的設施、測試設備或物資而使該等裝運或安裝延遲超過＿＿＿＿個日曆日，則賣方可以根據其選擇通知買方，系統或其任何部分作為已事實上裝運、交付並安裝（簡稱「裝運到場」）對待。此外，對於該等延遲所導致的一切儲存費或其他費用，買方應補償賣方。

    (b) 通知裝運到場後＿＿＿＿天，賣方有權按本合同附件三規定的交付條件就下列款項向買方開出發票：

    (i) 裝運到場的商用＿＿＿＿系統百分之百（100%）的購買價款：及

    (ii) 就＿＿＿＿系統而言，為該系統已實際裝運情況下的到期金額，餘額在驗收後開出發票。

    (c) 在附件二規定的裝運或安裝日期前後的任何時候，有以下任一情形的，買方即對系統或其任何部分進行了合格驗收（簡稱「合格驗收」）：

    (i) 買方決定並書通知賣方，系統適宜開始買方擬用系統進行的操作；

    (ii) 系統已經開始買方擬用系統進行的操作。

    (d) 合格驗收應具有與上述第 8(b) 條相同的結果，但＿＿＿＿系統的到期金額應為迄今已付金額與百分之九十（90%）的驗收後到期金額的差額，餘額在驗收後開發票。

    (e) 裝運到場和合格驗收都不免除賣方在本合同項下的任何責任，包括驗收測試的成功完成以及按本合同條款和條件對瑕疵或缺陷進行糾正。

9. 稅收

    銷售設備和在中國提供修理及安裝服務的價款不包括一切款、關稅、銷售稅、使用稅、國內消費稅、增值稅及類似稅收（含買方政府從源扣繳的金額），買方應承擔並支付上述稅款。任何要求賣方就銷售、交付或使用系統所收、繳的稅款（賣方的所得稅除外）應由買方支付，並且該等稅款應在系統交付後到期應付。買方同意就因買方過失的行為與不行為或者因買方違反或不履行本第 9 條而導致的請求補償賣方，使賣方不受損害並為其辯護。

10. 付款

    (a) 作為賣方按本合同提供本合同系統及一切有關物品的全部對價，買方應支付賣方在附件三中規定的系統購買價款。

    (b) 付款應按附件三進行。

    (c) 如果在發票金額或其任何部分到期時買方沒有付款，買方特同意就一切該等金額按年利率百分之十八（18%）或法律允許的最高利率向賣方支付從到期應付日至付款日期的利息。

11. 操作手冊和其他資料／培訓

    (a) 賣方應在提供每個商用＿＿＿＿系統時隨附一份用戶指南。

    (b) 賣方應向買方提供三份＿＿＿＿系統所有操作手冊和安裝指南。

    (c) 系統安裝以後，賣方或其指定的服務供應商應在系統使用和操作期間給買方雇員提供為期＿＿＿＿日的培訓課程。

12. 系統保證

(a) 賣方聲明並保證，賣方是本合同中向買方許可、租賃或銷售的一切知識產權的所有人或受益被許可人，並且賣方有權向買方許可、租賃或銷售前述知識產權。賣方保證本合同項下提供的系統和一切設備及有關軟件（除控制用計算機及控制用計算機操作系統軟件）自驗收日後的一年內沒有品質及工藝方面的瑕疵，但商用及用戶_____系統除外，兩者的保證期應自裝運日期後為期一年。賣方在該期間內應免費在買方場地修理、更換並重新安裝_____系統或其任何有瑕疵的部分。賣方保證不包括控制用計算機或系統中包含的控制用計算機操作系統軟件，但賣方應（在可轉讓的範圍內）向買方轉讓任何著名生產廠商對控制用計算機或系統中包含的控制用計算機操作系統軟件的保證。如果不存在驗收日期後為期一年的該等轉讓保證，賣方應為買方利益並作為購買價款的一部分，為該等控制用計算機及操作系統軟件購買硬件和軟件維修續期合同，以代保證，該維修續期合同應自驗收日期後為期一年。如果由於保證範圍外的瑕疵或正常使用和常規安裝外的原因導致修理和更換，買方應對賣方為糾正該等瑕疵所提供的一切勞務和物資（包括差旅費）向賣方付款。

(b) 本合同規定的保證僅適用於常規安裝、正常使用並在保證期間內發現瑕疵的物品。該等保證不應適用於未經賣方書面同意而修改、改動或者被濫用、發生事故、過失或不當使用的物品。

(c) 本合同規定的保證取代對系統性能的一切其他明示或默示保證，包括但不限於關於適銷性或適合某一特殊用途的任何默示保證。買方就賣方違反本合同規定的任何保證享有的唯一救濟應是賣方為履行該等保證而進行的修理和（或）更換。賣方在任何時候都不對視聽或數據信號的任何損失、業務中斷或者任何種類或性質的特殊、間接或結果性損害負責。賣方不對買方過失或過錯所導致的履行本條項下義務的延遲負責。

13. 非保修性修理及備件支持

(a) 在 (i) 系統驗收滿_____年之日，或 (ii) 買方停止系統操作之日（依較早者）前，賣方應提供系統的修理服務和／或備件（簡稱「支持期」）。雙方理解，對不在保證範圍內的備件及修理，賣方應按其當時的原料價或備件價格收費，並在工作完成後盡快開出發票。賣方在本合同或其他合同項下，沒有義務向未就任何該等備件或修理及時付款的任何人進一步提供備件或修理服務。

(b) 在支持期之後，賣方提前六個月書面通知買方其要中止提供系統的備件或修理服務的，可以中止提供。但是，賣方可以選擇以下其中一項：

(i) 授予買方為自用而非出售之目的而製造任何該等系統條件（不包括控制用計算機或其操作系統軟件）的非排他性許可，並且買方提供一切必需的文件、規格、圖紙及其他資料；

(ii) 允許買方有機會購買其認為是系統維修和支持所需的中量備件。

(c) 為本合同之目的，如果在_____系統裝運後的任何_____個月內，買方沒有在正常使用的儀器上使用賣方提供的系統，作為其正學使用的一部分，編譯或拆譯信號碼，共計至少為_____小時，則買方應視為「停止系統操作」。

14. 維修續期

在本合同規定的＿＿＿＿系統的保證期屆滿前，賣方和／或其指定的服務供應商應給買方提供機會，簽訂一份＿＿＿＿系統（包括有關控制用計算機的軟件，但不包括控制用計算機的硬件平臺）的維修續期合同，並可連續續展一年。

15. 系統許可

(a) 控制用計算機的操作系統軟件按本合同附件五規定的操作系統許可人進行分許可的條件和條款向買方提供。

(b) 系統操作所需的一切賣方軟件按本合同附件四規定的許可向買方提供。

(c) 本合同未在涉及賣方所有的任何產品、系統或者賣方擁有的或由賣方分許可的任何所有權方面給予技術轉讓或轉換。在本合同項下，也未給予授予分許可的權利，亦不能從中國推斷出或暗示有分許可權。

16. ＿＿＿＿系統的安全要求

雙方同意制定＿＿＿＿系統的安全計畫，為防止系統在裝運、儲存、操作或雙方進行與本合同有關的其他活動期間（包括保證期和保證期後）被盜竊或有其他洩漏，該計畫規定將要建立並保持的安全程序。目前的＿＿＿＿系統安全要求以前已提供給買方。買方同意採用和遵守並（或）促使其代理人採用和遵守賣方不時建議的替代和補充安全要求。

17. 設備提前訂購的時間

作為本合同標的的設備，交付日期在附件二中規定。其他設備的提前訂購時間如下：（略）

買方將對希望交付的設備提供為期＿＿＿＿個月的使用。使用的頭＿＿＿＿個月被視為確定訂貨，如取消訂單，則要受附件三規定的取消訂貨懲罰。

18. 相互聲明

各方聲明並保證：

(a) 它是在其州內或國內正式成立和註冊的，符合各項規定，它有權力和授權簽訂並履行本合同及由其簽署並遞交的、與有之有關的任何其他協議和文件（在本合同中，統稱「文件」）。

(b) 其簽署、遞交和履行文件已經通過一切必要的行為獲得正式授權。

19. 保密

(a) 買方同意使用至少與買方適用於自身專有資料相同的謹慎與防範措施，對賣方向買方透露的、包含專有資料並標明「專有」或「保密」的任何資料或數據，如賣方的圖紙和軟件（包括但不限於設計、報告、軟件文件、手冊、模型等等）予以保密，但無論如何，謹慎不得低於合理程度。未經賣方書面允許，不得複製、向他人透露或者使用該等資料或數據。這些義務不適用於下述任何資料或數據：在未違反本條的情況下屬於或成為公共資料的資料或數據；買方合法地從第三方獲得的資料或數據；買方獨立開發並且未從賣方資料或數據中獲益的資料或數據。賣方沒有義務提供保密或專有資料；

(b) 買方在本條項下的義務應在本合同終止或屆滿後繼續有效。由賣方提供給買方的一切有形專有資料屬於並保持為賣方的財產，並應在賣方請求時退還給賣方；

(c) 除在本合同中有明確規定，雙方同意，賣方對保密或專有資料的透露並不意味向買方授予賣方任何專利、商業祕密或版權的許可；

(d) 任何一方未經另一方每次書面明示同意（該等同意不得被無理拒絕或拖延），不得在推售、廣告、公開活動中或以任何其他形式，使用另一方、其母公司、子公司、其他關聯公司的名稱或者任何商標或商號（或象徵）。

20. 補償

(a) 每方應就其按本合同規定履行其本合同項下義務所導致的、與其有關的或由其引發的一切損失、損害、責任、支出、費用、索賠、訴訟、要求、訴訟行為、訴因、程序、判決、估定稅額、欠額以及收費（合稱「損害」）補償另一方、另一方的股東、董事、管理人員、雇員、代理人、被指定人、受讓人或其中任何一人，使之不受損害，並且在不對上文所述予以限制的條件下，買方還應就下述各項所導致的、與其有關的或由其引發的上述任何事項補償賣方：（略）。

(b) 如果第三方提出一方按本合同規定有權獲得補償的索賠請求一方（「受補償方」）就在實際可能的情況下盡早通知另一方（「補償方」），但無論如何不得遲於收到該等請求後的第＿＿＿日。受補償方未給予該通知並不排除其按本合同規定尋求補償，除非未給予該通知使補償方抗辯該索賠請求的能力受到實質影響。補償方（與其自行選擇的律師一起）應及時對該索賠請求進行抗辯，而受補償方應在對該索賠請求進行抗辯時與補償方合作，包括按照補償方規定的原則就該事項達成和解（補償方承擔該和解的一切費用與支出）。如果補償方收到索賠通知後未為受補償方辯護，則受補償方應有權對該索賠進行抗辯、妥協或和解，費用由補償方承擔。在承擔對該等索賠請求的辯護後，補償方可進行和解、妥協或抗辯，由其酌處。

無論本條有何相反的規定，如果發生對買方的訴訟、索賠、訴訟行為或程序是基於以下主張，即賣方製造並銷售給買方的物品侵犯了任何第三方的＿＿＿國專利、版權、掩模、商標、商業祕密或其他任何知識產權，則賣方將就該訴訟、索賠、訴訟行為或程序為買方辯護，並將支付終局判決（不能再上訴的）判定由買方承擔的損害賠償與費用，以及買方實際的支出與費用，上述規定的條件是：(1) 賣方被及時告知侵權指控的發生，並得到與該侵權指控有關的每一通訊、通知或其他訴訟文書的副本，(2) 得到該辯護的獨家控制權（包括選擇律師的權利），以及就該訴訟或程序進行妥協或者和解的獨家權利；但是，賣方在本合同項下的責任（如果有的話），應嚴格地並且僅僅限於賣方因買方銷售侵權物品而應從買方獲得的特許權使用費收入金額。如果侵權是由賣方交貨後有人將物品混合、添加或改造而引起，或者由實施某一方法時使用物品（或其任何部分）而引起，則賣方無義務進行辯護，亦無承擔費用或損害賠償的責任。

如果賣方製造並向買方提供的任何物品被判定侵犯有效的＿＿＿國專利，且賣方被禁止使用該專利，或者如果賣方相信很可能發生侵權，賣方將盡一切合理的努力，自費從以下措施中作出選擇：(1) 為買方取得使用該等物品而不產生侵權責任的權利，或 (2) 以在其他方面實質上符合本合同所有規定的非侵權替代品來代替或改造該等物品，或 (3) 在該等物品被返還後，退還該等物品的購買價以及運費（扣除向買方交貨至退還期間使用該等物品並從中獲得利益的折扣金額，該折扣金額按從賣方裝運之日起＿＿＿年直線式折舊來計算）。如果交貨完成前發生侵權指控，賣方有權拒絕進一步裝運，而不構成違約。如果賣方還沒有被禁止向買方銷售該等物品，應買方請求，賣方可以（僅由賣方酌定）向買方供應該等物品，在此情況下，買方就被視為向賣方做出與本合同上文所述相同的專利補償保證。

　　如果有人指稱賣方按照買方規格製造的物品侵犯了有效的＿＿＿國專利，並以此為根據向賣方提起訴訟或程序，則買方應被視為已向賣方做出同樣的專利補償保證。

　　買方應將第三方侵犯本合同項下許可給買方的知識產權及時通知賣方。如果第三方侵犯該等知識產權，雙方就互相合作，採取適當的行動制止該侵權行為。

　　上文規定了本合同雙方就專利、版權、掩模、商業祕密、商標以及其他專有權利的侵權（無論是直接的還是協從的）所承擔的唯一責任，並且取代就其所做出的所有保證（明示的、暗示的或法定的），包括（但不限於）＿＿＿中規定的不侵權保證。

21. 責任的限度

　　買方同意，如果買方就所交付的任何系統或系統組件提出任何一種索賠，或就未能交付該等系統或系統組件提出索賠（無論是何種行為方式），賣方在任何情況下均不承擔金額超過對其提出該等索賠的系統或系統組件購買價的損害賠償。

　　在任何情況下，賣方均不就利潤損失、失去用途、業務中斷、或者任何種類的間接、特殊或結果性的損失承擔賠償責任。

22. 不可抗力

　　「不可抗力」指自然現象、火災、意外事故、水災、地震、罷工或工廠關閉、騷亂、暴動或動亂、禁運、戰爭，任何將來的法律、命令、法規或其他政府行為，運輸遲延、能源短缺、原料短缺或在賣方合理控制之外的賣方供應商延遲交貨。如果不可抗力的原因阻止、限制、延遲或干擾賣方履行本合同，則應免除賣方對不可抗力所延遲或阻止的部分的履行，但是，賣方應採取合理的措施避免或消除該等造成不履行的原因，並且一旦該等原因被消除，則賣方應繼續履行原受被消除原因影響的條款。

23. 終止

　　(a) 如果發生下列情況，買方或賣方應有權終止本合同，另一方為債權人利益轉讓其權利，或者一位管理人、破產託管人或類似官員被指定管理該方的全部或任何部分財產或業務，或者該方被宣告破產。

　　(b) 如果買方疏忽或不按照本合同的條款付款，而且該情形在書面通知買方後＿＿＿個工作日內未獲補救，賣方應有權終止本合同。賣方可以（由其酌定）將買方補救的時間期限延長。

24. 不放棄權利

　　本合同一方免予追究對本合同任何條款的違反或不履行、或一方一次或多次未執行本合同的任何條款或行使本合同項下的任何權利或特權，均不得被解釋為對任何隨後的違反或不履行不予追究、或對本合同項下任何該等條款、權利或特權的放棄。

25.通知

　　一方按照本合同可能向另一方發出的所有通知、請求或其他通訊應以書面做出，各方通訊地址如下：

　　（略）

　　本合同期間，雙方的一切通訊均應以英文進行。

26. 適用法律以及爭議解決

　　除關於法律選擇或律師費有支付，本合同應適用＿＿＿法律，並按照＿＿＿法律解釋。

(a) 協商。如果發生與本合同或其任何附件的效力、解釋或執行有關的爭議，雙方首先應爭取通過友好協商解決該爭議，如果一方向另一方發出通知開始協商之後的＿＿＿＿日內，該爭議未以此方式解決則任何一方可按照本第26條的規定將該爭議提交仲裁。

(b) 仲裁。仲裁應在＿＿＿＿國際仲裁中心進行，仲裁應按照1976年12月5日通過的《聯合國國際貿易法委員會仲裁規則》（UNCITRAL）進行。該規則通過在此款中提及而被視為本合同的一部分。

(c) 仲裁程序

在仲裁過程中，應適用下列具體規定：

1.該仲裁的一切程序均應以英文進行；

2.仲裁員為三名，均應英文流利。買方和賣方各自指定一名仲裁員。第三名仲裁員由＿＿＿＿國際仲裁中心主席指定，並擔任仲裁庭的首席仲裁員；

3.仲裁費用（包括律師費以及雙方的費用）應由敗訴方承擔；

4.當發生任何爭議時以及對任何爭議進行仲裁時，除爭議事項外，雙方將繼續行使本合同項下各自其餘的權利，履行本合同項下各自其餘的義務；以及

5.仲裁裁決應是終局的，對雙方均有約束力，雙方同意受其約束，並採取一切必要的措施執行仲裁裁決。任何有管轄權的法院均可就仲裁的裁決做出判決，或者可向該法院申請仲裁裁決的司法承認並發出執行令（視情況而定）。如果就仲裁裁決或就該裁決做出的判決向法院請求司法承認並發出執行令，雙方明示地放棄反對的權利，包括該方否則具有的以主權國豁免權為理由的任何抗辯。

27. 拘束力

該等條款和條件對本合同雙方、其繼受人以及允許的受讓人均有約束力，且為其利益而訂立。

28. 整個合同

本合同所含的條款與條件包括雙方就本合同標的達成的全部協議與共識，並且合並與取代之前所有的協議、共識以及聲明。任何增加或修改除非以書面做出並由本合同雙方簽字，均屬無效。本合同以英文訂立，正本一式四份，每方各執兩份。

29. 合同期限屆滿

本合同於生效日起＿＿＿＿年期滿。

雙方於首頁載明的日期正式簽署本合同，以資證明。

賣方	買方
簽字：＿＿＿＿＿＿	簽字：＿＿＿＿＿＿
姓名：＿＿＿＿＿＿	姓名：＿＿＿＿＿＿
職務：＿＿＿＿＿＿	職務：＿＿＿＿＿＿
日期：＿＿＿＿＿＿	日期：＿＿＿＿＿＿

附件一　系統組件（略）

附件二　交貨和安裝時間表（略）

附件三　價格和支付條件（略）

附件四　產品說明和規格（略）

附件五　賣方軟件許可合同

本附件五（「許可合同」）條款規定，在以下指明的若干計算機軟件用作賣方按合同（本附件五構成其一部分）所供系統的一部分或者與之一起使用的情況下，賣方即將該系統許可給買方。

1. 許可的授予

賣方（下稱「許可人」）特此按本附件條款和條件向買方（下稱「被許可人」）授予使用和複製本許可合同第 10 條所列及產品規格所述軟件程序的不可轉讓的非獨家許可，而被許可人特此按本附件條款和條件接受該許可。本許可合同第 10 條所列的、構成_____控制系統的程序，與其任何拷貝、複製件或摘錄一起，在本附件中統稱為「程序」。除本附件具體規定的以外，未授予任何許可，無認是明示的還是默示的。

2. 使用限制

被許可人只可將程序用於賣方按本合同條款提供作為每個系統一部分的計算機，例外的是，如果_____系統計算機因為發生故障不能操作，或在進行保養性維修、工程設計變更、特制件或模型變換期間不能操作，則亦可將程序用在被許可人的備用計算機上，直到_____系統控制用計算機修復到操作狀態為止。被許可人只能將程序用於直接的內部操作方面，在任何情況下均不得將程序供給他人使用。

事先未經賣方以書面形式同意，不得在_____系統控制用計算機硬件上安裝、操作或配置任何其他程序，這也包括可能由賣方提供的、不在本許可合同範圍內的操作軟件或應用軟件。

3. 複製限制

被許可人不得複製程序或其任何部分，例外的是，被許可人只是為了備份、存檔和將程序置於適宜執行形式的，可以複製程序。所有經允許的複製件，都要清楚地標上與原先供給被許可人之程序相同的、關於許可人所有權和版權的限制說明。經允許的複製件應以安全的方式予以保存。

4. 轉讓限制

除非本合同允許並經賣方事先以書面形式同意，被許可人不得出售、轉讓、許可、轉移或以其他方式提供程序。

5. 所有權

程序產權屬於許可人，程序或其任何部分的產權、所有權或技術並未因此轉給被許可人。被許可人承認，程序構成許可人的保密、專有資料和商業祕密，而不論程序或其他任何部分是否已獲得或者可能獲得版權和（或）專利，程序乃是基於本合同項下被許可人與許可人之間的保密關係而向被許可人透露的。

6. 透露限制

除非本附件明確允許，被許可人不得將程序或其任何部分透露或者以其他方式提供給第三方和被許可人沒有必要授權其在業務中使用程序的任何雇員。被許可人應採取一切合理、必要的步驟，保證許可人（或其雇員）不將程序或其任何部分透露或者以其他方式提供給任何第三方。

7. 保證

許可人保證其有權授予在本許可合同中所授予的許可，而且在驗收之日起＿＿＿＿＿年的期間內（在此稱為「保證期」），程序基本上能按規格所述的方式運行。許可人在該保證項下的唯一義務是更正或替換已發現不合正常用途的任何程序。本保證明確替代一切其他明示或默示保證，包括（但不限於）關於適銷性和適合某一特定用途的默示保證。許可人不保證程序和（或）其相關文件（如有的話）符合被許可人的要求，沒有錯誤，或者能夠不間斷地操作，其質量和性能方面的全部風險由被許可人承擔。無論如何，許可人不負責賠償特殊、雜項或結果性的損失（包括但不限於營業利潤損失、業務中斷、業務資料丟失或其他金錢損失），即使已通知許可人有可能發生該等損失的，也是如此。

8. 專利和版權補償保證

對於向被許可人提起的訴訟，許可人同意自行承擔費用為被許可人辯，護對於有管轄權法院在上述任何訴訟的終局判決中判由被許可人承擔的損害賠償和費用，許可人將對被許可人作出補償，使之免受損害，其範圍是判決基於這一主張，即在本許可合同所授予的許可範圍內使用程序構成對＿＿＿＿＿國任何專利或版權的侵權。適用上述規定的條件是，被許可人已用書面形式及時將該項訴訟的主張和提起通知許可人，並允許可人通過其律師對訴訟進行辯護，給予許可人可以合理得到的一切資料、協助和授權，以便使許可人能夠進行辯護，另一個條件是，許可人在本許可合同項下的責任（如果有的話）應嚴格地並且僅僅限於許可人因被許可人銷售侵權產品而從被許可人處得到的特許權使用費收入金額，許可人有權控制上述任何訴訟（包括上訴）的辯護及其一切談判，其中包括達成任何和解或妥協的權利。如在任何訴訟中程序被判為構成侵權，程序的使用被禁止，許可人可以自行承擔費用選擇承擔以下任何一項：(a) 設法為被許可人取得繼續使用程序的權利；(b) 替換或修改程序，使之不再構成侵權，並在實質上用同樣的質量進行同樣的服務；(c) 在程序退還許可人之後給予被許可人抵免，但要從中扣除使用、損壞和陳舊的折舊費。許可人對基於以下其中一項的任何版權或專利侵權所提出的請求不負責任：(1) 所用的不是當時未經變動的程序釋放；(2) 被許可人停止操作系統；(3) 被許可人未按附件三支付任何許可費或者未能遵守本許可證合同的條款和規定，而且在書面通知其糾正後持續達到＿＿＿＿＿天。

本合同按以上 (a) 項或 (b) 項終止之後，被許可人應迅速將程序及其一切複製件還給許可人，並在終止後＿＿＿＿＿個月內向許可人提交一份書面聲明，證明從許可人那裡收到的程序和任何有關材料的原件或者就該許可所製作的複製件、摘錄（包括部分複製和摘錄）均已還給許可人或者銷毀。

9. 所許可的程序

按本許可合同許可的程序如下：（略）

10. 配置和安裝（略）。

程序安裝日期：＿＿＿＿＿

安裝者簽字：＿＿＿＿＿

被許可人簽字：＿＿＿＿＿

本許可合同與合同條款有矛盾的，以本許可合同為準。

附件六　最終用戶軟件分許可合同

賣方與「用戶」已簽訂一分由用戶從賣方購買某些設備和軟件的合同（「銷售合同」）。整個軟件及其任何部分均受數字設備公司（「設備公司」）向賣方授予的許可約束。

按照設備公司和賣方簽訂的原設備製造商（「製造商」）合同，賣方被授權批准設備公司軟件程序（「軟件」）最終用戶分許可合同。因此，賣方同意按照下列條款和條件向客戶授予分許可，而用戶同意按照下列條款和條件接受該項分許可：

1. 標準許可條款

    A. 軟件許可的授予

一旦用戶訂單已全部付款，賣方即應視為已向客戶授予以下規定的軟件許可，對用戶的許可持續到按本合同規定終止之時為止。賣方向用戶授予的許可以及用戶在本合同項下的義務受本條款和條件支配。除本合同規定的以外，賣方款授予任何軟件許可，不論是明示的還是默示的。

    B. 軟件執行

(1) 本軟件許可合同附錄一列明了軟件本身以及可以在上面執行軟件的處理機或配置設備。「經許可的處理機」一詞是指許可中具體規定、具體以下任一情形的處理或配置設備：

i. 其序號提供的賣方許可證或軟件許可證訂單確認書上已有具體規定的；

ii. 如果沒有這種具體規定，軟件按照許可首次在其上面執行的

(2) 用戶可以在經許可的處理機上執行軟件，而且只有在經許可的處理機上執行軟件所需的範圍內，可以裝入、複製或傳送軟件，有以下兩種例外：

i. 在因發生故障而無法在經許可的處理機上執行軟件期間，用戶可以暫時在另一單個處理或配置設備上執行軟件（診斷軟件外），並在暫時執行所需的範圍內裝入、傳送或者複製軟件；

ii. 用戶可以按照＿＿＿＿＿國版權法的規定製作軟件存檔複製件。

    C. 修改與合並

用戶可以：(i) 修改軟件（只能用機讀形式），或者 (ii) 將已修改或款修改的軟件併入其他軟件，以便形成只是為了在經許可的處理機上執行軟件所要的適配件。上述適配件中所含的軟件任何部分繼續受本條款和條件約束。

    D. 軟件的使用

(1) 在按本合同執行分許可所需的範圍內，用戶可以將軟件提供給其雇員和代理人使用。除本 D 款所指明的以外，用戶不得以任何形式將軟件提供任何一方使用。

(2) 軟件含有任何保密或商業祕密資料的範圍內的，軟件及其所含的資料即按保密關係許可給用戶。用戶明確承認這種保密關係的存在，並同意按本合同規定對軟件和資料予以保密。

    E. 個人和非排他性的許可用戶的分許可是給用戶人的和非排他性質的，未經設備公司明示同意，不得轉讓。

    F. 記錄

(1) 用戶應做出完整、準確的記錄，(i) 用以辨認軟件和經許可的處理機；(ii) 標明軟件位置。如賣方要求，用戶應向賣方提供有關的記錄，如賣方有理由認為，軟件已在許可期間提供給任何第三方或者在任何其他處理機或配置設備上執行（本條款和條件許可的除外），用戶應向許可人解釋說明。

(2) 用戶同意在軟件的所有完整或部分複製件、適配件或傳送件上複製設備公司的版權通知及其他所有法律通知，包括（但不限於）其他所有權通知和政府機構要求進行的通知。

G. 許可限制，反向設計

賣方未向用戶或任何第三方轉讓任何軟件的產權或所有權。除本條款和條件明確規定的以外，用戶不得執行、使用、複製或修改軟件，或者采取與設備公司對軟件的知識產權不符的行動，用戶不得以反向設計軟件或者反向設計軟件的任何硬件、固件執行為目的，拆編、反裝、分析或以其他方式研究軟件。

2. 許可終止

A. 如果用戶疏忽或者未能履行、遵守其在本條款和條件項下對設備公司或賣方承擔的任何義務，而且這種情況在書面通知用戶後三十日內未得到的糾正，則賣方或設備公司可以終止在合同項下所授予的任何許可和已發出的任何軟件訂單。

B. 終止，不論是賣方、設備公司終止的還是用戶終止的，都適用於許在經許可的處理機上執行的所有軟件版本。

C. 在用戶所作的任何終止生效之前，賣方或者設備公司作出任何終止的，用戶應 (i) 交還賣方或者設備公司提供的任何許可證；(ii) 銷毀用戶所掌握的各種軟件版本的所有複製件，(iii) 從用戶所製的任何適配件中消除軟件的各個版本的所有部分，並予以銷毀；(iv) 用書面形式證明所有複製件（包括用戶適配件中所含的一切複製件）已經銷毀。

賣方：　　　　　　　　買方：

簽署：＿＿＿＿＿＿　　　簽署：＿＿＿＿＿＿

姓名：＿＿＿＿＿＿　　　姓名：＿＿＿＿＿＿

職務：＿＿＿＿＿＿　　　職務：＿＿＿＿＿＿

（本附件的附錄略）

附件七　租賃合同（略）。

第八節　國際工程公司

（一）國際承包工程合同

1. 本合同的特點：本合同為國際工程合同，規範業主與承包人間之權利和義務。
2. 適用對象：本合同適用於一般國際承包工程合同。
3. 基本條款：訂立本合同應詳記業主與承包人間之相互權利義務關係。
4. 相關法條：中華人民共和國合同法第十六章建設工程合同。

國際工程合同 10-2-15

國際承包工程合同

第一部分　一般條款

定義

第 1 條　（一）在合同中，除合同內容另有要求外，下列詞定義如下：

    （1）「業主」，名稱將在第二部分中個體標明，指僱用承包人的一方，或業主的法定繼承人，未經承包人同意，不包括業主的受讓人。

    （2）「承包人」指標書被業主接受的投標人或投標公司，包括承包人的私人代表，繼承人和經業主同意的受讓人。

    （3）「工程師」指第二部分中確定的工程師人選，或經書面通知承包人，由業主隨時任命的代行工程職責的工程師人選。

    （4）「工程師代表」指任何常駐工程師、工程師助手，或由業主或工程師任命履行第 2 條規定的職責的人選。對工程師代表的授權應由工程師書面通知承包人。

    （5）「工程」包括永久性工程和臨時性工程。

    （6）「合同」包括合同條款、技術規範、圖紙、標價的工程量表、單價或價格表、標書、接受證書和合同協議（如已完成）。

    （7）「合同價格」指在接受證書中確定的數額，可按合同條款的規定增減。

    （8）「建築設備」包括施工和維修所需的全部設備，但不包括構造永久性工程的材料。

    （9）「臨時性工程」指施工和維修所需的各種臨時工程。

    （10）「永久性工程」指按合同將施工和維修的永久工程。

    （11）「技術規範」指在標書或標書修正中確定的規範，也包括由工程師提供或書面同意增加的部分。

    （12）「圖紙」包括技術規範中包含的圖紙，經工程師書面同意的對圖紙的修正，以及由工程師提供或書面同意的其他圖紙。

    （13）「現場」指建築工程師設計的永久性或臨時性工程所需的土地及其他場地，以及業主提供的施工所需土地或場所、或其他合同中規定構成現場的部分。

    （14）「同意」指書面同意，包括隨後對口頭同意的書面確認。

  （二）合同內容需要時，單數表示的詞也包括複數的含義，反過來也是這樣。

  （三）合同條款中的標題和邊註不被視作合同的一部分，在解釋合同時不予考慮。

  （四）「費用」一詞包括現場內外發生的通常費用開支。

工程師及工程師代表

第 2 條　工程師應負責履行發出指令、頒發證書等合同規定的義務。如果在業主對工程師的任命中要求工程師在履行其部分職責時需經業主特殊同意，應在第二部分中予以規定。

工程師可隨時書面授權代表代行其職權，但就向承包人和業主提交書面授權文件。在授權期間，工程師代表的決定對承包人和業主來說等同於工程師本人的決定。

以下情況如此辦理：

(1) 工程師代表未否定的工程、材料，工程師仍有權否定，並決定拆除相應的建築。

(2) 若承包人對工程師代表的決定不滿意，有權提請工程師親自判定。

轉讓和分包

第3條　未經業主書面同意，承包人不得將全部或部分合同，或合同收益（除了向承包人的開戶銀行支付到期款項外）轉讓。

第4條　承包人不得分包整個工程。除非合同另有規定，承包人未經工程師的書面同意，不得將工程的任何部分分包出去。即使工程師同意分包，承包人仍將承擔合同義務。分包人及其代理人、工人的行為、失誤、失職將像承包人及其代理人、工人的行為、失誤、失職一樣，由承包人承擔責任。為某部分工程提供勞力將不被視作分包。

合同文件

第5條　（一）在第二部分將寫明下列條件：

合同文件使用的語言；

合同適用哪國的法律，按哪國法律解釋；

如果文件用一種以上語言書就，文件按哪種語言解釋，就　　　在第二部分中將其定為以這種語言為準。

（二）除非合同中另有規定，合同第一、二部分的條款比其他條款更具約束力。構成合同的幾個文件可互相解釋，在發生歧義和不一致時，將由工程師向承包人作出解釋。

如果工程師對歧義進行解釋時，導致承包人增加未預見的開支，經工程師證明，業主應支付相應的款額。

第6條　（一）工程圖紙將由工程師保管，但需免費向承包商提供兩份副　　　本。如果承包人需要更多副本，則自己承擔費用。完成合　　　同工程後，承包人將圖紙全部歸還工程師。

（二）承包人將在工程現場保留一份圖紙副本，以便工程師及其代表，或工程師書面授權的人士隨時審查。

（三）如果工程師不在合理的時間內提供圖紙或命令，導致工程延誤或中斷，在此情況下承包人要書面通知工程師。通知中應詳細描述所需圖紙、命令，為什麼需要，何時需要，以及否則可能造成的延誤和停工。

（四）如果因工程師沒有或不能在合理時間內提供上述圖紙和命令，而導致承包人誤工和／或增加開支，工程師將決定延長承包人的規定工期。且只要開支合理，承包人將得到補償。

第 7 條　　在工程進行中，工程師有權隨時向承包人提供正確施工所需的圖紙和指標。承包人應執行且受其約束。

一般義務

第 8 條　　（一）根據合同條款，承包人要認真進行工程建設維護工程。只要合同規定需要，為了建設和維護工程承包人應暫時或長期提供勞力、材料、建設機械等。

　　　　　（二）承包人將對施工現場操作和建築方法的恰當、穩定、安全負全部責任。除非在合同中另有規定，承包人對工程師決定的永久性和臨時性工程的設計、規格不負責任。

第 9 條　　如果修正需要承包人簽訂並執行的一個合同協議，協議由業主人準備並承擔費用。

第 10 條　　為了執行合同，承包人在標書中應承諾按要求提供一份承包人和業主共同同意的保險公司、銀行或其它保障機構開出的保函。保函數額不超過驗收證書中所要求的保函數額。除非合同中另有規定，承包人將負擔全部費用。

第 11 條　　業主應在招標文件中向投標者提供經過考察獲得的有關工程的水文及地層資料。標書正是以這些資料為基礎的，但承包人對自己的理解負責。

　　　　　承包人被視作在提交標書前，已檢查了工程現場及周圍環境掌握了關於工程性質的信息，包括地層情況，水文、氣侯狀況，完成工程所需材料，到達現場的交通和食宿問題等。總之，承包人被認為已掌握了可能影響投標的一切必要信息，包括風險，偶發事件。

第 12 條　　承包人被認為在其標書的工程量表和價目表中定好價格。除非合同中另有規定，這一價格已被認為包含了其履行合同義務，正確執行合同的全部需要。如果執行合同過程中，承包人遇到一些他認為有經驗的承包人也不能預見的情況或人為障礙（天氣狀況除外），他將向工程師代表提交書面通知。如果工程師確認其不可預見，將要求業主支付承包人在這種情況下增加的費用。包括：

　　　　　（1）為執行工程師相應指示的合理費用；

　　　　　（2）在沒有工程師特別指示時，採取工程師同意的恰當措施合理費用。

第 13 條　　承包人根據合同規定建設工程，要得到工程師的肯定。無論合同中是否規定，工程師有關工程的指示承包人必須執行。承包人只接受工程師的指示，或在第 2 條的情況下接受其代表的指示。

第 14 條　　（一）承包人中標後，應在第二部分條件中規定的時間內向工程　　　師提交一份執行合同的順序計畫，待工程肯定。承包人隨　　　時應工程師或其代表的要求，提供詳細敘述他進行工程安　　　排的書面報告。

　　　　　（二）一旦工程師發現工程實際進度與上述計畫不符，將要求承包人提供一份修改的計畫，保證在第 43 條規定的期限內完成工程。

　　　　　（三）承包人向工程師或其代表提供這樣的計畫，並不免除他的任何合同責任。

第 15 條　　承包人在工程進行過程中或在工程師履行合同義務必要時，提供監督管理。承包人或其一位工程師書面同意的全權代表應隨時在現場，並負責監督管理。工程師可隨時撤銷對全權代表的確認，如果這樣，承包商應接到書面通知後，撤銷對其

的授權，不再錄用他，並提供替代人選。全權代表將代表承包人接受工程師的指示，或按第 2 條規定接受工程師代表的指示。

第 16 條 （一）承包人在工程進行中，需在現場僱用如下人選：

(1) 在自己的專業範圍內經驗豐富的技術人員，能勝任監管工作的副代理人，工人領班和帶頭人。

(2) 為及時妥善地完成工程所需的熟練、半熟練和非熟練工人。

（二）工程師有權要求承包人立即解僱來執行合同的人員，這些人員在工程師看來未履行職責或不稱職。被解僱的人員未經工程師的書面同意，不得再被僱用。被解僱人員的職位應立即由工程師同意的稱職人選接替。

第 17 條 承包人負責根據工程師的書面指示正確地開始工程，保證工程位置、面積、水平面及各部分組合的質量，提供工程所需工具、設備和勞力，如果在工程進行中，在這些方面發生錯誤，承包人應負擔改正的費用，直到令工程師或其代表滿意，除非這些錯誤是由工程師或其代理提供的不準確的書面資料造成的，在這種情況下，改正費用由業主承擔。工程師或其代表對開工和任何水平面路線的檢查並不免除承包人保持其正確的義務，承包人應仔細保護保存開工中使用的水準基點、觀測軌道、測標等。

第 18 條 如果在工程進行中，工程師要求承包人鑽孔或挖深坑，應書面提出要求。除非這一費用已包括在工程量表中，否則這種要求將被視作根據第 51 條提的附加要求。

第 19 條 承包人在需要的時間和地點，或應工程師或及代表的要求，或應權威機構的要求，自己承擔費用提供燈光，警衛等來保衛工程，保障公眾的安全和便利。

第 20 條 （一）從工程開始到按第 48 條規定的竣工證書中規定的日期，承包人負全部責任。如果工程師發出部分永久性工程的竣工證書，則承包人從證書中規定的日期起不再對這部分工程負這部分工程的責任轉至業主。承包人要對尚未完成將在維護期內完成的工程負全部責任，除了「意外風險」以外任何原因造成的對工程或部分工程的損害、損失，承包人要負責負擔費用修理好，以確保永久性工程完成工時狀態良好，符合合同的要求和工程師的指示。如果發生「意外風險」，則承包人按工程師的要求和第 65 條的規定修復費用由為主承擔。承包人在完成未竣工工程或履行第 49、50 條的義務時，操作對工程造成損害，也要負責任。

（二）「意外風險」包括戰爭、敵對（無論是否宣戰）、侵略、反叛、革命、騷亂或軍事政變內戰，或在工程進行中，由承包商的雇員、分包人製造的動亂、混亂，或業主使用、占用部分永久性工程，或由於工程師工程設計的原因，由核燃料燃燒或有毒爆炸物引起的輻射和污染，以及爆炸引起的後果，以音速、超音速飛行的飛行物的聲波壓力，和其他有經驗的承包不能預見的事件，所有這些被稱作「免除風險」。

第 21 條 不限制第 20 條規定的責任義務，承包人要以業主和承包人的聯合名義，對按合同條款在第 20 條規定的時間內對除免風險以外的任何損失投保，同時還要對維護期前產生的原因在維護期內造成的損失和承包人為履行第 49、50 條義務而採取行動引起的損失投保，應保險：

(1) 工程及應放入工程中的材料、設備，或加上第二部分相應條款規定的款額；

(2) 承包商購買的替代建築工具和其他物品。

保險人和保險條款均須經業務人同意，業主不得無緣由地不同意。

承包人應要求隨時向工程師或代表出示保險單和已付的保險金收據。

第 22 條　（一）除合同另有規定外，承包人應對建設和維護工程中人員傷害、材料損失及財產損失對業主造成的損失和索賠進行補償，及對有關的索賠進行補償，及對有關的索賠、訴訟、損失、費用開支等進行補償，以下補償和損失除外：

（1）工程或部分工程永久使用或占用土地；

（2）業主在任何土地上建設工程或部分工程的權利；

（3）為按合同規定建設和維護工程造成的不可避免的人員和財產損失；

（4）由業主其代理人、或非承包人僱用的分包人的行為或失職造成的人員和財產損失，承包人認為由業主的代理人造成的損失，且可公正的認為是業主的責任，由此引起的索賠、訴訟、損失、費用、開支。

（二）業主就對按（一）款規定導致承包人遭受的索賠、訴訟、損失、費用和開支進行補償。

第 23 條　（一）在開始建築工程前，承包人在不限制其第 22 條規定的義務的情況下，應對非第 22 條原因造成的，而由執行工程合同造成的財產（包括業主的）損失或人員（包括業主的雇員）傷害，其所要承擔的責任投保。

（二）保險人和保險條款均需業主的同意，業主不得無緣由的不同意。

保險金額不少於標書附件的規定。承包人應要求隨時向工程師或其代表出表保險單和已付的保險費。

（三）應有這樣一個條款，即發生承包人應得到補償的損失時，而該保險受益人為業主，則保險人就這一損失造成的開支、費用對業主進行補償。

第 24 條　（一）業主不對承包人或再承包人僱用的工人受傷或發生事故造成的損害負賠償責任，除非事故或傷害是同業主或其代理人的行為或過失引起的。承包人應補償業主，補償由此引起的索賠、訴訟、費用、開支等。

（二）承包人應對發生這樣的事故為自己所負的責任投保。保險人應經業主同意，但業主不得無緣由地不同意。承包人應在僱用工人完成工程的過程中繼續保險，就要求隨時向工程師或其代表出示保險單和已付的保險費收據。如果再承包人已為其僱用的工人投保以業主為補償對象，則承包人的投保義務被視作已履行。承包人需要求再承包人隨時就要求向工程師或其代表出示保險單和已付的保險費收據。

第 25 條　如果承包人未履行第 21、23、24 條的保險義務，或其他合同要求的保險義務，業主將進行相應投保，支付保險金，隨時從應付給承包人的款項中扣除，或認作承包人的負債。

第 26 條　（一）承包人應注意所有國家、政府的法律、法規、條例、規章制度及與執行工程合同有關的地方或其他權利機構的規章細則，以及財產和權利將受到工程影響的公共團體和公司的規章並交納規定的費用。

（二）承包人將遵守以上法規、制度，如因違反上述法規而使業主受處罰，將保證業主得到補償。

（三）如果工程師確認承包人應付這樣的費用，則業主應再支付給承包人。

第27條　任何在工程現場發現的化石、錢幣、有價物、或文物、建築物和其他具有地質、考古價值的物品均屬業主的財產。承包人應採取恰當的措施，防止他的工人或其他人移走或損壞這些物品，並立即通知工程師代表，然後按代表的指示處理這些物品，費用由業主承擔。

第28條　承包人應保證業主不受對工程施工中使用的建築設備、機械材料方面受保護權利和專利權，設計、商標等侵權行為引起的索賠和訴訟的損害，並對其所受損害、支付的費用、開支進行補償。除另有規定外，如果要為工程建設需取得石頭、沙子、砂礫、泥土和其他材料，承包人負責支付頓位費、使用費租金和其他費用。

第29條　凡是工程建設所需的操作，只要符合合同的要求，均可進行，但不應在不恰當的情況下妨礙公眾的便利，不應妨礙公共或私人道路的通行、使用和占有，無論財產所有人是業主還是其他人，如果發生承包人負責的這件事件，承包人就保證業主不受由此引起的索賠、訴訟、損失、費用、開支的損害，並對其進行補償。

第30條　（一）承包人應採取各種必要的手段，防止與工程現場相通的公路、橋樑由於施工而遭受損害，承包人和再承包人應選擇路線、車輛，限制分散卸貨，使用運輸設備、材料到施工現場增加的運氣被限制在合理範圍內，從而避免對公路、橋樑不必要的損害。

（二）如果承包人需要運送貨物經過部分公路、橋樑，包括建築設備、機械，建成的部分工程，而這種運送極有可能損壞公路、橋樑、除採取特殊保護和加固措施。承包人在運送貨物前應通知工程師或代表貨物的重要及其他特殊事項，還要告知他打算採取的保護、加固方法。除非工程師在接到通知十四天內指示不必要採取這樣的方法，承包人將採取行動或按工程師的要求實施修改後的方案。除非承包人在工程量表中包含了保護加固公路、橋樑的任務；保護加固費用由業主向承包人支付。

（三）如果在工程進行中或以後的時間裡，承包人因工程損壞公路、橋樑而被要求索賠，應立即告知工程師。業主將商洽解決辦法並支付索賠款，並對工程師認為造成索賠或部分索賠的原因在於承包人未履行其上述(一)(二)的義務，則經工程師確認的由承包人造成的損失，由承包人補償給業主。

（四）如果工程需要承包人使用水路運輸，上述條款中的「公路」應包括船閘、碼頭、防波堤或其他有關的水路設施，「運輸工具」應包括船隻，上述條款同樣有效。

第31條　對不包括在合同中的工程和業主簽訂的其他與合同工程有關的輔助合同項目，承包人按業主的要求，為其他業主僱用的承包人及其工作，業主僱用的工人和其他在工程現場可僱用的機構進行工作提供合理的機會。

如果承包人應工程師或其代表的要求為其他承包人業主或其他機構使用他負責維護的路段提供便利，或使用他施工現場的腳手架等其他設備，或提供類似的服務，則業主應向承包人支付工程師認為合理的費用。

第 32 條　在工程期間，承包人應保證工程現場沒有不必要的障礙物，妥善儲存、處置建築設備和多餘的材料，從現場清理走殘餘物、垃圾和其他不再需要的臨時工程。

第 33 條　工程完成後，承包人應把所有建築設備、多餘材料、垃圾和各種臨時工程從現場清理走，使其整潔，令工程師滿意。

第 34 條　（一）承包人自己安排僱用當地或其他來源的外工，除合同另有規定外，負責勞工的交通、食宿和工資。

　　　　　（二）只要按當地情況可行，承包人應向工程現場的人員提供適當飲用水和其他用水，並令工程師代表滿意。

　　　　　（三）除非按照現行的法律法規及政府規章，承包人不得進行銷售、給予、易貨或處置任何烈性酒和毒品，也不得允許再承包人、代理人或雇員進口、銷售和易貨及處置。

　　　　　（四）承包人不得也不允許向他人給予、易貨、處置任何武器、彈藥。

　　　　　（五）承包人在處理與僱用工人的關係中，應充分考慮公認的節假日及導致和其他習俗因素。

　　　　　（六）一旦爆發了傳染病，承包人將遵守並執行政府或地方醫療衛生機構為治療疾病所制定的規章、命令及要求。

　　　　　（七）承包人應隨時採取合理的預防措施，防止其雇員中發生非法騷亂或混亂行為，並保證工程附近地區人員和財產的安全、和平。

　　　　　（八）承包人要對其再承包人遵守上述條款負責。

　　　　　（九）其他有關勞工和工資的條款如有必要可在第二部分的第 34 條作出規定。

第 35 條　承包人應工程師的要求，向工程師代表或其辦公室，按要求的格式和時間提交一份詳細報告，報告其在工程現場雇用的監督人員和不同等級工人的情況，如工程師代表要求，還應報告建設設備的情況。

材料和工藝

第 36 條　（一）各種工程材料和工藝均應符合合同的規定和工程師的指示，且隨時接受工程師的檢驗。檢驗可在製造、裝配地、施工現場或合同規定的任何地點。承包人要為檢查、測量、檢驗工程及其質量，或材料的重量、數量提供所需的幫助、工具、機械、勞力和材料，如果工程師要求，承包人應將材料在應用於工程前提供樣品供檢驗。

　　　　　（二）如果合同中有規定，則提供樣品的費用由承包人承擔，則費用由業主支付。

　　　　　（三）合同中明確要求的檢驗，其費用由承包人負擔。對於那些貨載檢驗和工程設計是否符合要求的檢驗；在合同中均有列舉，承包人可將其費用計入投標價格。

　　　　　（四）如果是工程師要求的檢驗，而

　　　　　(1) 合同中沒有規定，或

　　　　　(2) 合同中未列舉，或

　　　　　(3) 雖有規定，但工程師指示由獨立的第三人在現場、製造、裝配地以外的地點進行檢驗，當檢驗表明工藝、材料不符合合同條款或工程師指示時，檢驗費用由承包人承擔。否則，費用由業主負擔。

第 37 條　工程師和他授權的任何人隨時可以去工廠、工程準備地或工程所需材料、製成品、機械的來源地。承包人應為他們獲得這種權利提供一切便利和幫助。

第 38 條　（一）未經工程師或其代表的同意，任何工程不得被覆蓋或遮掩，承包人要為工程師或其代表提供充分的機會，檢驗將被覆蓋或遮掩的工程，並在永久工程開始前檢查地基，承包人應及時通知工程師代表部分工程或地基待於檢驗。工程師代表不應拖延這樣的檢驗，除非他認為檢驗沒必要，並通知承包人。

　　　　　（二）應工程師的指示承包人要隨時打開已覆蓋的工程部分，並負責再次施工至工程師滿意。如果被覆蓋和遮掩的工程部分符合合同的要求，且滿足（一）的條件，則開蓋和再施工費由業主承擔，否則，所有費用由承包人負擔。

第 39 條　（一）在工程施工中，工程師有權隨時書面要求：
　　　　　(1) 按要求把工程師認為不合適的材料在指定的時間內從現場清理走；
　　　　　(2) 用合適的材料替換；
　　　　　(3) 無論先前是否檢驗過或已支付中期付款，工程師認為不符合合同的材料要換掉，不合格的工藝要重新施工。

　　　　　（二）如果承包人未執行工程師的上述命令，並主有權催用其他人完成以上工作。由此產生的費用和雜費業主可從承包人處取得由業主從該支付給承包商的錢款中扣除。

第 40 條　（一）承包人應工程師的書面要求，在工程師要的時間內，停止工程或部分工程的施工，如有必要在此期間要負責保證工程的完好，承包人按工程師指示這樣做所產生的額外費用，由業主承擔。但以下情況除外：
　　　　　(1) 在合同中規定的停工，或
　　　　　(2) 由承包人的錯誤而引起的必要停工，或
　　　　　(3) 由工程現場天氣引起的必要停工；或
　　　　　(4) 非由工程師或業主的錯誤引起，或不由第 20 條「免除風險」引起的，為正確施工或保證工程安全的停工。
　　　　如果承包人不在工程師提出要求後的二十八天內書面通知工程師其要求，則無權獲得額外的費用。如果工程師認為承包人的要求是合理的，則由他來決定支付給承包人的款項和停工時間。

　　　　　（二）如果按工程師的要求，工程或部分工程停工九十天後仍未得到工程師重新開工的命令，除了上述（一）中 (1) (2) (3) (4) 的情況外，承包人將向工程師發出書面通知，要求其在收到通知後二十八天內決定重新開工。如果在此期間仍未得到開工的決定，承包人可書面通知（但不一定這樣做），視只影響部分工程的停工為對這部分工程的省略，視影響整個工程的停工為業主放棄合同。

開工時間和延誤

第 41 條　在接到工程師的書面通知後（除非在工程師命令後認可，或承包人不能控制的情況下），承包人應在標書附錄中規定的期限內開始工程施工，且迅速不拖延。

第 42 條　（一）業主在工程師書面命令開工後，就授權承包使用部分現場，使承包人能開工和按第 14 條規定的進度計畫施工，此後業主按施工的要求，在書面通知工程師後，應授權承包，使用施工所需的其他現場部分。如果業主不能按本條規定授權承包人使用現場，而導致承包人誤工或增加費用，由工程師決定延長完工期，並確定應由業主承擔的補償承包人的合理費用開支。

　　　　　（二）承包人將承擔通向施工現場的特殊或臨時道路通行費用。承包人將支付為進行工程而在現場外膳宿供應費用。

第 43 條　按合同要求，在整個工程完成前各部分工程要完工，整個工程應在合同第 48 條規定的期限內完成，期限從標書附錄中規定的開工期的最後一天算起。可按第 44 條的規定延期。

第 44 條　非由於承包人的錯誤行為，而由於增加工程量或工程延誤或特別惡劣的天氣原因，或其他可有發生的特殊情況，承包人有權要求工程延期。延長時間由工程師決定，並分別通知業主和承包人。除非承包人在額外工程開始後或特殊情況發生後二十八天內向工程師代表提交詳細情況，說明其有權獲得延期，工程師不一定把增加工程量和情況列入考慮。承包人提供的情況要準備接受調查是否屬實。

第 45 條　除非合同中有相反的規定，未經工程師代表的書面允許，任何永久性工程不得在確認的休息時間——夜間或星期天進行，也不得在其他當地的假日進行。但為挽救生命或財產或維護工程安全需要採取不可避免的行動時，承包商應立即通知工程師代表，本條款的規定不適用於傳統輪作或倒班進行的工作。

第 46 條　如果因承包人無權要求工程延期的原因，工程師認為工程進度太慢，不能確保按規定或在延長期限內完工，或完成某部分工程，將書面通知承包人。承包人要採取必要的措施，工程師將同意加速工程進度，以便能在規定時間或延長期限內完工或完成某部分工程，承包人無權要求他人為採取這樣的措施多付款。如果因接到工程師這樣的通知，承包人需得到其允許在休息日——夜間或星期日或當地的假日工作，工程師不得無故拒絕。

第 47 條　（一）如果承包人未在第 43 條規定的時間內完成工程，將向業主支付合同中規定的違約罰款，此罰款不作為第 43 條規定時間與實際確認完工時間之差的罰款。在不損害其他補救措施的同時，業主可從他物中任何應支付給承包人的款項中扣除上述違約罰款。而這一切均不免除承包人完成工程的義務和合同規定的他的其他義務。

　　　　　（二）如果在全部工程完工前，部分工程按第 48 條規定已經工程師確認完成，業主已開始使用，且合同中沒有其他條款作相應規定，則應支付的違約罰款已完成工程占全部工程價值的比例消減。

　　　　　（三）如果在合同中規定有關全部或部分工程完工的獎勵，可在第二部分的第 47 條規定。

第 48 條　（一）當全部工程完成且令人滿意地通過了合同規定的最後檢驗，承包人將向工程師或其代表發出通知，並承諾在維修期內將完成任何未完成的工作，上述通知和承諾均應採用書面形式，且被視作承包人的要求，要求工程師提供工程竣工證書，工程師應在承包人發出通知後的二十一天內向承包人發出工程竣工證書，上面註明他確認的按合同完工的日期，並交給業主一份

證書副本，或給承包人書面指示，指出他認為在發出證書前承包人尚需完成的工作。工程師在書面指示後還應指出影響工程完工的工程缺陷。承包人在令工程師滿意地完成工程並修正缺陷後的二十一天內有權收到竣工證書。

(二) 同樣，按（一）規定的程序，在如下情況下，承包人可要求工程師發出竣工證書：

(1) 在合同中規定了另外完工期限的部分永久性工程完成。

(2) 工程的一部分已經完成，令工程師滿意，且已被業主占用。

(三) 如果部分永久性工程已完成且令人滿意地通過了合同規定的最後檢驗，工程師應在全部工程完工前發出這部分工程的竣工證書，一旦證書發出，承包人即被視作已承諾在維修期內完成未完成的工作。

(四) 如果針對部分工程在全部工程完成前發出了竣工證書，如證書中未明示，並不視作面或地表重做工作已完成。

缺陷責任

第 49 條　(一)「缺陷責任期」一詞指標書附錄中定義的缺陷責任期，從工程師按第 48 條規定確認的完工日開始計算。如果工程師發出了多份竣工證書，則分別從其完工日開始計算，各部分工程的缺陷責任期作相應規定。

(二) 為了按合同的條件在缺陷責任期結束後盡可能快地將工程轉給業主且令工程師滿意（合理損耗除外），承包人應盡快完成按四八條的規定在完工日尚未完成的工作。在缺陷責任期內，或缺陷責任期結束後十四天內，工程師或其代表如在檢查中發現問題，書面通知承包人後，承包人應負責修理、修正、再建、調整、改正缺陷和其他錯誤。

(三) 如果工程師認為需要修理等工作是因為承包人使用的材料、工藝不符合合同的要求，或因為承包人未履行合同中明確規定或不言而喻的他的義務，則修理等費用承包人承擔。如果工程師認為是其他原因造成的，則費用將得到評估，算作增加的工作量。

(四) 如果承包人未做前款工程師要求的工作，業主有權僱他人做此工作。如果工程師認為此工作本應由承包人自己支付費用完成，則產生的費用業主可向承包人索取，或從應付給承包人的錢款中扣除。

第 50 條　應工程師的書面要求，承包人應在工程師的指導下，對施工過程中或缺陷責任期出現的缺陷、瑕疵和錯誤進行檢查。除非上述缺陷按合同規定應由承包人負責，檢查工作的費用由業主承擔。如果龔應由承包人負責，則檢查費用由承包人負擔，且他應按照第 49 條的規定，自負費用進行修理和改進。

變更、增加和省略

第 51 條　(一) 若工程師認為有必要，他可對工程的形式、質量、工程量作變更，他有權要求承包人完成下列式工作：

(1) 增加或減少合同工程的工程量；

(2) 省略部分工作；

(3) 改變部分工程的特性或質量；

(4) 改變部分工程的地層、路線、位置和面積；

(5) 為完成工程增加必須的工程量。

但這樣的變更不會使合同失效，變更所需費用將在確定合同格時予以考慮。

（二）沒有工程師的書面命令，承包人不得作變動。如果增加或減少工程量不是由於本款規定的要求，而是因為與工程量的規定相比或多或少，則不要書面命令。如果工程因為某種原因認為可以口頭命令，則承包人應按命令去做。不論在承包人開始執行命令前後，工程師提出的對口頭命令的書面確認，都被視作本款意義上的書面命令。如果承包人在七天內書面向工程師確認其口頭命令，工程師十四天內未予駁回，則被認為是工程師所作書面命令。

第 52 條　（一）所有按工程師命令增加或省略的工程量均應按合同價格表中工程師認為適用的項目進行估算。如果工程師認為沒有合適的項目可供先用，則應由工程師和承包人商談達成一個適當的價格。如果雙方意見有分歧，由工程師決定一個他認為適當的價格。

（二）如果工程師認為因工程量有所增加或減少，使合同中規定的某項工程的價格不再合理，則應由工程師和承包人商談達成一個的價格。如果雙方意見有分歧，則工程師決定一個他認為適當的價格。

除非書面命令結出後，或在增加工程量的情況下在工作開始之前，盡快給出以下通知，不得按上述（一）增加或減少工程量，不得按（二）改變價格。

(1) 承包人通知工程師他打算要求額外付款或改變價格，或

(2) 工程師在通知承包人他打算改變價格。

（三）如果在確認工程完工後，發現增加或減少的工作量超過驗收證書中規定量10%（除去臨時費用和工作補助），是由於下列原因而非其他原因造成的：

(1) 變動命令累計的結果，和

(2) 對工程量表中工程量的修正，不包括臨時費用，工作被補助和按條款七○所作價格調整，

則合同價格應由承包人和工程師商量修正。如果雙方意見不一致，由工程師在考慮使用材料，相關因素及承包人執行合同總費用等因素的基礎上決定價格。

（四）如果工程師認為有必要可書面命令增加的工程或替換工程採用加班形式完成。承包人將按合同中加班表的有關規定，以其標書中附錄的價格表為基礎得到支付。

承包人應向工程師提供必要的收據、憑證，在訂材料之前，向工程師提交報價表，待其批准。

針對所有加班進行的工程，承包人應在其進行中每天向工程師代表提供詳細清單，註明所有加班人員的姓名、職務和加班時間，一式兩份，還應提供說明書，標明加班中使用的材料和設備的規格、數量（不包括前面提到的按加班表增加工程量所使用的設備），一式兩份。清單和說明書經工程師代表確認後，將在其中一份上簽字，退還承包人。

每月末承包人應向工程師代表提交一份標價的說明書，說明使用的勞力、材料和設備。如未及時完整地提供清單，將得不到支付。如果工程師認為要求承包人按上述規定提交清單和說明書是不現實的，則工程師有權決定對加班工時及使用的材料、設備支付合理的款額。

（五）每月承包人應向工程師代表提交一份詳細、全面的報告，說明他認為自己應得的增加款額，和前一個月他應工程師要求增加的工程量。

對未包括在清單內的工程量和費用不能要求中期或最終支付。如果承包人在事先書面告知工程師他將對增加的工作量要求付款，則即便他未遵守上述規定，工程師有權要求對這樣的工程量和費用進行支付。

設備、臨時工程和材料

第 53 條　（一）承包人提供的所有建築設備、臨時工程和材料在運到施工現場後，均視作完全用於工程施工。除非是把它們從現場一部份移到另一部分，否則有沒有工程師書面同意的情況下，不得移動。而工程師不得無故不同意。

（二）工程完工後，承包人應即時從現場把所有建築設備、臨時工程及剩餘的材料清理走。

（三）除了在第 20 條和第 65 條規定的情況下，業主對上述建築材料、臨時工程及材料的損失、損壞不負責任。

（四）如果因工程需要，需進某些建築設備，業主應幫助承包人在需要時從政府部門得到必要的許可，以便按上款清理現場時再出口這些建築設備。

（五）業主應幫助承包人在需要的時候為工程所需的建築設備、材料和其他物品通關。

（六）其他影響建築設備、臨時工程和材料的條件可在第二部分的第 53 條中作出規定。

第 54 條　執行第 53 條並非暗示工程師同意選擇這樣的材料或其他與工程相關的事項，也不防礙工程師拒絕使用某種材料。

計量

第 55 條　工程量表中的工程量只是估計數字，不應認為是承包人履行合同義務所進行的實際工程量。

第 56 條　除非另有規定，工程師應計量並決定按合同進行的工程量的價值。如果工程師要對某種部分工程進行計量應通知承包人授權的代理人或代表。代理人或代表立即參加或派一名有資格的代理人幫助工程師或其代表進行計量，並提供所有工程師或其代表要求的詳細情況。如果承包人未參加或未派代理人參加，則工程師進行的計量或他同意的計量被視作對工程量的正確計量。如果計量永久性工程時需要記錄和圖紙，工程師代表應按月準備記錄和圖紙。如果承包人被書面要求，應在十四天內參與檢查這些記錄和圖紙，並決定是否同意工程師代表準備的記錄和圖紙，如果同意簽字。如果承包人不參加檢查，記錄和圖紙則被視作是正確的。檢查完畢後，承包人應在十四天內書面通知工程師代表哪一部分記錄和圖紙他認為不正確，由工程師作出決定，否則即使承包人不同意或不簽字，記錄和圖紙也被視作是正確的。

第 57 條　除非合同中另有規定，工程計量應採用淨值，不管慣例和當地習慣怎樣。

暫定金總額

第 58 條
　　（一）暫定金總額是指在合同工程量表中規定的，按工程師的指示使用全部、部分或不使用，以進行工程，提供貨物、材料、服務或用於偶發事件款額、合同價格應包括工程師可同意使用的與暫定金總額有關的工程、供貨或服務費用。

　　（二）對每一筆暫定金總額，工程師有權命令：

　　（1）進行工程，包括承包人提供貨物、材料、服務。合同價格應包括按第 52 條確定的工程、貨物、材料和服務的價值。

　　（2）由指定分包人進行工程，提供貨物、材料或服務。將付給承包人的款項按第 19 條（四）確定和支付。

　　（3）承包人採購貨物和材料，將對給承包人的款項按第五九第（四）確定和支付。

　　（三）承包人應工程師的要求，應提供臨時費用支出的所有有關報價、發票、憑證、帳目和收據。

指定分包人

第 59 條
　　（一）所有在合同暫定金總額項下進行工程或提供貨物、材料、服務的專家、商人、手工工人和其他人，由業主或工程師同意，選擇或指定，還有按合同規定由承包人分包完成工程，提供貨物、材料、服務的人，均被視作由承包人僱用的分包人，在此合同中稱為「指定分包人」。

　　（二）在承包人有合理原因拒絕時，可不因業主或工程師的要求，或出於某種義務僱用指定分包人。承包人也不僱用那些在下列條件下拒絕參加分包的人：

　　（1）針對分包合同中的工程、貨物、材料、服務，指定分包人對承包人承擔如承包人按合同對業主承擔的義務和責任；並保證承包人不受因為履行義務、責任而引起的索賠、訴訟、費用、開支的損害，並對承包人進行賠償；

　　（2）指定分包人應保證承包人不受因指定分包人、其代理人、工人的疏忽或錯誤使用承包人，提供的用於完成合同的建築設備、臨時工程而引起的索賠的損害，並負責賠償。

　　（三）如果暫定金總額項下的服務包括設計任何一部分永久性工程或確定與工程一體的設備機械的規格，這樣的要求應在合同或指定分包合同中明確規定。指定分包合同應說明，負責提供此種服務的指定分包人應保證承包人不受因未履行義務而引起的索賠、訴訟、損失、費用、開支等損害，並對承包人進行賠償。

　　（四）由指定公包人負責進行的工程，提供的貨物、材料或服務中，以下應包括在合同價格中：

(1) 按分包合同和工程師的指示，承包人應支付的和已實際支付的款項；

(2) 工程量表中由承包人提供勞務的款項，或由工程師按第 58 條（二）命令，承包人提供勞務的款項，按第 52 條確定的價格；

(3) 對其他費用和收益，若承包人在工程量表中已規定了該項目對暫定金總額相應的比率，由以此比率乘以實際支付或應支付的款項；若沒有這樣的條款，承包人在標書附錄中規定的比率視作在工程量表中的如此規定。

（五）在按第 60 條發出證書前，若其中包括指定分包人進行工程，提供貨物、材料或服務應得到的支付，工程師有權要求承包人提供合理的證明，證明除先前證書已包括的保留物外，指定分包人的所有工作已得到支付。除非下列情況，承包人將被視作拖欠：

(1) 書面通知工程師其有充足理由延遲或拒絕支付；和

(2) 向工程師提供充足證據，其已書面通知指定分包人。

在此情況下，業主有權在工程師頒發證書後，向指定分包人直接支付承包人應付的款項，再從業主支付或應支付給承包人的款項中抵銷。

如果工程師證明業主已直接向指定分包人作出支付，則其在頒發證書給承包人的同時應把業主已支付的款項扣除，但工程師應按合同規定，不延遲頒發證書。

（六）如果指定分包人在進行工程，提供貨物、材料、或服務中對承包人承擔的義務超過維修期，由在維修期結束後，承包人應把由這種未結束帶來的利益應業主的要求轉給業主，費用由業主承擔。

證書和支付

第 60 條　（一）除非另有規定，將其第二部分第 60 條的規定，每月支付一次。

（二）如果業主向承包人預付款，用於建築設備、材料的費用，應在第二部分第 60 條中作出支付和償付的相應規定。

（三）如果為工程施工，需從國外進口材料、設備，或從國外輸入勞務，或應某種特定情況，合同項下的一部分支付需按第 72 條規定使用某和外幣，則此情況下的支付應在第二部分第 60 條中作出規定。

第 61 條　只有第 62 條提及的缺陷責任證書，可視作對工程的接受。

第 62 條　（一）只有當工程師簽發了缺陷責任證書並把它交給業主，說明工程已完工並接受保修，情況令他滿意，合同才能視作執行完畢。工程師應在缺陷責任期結束後二十八天內頒發證書。如果工程的不同部分有不同的缺陷責任期，則以最近到期的為準。如果在缺陷責任期內，按 49 和 50 條的規定，命令承包人進行的工作已完成並令工程師滿意，則不管先前業主是否已進入、擁有或使用這部分工程，工程師都應盡快頒發證書。頒發缺陷責任證書不構成將按第二部分第 60 條的規定向承包人支付第二筆保留金的前提。

（二）除非承包人在頒發三條款規定的缺陷責任證書前，就與合同有關的事務或進行工程的有關事務提出書面索賠，業主將不再對其承擔任何義務。

（三）儘管頒發了缺陷責任證書，承包人和業主仍應負責合同規定發生在頒發證書前而在頒發證書之時尚未履行的義務。合同將被視作為雙方繼續有效，以便決定義務的性質和多少。

補救措施

第 63 條　（一）如果承包人破產，或收到被接收指令，或提出破產申請，或作出有利其債
　　　　　　權人的安排，或同意在其債權人組織的委員會監督下執行合同，或公司將
　　　　　　進行清算（非為合併或重組而進行的自願清算），或未事先取得業主的書
　　　　　　面同意而轉讓合同，或其貨物嚴重受損，或工程師書面向業主證明，他認
　　　　　　為承包人：

　　　　　（1）已放棄合同；或

　　　　　（2）不開始進行工程且缺乏正當理由，或在收到工程師書面通知要求繼續進行
　　　　　　　工程後，停工二十八天；或

　　　　　（3）在收到工程師書面通知拒絕接受某些材料和工程後二十八天內未從現場清
　　　　　　　理走這些材料，或未推倒工程重建；或

　　　　　（4）儘管工程師已提出書面警告，仍不按合同進行工程，或持續故意不履行其
　　　　　　　合同規定的義務；或

　　　　　（5）不顧損害良好的工藝技術，或公然對抗工程師的指示，把部分合同分包出
　　　　　　　去，業主可在給出書面通知十四天後，進駐工程現場，驅逐承包人，但合
　　　　　　　同並不因此無效，合同規定的承包人義務、責任不予免除，也不影響合同
　　　　　　　規定的業主及工程師的權利和權力。業主可自行完成工程或另僱其他承包
　　　　　　　人完成工程。按合同條款，業主和其他承包人可使用他們認為合適的，為
　　　　　　　進行工程而專門保留的建築設備、臨時工程和材料。業主可隨時出售上述
　　　　　　　設備、工程和未用的材料，出售收用於支付合同規定承包人應支付給他的
　　　　　　　款項。

　　　　　（二）在業主進駐工程和驅逐承包人之後，工程師應盡快通過詢問雙方或調查單
　　　　　　方面決定，到進駐時為止，對承包人按合同已進行的工程部分應支付多少
　　　　　　款額，以及未使用的材料和建築設備、臨時工程的價值。

　　　　　（三）如果業主進駐工程，驅逐承包人，他將在缺陷責任期結束後，且待施工、
　　　　　　保修費用、延遲完工損失和發生的其他費用確定並被工程師確認後履行對
　　　　　　承包人的支付義務。承包人有權得到的款額為，工程師確認若承包人妥善
　　　　　　完成工程應接受的款額減去上述各項費用的差。如果上述費用超過承包人
　　　　　　若妥善完工應接受的款額，承包人應要求應向業主支付超過的部分。超過
　　　　　　部分視作承包人對業主的負債，業主可相應收回。

第 64 條　如果在工程進行中或缺陷責任期內，因全部或部分工程發生事故或其他事件，工
　　　　　程師或其他代表認為補救或修理工作須馬上進行以確保工程的安全，而承包人無
　　　　　法或不願馬上進行工作，業主可僱用他人完成工程師或其代表認為必要的工作，
　　　　　並作出支付，如果工程師認為業主進行的上述工作，承包人按合同有義務自負費
　　　　　用完成，則業主發生的所有費用可向承包人要求支付，或從應付給承包人的款項
　　　　　中扣除。工程師或其他代表應在上述緊急事件發生後，盡快書面告知承包人。

特殊風險

第 65 條　（一）除了對在特殊風險發生前已按第 39 條規定被視作不應用的工程，承包人

對由以下定義的特殊風險導致的工程損壞，業主或第三方財產損失以及人員傷亡事件不負補償或其他責任。業主要保證承包人不受上述情況引起的索賠、訴訟、費用、開支等的損害，並對承包人進行補償。

(二) 如果工程或在現場、現場附近及運輸經過現場的材料，承包人其他用於或將用於工程的財產將遭受由特殊風險導致的損害。承包人有權得到支付，用以：

(1) 工程師要求的或工程完工所需的，但已被破壞或損壞的永久性工程或材料，將以費用加上工程是認可的合理利潤為基數；

(2) 修整工程被破壞、損壞部分；

(3) 修整材料和承包人其他用於或將用於工程的材料。

(三) 由地雷、炸彈、炮彈、手榴彈或導彈、彈藥爆炸或衝擊導致的，或由戰爭爆發引起的受傷或死亡被視為特殊風險的結果。

(四) 除以下關於爆發戰爭的規定外，業主應向承包人支付因特殊風險導致的進行工程所增加的費用和雜費，但不包括在特殊風險發生前按第39條規定視作不適用的工程的重建。業主一旦知道費用將增加，應立即書面通知工程師。

(五) 特殊風險戰爭、敵對狀態（宣戰或宣戰）、侵略、外國敵對行動、第20條規定的核及壓力波風險，即將進行工程或工程施工、保修所在國發生反叛、革命、暴動、軍事政變、篡權、內戰，只限於承包人和分包人雇工進行工程中發生的騷亂、動亂、混亂。

(六) 如果在合同進行中，世界上爆發戰爭，無論是否宣戰，且戰爭在財政或其他方面對工程造成了實質影響，在合同按本條款規定終止前，承包人應繼續盡力完成工程。業主在戰爭爆發後可隨時書面通知承包人終止合同。這樣的通知發出後，合同將終止，但雙方在本條款下的權利和第67條的操作不終止，且不損害任何一方因以前發生的違約而獲得的權利。

(七) 如果合同按本條款規定終止，承包人應迅速從現場移走所的建築設備，並提供便利使其分包人同樣去做。

(八) 如果合同終止，業主應向承包人支付在終止目前已完成的工程尚未得到支付的部分，款項將按合同規定的價格計算，再加上：

(1) 對已提供工作、服務完成的預備項目應支付的條款，和對經工程確認已完成項目部分應支付的款項；

(2) 為工程所需而訂的材料、貨物的費用，包括已運交承包人的和承包人按法律有義務接收的。業主向承包人支付相應款項後，這些材料、貨物成為業主的財產；

(3) 經工程師確認的，承包人期望完成全部工程所發生的合理費用，且此費用未被以上述及支付所包括；

(4) 按本條款（一）（二）（四）規定應追加的支付；

(5) 按本條款（七）規定清理建築設備的合理費用，如果承包人要求，包括將設備運回其註冊國的主要工廠的費用或運至其他地點的費用（不超過運回註冊國費用）；

(6) 在合同終止時，遣送承包人的工作人員和與工程有關的僱用工人的合理費用。對本條款下業主應支付的款額，業主有權從承包人應付款中抵銷，包括對建築設備、材料的預付款和所有在合同終止日根據合同業主有權從承包人收回的款額。

失效

第 66 條　如果因為戰爭或其他雙方無法控制的因素，合同簽訂後任何一方無法履行其合同義務，或根據合同適用法律，雙方不必繼續履行，則業主針對已進行工程應支付給承包人的款額等於按第 65 條規定合同終止情況下，應支付給承包人的款額。

爭議的解決

第 67 條　如果業主與承包人或工程師與承包人之間就合同本身或工程施工發生爭議或分歧，無論是在工程進行中，還是完工後，無論是在合同終止、放棄前後，無論是在違約前後，應首先提交工程師。工程師在應一方要求後九十天內，將其決定書面通知業主和承包人。此決定將是最終的，對業主和承包人有約束力的，對業主和承包人立即生效，承包人應繼續盡力執行工程合同，無論業主或承包人是否要求仲裁。如果工程師書面通知他的決定九十天後，業主或承包人未提出仲裁的要求，則此決定將仍為最終的，有約束力的。如果工程師未在規定的九十天內通知他的決定，或業主或承包人對其決定不滿意，則業主或承包人可在收到決定通知或九十天限期結束後的九十天內，將爭議提交仲裁。如果工程師的決定不是最終的和的約束力的，爭議和分歧將由按《國際商會仲裁條款》的規定由指定的一名或多名仲裁員裁定。仲裁員有權檢查並改正工程師的決定意見、指示、證書或價格評估。在仲裁過程中，任何一方都可提供當時工程師作決定的證據、爭論。即便工程師曾作出決定，仍不防礙他作為證人在仲裁員面前就提交仲裁的爭議分歧作證。儘管工程尚未完成，仲裁仍可進行，而在工程進行中業主、工程師和承包人的義務不因仲裁而改變。

通知

第 68 條　（一）業主或工程師按合同條款發出的證書、通知、書面命令均應郵寄至承包人的主要經營場所，或承包人指定的其他通訊地址。

（二）所有給業主或工程師的通知均應寄至第二部分條款分別指定的地址。

（三）任何一方可把指定地址改為工程所在國的另一地址，但應事先書面通知另一方。工程師需書面通知雙方。

業主違約

第 69 條　（一）如果業主公

(1) 除去業主有權從應支付給承包人的款額中扣除的部分，根據工程師頒發的證書，業主在應付款項到期三十天內未向承包人支付；或

(2) 干涉、阻礙或拒絕應要求同意頒發這樣的證書；或

(3) 破產、公司進行清算（並非為了重組或合併的目的）；或

(4) 書面通知承包人，因不可預見的原因或經濟狀況混亂，無法再履行其合同業務。承包人如果提前十四天書面通知業主，有權終止合同僱傭關係，並向工程師提交通知副本。

（二）當十四天到期後，儘管有第 13 條（一）的規定，承包人應迅速從現場移走他帶來的所有建築設備。

（三）如果合同如此終止，業主應象合同按第 65 條規定終止時一樣對承包人承擔同樣的支付義務，但除了第 65 條(八)規定的款項，業主還應向承包人支付由於如此終止合同給承包人帶來的損失。

貨幣和匯率

第 70 條　如果在提交標書最後期限前三十天之後，工程所在國政府或政府授權機構，對合同價格計價貨幣實行貨幣管制或貨幣流動管制。業主應補償由此對承包人造成的損失，且不損害承包人使此種情況下可行使的其他權利和救濟措施。

第 71 條　（一）如果合同規定對承包人的支付全部或部分使用外幣，則支　　　付不受特定外幣和工程所在國貨幣間匯率變化的影響。

（二）如果業主要求標書中只使用一種貨幣表示，而支付將用變種貨幣，且承包人已聲明用其他貨幣支付的比例和數額，則由工程所在國中央銀行決定的，提交標書最後期限前三十天當日的比率，將用於換算外幣支付部分款額。這一點應由業主在提交標書前告知承包人或在投標文件中寫明。

（三）如果合同規定用於多種貨幣支付，當按第 58、59 的規定全部或部分使用臨時費用時，其中用外幣支付比例和數額將按本條款（一）（二）的規定確定。

第二部分　特定條款

下列特定條款作為第一部分一般條款的補充。

第一部分中的下列條款經修改：

（略）

第一部分中的下列條款增加內容：

（略）

（二）國際工程招標說明書

國際工程合同 10-2-16

國際工程招標說明書
日期： 合同招標 一、中華人民共和國從世界銀行申請獲得貸款，用於支付＿＿＿＿項目的費用。部分貸款將用於支付工程建築、＿＿＿＿等各種合同。所有依世界銀行指導原則具有資格的國家，都可參加招標。

二、中國_____公司（以下簡稱 A 公司）邀請具有資格的投標者提供密封的標書，提供完成合同工程所需的勞力、材料、設備和服務。

三、具有資格的投標者可從以下地址獲得更多的信息，或參看招標文件：

中國 A 公司

（地址）

四、每一位具有資格的投標者在交納_____美元（或人民幣），並提交書面申請後，均可從上述地址獲得文件。

五、每一份標書都要附一份投標保證書，且應不遲於_____（時間）提交給 A 公司。

六、所有標書將在_____（時間）當著投標者代表的面開標。

七、如果具有資格的國外投標者希望與一位中國國內的承包人組建合資公司，需在投標截止日期前三十天提出要求。業主有權決定是否同意選定的國內承包人。

八、標前會議將在_____（時間）_____（地址）召開。

投標者須知

一、工程概述（根據具體情況寫）

二、資金來源

　　（一）中華人民共和國向世界銀行（以下簡稱 IFI）申請一筆貸款，用以支付工程。其中部分貸款將用於支付此合同工程。只有應中國政府的要求，根據貸款協議的條件，IFI 才會同意付款。除中國外，任何組織不能從貸款協議中獲得權利或取得貸款。

　　（二）世行貸款只用於支付瑞士和中國有商貿關係世行成員國生產的產品和提供的服務。

　　（三）世行貸款不足的部分將由業主用中國政府提供的資金支付。

三、資格要求

　　（一）所有根據世行的「採購指導原則」具有資格的國家均可投標。

　　（二）本合同項下的一切貨物、服務均應來自上述具有資格的國家。本合同項下的一切開支僅限於支付這樣的貨物和服務。

　　（三）貨物、服務來源地與投標者國籍含義不同。

　　（四）為說明自己有資格中標，投標者應向業主提供（一）所規定的證明，保證有效地執行合同。為此，業主和中國 A 公司在公布中標前，可要求投標者更新其先前提供的資格說明材料。投標者提供的材料應包括：

　　(1) 法律地位證明文件複本，註冊地及主要經營場所。如果是合資公司，應提供合資者的材料。

　　(2) 提供主要合同執行人的資格、經歷證明材料。

　　(3) 填寫執行合同計畫所需設備。

　　(4) 填寫可能的分包人。

　　(5) 目前進行中涉及投標者的訴訟的情況。

　　(6) 建設構想細節

　　（五）投標者可更新資格證書申請，在投標日親手交出。

（六）由兩家或兩家以上公司組成的合資企業應滿足以下條件：

(1) 標書和投標成功後的協議對所有合資人都有法律約束力。

(2) 由所有合資人的授權簽字人簽署並提交一份委托書，提名合資中的一個為主辦人。

(3) 合資主辦人被授權承擔義務，代表任何一位或全體合資人接受指導。整個合同的執行，包括款項支付僅由合資主辦人辦理。

(4) 所有合資人根據合同條款對合同的執行共同負責。這點聲明不僅要在上述委托書中，也要在標書和協議（投標成功時）中寫明。

(5) 隨同標書應有一份合資伙伴間協議的副本。

（七）國內投標者、中外合作、合資投標者申請取得百分之七・五的優惠時，應按二九條的要求提供證明合乎標準的材料。

四、投標費用

投標者承擔準備和提交其標書所需的全部費用。無論投標情況怎樣，業主和其代理人中國Ａ公司都不負擔這些費用。

五、現場參觀

（一）建議投標者去工程現場參觀，以便獲得足夠的信息準備標書，撰寫合同。現場參觀費用由投標者自己承擔。

（二）業主或其代理人Ａ公司將準備一份現場參觀交通、食宿安排協議，在標前會議上向投標者宣布。詳細情況在第 16 條有規定。

（三）業主或其代理人Ａ公司將為投標者提供通行證，允許其到工程現場作安排。如果業主或其代理人因發放這樣的通行證，造成投標者或其代理人、人員遭受人身侵害（致命或不致命）傷害，財產遺失或其他損害、開支時，業主或代理人不負責。

投標文件

六、投標文件內容

（一）向投標者發售的一套投標文件可花費_____美元（元）獲得，包括以下幾部分：

　　卷一　投標者須知

　　　　　合同條款：一般條款　　特定條款

　　卷二　技術規範（包括圖紙清單）

　　卷三　投標表格和附件；投標保證書；工程量表；附錄。

　　卷四　圖紙

（二）投標文件包括按條款 8 在開標前發布的附件和按條款 16 召開的標前會議的會議紀要。

（三）具有資格的投標者還可購買更多的文件副本，付費不退還。（人格如下，略）

（四）項目承包人、生產者、供貨人和其他人如欲得到投標文件，不要直接與中國Ａ公司聯繫，應從具有資格的投標者處獲得。

（五）如果在規定的期限內，文件無損壞的被歸還，無論是作為標書的一部分或其他情況下，投標者的資格證明費可被返還：

(1) 若提交標書，費用的_____% 返還；

(2) 若未提交標書，在投標截止日前歸還文件，費用的_____% 返還。

（六）希望投標者認真閱讀投標文件包含的各項內容。投標者要承擔因不遵守文件規定導致的風險。不符合文件規定要求的標書將被拒絕。

（七）投標文件四卷裝訂在一起，投標者應仔細檢查是否缺頁，及附件是否完整。

七、投標文件解釋

潛在投標者可按以下地址書面或電傳通知 A 公司要求解釋文件：

地址：（略）

業主或其他代理人 A 公司在提交標書最後期限前二十八天書面答覆解釋文件的要求。書面答覆將向具有資格並已取得投標文件的投標者散發。

八、投標文件修正

（一）在提交標書最後期限前，業主可根據自己的意願，或應回復潛在投標者的解釋文件的要求，發布附錄修改投標文件。

（二）附錄將用郵件、電傳或電報送達每個持有投標文件的具有資格的投標者，這些文件對他們是有約束力的。潛在的投標者應即時用電傳或電報告知 A 公司附錄已收到。

（三）為了使投標者在準備投標時有時間考慮附錄文件，業主或其代理人 A 公司可按條款 19 的規定延長投標期限。

投標準備

九、標書文字

標書和投標者與業主及其代理人 A 公司之間的一切聯絡均使用英文。投標者標書中的一些輔助文件或小冊子可使用另外的語言，但與投標有關的段落要有英語譯文。在標書翻譯時，以英文為準。

十、組成標書的文件

（一）投標者準備的標書應包括以下幾部件：

(1) 投標表格和附件

(2) 投標保證書

(3) 標價的工程量表

(4) 補充信息目錄表

(5) 資格證明材料

(6) （如果有）可供選擇的報價

(7) 要求提供的其他材料

應一律使用本文件卷三中的表格，工程量表和目錄表。（除了同樣格式延長目錄表和按條款 14（二）的規定使用可供選擇的投標保證書格式）

（二）條款 6（一）描述的投標文件和按條款八發出的附錄均被作標書的組成部分。不需簽字和按條款 17、18 規定提交的投標文件應在投標期限到期前歸還發行者，但不要與標書合在一起。

（三）投標者應隨標書提交一份按合同條款第 14 條要求的形式寫就的初期計畫。

（四）按合同規定可要求中標者討論修改其計畫。

十一、投標價格

（一）除非合同中另有明確規定；合同包括條款1所述全部工程，以投標者提供的項目單價和總價為基礎。

（二）無論工程量是否標明，投標者應對工程量表中的每項工程標明單價和總價。對單價和總從未標明的項目，在建設中業主不予以支付，其價格已包括在工程量表中其他的單價、總價中。

（三）在提交標書前二十八天承包人應付的關稅、稅收和其他稅負應包括在單價和總價及投標總價中。業主在對標書進行評估、比較時，也應如此考慮。

（四）根據合同條款，投標者提出的單價和總价可在執行合同過程國進行調整。投標者應完成表三——價格調整條款——並按合同條款的要求與投書一起提供這樣的配套文件。

十二、投標和支付貨幣

（一）投標者應以人民幣對單價和總價報價。如果投標者以其他貨幣支付中國以外提供的工程投入（稱作「外幣需求」），要在表一外幣需求中寫明投標價格的百分之幾（不包括臨時款項）將用於這樣的外幣支出，無論(1)全部用投標者所在國貨幣或其任貨幣；(2)全部用美元。如果投標者在一部分外幣需求中使用除(1)(2)以外的貨幣，希望業主以同種貨幣付款，則應寫明其在投標價格中的百分比。這比率在合同期內保持不變。在合同條款換算和計算投標價格時，占不同比率的各種貨幣按下條規定的匯率進行換算。

（二）投標者用以兌換貨幣的匯率為提交標書最後日期前三十天，當天中國銀行公布的官方賣出價。如果某種貨幣的匯率未公布，投標應提供匯率並說明其來源。投標準備中使用的匯率適用於合同期的支付。

（三）投標者應在表一(A)外幣與當地貨幣需求及附錄中詳細說明需要的外幣和當地貨幣數量。投標者應說明如何使用這些貨幣，用於但不限於下列方面：

外幣

(1) 工程直接僱用的外籍人員；

(2) 外籍人員的社會收費、保險金和醫療費用及其往來中國的旅行費；

(3) 工程需要進口的臨時或永久性材料；

(4) 工程所需設備的折舊，包括備件；

(5) 進口設備、材料及備件的保險費和運費；

(6) 一般管理費用，國外發生費用。

當地貨幣

(1) 當地勞力；

(2) 當地採購材料；

(3) 其他服務；

(4) 一般管理費用，國內發生費用。

（四）業主可以要求投標者說明其外幣需求的情況，提供證明，證明其單位價格和表一中所需部分是合理的。

（五）投標者應在表二寫明預計合同支付款額，且在表中附工程進行過程中預計的工作量。

十三、標書效力

（一）從特定的投標結束期起六個月內投標書保持有效且可供接受。

（二）在特殊條件下，在原標書有效期結束前，業主或其代理人可要求投標者延長其標書有效期。業主的要求和投標者的答覆均應是書面的，或採用電傳、電報形式。投標者可以拒絕這樣的要求，且不會因此失去其投標保函。答應這樣要求的投標者不得改動其標書，但被要求順延其投標保函有效期。條款14中有關投標保函的返還和失去的規定同樣適用於延長期。

十四、（一）投標者應隨其標書提交一份人民幣投標保函，金額不少於投標價格的2%。

（二）投標保函根據投標者的意願，可採用以下機構開立的擔保支票、銀行匯票、不可撤消信用證或保函的形式：

（1）中國銀行；

（2）中國銀行的任何境外代理行；

（3）在中國經營的其他中國、外國銀行；

（4）投標者在提交標書前即肯定A公司可接受的其他外國銀行。

保函還可以是保險公司或同地的債券公司的付款保證書。銀行保函和付款保證書必須採用本文件包括的樣本形式，其他形式須事先得到業主或其代理人A公司的同意。信用證、銀行保函和投標保函的有效期應比標書有效期應比標書有效期長一個月。

（三）如果投標者同意按13款的規定延長標書有效期，則應相應地把投標保函的有效期延長到標書有效期結束後一個月。

（四）任何未附可接受的投標保函的標書都將被A公司拒絕。

（五）不成功的標書的投標保函將盡快返還，不得遲於標書有效期結束後三十天。

（六）成功的投標者的投標保函將在其開始進行工程和按要求提供履行約保函後返還。

（七）投標保函在下列情況將失去：

（1）投標者在標書有效期內撤消；或

（2）成功的投標者未簽約或未提供必要的履約保函。

十五、供選擇的方案

（一）投標者可提供一份完全符合投標文件要求的基本標書。根據自己的意願，投標者還可在以下幾項上在基本標書之外提出供選的方案：

（1）起動貸款

在開始建設工程前，提供無息貸款，可相當於投標價格的10%。業主由此產生的費用或存款按條款28計算；

（二）在基本標書之外還可提出供選擇的方案。為了在評標中把供選擇的方案考慮在內，每一方案應伴有價格細目表，說明與提交給業主有基本投標價格相比投標者估計會增加或減少的費用。將對基本報價給予比較、評估。評價最低的投標者的供選擇方案將得到考慮。如果供選擇方案是業主可接受的，將寫入合同，未標價或未提供足夠細節的供選擇方案不予接受。

（三）供選擇的技術方案應伴有供全面評價的必要信息，包括設計計算、圖紙、方法及原技術規範中未涉及的材料、工藝的規格，以及供選擇方案的標價細目表和供選擇方案的合同價格。

（四）只有對那些在基本報價基礎上提供另外的財務、經濟和技術好處的供選擇方案，業主才在評價中給予考慮。

十六、標前會議

（一）建議投標者或其正式代表參加於＿＿＿年＿＿＿月＿＿＿日＿＿＿時在＿＿＿舉行的標前會議。

（二）會議旨在回答可能提出的問題，並使投標者有機會檢查現場的情況。

（三）投標者書面或通過電傳、電報提出的問題要求在會議前一週到達 A 公司。

（四）會議紀錄，包括提出的問題及答覆的文本將迅速提供給與會者和全體索取了投標文件的具有資格的投標者。

（五）如果根據標前會議，要對條款 6（一）所列投標文件進行修改，應由業主或其代理人 A 公司通過發行條款八規定的附錄來進行，而不能通過標前會議記錄來進行。

十七、標書格式和簽字

（一）投標者應準備條款 10（一）規定的標書的一個原本和兩個劇本，並分別註明「原本」和「副本」。如果兩者之間有不同，以原本為準。

（二）標書原本和兩個副本應打字或用不能抹掉的墨水書就，並由一名或多名有權責成投標者遵守合同的人士簽字。與標書一起應有一份書面委託書用以證明授權。寫有條目和修定內容的每一頁標書都要有在標書是簽字人士的縮寫簽名。

（三）全套標書不應有改動、行間書寫或塗抹的地方，除非按議程的指示或為改正投標者的錯誤，但這種情況下改正的地方應有在標書上簽字人士的縮寫簽名。

（四）每位投標者只能提交一份標書，不包括按條款一五提交的供選方案。投標者對一個合同只能投一次標。

十八、標書封緘和標記

（一）投標者應把標書原本和兩個副本分別各裝入一個內信封和一個外信封，且在信封上註明「原本」、「副本」。

（二）(1) 內外信封均應註明以下地址：

　　　（A 公司地址）

　　(2) 註明以下事項：

　　　為建設合同工程投標

　　　＿＿＿＿＿＿＿項目

　　　請勿在＿＿＿年＿＿＿月＿＿＿日＿＿＿時打開。

（三）內信封上應寫明投標者姓名和地址，以便在標書誤期的情況下不用打開即可退回投標者。而外信封上不能有任何涉及投標者的信息。

（四）如果外信封不按規定註明有關事項。一旦標書被錯誤處置或提前打開，A 公司對此不負任何責任。提前打開的標書將被業主或其代理人 A 公司拒絕，予以退回。

十九、提交標書最後期限

（一）標書應按上述地址在＿＿＿年＿＿＿月＿＿＿日＿＿＿時之前寄至A公司。

（二）業主或其代理人可通過發布條款八規定的附錄延長提交書的最後期限，但至少應在原期限前七天通過電傳或電報通知所有已索取投標文件的具有資格的投標者。在此情況下，所有原期限下業上和投標者的權利義務順延至新期限結束。

二十、逾期標書

A公司在提交標書最後期限之後收到的標書都將不被打開，退回投標者。

二一、標書修改和撤銷

（一）投標者在提交標書後可對其修改或予以撤銷，只要修改文件和撤標通知在提交最後期限前送達A公司。

（二）投標者的修改文件或撤標通知應按有關提交標書條款的規定準備、封緘、標記和發出。撤銷通知可以通過電傳、電報送達，但隨後應提交一份有簽名的確認件，且其郵戳上日期不能晚於＿＿＿提交標書最後期限。

（三）按條款24條規定，任何標書在最後期限不能再進行修改。

（四）在提交標書最後期限和標書有效期滿之間的時間撤標將按條款一四的規定失去投標證書。

開標和評標

二二、開標

（一）業主或其代理A公司將於＿＿＿年＿＿＿月＿＿＿日＿＿＿時在辦公地點當著出席會議的投標者代表開標，參加開標的投標者代表應簽到。

（二）按條款21提交了撤標通知的標書將不再打開。業主或其代理人將檢查標書是完整，是否提供了要求的投標保證書，文件是否簽字以及是否有條理。

（三）開標時將宣布投標者姓名、投標價格及修定、投標保證書、撤標通知（如果有）以及其他業主或其代理人認為適宜宣布的事項。

（四）業主或其代理人將根據自己的紀錄準備開標會議紀錄，並將盡快與評標報告一起遞交世界銀行。

二三、過程保密

（一）在公開開標後，在向成功投標標者授標前，有關對標書的檢查、解釋、評估及比較以及對授標的建議等信息不應讓投標者或其他與評標過程無關的人士知曉。

（二）如果投標者試圖在此過中對業主施加影響，其投標將被拒絕。

二四、對標書的解釋

為了幫助檢查、評價和比較標書，業主和A公司可要求投標者就其標書作出解釋，包括單位價格細目表。提出解釋要求和相應的回答均是書面的，或通過電傳或電報進行。除非按條款26的規定，就要求對業主在評標過程中發現的數學計算錯誤進行更正，不得對價格或其他標書要素進行修改。

二五、判定是否符合要求

（一）在詳細的評標前，業主和A公司將判定每份標書是否符合投標文件的要求。

（二）符合要求的標書是符合投標文件的所有條件和規格，而沒有實質上的偏差或保留。實質偏差是指對工程的範圍、質量、管理有關質影響，或與投標文件不符，對合同中業主的權利和投標者義務有實質性限制。糾正這樣的偏差或保留，將對其他提交符合要求的標書投標者的競爭力有不公正不影響。

（三）不符合投標文件要求的標書，將被業主和 A 公司拒絕。

二六、改正錯誤

（一）被判定實際符合要求的標書，將由業主檢查是否有數學計算方面的錯誤。以下錯誤交由業主改正：

(1) 當數字與文章表示的數額不同時，以文字表示為準，除非文明確以數字表示為準；

(2) 當單價和以單價乘以數量得到的總價不同時，以單價報價為準，除非業主認為單價存在嚴重錯誤，在這樣的情況下，以總價報價為準，改正單價錯誤。

（二）業主可按上述步驟對標書所列數額錯誤進行更正，如果更正得到投標者的首肯，則對投標者有約束力。如果投標者認為更正的數額會造成困難，可撤標。不過撤標使投標者面臨失去投標保證書的危險。

二七、換算成一種貨幣

投標價格指應按一定比例以不同貨幣向投標者支附款額。為了評價和比較標書，業主可把不同貨幣表示的數額（不包括臨時費用，但包括加班費）以中國銀行開標日人同幣賣出價格將其換算成人民幣。

二八、評價和比較標書

（一）業主和 A 公司只評價和比較那些被判定符合投標文件要求的標書。只對基本報價進行評比，對評價最低的標書授予合同。

（二）在評標中，業主通過下列對報價的調整，確定每份標書的投標價格：

(1) 按條款 26 改正錯誤；

(2) 除去臨時費用和相關條款。如果發生臨時費用計入工程量表中的偶發事件。應包括有競爭力的加班費用；

(3) 換算成一種貨幣；

(4) 按條款 28（三），估加起動貸款費用；

(5) 對在標書價格和上述調整中未得反映的，其他數量變更偏差或替代報價進行適當的調整；

(6) 其他業主認為對執行合同、價格和支附有潛在具大影響的要素，包括標書中不平衡、不現實的單價的作用。

（三）在評標中，每個投標者按條款 15（一）的規定要求的不同的起動貸款給業主造成的費用，按年貼息率 9% 計算，應加在投標的投標價格上。

（四）業主和 A 公司保留接受或拒絕任何變更、偏差和替代報價的權利。超出投標文件要求的變更、偏差、替代報價和其他因素給業主帶來非主動提出的利益的因素在評標中不予以考慮。

（五）在合同執行期內適用的價格調整條款在評標中不予以考慮。

（六）如果成功投標者的報價與工程師對合同工程所需實際費用的估計相差太遠，業主將要求成功投標者自己承擔費用，把按條款 34 提交的履約保函增加，使業主能避免成功投標者今後在執行合同因錯誤引起的損失。

二九、國內投標者優惠

（一）國內投標者滿足以下條件，即在評標過程中有資格享受 7.5% 的優惠：

(1) 在中國註冊；

(2) 中國國民占有大部分所有權；

(3) 不將超過 50% 的合同工程（按價格算）分包給外國投標者。

（二）國內外公司聯合或合資，只要滿足以下條件，有資格享受優惠：

(1) 國內合夥人滿足上述資格標準；

(2) 根據安排，國內合夥人至少完成 50% 的合同工程（按價格算）；

(3) 沒有外方參與在技術或金融方面國內合夥人沒有資格進行合同工程。

（三）實行優惠須遵守下列程序：

(1) 在按條款 28 全面評標後，合乎要求的標書被分成下列幾組：

甲組：國內投標者的標書滿足上述（一）的標準；和合資投標者的標書，滿足上述（二）的標準；

乙組：其他投標者的標書。

(2) 在進一步評估、比較中，相當於投標價格 7.5% 的數額（按條款 28 調整後）將被加在 B 組標書的投標價格上。

授標

三十、授標標準

按條款 31，業主和 A 公司將把合同交給標書符合投標文件的要求，且按條款 28 和 29（如果適用）評價後價格最低的投標者，且該標者有能力和資源有效執行合同。業主和 A 公司不保證報價最低或任何標書將被接受。

三一、業主的權利

儘管有條款 30，業主保留以下權利：接受或拒絕任何標書；在授標前任何時候取消招標，拒絕所有標書，且對因此受影響的投標者不負任何責任，也無義務告知投標者他的行為動機。

三二、授標通知

（一）在業主規定的標書有效期結束前，業主將用電傳或電報（事後用掛號信書面確認）通知成功的投標者其標書已被接受掛號信（合同條款中稱作「接受證書」）中應明確業主在考慮工程建設、完成及維修等因素後將支付給承包人的款額（合同條款中稱作「投標額」）。

（二）授標通知構成合同的一部分。

（三）在成功投標者按條款 34 提交一份履約保函後，業主立即通知其他投標者他們的投標不成功。

三三、簽訂合同

（一）在通知成功投標者後二十八天內，業主將寄去兩份投標文件提供的協議，雙方同意的規定已寫入。

（二）收到協議後二十八天內，成功投標者簽字、封緘使協議生效，把兩份都還給業主。業主簽字協議生效後，還給承包人一份。

三四、履約保函

（一）在收到接受證書後二十八天內，成功投標者應按合同條款由業主提交一份保函，保證將執行合同。保函可以使用投標文件中提供的格式，也可使用其他業主接受的格式。

（二）如果成功投標者提交的是一份銀行保函，則保函應由一家當地銀行，或外國銀行通過一家當地代理行，或投標者認為業主可接受的一家外國銀行開具。

（三）如果保函採取債券方式，債券應由投標者認為可接受的債券公司或保險公司發行。

（四）如果面功投標者未遵守條款33、34的要求，將構成充足理由使業主取消對其授標，投標者還將失去投標保證書。

在此情況下，業主可向其次的評價最低的投標者授標。如果沒有其他投標者，可重新招標。

第九節　國際商標許可合同

（一）國際商標許可合同

1. 本合同的特點：本合同為國際商標許可合同，外國商標授權國內公司許可使用之合同。
2. 適用對象：本合同適用於國際商標許可合同。
3. 基本條款：本合同應訂明授權內容及期限。
4. 相關法條：中華人民共和國商標法。

國際商標許可合同 10-2-7

國際商標許可合同

本協議由＿＿＿＿＿＿公司（以下稱為許可方）和＿＿＿＿＿（以下稱為被許可方）於＿＿＿＿年＿＿＿月＿＿＿日簽訂。

鑑於許可方擁有一定價值並經註冊的商標和服務標誌，且擁有並可出售其他如附文第一節所述的許可方財產，其中包括「商標」。這一商標在廣播或電視中經常使用，並出現在各種促銷和廣告業務中，得到公眾的廣泛認可，在公眾印象中與許可方有密切關係；鑑於被許可方意於在製造、出售、分銷產品時使用這一商標；因此考慮到雙方的保證，達成如下協議：

一、授與許可

　1. 產品

根據以下規定的條款，許可方授與被許可方接受單獨使用這一商標的許可權力，且只在製造、出售、分銷以下產品時使用。

（加入產品描述）

2. 地域

許可協議只在＿＿＿＿＿地區有效。被許可方同意不在其他地區直接或間接使用或授權使用這一商標，且不在知情情況下向有意或可能在其他地區出售協議下產品的第三者銷售該產品。

3. 期限

許可協議自＿＿＿＿日生效，如未提前終止，至＿＿＿＿日期滿。若滿足協議條件，本協議期限每年自動續展，直到最後一次續展終止於＿＿＿＿年 12 月 31 日。始於＿＿＿＿年 12 月 31 日，本許可協議在第一期末自動續展一年，到下一年的 12 月 31 日止，非一方在協議到期前三十天以前書面通知另一方終止協議的執行。

二、付款方式

1. 比例

被許可方同意向許可方支付其或其附屬公司、子公司等出售協議產品的淨銷售額的＿＿＿＿％作為使用費。「淨銷售額」總銷售額減去數量折扣和利潤，但不包括現金折扣和不可收帳目折扣。在製造、出售和利用產品時的費用均不可從被許可方應支付的使用費中折扣。被許可方同意如向其他許可方支付更高的使用費或更高比例的許可使用費，將自動馬上使用於本協議。

2. 最低限度使用費

被許可方同意向許可方支付最低限度使用費＿＿＿＿＿＿美元，作為對合同第一期就支付使用費的最低保證，上述最低限度使用費將在第一期的最後一天或此前支付。在協議簽字時支付的預付款將不包括在內。此最低限度使用費在任何情況下都不會再歸還給被許可方。

3. 定期報告

第一批協議產品裝運後，被許可方應立即向許可方提供完整、精確的報告，說明被許可方在前一期售出的產品數量、概況、總銷售額。詳細列明的總銷售額折扣、淨售額及前一期中的利潤。被許可方將使用後附的，由許可方提供給其的報告樣本。無論被許可方在前一期中是否銷售了產品，均應向許可方提供報告。

4. 使用費支付

除上述最低使用費經外的使用費需在銷售後＿＿＿＿日交付，同時提交的還有上述要求的報告。許可方接受被許可方按協議要求提供的報告和使用費（或兌現支付使用的支票）後，如發現報告或支付中有不一致或錯誤，可以在任何時間提出質疑被，許可方需及時改正、支付。支付應用美元。在許可地內的應繳國內稅由被許可方支付。

三、專有權

1. 除非許可方認可在協議有效期內不在協議有效期區域內再授與別人銷售第一節所述產品時使用這一商標，本協議為限制許可方授與其他人使用這一商標的權力。

2. 協議規定如果許可方向被許可方提出購買第一節所述產品，用於獎勵、贈給或其促銷安排，被許可方有十天時間決定是否同意。如果被許可方在十天內未接受這一要求，許可方有權通過其他生產者進行獎勵、贈給或其他促銷安排。在這種情況下，當其他生產者的價格比許可方向被許可方支付的高時，被許可方有三天時間去滿足生產者生產此種產品的要求。被許可方保證在未得到許可方書面同意前，不把協議產品與其他產品或服務一起作為獎勵，不與其他作為獎勵的產品或服務一起出售協議產品。

四、信譽

被許可方承認與該商標相關聯的信譽價值，確認這一商標相關權力及與該商標相關聯的信譽只屬於許可方，這一商標在公眾印象中有從屬的含義。

五、許可方的所有權及許可方權利的保護

1. 被許可方同意在協議有效期內及其後，不質疑許可方就該商標享有的所有權和其他權利，不質疑本協議的有效性。如果許可方能及時收到索賠和訴訟的通知，許可方保護被許可方，使其不受僅由本協議所授權的商標使用引起的索賠和訴訟損害，許可方可選擇就這樣的訴訟進行辯護。在未得到許可方的同意之前，不應就這樣的索賠和訴訟達成解決辦法。

2. 被許可方同意向許可方提供必要的幫助，來保護許可方就該商標擁有的權利。許可方根據自己的意願，可以自己的名義、被許可方的名義或雙方的名義針對索賠和訴訟應訴。被許可方在可知範圍內將書面告知許可方就協議產品的商標的侵權和仿製行為；只有許可方有權決定是否對這樣的侵權和仿製行為採取行動。若事先未得到許可方的同意，被許可方不應就侵權和仿製行為提出訴訟或採取任何行動。

六、被許可方提供的保證及產品責任保險

被許可方負責為自己和／或許可方就其非經授權使用協議產品商標、專利、工藝、設想思想、方法引起的索賠、訴訟或損失，就其他行為或產品瑕疵導致的索賠、訴訟或損失進行辯護，並使許可方免受損失。被許可方將自己負擔費用，向一家在＿＿＿＿＿＿地區有經營資格的保險公司承保產品責任險，為許可方（同時也為被許可方）因產品瑕疵導致的索賠、訴訟或損失提供合理保護。被許可方將向許可方提交以許可方這保險人的已付款保險單，在此基礎上，許可方才能同意產品出售。如果對保險單有所改動，需事先得到許可方的同意。許可方有權要求被許可方向其提供新的保險單。許可方一詞包括官員、董事、代理人、雇員、下屬和附屬機構，名字被許可使用的人，包裝製造人，名字被許可使用的廣播、電視節目製作人，節目轉播臺，節目主辦者和其他廣告代理，及這些人的官員、董事、代理人和雇員。

七、商品質量

被許可方同意協議產品將符合高標準，其式樣、外觀和質量將能發揮其最好的效益，將保護並加強商標名譽及其代表的信譽。同時協議產品的生產、出售、分銷將遵守適用的聯邦、州、地方法律，並不得影響許可方、其計畫及商標本身的名聲。為了達到這一目標，被許可方應在出售協議產品之前，免費寄給許可方一定量的產品樣品，其包裝紙箱、集裝箱和包裝材料，以取得許可方的書面同意。向許可方提交的每一份產品在得到其書面同意前不能視作通過。樣品按本節所述得到同意後，被許可方在未得到許可方的書面同意前不能作實質變動。而許可方除非提前五十天書面通知被許可方，不能撤銷其對樣品的同意。在被許可方開始出售協議產品後，應許可方的要求，將免費向許可方提供不超過＿＿＿＿＿件的隨機抽樣樣品及相關紙箱、包裝箱及包裝材料。

八、標籤

1. 被許可方同意在出售許可合同項下產品或產品廣告、促銷和展示材料中將根據第一節附文中商標權第五、六條的規定標明「註冊商標＿＿＿＿＿＿公司＿＿＿＿年」，或其他許可方要求的標誌。如果產品、或其廣告、促銷、展示材料含有商標或服務標誌，應標明註冊的法律通知及申請。如果產品在市場出售時其包裝紙箱、集裝箱或包裝材料是帶有商標，在上述物品上也應標明相應標誌。被許可方在使用小牌、標

　　簽、標記或其他標誌時，在廣告、促銷和展示材料中標明商標，需事先得到許可方的同意。許可方的同意不構成此協議下許可方權力和被許可方責任的放棄。

2. 被許可方同意與許可方真誠合作，確保和維護許可方（或許可方的授予人）對商標擁有的權力。如果商標、產品、相關材料事先未註冊，被許可方應許可方的要求，由許可方承擔費用，以許可方的名義對版權、商標、服務標誌進行恰當註冊，或應許可方要求，以被許可方自己的名義註冊。但是，雙方確認本協議不能視作向被許可方轉讓了任何與商標有關的權利、所有權和利益。雙方確認除根據本許可協議被許可方享有嚴格按協議使用商標的權利外，其他相關權利都由許可方保留。被許可方同意協議終止或期滿時，將其已獲得的或在執行協議項下行為而獲得的有關商標的一切權利、權益、信譽、所有權等交回給許可方。被許可方將採取一切許可方要求的方式來完成上述行為。此種交回的權利範圍只能基於本協議或雙方的契約而產生。

3. 被許可方同意其對商標的使用不損害許可方的利益，而且因為其使用該商標而取得關於商標的任何權利。

九、促銷資料

1. 在任何情況下，被許可方如果期望得到本協議產品的宣傳材料，那麼生產該宣傳材料的成本和時間由被許可方承擔。所有涉及本協議商標或其複製品的宣傳材料的產權歸被許可方所有，儘管該宣傳材料可能由許可方發明或使用，而許可方應有權使用或將其許可給其他方。

2. 許可方有權，但沒有義務使用本協議商標或被許可方的商標，以使本協議商標、許可方或被許可方或其項目能夠完滿或卓越。許可方沒有義務繼續在電臺或視臺節目中宣傳本協議商標或其數字、符合或設計等。

3. 被許可方同意，在沒有得到許可方的事先書面批准的情況下，不在電臺或電視臺作使用本協議商標的產品的宣傳廣告。許可方可以自由決定同意批准或不批准。

十、分銷

1. 被許可方同意將克盡勤勉，並且持續製造、分銷或銷售本協議產品，而且還將為此做出必要和適當的安排。

2. 被許可方在沒有得到許可方的書面同意前，不得將本協議產品銷售給那些以獲取佣金為目的、有可能將本協議產品當作促銷贈品有、以促進其搭售活動目的的及銷售方式有問題的批發商、零售商、零售店及貿易商等。

十一、會計紀錄

　　被許可方同意建立和保留所有有關本協議下交易活動的會計本和紀錄。許可方或其全權代表有權在任何合理的間內查詢該會計帳本或紀錄及其他所有與交易有關的、在被許可方控制下的文件和資料。許可方或其全權代表為上述目的可摘錄其中的內容。應許可方的要求，許可方應自行承擔費用，將其至許可方提出要求之日止的所有銷售活動情況，包括數量、規格、毛價格和淨價格等以獨立的、公開帳本方式，向被許可方提供一份詳細的會計報告申明。所有的會計帳本和紀錄應保留至本協議終止兩年後。

十二、破產、違約等

1. 如果被許可方在達成協議後三個月內未開始生產和銷售一定量的第一節所述的產品，或者三個月後的某個月未銷售產品（或類產品），許可方在採取其他補償措施以外，可書面通知被許可方因其該月未生產銷售協議產品（或類產品）而終止合同。通知自許可方寄出之日起生效。

2. 如果被許可方提出破產陳訴，或被判破產，或對被許可方提起破產訴狀，或被許可方無償還能力，或被許可方為其債權人有利益而轉讓，或依照破產法作出安排，或被許可方終止經營，或有人接收其經營，則此許可合同自動終止。除非得到許可方書面表示的同意意見，被許可方、其接收者、代表、委託人、代理人、管理人、繼承人或被轉讓人無權出售、利用或以任何方式經營協議產品，或相關的紙箱、集裝箱、包裝材料、廣告、促銷和陳列材料。這是必須遵守的。

3. 如果被許可方違反了本協議條款下的義務，許可方在提前十天書面通知後有權終止合同，除非被許可方在十天內對其違約行為做出全部補償，令許可方滿意。

4. 根據第12條所述條款，終止合同將不影響許可方對被許可方擁有的其他權利。當協議終止時，基於銷售額的使用費即刻到期需馬上支付，不能缺交最低限度使用費，且最低限度費將不再返還。

十三、競爭產品

　　如果協議第一節所述的產品與目前、今後生產的使用該商標的產品，或其下屬、附屬機構生產使用該商標的產品相矛盾，許可方可以終止協議。許可方書面通知被許可方後三十天此通知生效。據第15條的條款，被許可方在協議終止後有六十天時間來處理手中的協議產品和在接到終止協議通知前正生產的產品。然而，如果在六十天期間，對協議產品的終止有效，被許可方應繳納的實際使用費少於當年的預付保證金，許可方將把簽約當年已付的預付保證金與實際使用費之間的差額退還給被許可方。上句所述的退還條款僅適用於第13條規定的協議終止情況，而不影響除表述相矛盾的條款外其他所有條款的適用性。

十四、最後報告

　　在協議期滿前六十天內，或收到終止通知的十天以內，或是在無需通知的協議終止情況下十天以內，被許可方應向許可方出具一份報告以說明手中的和正在加工的協議產品數量和種類。許可方有權進行實地盤存以確認情況和報告的準確。若被許可方拒絕許可方的核查，將失去處理存貨的權利。許可方保留其擁有的其他法律權利。

十五、存貨處理

　　協議根據第12條的條款終止後，在被許可方已支付預付款和使用費，並已按第2條要求提供報告的情況下，如協議中無另外規定，被許可方可以在收到終止協議通知後六十天內處理其手中的和正在加工的協議產品。合同期後，或因被許可方未在產品，或其包裝紙箱、集裝箱、包裝材料和廣告、促銷、展示材料上加貼版權、商標和服務標誌註冊標籤，或因被許可方生產的產品的質量、式樣不符合第7條所述許可方的要求，而導致協議終止，被許可方不得再生產、出售、處理任何協議產品。

十六、協議終止或期滿的效果

　　協議終止或期滿後，授予被許可方的一切權利即刻返還許可方。許可方可自由地向他人轉讓在生產、出售、分銷協議產品過程中使用該商標的權利。被許可方不得再使用該商標，或直接、間接地涉及該商標。除第15條所述的情況外，被許可方不得在製造、出售、分銷其自己的產品時使用類似的商標。

十七、對許可方的補償

　　1. 被許可方認識到（除另有規定外），如果其在協議生效後三個月內未開始生產、分銷一定量的協議產品，或在協議期內未能持續的生產、分銷、出售協議產品，將立即導致許可方的損失。

　　2. 被許可方認識到（除另有規定外），如果在協議終止或期滿後，未能停止生產、出售、分銷協議產品，導致許可方不可彌補的損失，並損害後繼續被許可方的權利。被許可方認識到，對此沒有恰當的法律補償。被許可方同意在此情況下，許可方有權獲得衡平法上的救濟，對被許可方實施暫時或永久禁令，或實施其他法庭認為公正、恰當的裁決。

　　3. 實施這些補償措施，不影響許可方在協議中規定享有的其他權利和補償。

十八、無法執行協議的原因

　　若由於政府法規的變化，或因國家緊急狀態、戰爭狀態和其他無法控制的原因，一方無法執行協議，書面通知對方原因和希望解除協議的意願，則被許可方將免除協議下的義務，本協議將終止，而基於銷售的使用費將立即到期即付，最低限度使用費將不會返還。

十九、通知

　　除非有更改通知的書面通知，所有的通知、報告、聲明及款項應寄至協議記載的雙方正式地址。郵寄日視作通知、報告等發出之日。

二十、不允許合資企業

　　根據本協議，雙方不應組成合伙人關係或合資企業。被許可方無權要求或限制許可方的行為。

二一、被許可方不得再行轉讓、許可

　　本協議和協議下被許可方的權利、義務，未經許可方書面同意，不得轉讓、抵押、再許可，不因法律的實施或被許可方的原因而受到阻礙。

　　許可方可以進行轉讓，但需向被許可方提供書面通知。

二二、無免責

　　除非有雙方簽字的書面契約，本協議的任何條款不得被放棄或修改。本協議以外的陳述、允諾、保證、契約或許若都不能代表雙方全部的共識。任一方不行使或延誤行使其協議下的權利，將不被視作對協議權利的放棄或修改。任一方可在適用法律允許的時間內采取恰當的法律程序強制行使權利。除了如第 6 條和第 12 條的規定，被許可方和許可方以外的任何人、公司、集團（無論是否涉及該商標），都不因本協議而獲得任何權利。

　　按契約規定時間執行協議的雙方：

　　許可方　　　　　　　被許可方

　　簽字人：　　　　　　簽字人：

　　職　務：　　　　　　職　務：

第十節　出版授權合同

（一）出版授權協議書

1. 本合同的特點：本合同為出版授權協議書，權利人授權出版人出版其作品。
2. 適用對象：本合同適用於出版授權協議書。
3. 基本條款：訂立本協議應明記作品名稱、著作人、授權範圍。
4. 相關法條：中華人民共和國著作權法。

出版授權合同 10-2-18

出版授權協議書

協議簽定時間：2004 年 05 月 12 日

協議雙方：○○○（以下稱權利人）
　　　　　○○○（以下稱出版人）

協議內容：權利人與出版人雙方經友好協商，就《○○○○》／○○○編著／（以下稱作品）的中文繁體字版的印刷、出版、銷售權僅限（以下稱權利）達成協議。

第 1 條　授權

1.1　權利人依本協議的諸項條款，在此授予出版人在本協議規定之協議有效期內獨家印刷、出版和銷售作品之中文繁體字版權利。本協議所涉權利之授予僅限於臺灣地區。作品其他版本的權利之授予不在本協議範圍之內。

1.2　本協議的期限為八年（以下簡稱「協議有效期」），自出版人支付預付款之日起。協議有效期的延長或提前終止按本協議另行規定。合約期滿出版人有權繼續出售已支付版稅的存書至售完為止。

1.3　權利人依本協議給予出版人之權利為獨家授權，出版人有權排除任何第三方，包括權利人，以本協議所規定之相同方法使用權利。在本協議有效期內，款經權利人書面許可，出版人不得將上述權利全部或部分授予第三方。

1.4　除依本協議授予出版人之諸項權利外，權利人對作品享有其他權利仍由權利人享有。

第 2 條　保證

2.1　權利人保證，在本協議有效期內，有充分的權益簽定本協議，並合法地擁有其在本議中將授予出版人的權利及出版人行使該權利有關的其他權利。本協議所涉之權利授予是由原始權利人或作者經書面授權，該書面授權文件為本協議之附件。

2.2　如果有任一第三方就出版行使的權利人授予之權利而向出版人提出任何索賠、訴訟或其他任何法律行動，權利人將承擔一切法律責任，並將賠償因此給出版人造成的一切損失、損害和費用。

2.3　權利人保證在本協議簽定之日起三十日內向出版人提供三冊作品樣書。

2.4　出版人保證，自本協議簽定之日起十八個月內出版作品之中文繁體字版（以下稱「出版人版」）。

2.5　出版人保證作品之完整、忠實、準確。未事先徵得權利人書面同意不得對上述作品的標題或內容進行壓縮或刪節。

2.6　出版人保證採取必要的步驟自費依當地版權法以權利人的名義登記作品的出版權。出版人並同意依現行國際版權公約所得版權保護的收益，並以出版人自己的費用對侵權人以民事與刑事法律相關的一切權利。

2.7　出版人保證作品名稱及權利人的名稱應以作品的語言出現在本書出版人出版的每本書的書名頁或版權頁上。出版人版的每本書的書名頁或版權頁上應印有以下文字：
作品版權（權利人出版時間）歸○○○所有，特此聲明，保留一切權利。（出版人版語言）版的版權（出版人出版時間）歸（出版人名稱）所有，保留一切權利。未經出版人書面許可，不得翻印或以任何形式或方法使用本書中的任何內容或圖片版權所有。

2.8　出版人保證在出版入版中不得出現任何誹謗、污穢之語，不得侵犯任何商品名、商標筆版權，不得侵犯個人及權利人的權利、相關法律，及出版人版發行的地區的第三方的權利及相關法律。

2.9　出版人保障權利人及其所有成員和代理人的權利，使其避免所有的損失、傷害、負債及各種費用，包括律師費、違反出版協議所造成的費用及第三方提出的與此有關的費用。

2.10　出版人保證將採取一切合理步驟促進出版人版的銷售。

2.11　出版人保證出版入版具有高質量的印刷用紙和裝幀。

2.12　權利人保證在合同有效期內，不自行或委託第三者向臺灣出口或直接銷售本作品的簡體字版圖書。

第 3 條　　版權使用費

3.1　出版人同意第一版最低印數為一千冊。按不同印數向權利人支付版權使用費，即一至三千冊，版稅率為 6%；三千零一冊以上為 8%。

3.2　出版使用費以美元結算。

3.3　出版人向權利人支付七百五十美元作為不退還的，依本協議所定版權使用費計算的全部版權使用費的簽約預付金，作為第一筆版權使用的一部分，並在簽約後的三十日內支付給權利人。

3.4　出版人應於每年 6 月 30 日和 12 月 31 日結束的每六個月期滿後三十日內向權利人提供一份有關出版人版的定價、庫存數、銷售情況和其他與本協議中對該時期內版權使用費計算有關信息的報告。該時期內的版權使用費應於每份上述報告遞交時一並結算並支付給權利人。

3.5　版權使用費的結算與支付應準時足額。如未能進行準時足額的結算與支付，則體協議將自動終止，依本協議所授予之權利將自動由權利人收回並不影響任何本協議應付之款項及權利人有權提起之訴訟。如權利人要求，出版人須向權利人提供有關作品印數和已售出冊數的保證書。

3.6　本協議所涉作品不止一部，為一套叢書中的一部分，則：
　　(1) 最終應對每部作品單獨結算；
　　(2) 每部作品應出版單行本，未經權利人書面同意，不得與其他作品合併出版；
　　(3) 未經權利人事先書面同意，出版人版中不得印有或插入廣告。

第 4 條　　樣書提供

4.1　出版人版第一版出版後三十日內，出版人應向權利人免費提供樣書每種八冊。

第 5 條　重印

5.1　在協議有效期內，作品出版人版之重印由出版人決定，但須將印數和出版時間如實及時通知權利人。

第 6 條　報紙刊載

6.1　權利人同意，出版人有權許可報社、雜誌社刊載作品。出版人應及時將報刊使用作品的情況通知權利人，並依商定將所得報酬支付給權利人。

第 7 條　終止協議

7.1　當以下一種或幾種情況發生時，權利人可以用書面通知的形式終止本協議，不妨礙權利人就所受損害或其他原因向出版人終止協議：

　　(1) 如出版人在本協議規定有效期或此後十天內未支付款項；

　　(2) 如出版人或其合夥人破產，或由於其任何部分遭到破產清算或其任一合夥人破產；

　　(3) 如出版人有其他可以補救或賠償的違約行為，但在收到權利人要求補救或賠償的書面通知後九十日內仍不補救或賠償；

　　(4) 如出版人在本協議第 1.2 條規定的協議有效期內，聽任該版本脫銷超過六個月；

　　(5) 因出版人原因未在本協議 2.4 條規定之期限出版上述著作，應盡快同權利人重新商定出版日期；如仍未按期出版，權利人可終止本協議，並要求出版人賠償損失。

7.2　如果出版人發現權利人在本協議有效期內權利人喪失了依本協議授權出版人行使的權利，則應立即書面要求權利人盡快恢復該權利。如權利人在收到出版人書面通知後三十日仍不能以官方文件證明該權利以得到恢復，則出版人有權單方面解除本協議。

7.3　權利人可能給予出版人的時間寬限或其他寬限不構成本協議下權利人權利的任何放棄。

第 8 條　其他

8.1　本協議的履行和解釋依中華人民共和國法律。雙方因協議的履行或解釋發生爭議，應通過友好協商解決。協商不成，該爭議提交北京中國國際經濟貿易仲裁委員會進行仲裁，並適用該仲裁規則。仲裁的裁決為終為終局裁決，對雙方有約束力。

8.2　本協議由雙方具有有效授權之代表簽署。

權利人：	出版人：	
代表：	代表：	
地址：	地址：	
電話：	電話：	
經辦人：	經辦人：	分機：
簽約日：　年　月　日	簽約日：　年　月　日	

第3章　國有地使用合同

（一）國有土地使用權出讓合同（一）（成片土地出讓合同）

1. **本合同的特點**：本合同為土地使用出讓合同書，由受讓人支付價金給讓與人，由受讓人取得國有土地使用權。
2. **通用對象**：本合同通用於讓與人出讓國有土地使用權，受讓人取得國有土地使用權。
3. **基本條款**：讓立本合同應註明讓與人、受讓人、土地位置、面積、讓與價格、使用年限。
4. **相關法條**：中華人民共和國城鎮國有土地使用權出讓和轉讓暫行條例。

土地使用合同 10-3-1

國有土地使用權出讓合同
（成片開發土地出讓合同）

第一章　總則

第1條　本合同雙方當事人：
　　　出讓方：中華人民共和國＿＿＿＿＿省（自治區、直轄市）＿＿＿＿＿市（縣）土地管理局（以下簡稱乙方）；
　　　受讓方：＿＿＿＿＿＿＿＿＿＿＿＿＿＿（以下簡稱乙方）；
　　　根據《中華人民共和國城鎮國有土地使用權出讓和轉讓暫行條例》、《外商投資開發經營成片土地暫行管理辦法》和國家及地方有關規定，雙方本著平等、自願、有償的原則，通過友好協商，訂立本合同。

第2條　甲方依據法律和本合同規定出讓土地使用權，土地所有權屬中華人民共和國。地下資源、理藏物均不在土地使用權出讓範圍。

第3條　乙方根據本合同受讓的土地使用權，在使用年限內可以轉讓、出租、抵押或用於其他經濟活動，其合法權益受到國家法律保護；但不得進行中華人民共和國法律所不允許的活動。乙方負有依法合理開發、利用、保護土地的義務。

定義

第4條　本合同所使用的特定詞語定義如下：
　　　1.「地塊」指本合同項下；甲方向乙方出讓土地使用權的範圍，即本合同第5條界定的範圍。

2. 「總體規劃」指經中國政府批准的_____開發區域的土地利用和開發建設總體規劃。

3. 「成片開發規劃」指依據總體規劃編制的，經中國政府批准的受讓土地使用權範圍內各項建設的具體布置、安排，以及開發後土地利用方案。

4. 「公用設施」指依照成片發規劃對地塊進行綜合性的開發建設，建成的供排水、供電、供熱、道路、通信等供公共使用的設施。

第三章　出讓地塊的範圍、面積和年限

第 5 條　甲方出讓給乙方的地塊位於_____。（見附件_____地塊地理位置圖，略）。

第 6 條　第 5 條所指地塊總面積為_____平方米。

第 7 條　本合同項下的土地使用權出讓年限為_____年；自取得該地塊《中華人民共和國國有土地使用證》之日起算。

第四章　土地用途

第 8 條本合同項下的出讓地塊、按照批准的總體規劃是建立一個以開辦和經營工業項目（建設項目）為主的工業區（綜合區），亦准許_____% 用地開辦一些與之相配套的生產和生活服務設施。（註：根據具體情況定）。

第 9 條　本合同附件《土地使用條件》是本合同的組成部分，與本合同具有同等的法律效力。乙方同意按《土地使用條件》使用土地。

第 10 條　本合同附件《土地使用條件》是本合同第 8 條規定的土地用和《土地使用條件》，應當取得甲方同意，依照有關規定重新簽訂土地使用權出讓合同，調整土地使用權出讓金，並辦理土地使用權登記手續。

第五章　土地費用及支付

第 11 條　乙方同意按本合同規定向甲方支付土地使用權出讓土地使用費、乙方向第三方轉讓時的土地增值稅以及國家有關土地的稅（費）。

第 12 條　該地塊的土地使用權出讓金為每平方米_____元人民幣，總額為_____元人民幣。

第 13 條　本合同經雙方簽字後_____日內，乙方須以現金支票或現金向甲方繳付土地使用權出讓金總額的_____% 共計_____元人民幣，作不履行合同定金，定金抵作出讓金。

乙方應在簽訂本合同後_____日內，支付完全土地使用權出讓金。

第 14 條　乙方在向甲方支付全部土地使用權出讓金後_____日內，依照規定申請辦理土地使用權登記手續，領取《中華人民共和國國有土地使用證》，取得土地使用權。

第 15 條　乙方同意從_____年開始，按政府規定逐年繳納土地使用費，繳納時間為當年_____月_____日。土地使用費每年每平方米為_____元人民幣。

第 16 條　除合同另有規定外，乙方應在本合同規定的付款日或付款日之前，將合同要求支付的費用匯入甲方的銀行帳戶內。

銀行名稱：_____

銀行_____分行，帳號為_____。

甲方銀行、帳號如有變更，應在變更後_____日內，以書面形式通知乙方，由於甲方未及時通知此類變更而造成誤期付款所引起的任何延遲收費，乙方均不承擔違約責任。

第六章　土地使用權轉讓

第 17 條　乙方在實施成片開發規劃，並完成全部公用設施建設，形成工業用地和其他建設用地條件（除土地出讓金外項目連續投資必須達到投資總額的_____%，或建成面積達到設計總面積的_____%，或根據具體情況）後，有權將合同項下部或部分地塊的餘期使用權轉讓（包括出售、交換和贈與）。

第 18 條　土地使用權轉讓的受讓人除法律另有規定外，可以為中華人民共和國境內外的公司、企業、其他組織和個人。

雙方簽訂的轉讓合同，不得違背中華人民共和國的法律、和本合同規定。

第 19 條　乙方在作出轉讓_____日前應通知甲方。轉讓雙方在轉讓合同簽字後_____日內，應將轉讓合同及有關附件的正本送交當地土地管理部門，申請辦理土地使用權變更登記手續，換領土地使用證，並按照國家有關規定繳納土地增值稅。

第 20 條　自轉讓合同生效之日起，本合同和登記文件中所載明的權利、義務隨之轉移。

第 21 條　土地使用權和地上建築物、其他附著物所有權分割轉讓的，應當經甲方和房產管理部門批准，並依照規定辦理過戶登記手續。

第七章　土地使用權出租

第 22 條　乙方按本合同規定完成全部或部分地塊的公用設施並建成通用工業廠房以及相配套的生產和生活服務設施等地上建築物後，有權作為出租人將本合同項下全部或部分地塊餘期使用權建同地上建築物、其他附著物租賃給承租人使用。

第 23 條　出租人與承擔人簽訂的租賃合同不得違背中華人民共和國法律、法規和本合同的規定。

第 24 條　土地使用權隨同地上建築物、其他附著物出租，出租人應當依照規定辦理有關登記手續。

第 25 條　本合同項下的全部或部分地塊使用權出租後，出租人必須履行本合同。

第八章　土地使用權抵押

第 26 條　乙方有權將本合同項下全部或部分地塊餘期使用同一個或數個抵押人作出一全或數個抵押。抵押人與抵押權人簽的抵押合同不違背中華人民共和國的法律、法規和本合同的規定。

每一抵押所擔保的債務必須是乙方為開發本合同項下地塊所承擔的債務。

第 27 條　乙方在作出抵押＿＿＿日前應通知甲方。乙方在抵押合同簽字後＿＿＿日內應將抵押合同，以及由此獲得的經公證的期票（或貨款協議）及關附件正本送交當地土地管理部門，申請辦理土地使用權抵押登記。

依照有關規定處分抵押財產而取得被抵押土地使用權的抵押權人或第三人，應在實現抵押權後＿＿＿日內，辦理土地使用權變更登記手續。

第九章　期限屆滿

第 29 條　本合同規定的使用年限屆滿，甲方有權無償收回出讓塊的使用權，並無償取得地塊建築物及其他附著物所有權。土地使用應當交還土地使用證，並依照規定辦理土地使用權註銷登記手續。

第 30 條　本合同規定的使用年限屆滿，乙方如須繼續使用該地塊，須在期滿＿＿＿天前向甲方提交續期申請書，並經甲方同意在確定了新的土地使用權出讓年限和出讓金及其他條件後，簽訂續期出讓合同，並重新辦理土地使用權登記手續。

第 31 條　本合同存續期間，在特殊情況下，根據社會公共利益的需要，甲方可以依照法定程序提前收回出讓塊的使用權，並根據土地使用者已使用的年限和開發利用土地的實際情況給予相應的補償。

第十章　不可抗力

第 32 條　任何一方由於不可抗力造成的部分或全部不能履行合同不負任。但應在條件允許下採取一切必要的補救措施以減少因不可抗力造成的損失。

第 33 條　遇有不可抗力的一方，應在＿＿＿小時內將條件的情況以信件或電報（電傳或傳真）的書面形式通知另一方，並且在事件發生後＿＿＿日內，向另一方提交合同不能履行，或部分不能履行或需要延期履行理由的報告。

第十一章　違約責任

第 34 條　如果一方未履行本合同規定的義務，應承擔違約責任。

第 35 條　如果由於甲方的過失而致使乙方對該地塊使用權有的延期，甲方應賠償乙方已付出讓金＿＿＿％的違約金。

第 36 條　乙方在該地塊上未開發計畫進行建設，應繳納付出讓金＿＿＿％的違約金；連續兩年未投資建設的，甲方有權賠償收回該地塊土地使用權。

第 37 條　如果乙方不能按時支付任何應付款項（出讓金除外）從滯納之日起，每日按應繳納費用的＿＿＿％繳納滯納金。

第 38 條　如果乙方未按合同規定期限和要求完成公用設施建設，則應在規定完成日期至少＿＿＿日前通知甲方。如果甲方認為必要，可根據情況適當延長完成日期；如果有在規定期限內通知甲方，或甲方有理由認定上述延期理由無法成立並不同意延期，甲方有權無償收回部分土地使用權。該部分土地使用權占全部土地使用權的比例與未開發的公用設施占全部要求開發的公用設施比例相等。

第 39 條　在頒發土地使用證後，因不可抗力的特殊情況，乙方在＿＿＿＿年內未能招引並安排該地塊內所有興建的項目，則應在規定日期至少＿＿＿＿日前通知甲方，經雙方協商，可根據情況適當延長本合同規定的建設期限，否則，甲方有權無償收回並安排建設項目地塊的使用權。

第十二章　通知

第 40 條　本合同要求或允許的通知和通訊，不論以何種方式，均自實際收到時起生效。雙方的地址應為：

甲方：　　　　　　　　　乙方：

法人信所地＿＿＿＿＿＿＿＿＿；法人信所地＿＿＿＿＿＿＿＿＿；

郵政編碼＿＿＿＿＿＿＿＿＿；郵政編碼＿＿＿＿＿＿＿＿＿；

電話號碼＿＿＿＿＿＿＿＿＿；電話號碼＿＿＿＿＿＿＿＿＿；

電傳＿＿＿＿＿＿＿＿＿＿＿；電傳＿＿＿＿＿＿＿＿＿＿＿；

傳真＿＿＿＿＿＿＿＿＿＿＿；傳真＿＿＿＿＿＿＿＿＿＿＿；

電報掛號＿＿＿＿＿＿＿＿＿；電報掛號＿＿＿＿＿＿＿＿＿；

任何一方可變更以上通知通訊地址，在變更後＿＿＿＿日內應將新的地址通知另一方。

第十三章　適用法律爭議解決

第 41 條　本合同訂立、效力、解釋、履行及爭議的解決均受中華人民共和國法律的保護和管轄。

第 42 條　因執行本合同發生爭議，四爭議雙方協商解決，協商不成，雙方同意向＿＿＿＿＿＿＿仲裁員會申請仲裁（當事人雙方不在合同中約定仲裁機構，事後又沒有達成書面仲裁協議的，可以向人民法院起訴）。

第十四章　附則

第 43 條　本合同經雙方法定代表人（授權委託代理人）簽字，並經有權一級政府批准後生效。

第 44 條　本合同採用中＿＿＿＿兩種文字書寫，兩種文字具有同等法律效力。兩種文字如有不符，以中文為準。合同的中文正本一式＿＿＿＿份，雙方各執＿＿＿＿份。

第 45 條　本合同於＿＿＿＿年＿＿＿＿月＿＿＿＿日在中國＿＿＿＿省（自治區、直轄市）＿＿＿＿市（縣）簽訂。

第 46 條　本合同未盡事宜，可由雙方約定後作為合同附件。合同附件與本合同具有同等法律效力。

甲方：　　　　　　　　　乙方：

中華人民共和國＿＿＿＿省＿＿＿＿（自治區、直轄市）＿＿＿＿市＿＿＿＿（縣）土地管理局（章）

＿＿＿＿＿＿＿＿＿＿＿＿＿＿＿（章）

甲方法定代表人（委託代理人）＿＿＿＿＿＿＿＿＿＿＿＿＿＿（簽字）

乙方法人代表人（委託代理人）＿＿＿＿＿＿＿＿＿＿＿＿＿＿＿＿（簽字）

附件：

土地使用條件
（成片開發經營項目）

一、成立開發企業

1.1　土地使用者須依照中華人民共和國有關法律、法規成立從事土地開發經營的開發企業，開發企業依照《中華人民共和國城鎮國有土地使用權出讓和轉讓暫行條例》規定取得開發區域的土地使用權。開發企業依法自主經營轄權，開發企業與其他企業的關係是商務關係。

　　開發企業的經營活動應遵守中華人民共和國的法律、法規，其合法權益受中華人民共和國法律保護。

二、界樁定點

2.1　《國有土地使用權出讓合同》（以下簡稱本合同）正式簽訂後＿＿＿＿＿日內，＿＿＿＿＿＿市（縣）土地管理局會同開發企業依出讓宗地圖各界址點實地核定所示座標的界樁；面積無誤後，雙方在出讓宗地圖上簽字認定。界樁由開發企業妥善保護，不得私自改動，界樁遭到破壞或移動時，應及時報告＿＿＿＿＿＿市（縣）土地管理局，請求恢復界址測量，重新埋設界樁。

三、土地利用要求

3.1　開發區域內土地使用必須符合本同規定的土地用途。

3.2　開發區域內生活配套設施用地應控制在總用地的＿＿＿＿＿％以內。

3.3　開發企業應編制開發區域內的成片開發規劃，成片開發規劃應在得到批准後實施。

3.4　開發區域在城市規劃範圍內的，開發企業擬定的成片開發規劃必須符合城市總體規劃要求，並按有關規定報省級政府批准。並按批准的規劃實施，如確需修改，必須征得原批准機關同意。

四、公用設施

4.1　開發區域內的全部分用設施由開發企業在本合同生效之日起＿＿＿＿＿日內，建成並使其達到中國現行設計和施工規範標準。

　　開發企業投資建設區域內自備電站、熱力站、水廠等生產性公用設施，可由開發企業自主經營，也可交地方公用事業企業經營。公用設施能力有富餘，需要供應區域外，或需要與區域外設施聯網運行的，開發企業應與地方公用事業企業按國家有關規定簽訂合同，按合同規定的條件經營。

4.2　開發企業需接引區域外的水、電、熱等資源，提供接戰和服務的，須與中國政府有關部門另簽合同，並由地方公用事業企業負責經營。

4.3　開發區域的郵電通信事業，由郵電部門統一規劃、建設與經營。也可以經＿＿＿＿＿省（自治區、直轄市）郵電主管部門批准，由開發企業投資，或者開發企業與郵電部門合資建設通信設施，建成後移交郵電部門經營，並根據雙方簽訂的合同，對開發企業給予經濟補償。

4.4　開發企業可以按照國家交通主管部門的統一規劃建設和經營專用港區和碼頭。開發區域地塊範圍涉及海岸港灣或者江河建港區段時，岸線由國家統一規劃和管理。

4.5　公用設施完成後，開發企業可以依照中華人民共和國法律組成一個或多個對公用設施進行開發、經營為目的的合資、合作企業。

4.6　開發企業必須根據總體規劃要求，在該開發區域內為政府行政、司法管理部門無償提供公用設施，如辦公用房等。

4.7　相鄰雙方必須相互合作，並根據需要授予對方必要的相鄰權，以及其他權利以保證開發區域與相領區域的交通往來和開發建設的順利進行。

五、設計、施工、竣工

5.1　開發區域內的建築設計、建築用途等必須符合土地利用要求及成片開發規劃，涉及交通、管線、消防、環保、人防、綠化等，須報中國政府有關主管部門審批後建設，交由地方政府派出機構管理。

5.2　開發企業在簽訂本合同＿＿＿日內按批准的規劃設計圖紙和施工設計圖紙動土施工，並在＿＿＿年＿＿＿月＿＿＿日以前建成不少於＿＿＿平方米的標準或專業廠房。

六、項目引進

6.1　開發企業負責吸引投資者到開發區域投資，並保證土地使用證頒發之日起＿＿＿年內招引並安排區內所有的建設項目，＿＿＿年內所有建設項目全部竣工投產。

6.2　在開發區域內興建的建設項目，其建設應符合成片開發規劃的要求，並按建設項目審批管理的有關規定報經中國政府有關部門批准。

6.3　在開發區域舉辦企業，應符合國家有關投資產業政策的要求。屬於下列情況項目不得興建：

　　(1)　有污染環境又無符合規定的環保措施的項目；

　　(2)　為中國政府所禁止的建設項目和生產產品。

註：受讓人在使用年限內可以轉租、轉讓、出租、抵押或其他經濟活動。但應受法令的限制。

（二）國有土地使用權出讓合同（二）（劃撥土地使用權補辦出讓合同）

1.　本合同的特點：本合同為劃撥土地使用權補辦出讓合同，由讓與人將所劃撥土地使用權出讓於受讓人。

2.　適用對象：本合同適用於劃撥土地使用權出讓的合同。

3.　基本條款：訂立本合同應訂明讓與人、受讓人、土地位置、面積、使用年限、出讓價格。

4.　相關法條：中華人民共和國城鎮國有土地使用權出讓和轉讓暫行條例第 45 條。

土地使用合同 10-3-2

國有土地使用權出讓合同
（劃撥土地使用權補辦出讓合同）
第 1 條　本合同雙方當事人：
出讓方，中華人民共和國＿＿＿省（自治區、直轄市）＿＿＿市（縣）土地管理局
（以下簡稱甲方）；

法人住所地_____，郵政編碼_____。

受讓方：_____（以下簡稱乙方）；法人住所地：_____；

郵政編碼：_____。

根據《中華人民共和國城鎮國有土地使用權出讓和轉讓暫行條例》第45條規定，原以劃撥方式取得的土地使用權發生轉讓（出租；抵押），須先簽訂土地使用權出讓合同。乙方因出售（出租；抵押）_____房產（或_____部分房產），其使用範圍內（或相應比例）的土地使用權隨之轉讓（出租抵押）。雙方本著自願、平等、有償的原則，經過協商，訂立本合同。

第2條　_____房產（地上建築物、其他附著物）使用土地位於_____，總用地面積為_____。其位置與四至範圍如本合同附宗地圖所示。附圖已經甲、乙雙方確認。

乙方領有該房產使用範圍內土地的《中華人民共和國國有土地使用證》（或批准文件），具有合法的土地使用權及房產所有權。

第3條　乙方出售（出租；抵押）_____整棟房產；甲方出讓相應土地的面積為_____房產總面積，即_____平方米。

〔或：第3條　乙方出售（出租；抵押）_____房產樓層_____層，_____建築面積_____平方米，為_____房產總建築面積的_____%；甲方出讓土地的面積為_____房地產用地面積的_____%，即_____平方米。〕

本合同項出讓的土地使用權與_____房產使用範圍內未出讓的土地使用權為一整體，係公有的、不可分割的，相鄰各方必須相互合作，並根據需要為對方提供便利條件。

第4條　土地使用權出讓的年限為_____年，自_____起算。

第5條　_____建築物（房產）使用權範圍內的土地，按原批准文件為_____用地，乙方須按國家確定的用途，城市規劃和建設要求使用土地。

乙方如改變土地用途，必須徵得甲方同意，重新調整土地使用權出讓金，簽訂土地使用權出讓合同，並辦理變更登記手續。

第6條　乙方按本合同規定向甲方支付土地使用權出讓金、土地使用費以及向第三方轉讓時的土地增值稅。

第7條　本合同項下的土地使用權出讓金為每平方米_____元人民幣，總額為_____元人民幣。

本合同經雙方簽字後_____日內，乙方須以現金支票或現金向甲方支付占出讓金總額_____%共計_____元人民幣，作為履行合同的定金。

合同簽字後_____日內（或乙方出售房產後_____日內）乙方應付清給付定金後土地使用權出讓金餘款。逾期未全部支付的，甲方有權解除合同，並可請求乙方賠償因違約造成的損失。

（或：乙方出租_____房產，每年應以租金的_____%抵交出讓金，至抵交完全部出讓金為止。或：乙方抵押_____房產後_____日內，以抵押所獲貸款抵交完給付定金後土地使用權出讓金餘款。逾期未全部支付的，甲方有權解除合同，並可請求乙方賠償因違約造成的損失。）

第 8 條　乙方在支付完全部土地使用權出讓金後＿＿＿日內，辦理土地使用權變更登記，更換土地使用證，取得土地使用權。

第 9 條　乙方同意從＿＿＿年開始按規定逐年繳納土地使用費，繳納的時間為當年＿＿＿月＿＿＿日。土地使用費每年每平方米為＿＿＿＿＿元人民幣。

第 10 條　除合同另有規定外，乙方應在本合同規定的付款日或付款日之前，將合同要求支付的一切費用匯入甲方開戶銀行帳戶，銀行名稱：
＿＿＿＿＿銀行＿＿＿＿＿分行，帳戶號＿＿＿＿＿。
甲方銀行帳號如有變更，應在變更後＿＿＿日內以書面形式通知乙方，由於甲方未及時通知此類變更而造成誤期付款所引起的任何延遲收費，乙方均不承擔違約責任。

第 11 條　乙方依本合同取得的土地使用權，可依照國家有關規定進行轉讓、出租；抵押。
房產所有人在出售（出租；抵押）＿＿＿＿＿部分房產時，亦就同時轉讓（出租；抵押）整棟房產使用土地中的出售（出租；抵押）房產占＿＿＿＿＿房產總建築面積比例相同的土地使用權。

第 12 條　土地使用權轉讓（出租；抵押）時，應當簽訂轉讓合同（租賃合同；抵押合同），但不得違背中華人民共和國的法律法規和本合同的規定，並依照規定辦理轉讓（出租；抵押）登記。

第 13 條　土地出讓年限屆滿；土地使用者可以申請續期，重新與甲方簽訂出讓合同，支付土地使用權出讓金；並辦理登記。土地使用者不再申請續期的，本合同項下的土地使用權、地上建築物和其他附著物所有權由國家無償收回，土地使用者應依照規定辦理註銷並交還土地使用證。

第 14 條　如果乙方不能按時支付任何應付款項（除出讓外），從滯納之日起，每日按應繳納費用的＿＿＿%繳納滯金。

第 15 條　本合同訂立、效力、解釋、履行及爭議的解決均屬中華人民共和國法律的保護和管轄。

第 16 條　因執行本合同發生爭議，由爭議雙方協商解決。協商不成，雙方同意向＿＿＿＿＿仲裁委員會申請仲裁（當事人雙方不在合同中約定仲裁機構，事後又沒達成書面仲裁協議的，可以向人民法院起訴。）

第 17 條　本合同經雙方法定代表人（授權委托代理人）簽字生效。

第 18 條　本合同一式＿＿＿份簽署，甲、乙雙方各執＿＿＿份。

第 19 條　本合同於＿＿＿年＿＿＿月＿＿＿日在中國＿＿＿省（自治區、直轄市）＿＿＿市（縣）簽訂。

第 20 條　本合同未盡事宜，可由雙方約定後作為合同伙伴。

甲方：　　　　　　　　乙方：

中華人民共和國＿＿＿省＿＿＿（自治區、直轄市）

＿＿＿市（縣）土地管理局（章）

甲方法定代表人（委託代理人）＿＿＿＿＿（簽字）

乙方法定代表人（委託代理人）＿＿＿＿＿（簽字）

註：不以出售、出租、抵押房產而發生的劃撥土地使用權轉讓、出租、抵押，依照規定也補簽土地使用權出讓合同的，可參照本合同或宗地出讓合同格式擬定。

（三）國有土地使用權出讓合同（三）（宗地出讓合同）

1. **本合同的特點**：本合同為宗地出讓合同，由出讓人將國有土地宗地的使用權出讓與受讓人。
2. **通用對象**：本合同通用於國有土地宗地的使用權出讓的合同。
3. **基本條款**：訂立本合同應訂明讓與人、出讓人、土地位置、面積、使用年限、價格。
4. **相關法條**：中華人民共和國城鎮國有土地使用權出讓和轉讓暫行條例。

土地使用合同 10-3-3

國有土地使用權出讓合同
（宗地出讓合同）

本合同雙方當事人：

出讓方：中華人民共和國＿＿＿＿＿省（自治區、直轄市）＿＿＿＿＿市（縣）土地管理局部（以下簡稱甲方）；

受讓方：＿＿＿＿＿＿＿＿＿＿＿＿＿＿＿＿＿（以下簡稱乙方）；

根據《中華人民共和國城鎮國有土地使用權出讓和轉讓暫行條例》和國家及地方有關法律、法規，雙方本著平等、自願、有償的原則，訂立合同。

第 1 條　甲方根據本合同出讓土地使用權，所有權屬中華人民共和國。國家和政府對其擁有法律授予的司法管轄權和行政管轄權以及其他按中華人民共和國規定由國家行使的權力和因社會公眾利益所必需。地下資源、埋藏物和市政公用設施不屬土地使用權出讓範圍。

第 2 條　甲方以現狀（或幾通一平，註：根據具體情況定）出讓給乙方的宗地位於＿＿＿＿＿，宗地編號＿＿＿＿＿，面積為＿＿＿＿＿平方米。其位置與四至範圍及現狀（或幾通一平）的具體情況如本合同附圖所示。附圖已經甲、乙雙方簽字確認。

第 4 條　本合同項下的土地使用權出讓年限為＿＿＿＿＿年，自領取該宗地的《中華人民共和國國有土地使用證》之日起算。

第 5 條　本合同項下的宗地，按照批准的總體規劃是建設＿＿＿＿＿項目。（註：根據具體項目、用途情況定）

在出讓期限內如需改變本合同規定的土地用途和《土地使用條件》，應當取得甲方同意，並依照有關規定重新簽訂土地使用權出讓合同，調整土地使用權出讓金，並辦理土地使用權登記手續。

第 6 條　本合同附件《土地使用條件》是本合同的組成部分，與本合同具有同等的法律效力。乙方同意按《土地使用條件》使用土地。

第 7 條　乙方同意按合同規定向甲方支付土地使用權出讓金、土地使用費、轉讓時的土地增值稅以及國家有關土地的費（稅）。

第 8 條　該宗地的土地使用權出讓金為每平方米＿＿＿＿＿＿＿＿＿元人民幣，總額為＿＿＿＿＿＿＿＿＿元人民幣。

第 9 條　本合同經雙方簽字後＿＿＿＿日內，乙方須以現金支票或現金向甲方繳付土地使用出讓金總額的＿＿＿＿% 共計＿＿＿＿＿＿元人民幣，作為履行合同的定金，定金抵作出讓金。

乙方應在簽訂本合同後六十日內，支付完全部土地使用權出讓金，逾期＿＿＿＿日仍未全部支付的，甲方有權解除合同，並可請求乙方賠償因違約造成的損失。

第 10 條　乙方在向甲方支付完全部土地使用權出讓金後＿＿＿＿日內，依照規定申請辦理土地使用權登記手續，領取《中華人民共和國國有土地使用證》，取得土地使用權。

第 11 條　本合同規定的出讓年限屆滿，甲方有權無償收回出讓宗地的使用權，該宗地建築物及其他附著物所有權也由甲方無償取得。土地使用者應依照規定辦理土地使用權註銷登記手續，交還土地使用證。

乙方如須繼續使用該宗地，須在期滿＿＿＿＿日前向甲方提交續期申請書，並在獲准續期後確定新的土地使用權出讓年限和出讓金及其他條件，重新簽訂續期出讓合同，辦理土地使用權登記手續。

第 12 條　本合同存續期間，甲方不得因調整城市規劃收回土地使用權。但在特殊情況下，根據社會公共利益需要，甲方可以依照法定程序提前收回出讓宗地的使用權，並根據土地使用者已使用的年限和開發利用土地的實際情況給予相應的補償。

第 13 條　乙方根據本合同和《土地使用條件》投資開發利用土地，且投資必須達到總投資（不包括出讓金）的＿＿＿＿%（或建成面積達到設計總積的＿＿＿＿%）後，有權將本合同項下的全部或部分地塊的餘期使用權轉讓、出租。

本宗地的土地使用權可以抵押，但該抵押貸款必須用於該宗地開發建設，抵押人和抵押權人的利益受到法律保護。

第 14 條　在土地使用期限內，政府土地管理部門有權依法對出讓宗地使用權的開發使用權的開發利用、轉讓、出租、抵押、終止進行監督檢查。

第 15 條　如果乙方不能按時支付任何應付款項（除出讓金外），從滯納之日起，每日按應繳納費用的＿＿＿＿% 繳納滯納金。

第 16 條　乙方取得土地使用權後未按合同規定建設的，應繳納已付出讓金＿＿＿＿% 的違約金；連續兩年不投資建設的，甲方有權無償收回土地使用權。

第 17 條　如果由於甲方的過失致使乙方延期占用土地使用權，甲方應賠償乙方已付出讓金＿＿＿＿% 的違約金。

第 18 條　本合同訂立、效力、解釋、履行及爭議的解決均受中華人民共和國法律的保護和管轄。

第 19 條　因執行本合同發生爭議，由爭議雙方協商解決，協商不成，雙方同意向＿＿＿＿＿＿仲裁委員會申請仲裁（當事人雙方不在合同中約定仲裁機構，事後又沒有達成書面仲裁協議的，可向人民法院起訴）。

第 20 條　該出讓宗地案經有權一級政府依法批准後，本合同由雙方法定代表人（委託代理人）簽字蓋章後生效。

第 21 條　本合同正本一式＿＿＿＿份，甲、乙雙方各執＿＿＿＿份。

＿＿＿＿份合同正本具有同等法律效力。

本合同和附件《土地使用條件》共＿＿＿＿頁，以中文書寫為準。

第 22 條　本合同於＿＿＿＿年＿＿＿＿月＿＿＿＿日在中華人民共和國＿＿＿＿省（自治區、直轄市）＿＿＿＿市（縣）簽訂。

第23條 本合同未盡事宜，可由雙方約定後作為合同附件，與本合同具有同等法律效力。

甲方： 乙方：

中華人民共和國＿＿＿＿省＿＿＿＿（自治區、直轄市）＿＿＿＿市（縣）土地管理局（章）＿＿＿＿
（章）

法定代表人（委託代理人） 法定代表人（委託代理人）

法人住所地：＿＿＿＿＿＿＿＿ 法人住所地：

銀行名稱：＿＿＿＿＿＿＿＿ 銀行名稱：＿＿＿＿＿＿＿＿

帳號：＿＿＿＿＿＿＿＿＿ 帳號：＿＿＿＿＿＿＿＿＿

郵政編碼：＿＿＿＿＿＿＿ 郵政編碼：＿＿＿＿＿＿＿

電話號碼：＿＿＿＿＿＿＿ 電話號碼：＿＿＿＿＿＿＿

附件：

土地使用條件

（宗地項目）

一、界樁定點

1.1 《國有土地使用權出讓合同》（以下簡稱本合同）正式簽訂後　　　日內，甲、乙雙方應依宗地圖界址點所標示座標實地驗明各界址點界樁。界樁由用地者妥善保護，不得私自改動，界樁遭受破壞或移動時，乙方應立即向當地土地管理部門提出書面報告，申請復界測量恢復界樁。

二、土地利用要求

2.1 乙方在出讓宗地範圍內興建建築物應符合下列要求：

    (1) 主體建築物的性質規定為

    (2) 附屬建築物

    (3) 建築容積率

    (4) 建築密度

    (5) 建築限高

    (6) 綠化比率

    (7) 其他有關規劃參數以批准規劃文件為準。

    （註：根據具體情況定）

2.2 乙方同意在出讓宗地範圍內一併建築下列公益工程，並同意免費提供使用：

    (1) ＿＿＿＿＿＿＿＿＿＿＿＿＿＿＿＿＿＿＿；

    (2) ＿＿＿＿＿＿＿＿＿＿＿＿＿＿＿＿＿＿＿；

    (3) ＿＿＿＿＿＿＿＿＿＿＿＿＿＿＿＿＿＿＿。

2.3 乙方同意政府的下列工程可在其宗地範圍內的規劃位置建造或通過而無需作任何補償。

    (1) ＿＿＿＿＿＿＿＿＿＿＿＿＿＿＿＿＿＿＿；

    (2) ＿＿＿＿＿＿＿＿＿＿＿＿＿＿＿＿＿＿＿；

    (3) ＿＿＿＿＿＿＿＿＿＿＿＿＿＿＿＿＿＿＿。

2.4 出讓宗地上的建築物必須嚴格按上述規定和經批准的工程設計圖紙要求建設。乙方應在開工前＿＿＿＿天內向甲方報送一套工程設計圖紙備查。

三、城市建設管理要求

3.1　涉及綠化、市容、衛生、環境保護、消防安全、交通管理和設計、施工等城市建設管理方面，乙方應符合國家和＿＿＿的有關規定。

3.2　乙方應允許政府為公用事業需要需而敷設的各種管道與管線進出、通過、穿越其受讓宗地內的綠化地區和其他區域。

3.3　乙方應保證政府管理、公安、消防、救護人員及其緊急器械、車輛等在進行緊急救險或執行公務時能順利地進入該地塊。

3.4　乙方在其受讓宗地上的一切活動，如有損害或破壞周圍環境或設施，使國家或個人遭受損失的，乙方應負責賠償。

四、建設要求

4.1　乙方必須在＿＿＿年＿＿＿月＿＿＿日前，完成地上建築面積不少於可建總建築面積的＿＿＿% 的建築工程量。

4.2　乙方應在＿＿＿年＿＿＿月＿＿＿日以前竣工（受不到抗力影響者除外）延期竣工的應至離建設期限屆滿之日前＿＿＿月，向甲方提出具有充分理由的延建申請，且延期不得超過一年。

除經甲方同意外，自第 4.1 條規定的建設期限屆滿之日起，在規定的建築工程量完成之日止，超出＿＿＿年的，由甲方無償收回該宗地的土地使用權以及地塊上全部建築物或其他附著物。

五、市政基礎設施要求

5.1　乙方在受讓宗地內進行建設時，有關用水、用氣污水及其他設施同宗地以外主管線、用電變站接口和引入工程應辦理申請手續，支付相應的費用。

5.2　用地或其委託的工程建設單位應對由於施工引起相鄰地段內有關明溝、水道、電纜、其他管道設施及建築物等的破壞及時修復或重新敷設，並承擔相應的費用。

5.3　在土地使用期限內，乙方應對該宗地內的市政府設施妥善保護，不得損壞，否則應承擔修復所需的一切費用。

註：特殊項目出讓合同的《土地使用條件》雙方可根據實際情況自行擬定。

（四）外商投資企業土地使用合同（劃撥土地使用權合同）

1. 本合同的特點：本合同為外商投資企業土地使用合同，由土地管理局劃撥土地給中外合資或合作者使用土地。

2. 適用對象：本合同適用於外商投資企業使用（土地劃撥使用）的合同。

3. 基本條款：訂立本合同應訂明劃撥單位、使用單位、土地位置、面積、使用年限、價格。

4. 相關法條：中華人民共和國土地管理法，外商投資開發經濟成片土地暫行管理辦法。

土地使用合同 10-3-4

外商投資企業土地使用合同

（劃撥土地使用權合同）

第1條　本合同雙方當事人：

中華人民共和國＿＿＿＿省（自治區、直轄市）＿＿＿＿市（縣）土地管理局（以下簡稱甲方），法人住所地＿＿＿＿；郵政編碼＿＿＿＿。

＿＿＿＿＿＿＿＿＿（以下簡稱乙方），法人住所地＿＿＿＿，郵政編碼＿＿＿＿。

根據中華人民共和國關於外商投資企業用地管理法律、法規和國家有關規定，雙方通過友好協商訂立本合同。

第2條　甲方提供給乙方使用的國有土地位於＿＿＿＿面積為＿＿＿＿平方米。其位置與四至範圍如本合同附圖所示附圖已經甲、乙雙方確認。

第3條　本合同項下的土地使用年限為＿＿＿＿年，自本合同簽字之日起算。

第4條　乙方同意向甲方支付場地使用費，包括土地開發費和土地使用費。

〔或：第4條　依據合資或合作企業合同，由乙方中的＿＿＿＿（註：中方合資者或合作者）向甲方支付場地使用費包括土地開發費和土地使用費。〕

第5條　土地開發費為每平方米＿＿＿＿＿＿元人民幣，總額為＿＿＿＿＿＿元人民幣。乙方（或中方合資者或合作者）須在本合同簽字之日起＿＿＿＿日內全部付清。

乙方（或中方合資者或合作者）支付了全部土地開發費＿＿＿＿日內，乙方必須申請辦理土地登記（或變更登記）手續，領取（更換）《中華人民共和國國有土地使用證》。

第6條　土地使用費為每平方米＿＿＿＿＿＿元人民幣，自＿＿＿＿年＿＿＿＿月＿＿＿＿日起，乙方（或中方合資者或合作者）應於每年＿＿＿＿月＿＿＿＿日前向甲方繳納當年的土地使用費。

土地使用費收取標準根據中華人民共和國（或＿＿＿＿省（自治區、直轄市）＿＿＿＿市（縣））有關規定五年後由甲方作相應調整，調整後乙方應自調整年度起按新標準繳納土地使用費。

〔或：土地使用費在合資（或合作）企業經營期限內作調整〕。

（注：乙方依照有關規定可以享受減免優惠政策的，可依照減免規定擬定此條。）

第7條　除本合同另有規定外，乙方應在本合同規定的付款期限內將合同要求支付的費用匯入甲方銀行帳號內。銀行名稱：＿＿＿＿＿＿銀行＿＿＿＿＿＿分行，帳戶號＿＿＿＿＿＿。

甲方銀行帳戶如有變更，應在變更後＿＿＿＿天內以書面形式通知對方。由於甲方未及時通知此項變更而造成誤期付款所引起的任何延遲收費。乙方概不承擔違約責任。

第8條　該土地用於建設＿＿＿＿＿＿項目，乙方必須按規劃要求和規定用途使用土地。

在本合同期限內，乙方確需改變土地用途的，經甲方同意後辦理變更土地用途的手續。

第9條　甲方同意承擔該土地的徵地、拆遷、界址定點具體事務，並於＿＿＿＿年＿＿＿＿月＿＿＿＿日前交付土地。

乙方應妥善保護界樁，不得私自改動，界樁遭受破壞或移動時，應及時書面報告當地土地管理部門，請求重新埋設，所需要用由乙方承擔。

〔或：第9條　乙方利用合資（或合作）企業中方原有場地，原有場地的界樁應由甲方重新核實。〕

第 10 條　土地使用年限屆滿或乙方提前終止經營時，本合同同時終止履行。乙方應辦理註銷登記手續交還土地使用證。乙方對該土地內投資建設的建築物、附著物有權處置，但時間不得超過＿＿＿＿，逾期由甲方無償取得。

如乙方需繼續使用該土地，須在期滿六個月之前向甲方提交續期用地申請，經甲方同意後，須重新簽訂土地使用合同，方可使用。

第 11 條　乙方依據本合同通過劃撥方式取得的土地使用權不得轉讓、出租、抵押。如需轉讓、出租、抵押，必須按《中華人民共和國城鎮國有土地使用權出讓和轉讓條例》規定辦理出讓手續，補交出讓金。

第 12 條　如果乙方（或中方合資者或合作者）不能按時支付土地使用費，從滯納之日起，按日加收應繳納費額＿＿＿＿％ 的滯納金。滯納期超過六個月的，甲方有權無償收回土地使用權。

第 13 條　如果由於甲方的過失，致使乙方延期占有土地使用權，則本合同項下的土地使用期限應推延，乙方有權請求賠償。

第 14 條　如果乙方在該土地上連續兩年不投資建設，甲方有權收回土地使用權。乙方已付土地費用不予返還。

第 15 條　本合同訂立、效力、解釋、履行及爭議均受中華人民共和國法律的保護和管轄。

第 16 條　因執行本合同發生爭議，由爭議雙方協商解決，協商不成，雙方同意向＿＿＿＿＿＿＿＿仲裁委員會申請仲裁（當事人不在合同中約定仲裁機構，事後又沒有達成書面仲裁協議的，可以向人民法院起訴）。

第 17 條　本合同經雙方法定代表人（授權委託代理人）簽字後生效。

第 18 條　本合同一式＿＿＿＿＿份簽署，甲乙方雙方各執＿＿＿＿＿份。

第 19 條　本合同於＿＿＿＿年＿＿＿＿月＿＿＿＿日在中華人民共和國＿＿＿＿＿省（自治區、直轄市）＿＿＿＿市（縣）簽訂。

第 20 條　本合同未盡事宜，可由雙方約定後作為合同附件。本合同附件是合同的組成部分，與本合同具有同等的法律效力。

甲方：　　　　　　　　　　乙方：

中華人民共和國＿＿＿＿＿＿＿省＿＿＿＿＿＿＿（自治區、直轄市）＿＿＿＿＿＿＿市（縣）土地管理局

（章）＿＿＿＿＿＿＿（章）

甲方法定代表（委託代理人）＿＿＿＿＿＿＿＿＿＿＿＿＿＿＿＿＿＿＿＿＿（簽字）

乙方法定代理人（委託代理人）＿＿＿＿＿＿＿＿＿＿＿＿＿＿＿＿＿＿＿＿＿（簽字）

註：本合同土地（劃撥土地）不轉讓、出租、抵押。如需轉讓、出租、抵押，必須按中華人民共和國城鎮國有土地使用權出讓和轉讓條例規定辦理出讓手續，補交出讓金。

國家圖書館出版品預行編目資料

實用契約書大全／王正嘉等合著.--二版--.--
臺北市：書泉出版社,2010.06
　　面；　公分
ISBN 978-986-121-978-3 (上冊：精裝)
ISBN 978-986-121-598-3 (下冊：精裝)

1.契約

584.31　　　　　　　　　　　　　99008088

3T39

實用契約書大全（下）

總 策 劃 ― 李永然　蔡仟松

執 行 主 編 ― 蔡仟松

編 撰 者 ― 王正嘉　李永然　林裕山　張吉人
　　　　　　陳秋華　陳銘福　蔡仟松　蔡錫坤
　　　　　　鄧湘全　魏蕙心　蘇宜君

發 行 人 ― 楊榮川

總 經 理 ― 楊士清

總 編 輯 ― 楊秀麗

副總編輯 ― 劉靜芬

封面設計 ― P. Design視覺企劃

出 版 者 ― 書泉出版社

地　　　址：106台北市大安區和平東路二段339號4樓

電　　　話：(02)2705-5066　傳　真：(02)2706-6100

網　　　址：https://www.wunan.com.tw

電子郵件：shuchuan@shuchuan.com.tw

劃撥帳號：01303853

戶　　　名：書泉出版社

總 經 銷：貿騰發賣股份有限公司

地　　　址：23586新北市中和區中正路880號14樓

電　　　話：(02)8227-5988　傳　真：(02)8227-5989

網　　　址：http://www.namode.com

法律顧問　林勝安律師事務所　林勝安律師

出版日期　2005年2月初版一刷
　　　　　2010年6月二版一刷
　　　　　2021年4月二版四刷

定　　　價　新臺幣550元